KB214451

갈러리, 지도, 음악 재생 앱까지! 일상생활 필수 앱을 직접 만들며 배운다!

스위프트로 아이폰 앱 만들기 입문

개정 8판

코딩 초보자도 바로 시작하는 iOS 앱 개발 입문서

송호정, 이범근 지음

이지스퍼블리싱

세상의 속도를 따라잡고 싶다면 **Do it!**
변화의 속도를 즐기게 됩니다.

Do it!

Do it!
스위프트로 아이폰 앱 만들기 입문 - 개정 8판

이 책은 2016년 6월에 출간된《Do it! 스위프트로 아이폰 앱 만들기 입문》의 개정판입니다.

개정 8판 발행 • 2025년 3월 7일

초판 발행 • 2016년 6월 10일

지은이 • 송호정, 이범근
펴낸이 • 이지연
펴낸곳 • 이지스퍼블리싱(주)
출판사 등록번호 • 제313-2010-123호
주소 • 서울특별시 마포구 잔다리로 109 이지스빌딩 3층(우편번호 04003)
대표전화 • 02-325-1722 | **팩스** • 02-326-1723
홈페이지 • www.easyspub.co.kr | **인스타그램** • instagram.com/easyspub_it
Do it! **스터디룸 카페** • cafe.naver.com/doitstudyroom | **페이스북** • www.facebook.com/easyspub

총괄 • 최윤미 | **기획 및 책임편집** • 이소연 | **편집** • 오은교 | **기획편집 2팀** • 신지윤, 박재연, 이소연
교정교열 • 김연숙, 박명희 | **표지 디자인** • 김근혜 | **본문 디자인** • 트인글터, 김근혜 | **인쇄** • 보광문화사
마케팅 • 권정하 | **독자지원** • 박애림, 김수경 | **영업 및 교재 문의** • 이주동, 김요한(support@easyspub.co.kr)

ISBN 979-11-6303-680-7 13000
가격 36,000원

독자의 한마디

아이폰 분야 1위 도서! 2025년 최신판!
이 책으로 아이폰 앱 만들기에 입문한 독자들이 추천합니다!

※ 개정하기 전 《Do it! 스위프트로 아이폰 앱 만들기 입문》 독자들의 서평입니다.

스위프트를 처음 접했지만 친절한 설명과 소소한 꿀팁으로 쉽게 배울 수 있었어요!

스위프트에 대해 아는 것이 거의 없었지만 다양한 예제, 자세한 내용, 중간중간 소개하는 소소한 꿀팁 덕분에 빨리 이해할 수 있었습니다. **쉽고 친절한 설명으로 구성된 이 책은 아이폰 앱 개발을 시작하는 초보 개발자에게 좋은 길잡이가 되어 줄 것입니다.** 스위프트와 아이폰 개발을 시작하는 분들께 강력히 추천합니다!

▶ 앱 개발이 난생 처음인 대학생 김건호 님

쉽고 실용적인 예제를 통해 스위프트로 만드는 앱 개발을 경험해 보세요!

인터넷으로 스위프트를 공부하고 처음으로 아이폰 앱을 개발했을 때는 중구난방으로 배운 탓에 엄청 고생했습니다. 하지만 이 책은 예제만 따라 해도 아이폰 앱을 쉽게 개발할 수 있습니다. 또한 **앱을 개발할 때 빼놓을 수 없는 필수 기능을 다루어서 기초가 흔들릴 때 언제든지 다시 펴볼 수 있습니다!** 여러분도 이 책과 함께 스위프트로 아이폰 앱을 개발하는 경험을 맛보세요!

▶ 독학하다 길 잃은 허재연 님

아이폰 앱 개발을 처음 도전하는 제 친구에게 이 책을 적극 추천하고 싶네요!

이 책은 아주 기초적인 앱 개발을 스위프트 언어를 사용해 실제로 만들어 보도록 진행하기 때문에 **'앱 개발'과 '스위프트', 두 가지를 처음 시작하는 사람에게 더 없이 적합합니다.** 요즘 개발자들 사이에서 핫한 언어인 스위프트를 배우고 싶다면, 바로 이 책으로 시작해 보세요!

▶ iOS 앱 개발자 최지웅 님

이런 분들께 추천해요!

- ☑ 앱 개발을 처음 시작하는 분
- ☑ 자주 쓰는 아이폰 앱을 직접 만들어보고 싶은 분
- ☑ 스위프트의 필수 기능을 빠르게 살펴보고 싶은 분

머리말

스위프트 입문자에게 안성맞춤! 필수 예제를 따라하며 배우는 아이폰 앱 개발!

애플에서 '스위프트(Swift)'를 발표하기 전까지는 아이폰 앱을 개발하려면 어렵기로 소문난 오브젝티브-C(Objective-C)의 벽을 무조건 넘어야만 했습니다. 하지만 스위프트는 달랐습니다. 스위프트의 단순함은 앱 개발을 한층 즐겁게 만들어 주었습니다.

하지만 대부분의 프로그래밍 도서는 초·중급 이상의 실력을 갖춘 사람들을 대상으로 출간되고 있습니다. 이제 막 시작하려는 개발자에게는 부담스러웠죠. 초보를 위한 도서라고는 하지만 정말 초보자가 보면 몇 장을 읽다가 덮어 버리게 됩니다. 저 역시 몇 번이나 책을 덮은 경험이 있습니다. 그래서 초보자를 위한 스위프트 책을 만들자고 결심했습니다. 그렇기 때문에 더 쉽고, 재미있어야 한다고 생각했지요.

문법을 몰라도 된다! 입력만 하면 아이폰 앱이 뚝딱!

프로그래밍 언어를 이루는 기본 뼈대는 문법입니다. 하지만 모든 문법을 다 통달하고 프로그래밍하는 개발자는 아마 거의 없을 것입니다. 문법을 다 이해하지 못해도 문제가 없기 때문이죠. 그저 어떤 상황에 어떤 코드를 입력하면 되는지만 알면 그뿐입니다. 하지만 기존의 스위프트 책은 문법 설명만 지루하게 이어집니다. 새로운 언어를 배우겠다는 의욕에 불탔던 독자들은 끝없는 문법의 향연에 그만 무너지고 맙니다.

그래서 발상을 전환해 봤습니다. 문법을 모두 배우고 예제에 적용하는 것이 아니라 예제를 직접 실습해 보면서 자연스럽게 문법을 배우는 것입니다. 예제를 실습하는 중간중간에 필요한 문법 설명을 넣는 방식으로 말이죠. 이렇게 한다면 스위프트 언어에 흥미를 잃지 않고 재밌게 배울 수 있을 것입니다.

꼭 알아야 할 필수 예제 17개! 어딜 펼쳐도 바로 실습할 수 있는 친절한 설명!

이 책에서 다루는 17개의 예제는 아이폰 앱 개발자라면 꼭 알아야 하는 필수 기능을 다룹니다. 이 기능들은 거의 모든 앱에서 기본으로 사용하므로 필요할 때마다 원하는 장을 펼쳐서 활용할 수 있도록 정리했습니다. 예를 들어 앱에 지도 기능을 넣고 싶을 때는 '08장 맵 뷰로 지도 나타내기'를 펼쳐 보는 것입니다. 목차를 보면 알겠지만 어떤 상황에 어떤 기능이 필요한지 한눈에 알아볼 수 있도록 구성했습니다. 그 장의 앞뒤 내용을 알지 못해도 기능을 구현하는 데에는 문제가 없도록 한 것입니다.

다만 처음 시작하는 분들은 우선 스위프트의 기본을 숙지해야 하므로 01~04장까지 꼼꼼히 보아야 합니다. 그다음에는 목차를 보고 원하는 기능 혹은 먼저 구현해 보고 싶은 기능을 다룬 장을 찾아서 공부하면 됩니다.

이렇게 기본에 충실한 예제는 스위프트를 처음 시작하는 사람에겐 스위프트를 쉽게 익힐 수 있도록 안내해 줄 뿐만 아니라 이후에 필요한 기능을 찾아서 볼 때도 기억을 상기시키고 실수할 수 있는 부분을 짚어 주는 역할도 합니다.

최신 아이폰도 문제 없다! 자동 레이아웃 기능 반영!

아이폰의 화면 크기가 점점 다양해지고 있습니다. 이렇게 크기가 다양한 화면에서 동일한 품질의 콘텐츠를 표시하려면 반드시 자동 레이아웃을 적용해야 합니다. 이 책의 12장까지는 앱의 여러 기능을 만들어 보는 것에 초점을 맞춰 학습합니다. 그리고 13장에 들어가기 전에 '선행학습(자동 레이아웃 정의 및 설정 방법)'을 통해서 자동 레이아웃의 개념과 설정 방법을 익히고, 13장부터는 앱의 기능은 물론 자동 레이아웃 기능도 설정하여 화면 크기가 다양한 아이폰에 대응하는 앱을 만들어 볼 수 있게 구성했습니다.

초보자를 위해 걸음마부터 차근차근! 어떤 코드를 어디에, 어떻게, 왜 쓰는지 알려 주는 책

컴퓨터 언어는 아주 예민하기 때문에 그 언어를 다루는 책은 지나치다 싶을 정도로 친절해야 합니다. 작은 차이에도 오류나 버그가 나타나기 때문이죠. 이 책은 프로그램 설치부터 시작해 어떤 객체를 어디에 놓아야 하는지 정확히 알려줍니다. 또한 코드를 추가하면서 전후 상황까지 알려 줌으로써 실수할 틈이 없도록 이끌어 줍니다. 주의해야 할 부분이나 궁금증이 생길 만한 부분에는 어김없이 설명을 달았습니다.

이 모든 과정을 책에 담을 수 있었던 것은 필자 역시 초보자인 적이 있었기 때문입니다. 독학으로 프로그래밍을 배우면서 막막하고 답답했던 순간들을 지금도 기억하고 있습니다.

초보자의 마음으로 초보자를 위해 만든 이 책을 이제 여러분께 선보입니다. 아무쪼록 《Do it! 스위프트로 아이폰 앱 만들기 입문》이 스위프트 세상으로 가는 좋은 길잡이가 되길 바랍니다.

감사의 말

이 책을 집필하는 오랜 시간 동안 물심양면으로 지원을 아끼지 않은 사랑하는 아내 박지은, 듬직한 큰아들 민재, 귀여운 작은아들 준혁, 존경하는 양가 부모님께 고마운 마음을 전합니다. 나태해진 마음을 다잡을 수 있도록 서로 독려하며 마지막까지 함께 집필한 공동 저자인 후배 이범근 박사 그리고 다른 모든 분들께 감사드립니다.

▶ 송호정

그동안 공동으로 집필하면서 여러 수고스러운 부분을 도맡아주신 공동 저자 송호정 박사님께 감사드립니다. 또한 집필하는 동안 격려를 아끼지 않은 여러 교수님들께도 이 자리를 빌려 감사의 마음을 표합니다. 마지막으로 이 책이 출판되기까지 물심양면으로 지원을 아끼지 않은 존경하는 부모님께 고마움과 사랑의 마음을 전합니다.

▶ 이범근

책 미리 보기

어떤 앱이든 한 번은 사용하는 필수 기능을 담았다!
이 책에서 만드는 17가지 기능을 소개합니다!

09
내비게이션 컨트롤러
10
테이블 뷰 컨트롤러
11
오디오 플레이어
12
비디오 플레이어
Audio Player
Main View

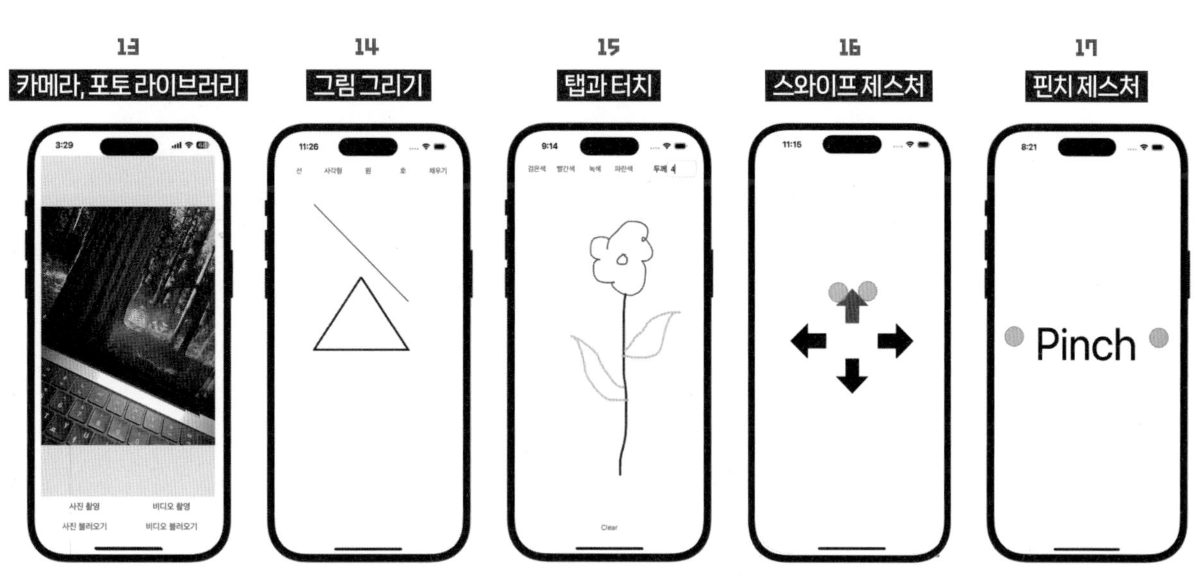
13
카메라, 포토 라이브러리
14
그림 그리기
15
탭과 터치
16
스와이프 제스처
17
핀치 제스처
Pinch

학습 계획표

✶ 초보자를 위한 **30일용** 진도표 | 혼자서도 체계적으로 공부해요! ✶

아이폰 앱 개발이 처음인가요? 이 계획표를 따라 학습해보세요! 문법을 몰라도, 프로그래밍이 처음이어도 30일 후에는 아이폰 앱을 직접 개발하는 자신을 발견할 것입니다.

회차	진도	회차	진도
1일(/)	01장 준비하기	16일(/)	12장 테이블 뷰 컨트롤러
2일(/)	02장 Hello World	17일(/)	11~12장 [도전! Mission]
3일(/)	03장 이미지 뷰	18일(/)	선행학습 자동 레이아웃
4일(/)	04장 데이트 피커	19일(/)	13장 오디오 재생 앱
5일(/)	03~04장 [도전! Mission]	20일(/)	14장 비디오 재생 앱
6일(/)	05장 피커 뷰	21일(/)	13~14장 [도전! Mission]
7일(/)	06장 경고 창	22일(/)	15장 카메라, 포토 라이브러리
8일(/)	05~06장 [도전! Mission]	23일(/)	16장 그림 그리기
9일(/)	07장 웹 뷰	24일(/)	15~16장 [도전! Mission]
10일(/)	08장 맵 뷰	25일(/)	17장 탭과 터치
11일(/)	07~08장 [도전! Mission]	26일(/)	18장 스와이프 제스처
12일(/)	09장 페이지 컨트롤	27일(/)	17~18장 [도전! Mission]
13일(/)	10장 탭 바 컨트롤러	28일(/)	19장 핀치 제스처
14일(/)	09~10장 [도전! Mission]	29일(/)	19장 [도전! Mission]
15일(/)	11장 내비게이션 컨트롤러	30일(/)	문법 정리 문법 01-06

✶ 중급자를 위한 **15일용** 진도표 | 강의에도 활용할 수 있어요! ✶

이미 앱 개발을 경험해봤거나 단기간에 스위프트를 익혀야 한다면 이 계획표를 따라 학습해보세요! 스위프트의 필수 기능을 쉽고 빠르게 익힐 수 있습니다.

회차	진도	회차	진도
1일(/)	01~02장	9일(/)	13장
2일(/)	03~04장	10일(/)	14장
3일(/)	05~06장	11일(/)	15장
4일(/)	07~08장	12일(/)	16장
5일(/)	09~10장	13일(/)	17장
6일(/)	11장	14일(/)	18장
7일(/)	12장	15일(/)	19장
8일(/)	선행학습	**나도 이제 아이폰 앱 개발자!**	

독자 지원

✷ 실습 파일 제공 | 이 책에서 사용하는 소스 파일을 내려받으세요. ✷

이 책에서 사용하는 실습 파일과 결과 파일을 준비했으니 이지스퍼블리싱 홈페이지에서 내려받으세요. 자신이 직접 작성한 실습 파일, 결과 파일과 비교하며 공부하면 학습 효과가 올라갈 거예요!

- ▶ 이지스퍼블리싱 홈페이지: www.easypub.co.kr → [자료실] 클릭 → 이 책 제목으로 검색
- ▶ 저자 깃허브: github.com/doitswift

✷ 이지스 플랫폼 | 연결되면 더 큰 가치를 만들 수 있어요. ✷

❶ 온라인에서 친구들과 함께 공부!

▶ 네이버 카페 'Do it!' 스터디룸:
cafe.naver.com/doitstudyroom

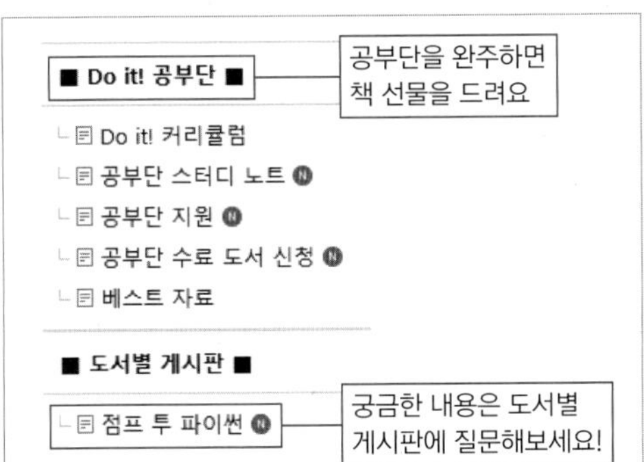

❷ 이벤트 소식은 이곳에서!

▶ 인스타그램:
instagram.com/easyspub_it

❸ 독자 설문 참여하면 6가지 혜택!

▶ 의견도 보내고 선물도 받고!

오른쪽 QR코드를 스캔하여 이 책에 대한 의견을 보내 주세요.
독자 여러분의 칭찬과 격려는 큰 힘이 됩니다. 더 좋은 책을 만들도록 노력하겠습니다.

❶ 추첨을 통해 소정의 선물 증정
❷ 이 책의 업데이트 정보 및 개정 안내
❸ 저자가 보내는 새로운 소식
❹ 출간될 도서의 베타테스트 참여 기회
❺ 출판사 이벤트 소식
❻ 이지스 소식지 구독 기회

첫째마당 | Hello! 아이폰 앱

둘째마당 | 뷰 기반 프로그램 직접 만들기

셋째마당 | 뷰 컨트롤러 기반 프로그램 만들기

✷ 넷째마당 | 멀티미디어 활용하기 ✷

✷ 다섯째마당 | 이벤트와 제스처 ✷

첫째마당

Hello! 아이폰 앱

많은 개발자들이 아이폰 앱 개발이 어렵다고 호소합니다. 그 이유는 애플의 앱 개발 언어인 오브젝티브-C(Objective-C)가 일반적인 언어에 비해 쉽지 않기 때문입니다. 하지만 2014년 6월 애플이 새로운 프로그래밍 언어인 스위프트(Swift)를 발표하면서 일반인도 관심을 갖고 참여할 수 있을 정도로 iOS 앱 개발의 문턱이 낮아졌습니다. 물론 스위프트도 프로그래밍 언어이므로 문법을 알아야 하지만 기본 문법만 익히고 나면 웹 개발자나 디자이너, 기획자, 심지어는 문과생들도 아이폰 앱 개발에 쉽게 도전할 수 있습니다.

첫째마당에서는 아이폰 앱을 개발하기 위해 필요한 준비 사항을 알아보고 스위프트 언어를 이용한 Hello World 앱을 만들어 보면서 Xcode라는 애플의 개발 도구에 적응해 보겠습니다.

난이도 ★☆☆☆☆

01 아이폰 앱 개발 준비하기

스마트폰 사용이 대중화되면서 스마트폰용 앱의 수요도 급증하고 있습니다. 국내의 경우 아직까지는 안드로이드 폰 점유율이 높지만 아이폰 X 출시 이후 아이폰의 점유율이 점점 높아지고 있는 추세입니다. 스위프트 언어의 출시도 아이폰 앱 개발에 대한 진입장벽을 낮춰 아이폰 앱 개발에 대한 관심도를 높이는 데 일조하고 있습니다.
이 장에서는 앱을 구매하게 될 잠재 고객을 파악하기 위해 아이폰의 국내외 시장에 대해 먼저 알아본 다음 아이폰을 개발하기 위한 전제 조건과 개발 환경을 구축하는 방법에 대하여 알아보겠습니다.

01-1 아이폰 앱을 만들기로 결심했다면!

앱이란?

앱(App)은 응용 프로그램인 애플리케이션(Application)의 줄임말로, 애플에서 처음 사용하기 시작했습니다. 즉, 아이폰, 아이패드 등에서 동작하는 애플리케이션을 모두 앱이라고 부릅니다. 그 후 안드로이드, 팜, 윈도우 모바일 등 모든 스마트폰에 설치되는 응용 프로그램들도 '앱'이라고 부르게 되었고, 이제는 PC에서 사용되는 응용 프로그램까지 통틀어 '앱'이라고 부릅니다.

> 이런 앱을 판매하는 스토어를 '앱스토어(App Store)'라고 합니다.

스마트폰의 운영체제는 안드로이드, iOS, 윈도우 모바일, 팜 등 다양합니다. 그중 대표적인 스마트폰 운영체제인 안드로이드와 iOS를 비교해 보겠습니다.

운영체제	iOS	안드로이드
개발 언어	오브젝티브-C, 스위프트	자바, C/C++
개발 운영체제	맥(Mac)	윈도우(Windows), 리눅스(Linux), 맥(Mac)
대표 제품	아이폰, 아이패드	갤럭시
최신 개발 버전	iOS 18	안드로이드 15
스토어	앱스토어	플레이 스토어

아이폰 시장

전 세계적으로 통틀어 2023년 11억 6,700만 대의 스마트폰이 출하되었습니다. 이 중 애플은 2억 3,460만 대를 판매해 20.1%의 점유율을 차지하여 처음으로 연간 순위에서 삼성을 제치고 1위를 차지하였습니다.

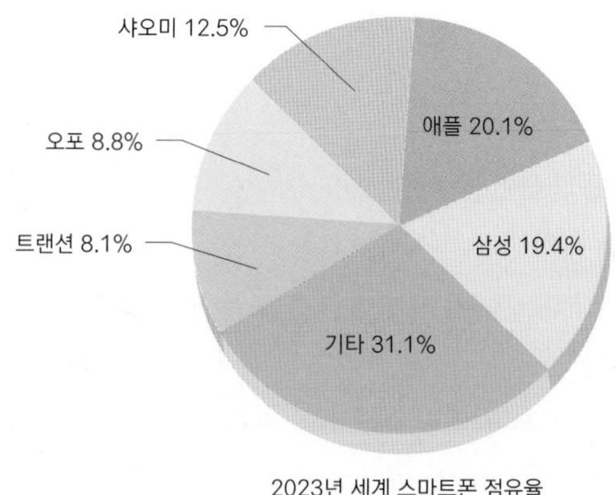

2023년 세계 스마트폰 점유율

출처: IDC

그동안 국내에서는 안드로이드폰이 대부분을 점유하고 있었기 때문에 아이폰 점유율은 10% 정도밖에 되지 않았습니다. 그런데 2015년에 아이폰 6와 6+가 출시된 이후 애플의 한국 스마트폰 시장 점유율이 33%를 기록하여 3명 중 한 명은 아이폰을 사용하였습니다. 2016년에는 잠시 주춤했지만, 2017년에는 아이폰 출시 10주년을 맞아 아이폰 8과 아이폰 X가 출시되면서 아이폰의 국내 시장 점유율은 21개월 만에 최고치인 22.4%를 기록했습니다. 또한 2018년에 애플 스토어가 문을 연 이후 아이폰의 국내 시장 점유율은 더욱 높아졌으며, 2023년에는 25%의 점유율을 차지하였습니다. 지금까지는 국내 시장 점유율이 높은 안드로이드 앱 개발에 관심이 쏠렸다면 이제는 아이폰 앱 개발에도 도전할 때가 되었습니다.

알아 두면 좋아요! } 프로그래밍 언어에 대한 경험이 있다면 더 쉽다!

오브젝티브-C나 스위프트를 학습하지 않았더라도 C 또는 자바스크립트(JavaScript) 등 기초 프로그래밍 언어를 경험한 사용자라면 스위프트에 더 쉽게 접근할 수 있습니다. 프로그램을 개발할 때 문법의 고급 기능은 생각보다 큰 비중을 차지하지 않습니다. 오히려 기본적인 문법, 즉 정수, 실수, 배열과 같은 기본 타입이나 if, for, while과 같은 제어문, 각종 연산자를 주로 이용하여 개발을 하지요. 그렇기 때문에 이미 한 가지 언어를 습득한 사람이라면 다른 언어를 배우기 시작할 때 유사점, 차이점 그리고 새로운 점을 비교하며 금방 배울 수 있습니다.

스위프트는 C 언어와 오브젝티브-C를 계승하였기 때문에 C 언어의 기본 타입, 제어문 그리고 연산자를 습득한 사람이라면 보다 쉽게 스위프트를 사용할 수 있습니다. 또한 스위프트는 자바스크립트와 유사한 점도 많기 때문에 자바스크립트 경험자 또한 쉽게 스위프트를 사용할 수 있습니다.

01-2 iOS 앱 개발을 위한 전제 조건

아이폰, 아이패드, 애플워치 등 iOS용 앱을 개발하기 위해 준비해야 할 사항은 다음과 같습니다.

1. 개발 언어인 '오브젝티브-C' 또는 '스위프트' 학습하기

윈도우용 앱을 개발할 때는 Visual C++라는 도구를 사용하고 C++ 또는 C# 등의 언어를 학습해야 하듯이 아이폰 앱을 개발하기 위해서는 'Xcode'라는 도구를 사용하고 오브젝티브-C(Objective-C)나 스위프트(Swift)라는 개발 언어를 알아야 합니다.

2014년에 발표된 스위프트

스위프트가 발표되기 전까지 모든 iOS 앱을 개발했던 오브젝티브-C

과거에는 오직 오브젝티브-C로만 아이폰 앱을 개발할 수 있었습니다. 오브젝티브-C는 C 언어에 객체 지향 개념이 적용된 언어이다 보니 접근하기가 쉽지 않아 아이폰 앱 개발을 포기하는 경우가 많았습니다. 하지만 2014년 스위프트가 선을 보이게 되면서 오브젝티브-C와 스위프트를 모두 이용하여 아이폰 앱을 개발할 수 있게 되었습니다. 특히 스위프트 발표 이후 많은 입문자들이 아이폰 앱 개발에 도전하고 있습니다. 입문자의 경우는 어려운 오브젝티브-C보다는 최근에 발표된 쉬운 문법이 채택된 스위프트를 권합니다.

▶ 애플은 2014년 6월 세계 개발자 대회(World Wide Devolopers Conference, WWDC)에서 새로운 프로그래밍 언어인 스위프트(Swift)를 발표하였습니다. 스위프트 언어에 대한 자세한 설명은 애플 공식 사이트(http://www.apple.com/kr/swift/)를 참고하세요.

모든 프로그래밍 언어가 마찬가지겠지만 문법을 마스터한 후 프로그래밍을 하려고 하면 시간이 너무 오래 걸리거나 지루하고 어렵게 느껴집니다. 그만큼 프로그래밍 언어의 문법은 딱딱하고 재미가 없습니다. 이 책에서는 가장 일반적인 스위프트 문법만 사용하여 앱을 개발하는 방법부터 배우기 시작합니다. 앱을 개발하는 데 필요한 버튼, 이미지 뷰 등의 객체 사용법을 배우면서 그때그때 필요한 상수와 변수, 제어문, 조건문 등의 스위프트 문법을 함께 익힐 수 있게 구성하였습니다. 프로그램을 직접 만들어 보면서 자연스럽게 문법을 익히면 덩달아 프로그래밍 언어에도 흥미를 갖고 가장 빠르게 배울 수 있을 것입니다.

알아 두면 좋아요! } 스위프트의 장점

스위프트는 애플의 새로운 객체 지향 언어로, 기존의 오브젝티브-C보다 적은 양의 코드로 간결하게 코딩할 수 있습니다. 스위프트의 대표적인 특징은 다음과 같습니다.

빠르고 강력하다

스위프트는 발전된 코드 분석기를 이용하여 최적화된 컴파일을 수행합니다.

완전한 플랫폼이다

스위프트는 애플의 코코아 프레임워크 및 코코아 터치 프레임워크의 모든 부분에 완전하게 접근할 수 있도록 개발되었습니다.

현대적이다

스위프트는 읽고 쓰기 쉬운 문법으로 구성되었으며 헤더 파일 제거 등 현대적 언어의 특징을 대부분 포함하고 있습니다.

상호 반응적인 플레이그라운드

플레이그라운드를 사용하면 코드를 입력하자마자 바로 변수의 결과를 확인할 수 있으므로 간편하게 스위프트 문법을 익힐 수 있습니다.

안전을 위한 설계

스위프트는 버그, 충돌, 보안의 허점 등이 있는 코드를 제거하고, 타입 추론에 의한 타입 안정성을 높였습니다. 또한 포인터와 같은 메모리에 직접 접근하는 방식을 완전히 차단하였고 메모리 관리를 자동화하여 안정적인 소프트웨어를 개발할 수 있도록 하였습니다.

오브젝티브-C와의 상호 운용성

새 앱을 만들거나 앱에 새로운 기능을 구현하기 위해 기존의 오브젝티브-C 코드와 혼합하여 사용할 수 있습니다.

오픈 소스이다

스위프트는 Swift.org에 오픈 소스로 공개되어 많은 개발자가 함께 발전시켜 나갈 수 있습니다.

▶ 스위프트 특징에 대한 더 자세한 내용은 https://swift.org를 참고하세요.

스위프트 문법 } 스위프트 문법에 대해 좀 더 자세히 알아보기

스위프트 문법을 좀 더 구체적으로 공부해 보고 싶다면 아래 사이트를 참고하기 바랍니다.

스위프트 언어 개발 문서 : https://docs.swift.org/swift-book/index.html

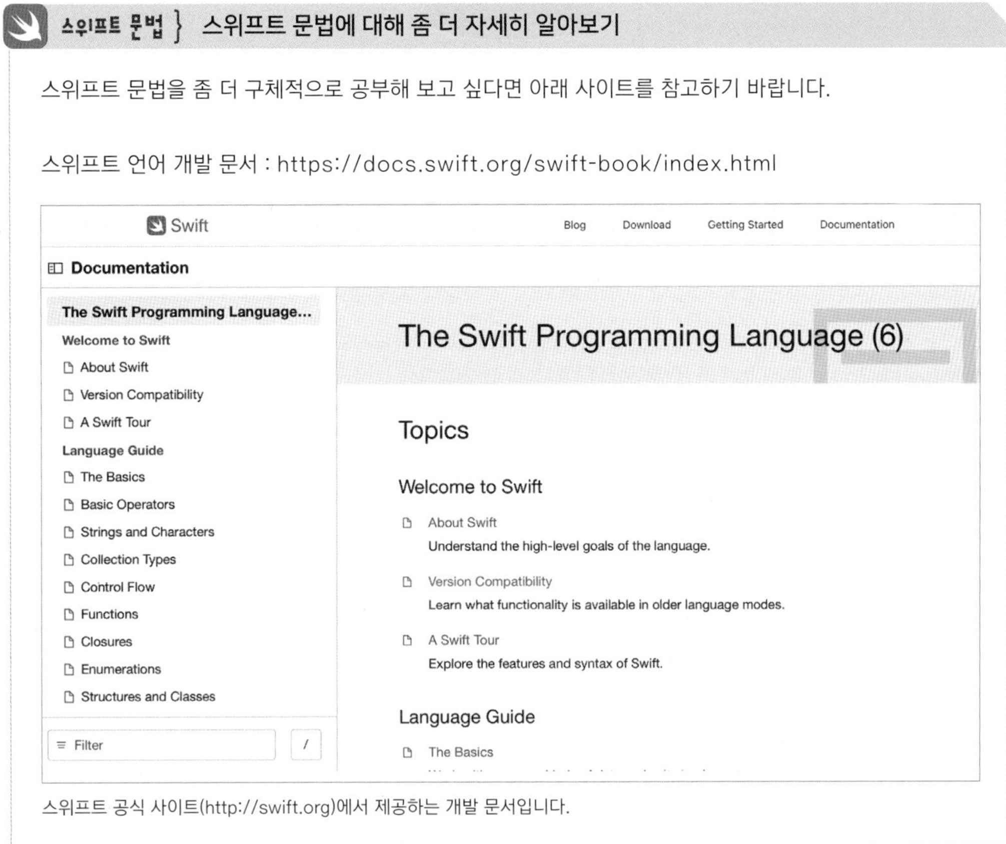

스위프트 공식 사이트(http://swift.org)에서 제공하는 개발 문서입니다.

2. Xcode가 설치된 맥 PC 준비하기

아이폰 앱을 개발하려면 매킨토시 컴퓨터가 필요합니다. 더 정확하게는 매킨토시 컴퓨터의 운영체제인 macOS가 필요합니다. 그 이유는 아이폰 앱을 개발하기 위한 통합 개발 환경(Integrated Development Environment, IDE)인 Xcode가 macOS에서만 동작하기 때문입니다.

맥북 프로

개발 프로그램인 Xcode

앱을 만들고 나서 테스트하려면 아이폰이나 아이패드 등의 기기가 필요하지만 Xcode의 시뮬레이터를 이용하면 당장 아이폰이 없어도 앱을 테스트하고 개발할 수 있습니다. Xcode는 원래 개발자에게만 제공되었지만 지금은 누구나 앱스토어에서 쉽게 다운로드해 설치할 수 있습니다.

▶ 그래서 맥북(MacBook), 맥북 프로(MacBook Pro), 아이맥(iMac) 등의 매킨토시 컴퓨터를 구입해야 하는 부담이 있습니다.

알아 두면 좋아요! } 윈도우 PC에서는 아이폰 앱 개발을 할 수 없나요?

아이폰 앱을 개발하기 위해서는 Xcode가 반드시 필요한데, 아쉽게도 윈도우 OS가 설치된 PC에서는 Xcode가 동작하지 않습니다. Xcode는 앞서 말했듯이 맥 컴퓨터의 운영체제인 macOS에서만 동작합니다. 그렇다면 해킨토시라면 어떨까요? 해킨토시에서는 Xcode 설치가 가능하지만 매킨토시처럼 100% 지원하지는 않습니다. 또한 해킨토시 자체가 불안하지요. 그래서 권장하지 않습니다.

▶ 해킨토시란 해킹+매킨토시의 합성어로, 인텔 제품에 macOS를 설치하는 것입니다.

다만 스위프트 문법을 공부할 때는 우분투 리눅스나 윈도우 10에서 스위프트를 이용하여 컴파일할 수 있습니다.

스위프트가 오픈 소스가 되면서 컴파일러는 우분투 리눅스에서 사용할 수 있게 되었고, 마이크로소프트가 2016년 3월 말에 윈도우 10에서 리눅스 바이너리가 실행될 수 있는 환경을 공개했기 때문입니다. 그래서 윈도우 10에서는 가상머신이 없어도 바로 리눅스 실행 파일을 구동할 수 있고, 우분투 리눅스에서와 같은 방법으로 스위프트 컴파일러를 설치하여 스위프트 코드를 컴파일할 수 있게 되었습니다.

3. 개발자 등록하기

실제 아이폰 기기에서 개발한 앱을 테스트해 보고 싶거나 앱을 판매하기 위해 앱스토어에 등록하려면 애플에 개발자로 등록해야 합니다. 개발자로 등록하려면 애플 개발자 센터인 https://developer.apple.com/에서 애플 아이디를 만들고 개발자 프로그램에 가입하면 됩니다.

이전에는 iOS, macOS용 개발자 프로그램을 별도로 가입해야 했지만 최근에는 하나의 개발자 프로그램에 가입하면 iOS, macOS, watch OS, tv OS 등의 모든 플랫폼용 앱을 개발할 수 있게 되었습니다.

▶ 개발자로 등록해 앱스토어에 앱을 등록하는 방법은 이지스퍼블리싱 홈페이지의 [자료실]에서 내려받으세요.

애플 개발자 프로그램(Apple Developer Program)의 종류는 총 5가지입니다.
다음 중 나에게 맞는 프로그램을 골라 사용하면 됩니다. 간단한 앱을 만들어 보며 연습하고 싶다면 '온라인 개발자 프로그램(무료)'으로도 충분합니다. 하지만 센서 기능처럼 일부 고급 기능은 iOS 시뮬레이터에서는 테스트할 수 없고 반드시 아이폰 기기에서 테스트해야 합니다. 그런 고급 기능이 들어간 앱을 개발하고 있다면 당장 앱스토어에 등록하지 않더라도 '개인 애플 개발자 프로그램', '기업 애플 개발자 프로그램' 등 등록한 기기에 앱을 설치해서 테스트할 수 있는 프로그램에 가입하는 것이 좋습니다.

온라인 개발자 프로그램(무료)

앱 개발 학습을 위하여 개인의 맥에서 프로그램 개발을 하고 시뮬레이터로 확인할 수 있는 프로그램입니다. 하지만 실제로는 기기에서 테스트하거나 앱스토어에 앱을 등록할 수 없습니다.

개인 애플 개발자 프로그램(1년 기준 99달러)

기업이 아닌 개인 개발자를 위한 프로그램입니다. 등록한 기기에 앱을 설치하여 테스트할 수 있으며 개발한 앱을 앱스토어에 등록하여 판매할 수도 있습니다. 기기는 연간 최대 100대까지 등록할 수 있습니다.

기업 애플 개발자 프로그램(1년 기준 99달러)

사업자 등록증을 가지고 있는 기업 개발자를 위한 프로그램입니다. 개인 개발자 프로그램과 마찬가지로 등록한 기기에 앱을 설치하여 테스트할 수 있으며 개발한 앱을 앱스토어에 등록하여 판매할 수도 있습니다. 기기는 연간 최대 100대까지 등록할 수 있습니다.

기업 애플 개발자 엔터프라이즈 프로그램(1년 기준 299달러)

사업자 등록증을 가지고 있는 기업 개발자를 위한 프로그램으로, 등록한 기기에 앱을 설치하여 테스트할 수는 있지만 개발한 앱을 앱스토어에 등록하여 판매할 수는 없습니다. 왜냐하면 기업에서 사내 웹을 통해 앱을 자사 임직원에게 배포하기 위한 프로그램이기 때문입니다. 기기는 연간 최대 100대까지 등록할 수 있습니다.

iOS 개발자 대학 프로그램(무료)

iOS 개발이 교육 과정에 들어있는 교육기관을 위한 무료 프로그램입니다.

01-3 개발 환경 구축하기 - Xcode 설치

스위프트 언어를 지원하는 Xcode는 6.0 버전부터입니다. 이 책은 스위프트 6.0 버전, Xcode 16 버전에서 컴파일하여 테스트하였습니다.

Xcode 설치하기

Xcode는 맥용 앱스토어에서 무료로 다운로드해 설치할 수 있습니다. 앱스토어를 실행해 Xcode를 설치해 보겠습니다.

1. 앱스토어를 실행합니다.

2. 왼쪽 윗부분의 검색 창에 'xcode'를 입력하여 검색한 후 [Xcode] 아이콘을 클릭합니다.

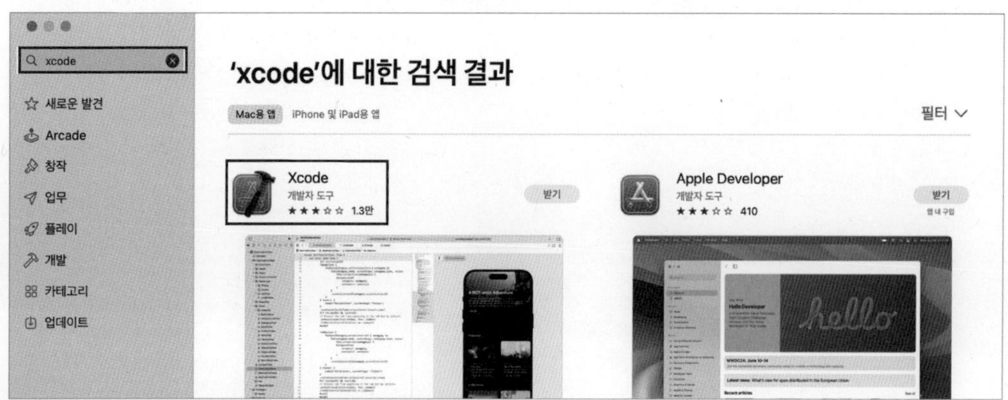

3. Xcode에 대한 설명이 나옵니다. 여기서 [받기] 버튼을 클릭하면 설치가 시작됩니다.

4. Xcode 설치가 완료된 후 런치패드(Launchpad)를 실행하면 설치된 Xcode의 아이콘을 확인할 수 있습니다. 이 [Xcode] 아이콘을 클릭해 실행하면 됩니다.

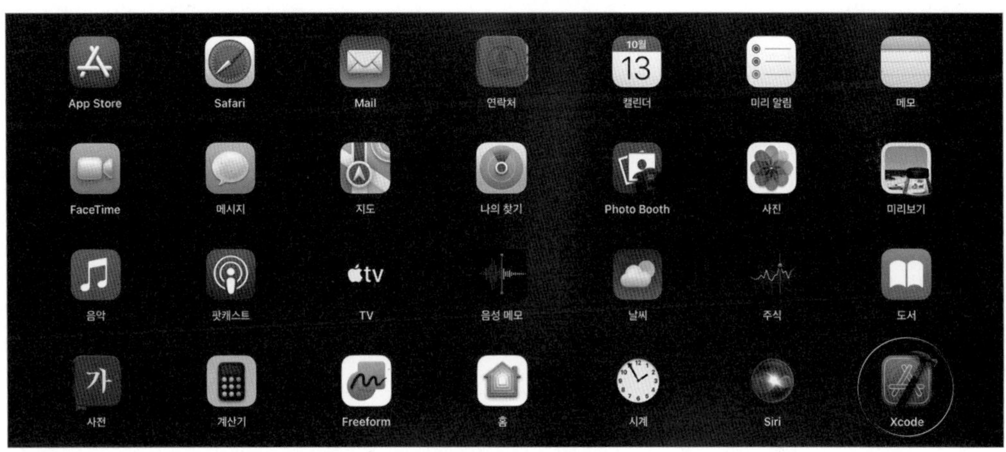

알아 두면 좋아요! | **[Xcode] 아이콘을 클릭해도 실행되지 않아요!**

Xcode를 설치하고 나서 처음 실행했을 때 독(Dock)에 [Xcode] 아이콘이 나타났어도 한참 동안 Xcode가 실행되지 않을 수 있습니다. 뭔가 잘못된 걸로 생각해 [Xcode] 아이콘을 다시 클릭해 보거나 프로그램을 강제 종료해서 다시 실행해 봐도 소용이 없습니다. Xcode에 추가로 필요한 항목을 설치하거나 설정하느라 Xcode가 늦게 실행되는 것이기 때문입니다. 그러니 Xcode 창이 열릴 때까지 차분하게 기다리는 것이 가장 좋습니다.

Xcode 설치를 마쳤으면 앱을 만들기 위한 준비가 끝난 것입니다. 이제 02장으로 넘어가 본격적으로 앱을 만들어 볼까요?

02 Hello World 앱 만들며 Xcode에 완벽 적응하기

난이도 ★☆☆☆☆

Xcode를 설치했으니 이제 간단한 앱부터 차근차근 만들어 보겠습니다. 이번 장에서는 'Hello World'라는 간단한 앱을 직접 만들어 보면서 낯선 Xcode에 적응해 보겠습니다. 프로젝트를 생성하고 스토리보드를 꾸미고 코딩하고 실행하는 과정까지 하나하나 따라 하면서 쉽게 배울 수 있을 것입니다.

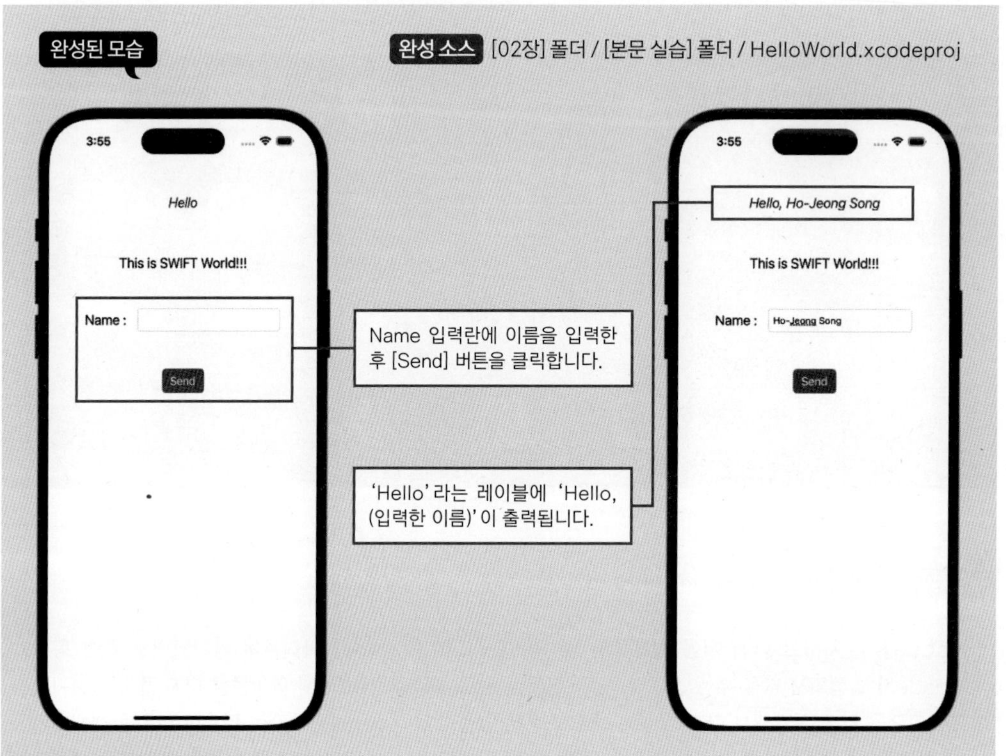

02-1 Hello World 앱을 위한 새 프로젝트 만들기

이번 절에서는 iOS 앱을 개발하기 위한 첫걸음을 내디뎌 보겠습니다. 먼저 Xcode에서 Hello World 앱을 만들기 위한 프로젝트를 생성합니다.

새 프로젝트 시작하기

1. Xcode 실행하기

Xcode를 실행하면 다음과 같은 시작 화면이 나옵니다. 여기서 [Create New Project...]를 클릭하여 새 프로젝트를 만듭니다.

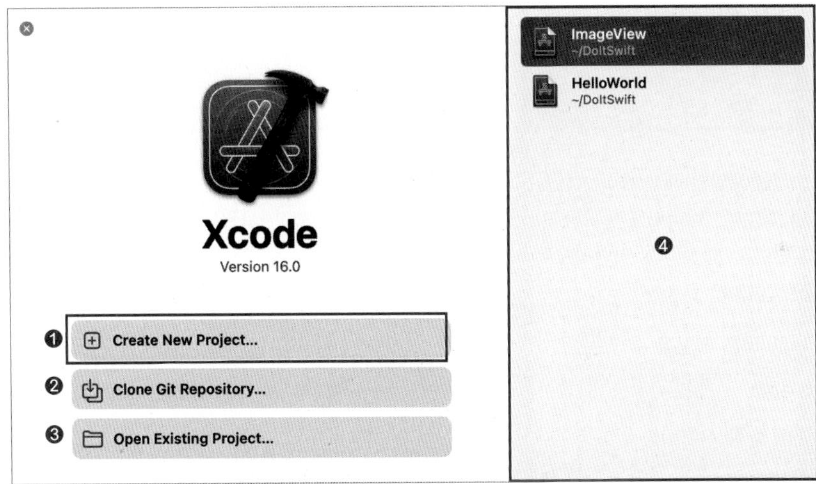

❶ Create New Project... - 아이폰, 아이패드, 맥 앱을 만들기 위한 새로운 Xcode 프로젝트를 생성할 수 있습니다. 일반적으로 가장 많이 사용합니다.

❷ Clone Git Repository... - SVN이나 git과 같은 버전 관리 도구로 연결하여 기존 소스를 가져올 수 있습니다.

❸ Open Existing Project... - 이미 생성된 프로젝트나 파일을 불러올 수 있습니다.

❹ Recent Projects - 최근에 사용된 프로젝트를 보여 줍니다. 열고자 하는 프로젝트를 선택해서 불러올 수 있습니다.

2. 템플릿 선택하기

새 프로젝트를 시작할 때 템플릿을 선택하는 창이 나타납니다. 각 템플릿에는 앱을 개발하는 데 필요한 기본 틀이 용도별로 설정되어 있습니다. 개발자는 이 기본 틀에 여러 가지 기능을 추가하여 앱을 만들면 됩니다.

여기서는 [iOS] 탭의 [App]을 선택한 후 [Next] 버튼을 클릭합니다.

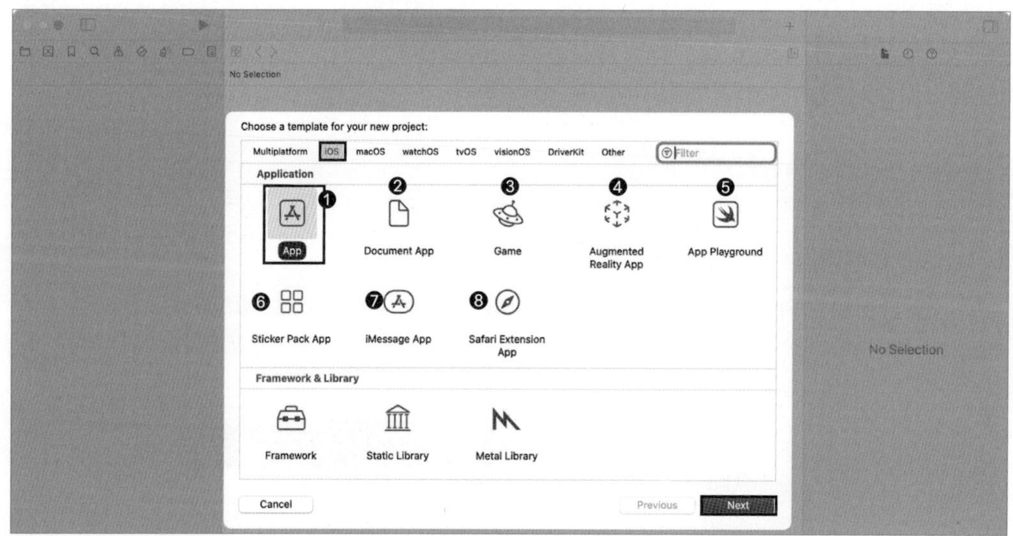

❶ App - 뷰를 사용하는 앱을 개발할 때 사용하는 템플릿입니다. 기본적으로 하나의 뷰가 나타나며 필요에 따라 새로운 뷰를 추가하여 만들 수 있습니다. 일반적으로 가장 많이 사용하는 템플릿입니다.

❷ Document App - 데이터를 저장할 수 있는 문서 기반의 앱을 개발할 때 사용하는 템플릿입니다.

❸ Game - 게임 앱을 개발할 때 사용하는 템플릿입니다. 그래픽 처리를 위한 OpenGL 게임 뷰를 생성해 줍니다.

❹ Augmented Reality App - 증강현실 앱을 개발할 때 사용하는 템플릿입니다.

❺ Swift Playgrounds App - 스위프트 문법을 연습하기 위한 앱을 개발할 때 사용하는 템플릿입니다.

❻ Sticker Pack App - 스티커 팩 앱을 개발할 때 사용하는 템플릿입니다.

❼ iMessage App - 아이메시지 앱을 개발할 때 사용하는 템플릿입니다.

❽ Safari Extension App - 사파리 확장 앱을 개발할 때 사용하는 템플릿입니다.

3. 프로젝트의 기본 정보를 입력하는 창이 나오면 프로젝트의 이름, 사용하는 언어 지정 등 프로젝트의 기본 정보를 입력한 후 [Next] 버튼을 클릭합니다.

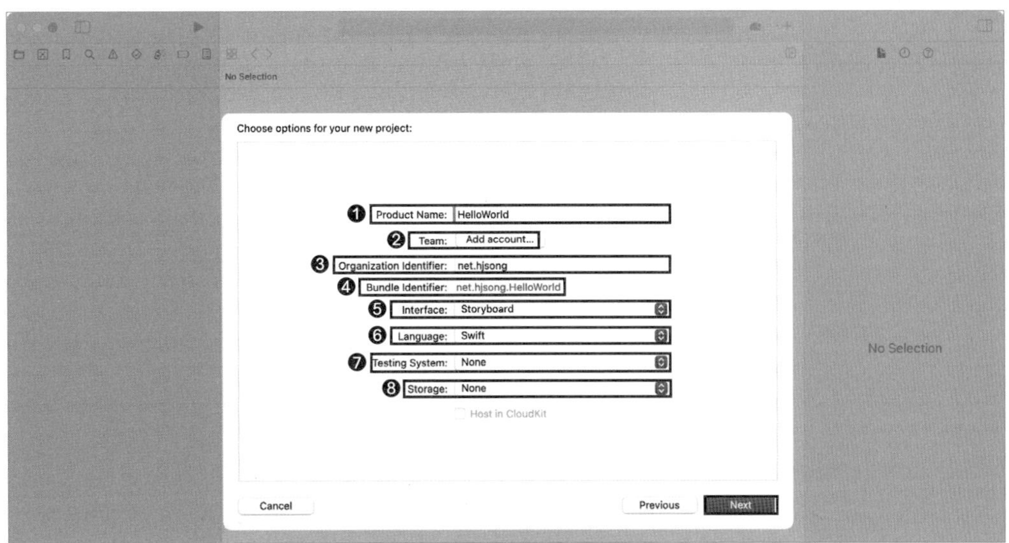

❶ Product Name - 개발하려고 하는 앱의 이름을 입력합니다. 여기서는 'HelloWorld'를 입력합니다.

❷ Team - 개발자 프로그램에 등록된 ID 또는 팀을 입력합니다. 개발자 인증서가 등록되어 있으면 여기서 선택할 수 있습니다. 처음 시작할 때는 시뮬레이션을 사용할 것이므로 입력하지 않아도 됩니다.

❸ Organization Identifier - 조직의 식별자를 입력합니다. 일반적으로 개인이나 조직의 도메인 주소(URL)를 역순으로 입력합니다. 조직 식별자는 앱 식별자를 만드는 데 사용되므로 공부를 하는 동안에는 'com.yourcompany' 등의 아무 URL을 입력해도 무관하지만 앱을 앱스토어에 등록하려면 개인이나 조직이 소유하고 있는 유일한 URL이 있어야 합니다.

❹ Bundle Identifier - 식별자입니다. 'Company Identifier.Product Name'으로 자동으로 생성됩니다. 앱 식별자는 앱을 앱스토어에 등록할 때 다른 앱들과 구분하는 용도로 사용하므로 유일한 식별자를 사용하여 앱을 등록해야 합니다.

❺ Interface - 사용하고자 하는 Interface를 선택합니다. 스토리보드(Storyboard)와 스위프트 UI(SwiftUI) 중에 하나를 선택할 수 있습니다. 여기서는 [Storyboard]를 선택합니다.

❻ Language - 앱 개발에 사용할 언어를 선택합니다. 스위프트(Swift)와 오브젝티브-C(Objective-C) 중에 하나를 선택할 수 있습니다. 여기서는 [Swift]를 선택합니다.

❼ Testing System - 앱의 동작 등을 자동으로 테스트할 때 사용합니다. 여기서는 [None]을 선택합니다.

❽ Storage - iOS에서 제공하는 데이터 관리 툴킷의 사용 여부를 선택합니다. 여기서는 [None]을 선택합니다.

▶ ❼과 ❽은 고급 기능이기 때문에 이 책에서는 다루지 않습니다.

4. 프로젝트를 저장할 작업 폴더를 선택한 후 [Create] 버튼을 클릭합니다.

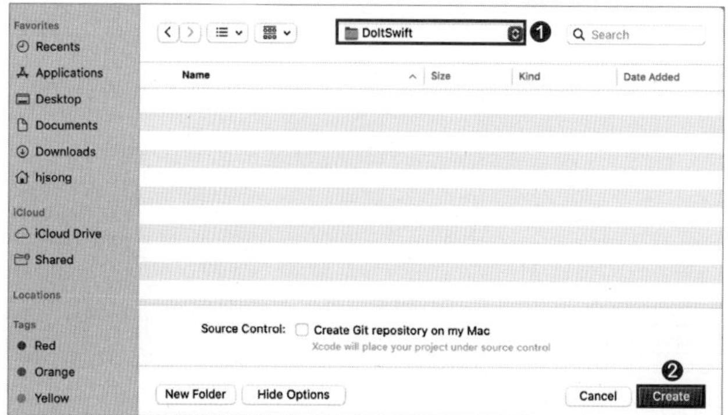

알아 두면 좋아요! 소스 컨트롤이란?

작업 폴더를 생성하는 단계를 나타낸 위 4번 과정의 화면 아래를 보면 소스 컨트롤(Source Control)을 사용할지에 대한 선택 항목이 있습니다. 소스 컨트롤은 깃(Git)이라는 소스 버전 관리 도구를 사용하여 프로젝트를 관리하거나 다른 사람들과 협업하고 싶을 때 사용하는 기능입니다. 만약 깃을 사용하여 프로젝트를 관리하고 싶다면 버전 관리에 대한 개념과 깃 사용 방법을 이해하고 있어야 합니다.

이 책에서는 깃(Git) 사용 방법에 대해서는 다루지 않습니다. 관련 도서 및 사이트를 참고하세요.

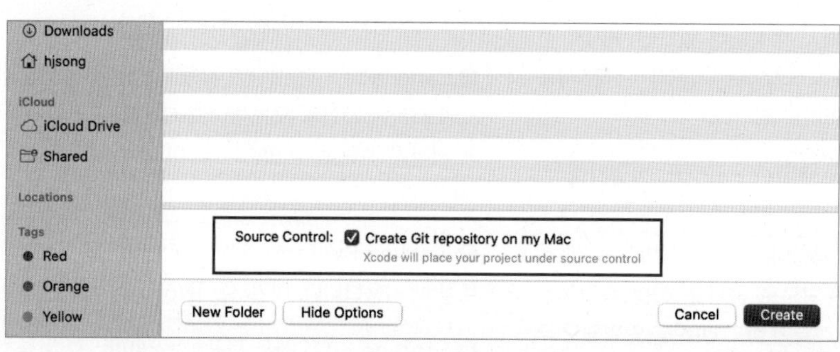

5. 이렇게 새 프로젝트가 만들어졌습니다. 화면 왼쪽의 내비게이터 영역에 프로젝트 파일들이 있는 것을 볼 수 있습니다.

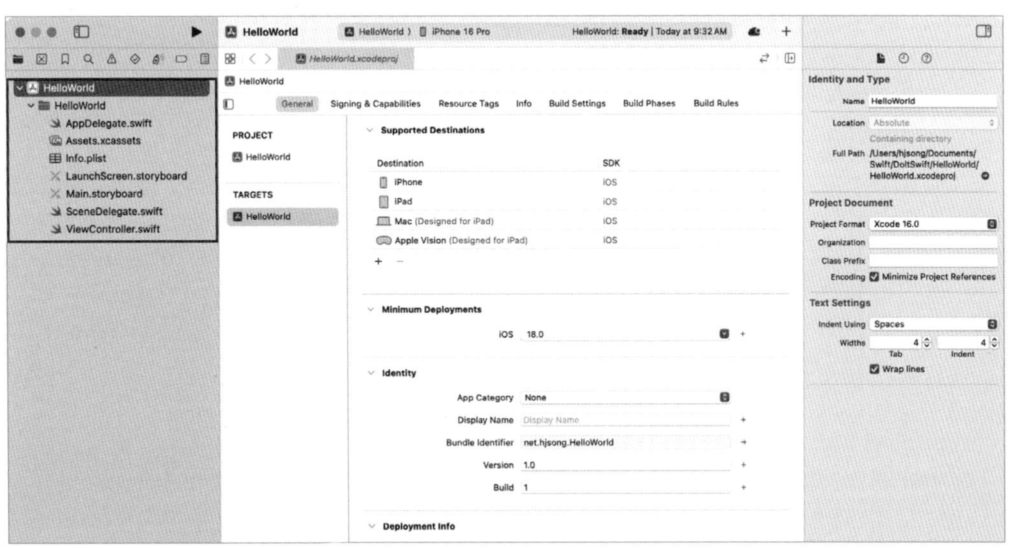

알아 두면 좋아요! 내비게이터 영역의 파일 확장자가 안 보여요

내비게이터 영역에서 파일의 확장자가 안 보이나요? Xcode 16에서는 기본값으로 내비게이터 영역 파일의 확장자가 보이지 않습니다. 확장자를 보고 싶다면 Xcode 메뉴의 [Settings...]로 가서 [General] 탭에서 File Extensions 항목의 'Hide All'을 'Show All'로 변경하면 됩니다.

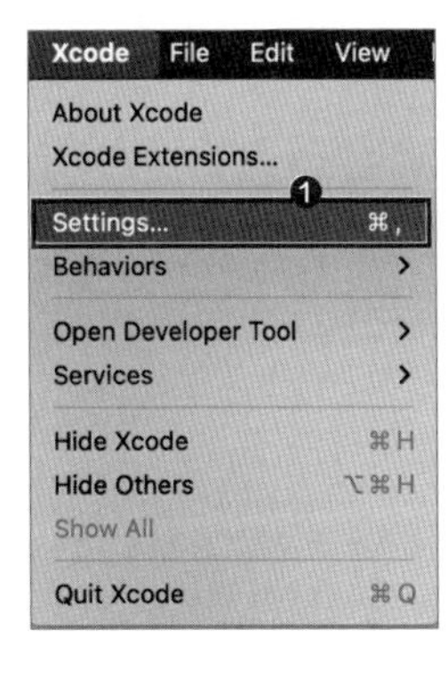

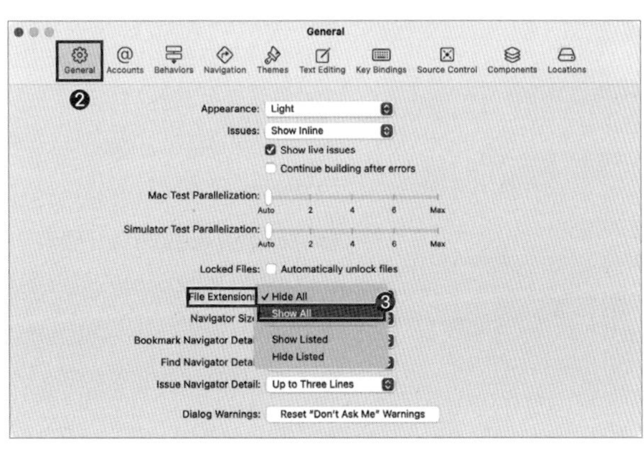

알아 두면 좋아요! } 기기(Device)와 회전 선택하기

프로젝트가 생성되고 처음 나타나는 화면이 프로젝트의 설정 화면입니다. 이 부분은 다소 복잡해 보이지만 초보 단계일 때는 대부분 설정하지 않고 기본으로 사용해도 됩니다.

여기서는 처음 보이는 화면 중 자주 사용하게 될 항목들을 살펴보겠습니다.

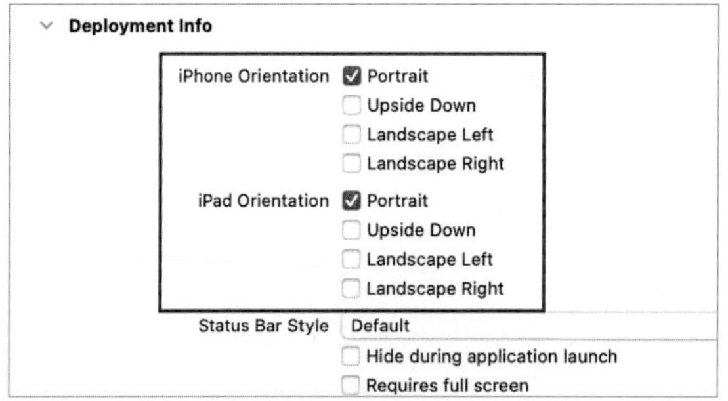

iPhone/iPad Orientation - 앱이 지원할 회전 방향을 선택할 수 있습니다. 세워진 상태(Portrait), 거꾸로 뒤집어진 상태(Upside Down), 왼쪽으로 회전(Landscape Left), 오른쪽으로 회전(Landscape Right)을 선택할 수 있습니다.

이 책에서는 기기의 회전은 고려하지 않을 것이기 때문에 'Portrait' 항목만 선택하고 나머지는 해제하고 사용하는 것이 좋습니다.

프로젝트의 파일들 살펴보기

Hello World라는 프로젝트가 만들어지면 다음과 같은 폴더와 파일이 자동으로 만들어집니다. 하나씩 살펴보겠습니다.

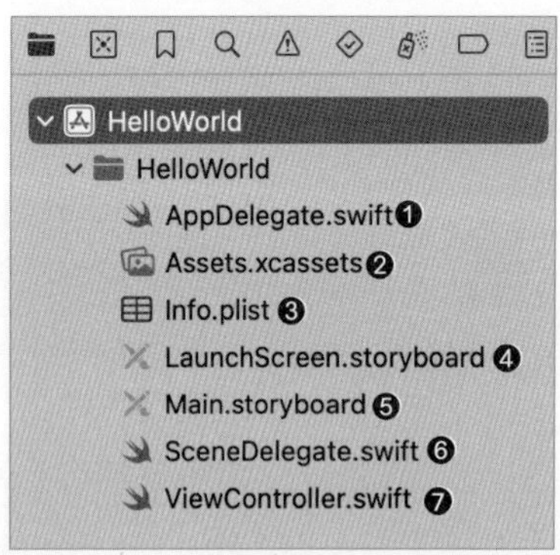

❶ AppDelegate.swift - 앱의 실행 주기(Life Cycle)를 관리하는 내용의 스위프트 소스 코드가 들어 있는 클래스 파일입니다. 앱을 실행하거나 종료 또는 백그라운드를 실행할 때 하는 일들을 관리합니다. 일반적으로 초보 단계일 때는 프로그래머가 직접 코딩하지 않아도 됩니다.

❷ Assets.xcassets - 앱의 아이콘을 보관하는 저장소입니다. 이곳에서 앱 아이콘을 설정해야 원하는 앱 아이콘으로 표시할 수 있습니다.

❸ Info.plist - 앱이 실행되는 데 필요한 정보를 저장하고 있는 파일입니다.

❹ LaunchScreen.storyboard - 앱이 실행될 때 잠시 나타나는 스플래시 화면을 만드는 스토리보드입니다.

❺ Main.storyboard - 앱의 내용을 시각적으로 쉽게 이해하고 프로그래밍할 수 있도록 그림으로 표현한 파일입니다. 이 스토리보드를 통해 화면에 보이는 내용 및 뷰와 뷰 간의 연결 관계 등을 표현할 수 있습니다.

❻ SceneDelegate.swift - 사용자 인터페이스(User Interface; UI)의 실행 주기(Life Cycle)를 관리하는 내용의 스위프트 소스 코드가 들어있는 클래스 파일입니다. ❶번과 마찬가지로 초보 단계일 때는 프로그래머가 직접 코

딩하지 않아도 됩니다.

❼ ViewController.swift - 화면에 보이는 뷰에서 처리하는 내용의 스위프트 소스 코드를 담고 있는 클래스 파일입니다. 일반적으로 프로그래머는 이 파일에서 코딩을 하게 되며 뷰 하나당 클래스 하나가 대응됩니다. 그러므로 스토리보드에서 여러 개의 뷰를 추가하면 뷰의 개수만큼 뷰 컨트롤러 클래스 파일이 필요합니다.

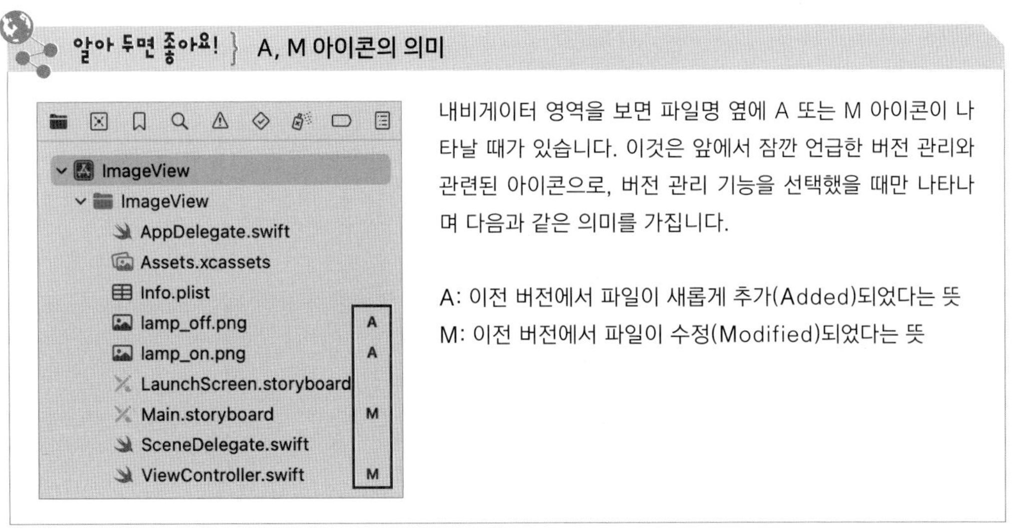

A, M 아이콘의 의미

내비게이터 영역을 보면 파일명 옆에 A 또는 M 아이콘이 나타날 때가 있습니다. 이것은 앞에서 잠깐 언급한 버전 관리와 관련된 아이콘으로, 버전 관리 기능을 선택했을 때만 나타나며 다음과 같은 의미를 가집니다.

A: 이전 버전에서 파일이 새롭게 추가(Added)되었다는 뜻
M: 이전 버전에서 파일이 수정(Modified)되었다는 뜻

Xcode의 화면 구성 살펴보기

Xcode의 화면은 다음과 같이 여러 개의 영역으로 나누어져 있습니다.

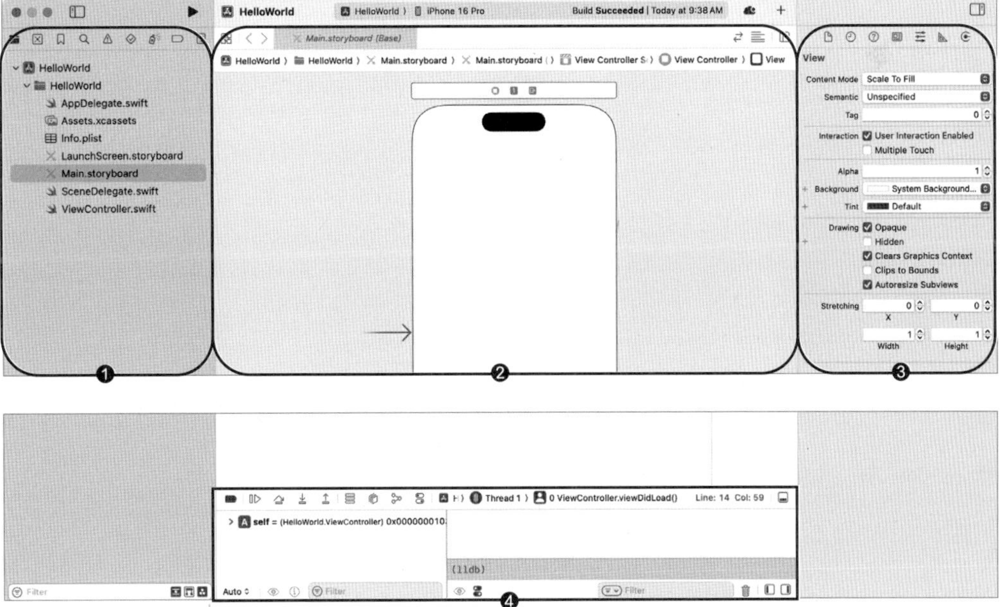

❶ **내비게이터 영역** - 프로젝트 내비게이터, 심벌 내비게이터, 검색 내비게이터, 이슈 내비게이터, 테스트 내비게이터, 디버그 내비게이터, 브레이크 포인트 내비게이터, 리포트 내비게이터 등의 정보를 나타내 주는 영역입니다. ❶번의 각 항목들은 한 번 클릭하면 가운데의 편집기(❷) 영역에 나타나고, 더블클릭하면 새로운 창이 열리면서 나타납니다.

❷ **편집기 영역** - 소스 파일을 열어 소스를 직접 입력하거나 스토리보드를 이용하여 화면을 디자인할 수 있는 영역입니다.

❸ **인스펙터 영역** - 스토리보드를 편집할 때 버튼, 컨트롤러, 뷰 등 모든 객체의 속성을 편집할 수 있는 영역입니다.

❹ **디버그 영역** - 버그를 찾아 수정하는 과정인 디버그를 진행할 때 원하는 변수의 값을 확인하거나 테스트할 목적으로 사용한 입출력 내용이 출력되는 영역입니다. 디버그 창은 왼쪽의 변수 영역과 오른쪽의 콘솔 영역으로 구성되어 있습니다.

Xcode 기본 화면이 어떻게 나누어져 있는지 간단히 살펴보았다면 이제는 스토리보드 작업을 시작할 수 있도록 화면 배치를 설정해 보겠습니다.

02-2 스토리보드로 작업하기 위한 기본 환경 구성하기

프로젝트를 만들었으면 이제 앱을 만들기 위해 화면을 구성해야 합니다. 우선 화면을 구성하기 전에 설정해야 할 내용들과 스토리보드(Storyboard)라는 기능을 사용하여 화면을 구성하는 방법을 알아보겠습니다.

스토리보드란?

예전에 Xcode에서 화면을 구성할 때는 인터페이스 빌더를 사용했습니다. 그런데 인터페이스 빌더는 각 화면 간의 연계성 및 흐름을 파악하기가 어려웠기 때문에 Xcode는 4.2 버전부터 스토리보드(Storyboard)라는 시각적인 기능을 제공하기 시작했습니다.
스토리보드란 앱의 화면 구성을 시각적이고 직관적으로 구성할 수 있게 지원하는 기능입니다. 즉, 스토리보드라는 이름에서 알 수 있듯이 Xcode에서 만들고자 하는 앱이 어떤 모양으로 화면에 구성되어 있고, 버튼을 누르거나 화면을 스와이프하는 등의 특정 액션을 취했을 때 어떤 방식으로 화면 간 전환이 이루어지는지를 보여 줍니다. 그리고 이처럼 화면 간의 흐름 및 전체적인 모양을 시각적인 방식으로 연결하고 표현해 줌으로써 직관적으로 앱의 흐름을 확인할 수 있습니다.

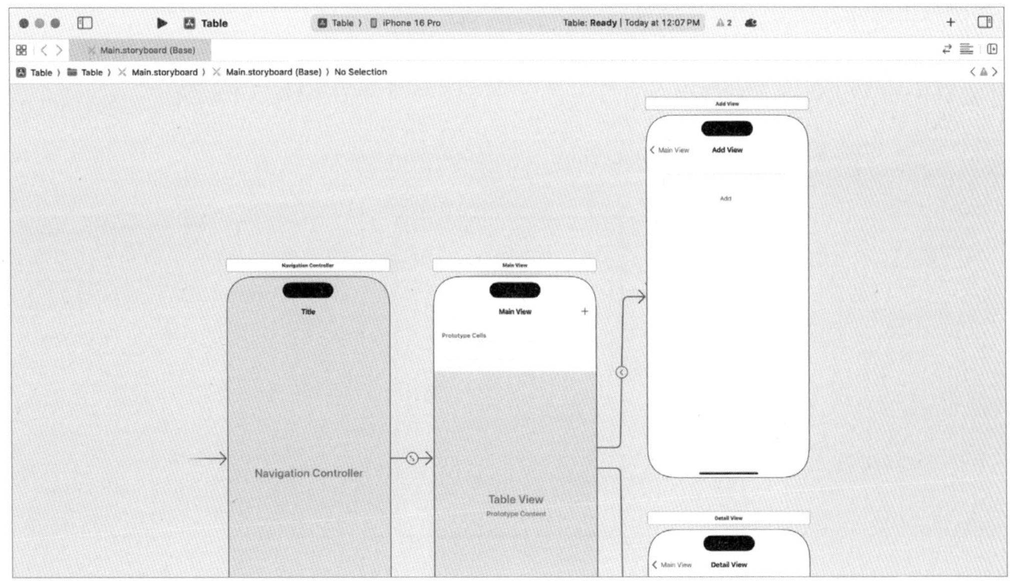

스토리보드 작업 화면 조정하기

1. Xcode 화면이 처음 열렸을 때 화면 왼쪽의 내비게이터 영역에서 [Main.storyboard]를 선택하면 스토리보드가 화면에 나타납니다.

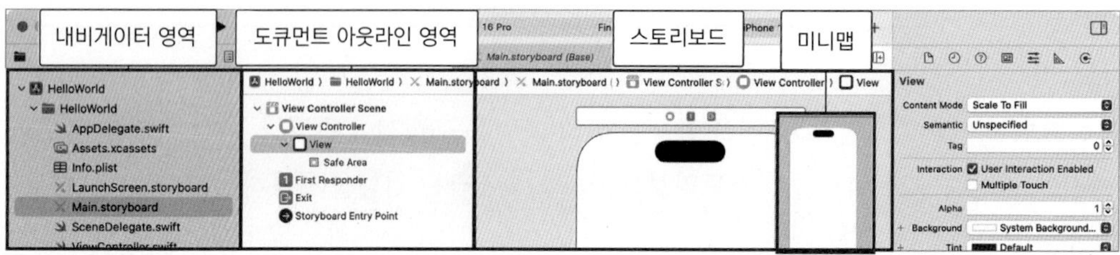

그런데 왼쪽의 내비게이터 영역과 도큐먼트 아웃라인 영역이 꽤 많은 부분을 차지하다 보니 스토리보드 영역이 상대적으로 작게 보입니다. 이럴 때는 '내비게이터' 영역 혹은 '도큐먼트 아웃라인' 영역을 줄이거나 닫아서 스토리보드가 잘 보이게 할 수 있습니다.

2. 도큐먼트 아웃라인 영역 숨기기

도큐먼트 아웃라인 영역은 [Hide Document Outline] 버튼을 클릭하여 닫을 수 있습니다.

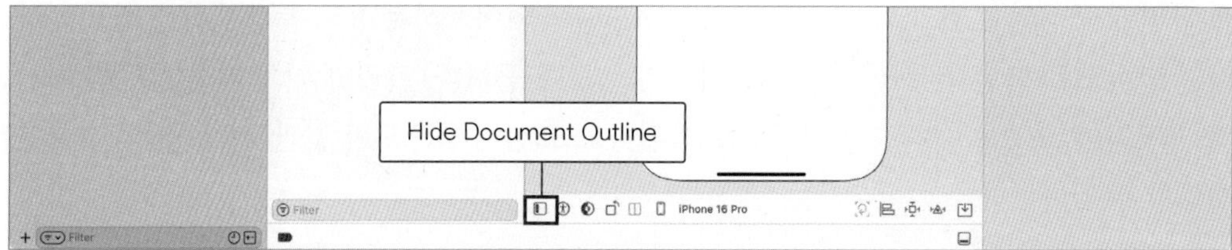

도큐먼트 아웃라인 영역이 사라지면서 스토리보드가 크게 보입니다.

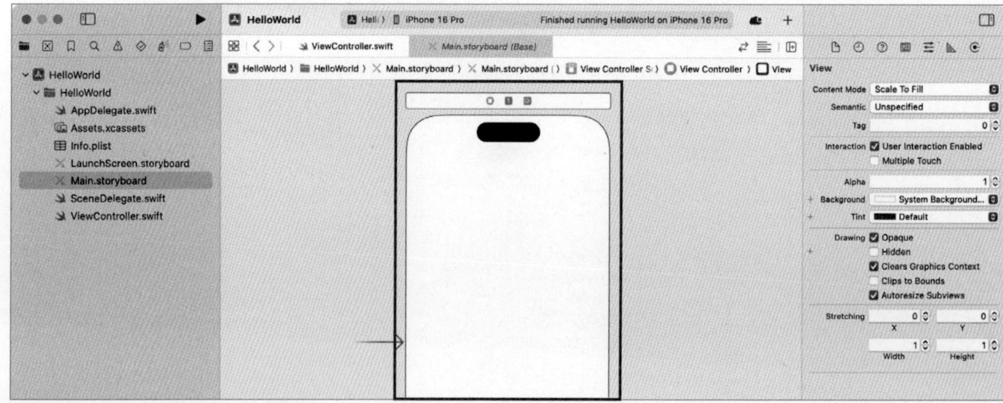

알아 두면 좋아요! 편집기 영역 변경 및 화면 영역 보이기/감추기

코딩 작업을 하다 보면 편집기 모드를 변경하거나 화면 영역을 감추거나 보이게 해야 할 때가 있습니다. 이럴 때 사용하는 버튼은 다음과 같습니다.

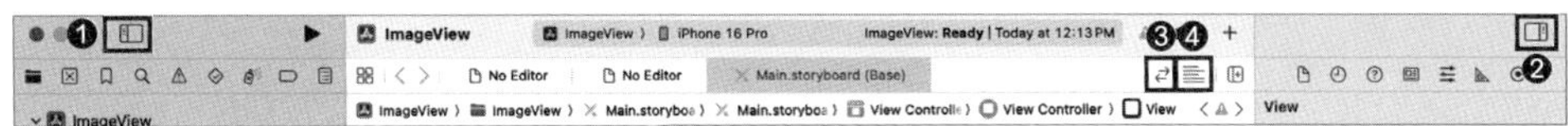

❶ **내비게이터 영역 감춤/보임(Hide or show the Navigator) 버튼** - 왼쪽의 내비게이터 영역을 감추거나 보여 줍니다.

❷ **인스펙터 영역 감춤/보임(Hide or show the Inspectors) 버튼** - 오른쪽의 인스펙터 영역을 감추거나 보여 줍니다.

❸ **버전 편집기(Version editor) 버튼** - 버전 편집기를 엽니다. 버전 편집기에서는 Source Control 기능을 이용할 경우 이전 버전과 현재 버전의 차이점을 확인할 수 있습니다.

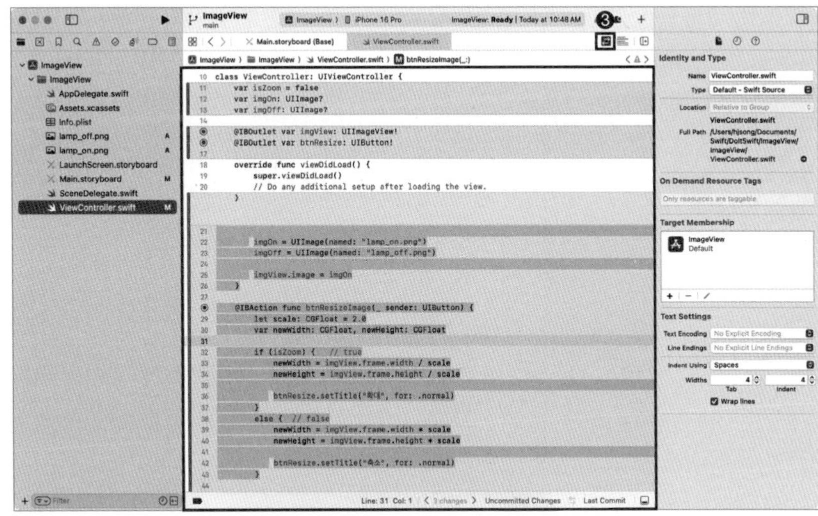

❹ **에디터 옵션(Adjust Editor Options) 버튼** - 에디터의 다양한 옵션들을 사용하여 화면을 조정합니다.

❺ **미니맵(Minimap) 옵션** - 편집기 영역의 미니맵을 감추거나 보여 줍니다. 미니맵은 확대나 이동으로 인하여 스토리보드의 일부가 가려질 경우 자동으로 나타나고, 축소되면 자동으로 사라집니다.

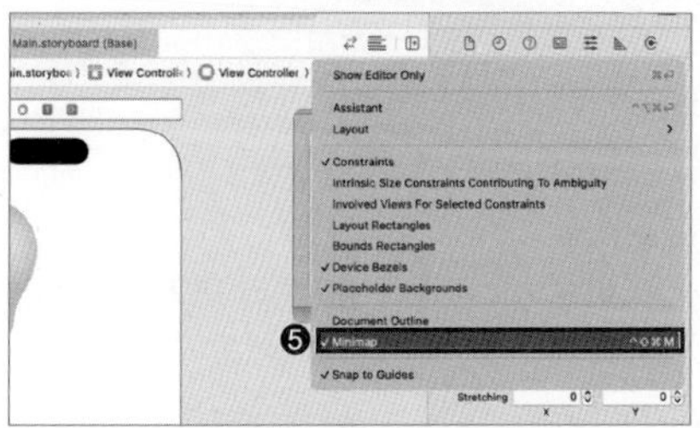
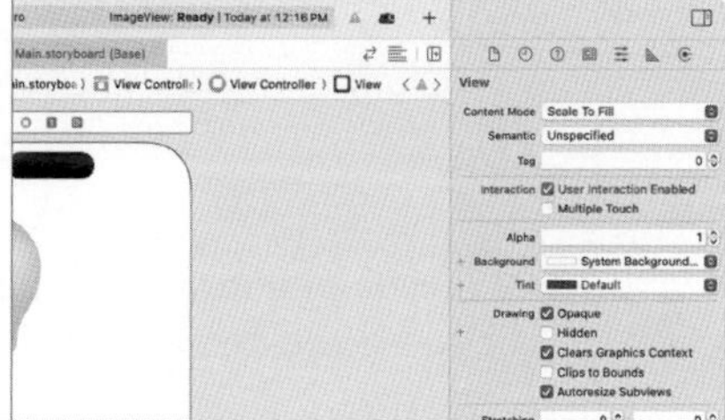

❻ **보조 편집기(Assistant editor) 옵션** - 편집기 영역에 보조 편집기를 엽니다.

보조 편집기를 닫으려면 ❶ [Adjust Editor Options] 아이콘을 클릭한 후 ❷ [Show Editor Only] 메뉴를 선택하거나, ❸ [Close This Editor] 아이콘을 클릭하면 보조 편집기가 닫힙니다.

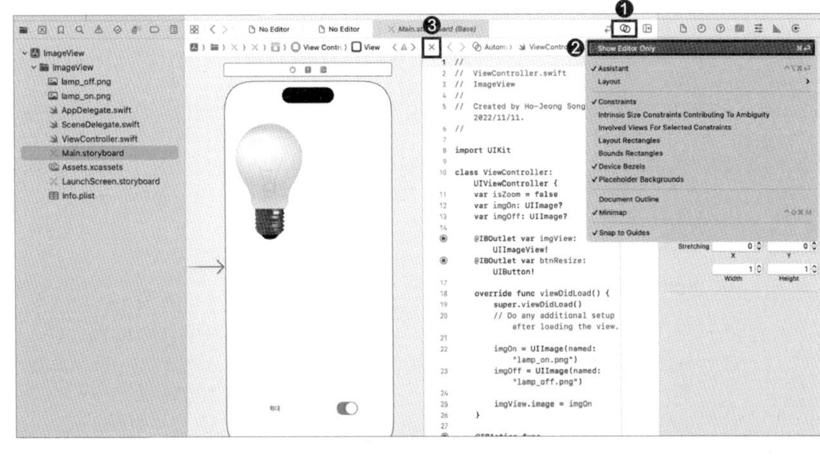

어떤 기종에 맞춰 앱을 만들까? - 아이폰 버전별 화면 크기 알아보기

아이폰은 3GS부터 최근 16 Pro Max까지 다양한 크기의 화면으로 구성되어 있으며 각 버전별 화면 크기는 다음과 같습니다.

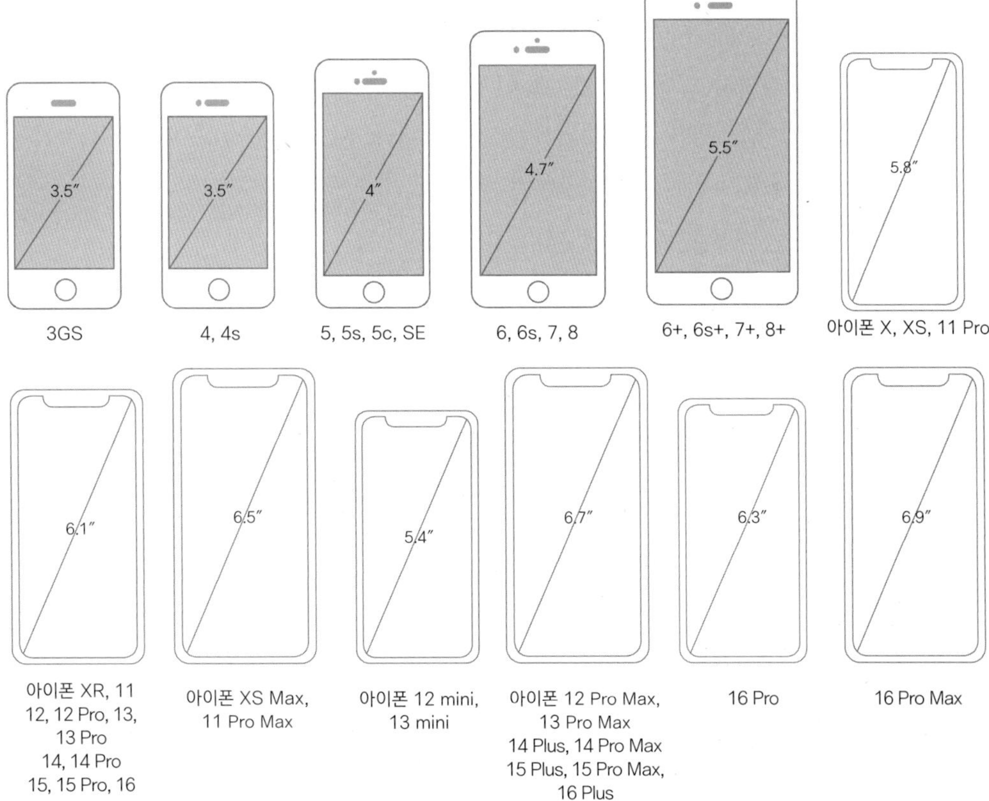

<table>
<tr><th>버전</th><th>화면 크기(해상도)</th><th>버전</th><th>화면 크기(해상도)</th></tr>
<tr><td>아이폰 3GS</td><td>3.5인치(320×480px)</td><td>아이폰 4, 4s</td><td>3.5인치(640×960px)</td></tr>
<tr><td>아이폰 5, 5s, 5c, SE</td><td>4인치(640×1136px)</td><td>아이폰 6, 6s, 7, 8, SE(2세대)</td><td>4.7인치(750×1334px)</td></tr>
<tr><td>아이폰 6+, 6s+, 7+, 8+</td><td>5.5인치(1080×1920px)</td><td>아이폰 X, XS, 11 Pro</td><td>5.8인치(1125×2436px)</td></tr>
<tr><td>아이폰 XR, 11</td><td>6.1인치(828x1792px)</td><td>아이폰 XS Max, 11 Pro Max</td><td>6.5인치(1242×2688px)</td></tr>
<tr><td>아이폰 12 mini, 13 mini</td><td>5.4인치(1080×2340px)</td><td rowspan="6">아이패드 미니
아이패드 에어
아이패드 프로</td><td rowspan="6">7.9인치(1536×2048px)
8.3인치(1448×2266px)
9.7인치(1536×2048px)
10.2인치(1620×2160px)
10.5인치(1668×2224px)
10.9인치(1640×2360px)
11인치(1668×2388px)
11.1인치(1668×2420px)
12.9인치(2048×2732px)
13인치(2064×2752px)</td></tr>
<tr><td>아이폰 12, 12 Pro,
13, 13 Pro, 14</td><td>6.1인치(1170×2532px)</td></tr>
<tr><td>아이폰 12 Pro Max,
13 Pro Max, 14 Plus</td><td>6.7인치(1284×2778px)</td></tr>
<tr><td>아이폰 14 Pro,
15, 15 Pro, 16</td><td>6.1인치(1179×2556px)</td></tr>
<tr><td>아이폰 14 Pro Max,
15 Plus, 15 Pro Max,
16 Plus</td><td>6.7인치(1290×2796px)</td></tr>
<tr><td>아이폰 16 Pro,
아이폰 16 Pro Max</td><td>6.3인치(1206×2662px)
6.9인치(1320×2868px)</td></tr>
</table>

이렇게 화면 크기가 다양하기 때문에 Xcode에서는 하나의 앱에서 다양한 화면을 모두 지원하기 위해 자동 레이아웃(Auto Layout) 기능을 제공합니다. 이 책에서 01~12장까지는 자동 레이아웃 기능을 사용하지 않고 아이폰 16 Pro의 화면에 맞춰 앱을 만들고, 13장부터는 자동 레이아웃 기능을 사용하여 앱을 만들 것입니다.

▶ 자동 레이아웃(Auto Layout)에 대한 자세한 내용은 12장 뒤의 [선행학습]을 참고하세요.

알아 두면 좋아요! } 스토리보드 크기 변경하기

자동 레이아웃 기능을 사용하지 않을 경우에는 한 가지 기기의 크기에 맞춰 개발해야 합니다. 기본적으로는 아이폰 16의 크기인 6.1인치로 설정됩니다. 만일 다른 크기의 기기로 개발하고자 한다면 다음과 같은 방법으로 크기를 변경할 수 있습니다.

1. 우선 스토리보드 아랫부분의 [iPhone 16]을 클릭합니다.

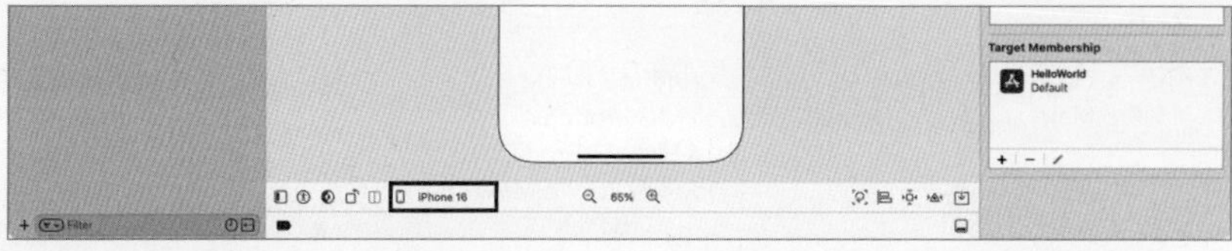

2. 위쪽에 디바이스 선택 아이콘이 나타납니다.

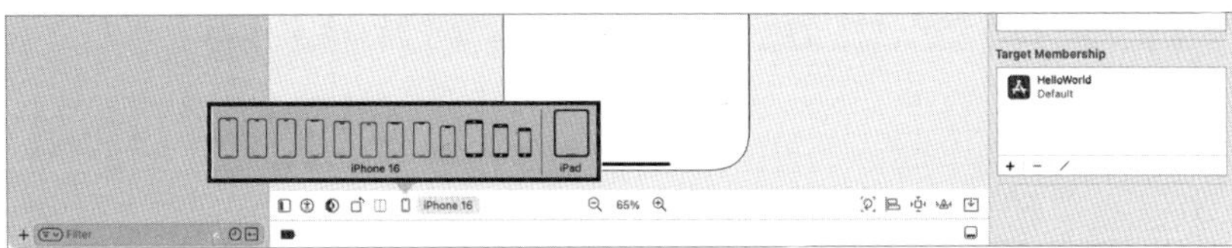

3. 원하는 기기와 방향을 선택합니다. 여기서는 [iPhone 16 Pro]를 선택했습니다.

기기별 아이폰 화면 크기(인치)에 대한 자세한 내용은 37쪽을 참고하세요.

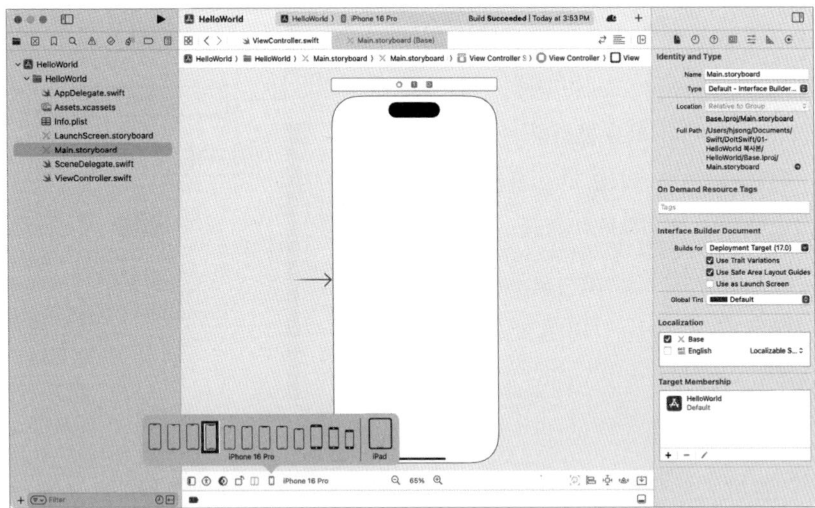

4. 스토리보드의 디바이스가 변경된 것을 확인할 수 있습니다. 만일 디바이스 선택 윈도우를 가리고 싶다면 Esc키를 누르거나 아랫부분의 [iPhone 16 Pro]를 다시 한번 클릭하면 됩니다.

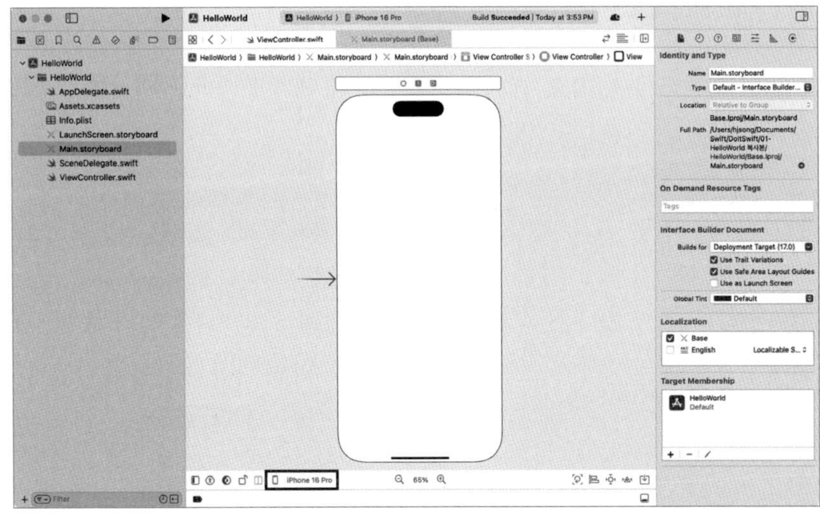

02-3 스토리보드로 Hello World 앱 화면 꾸미기

이제 스토리보드를 사용하여 Hello World 앱의 화면을 꾸며 보겠습니다. 이 앱에서는 텍스트를 보여 주는 레이블(Label) 객체와 사용자가 직접 글자를 입력할 수 있는 텍스트 필드(Text Field) 객체, 이름을 전송하는 버튼(Button) 객체를 사용합니다.
객체란 사용자 인터페이스를 위해 사용하는 레이블, 버튼 등의 오브젝트를 의미하며 라이브러리에서 가져와 사용할 수 있습니다. 스토리보드에 배치된 객체는 사용자로부터 입력을 받거나 사용자 인터페이스 역할을 합니다.

위 그림은 완성된 스토리보드 화면입니다. 이 그림과 사용된 객체를 참고하여 배치해 보겠습니다.

레이블 추가하고 수정하기

아이폰 화면을 통해 텍스트를 나타낼 때는 주로 레이블(Label) 객체를 사용합니다. 간단히 말하면 텍스트 박스와 같다고 할 수 있지요. 레이블을 추가하여 화면에 나타낼 텍스트를 입력해 보겠습니다.

1. 레이블 추가하기

먼저 'Hello'라는 메시지를 출력할 레이블을 추가해 보겠습니다. Xcode 화면 상단의 [Library] 버튼을 클릭한 후 팝업 창에서 객체 목록 중 스크롤해서 찾거나 검색란에 'label'이라고 입력한 후 검색된 레이블을 선택해 스토리보드로 끌어와 화면 위쪽 중앙에 배치합니다.

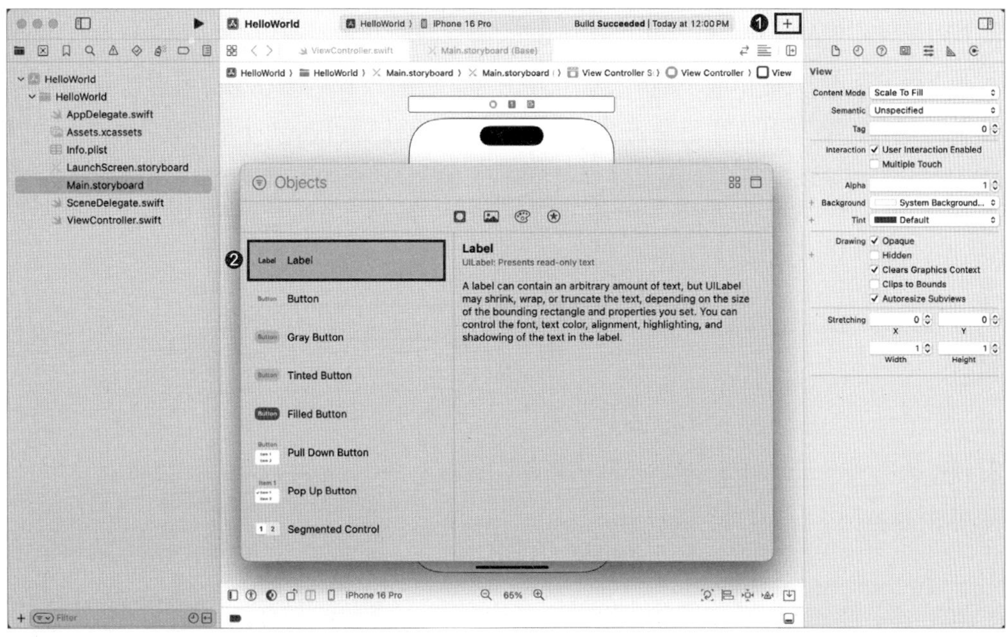
HelloWorld
Build Succeeded | Today at 12:00 PM
❶
Objects
❷
Label
Button
Gray Button
Tinted Button
Filled Button
Pull Down Button
Pop Up Button
Segmented Control
Label
UILabel: Presents read-only text
A label can contain an arbitrary amount of text, but UILabel may shrink, wrap, or truncate the text, depending on the size of the bounding rectangle and properties you set. You can control the font, text color, alignment, highlighting, and shadowing of the text in the label.

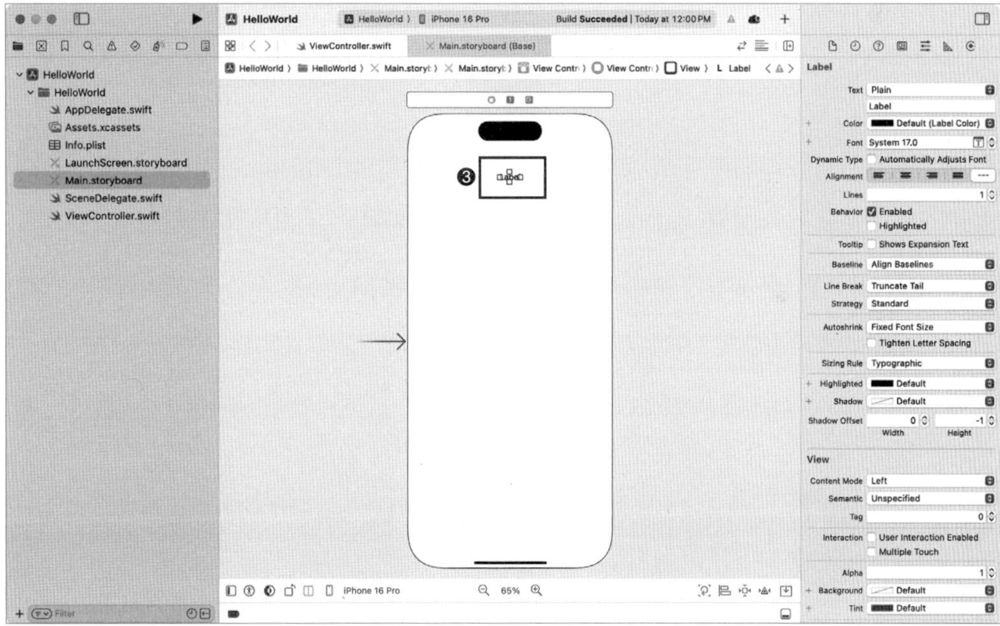
HelloWorld
Build Succeeded | Today at 12:00 PM
❸
Label

2. 레이블의 길이보다 출력하고자 하는 내용이 더 길 경우 내용이 잘려서 안 보입니다. 그러므로 출력하고자 하는 메시지가 충분히 출력될 수 있도록 레이블 크기를 조절해 보겠습니다. 레이블을 선택한 후 레이블의 왼쪽 혹은 오른쪽에 마우스를 올리면 크기를 조절하는 아이콘이 나타납니다. 마우스를 좌우로 움직여 레이블의 크기를 조절하여 가로 폭에 맞게 늘릴 수 있습니다.

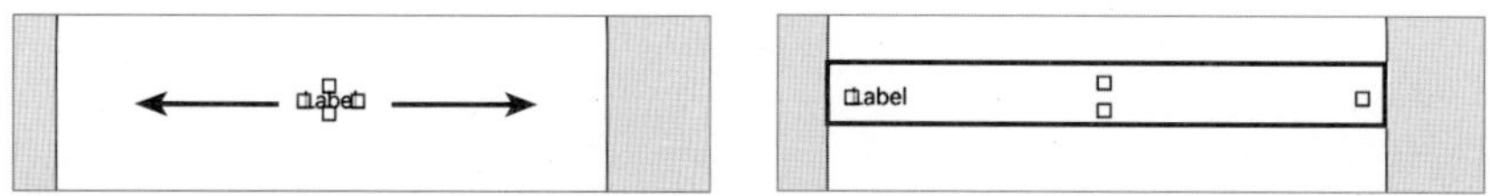

3. 레이블을 마우스로 더블 클릭한 후 내용을 'Hello'로 변경합니다.

4. 레이블을 선택한 상태에서 화면 오른쪽 인스펙터 영역의 [Attributes inspector] 버튼을 클릭합니다. 그런 다음 정렬(Alignment)을 [가운데 맞춤(▤)]으로 선택합니다.

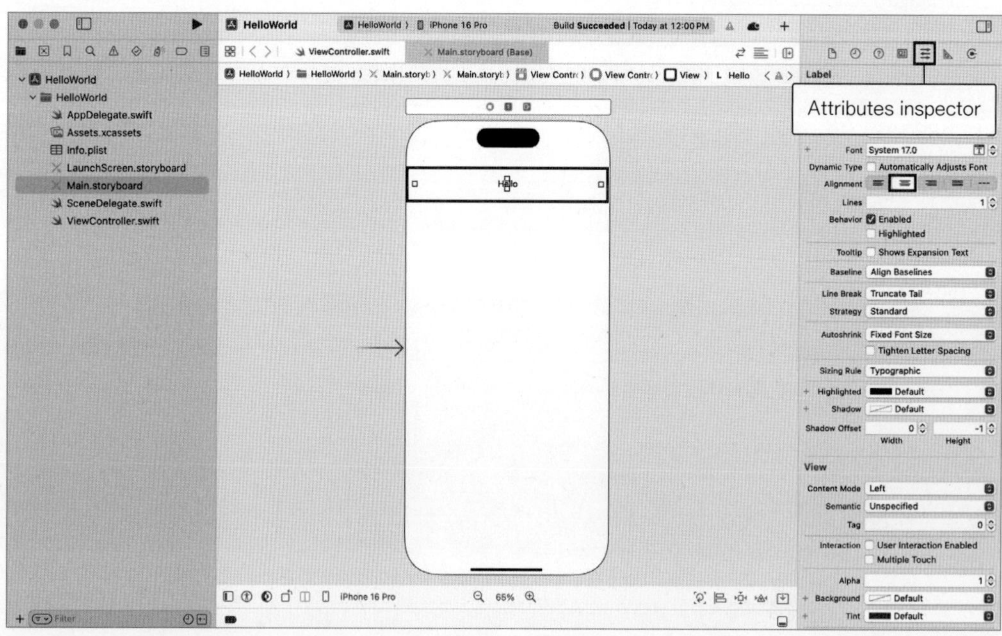

5. 레이블의 글자 색상과 서체 변경하기

앞에서 추가한 레이블의 텍스트 속성을 변경해 보겠습니다. 레이블을 선택한 후 오른쪽 인스펙터 영역의 색상(Color)을 [파란색(Blue)]으로 선택해 변경합니다.

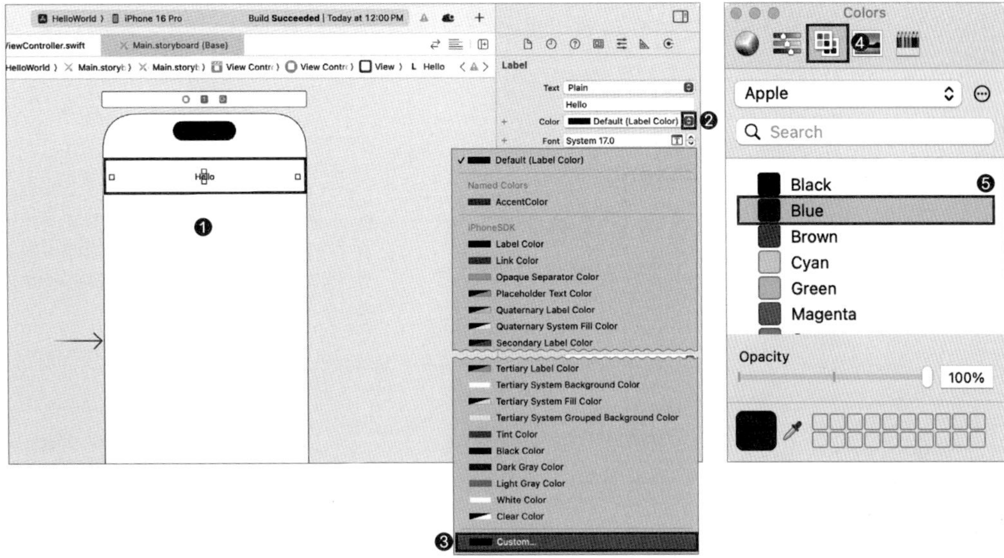

6. 같은 방법으로 서체(Font)는 [System Italic]으로, 글자 크기(Size)는 [20.0]으로 변경합니다.

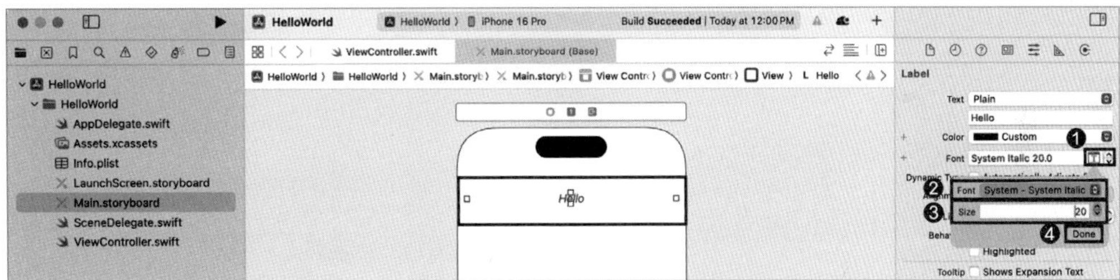

7. 레이블 두 개 더 추가하기

같은 방법으로 레이블을 두 개 더 추가합니다. 두 번째 레이블의 내용에는 'This is SWIFT World!!!'를, 세 번째 레이블에는 'Name :'을 입력합니다.

텍스트 필드와 버튼 추가하고 수정하기

텍스트 필드는 사용자로부터 텍스트를 입력받을 때 사용하는 객체이고, 버튼은 사용자로부터 액션을 입력받을 때 주로 사용하는 객체입니다. 여기서는 텍스트 필드를 사용하여 이름을 입력받고, 입력 완료의 의미로 버튼을 클릭하여 앱에 전달할 용도로 텍스트 필드와 버튼을 추가하여 배치해 보겠습니다.

1. 텍스트 필드(Text Field) 추가하기

상단의 [Library] 버튼을 클릭한 후 팝업 창에서 'text'를 입력하여 [텍스트 필드(Text Field)]를 찾아 추가합니다.

▶ 이 책에서는 객체를 추가할 때 객체 목록에서 스크롤하여 원하는 객체를 찾아 추가하거나 검색창에서 객체를 검색하여 추가하는 방법 2가지를 모두 사용합니다.

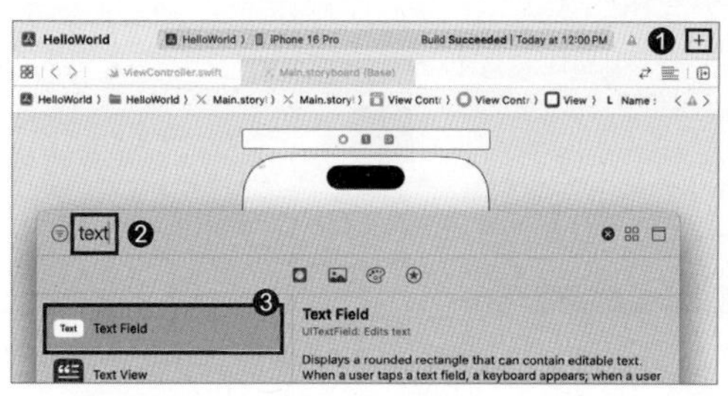

2. 텍스트 필드를 선택해 크기를 조절합니다.

3. 버튼(Button) 추가하기

마지막으로 상단의 [Library] 버튼을 클릭한 후 팝업 창에서 이름을 전송할 [버튼(Button)]을 끌어와 추가한 후, 오른쪽 인스펙터 영역의 [Attributes inspector]를 선택하고 Style을 Filled로 변경합니다.

▶ Style은 Plain, Grey, Tinted, Filled 중 선택할 수 있습니다.

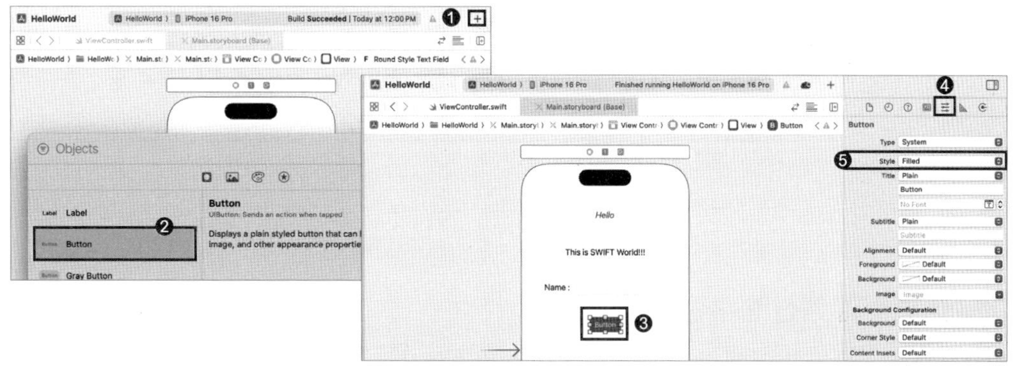

4. 버튼을 더블 클릭하여 버튼의 글자를 'Send'로 변경합니다.

▶ 버튼의 색상도 인스펙터 영역에서 수정할 수 있습니다.

이렇게 스토리보드를 이용한 Hello World 앱의 화면 구성을 마쳤습니다.

알아 두면 좋아요! } 경고 메시지 알아보기

예제를 작성하다 보면 경고 아이콘이 나타나는 것을 볼 수 있습니다. 경고 아이콘을 클릭하면 다음과 같이 경고 메시지가 나옵니다.

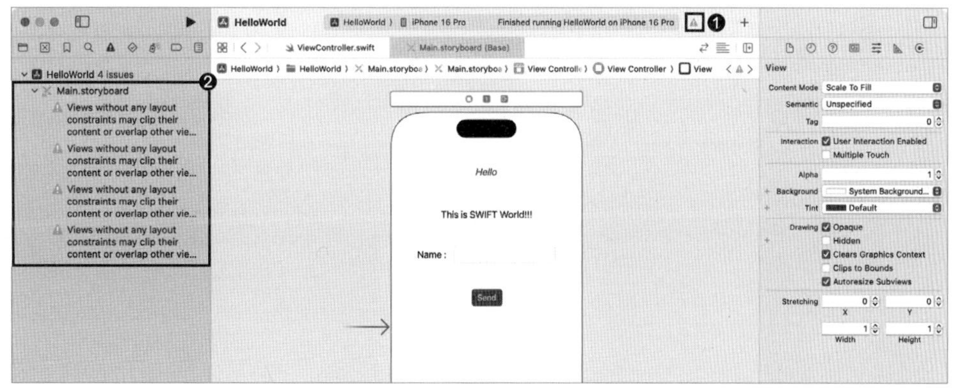

이 경고 메시지는 자동 레이아웃에 관련된 메시지로 스토리보드에 객체를 배치시키면 나옵니다. 자동 레이아웃을 설정하지 않아서 객체가 다른 객체에 의해 잘리거나 겹치게 된다는 내용의 메시지입니다. 자동 레이아웃에 대한 자세한 내용은 12장 뒤의 [선행학습]에서 확인할 수 있으며, 이 책의 13장부터 자동 레이아웃을 적용합니다.

02-4 아웃렛 변수와 액션 함수 추가하기

아웃렛 변수와 액션 함수란?

스토리보드에 추가한 객체를 선택하고 내용을 변경하거나 특정 동작을 수행하도록 하기 위해서는 해당 객체에 접근할 수 있는 변수인 '아웃렛 변수'와 동작을 정의한 함수인 '액션 함수'가 필요합니다. 예를 들어 앞에서 만든 텍스트 필드에 사용자가 이름을 입력하면 입력한 텍스트를 받아 저장할 변수를 만들고 만든 변수와 텍스트 필드를 연결시켜 줘야 합니다. 이러한 변수를 아웃렛 변수(Outlet Variable)라고 합니다. 그리고 [Send] 버튼을 클릭했을 때 입력한 이름을 읽어서 레이블에 출력하는 함수를 만들고 이 함수를 버튼과 연결시켜 줘야 합니다. 이러한 함수를 액션 함수(Action Function)라고 합니다.

소스 작업을 위한 보조 편집기 영역 열기

이제 앞에서 추가한 텍스트 필드에 연결할 아웃렛 변수와 버튼에 연결할 액션 함수를 추가해 보겠습니다. 아웃렛 변수와 액션 함수를 추가하기 위해서는 보조 편집기(Assistant editor) 영역을 열어야 합니다. 화면 오른쪽 윗부분의 [Adjust Editor Options] 버튼을 클릭한 후 [Assistant] 메뉴를 선택하면 화면 가운데의 스토리보드 부분이 둘로 나누어지면서 왼쪽에는 스토리보드, 오른쪽에는 소스를 편집하는 영역이 나타납니다.

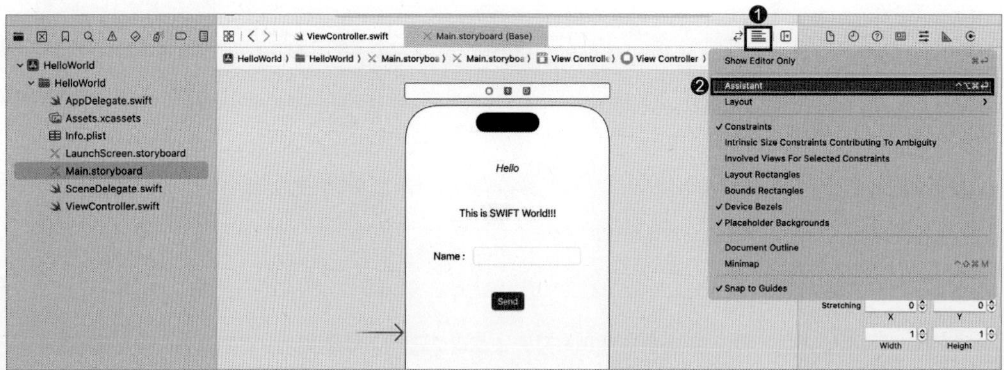

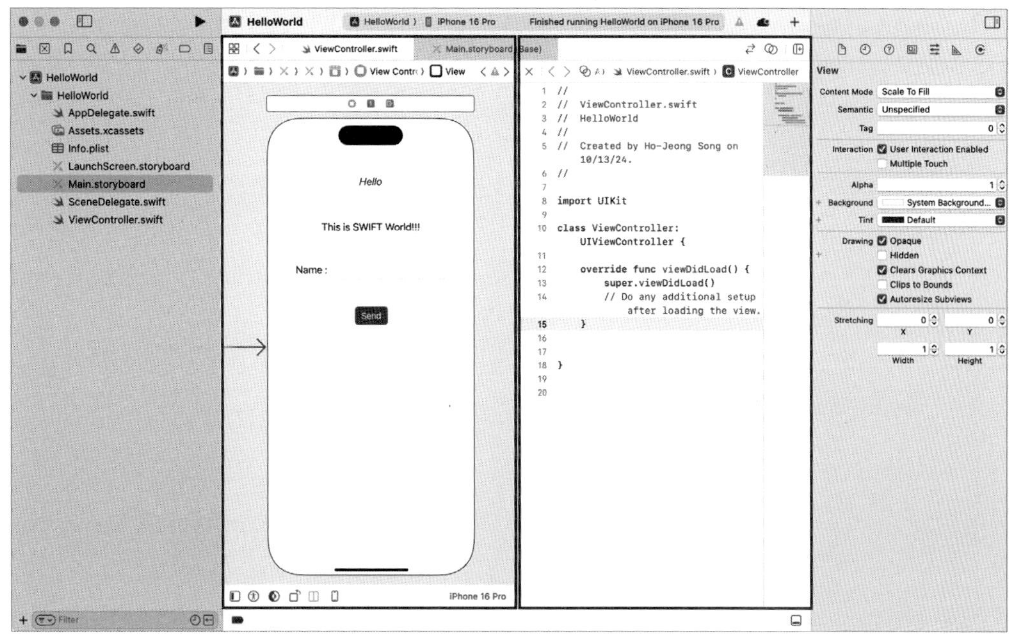

알아 두면 좋아요! } 편집기 화면이 너무 좁아요

보조 편집기 창을 열면 편집기 화면이 너무 좁아 보입니다. 이것은 Xcode 12부터 새로 도입된 Storyboard Minimap 때문입니다. Storyboard Minimap은 전체 스토리보드 내에서 현재 위치를 알려주는 유용한 기능이지만, 스토리보드를 가려 화면이 좁아보이는 불편함을 초래합니다. 편집기 화면이 좁아 보여 불편할 때는 ❶ [Adjust Editor Options] 아이콘을 클릭한 후 ❷ [Minimap] 메뉴를 선택하여 Minimap을 닫거나, ❸ [인스펙터 영역] 아이콘을 클릭하여 인스펙터 영역을 닫아 공간을 확보할 수 있습니다. ([Minimap] 메뉴를 다시 선택하면 [Minimap]이 열립니다.)

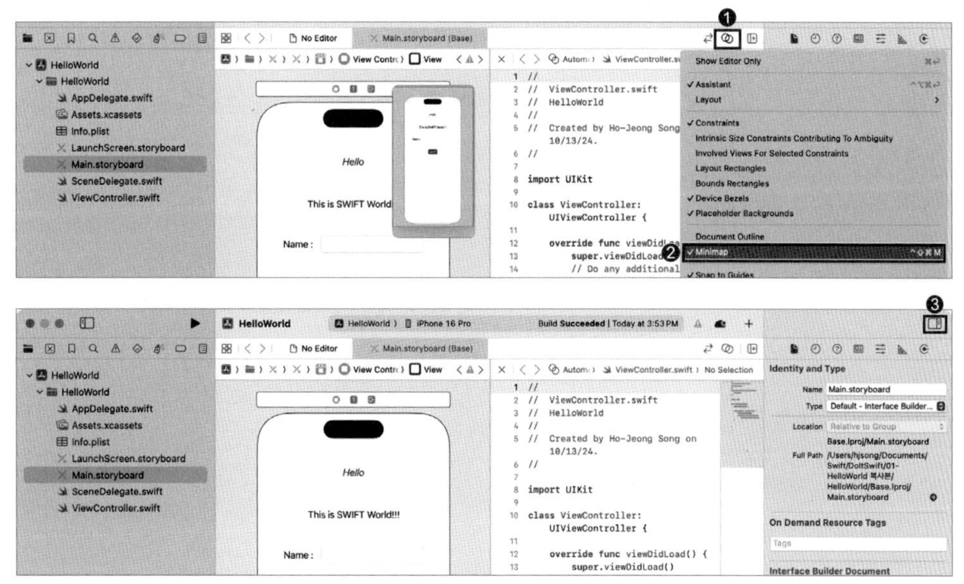

여기서는 [Storyboard Minimap]과 [인스펙터 영역]을 모두 닫았습니다. 앞으로도 상황에 따라 [Minimap]이나 [인스펙터 영역] 또는 [내비게이션 영역]을 닫아 공간을 확보할 수 있습니다.

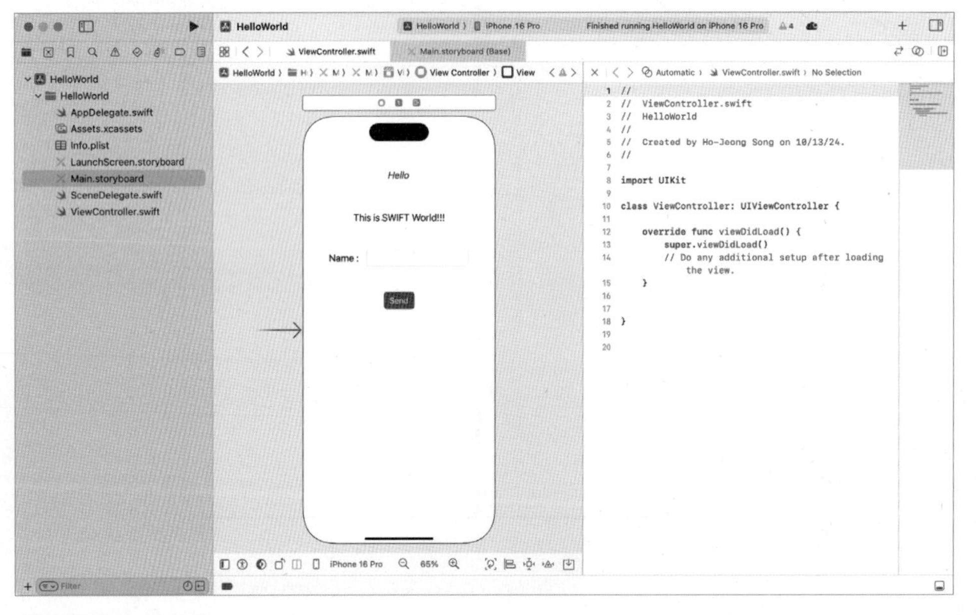

레이블, 텍스트 필드에 아웃렛 변수 추가하기

1. 레이블에 아웃렛 변수 추가하기

각각의 객체에 아웃렛 변수를 추가하는 방법은 매우 간단합니다. 먼저 'Hello'라고 입력된 레이블에 아웃렛 변수를 추가해 보겠습니다. 'Hello' 레이블을 마우스 오른쪽 버튼으로 선택한 후 오른쪽 보조 편집기 영역으로 드래그하세요. 아래 그림과 같이 연결선이 나타나면 이 연결선을 뷰 컨트롤러(ViewController)의 클래스 선언문 바로 아래에 끌어다 놓으세요. 아웃렛 변수는 일반적으로 클래스(class) 선언부 바로 아래에 추가합니다.

▶ control 을 누른 상태에서 마우스 왼쪽 버튼으로 선택한 후 드래그해도 됩니다.

```
//
//  ViewController.swift
//  HelloWorld
//
//  Created by Ho-Jeong Song on 10/13/24.
//

import UIKit

class ViewController: UIViewController {

    override func viewDidLoad() {
        super.viewDidLoad()
        // Do any additional setup after loading
            the view.
    }


}
```

알아 두면 좋아요! } 트랙패드에서 아웃렛 변수 추가하는 방법

트랙패드에서 아웃렛 변수를 추가하는 방법도 마우스와 동일합니다.

① 트랙패드에서 두 손가락으로 컨트롤을 클릭한 후 그대로 드래그합니다(마우스 오른쪽 버튼으로 드래그하는 것과 동일).

② 키보드의 control 을 누른 상태에서 트랙패드를 사용하여 한 손가락으로 컨트롤을 클릭한 후 드래그합니다(control 을 누른 상태에서 마우스 왼쪽 버튼으로 드래그하는 것과 동일).

알아 두면 좋아요! } 클래스 선언부 아래 공간이 너무 좁아요!

클래스 선언부 아래가 좁아서 끌어다 놓기가 불편하다면 다음과 같이 return 을 눌러 공간을 확보한 후 추가하면 됩니다.

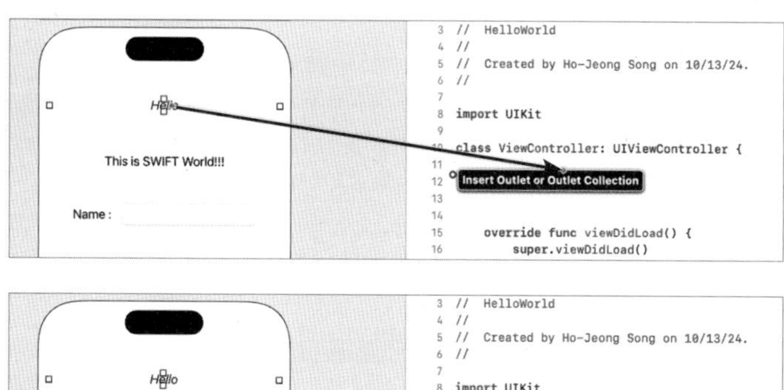

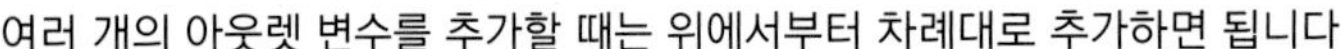
여러 개의 아웃렛 변수를 추가할 때는 위에서부터 차례대로 추가하면 됩니다.

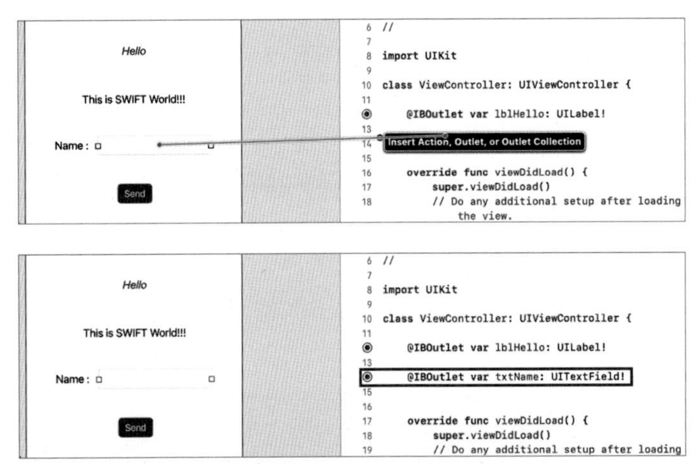

2. 아래 연결 설정 창에서 연결(Connection)이 [Outlet]으로 되어 있는 것을 확인한 후 아웃렛 변수의 이름(Name) 입력란에 'lblHello'라고 입력하고 타입(Type)이 'UILabel'인지 확인합니다. 그리고 스토리지(Storage)를 'Strong'으로 선택한 후 [Connect] 버튼을 클릭하면 'Hello' 레이블과 아웃렛 변수가 연결됩니다.

▶ 상수와 변수 또는 함수, 클래스의 이름을 지정할 때 지켜야 하는 규칙에 대한 자세한 내용은 51쪽을 참고하세요.

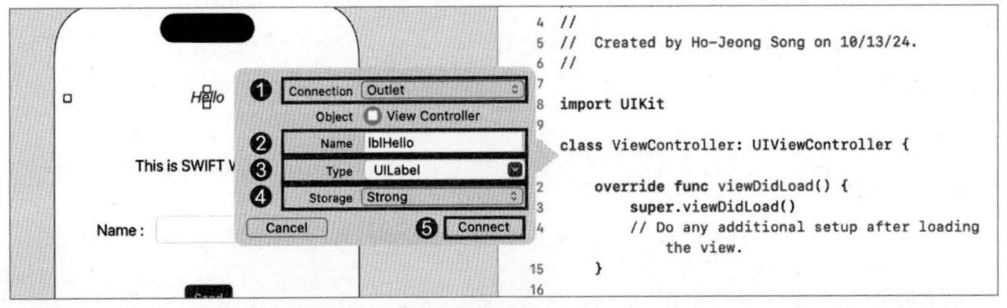

여기서는 Name 항목 외에 다른 항목은 수정하지 않아도 됩니다.

3. 레이블에 대한 아웃렛 변수가 추가되었습니다.

▶ 추가된 소스의 의미가 궁금하다면 62쪽 [문법 01] 페이지를 참고하세요.

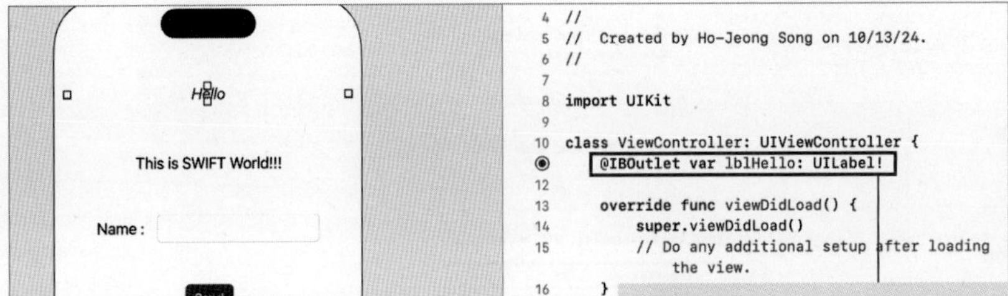


```
@IBOutlet var lblHello: UILabel!
```

스위프트 문법 } 상수와 변수

상수와 변수는 데이터를 저장하기 위한 공간을 의미합니다. 그렇다면 차이점은 무엇일까요?

상수	let을 사용해 선언할 수 있습니다. 이때 값을 지정해 주어야 하며 값이 한 번 결정되면 이후에는 값을 바꿀 수 없습니다.	예) let pi = 3.141592 π가 3.141592라는 것은 변하지 않는 정해진 값이기 때문에 상수로 선언합니다.
변수	var를 사용해 선언할 수 있습니다. 최초 선언한 값 이외에도 중간에 계속해서 다른 값으로 변경할 수 있습니다.	예) var score = 95 점수는 언제든지 바뀔 수 있는 수이기 때문에 'score'라는 변수로 선언하고 필요에 따라 점수를 변경할 수 있습니다.

만약 중간에 한 번도 값이 변하지 않는 변수가 있다면 Xcode는 해당 변수 var를 상수 let으로 고치라고 경고 메시지를 나타냅니다. 물론 이때 그냥 var로 사용해도 큰 문제는 없습니다.

스위프트 문법 } 이름을 지정할 때 지켜야 하는 규칙

상수와 변수, 함수, 클래스의 이름을 지정할 때는 다음과 같은 규칙을 지켜야 합니다.

① 유니코드를 포함한 어떤 문자든지 사용할 수 있습니다. 단, 특수 문자, 수학 기호, 화살표, 개인용(혹은 유효하지 않은) 유니코드, 선, 상자 그리기용 문자 등은 사용할 수 없습니다.

사용할 수 있는 이름	사용할 수 없는 이름
let π var 책제목	var 2you let -myTeam

② 숫자로 시작할 수 없습니다.

위의 규칙을 지키면서 관례적으로 사용하는 네이밍 방법은 다음과 같습니다.

③ 이름을 읽었을 때 무슨 역할을 하는 것인지를 파악할 수 있어야 합니다.
④ 명사와 동사 또는 전치사로 이루어진 단어를 연결하여 만듭니다.
⑤ 클래스 이름은 대문자의 명사로 시작합니다.
⑥ 함수나 메서드 이름은 소문자의 동사로 시작합니다.
⑦ 변수나 상수는 소문자의 명사로 시작합니다.
⑧ 시작 단어를 제외한 모든 단어의 시작은 대문자로 하고 그 이외의 모든 문자는 소문자로 합니다.

이해하기 힘들게 지은 이름	이해하기 쉽게 잘 지은 이름
- n, np, ntm - n, ns, nsisd - m, mp	- numTeamMembers, teamMemberCount - numSeatsInStadium, seatCount - teamPointsMax, pointsRecord

▶ 이름을 지정할 때 지켜야 하는 규칙에 대한 자세한 설명은 [문법 02] 페이지를 참고하세요.

4. 텍스트 필드에 아웃렛 변수 추가하기

이번에는 사용자가 이름을 입력할 수 있는 텍스트 필드에 아웃렛 변수를 추가해 보겠습니다. 방법은 레이블에 아웃렛 변수를 추가하는 방법과 같습니다. 텍스트 필드를 마우스 오른쪽 버튼으로 선택해 드래그한 후 오른쪽 보조 편집기 영역의 조금 전에 추가한 lblHello 변수 아래에 끌어다 놓습니다.

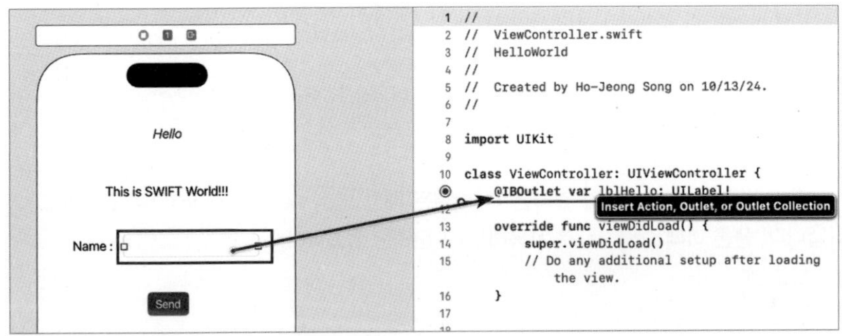

5. 다음과 같이 연결 설정 창이 나타나면 연결(Connection)이 [Outlet]으로 되어 있는 것을 확인한 후 아웃렛 변수의 이름(Name) 입력란에 'txtName'을 입력하고 타입(Type)을 확인합니다. 스토리지(Storage)를 'Strong'으로 선택한 후 [Connect] 버튼을 클릭하면 텍스트 필드와 아웃렛 변수가 연결됩니다.

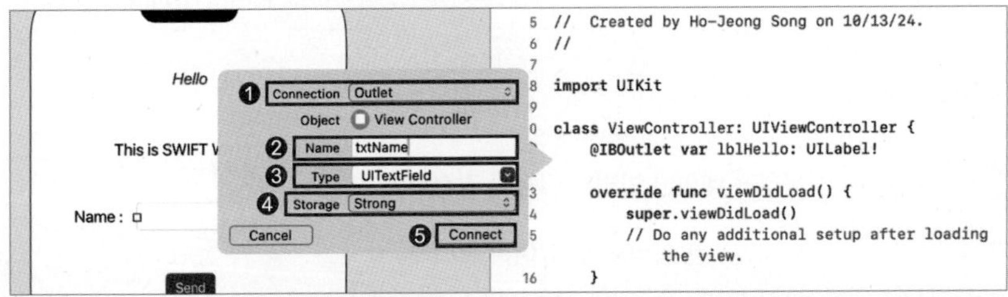

6. 텍스트 필드에 대한 아웃렛 변수가 추가되었습니다.

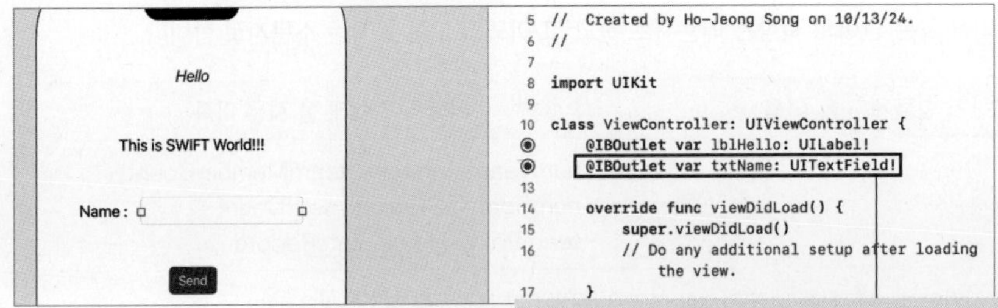


```
@IBOutlet var txtName: UITextField!
```

버튼에 대한 액션 함수 추가하기

이제는 마지막으로 버튼에 대한 액션 함수를 추가해 보겠습니다.

1. 마우스 오른쪽 버튼으로 [Send] 버튼을 클릭한 후 보조 편집기 영역으로 드래그합니다.

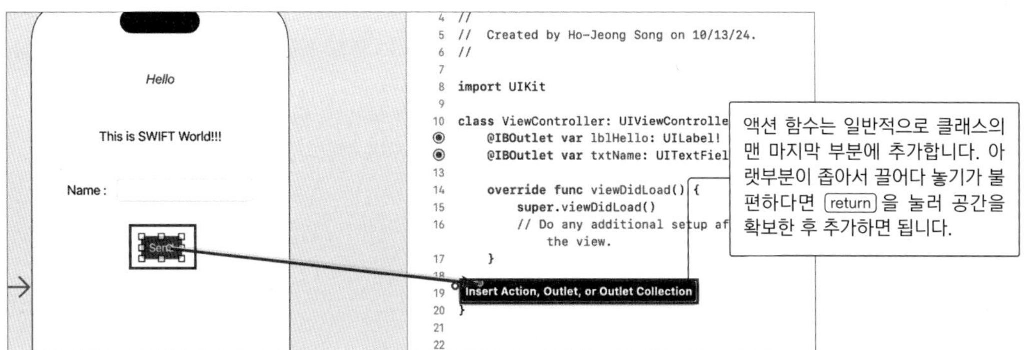

2. 다음과 같이 연결 설정 창이 나타납니다. 연결(Connection)이 [Action]으로 되어 있는 것을 확인한 후 이름(Name)을 'btnSend'로 입력하고 타입(Type)을 해당 객체에 맞게 변경합니다. 여기서는 버튼에 액션을 추가하는 것이므로 [UIButton]을 선택한 후 [Connect] 버튼을 클릭합니다.

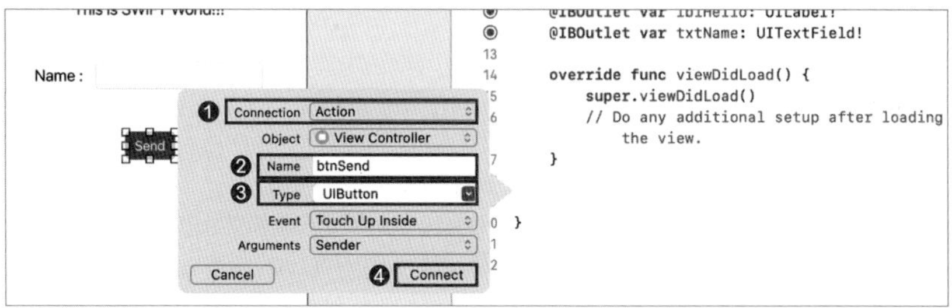

3. 버튼에 대한 액션 함수가 추가되었습니다.

▶ 추가된 소스의 의미가 궁금하다면 [문법 01]을 참고하세요.

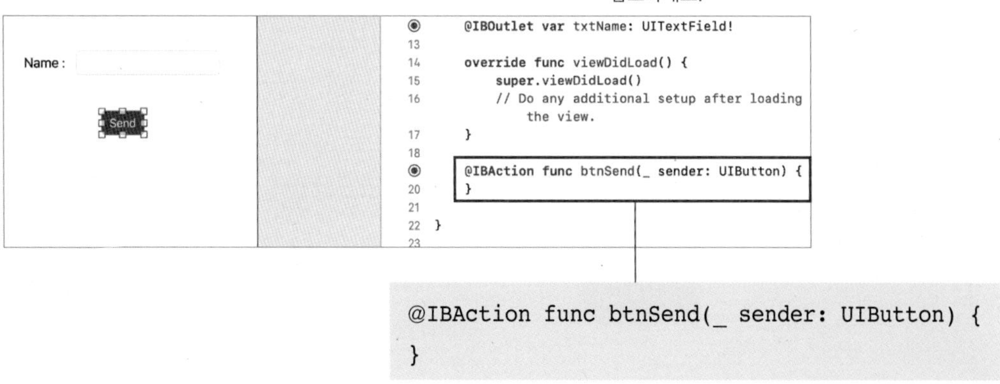


```
@IBAction func btnSend(_ sender: UIButton) {
}
```

이렇게 레이블 객체와 텍스트 필드 객체에 아웃렛 변수를 추가하고 버튼 객체에 액션 함수를 추가하였습니다. 이제 추가한 아웃렛 변수를 이용해 레이블 객체와 텍스트 필드 객체에 접근할 수 있게 되었고, 버튼 액션 함수를 이용해 버튼이 눌려졌을 때 해야 할 일들에 대한 코드를 작성할 준비가 완료되었습니다.

알아 두면 좋아요! 아웃렛 변수/액션 함수를 추가/삭제할 때 주의 사항

아웃렛 변수 및 액션 함수를 추가하면 코드 왼쪽에 원으로 표시가 되는데, 이것은 스토리보드의 컴포넌트와 소스 코드가 연결되었음을 의미합니다. 원 위에 커서를 올려 두면 해당하는 컴포넌트가 표시되어 제대로 추가되었는지 알 수 있습니다.

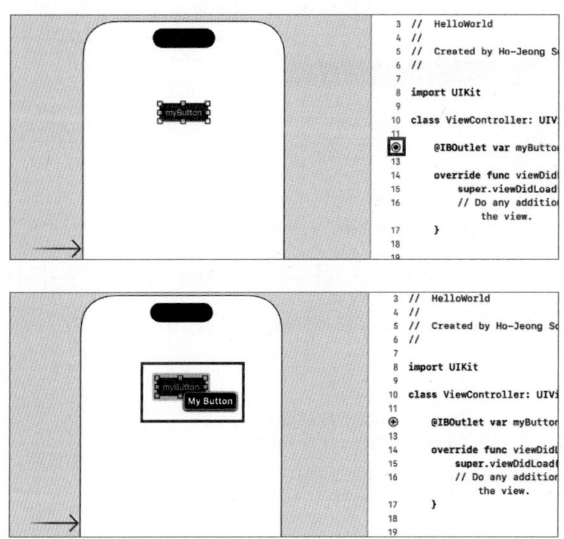

객체를 선택한 후 인스펙터 영역의 [Show the Connection inspector] 버튼을 클릭하면 ❶과 같이 연결 상태를 확인할 수 있습니다. 다른 방법으로, 객체를 선택한 후 마우스 오른쪽 버튼을 눌러도 ❷와 같이 확인할 수 있습니다.

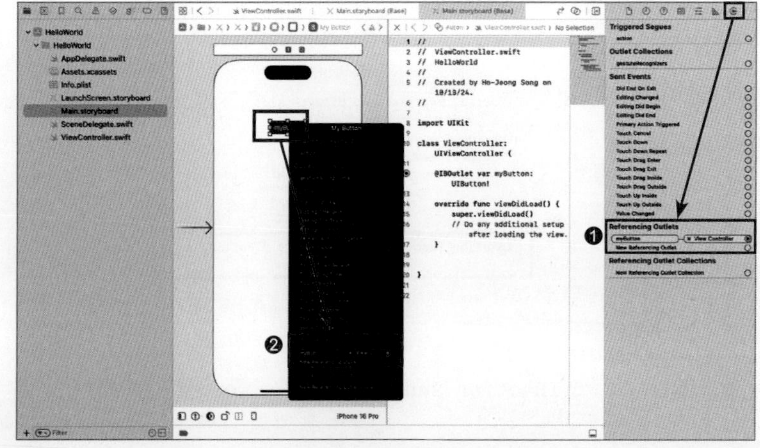

그런데 만약 액션 함수로 추가해야 하는 것을 실수로 아웃렛 변수로 추가했다면 어떻게 할까요? 소스 코드부터 삭제해 보겠습니다. 그런데 여전히 인스펙터 영역을 보니 연결 상태가 유지되어 있군요.

▶ 이 상태에서 컴파일하면 에러는 발생하지 않지만 시뮬레이션 단계에서 동작하지 않습니다.

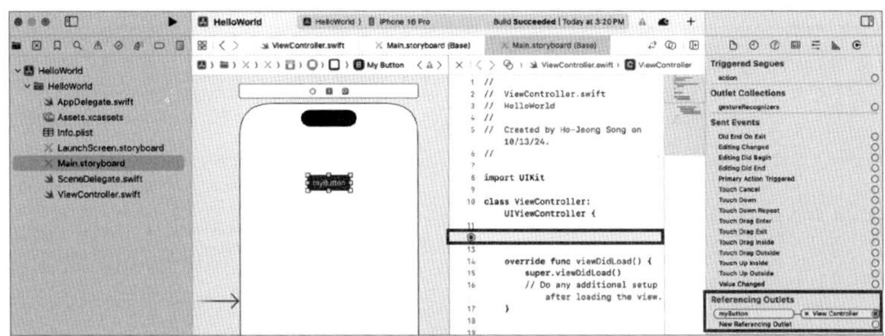

제대로 연결을 끊으려면 ❶과 같이 [X]를 클릭해 연결 상태도 삭제해야 합니다. 다른 방법으로, 객체를 선택한 후 마우스 오른쪽 버튼을 눌러 ❷와 같이 [X]를 클릭해도 연결 상태를 삭제할 수 있습니다.

▶ 액션 함수를 삭제하는 방법도 동일합니다.

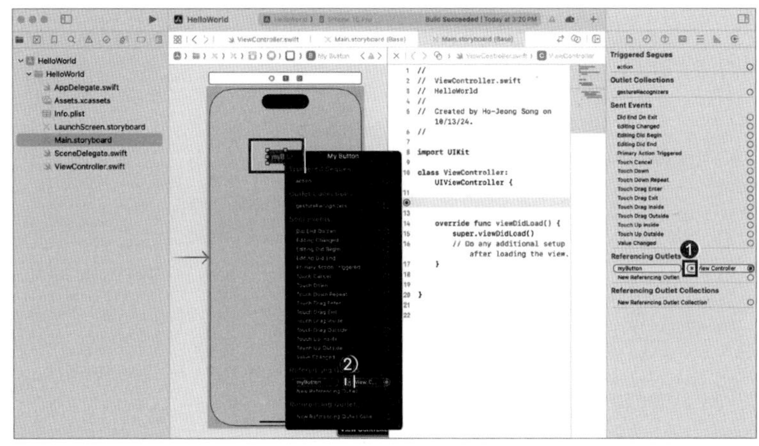

02-5 버튼 클릭 시 동작 구현하기

이제 사용자가 [Send] 버튼을 클릭할 때 동작할 btnSend 함수를 코딩해 보겠습니다.

소스 파일 열고 코딩하기

코딩을 위해 먼저 소스 파일을 열어야 합니다.

1. 왼쪽 내비게이터 영역에서 [ViewController.swift]를 선택한 후, [인스펙터 보이기/감추기] 아이콘을 클릭하여 인스펙터 영역을 엽니다.

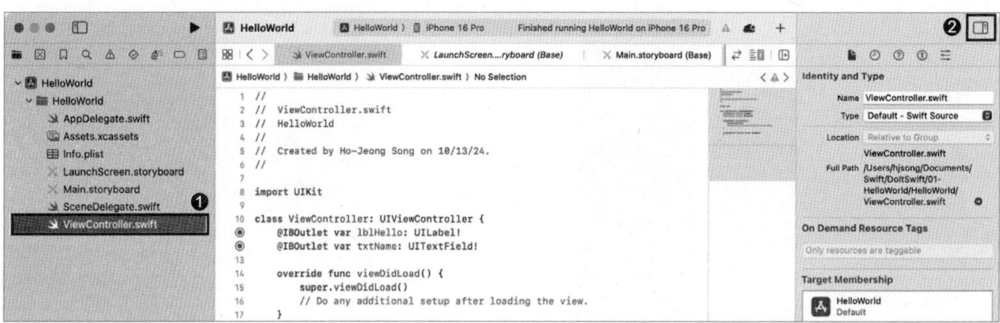

화면 오른쪽 윗부분의 [Adjust Editor Options] 버튼을 클릭한 후 [Minimap] 메뉴를 선택하면 소스 코드 Minimap을 닫을 수 있습니다.

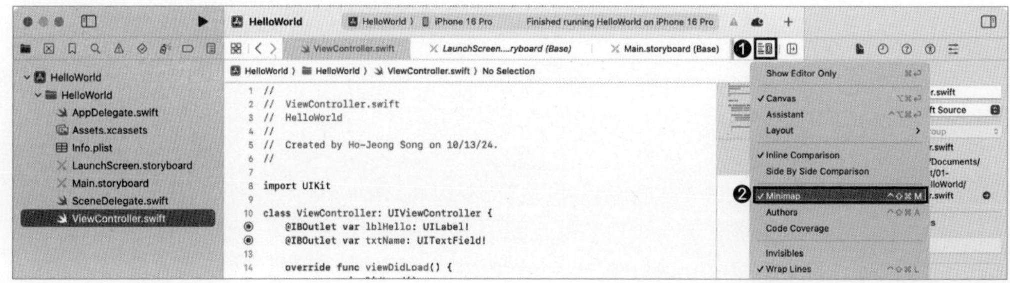

2. 버튼 클릭 시 동작할 함수 코딩하기

[Send] 버튼을 클릭했을 때 동작할 btnSend 액션 함수를 다음과 같이 코딩합니다.

```
import UIKit

class ViewController: UIViewController {
    @IBOutlet var lblHello: UILabel!
    @IBOutlet var txtName: UITextField!

    override func viewDidLoad() {
        super.viewDidLoad()
        // Do any additional setup after loading the view.
    }

    @IBAction func btnSend(_ sender: UIButton) {
        lblHello.text = "Hello, " + txtName.text!
    }

}
```

'!'의 의미는 90쪽 [스위프트 문법] '옵셔널 변수'에서 확인할 수 있습니다.

"Hello, "라는 문자열과 txtName.text의 문자열을 결합하여 lblHello.text에 넣는다는 의미입니다.

```
@IBAction func btnSend(_ sender: UIButton) {
    lblHello.text = "Hello, " + txtName.text!
}
```

이제 [Send] 버튼을 클릭하면 문자열 "Hello, "와 문자열 txtName.text를 합쳐서 결과를 출력합니다. 즉, 텍스트 필드에 이름을 넣고 버튼을 클릭하면 'Hello, 이름'이 레이블에 출력됩니다.

스위프트 문법 } 문자열 합치기

스위프트에서는 문자열을 합칠 때 '+' 연산자를 사용합니다.

```
lblHello.text = "Hello, " + "Ho-Jeong"
```

이렇게 하면 "Hello, "라는 문자열과 "Ho-Jeong"이라는 문자열을 합쳐서 lblHello.text에 저장하게 됩니다.

스위프트 문법 } 스위프트에는 문장 맨 끝에 ';'이 없나요?

일반적인 프로그래밍 언어에는 문장 맨 끝에 ';'이 있어야 합니다. 컴파일러에게 문장의 끝이라는 것을 알려 주는 일종의 약속이죠. 하지만 스위프트에서는 특이하게도 문장의 끝에 ';'을 사용하지 않습니다. 조금은 어색하겠지만 사용하다 보면 오히려 더 편하다고 생각할 수 있습니다. 하지만 다른 언어와 병행해서 사용해야 할 때는 주의해야 합니다. 예를 들어 C 언어에서 ';'을 안 붙이거나 스위프트에서 ';'을 붙이는 경우가 종종 발생하니 조심하세요.

02-6 시뮬레이터로 결과 화면 확인하기

iOS 앱을 개발한 후 개발된 앱을 아이폰에 설치하려면 애플의 개발자 멤버십에 가입하고 연회비를 납부해야 합니다. 하지만 앱을 개발하기 전에 공부하는 입장에서 비싼 연회비를 지불하면서 멤버십에 가입하는 것은 부담이 될 수밖에 없습니다.

▶ 개발자 멤버십에 대한 자세한 내용은 01장을 참고하세요.

다행히 애플에서는 기기에 앱을 설치하지 않고도 앱이 동작하는 모습을 쉽게 확인할 수 있는 iOS 시뮬레이터(iOS Simulator)를 제공하고 있습니다. iOS 시뮬레이터는 개발한 앱이 아이폰에서 실제 동작하는 모습을 그대로 재현해 줍니다.

이미지 출처: https://developer.apple.com/xcode/

알아 두면 좋아요! } iOS 시뮬레이터로 구현할 수 없는 기능

iOS 시뮬레이터가 iOS 기기의 모든 기능을 지원하는 것은 아닙니다.

iOS 시뮬레이터로 구현할 수 있는 기능	iOS 시뮬레이터로 구현할 수 없는 기능
- 좌, 우 회전 - 흔들기 효과 - 멀티 터치(손가락 두 개) - GPS 기능(좌표 수동 입력)	- GPS를 이용한 실제 위치 취득 - 전화 착신 시 동작 - 카메라 기능 - 가속도 센서

▶ 내 기기에서 앱을 실행하는 방법은 이지스퍼블리싱 홈페이지의 [자료실]을 참고하세요.

그렇기 때문에 아이폰, 아이패드의 가속도계, 카메라 등과 같이 하드웨어에 의존적인 기능을 테스트할 때는 실제로 기기에 설치하여 테스트해야만 합니다.

시뮬레이터 실행하기

1. iOS 시뮬레이터를 실행하기 전에 [iOS Device]를 선택해 원하는 기기로 변경할 수 있습니다. 여기서는 스토리보드와 동일한 디바이스인 [iPhone 16 Pro]를 선택하겠습니다. 기기를 선택한 후 [실행] 버튼을 클릭합니다.

▶ [실행] 버튼의 단축키는 command ⌘ + R 입니다.

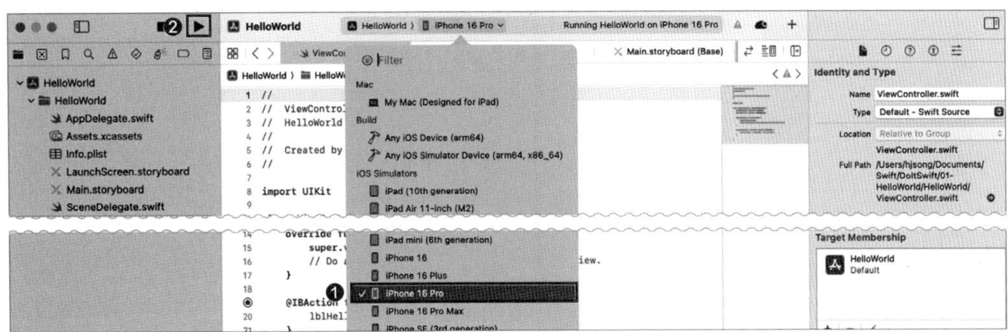

iOS 시뮬레이터의 디바이스는 스토리보드에서 설정한 디바이스와 동일하게 설정해 주어야 제대로 된 결과를 확인할 수 있습니다. 그렇지 않으면 화면이 좁거나 여백이 생길 수 있습니다.

2. [실행] 버튼을 클릭하면 iOS 시뮬레이터가 구동되면서 프로그램한 앱이 실행됩니다. 만약 시뮬레이터 창이 나타나지 않는다면 Xcode 창을 옮겨 보세요. 아래에 가려져 있을 수 있습니다.

3. 다음과 같이 Name 입력란에 이름을 입력한 후 [Send] 버튼을 클릭하세요. 'Hello, (입력한 이름)', 'This is SWIFT World!!!'라는 메시지가 출력되는 것을 확인할 수 있습니다. Xcode 9.0부터는 시뮬레이터를 실행시켰을 때 기본적으로 기기의 베젤(Bezel)이 보입니다. 시뮬레이터 화면이 이렇게 실제 기기와 유사하게 볼륨 버튼과 전원 버튼을 보여 주므로 실제 기기에서 앱을 실행했을 때의 느낌을 더 사실적으로 느낄 수 있습니다.

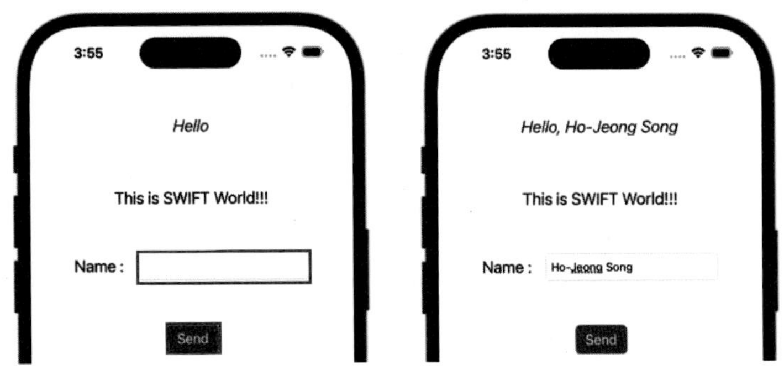

알아 두면 좋아요! 디바이스 베젤 나타내기/가리기

시뮬레이터의 메뉴에서 [Window → Show Device Bezels]을 체크하면 베젤이 보이고, 다시 클릭하면 베젤이 사라집니다.

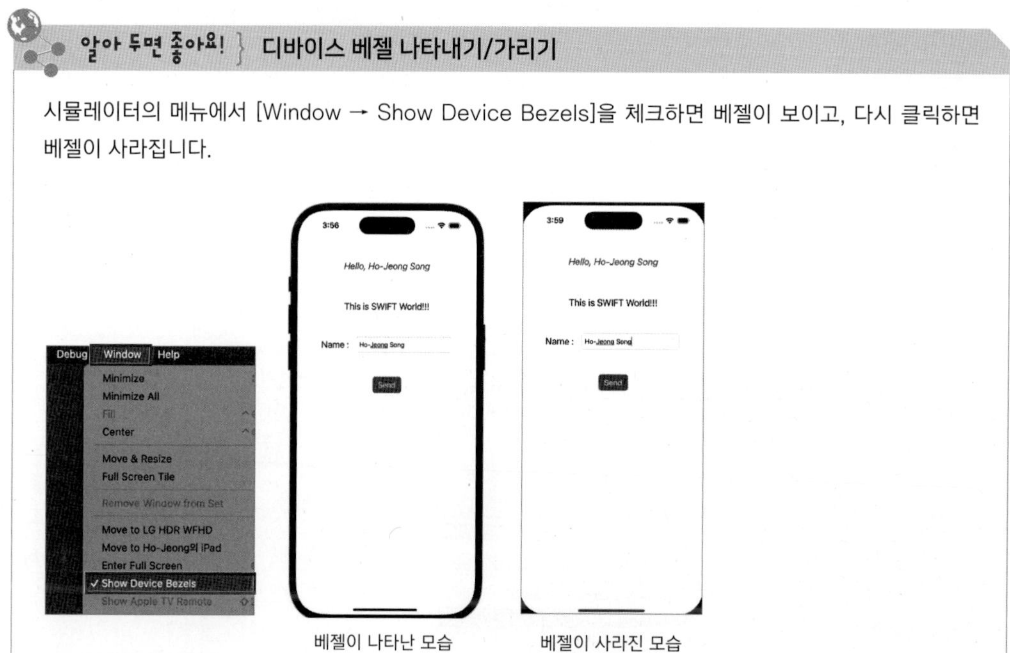

베젤이 나타난 모습 베젤이 사라진 모습

파일 저장하기

프로젝트를 완성하고 나서 [실행] 버튼을 클릭하면 Xcode는 모든 프로젝트를 자동으로 저장한 후 실행합니다. 그렇지 않고 직접 프로젝트를 저장하고 싶다면 대부분의 macOS 앱에서 저장하듯이 위쪽 메뉴의 [File → Save]를 선택하면 됩니다.

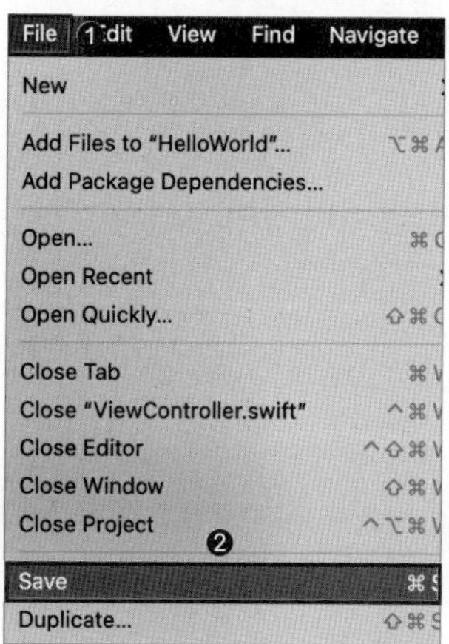

▶ 파일을 저장하는 단축키는 command ⌘ + S입니다.

02-7

Hello World 앱, 전체 소스 보기

완성된 앱의 전체 소스를 확인해 보세요.

ViewController.swift

```
import UIKit

class ViewController: UIViewController {
    @IBOutlet var lblHello: UILabel!          // 출력 레이블용 아웃렛 변수
    @IBOutlet var txtName: UITextField!       // 이름 입력용 아웃렛 변수

    override func viewDidLoad() {
        super.viewDidLoad()
        // Do any additional setup after loading the view.
    }

    @IBAction func btnSend(_ sender: UIButton) {
        // "Hello, "라는 문자열과 txtName.text의 문자열을 결합하여 lblHello.txt에 넣음
        lblHello.text = "Hello, " + txtName.text!
    }
}
```

문법 01 아웃렛 변수와 액션 함수에서 사용된 문법 뜯어보기

먼저 아웃렛 변수(Outlet Variable)와 액션 함수(Action Function)는 각각 어떤 경우에 사용하는지 알아보겠습니다. 객체에 대한 속성을 지정할 때는 아웃렛(Outlet)으로, 객체에 이벤트를 넣고 싶을 때는 액션(Action)으로 연결합니다. 실습에서 해봤던 것처럼 마우스 오른쪽 버튼을 누른 채 드래그하면 소스가 저절로 생기지만 이 소스의 의미를 알아 두면 더 좋겠죠? 그럼 소스를 하나씩 뜯어보면서 알아보겠습니다.

1. 아웃렛 변수를 추가하는 소스

```
...
@IBOutlet var lblHello: UILabel!
    ❶          ❷           ❸
```

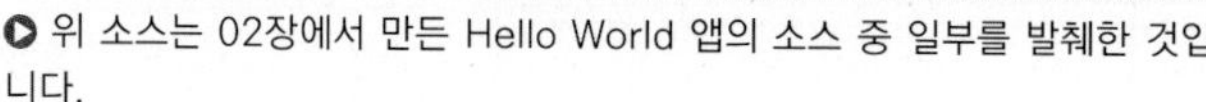

▶ 위 소스는 02장에서 만든 Hello World 앱의 소스 중 일부를 발췌한 것입니다.

❶ **@IBOutlet**: @IBOutlet으로 정의된 변수를 아웃렛 변수라 부릅니다. 여기서 IB는 Interface Builder의 약자로, @IB로 시작되는 변수나 함수는 인터페이스 빌더와 관련된 변수나 함수라는 것을 의미합니다. @IBOutlet은 객체를 소스 코드에서 참조하기 위해 사용하는 키워드이며 주로 색상, 크기, 모양, 선의 두께, 텍스트 내용 등 객체의 속성을 제어하는 데 사용합니다.

❷ **var lblHello**: 변수를 선언할 때는 var 키워드를 사용합니다. 변수를 선언하는 var 뒤에 아웃렛 변수의 이름 lblHello를 입력하여 변수를 선언합니다.

❸ **UILabel!**: 선언하고자 하는 변수의 타입을 나타냅니다. 위 예제에서는 레이블 객체에 대한 변수를 선언하는 것이므로 UILabel 클래스 타입을 선택했습니다. 여기서 UILabel의 UI는 User Interface를 의미합니다.

❹ **strong/weak**: 아웃렛 변수를 추가할 때 나타나는 팝업 창의 Storage라는 항목에서 strong과 weak 둘 중에서 선택할 수 있죠. 이 두 가지는 메모리 회수 정책을 나타내는 키워드입니다. 일반적으로 객체를 참조하기 위한 아웃렛 변수는 strong을 사용하는데, Xcode에서도 strong이 기본값으로 선택되어 있습니다. weak로 아웃렛 변수를 선언하면 다음과 같이 변수 정의 앞에 weak가 추가되지만 strong을 선택하면 아무런 키워드도 추가되지 않습니다.

```
@IBOutlet var lblHello: UILabel!        // strong으로 선언
@IBOutlet weak var lblHello: UILabel!   // weak로 선언
```

참고로, strong으로 선언된 변수는 다른 곳에서 참조하고 있을 경우 메모리에서 제거되지 않지만 weak로 선언된 변수는 다른 곳에서 참조하고 있더라도 시스템이 임의적으로 메모리에서 제거할 수 있습니다. 그럼 왜 이런 두 가지 메모리 회수 정책을 사용할까요? 바로 메모리 관리 이슈 때문입니다. strong으로 선언된 변수들끼리 상호 참조하는 일이 생길 경우에는 앱이 종료되기 전까지는 메모리에서 제거되지 않기 때문에 메모리 누수가 발생합니다. 이 경우 어느 한 변수 또는 모든 변수를 weak로 지정하면 시스템에서 임의로 제거할 수 있으므로 상호 참조할 때에도 사용하지 않을 경우에는 메모리가 삭제될 수 있습니다.

2. 액션 함수를 추가하는 소스 분석하기

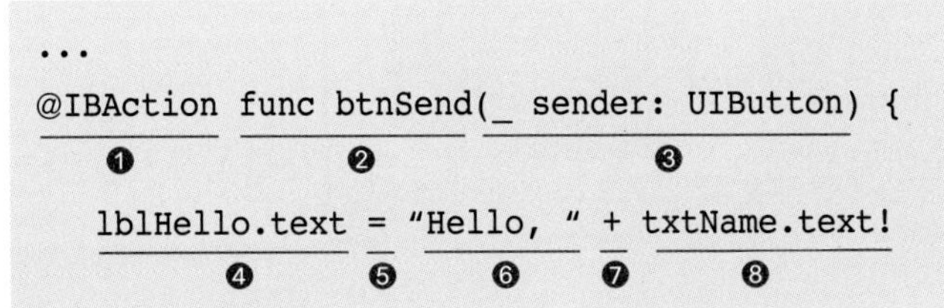

```
...
@IBAction func btnSend(_ sender: UIButton) {
    ❶           ❷                ❸
    lblHello.text = "Hello, " + txtName.text!
         ❹       ❺     ❻     ❼      ❽
```

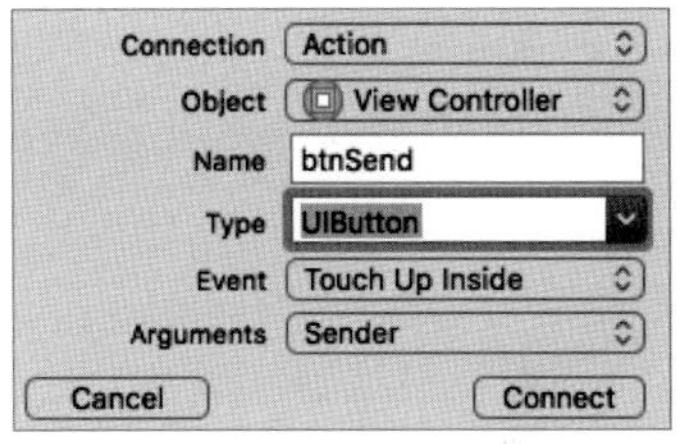

▶ 위 소스는 02장에서 만든 Hello World 앱의 소스 중 일부를 발췌한 것입니다.

❶ @IBAction: 객체의 이벤트를 제어하기 위해 사용하는 키워드로, @IBAction으로 정의된 함수를 액션 함수라 부릅니다. 버튼을 누르거나 피커가 선택되는 등, 특정 객체에서 원하는 이벤트가 발생했을 때 정해진 작업을 실행하기 위해 사용합니다.

❷ func btnSend: 함수를 선언할 때 func 키워드를 사용해서 선언합니다. 함수를 선언하는 func 뒤에 액션 함수의 이름 btnSend를 입력하여 액션 함수를 선언합니다.

❸ (_ sender: UIButton): 액션 함수가 실행되도록 이벤트를 보내는 객체, 즉 여기서는 버튼 객체에서 이벤트가 발생했을 때 해당 액션 함수를 실행시킬 것이므로 UIButton 클래스 타입을 선택합니다.

❹ lblHello.text: 레이블 객체가 가지고 있는 속성 중 텍스트 내용을 의미하는 속성입니다. 앞에서 레이블의 아웃렛 변수 이름을 lblHello로 정한 것을 기억하죠?

❺ =: '같다'는 의미가 아니라 레이블의 텍스트 속성 .text에 뒤의 내용을 대입한다는 의미입니다.

❻ "Hello, ": 큰따옴표(", ")안에 들어간 문구를 그대로 문자열로 사용합니다.

❼ +: '더하기'를 의미하는 것이 아니라 앞의 문자열과 뒤의 문자열을 합한다는 의미입니다.

❽ txtName.text!: 텍스트 필드 객체가 가지고 있는 속성 중 텍스트 내용을 의미하는 속성입니다. 끝에 붙는 !는 옵셔널 변수의 강제 언래핑을 의미합니다.

▶ 옵셔널 변수, 강제 언래핑에 대한 자세한 설명은 90쪽과 287쪽을 참고하세요.

문법 02 초보 프로그래머를 위한 상식

1. 스위프트는 문장 끝에 ;이 없나요? 붙이면 에러가 발생하나요?

일반적인 프로그래밍 언어에는 문장 맨 끝에 ';'이 있어야 합니다. 컴파일러에게 문장의 끝이라는 것을 알려주는 일종의 약속입니다. 하지만 스위프트에서는 문장의 끝에 ';'을 붙이지 않습니다. C 언어나 기타 언어를 처음 배울 때 ';'을 문장 맨 끝에 붙이지 않아 에러가 발생하는 경우가 많이 있습니다. 하지만 스위프트에서는 문장의 끝에 ';'을 붙이지 않아도 되므로 이로 인한 에러의 발생이 줄어 상당히 편리합니다.

그럼 스위프트에서는 ';'을 붙이면 에러가 발생할까요? 아닙니다.

스위프트에서는 원칙적으로 ';'을 붙이지 않지만 ';'을 붙였다고 해서 에러가 발생하지는 않습니다.

2. 상수와 변수, 함수, 메서드의 이름은 어떻게 지정하나요?

상수와 변수, 함수, 메서드 등의 이름을 지정할 때는 다음과 같은 규칙을 따라야 합니다.

❶ 유니코드를 포함한 어떤 문자든지 사용할 수 있습니다. 단, 밑줄(Under Bar)을 제외한 특수문자, 수학 기호, 화살표, 개인용(혹은 유효하지 않은) 유니코드, 선, 상자 그리기용 문자 등은 사용할 수 없습니다.

```
let str = "Hello, playground"  (O)
let 이름 = "송호정"              (O)
let 大韓民國 = "대한민국"         (O)

let ™ = "Trade Mark"           (O)
let π = 3.141592               (O)

let │ = "그리기용 문자"          (X)
let str* = "특수문자"            (X)
let student_number = 24        (O)
```

❷ 숫자로 시작할 수 없습니다.

```
let grade4Student = "A+"    (O)
let 1stNumber = 1           (X)
```

❸ 예약어나 키워드로 등록되어 있는 단어는 이름으로 사용할 수 없습니다.

```
let struct = "구조체"    (X)
```

그럼 앞의 규칙들만 지키면 이름은 아무렇게나 만들어도 될까요? 문법상으로는 그렇습니다. 이름을 아무렇게나 만들어도 상관없습니다. 예를 들어 t, tmp, temp, n, np, ns, nsisd와 같이 만들어도 됩니다. 어차피 내부적으로는 기계어로 변환되어 실행되기 때문에 아무런 문제가 없습니다.

하지만 이렇게 만든 프로그램에서 논리적 에러가 발생한다면 어떻게 될까요? 문법상으로는 문제가 없어 실행은 되지만 갑자기 논리적으로 에러가 생겨 프로그램이 중간에 다운되는 현상이 발생하였을 때, 어디가 문제인지 파악해야 합니다.

위에서 예를 든 것처럼 의미도 없는 이름으로 프로그램을 작성해 놓으면 어디가 문제인지 바로 파악할 수 있을까요? 아마도 해결하기가 쉽지 않을 것입니다.

또는 오래 전에 작성해 놓은 프로그램을 오랜만에 수정해야 할 필요가 생겨서 다시 들여다볼 수도 있습니다. 이럴 때 변수를 모두 알아보기 힘들게 만들어놔서 내가 짠 프로그램인데도 도저히 이해가 되지 않아 막막해질 수도 있습니다. 그러므로 이름을 지정할 때는 이해하기 쉬운 이름으로 해야 합니다.

예를 들어 numTeamMembers, numOfTeamMembers, teamMemberCount, teamPointsMax, getNumOfTeamMembers 등과 같이 읽었을 때 무슨 의미를 가지고 있는 변수인지 또는 함수인지를 바로 알 수 있게 만들어야 합니다.

그러므로 많은 프로그래머들은 관례적으로 다음 사항을 유의해서 이름을 지정합니다.

❶ 이름을 읽었을 때 무슨 역할을 하는 것인지 파악할 수 있어야 합니다.

```
numberOfTable                  (O)
nT                             (△)
```

❷ 명사와 동사 또는 전치사로 이루어진 단어를 연결하여 만듭니다.

```
nameOfStudent                  (O)
name                           (△)
```

❸ 클래스의 이름은 대문자로 시작합니다.

```
ViewController                 (O)
viewController                 (△)
```

❹ 변수나 상수, 메서드는 소문자로 시작합니다.

```
addTextField                   (O)
AddTextField                   (△)
```

❺ 시작 단어를 제외한 모든 단어의 시작은 대문자로 하고 그 이외의 모든 문자는 소문자로 합니다.

```
textStyle                      (O)
text_style                     (△)
textstyle                      (△)
TEXTSTYLE                      (△)
```

둘째마당

뷰 기반 프로그램 직접 만들기

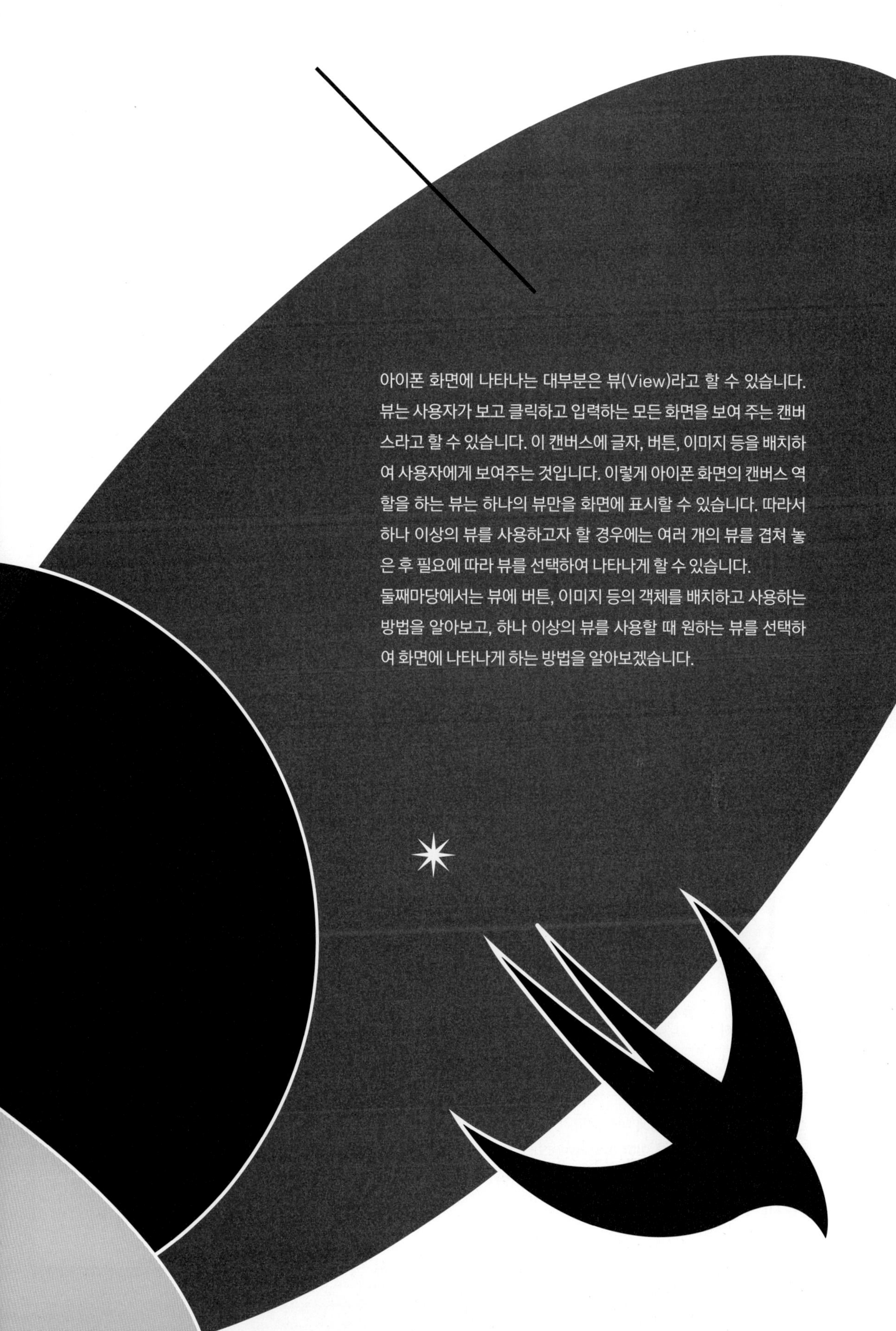

아이폰 화면에 나타나는 대부분은 뷰(View)라고 할 수 있습니다. 뷰는 사용자가 보고 클릭하고 입력하는 모든 화면을 보여 주는 캔버스라고 할 수 있습니다. 이 캔버스에 글자, 버튼, 이미지 등을 배치하여 사용자에게 보여주는 것입니다. 이렇게 아이폰 화면의 캔버스 역할을 하는 뷰는 하나의 뷰만을 화면에 표시할 수 있습니다. 따라서 하나 이상의 뷰를 사용하고자 할 경우에는 여러 개의 뷰를 겹쳐 놓은 후 필요에 따라 뷰를 선택하여 나타나게 할 수 있습니다.
둘째마당에서는 뷰에 버튼, 이미지 등의 객체를 배치하고 사용하는 방법을 알아보고, 하나 이상의 뷰를 사용할 때 원하는 뷰를 선택하여 화면에 나타나게 하는 방법을 알아보겠습니다.

03 화면에 원하는 이미지 출력하기 – 이미지 뷰

난이도 ★☆☆☆☆

이제 그림이나 사진이 없는 앱은 찾기 힘들 정도로 이미지의 역할이 커졌습니다. 만약 앱이 텍스트와 버튼으로만 이루어져 있다면 답답해 보이고 단순해 보일 수 있는데, 앱에 이미지를 하나만 넣어도 분위기는 180도 달라집니다. 그렇기 때문에 이미지 뷰는 가장 많이 사용될 뿐만 아니라 중요한 객체입니다.

이 장에서는 JPG나 PNG 등의 이미지를 화면에 출력할 수 있는 '이미지 뷰'의 사용법을 살펴 보겠습니다. 이미지 뷰는 확대나 축소도 자유롭게 할 수 있습니다.

완성된 모습

완성 소스 [03장] 폴더 / [본문 실습] 폴더 / ImageView.xcodeproj

[확대] 버튼을 클릭하면 전구 그림이 확대됩니다.

다시 [축소] 버튼을 클릭하면 그림이 축소됩니다.

[스위치]를 클릭하면 전구가 꺼지고 다시 [스위치]를 클릭하면 전등이 켜집니다.

03-1 이미지 뷰, 어디에 사용할까?

이미지 뷰(Image View)는 이름에서 알 수 있듯이 앱에서 사진을 보여 줘야 할 때 사용하는 객체입니다. 간단한 갤러리 앱뿐만 아니라 사진을 함께 기록해야 하는 다이어리 앱, 아이폰으로 촬영한 사진을 불러와 편집까지 할 수 있는 사진 편집 앱까지 많은 앱에서 이미지 뷰를 사용하고 있습니다.

아이폰의 기본 사진첩 앱

데이 원(Day One) 앱

인스타그램(Instagram) 앱

앱에 들어갈 이미지 크기

앱을 만들 때 권장하는 이미지 크기는 지원하고자 하는 기기의 최대 해상도에 맞추면 됩니다. 이미지가 너무 크면 앱의 크기가 너무 커지고 이미지를 불러오는 데 메모리를 많이 차지하게 됩니다. 반면에 이미지가 너무 작으면 이미지를 확대했을 때 픽셀이 깨지는 현상이 발생합니다. 기기별로 권장하는 이미지 크기는 다음 표와 같습니다. 예를 들어 아이폰 12를 지원하고자 한다면 1170×2532px의 이미지를 준비하면 됩니다.

기기	아이폰 6, 6s, 7, 8, SE(2세대)	아이폰 6+, 6s+, 7+, 8+	아이폰 X, XS, 11 Pro	아이폰 14 Pro 15, 15 Pro, 16	아이폰 XS Max, 11 Pro Max	아이폰 12 mini, 13 mini
권장 이미지 해상도	750 × 1334px	1242 × 2208px	1125 × 2436px	828 × 1792px	1242 × 2688px	1080 × 2340px

기기	아이폰 12, 12 Pro, 13, 13 Pro, 14	아이폰 12 Pro Max, 13 Pro Max, 14 Plus	아이폰 14 Pro 15, 15 Pro, 16	아이폰 14 Pro Max 15 Plus, 15 Pro Max, 16 Plus	아이폰 16 Pro	아이폰 16 Pro Max
권장 이미지 해상도	1170 × 2532px	1284 × 2778px	1179 × 2556px	1290 × 2796px	1206 × 2662px	1320 × 2868px

기기	아이패드(미니/프로/에어)
권장 이미지 해상도	7.9인치 1536 × 2048px 8.3인치 1448 × 2266px 9.7인치 1536 × 2048px 10.2인치 1620 × 2160px 10.5인치 1668 × 2224px 10.9인치 1640 × 2360px 11인치 1668 × 2388px 11.1인치 1668 x 2420px 12.9인치 2048 × 2732px 13인치 2064 x 2752px

출처: iOS 개발자 문서(https://apple.co/34umqBr)

알아 두면 좋아요! 이미지 뷰에서 사용할 수 있는 이미지의 종류

iOS의 이미지 뷰에서 지원하는 이미지의 종류는 다음과 같습니다.

포맷	파일 확장자명
Portable Network Graphic (PNG)	.png
Tagged Image File Format (TIFF)	.tiff 또는 .tif
Joint Photographic Experts Group (JPEG)	.jpeg 또는 .jpg
Graphic Interchange Format (GIF)	.gif
Windows Bitmap Format (DIB)	.bmp 또는 .BMPf
Windows Icon Format	.ico
Windows Cursor	.cur
XWindow bitmap	.xbm

▶ 자세한 내용은 iOS 개발자 문서(https://apple.co/3aqvivS)를 참고하세요.

03-2 이미지 뷰 앱을 위한 기본 환경 구성하기

이 절에서는 프로젝트에 전구 이미지를 추가하고 화면에 출력하는 방법과 이미지를 확대하고 축소하는 방법을 알아보겠습니다. 스토리보드 작업에 앞서 이미지 뷰 앱에 필요한 파일을 불러오고 기본 환경을 구성하는 작업을 먼저 해보겠습니다.

새 프로젝트 만들기

1. Xcode를 실행하면 다음과 같은 시작 화면이 나옵니다. 여기에서 [Create New Project...]를 클릭하여 새 프로젝트를 만듭니다.

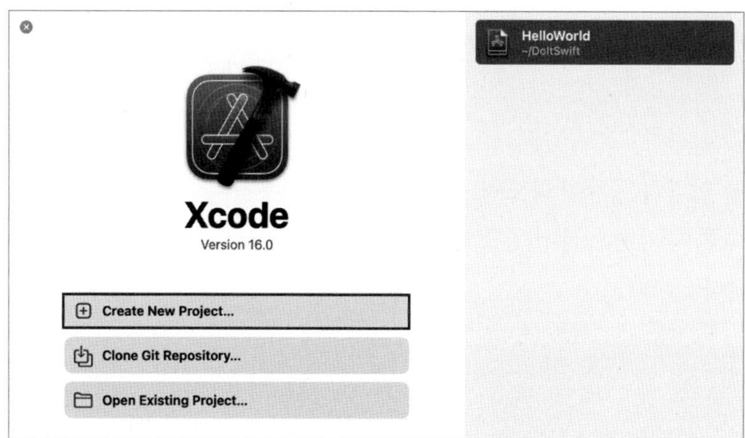

2. 템플릿 선택하기

새 프로젝트를 시작할 때 템플릿을 선택하는 창이 나타납니다. 여기서는 [iOS] 탭의 [App]을 선택한 후 [Next] 버튼을 클릭합니다.

▶ 각 템플릿의 용도에 대한 자세한 내용은 02장을 참고하세요.

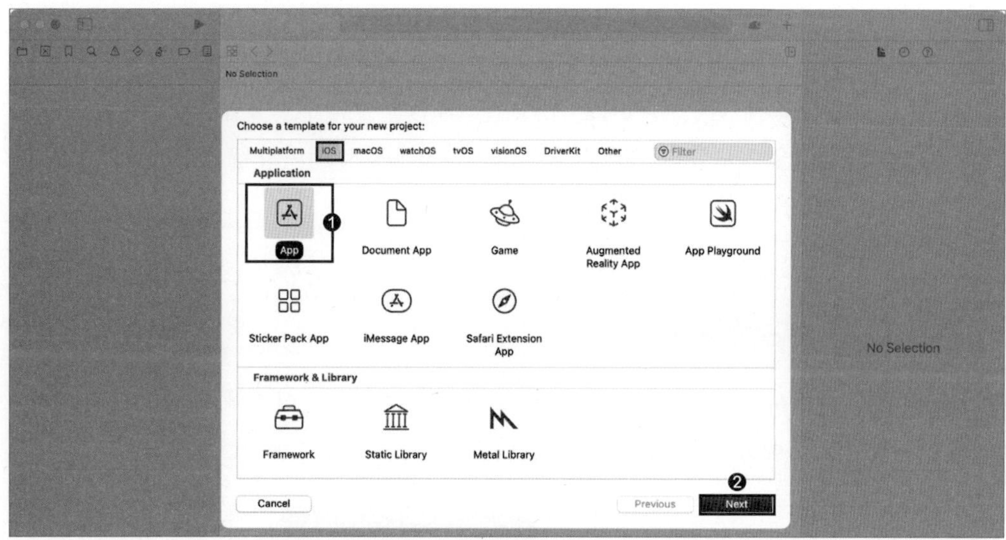

각 템플릿에는 용도에 맞는 앱을 개발할 수 있도록 필요한 기본 틀이 설정되어 있습니다. 개발자는 이 기본 틀에 여러 가지 기능을 추가하여 앱을 만들면 됩니다.

3. 프로젝트의 기본 정보를 입력하는 창이 나오면 프로젝트 이름, 사용하는 언어 지정 등 프로젝트의 기본 정보를 입력한 후 [Next] 버튼을 클릭합니다. 여기서는 프로젝트 이름을 'ImageView'로 입력합니다.

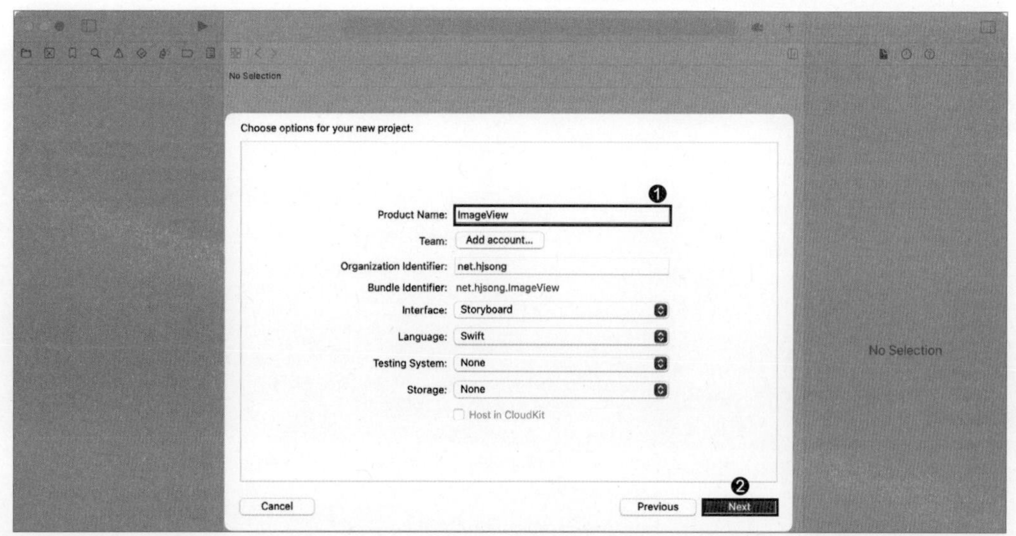

4. 프로젝트를 저장할 폴더를 선택한 후 [Create] 버튼을 클릭합니다.

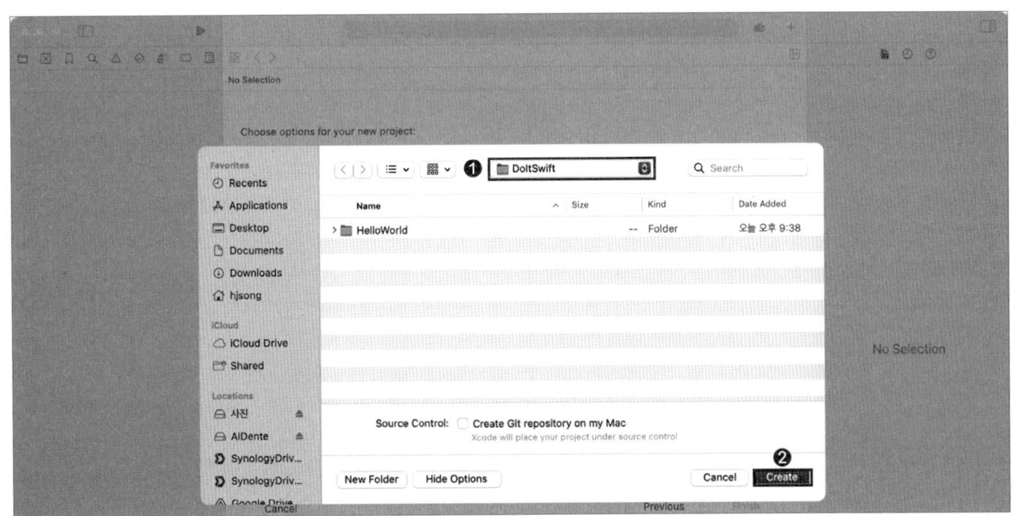

5. 이렇게 해서 새 프로젝트가 만들어졌습니다.

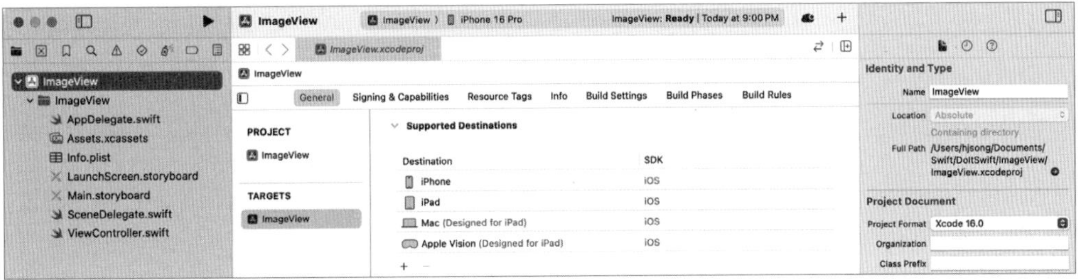

스토리보드로 작업하기 위한 기본 환경 구성하기

이미지 뷰를 구현하기 위해 스토리보드를 설정하고 필요한 이미지를 불러오겠습니다.

▶ 스토리보드에 대한 기본 소개와 Xcode 화면에 대한 자세한 내용은 02장을 참고하세요.

1. 화면 창 조절하기

Xcode 화면이 처음 열렸을 때 화면 왼쪽의 내비게이터 영역에서 [Main.storyboard]를 선택하면 스토리보드가 화면에 나타납니다.

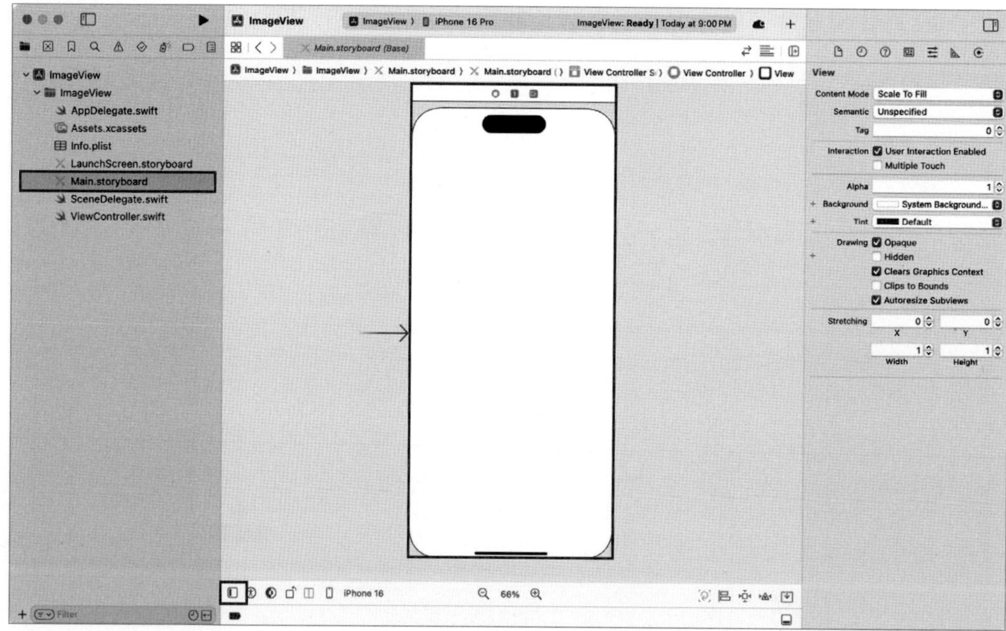

◐ 만약 모니터가 작아 스토리보드의 일부만 보인다면 내비게이터 영역 또는 도큐먼트 아웃라인 영역을 닫아 스토리보드가 잘 보이게 조절합니다. 도큐먼트 아웃라인 창은 화면 아래의 [Hide Document Outline] 버튼을 클릭하여 닫을 수 있습니다.

2. 디바이스 선택 및 뷰 컨트롤러 크기 조절하기

사용할 스토리보드의 디바이스를 선택합니다. 여기서는 [iPhone 16 Pro]를 선택합니다. 또한 모니터가 작아 답답하다면 아랫부분의 [Zoom In], [Zoom Out] 버튼을 사용하여 뷰 컨트롤러의 크기를 조절할 수 있습니다.

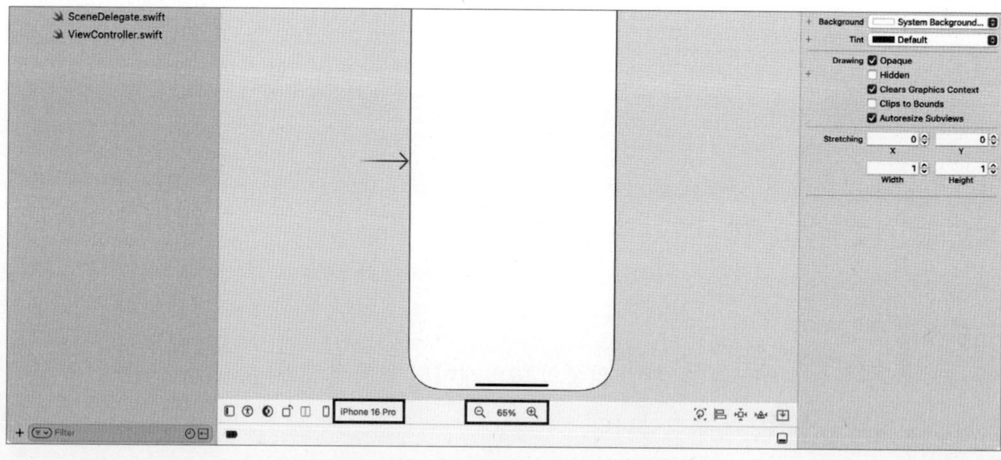

3. 이미지 뷰에 사용할 이미지 추가하기

이제 앱에서 사용할 이미지를 프로젝트에 추가하겠습니다. 파인더에서 'lamp_on.png'와 'lamp_off.png' 이미지를 선택하여 내비게이터 영역의 [ImageView] 폴더 아래로 드래그 앤 드롭합니다.

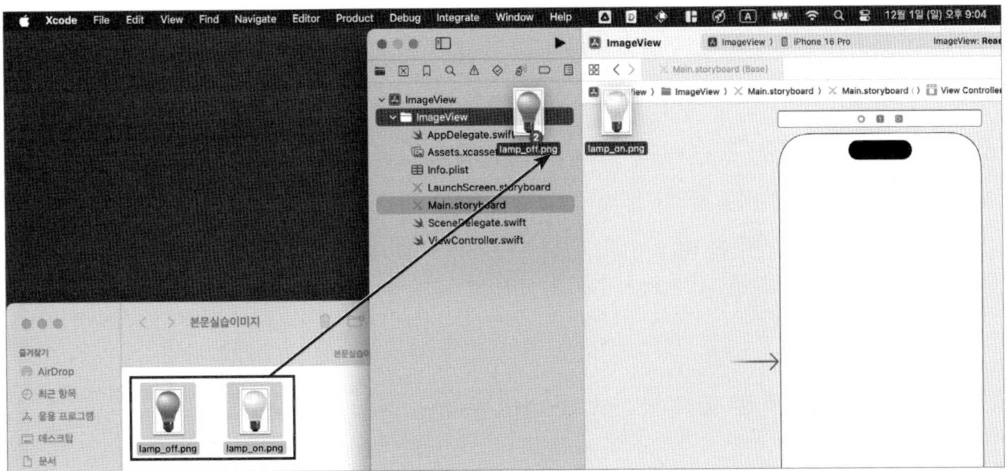

▶ [ImageView] 폴더를 마우스 오른쪽 버튼으로 클릭한 후 [Add Files to "Image View"...]를 선택해도 이미지를 추가할 수 있습니다.

4. 파일 추가에 대한 설정 창이 나타납니다. 현재 추가하려고 하는 이미지를 프로젝트 폴더에 복사해 주는 [Action: Copy files to destination] 항목이 선택되어 있는지 확인한 후 [Finish] 버튼을 클릭합니다.

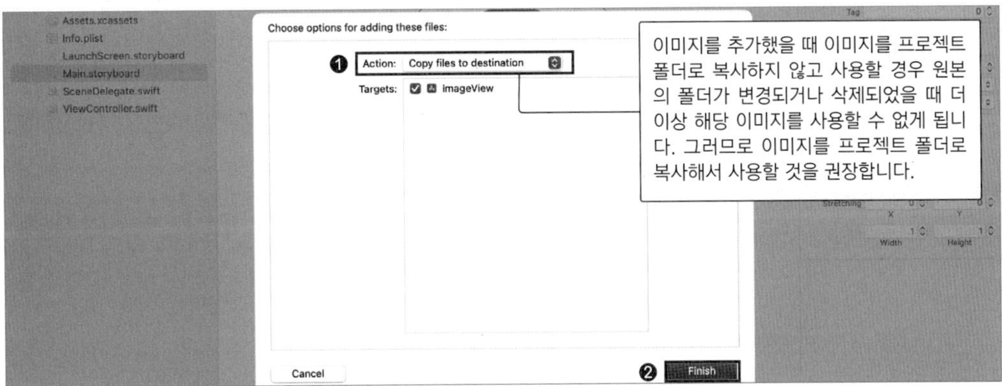

5. 이미지가 프로젝트에 추가되었습니다.

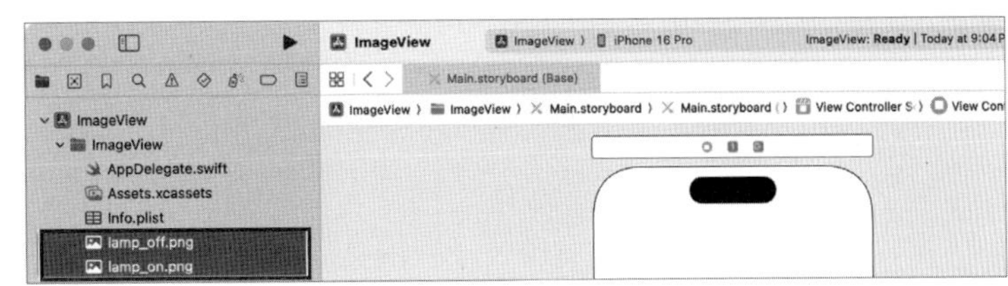

03-3 스토리보드로 이미지 뷰 앱 화면 꾸미기

이제 스토리보드를 사용해 이미지 뷰 앱의 화면을 꾸며 보겠습니다. 이 앱에서는 전구 이미지를 보여 줄 이미지 뷰(Image View) 객체, 이미지를 확대 및 축소하기 위한 버튼(Button) 객체 그리고 전구를 켜고 끄기 위한 스위치(Switch) 객체를 사용합니다.

직접 해보세요! 이미지 뷰 추가하고 수정하기

이미지 뷰(Image View)는 앞에서도 소개했듯이 앱에서 사진을 보여 줘야 할 때 사용하는 객체입니다. 스토리보드에 이미지 뷰를 추가하고 크기를 조절해 보겠습니다.

1. 이미지를 보여 줄 이미지 뷰 추가하기

먼저 이미지를 보여 줄 이미지 뷰 객체를 추가하겠습니다. Xcode 화면 상단의 [Library] 버튼을 클릭한 후 팝업 창에서 [이미지 뷰(Image View)]를 찾아 스토리보드로 끌어와 화면의 왼쪽 윗부분에 배치합니다.

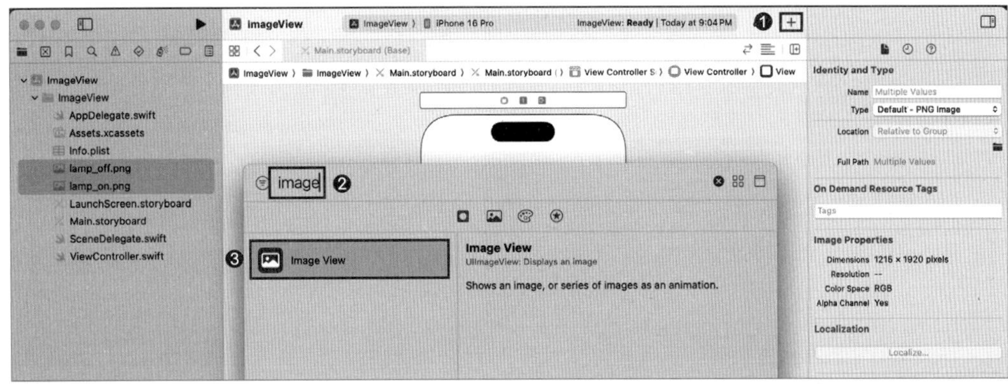

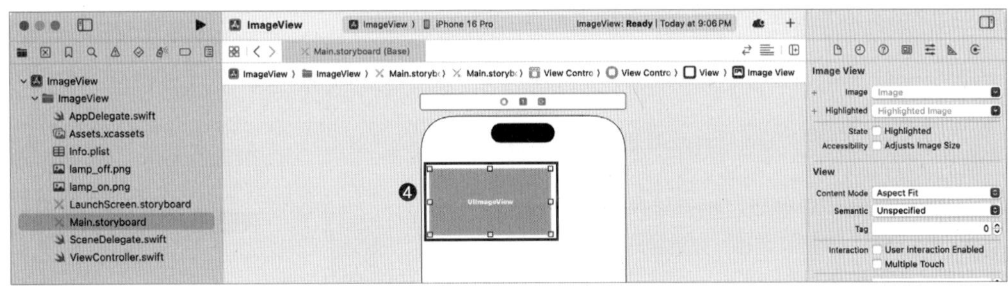

2. 이제 이미지 뷰의 크기를 조절합니다. 화면 아래쪽에는 버튼이 들어갈 공간이 필요하기 때문에 그 공간을 제외하고 확대되기 전의 크기에 맞춰 이미지를 조절합니다.
오른쪽 인스펙터 영역의 [Size inspector] 버튼을 클릭하면 객체의 위치 및 크기를 더욱 세밀하게 수정할 수 있습니다.

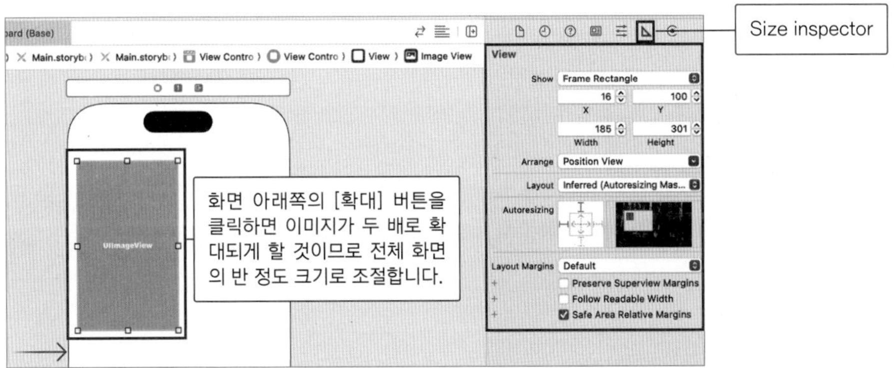

3. 뷰 모드를 수정합니다. 이미지 뷰의 크기에 상관없이 이미지의 가로, 세로 비율을 유지하기 위하여 뷰 모드를 변경합니다. [Attributes inspector] 버튼을 클릭한 후 View 항목의 Content Mode를 [Aspect Fit]로 변경합니다.

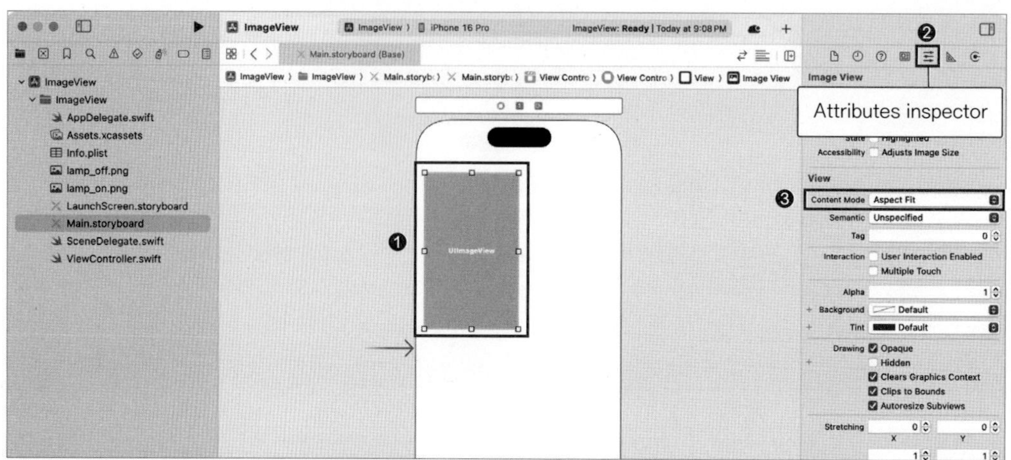

알아 두면 좋아요! } 객체의 크기 쉽게 변환하기

객체의 크기를 조절하려면 option을 누른 채 마우스를 사용해 크기를 조절해 보세요. 객체의 상하좌우의 여백을 숫자로 확인하면서 조절할 수 있습니다.

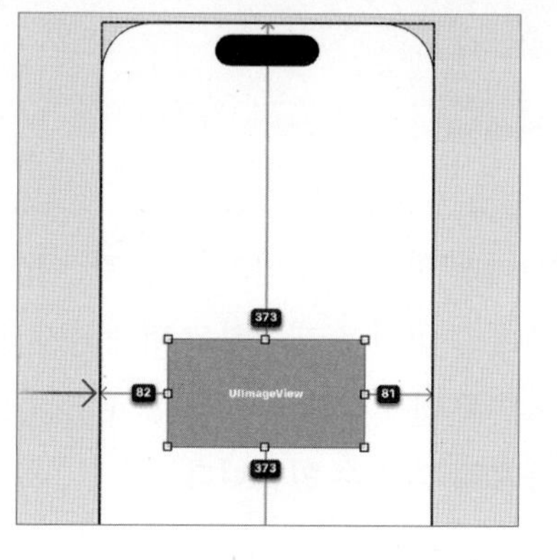

알아 두면 좋아요! } 이미지 뷰의 콘텐트 모드

이미지 뷰에서 이미지를 나타내는 콘텐트 모드(Content Mode)에 따라 이미지가 다르게 표시됩니다. 다음처럼 배치한 이미지가 콘텐트 모드에 따라 어떻게 달라지는지 알아보겠습니다.

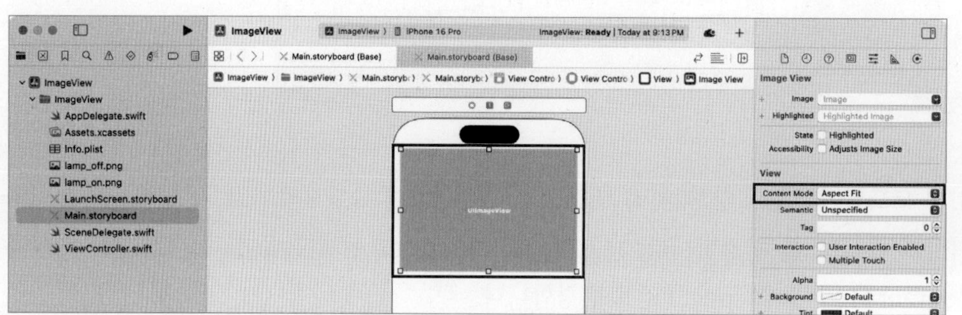

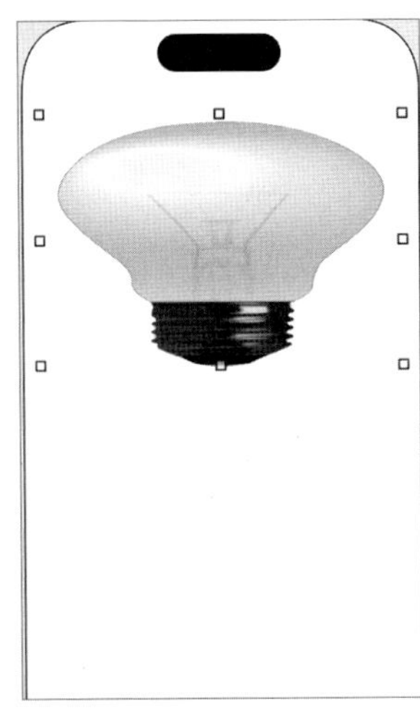

❶ Scale to Fill

❷ Aspect Fit

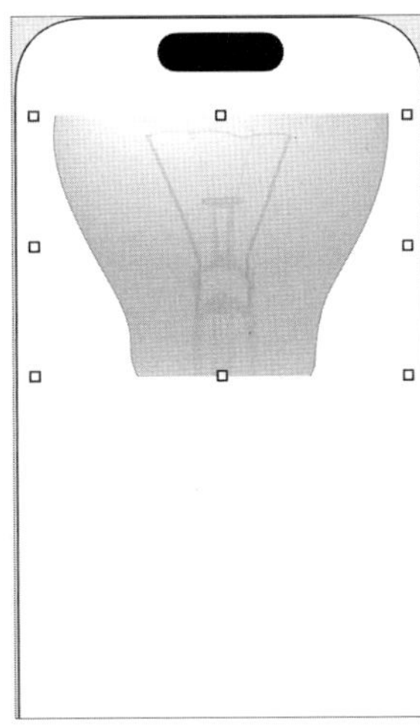

❸ Aspect Fill

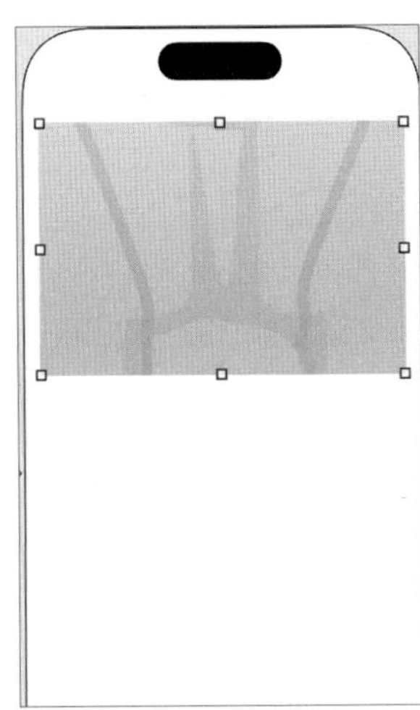

❹ Center

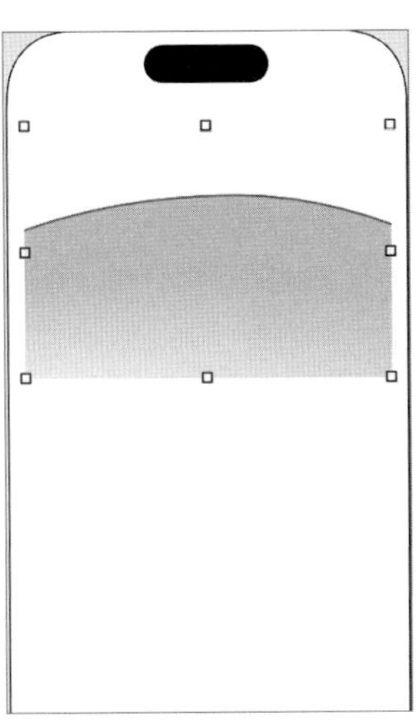

❺ Top

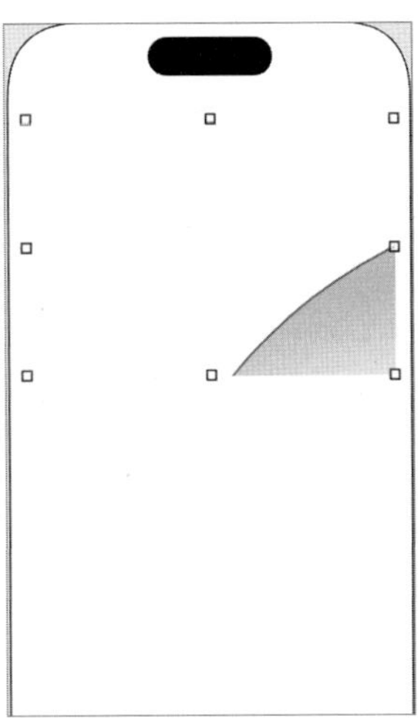

❻ Top Left

❶ Scale to Fill - 기본 설정 값으로, 이미지 뷰의 크기에 맞게 이미지의 가로, 세로 비율이 변경됩니다. 비율이 맞지 않으면 뭉개져 보입니다.

❷ Aspect Fit - 이미지의 가로, 세로 비율은 유지하면서 이미지 뷰의 크기에 맞게 이미지 크기를 바꿉니다.

❸ Aspect Fill - 이미지의 비율을 유지하면서 이미지 뷰를 채웁니다. 이미지 뷰와 이미지 비율이 맞지 않으면 이미지가 넘쳐서 잘릴 수 있습니다.

❹ Center - 이미지의 원본 크기를 유지한 채 이미지의 중앙을 이미지 뷰에 출력합니다.

❺ Top - 이미지의 원본 크기를 유지한 채 이미지의 윗부분을 이미지 뷰에 출력합니다.

❻ Top Left - 이미지의 원본 크기를 유지한 채 이미지의 왼쪽 윗 부분을 이미지 뷰에 출력합니다.

기타 [Bottom], [Left], [Right] 등도 위와 유사한 방법으로 이미지를 출력합니다.

4. 이미지 확대하고 축소할 [버튼] 추가하기

이미지를 확대하거나 축소할 수 있는 버튼을 만들어 보겠습니다. 상단의 [Library] 버튼을 클릭한 후 팝업 창에서 [버튼(Button)]을 찾아 스토리보드로 끌어와 화면 아래쪽에 배치합니다. [Attributes inspector] 버튼을 클릭한 후 Button 항목의 Style을 Filled로 변경합니다.

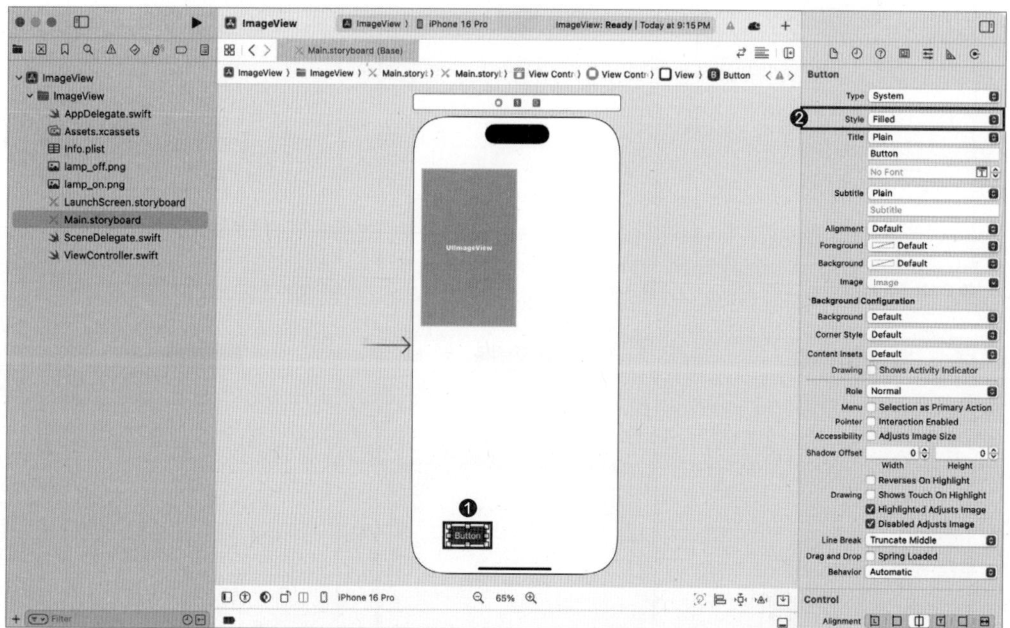

5. 버튼을 마우스로 더블 클릭한 후 버튼의 글자를 '확대'로 수정합니다.

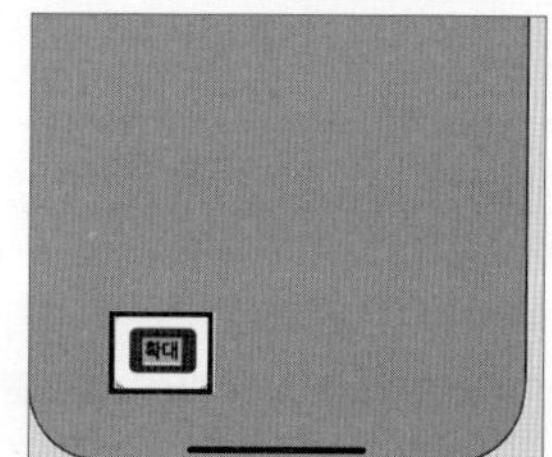

6. 이미지를 변경할 [스위치] 추가하기

이제 마지막으로 이미지를 변경할 수 있는 스위치를 추가하겠습니다. 상단의 [Library] 버튼을 클릭한 후 팝업 창에서 [스위치(Switch)]를 찾아 스토리보드로 끌어와 오른쪽 아랫부분에 배치합니다. 참고로 버튼은 일반적으로 한 가지 일을 하도록 지시하는 역할을 하고, 스위치는 말 그대로 On/Off 상태를 바꾸는 역할을 하는 객체입니다.

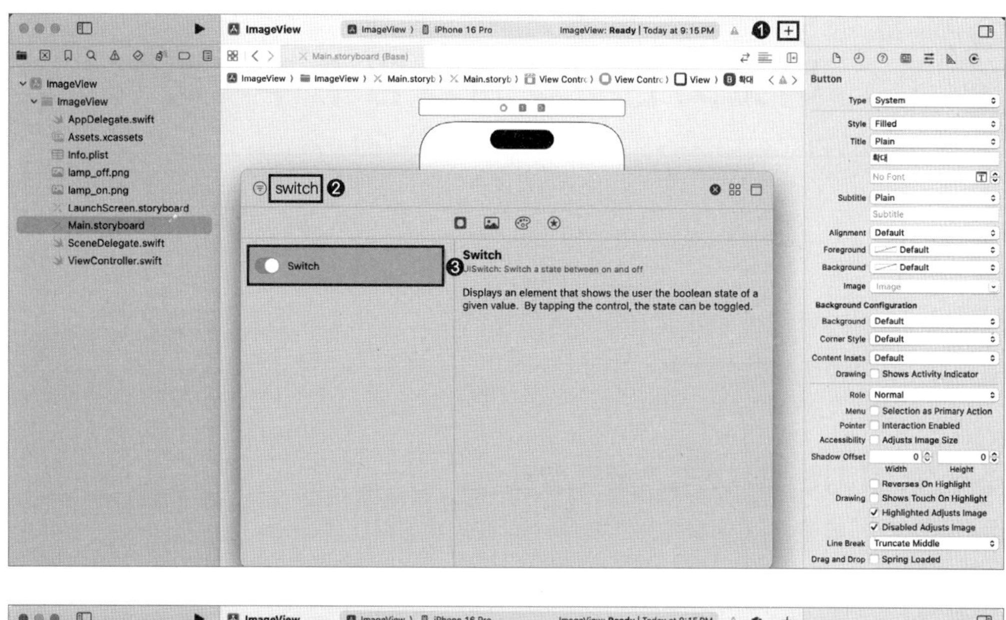

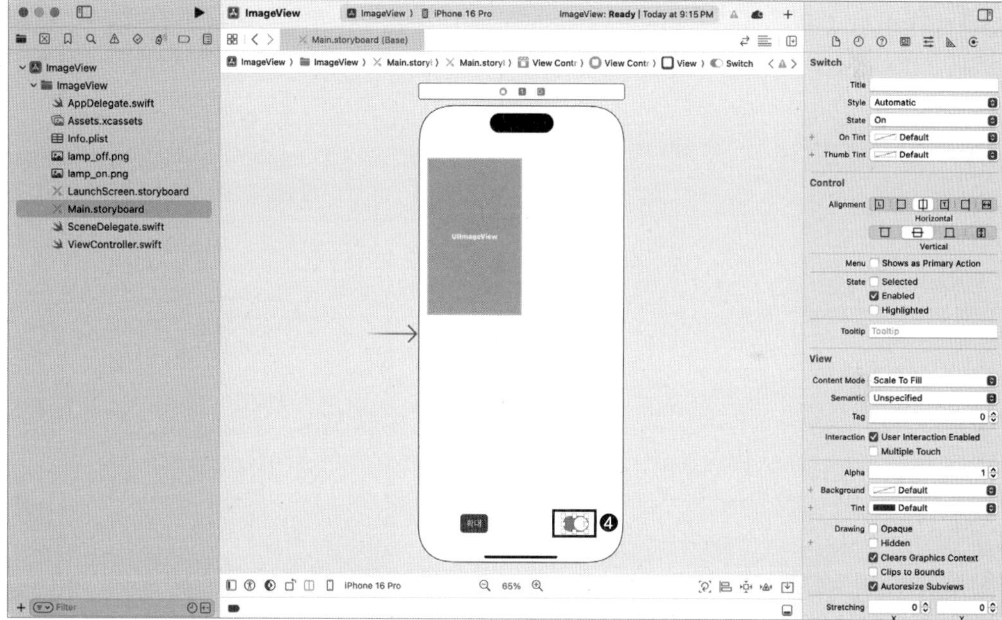

이렇게 해서 스토리보드를 이용한 이미지 뷰(Image View) 앱의 화면 구성을 마쳤습니다.

03-4 아웃렛 변수와 액션 함수 추가하기

이제 앞에서 추가한 이미지 뷰 객체와 버튼 객체 그리고 스위치 객체를 연결할 아웃렛 변수와 액션 함수를 추가해 보겠습니다.

소스 작업을 위한 보조 편집기 영역 열기

아웃렛 변수와 액션 함수를 추가하기 위해서는 보조 편집기(Assistant editor) 영역을 열어야 합니다. 화면 오른쪽 윗부분의 [Adjust Editor Options] 버튼을 클릭한 후 [Assistant] 메뉴를 선택하면 화면 가운데의 스토리보드 부분이 둘로 나누어지면서 왼쪽에는 스토리보드, 오른쪽에는 소스를 편집하는 영역이 나타납니다.

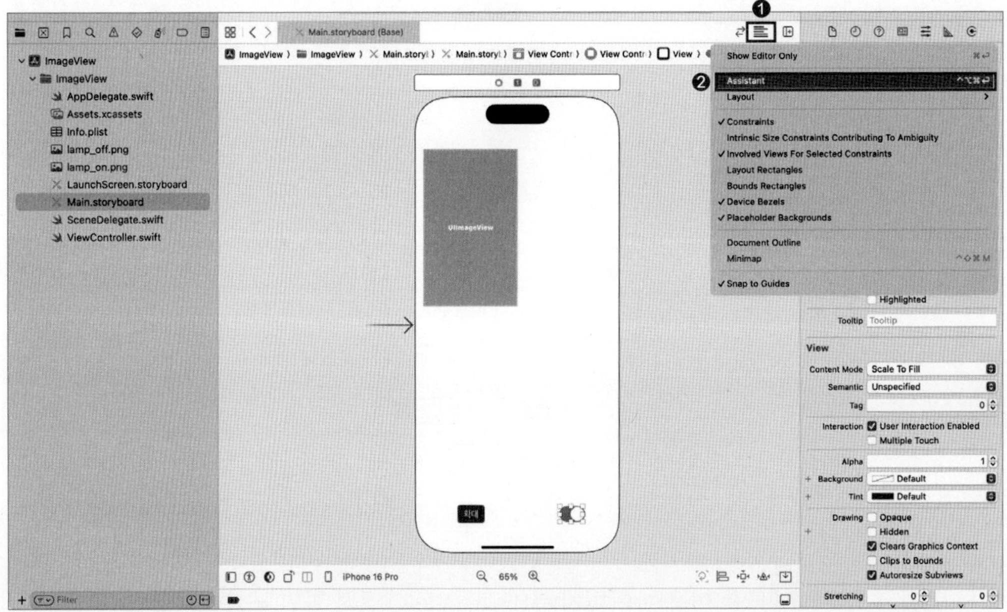

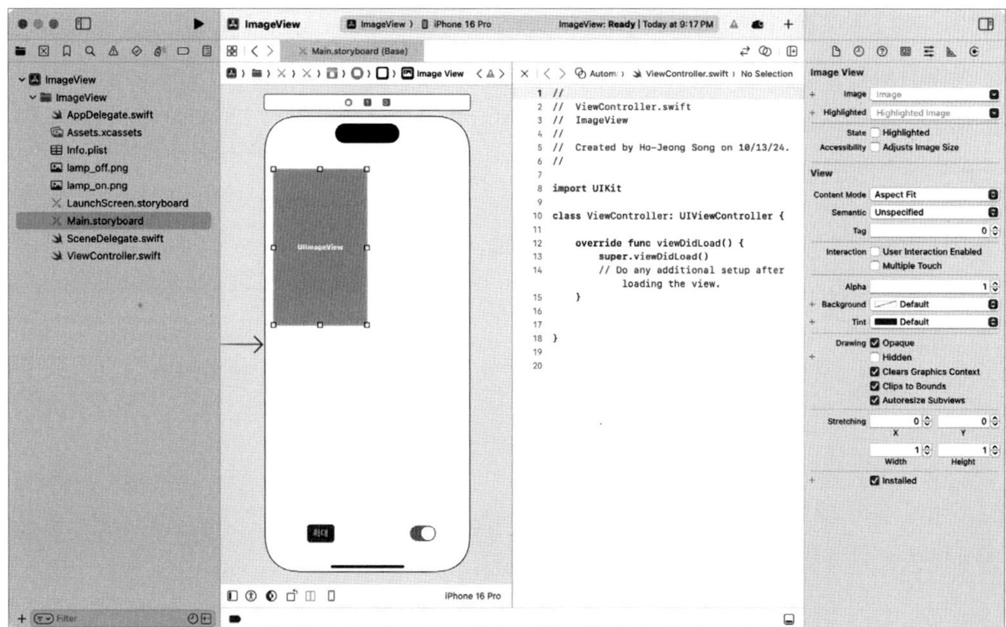

이미지 뷰에 아웃렛 변수 추가하기

1. 이미지 뷰를 마우스 오른쪽 버튼으로 선택한 후 오른쪽 보조 편집기 영역으로 드래그하면 다음 그림과 같이 연결선이 나타납니다. 이 연결선을 뷰 컨트롤러(ViewController)의 클래스 선언문 바로 아래에 놓으세요. 아웃렛 변수는 일반적으로 클래스(class) 선언부 바로 아래에 추가합니다.

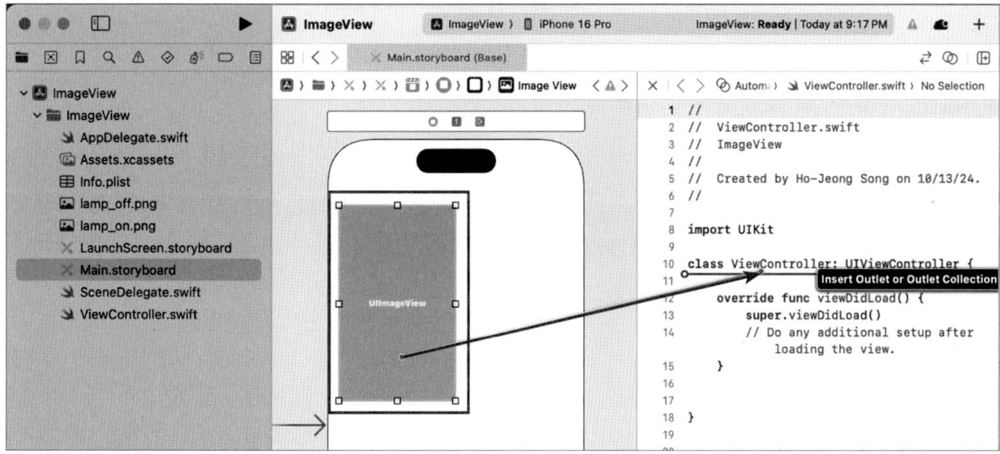

2. 그러면 다음과 같이 연결 설정 창이 나타납니다. 연결(Connection)이 [Outlet]으로 되어 있는 것을 확인한 후 아웃렛 변수의 이름(Name) 입력란에 'imgView'라고 입력하고 타입(Type)을 확인한 후 [Connect] 버튼을 클릭하면 이미지 뷰와 아웃렛 변수가 연결됩니다.

▶ 상수와 변수, 함수와 클래스의 이름을 지정할 때 지켜야 하는 규칙에 대해서는 51쪽을 참고하세요.

위치	뷰 컨트롤러의 클래스 선언문 바로 아래
연결(Connection)	Outlet
이름(Name)	imgView
타입(Type)	UIImageView

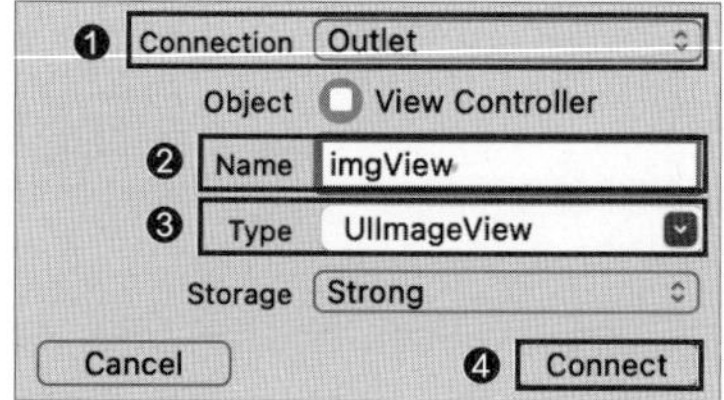

3. 이미지 뷰에 대한 아웃렛 변수가 추가되었습니다. 앞으로 우리는 이 imgView 변수를 사용해 화면에 나타낼 이미지를 설정할 수 있습니다.

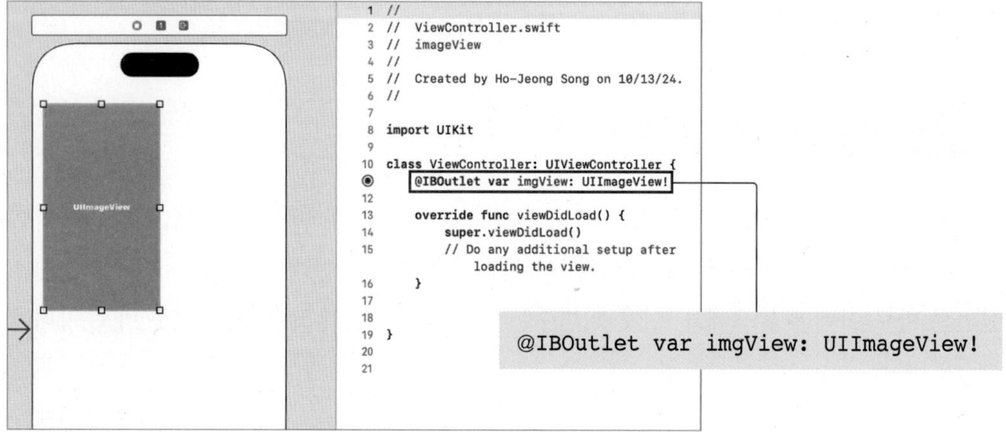

4. [확대] / [축소] 버튼의 아웃렛 변수 추가하기

이번에는 [확대] / [축소] 버튼에 아웃렛 변수를 추가하겠습니다. 화면 왼쪽 아랫부분에 있는 [확대] 버튼을 마우스 오른쪽 버튼으로 클릭한 후 드래그하여 오른쪽 보조 편집기 영역의 조금 전에 추가한 'imgView' 변수 아래에 놓습니다.

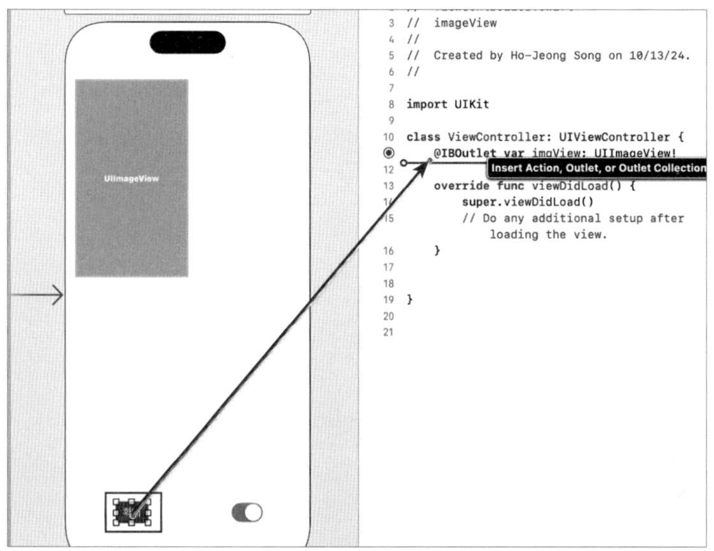

5. [확대] 버튼을 마우스 오른쪽 버튼으로 클릭한 후 드래그하여 편집기 영역에 드롭하면 다음과 같이 연결 설정 창이 나타납니다. 연결(Connection)이 [Outlet]으로 되어 있는 것을 확인한 후 아웃렛 변수의 이름(Name) 입력란에 'btnResize'라고 입력하고 타입(Type)을 확인한 후 [Connect] 버튼을 클릭하여 버튼과 아웃렛 변수를 연결합니다.

위치	imgView 아웃렛 변수 아래
연결(Connection)	Outlet
이름(Name)	btnResize
타입(Type)	UIButton

6. 버튼에 대한 아웃렛 변수가 추가되었습니다. 앞으로는 btnResize 변수를 사용해 버튼의 타이틀을 수정할 수 있습니다.

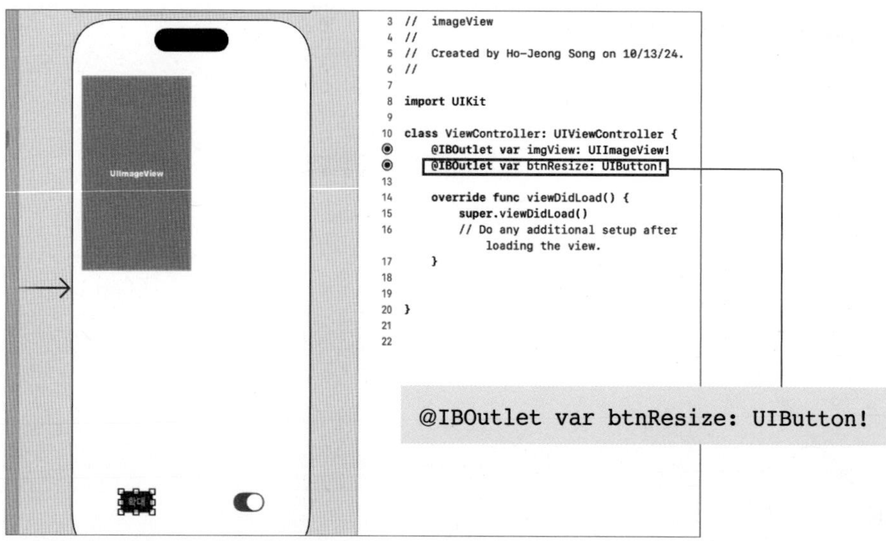
3 // imageView
4 //
5 // Created by Ho-Jeong Song on 10/13/24.
6 //
8 import UIKit
10 class ViewController: UIViewController {
@IBOutlet var imgView: UIImageView!
@IBOutlet var btnResize: UIButton!
14 override func viewDidLoad() {
15 super.viewDidLoad()
16 // Do any additional setup after loading the view.
17 }
20 }
UIImageView
@IBOutlet var btnResize: UIButton!

7. 버튼에 대한 액션 추가하기

[확대]/[축소] 버튼에 대한 액션 함수를 추가해 보겠습니다. 버튼을 클릭하면 이미지가 확대되거나 축소되는 기능을 하는 액션 함수입니다. 이 액션 함수를 만들기 위해 마우스 오른쪽 버튼으로 [확대] 버튼을 클릭한 후 드래그해서 오른쪽 보조 편집기 영역의 맨 아랫부분(클래스 닫음 괄호 '}' 바로 윗부분)에 놓습니다.

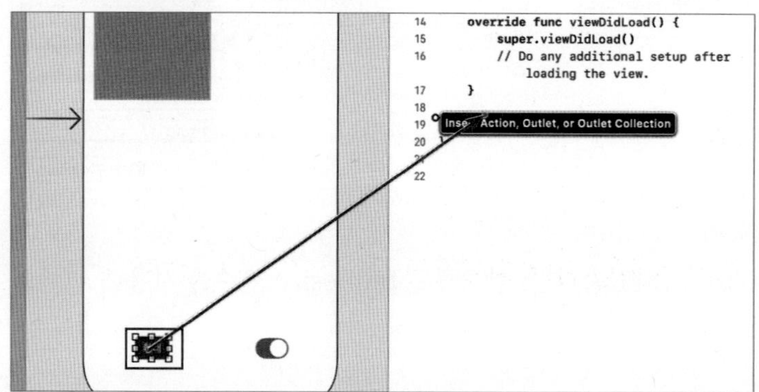
14 override func viewDidLoad() {
15 super.viewDidLoad()
16 // Do any additional setup after loading the view.
17 }
Insert Action, Outlet, or Outlet Collection

8. 다음 그림과 같은 연결 설정 창이 나타납니다. 연결(Connection)이 [Action]으로 되어 있는 것을 확인하고 이름(Name)을 'btnResizeImage'로 입력한 후 버튼의 액션을 추가하는 것이므로 타입(Type)은 [UIButton]으로 선택합니다. 어떤 타입의 객체에서 액션이 발생했을 때, 이 액션 함수를 실행할 것인지를 설정하는 것입니다. 변경하지 않으면 [AnyObject]가 자동으로 선택되는데, 이 경우 동작하는 데는 문제가 없지만 해당 객체를 명확하게 지정해 주는 것이 좋습니다.

위치	클래스 닫음 괄호 '}' 바로 위
연결(Connection)	Action
이름(Name)	btnResizeImage
타입(Type)	UIButton

❶ Connection Action
Object View Controller
❷ Name btnResizeImage
❸ Type UIButton
Event Touch Up Inside
Arguments Sender
Cancel
❹ Connect

9. [Connect] 버튼을 클릭하면 [확대] 버튼에 대한 액션 함수가 추가된 것을 볼 수 있습니다.

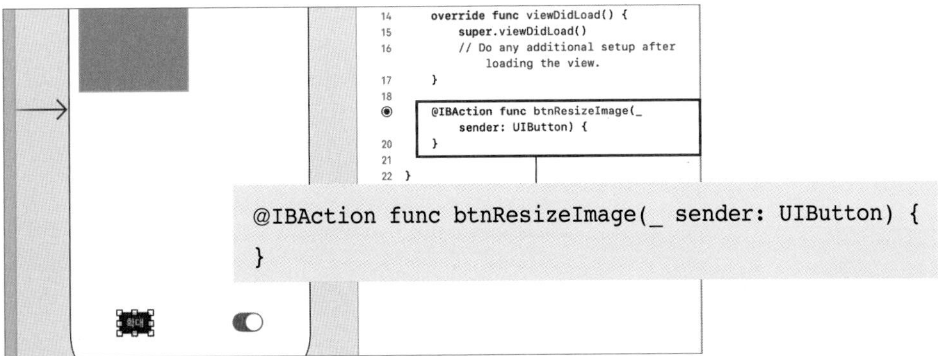

override func viewDidLoad() {
super.viewDidLoad()
// Do any additional setup after loading the view.
}
@IBAction func btnResizeImage(_ sender: UIButton) {
}
}
확대

```
@IBAction func btnResizeImage(_ sender: UIButton) {
}
```

10. 스위치에 대한 액션 함수 추가하기

이제 마지막으로 스위치에 대한 액션 함수를 추가하겠습니다. 같은 방법으로 마우스 오른쪽 버튼으로 스위치 객체를 클릭한 후 드래그해서 오른쪽 보조 편집기 영역에 끌어다 놓습니다.

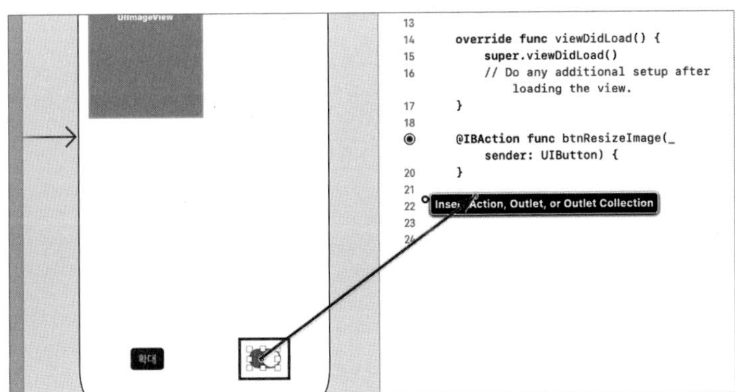

override func viewDidLoad() {
super.viewDidLoad()
// Do any additional setup after loading the view.
}
@IBAction func btnResizeImage(_ sender: UIButton) {
}
Action, Outlet, or Outlet Collection
확대

11. 연결 설정 창에서 연결(Connection)이 [Action]으로 되어 있는 것을 확인한 후 이름(Name)을 'switchImageOnOff'로 입력합니다. 타입(Type)은 스위치의 액션을 추가하는 것이므로 [UISwitch]를 선택합니다.

> 04장부터 아웃렛 변수 및 액션 함수 관련해서는 이름과 타입만 확인 후 진행합니다.

위치	btnResizeImage 액션 함수 아래
연결(Connection)	Action
이름(Name)	switchImageOnOff
타입(Type)	UISwitch

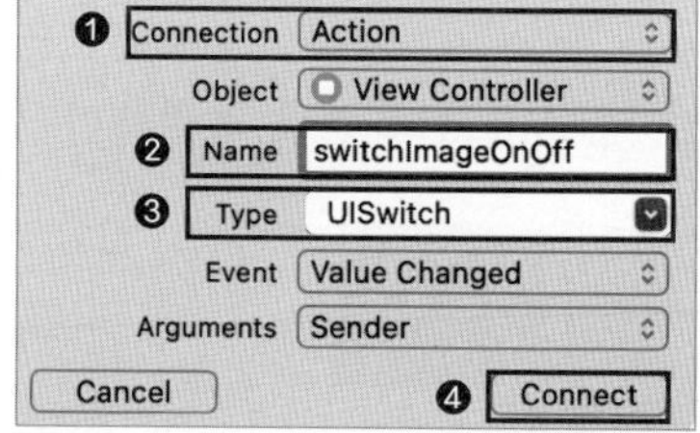

12. 스위치에 대한 액션 함수가 추가되었습니다.

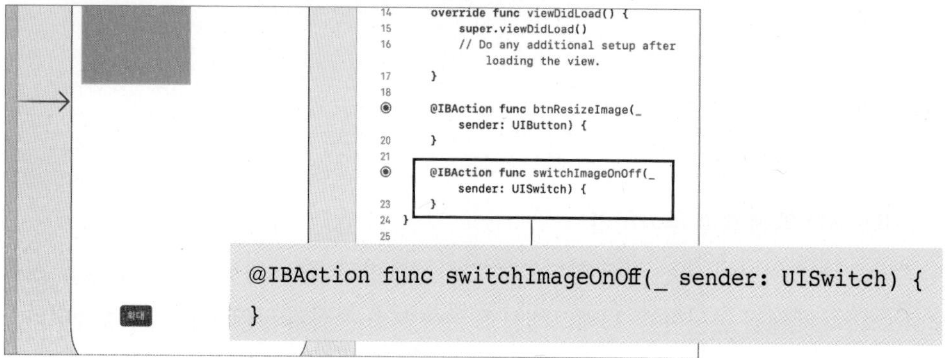

```
@IBAction func switchImageOnOff(_ sender: UISwitch) {
}
```

이렇게 이미지 뷰 객체에 아웃렛 변수를 추가하고 버튼 객체와 스위치 객체에 액션 함수를 추가하였습니다. 이제 버튼을 클릭했을 때 또는 스위치를 On/Off 하였을 때 어떠한 동작을 할 수 있도록 코딩할 준비를 마쳤습니다.

03-5 이미지 뷰 앱의 기능 구현하기

이제 사용자가 [확대] 버튼을 클릭할 때 동작할 액션 함수와 스위치를 On/Off 하였을 때 동작할 액션 함수를 코딩해 보겠습니다.

소스 파일 열고 코딩하기

코딩하기 위해서는 먼저 소스 파일을 열어야 합니다.

1. 왼쪽 내비게이터 영역에서 [ViewController.swift] 파일을 선택합니다.

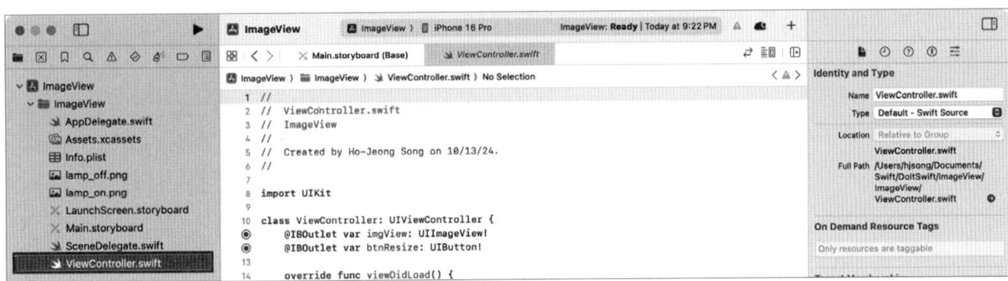

2. 변수 추가하기

코딩에 필요한 변수들을 뷰 컨트롤러(ViewController)의 클래스 선언문 바로 아래에 추가합니다.

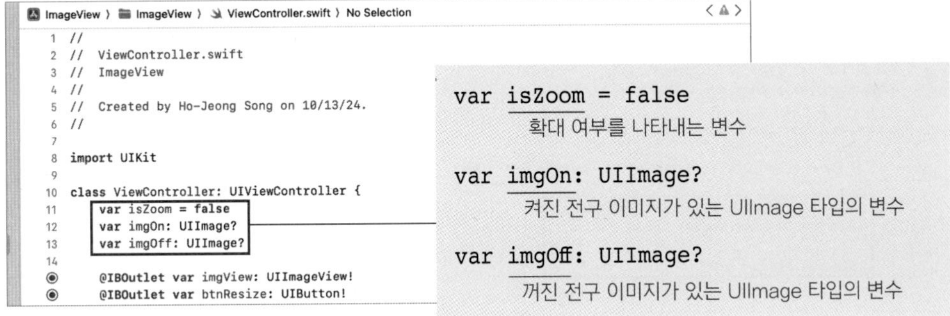

스위프트 문법 } 옵셔널 변수

오른쪽 소스처럼 스위프트 코드를 입력하다 보면 변수 선언 뒤에 물음표 '?'가 붙은 것을 볼 수 있습니다. 이 물음표 '?'를 삭제하면 바로 에러가 발생합니다.

```
var imgOn: UIImage?
```

그러면 이 물음표는 왜 붙었을까요? 이것은 C나 오브젝티브-C에는 존재하지 않고 오직 스위프트에만 있는 '옵셔널(Optionals)'이라는 개념입니다. 옵셔널은 어떤 값이 존재하지 않는다는 것을 나타낼 때 사용합니다. 즉, 변수가 nil(=null)이거나 값의 존재 여부를 알 수 없다는 것을 의미합니다. 스위프트에서는 변수를 선언할 때 변수에 반드시 nil이 아닌 값을 할당해야 하지만 옵셔널 타입을 사용해서 변수에 값이 없다는 것을 알릴 수 있습니다. 오른쪽 위 소스에서는 변수 imgOn을 선언했는데 초깃값을 주지 않았기 때문에 '값이 없을 수 있다'는 의미로 '?'를 붙여 줘야 하는 것입니다.
옵셔널로 선언된 변수에 값이 할당되면 그 값은 '옵셔널에 래핑(wrapped)되었다'고 하며, 이 값은 '!'를 사용하여 강제 언래핑(force unwrapping)하여 값에 접근할 수 있습니다.

```
var index: Int?

index = 3

if index != nil {
   print(index!)
}
```

또한 옵셔널은 암묵적인 언래핑(implicity unwrapping)이 되도록 선언할 수 있는데, 이때는 강제 언래핑을 사용하지 않아도 값에 접근할 수 있습니다.

```
var index: Int!

index = 3

if index != nil {
   print(index)
}
```

▶ 옵셔널 변수에 대한 자세한 설명은 [문법 04]를 참고하세요.

3. 이미지 지정 후 보여 주기

viewDidLoad 함수 내 UIImage 타입의 변수에 이미지를 지정하기 위한 코드를 추가하겠습니다.

```
@IBOutlet var imgView: UIImageView!
@IBOutlet var btnResize: UIButton!

override func viewDidLoad() {
    super.viewDidLoad()
    // Do any additional setup after loading the view.

    imgOn = UIImage(named: "lamp_on.png")
    imgOff = UIImage(named: "lamp_off.png")

    imgView.image = imgOn
}

```

```
override func viewDidLoad() {
    super.viewDidLoad()
    // Do any additional setup after loading the view.

    imgOn = UIImage(named: "lamp_on.png") ─┐
    imgOff = UIImage(named: "lamp_off.png") ─┴❶

    imgView.image = imgOn ─❷
}
```

❶ UIImage 타입의 변수 imgOn과 imgOff에 이미지 파일명을 입력합니다. 이때 이미지 파일명은 앞에서 프로젝트에 추가한 이미지의 파일명을 입력하면 됩니다.

❷ 스토리보드에 추가한 이미지 뷰의 아웃렛 변수 'imgView'에 방금 선언한 'imgOn' 이미지를 지정합니다.

4. 이제 UIImage 타입의 변수 imgOn과 imgOff에 UIImage 타입의 이미지들을 지정했고 이미지 뷰의 객체인 imgView.image에 imgOn을 대입했으므로 앱을 실행하면 'lamp_on.png' 이미지가 화면에 나타납니다.

알아 두면 좋아요! viewDidLoad 함수란?

viewDidLoad 함수는 내가 만든 뷰를 불러왔을 때 호출되는 함수로, 부모 클래스인 UIViewController 클래스에 선언되어 있습니다. 뷰가 불려진 후 실행하고자 하는 기능이 필요할 때 이 viewDidLoad 함수 내에 코드를 입력하면 됩니다.

```
override func viewDidLoad() {
    super.viewDidLoad()
    // Do any additional setup after loading the view.
}
```

알아 두면 좋아요! Xcode의 자동 완성 기능

Xcode에서 제공하는 메서드를 입력할 때는 반드시 자동으로 찾아 주는 메서드를 사용하기 바랍니다. 직접 입력하다 보면 메서드명을 틀리게 입력할 수도 있고, 정확하게 입력하더라도 Xcode에서 인식하지 못하고 에러가 발생할 수도 있습니다.

Xcode에서 제공하는 메서드를 입력할 때는 앞 글자 몇 자만 입력하면 자동으로 입력한 단어로 시작하는 메서드들을 찾아 줍니다. 예를 들어 UIImage를 입력하려면 앞의 'UI'를 입력합니다.

```
img = UI
```

여기서 UIImage를 선택한 후 return을 누릅니다.

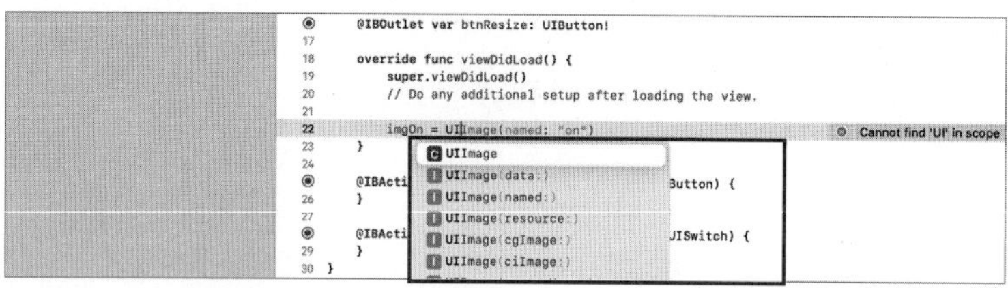

이제 UIImage 다음에 '('를 입력하면 UIImage의 메서드들을 보여 줍니다.

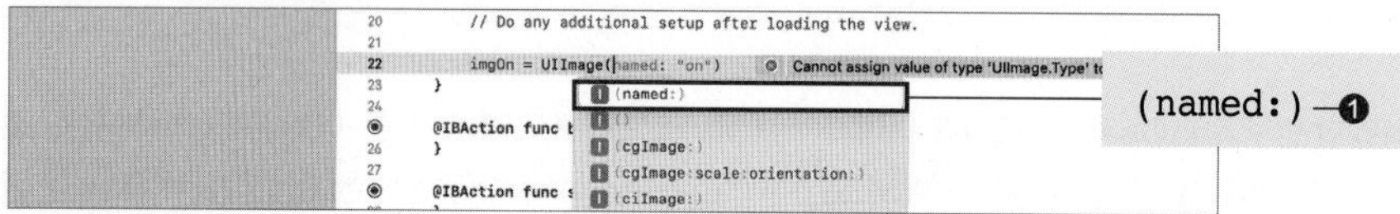

❶ (named:)를 선택합니다.

이제 커서가 'String' 부분에 표시되고, 여기에 이미지 파일명을 입력하면 됩니다.

```
override func viewDidLoad() {
    super.viewDidLoad()
    // Do any additional setup after loading the view.

    imgOn = UIImage(named: String)
}

@IBAction func btnResizeImage(_ sender: UIButton) {
}
```

```
imgOn = UIImage(named: "lamp_on.png")
```

5. 버튼 클릭 시 동작하는 함수 코딩

이제 [확대] 버튼을 클릭했을 때 동작하는 btnResizeImage 함수를 코딩해 보겠습니다. 우선, 함수 내에서 사용할 상수와 변수를 선언합니다. scale 상수는 이미지를 확대할 배율값을 의미하며 newWidth, newHeight 변수는 확대 또는 축소하였을 때, 이미지의 가로, 세로 길이를 저장할 변수를 의미합니다.

▶ 'CGFloat'은 'Xcode에서 Float을 재정의해 놓은 자료형'으로, Float과 같다고 생각하면 됩니다.

```
        imgView.image = imgOn
    }

    @IBAction func btnResizeImage(_ sender: UIButton) {
        let scale: CGFloat = 2.0
        var newWidth: CGFloat, newHeight: CGFloat
    }

    @IBAction func switchImageOnOff(_ sender: UISwitch) {
```

```
@IBAction func btnResizeImage(_ sender: UIButton) {
    let scale:CGFloat = 2.0 —❶
    var newWidth:CGFloat, newHeight:CGFloat —❷
}
```

▶ var newWidth 부분에 경고 메시지가 나타났습니다. 이것은 선언한 상수나 변수를 한번도 사용하지 않아서 발생한 것이므로 일단 무시해도 됩니다. 나중에 해당 상수나 변수를 코드 내에서 사용하면 경고 메시지가 사라집니다.

❶ [확대] 버튼을 클릭할 경우 이미지를 두 배로 확대할 것이므로 확대할 스케일 값을 보관할 scale 상수를 CGFloat(실수형) 타입으로 선언하고 값을 '2.0'으로 설정합니다.

❷ 확대할 크기를 계산해서 보관할 변수 newWidth와 newHeight를 CGFloat 타입으로 선언합니다.

스위프트 문법 } 기본 데이터 자료형

자료형이란 자료의 형태를 의미합니다. 변수나 상수를 선언할 때 사전에 어떠한 값을 저장할지는 자료형을 사용해서 정의해야 합니다. 예를 들어 정수를 저장하기 위해서는 Int(Integer) 자료형을 사용해야 하고, 실수를 저장하기 위해서는 Float 자료형을 사용해야 합니다. 또한 문자열을 저장하기 위해서는 String 자료형을 사용해야 합니다.

타 입	특 징	예 제
Bool	참 또는 거짓 중 하나를 표현하는 이진법	True, False
Int, Int32, Int64	큰 수(분수 제외)를 표현하는 데 32 또는 64비트 음수나 양수의 정수 값 사용	4, 543, -674837, 5745
Int8, Int16	작은 수(분수 제외)를 표현하는 데 8 또는 16비트 음수나 양수의 정수 값 사용	-23, 58, 145
UInt, UInt32, UInt64	큰 수(분수 제외)를 표현하는 데 32 또는 64비트 양수 값 사용	5, 132, 70, 10023
UInt8, UInt16	작은 수(분수 제외)를 표현하는 데 8 또는 16비트 양수 값 사용	35, 86, 254
Float, Double	음수 또는 양수의 부동 소수점 또는 분수를 포함할 수도 있다	11.542, -3002.5899, 17.0
Character	단일 글자나 숫자 또는 다른 부호를 큰따옴표로 묶어서 표현	"T", "K", "*", "3"
String	일련의 문자를 큰따옴표로 묶어서 표현	"Fish", "Pigs", "New York"

▶ 자료형의 최댓값/최솟값이 궁금하다면 [문법 05]를 참고하세요.

6. 이제 isZoom 변수의 상태에 따라 이미지 프레임의 크기를 확대 또는 축소하고 버튼의 텍스트를 변경하는 코드를 작성해 보겠습니다. 우선 버튼을 눌렀을 때 isZoom 변수의 조건에 따라 일을 수행하기 위하여 if문을 사용한 구조를 만듭니다. 그리고 맨 마지막에 isZoom 변수의 상태를 '!' 연산자를 사용하여 반전시킵니다.

```
        imgView.image = imgOn
    }

    @IBAction func btnResizeImage(_ sender: UIButton) {
        let scale: CGFloat = 2.0
        var newWidth: CGFloat, newHeight: CGFloat   2 △ Variable 'newHeight' was n

        if (isZoom) {   // true

        }
        else {  // false

        }

        isZoom = !isZoom
    }

    @IBAction func switchImageOnOff(_ sender: UISwitch) {
    }
}
```

```
@IBAction func btnResizeImage(_ sender: UIButton) {
    let scale:CGFloat = 2.0
    var newWidth:CGFloat, newHeight:CGFloat

    if (isZoom) {   // true

    }
    else {  // false

    }
    isZoom = !isZoom
}
```

7. 앞에서 만든 if문 안에서 [확대] / [축소] 버튼을 눌렀을 때 작동해야 할 코드를 입력합니다.

```
@IBAction func btnResizeImage(_ sender: UIButton) {
    let scale: CGFloat = 2.0
    var newWidth: CGFloat, newHeight: CGFloat

    if (isZoom) {   // true
        newWidth = imgView.frame.width / scale
        newHeight = imgView.frame.height / scale

        btnResize.setTitle("확대", for: .normal)
    }
    else {  // false
        newWidth = imgView.frame.width * scale
        newHeight = imgView.frame.height * scale

        btnResize.setTitle("축소", for: .normal)
    }

    imgView.frame.size = CGSize(width: newWidth, height: newHeight)

    isZoom = !isZoom
}
```

```
@IBAction func btnResizeImage(_ sender: UIButton) {
    let scale:CGFloat = 2.0
    var newWidth:CGFloat, newHeight:CGFloat

    if (isZoom) {   // true ❶
        newWidth = imgView.frame.width/scale     ┐
        newHeight = imgView.frame.height/scale   ┘❷
        btnResize.setTitle("확대", for: .normal) ❸
    }
    else {  // false ❹
        newWidth = imgView.frame.width*scale     ┐
        newHeight = imgView.frame.height*scale   ┘❺
        btnResize.setTitle("축소", for: .normal) ❻
    }
    imgView.frame.size = CGSize(width: newWidth, height: newHeight) ❼
    isZoom = !isZoom
}
```

❶ 현재 상태가 '확대'일 때(즉, isZoom 변수 값이 true일 때)

❷ 이미지 프레임의 가로, 세로 크기에 scale 값을 나누어 newWidth와 newHeight에 할당합니다.

❸ 버튼의 텍스트를 "확대"로 변경합니다.

❹ 현재 상태가 '축소'일 때(즉, isZoom 변수 값이 false일 때)

❺ 이미지 프레임의 가로, 세로 크기에 scale 값을 곱하여 newWidth와 newHeight에 할당합니다.

❻ 버튼의 텍스트를 "축소"로 변경합니다.

❼ CGSize 메서드를 사용하여 이미지 뷰의 프레임 크기를 변경합니다.

스위프트 문법 } if 조건문

어떤 수식이나 조건을 비교하여 '참'일 경우와 '거짓'일 경우 다른 실행을 하게 하는 제어문을 if문이라고 합니다. if문의 기본 형식은 오른쪽 코드와 같습니다.

```
if 조건 {
…
} else if 조건 {
…
else {
…
}
```

예를 들어 어떤 값이 짝수인지 홀수인지를 판단하여 출력하는 조건문은 오른쪽 코드처럼 작성할 수 있습니다.

```
if num%2 == 1 {
    print("\(num)는 홀수입니다.")
} else {
    print("\(num)는 짝수입니다.")
}
```

if문에서 '조건'은 (조건)처럼 괄호를 사용하여 표시할 수도 있습니다.

```
if (num%2==1) {
}
```

8. 스위치 클릭 시 동작하는 함수 코딩

이제 마지막으로 [On] / [Off] 스위치를 클릭할 때 동작하는 switchImageOnOff 함수를 코딩해 보겠습니다. 스위치 상태를 확인하고 스위치 상태에 따라 이미지 뷰에 나타낼 이미지를 선택합니다.

```
        imgView.frame.size = CGSize(width: newWidth, height: newHeight)

        isZoom = !isZoom
    }

    @IBAction func switchImageOnOff(_ sender: UISwitch) {
        if sender.isOn {
            imgView.image = imgOn
        } else {
            imgView.image = imgOff
        }
    }
}
```

```
@IBAction func switchImageOnOff(_ sender: UISwitch) {
    if sender.isOn {
        imgView.image = imgOn
    } else {
        imgView.image = imgOff
    }
}
```

9. 결과 보기

실행하기 전에 iOS 시뮬레이터 기기를 원하는 것으로 변경합니다. 여기서는 [iPhone 16 Pro]로 변경하겠습니다.

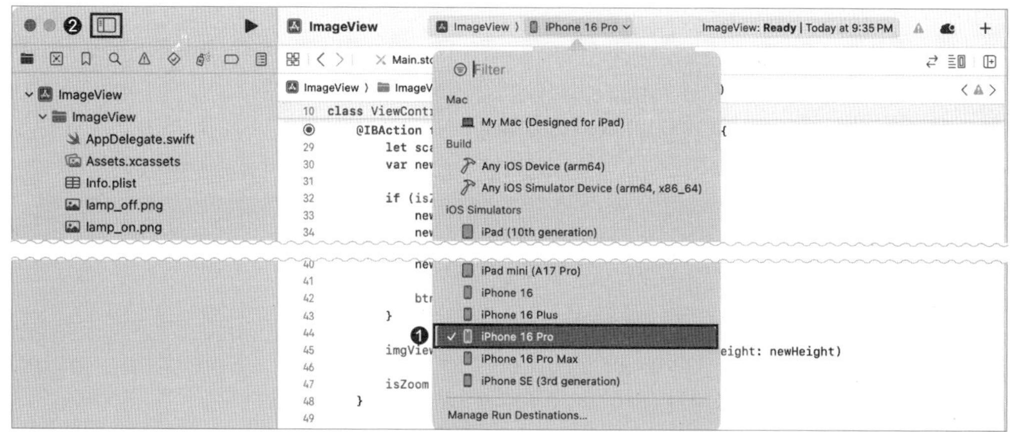

10. [실행] 버튼을 클릭하면 iOS 시뮬레이터가 구동되어 프로그래밍한 앱이 실행됩니다. [확대] 버튼을 클릭하면 전구 그림이 확대되고 다시 [축소] 버튼을 클릭하면 그림이 축소됩니다. [스위치]를 클릭하면 전구가 꺼지고 다시 [스위치]를 클릭하면 전구가 켜집니다.

03-6 이미지 뷰 앱, 전체 소스 보기

완성된 앱의 전체 소스를 확인해 보세요.

ViewController.swift

```
import UIKit

class ViewController: UIViewController {
    var isZoom = false          // 이미지 확대 여부를 나타내는 bool 타입의 변수
    var imgOn: UIImage?         // 켜진 전구 이미지를 가지고 있는 UIImage 타입의 변수
    var imgOff: UIImage?        // 꺼진 전구 이미지를 가지고 있는 UIImage 타입의 변수

    @IBOutlet var imgView: UIImageView!          // 이미지 뷰에 대한 아웃렛 변수
    @IBOutlet var btnResize: UIButton!           // 버튼에 대한 아웃렛 변수

    override func viewDidLoad() {
      super.viewDidLoad()
      // Do any additional setup after loading the view.

      imgOn = UIImage(named: "lamp_on.png")   // imgOn에 "lamp_on.png" 이미지를 할당
      imgOff = UIImage(named: "lamp_off.png")  // imgOff에 "lamp_off.png" 이미지를 할당

      imgView.image = imgOn              // 위에서 할당한 imgOn 이미지를 imgView에 할당
    }

    // [확대]/[축소] 버튼에 대한 액션 함수
    @IBAction func btnResizeImage(_ sender: UIButton) {
        let scale:CGFloat = 2.0                      // 확대할 배율 값
        var newWidth:CGFloat, newHeight:CGFloat // 확대할 크기의 계산 값을 보관할 변수
        if (isZoom) {     // true 현재 확대된 그림일 경우(즉, 타이틀은 축소)
            // 이미지 뷰의 프레임 너빗값을 scale 값으로 나눔
            newWidth = imgView.frame.width/scale
            // 이미지 뷰의 프레임 높잇값을 scale 값으로 나눔
            newHeight = imgView.frame.height/scale

            // 버튼의 타이틀을 "확대"로 변경합니다.
            btnResize.setTitle("확대", for: .normal)
```

```
        }
        else {   // false 현재 축소된 그림일 경우(즉, 타이틀은 확대)
            // 이미지 뷰의 프레임 너빗값을 scale 값으로 곱함
            newWidth = imgView.frame.width*scale
            // 이미지 뷰의 프레임 높잇값을 scale 값으로 곱함
            newHeight = imgView.frame.height*scale

            // 버튼의 타이틀을 "축소"로 변경합니다.
            btnResize.setTitle("축소", for: .normal)
        }

        // 이미지 뷰의 프레임 크기를 수정된 너비와 높이로 변경합니다.
        imgView.frame.size = CGSize(width: newWidth, height: newHeight)

        isZoom = !isZoom      // isZoom 변수의 상태를 ! 연산자를 사용하여 반전시킵니다.
    }

    // ON/OFF 스위치에 대한 액션 함수
    @IBAction func switchImageOnOff(_ sender: UISwitch) {
        if sender.isOn {                  // 만일 스위치가 On이면
            imgView.image = imgOn         // 이미지 뷰의 이미지에 imgOn 이미지를 할당
        } else {                          // 만일 스위치가 Off이면
            imgView.image = imgOff        // 이미지 뷰의 이미지에 imgOff 이미지를 할당
        }
    }
}
```

이미지 뷰어 만들기

목표 이미지 뷰어를 만들어 볼까요? [이전], [다음] 버튼을 사용하여 여러 장의 이미지를 차례로 볼 수 있는 이미지 뷰어를 만들어 봅시다.

1. 아이폰에 나타내고 싶은 이미지 몇 개를 준비합니다.
2. 이미지 이름은 "1.png", "2.png"… 같은 식으로 지정합니다.
3. 준비한 이미지를 프로젝트에 추가합니다.
4. [이전], [다음] 버튼을 추가합니다.
5. [이전], [다음] 버튼을 클릭할 경우 이미지를 변경하여 화면에 나타냅니다.

힌트 1. 화면에 보일 이미지 번호를 저장할 변수 numImage를 선언하고 버튼이 눌릴 때마다 증가 또는 감소합니다.

2. if문을 사용하여 1보다 작을 때와 maxImage보다 클 때를 체크합니다.

3. 숫자(Integer) 변수를 문자열로 변환하기 위해 String() 함수를 사용합니다.

```
if (numImage > maxImage) {
   numImage = 1
}

if (numImage < 1) {
   numImage = maxImage
}
```

```
let imageName = String(numImage) + ".png"
```

:: 완성 소스 [03장] 폴더 / [미션] 폴더 / ImageViewer.xcodeproj

데이트 피커 사용해 날짜 선택하기

난이도 ★☆☆☆☆

데이트 피커(Date Picker)는 아이폰에서 날짜를 선택할 때 사용하는 객체입니다. 우리가 흔히 알람을 설정하거나 일정을 기록할 때 날짜를 설정하는 화면에서 빠지지 않는 기능이죠.
이 장에서는 이러한 데이트 피커 기능을 사용하여 날짜를 선택하고, 선택한 시간을 출력하는 방법을 알아보겠습니다. 그뿐만 아니라 현재 시간을 확인하거나 출력하고 타이머를 사용하여 주기적으로 현재 시간을 출력하는 방법까지 알아보겠습니다.

04-1 데이트 피커란?

데이트 피커(Date Picker)는 날짜와 시간을 선택할 수 있게 해주는 객체입니다. 아이폰의 기본 기능인 시계 앱의 알람 탭에서 자주 사용하는 기능 중 하나지요. 앱에서 날짜와 시간를 선택해야 할 때는 드롭 다운 방식이나 리스트 방식으로 보여 줄 수 있는데, 날짜는 선택 항목이 많기 때문에 데이트 피커 방식이 가장 효율적이라고 할 수 있습니다.

데이트 피커 기능을 사용하면 다음과 같은 유용한 앱을 만들 수 있습니다.

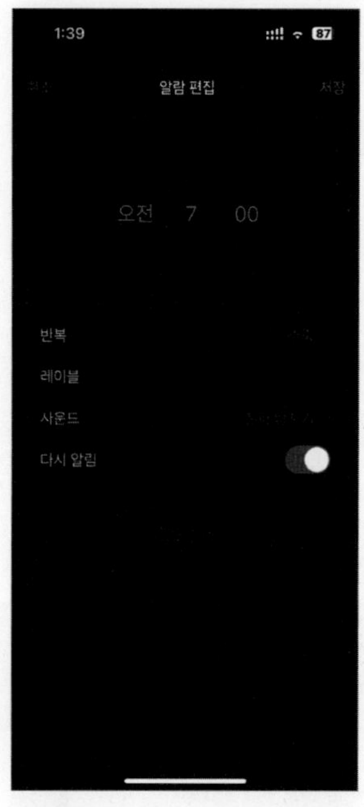

시계 앱

미리 알림 앱

캘린더 앱

04-2 데이트 피커 앱을 위한 기본 환경 구성하기

이번에는 데이트 피커를 사용해 날짜를 선택하고 선택한 날짜를 화면에 출력해 주는 기능을 구현해 보겠습니다. 또한 타이머를 사용해 정해진 시간마다 주기적으로 현재 시간을 출력하는 방법도 알아보겠습니다.

프로젝트를 생성한 후 뷰 컨트롤러 크기 조절하기

1. 먼저 'DatePicker'라는 이름으로 프로젝트를 만듭니다.

◐ 프로젝트를 만드는 방법은 02장을 참고하세요.

2. 디바이스 선택 및 뷰 컨트롤러 크기 조절하기

사용할 스토리보드의 디바이스로 여기서는 [iPhone 16 Pro]를 선택합니다. 또한 모니터가 작아 답답하다면 아랫부분의 [Zoom In], [Zoom Out] 버튼을 사용하여 뷰 컨트롤러의 크기를 조절할 수 있습니다.

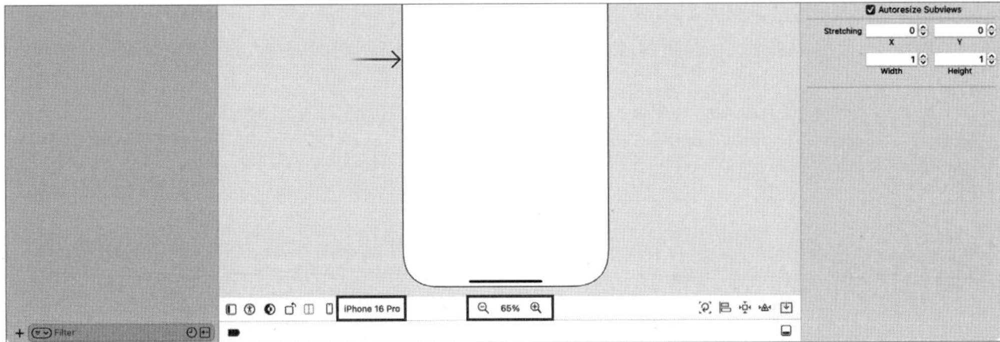

04-3 스토리보드로 데이트 피커 앱 화면 꾸미기

이번 앱에서는 날짜와 시간을 선택하기 위한 데이트 피커(Date Picker) 객체와 현재 시간 및 선택한 시간을 보여 주기 위한 레이블(Label) 객체를 사용합니다.

레이블

데이트 피커

현재시간: 2024-10-14 00:41:03 Mon

2024년 10월 >

시간 오전 10:00

선택시간: 2024-10-14 10:00 Mon

데이트 피커와 레이블 추가하기

1. 데이트 피커 추가하기

Xcode 화면 상단의 [Library] 버튼을 클릭하고 팝업 창에서 [데이트 피커(Date Picker)]를 찾아 선택한 후 스토리보드로 끌어와 화면의 중간에 배치하고, 사이즈를 조절합니다.

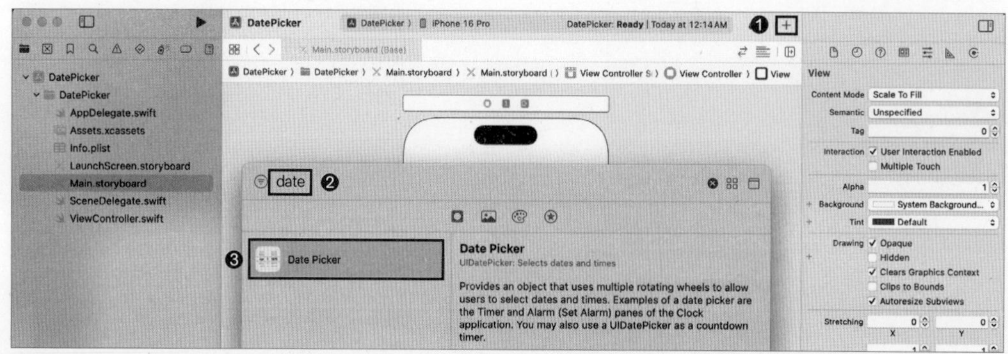

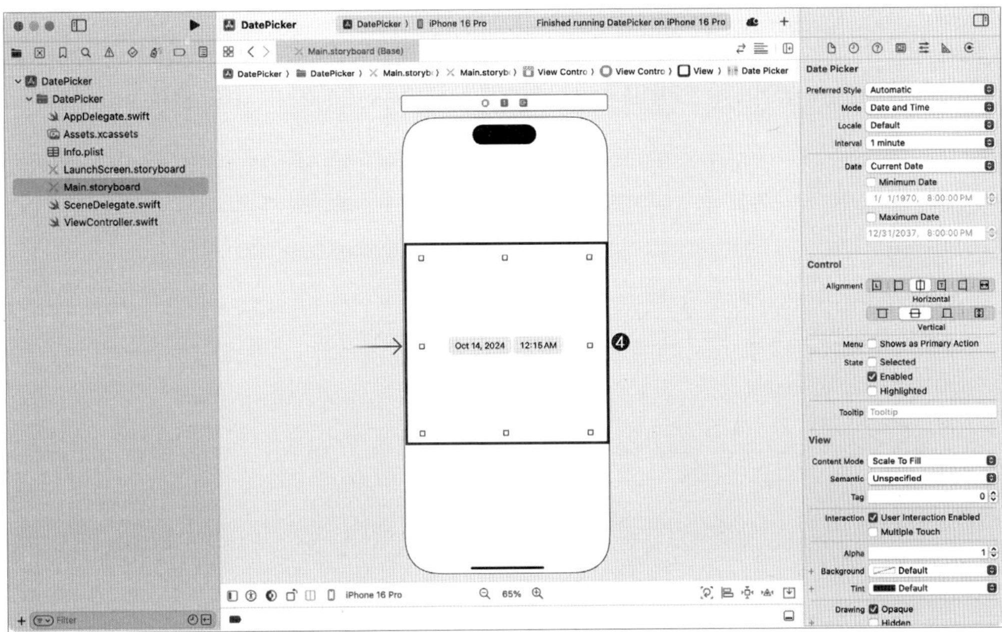

데이트 피커의 Style을 변경하기 위하여 데이트 피커 객체를 선택하고 오른쪽의 [Attributes inspector] 버튼을 클릭한 후 Style을 [Inline]으로 변경합니다. 만일 데이트 피커의 모드를 변경하고 싶으면 같은 방법으로 Mode를 변경하면 됩니다. 여기서는 기본 설정인 [Date and Time]을 사용하겠습니다.

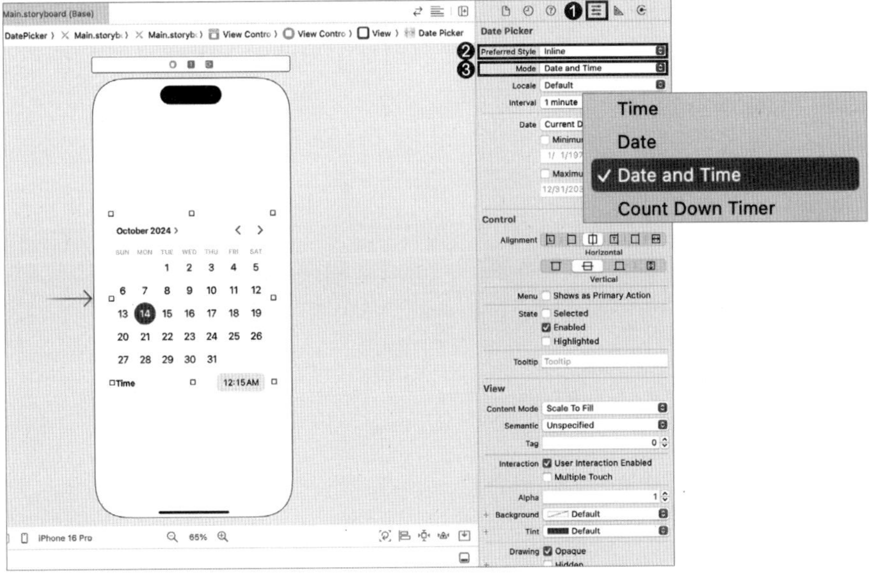

알아 두면 좋아요! 한국어 날짜 표기로 바꾸기

데이트 피커의 날짜 표기를 한국어로 바꾸려면 [Attributes inspector]에서 Locale을 [Korean]으로 변경하면 됩니다.

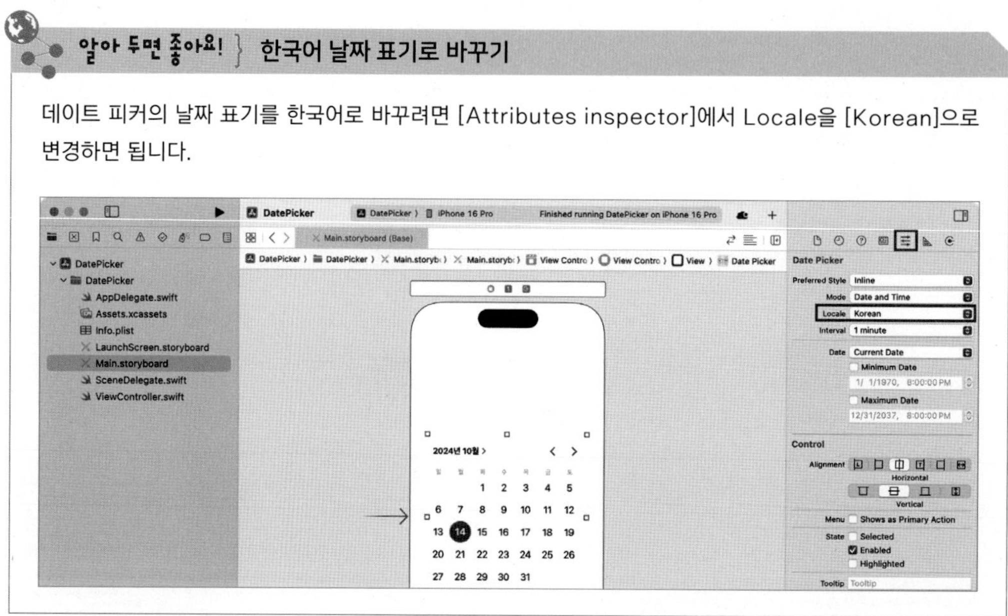

2. 레이블 추가하기

먼저 현재 시간을 보여 주기 위한 레이블을 추가하겠습니다. [Library] 버튼을 클릭한 후 팝업 창에서 [레이블(Label)]을 선택한 후 스토리보드로 끌어와 데이트 피커의 왼쪽 윗부분에 배치합니다.

3. 화면 아래쪽에는 데이트 피커를 사용해서 선택한 시간을 보여 줄 레이블을 추가하겠습니다. 상단의 [Library] 버튼을 클릭한 후 팝업 창에서 레이블을 하나 더 스토리보드로 끌어와 데이트 피커의 아래쪽에 배치합니다.

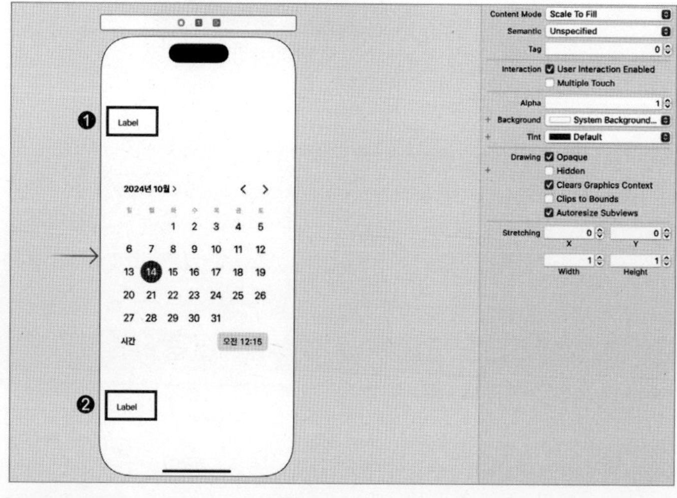

4. 스토리보드 수정하기

이제 스토리보드를 약간 수정해 보겠습니다. 먼저 위쪽 레이블의 크기를 화면 가로 폭에 맞게 넓힙니다. 그래야 나중에 데이트 피커에서 선택한 시간이 표시됩니다.

5. 위쪽 레이블을 마우스로 더블 클릭하여 텍스트를 '현재시간:'으로 수정합니다.

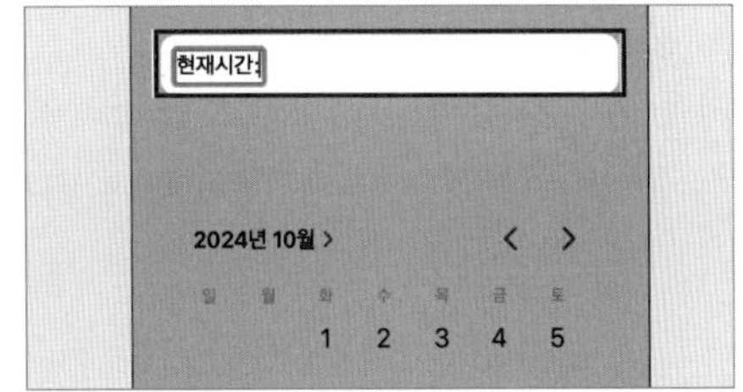

6. 두 번째 레이블도 마찬가지로 가로 크기를 넓힌 후 더블 클릭하여 텍스트를 '선택시간:'으로 수정합니다.

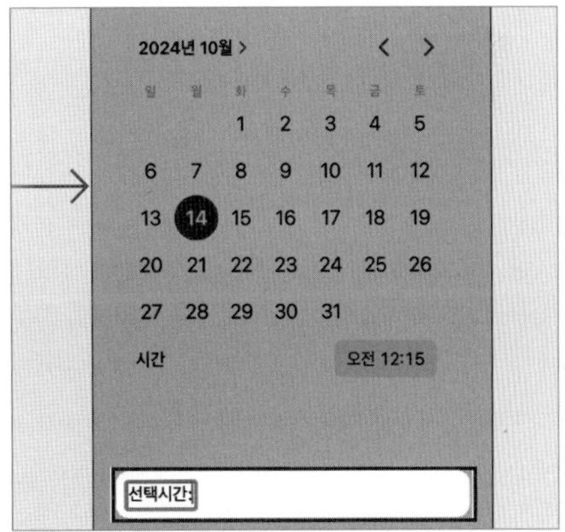

이렇게 스토리보드를 이용하여 데이트 피커 기능을 구현할 화면 구성을 마쳤습니다.

04-4 아웃렛 변수와 액션 함수 추가하기

이제 프로그램에서 사용할 아웃렛 변수와 액션 함수를 추가해 보겠습니다. 데이트 피커를 사용해 날짜를 선택했을 때 선택한 날짜를 표시하기 위한 데이트 피커의 아웃렛 변수와 선택한 날짜를 레이블에 출력하기 위한 레이블의 아웃렛 변수 그리고 현재 시간을 레이블에 출력하기 위한 레이블의 아웃렛 변수를 추가하겠습니다.

데이트 피커를 아웃렛 변수로 만들기

1. 보조 편집기 영역 열기

아웃렛 변수와 액션 함수를 추가하려면 우선 오른쪽 윗부분의 [Adjust Editor Options] 버튼을 클릭한 후 [Assistant] 메뉴를 선택하여 보조 편집기 영역(Assistant editor)을 열어야 합니다. 그림 가운데 화면의 스토리보드 부분이 둘로 나누어지면서 왼쪽에는 스토리보드, 오른쪽에는 소스를 편집하는 영역이 나타납니다.

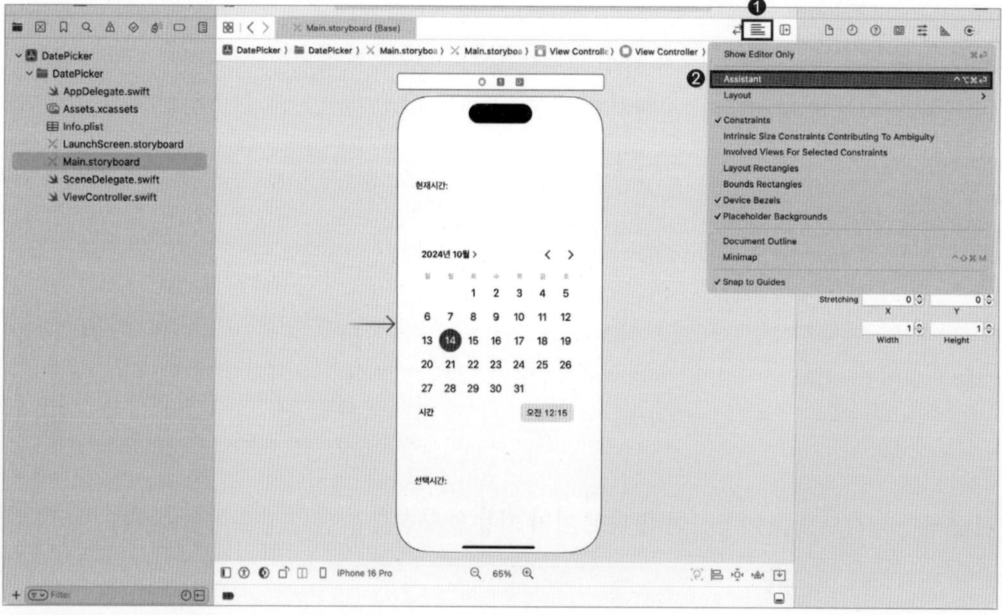

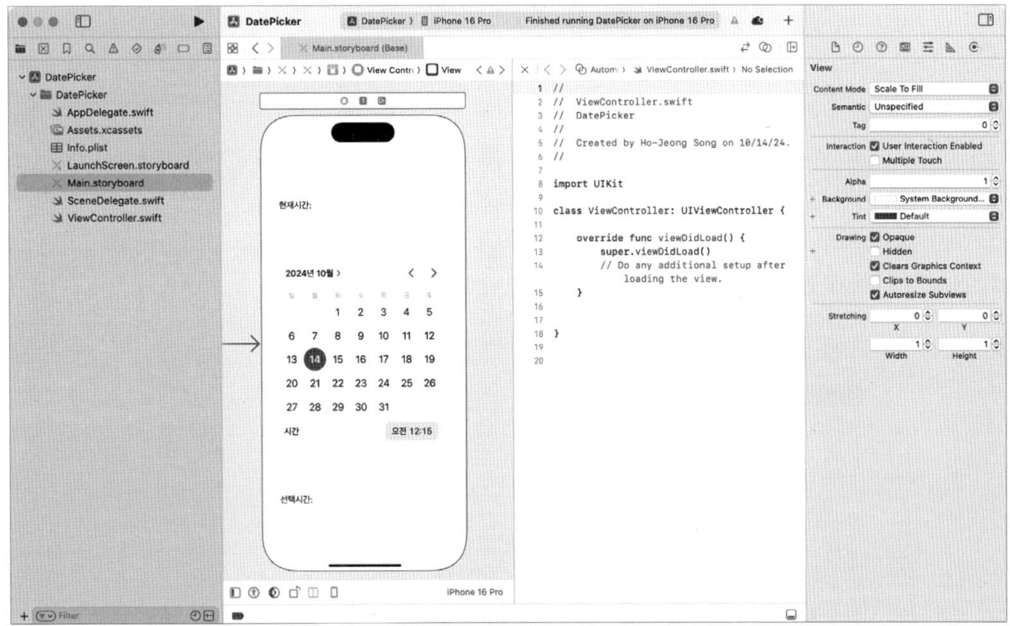

2. 레이블에 대한 아웃렛 변수 추가하기

우선 첫 번째로 '현재시간:'이라고 입력한, 위쪽 레이블에 대한 아웃렛 변수를 추가하겠습니다. 레이블에 대한 아웃렛 변수를 사용하여 추후 코딩 작업을 할 때 레이블의 텍스트 값을 변경할 수 있습니다. 위쪽의 레이블을 마우스 오른쪽 버튼으로 선택한 후 오른쪽 보조 편집기 영역으로 드래그하면 아래 그림과 같이 연결선이 나타납니다. 이 연결선을 뷰 컨트롤러의 클래스(class) 선언문 바로 아래에 배치한 후 마우스 버튼에서 손을 뗍니다.

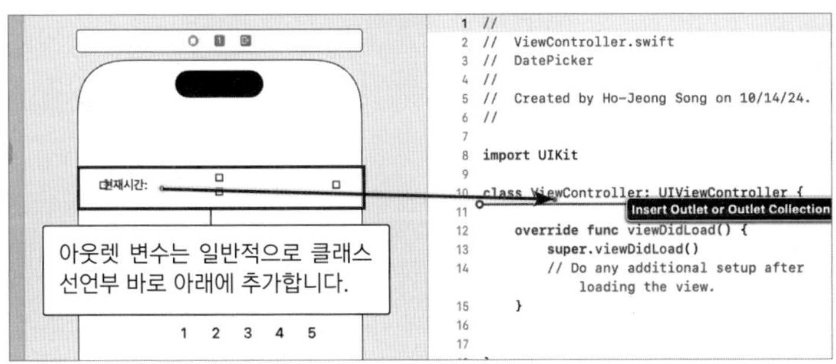

3. 그러면 다음과 같이 연결 설정 창이 나타납니다. 이 설정 창에서 아웃렛 변수의 이름(Name)을 'lblCurrentTime'으로 입력하고 타입(Type)을 확인한 후 [Connect] 버튼을 클릭하여 레이블과 아웃렛 변수를 연결합니다.

◘ 상수와 변수 또는 함수, 클래스의 이름을 지정할 때는 지켜야 하는 규칙에 대해서는 51쪽을 참고하세요.

위치	뷰 컨트롤러의 클래스 선언문 바로 아래
연결(Connection)	Outlet
이름(Name)	lblCurrentTime
타입(Type)	UILabel

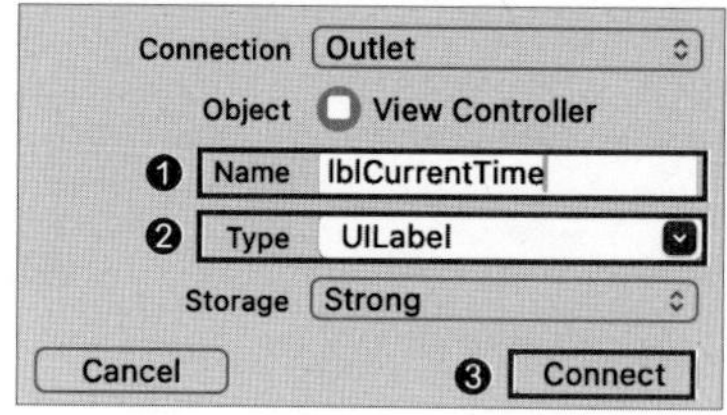
Connection Outlet
Object View Controller
❶ Name lblCurrentTime
❷ Type UILabel
Storage Strong
Cancel
❸ Connect

4. 위쪽 레이블에 대한 아웃렛 변수가 추가되었습니다.

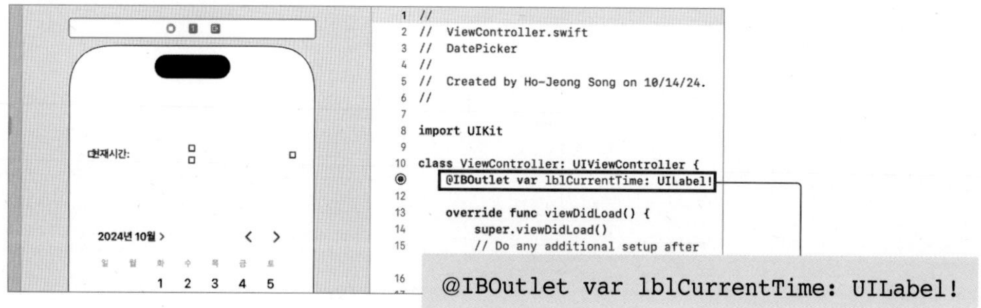
현재시간:
2024년 10월 >
1 2 3 4 5
//
// ViewController.swift
// DatePicker
//
// Created by Ho-Jeong Song on 10/14/24.
//
import UIKit
class ViewController: UIViewController {
@IBOutlet var lblCurrentTime: UILabel!
override func viewDidLoad() {
super.viewDidLoad()
// Do any additional setup after
@IBOutlet var lblCurrentTime: UILabel!

5. 두 번째로 '선택시간:'이라고 입력한, 아래쪽 레이블에 대한 아웃렛 변수를 추가하겠습니다. 위쪽 레이블에 대한 아웃렛 변수를 추가하는 방법과 같습니다. [선택시간:] 레이블을 마우스 오른쪽 버튼으로 선택한 후 드래그해서 오른쪽 보조 편집기 영역의 조금 전에 추가한 'lblCurrentTime' 변수 아래로 끌어다 놓습니다.

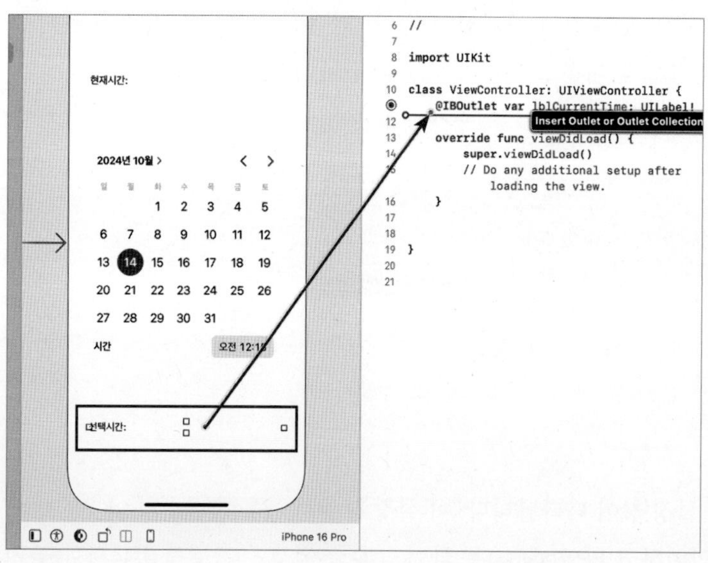
현재시간:
2024년 10월 >
시간
오전 12:1
선택시간:
iPhone 16 Pro
import UIKit
class ViewController: UIViewController {
@IBOutlet var lblCurrentTime: UILabel!
Insert Outlet or Outlet Collection
override func viewDidLoad() {
super.viewDidLoad()
// Do any additional setup after
loading the view.

6. 연결 설정 창에서 아웃렛 변수의 이름(Name)을 'lblPickerTime'으로 입력하고 타입(Type)을 확인한 후[Connect] 버튼을 클릭하여 레이블과 아웃렛 변수를 연결합니다.

위치	lblCurrentTime 아웃렛 변수 아래
연결(Connection)	Outlet
이름(Name)	lblPickerTime
타입(Type)	UILabel

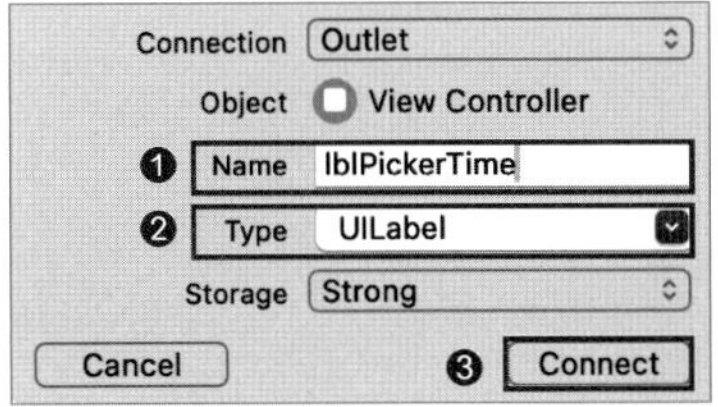

7. [선택시간:] 레이블에 대한 아웃렛 변수가 추가되었습니다.

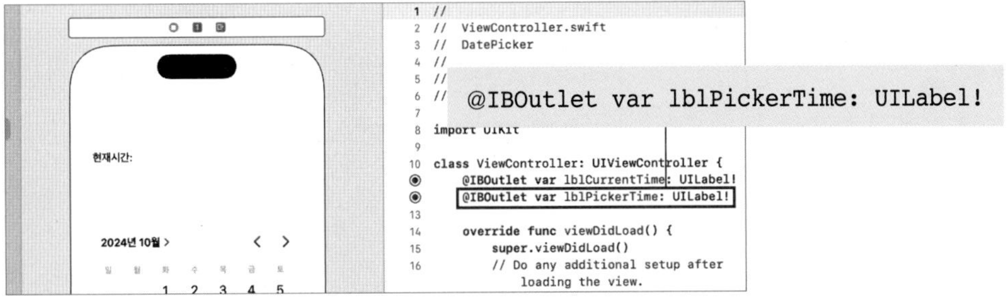

8. 데이트 피커에 대한 액션 함수 추가하기

이제 데이트 피커에 대한 액션 함수를 추가하겠습니다. 데이트 피커에 대한 액션 함수는 데이트 피커를 선택했을 때 실행됩니다.

레이블에 대한 아웃렛 변수 추가하기와 방법은 같습니다. 마우스 오른쪽 버튼으로 [Date Picker]를 선택한 후 드래그해서 오른쪽 보조 편집기 영역의 아랫부분에 끌어다 놓습니다.

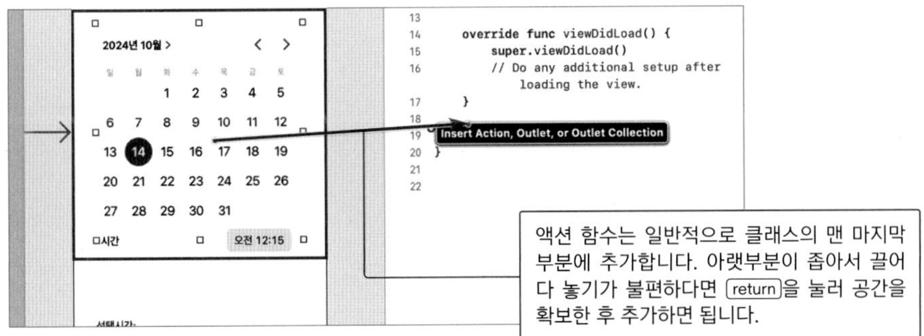

Insert Action, Outlet, or Outlet Collection
액션 함수는 일반적으로 클래스의 맨 마지막 부분에 추가합니다. 아랫부분이 좁아서 끌어다 놓기가 불편하다면 return을 눌러 공간을 확보한 후 추가하면 됩니다.

9. 다음과 같이 연결 설정 창이 나타나면 이름(Name)을 'changeDatePicker'로 입력한 후 타입(Type)을 해당 객체에 맞는 [UIDate Picker]로 변경하고 [Connect] 버튼을 클릭합니다.

위치	Class ViewController 닫음 괄호'}' 바로 위
연결(Connection)	Action
이름(Name)	changeDatePicker
타입(Type)	UIDatePicker

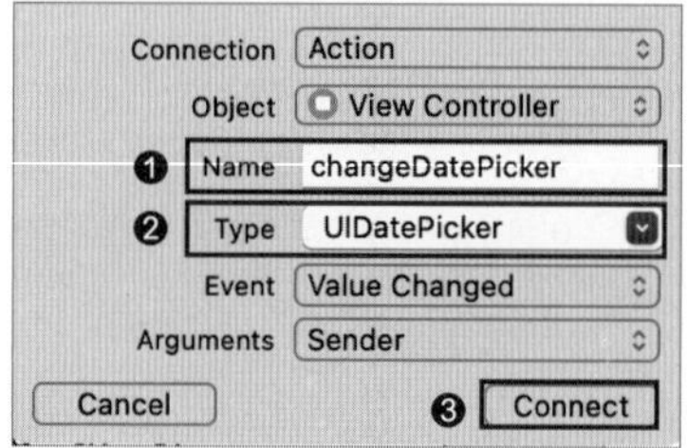

10. 데이트 피커에 대한 액션 함수가 추가되었습니다.

```
@IBAction func changeDatePicker(_ sender: UIDatePicker) {
}
```

이렇게 해서 데이트 피커와 레이블에 아웃렛 변수를 추가하였습니다. 이제 데이트 피커 아웃렛 변수를 이용하여 선택한 날짜 및 시간을 가져올 수 있게 되었고, 레이블 아웃렛 변수를 이용하여 레이블에 접근할 수 있게 되었습니다.

04-5 선택한 날짜와 시간 출력할 코드 작성하기

이제 데이트 피커를 동작시키기 위한 코드를 작성해 보겠습니다. 즉, 데이트 피커의 룰렛을 돌렸을 때 선택한 날짜 및 시간을 출력하는 방법에 대해서 알아보겠습니다.

데이트 피커로 선택한 날짜와 시간 출력하기

1. 왼쪽 내비게이터 영역에서 [ViewController.swift] 파일을 선택합니다.

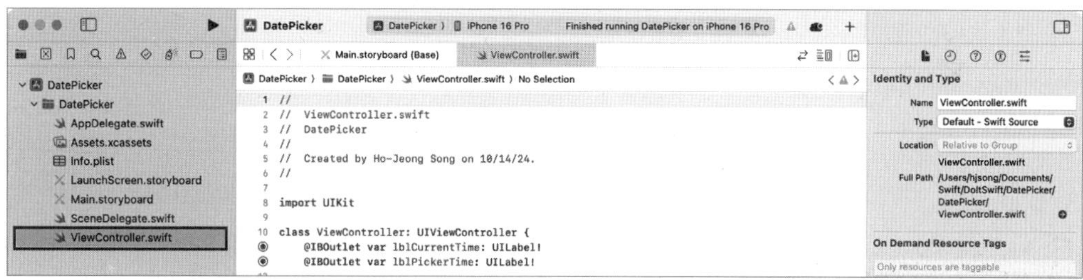

2. 선택 날짜 출력하기

사용자가 데이트 피커에서 원하는 날짜와 시간을 선택하면 그 내용이 'lblPickerTime' 레이블에 출력되는 기능을 구현해 보겠습니다.

앞에서 만든 액션 함수인 changeDatePicker에 다음 코드를 추가합니다.

```
        // Do any additional setup after loading the view.
    }

    @IBAction func changeDatePicker(_ sender: UIDatePicker) {
        let datePickerView = sender

        let formatter = DateFormatter()
        formatter.dateFormat = "yyyy-MM-dd HH:mm EEE"
        lblPickerTime.text = "선택시간: " + formatter.string(from: datePickerView.date)
    }

}
```

```
@IBAction func changeDatePicker(_ sender: UIDatePicker) {
    let datePickerView = sender —❶

    let formatter = DateFormatter() —❷
    formatter.dateFormat = "yyyy-MM-dd HH:mm EEE" —❸
    lblPickerTime.text =
      "선택시간: " + formatter.string(from: datePickerView.date) —❹
}
```

❶ 데이트 피커를 선택할 때 발생하는 액션 함수인 'changeDatePicker'가 호출되면서 sender라는 UIDatePicker 자료형의 인수가 전달됩니다. 이 sender를 datePickerView라는 상수에 저장합니다.

❷ 날짜를 출력하기 위하여 DateFormatter라는 클래스 상수 formatter를 선언합니다.

❸ formatter의 dateFormat 속성을 설정합니다. 포맷은 "년-월-일 시:분 요일"로 설정합니다.

❹ 데이트 피커에서 선택한 날짜를 formatter의 dateFormat에서 설정한 포맷대로 string 메서드를 사용하여 문자열(String)로 변환합니다. "선택시간: "이라는 문자열에 위에서 문자열로 변환한 date 값을 추가하여 lblPickerTime의 text에 넣습니다.

3. 결과 보기

iOS 시뮬레이터를 실행하기 전에 기기를 원하는 것으로 변경합니다. 여기서는 [iPhone 16 Pro]로 변경하겠습니다.

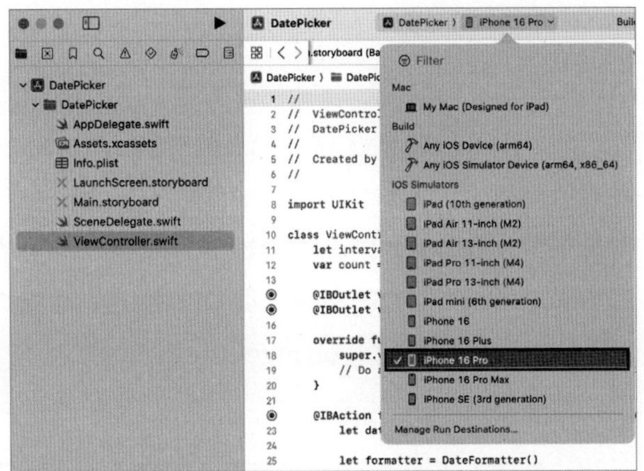

4. [실행] 버튼을 클릭하면 iOS 시뮬레이터가 구동되어 프로그램한 앱이 실행됩니다. 데이트 피커를 마우스로 클릭하여 원하는 날짜와 시간으로 변경하면 아랫부분의 '선택시간'에 선택한 시간이 표시됩니다.

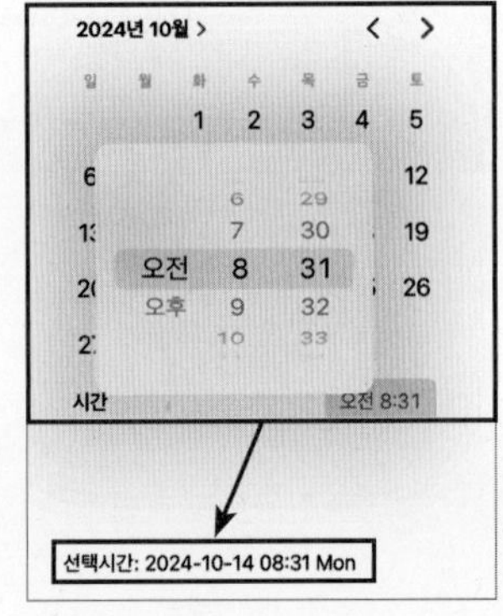

스위프트 문법 } 데이터 포맷의 형식

앞의 소스에서 사용한 데이터 포맷의 의미는 다음과 같습니다. 다음의 심벌을 사용하여 원하는 데이터 포맷을 만들어 사용할 수 있습니다. 단, 심벌을 입력할 때는 대·소문자에 유의하세요.

필드	심벌	결과	의미
년(Year)	yy	16	두 자리로 연도를 표시
	yyyy	2016	네 자리로 연도를 표시
월(Month)	M	5	한 자리로 월을 표시
	MM	05	두 자리로 월을 표시
	MMM	Mar	Jan ~ Dec까지 3글자만 영문으로 월을 표시
	MMMM	March	January ~ December까지 전체를 영문으로 월을 표시
주(Week)	w	6	1~52까지 연간 주 순서(week of year)를 표시
	ww	13	01~52까지 연간 주 순서(week of year)를 표시
	W	5	1~6까지 월간 주 순서(week of month)를 표시
일(Day)	d	8	1~31까지 일을 표시
	dd	08	01~31까지 일을 표시
	D	35	1~366까지 연간 일 순서(day of year)를 표시
	DD	35	01~366까지 연간 일 순서(day of year)를 표시
	DDD	035	001~366까지 연간 일 순서(day of year)를 표시
요일 (Weekday)	E, EE, EEE	Mon	Sun ~ Sat까지 3글자 요일 표시
	EEEE	Monday	Sunday ~ Saturday까지 요일 전체 이름 표시
	EEEEE	M	한 글자 약어 요일 표시
	e	4	1~7까지 주간 날짜 순서 표시
	ee	04	01~07까지 주간 날짜 순서 표시
시기(Period)	a	PM	AM/PM 표시
시간(Hour)	h	3	1~12까지 시각을 표시
	hh	03	01~12까지 시각을 표시
	H	15	1~24까지 24시간 시각을 표시
	HH	15	01~24까지 24시간 시각을 표시
분(Minute)	m	36	0~59까지 분을 표시
	mm	36	00~59까지 분을 표시
초(Second)	s	44	0~59까지 초를 표시
	ss	44	00~59까지 초를 표시
지역(Zone)	z	GMT+09:00	타임존 표시
	Z	+0900	GMT 시간차 표시

04-6 타이머 기능 추가하기

이제는 iOS에서 타이머를 사용하는 방법에 대하여 알아보겠습니다. 타이머는 정해진 시간에 한 번씩 설정한 함수를 실행하는 기능입니다. 이 타이머 기능을 사용하여 1초에 한 번씩 현재 시간을 레이블에 출력해 보겠습니다.

앱에 타이머 추가하기

이제 타이머를 작동하기 위한 코드를 작성해 보겠습니다.

1. 변수 및 상수 추가하기

우선 타이머를 구동하는 데 필요한 변수 및 상수를 추가해 보겠습니다. 다음 소스를 class ViewController: UIViewController { 아래에 추가하세요. 추가한 후 let timeSelector 부분에 에러가 발생합니다. 이 에러는 ViewController 클래스에 updateTime이라는 함수가 없기 때문에 발생한 것입니다. 이 함수는 이후에 추가할 것이므로 여기에서는 이 에러를 무시하세요.

```
import UIKit

class ViewController: UIViewController {
    let timeSelector: Selector = #selector(ViewController.updateTime)   ⊗ Ty
    let interval = 1.0
    var count = 0

    @IBOutlet var lblCurrentTime: UILabel!
    @IBOutlet var lblPickerTime: UILabel!
```

```
class ViewController: UIViewController {
    let timeSelector: Selector = #selector(ViewController.updateTime) ─❶
    let interval = 1.0 ─❷
    var count = 0 ─❸
      ⋮
}
```

❶ timeSelector: 타이머가 구동되면 실행할 함수를 지정합니다.

❷ interval: 타이머의 간격 값입니다. 1.0은 1초를 의미합니다.

❸ count: 타이머가 설정한 간격대로 실행되는지 확인하기 위한 변수입니다.

2. 타이머 설정하기

이제 viewDidLoad 함수에서 타이머를 설정하겠습니다. 타이머를 설정하기 위해 scheduled Timer 함수를 사용합니다. 다음 소스를 viewDidLoad 함수의 마지막 위치에 추가하세요.

```
let interval = 1.0
var count = 0

@IBOutlet var lblCurrentTime: UILabel!
@IBOutlet var lblPickerTime: UILabel!

override func viewDidLoad() {
    super.viewDidLoad()
    // Do any additional setup after loading the view.

    Timer.scheduledTimer(timeInterval: interval, target: self, selector: timeSelector,
        userInfo: nil, repeats: true)
}

@IBAction func changeDatePicker(_ sender: UIDatePicker) {
    let datePickerView = sender
```

```
override func viewDidLoad() {
    super.viewDidLoad()
    // Do any additional setup after loading the view.

    Timer.scheduledTimer(timeInterval: interval, target: self,
     selector: timeSelector, userInfo: nil, repeats: true)
}
```

❶ scheduledTimer의 각 인수는 다음과 같은 의미를 갖습니다.

Timer.scheduledTimer(timeInterval: interval, target: self, selector:
- timeInterval: 타이머 간격
- target: 동작될 view
- selector: 타이머가 구동될 때 실행할 함수

timeSelector, userInfo: nil, repeats: true)
- userInfo: 사용자 정보
- repeats: 반복 여부

소스를 입력할 때 Timer.sch까지만 입력하면 Xcode에서 관련 메서드들을 자동으로 찾아 줍니다. 여기서 해당 메서드를 선택합니다.

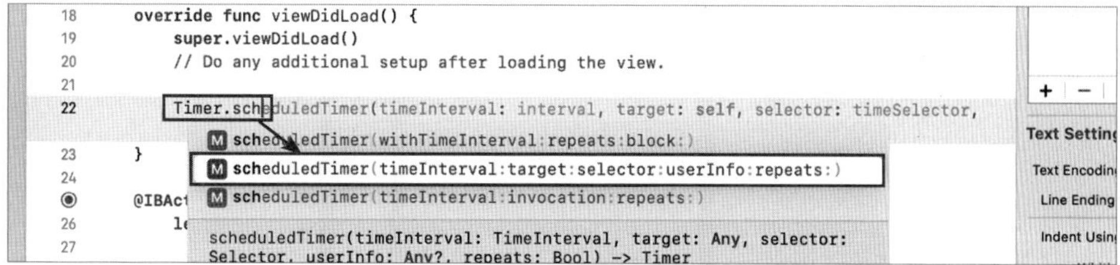
override func viewDidLoad() {
super.viewDidLoad()
// Do any additional setup after loading the view.
Timer.scheduledTimer(timeInterval: interval, target: self, selector: timeSelector,
scheduledTimer(withTimeInterval:repeats:block:)
scheduledTimer(timeInterval:target:selector:userInfo:repeats:)
scheduledTimer(timeInterval:invocation:repeats:)
scheduledTimer(timeInterval: TimeInterval, target: Any, selector: Selector, userInfo: Any?, repeats: Bool) -> Timer
Text Setting
Text Encodin
Line Ending
Indent Usin

자동으로 메서드가 입력되고 첫 번째 인수가 선택되어 있습니다. 여기에 인수를 입력합니다.

```
override func viewDidLoad() {
    super.viewDidLoad()
    // Do any additional setup after loading the view.

    Timer.scheduledTimer(timeInterval: TimeInterval, target: Any, selector: Selector,
        userInfo: Any?, repeats: Bool)
}
```

첫 번째 인수를 입력한 후 [tap]을 누르면 커서가 다음 인수 위치로 이동합니다.

```
override func viewDidLoad() {
    super.viewDidLoad()
    // Do any additional setup after loading the view.

    Timer.scheduledTimer(timeInterval: interval, target: Any, selector: Selector,
        userInfo: Any?, repeats: Bool)
}
```

3. 타이머 동작 함수 추가하기

이제 타이머가 동작할 때 실행할 함수를 추가하겠습니다. 소스의 마지막 부분에 updateTime 함수를 추가합니다. 이 updateTime 함수는 위의 time Selector에서 정의한 이름과 같아야 합니다.

▶ updateTime 함수를 추가하면 앞에서 나타났던 에러 표시가 사라집니다.

```
    }

    @IBAction func changeDate
        let datePickerView =

        let formatter = DateF
        formatter.dateFormat
        lblPickerTime.text =
    }

    @objc func updateTime() {
        lblCurrentTime.text = String(count)
        count = count + 1
    }
}
```

```
@objc func updateTime() { —❶
    lblCurrentTime.text = String(count) —❷
    count = count + 1 —❸
}
```

❶ Swift 4에서는 #selector()의 인자로 사용될 메서드를 선언할 때 Objective-C와의 호환성을 위하여 함수 앞에 반드시 @objc 키워드를 붙여야 합니다.

❷ String으로 변환한 count 값을 'lblCurrentTime' 레이블의 text 속성에 저장합니다.

❸ count 값을 1 증가합니다.

4. 결과 화면 확인하기

[실행] 버튼을 클릭하여 결과를 확인합니다. 'lblCurrentTime' 레이블에 숫자가 0부터 시작해 1초에 1씩 증가하는 것을 확인할 수 있습니다.

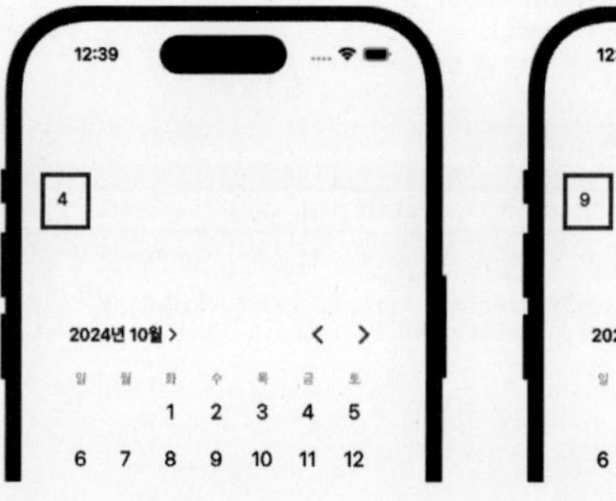

04-7 현재 시간을 읽는 함수 추가하기

타이머가 정상적으로 동작하는 것을 확인했으면 이제는 현재 시간을 읽어 'lblCurrentTime' 레이블에 출력해 보겠습니다.

현재 시간 출력하기

1. 앞에서 추가한 updateTime이라는 함수 안의 내용을 다음과 같이 수정합니다.

```
    }

    @IBAction func changeDatePicker(_ sender: UIDatePicker) {
        let datePickerView = sender

        let formatter = DateFormatter()
        formatter.dateFormat = "yyyy-MM-dd HH:mm EEE"
        lblPickerTime.text = "선택시간: " + formatter.string(from: datePickerView.date)
    }

    @objc func updateTime() {
//        lblCurrentTime.text = String(count)
//        count = count + 1

        let date = NSDate()

        let formatter = DateFormatter()
        formatter.dateFormat = "yyyy-MM-dd HH:mm:ss EEE"
        lblCurrentTime.text = "현재시간: " + formatter.string(from: date as Date)
    }
}
```

```
    @objc func updateTime() {
//        lblCurrentTime.text = String(count)  ─┐
//        count = count + 1                     ─┘❶

        let date = NSDate() ❷

        let formatter = DateFormatter() ❸
        formatter.dateFormat = "yyyy-MM-dd HH:mm:ss EEE" ❹
        lblCurrentTime.text = "현재시간: " + formatter.string(from: date as Date) ❺
    }
```

❶ 기존의 소스를 주석으로 처리합니다.

❷ 현재 시간을 NSDate 함수를 사용하여 가져옵니다.

❸ 날짜를 출력하기 위하여 DateFormatter라는 클래스의 상수 formatter를 선언합니다.

❹ 앞에서 선언한 상수 formatter의 dateFormat 속성을 설정합니다.

❺ formatter.string(date)은 시스템의 현재 날짜를 formatter의 dateFormat에서 설정한 포맷대로 string 메서드를 사용하여 문자열로 변환합니다. lblCurrentTime.text = "현재시간: " + 는 "현재시간: "이라는 String에 위에서 String으로 변환한 date 값을 추가하여 lblCurrentTime의 text에 넣습니다.

2. 최종 결과 보기

[실행] 버튼을 클릭하여 최종 결과를 확인합니다. 앱이 실행되면 lblCurrentTime에 현재 시간이 출력되며 1초마다 시간이 변하는 것을 확인할 수 있습니다. 또한 데이트 피커를 마우스로 이동하여 선택하면 선택한 시간이 나타납니다.

스위프트 문법 } 주석 처리하기

다른 프로그래밍 언어와 마찬가지로 스위프트에서도 주석 처리를 할 수 있습니다. 코딩을 하다가 필요 없거나 잠시 사용하지 않는 문장 또는 문단이 있을 경우 주석으로 처리할 수 있습니다. 주석 처리는 다음과 같이 '//'와 '/* … */' 기호를 사용합니다.

① '//' 기호는 한 줄을 모두 주석 처리합니다.

```
//    func pickerView(pickerView: UIPickerView, titleForRow row: Int,
          forComponent component: Int) -> String? {
//        return imageFileName[row]
//    }
```

② 다음과 같이 '//' 뒤의 모든 내용을 주석 처리합니다.

```
func pickerView(pickerView: UIPickerView, titleForRow row: Int,
     forComponent component: Int) -> String? {
   return imageFileName[row]    // 이미지 파일명을 리턴
}
```

③ '/*'와 '*/' 사이에 있는 모든 문장을 주석 처리합니다.

```
/*
    func pickerView(pickerView: UIPickerView, titleForRow row: Int,
         forComponent component: Int) -> String? {
         return imageFileName[row]
    }
*/
```

04-8 데이트 피커 앱, 전체 소스 보기

완성된 앱의 전체 소스를 확인해 보세요.

ViewController.swift

```
import UIKit

class ViewController: UIViewController {
    // 타이머가 구동되면 실행할 함수
    let timeSelector: Selector = #selector(ViewController.updateTime)
    let interval = 1.0            // 타이머 간격. 1초
    var count = 0                 // 타이머가 설정한 간격대로 실행되는지 확인하기 위한 변수

    @IBOutlet var lblCurrentTime: UILabel!      // 현재 시간 레이블의 아웃렛 변수
    @IBOutlet var lblPickerTime: UILabel!    // 선택 시간 레이블의 아웃렛 변수

    override func viewDidLoad() {
        super.viewDidLoad()
        // Do any additional setup after loading the view.

        // 타이머 설정
        Timer.scheduledTimer(timeInterval: interval, target: self,
              selector: timeSelector, userInfo: nil, repeats: true)
    }

    @IBAction func changeDatePicker(_ sender: UIDatePicker) {
        let datePickerView = sender      // 전달된 인수 저장
        let formatter = DateFormatter() // DateFormatter 클래스 상수 선언
        formatter.dateFormat = "yyyy-MM-dd HH:mm EEE"
                                          // formatter의 dateFormat 속성을 설정
        lblPickerTime.text =
           "선택시간: " + formatter.string(from: datePickerView.date)
                  // 데이트 피커에서 선택한 날짜를 formatter의 dateFormat에서 설정한 포맷대로
                                    // string 메서드를 사용하여 문자열(String)로 변환
    }
```

```
    // 타이머가 구동된 후 정해진 시간이 되었을 때 실행할 함수
    @objc func updateTime() {
            // count 값을 문자열로 변환하여 lblCurrnetTime.text에 출력
            //lblCurrentTime.text = String(count)
            //count = count + 1                        // count 값을 1 증가

        let date = NSDate()                        // 현재 시간을 가져옴

        // DateFormatter라는 클래스의 상수 formatter를 선언
        let formatter = DateFormatter()

        // 상수 formatter의 dateFormat 속성을 설정
        formatter.dateFormat = "yyyy-MM-dd HH:mm:ss EEE"
        // 현재 날짜(date)를 formatter의 dateFormat에서 설정한 포맷대로
        // string 메서드를 사용하여 문자열(String)로 변환
        // 문자열로 변환한 date 값을 "현재시간:"이라는 문자열에 추가
        // 그리고 그 문자열을 lblCurrentTime의 text에 입력
        lblCurrentTime.text = "현재시간: " + formatter.string(from: date as Date)
    }

}
```

알람 시계 만들기

목표 04장에서 배운 내용을 토대로 다음 조건에 맞게 알람 시계를 만들어 보세요.

> 1단계 - 현재 시간이 선택 시간과 같게 되면 1분 동안 배경 화면이 빨간색으로 변하게 만들어 봅니다.
> 2단계 - 1분이 지나 시간이 달라지면 다시 정상적인 배경 화면으로 변경되게 만듭니다.

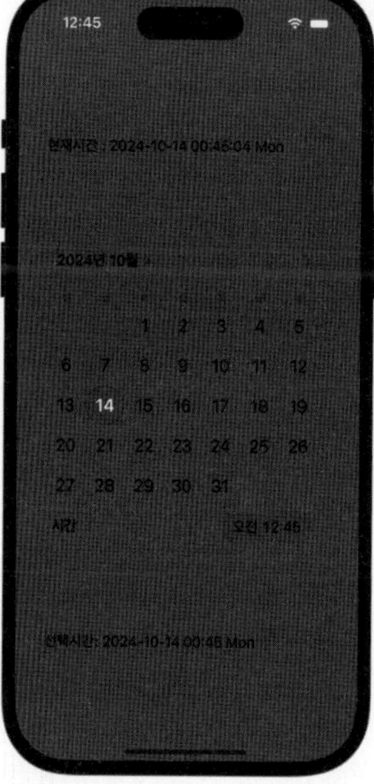

힌트 시간 비교는 다음과 같이 할 수 있습니다.

PickerView가 변경되었을 때	UpdateTime이 호출되었을 때

`formatter.dateFormat = "hh:mm aaa"`
`alarmTime = formatter.string(from:`
`datePicker View.date)`
	`formatter.dateFormat = "hh:mm aaa"`
	`let currentTime = formatter.string(for: date)`
	
	`if (alarmTime == currentTime) {`
	`}`

배경 화면 변경은 다음과 같이 할 수 있습니다.

빨간색으로 변경하기	흰색으로 변경하기
`view.backgroundColor = UIColor.red`	`view.backgroundColor = UIColor.white`

:: 완성 소스 [04장] 폴더 / [미션] 폴더 / DatePicker.xcodeproj

05 피커 뷰 사용해 원하는 항목 선택하기

난이도 ★☆☆☆☆

피커 뷰는 아이폰에서 날짜와 시간을 선택하거나 여러 항목 중 하나를 선택하는 화면에서 볼 수 있습니다. 이 장에서는 피커 뷰를 사용해 선택한 이미지의 파일명을 피커 뷰의 선택 목록에 표시하고 선택된 목록을 가져오는 방법을 알아보겠습니다. 그리고 선택한 파일명을 레이블에 출력한 후 이미지 뷰를 사용하여 해당 이미지 파일을 화면에 출력하고, 피커 뷰의 선택 목록에 텍스트가 아닌 이미지를 표시하는 방법도 알아보겠습니다. 아래의 완성된 모습을 미리 보고 앞으로 어떤 기능을 구현할지 머릿속에 그려 보세요.

완성된 모습
완성 소스 [05장] 폴더 / [본문 실습] 폴더 / PickerView.xcodeproj
10:22
Selected Item : 1.jpg
프로그램을 실행하면 첫 번째 이미지 파일이 선택되어 있으며, 화면에 선택된 파일명과 이미지가 나타납니다.
피커 뷰를 회전하여 다른 목록을 선택하면 다시 선택한 파일명과 이미지가 화면에 나타납니다.
10:22
Selected Item : 6.jpg

05-1 피커 뷰란?
05-2 피커 뷰 앱을 위한 기본 환경 구성하기
05-3 스토리보드로 피커 뷰 앱 화면 꾸미기
05-4 아웃렛 변수 추가하고 델리게이트 설정하기
05-5 피커 뷰 동작 코드 작성하기
05-6 선택한 이미지 이름과 해당 이미지 출력하기
05-7 피커 뷰 룰렛에 파일명 대신 이미지 출력하기
05-8 피커 뷰 앱, 전체 소스 보기
도전! Mission 멀티 컴포넌트 피커 뷰 만들기

05-1 피커 뷰란?

피커 뷰(Picker View)는 아이폰에서 원하는 항목을 선택할 수 있게 해주는 객체로, 피커(Picker)라고도 합니다(이 책에서는 '피커 뷰'라고 하겠습니다). 데이트 피커가 날짜와 시간을 선택하기 위한 객체라면 피커 뷰는 문자열을 선택하기 위한 객체입니다. 여러 가지 선택지 가운데 하나를 선택해야 하는 경우 피커 뷰를 사용하여 사용자가 선택할 수 있게 할 수 있습니다.

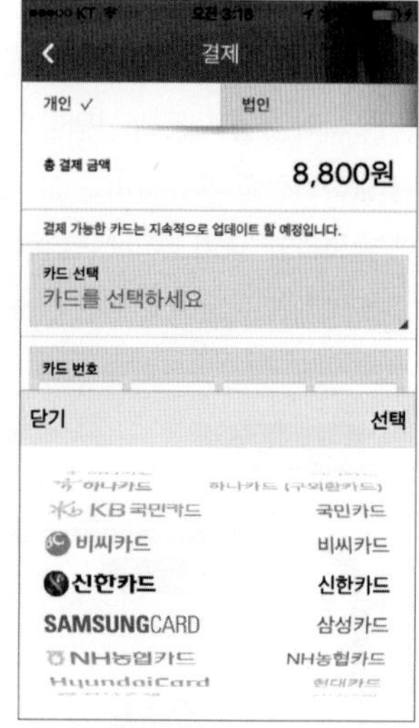

고속버스 모바일 앱

05-2 피커 뷰 앱을 위한 기본 환경 구성하기

이 앱에서는 피커 뷰의 룰렛 중 하나를 선택하면 해당 이미지를 이미지 뷰에 나타내 주는 기능을 구현해 보겠습니다.

프로젝트 생성 후 뷰 컨트롤러 크기 조절하기

1. Xcode를 실행한 후 'PickerView'라는 이름으로 프로젝트를 만듭니다.

◐ 프로젝트를 만드는 방법은 02장을 참고하세요.

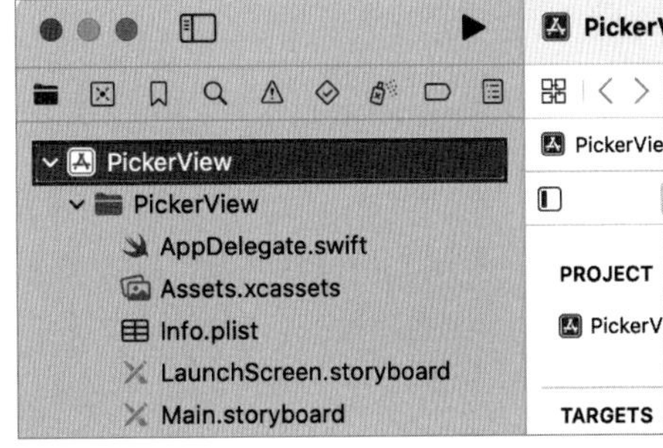

2. 디바이스 선택 및 뷰 컨트롤러 크기 조절하기

Xcode 화면이 처음 열렸을 때 화면 왼쪽의 내비게이터 영역에서 [Main.storyboard]를 선택하면 스토리보드가 화면에 나타납니다. 스토리보드의 디바이스로 [iPhone 16 Pro]를 선택하겠습니다. 또한 아이폰 모양의 뷰 컨트롤러 크기를 사용자의 상황에 맞게 조절합니다.

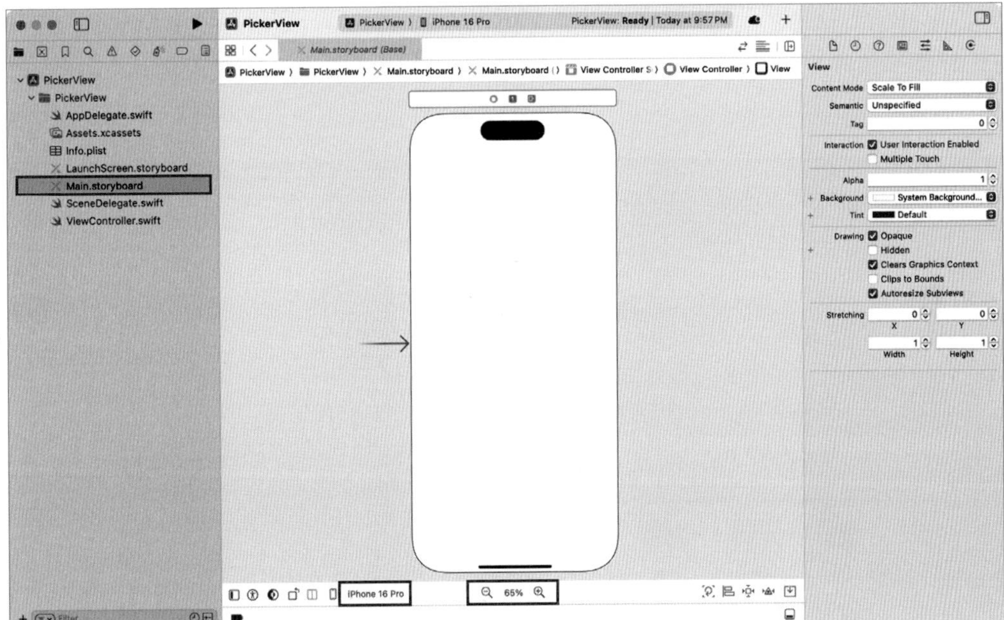

3. 이미지 추가하기

앱에서 사용할 이미지를 프로젝트에 추가해 보겠습니다. 여러 이미지를 추가해야 할 경우 파일을 관리하기 위해 그룹을 만드는 것이 좋습니다. 내비게이터 영역에서 [PickerView] 폴더를 선택한 후 마우스 오른쪽 버튼을 클릭하여 [New Folder]를 선택합니다. 그리고 그룹 이름을 'images'라고 입력합니다.

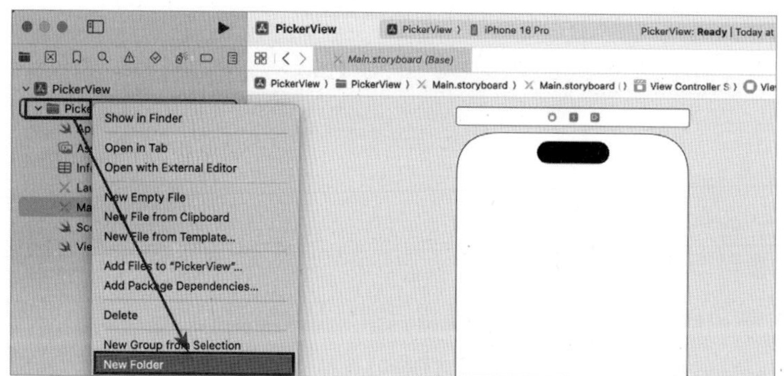

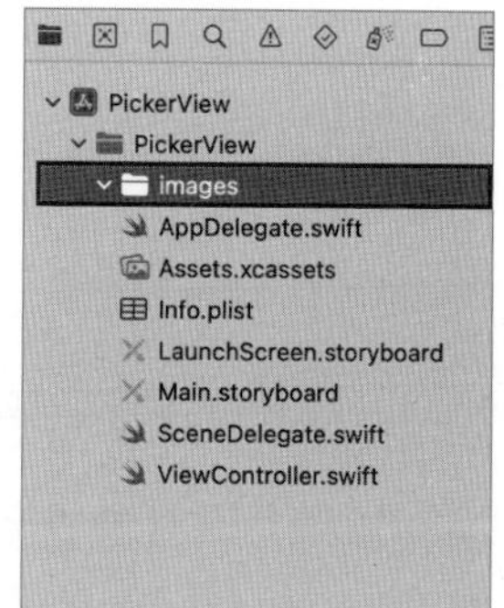

4. 파인더에서 원하는 이미지를 선택한 후 앞에서 만든 [images] 그룹으로 끌어와 추가합니다. 사용 가능한 이미지 포맷은 JPEG, JPEG2000, TIFF, PICT, GIF, PNG, ICNS, BMP, ICO입니다.

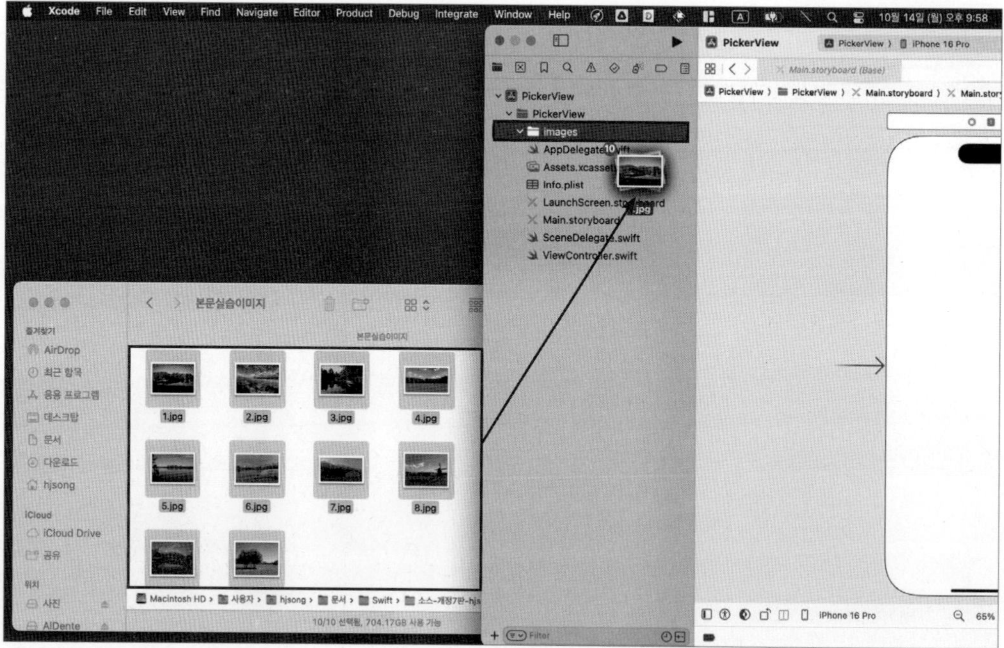

5. 파일 추가에 대한 설정 창이 나옵니다. 추가한 이미지를 프로젝트 폴더로 복사하기 위하여 [Action: Copy files to destination] 항목으로 선택되어 있는지 확인한 후 [Finish] 버튼을 클릭합니다.

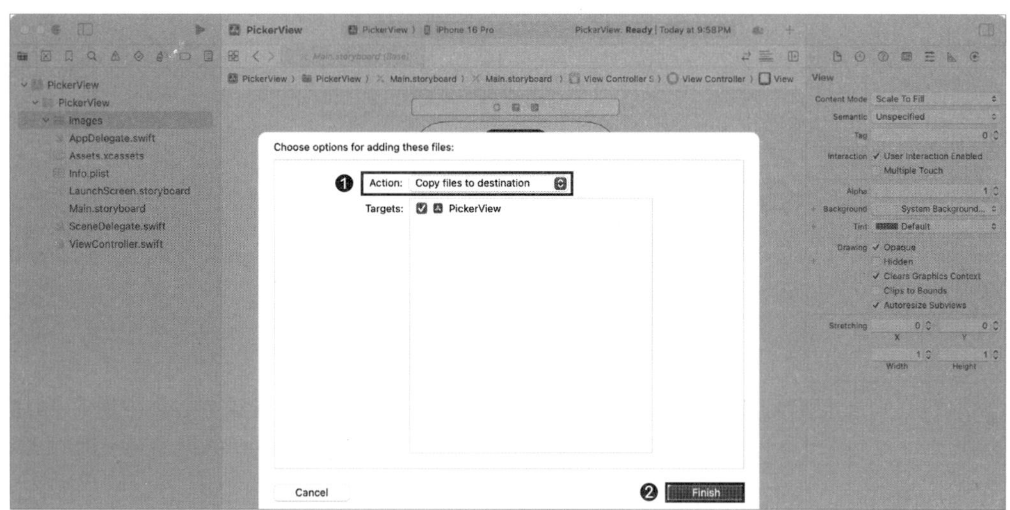

알아 두면 좋아요! } **작업 도중에 사진을 수정하고 싶다면?**

앞에서 파일 추가에 대한 설정 창에서 추가한 이미지를 프로젝트 폴더로 복사해 왔습니다. 그렇기 때문에 원본 사진을 수정해도 프로젝트 폴더에 있는 사진은 당연히 수정되지 않습니다. 작업 도중에 사진을 수정해야 할 경우에는 기존에 추가한 사진을 삭제하고 다시 추가해야 합니다.

단, 이렇게 하는 것이 불편해서 복사를 안 하고 링크만 사용하게 되면 추후 프로젝트 소스를 다른 사람에게 복사해 주거나 배포할 때 이미지 파일이 누락될 위험이 있으니 프로젝트 폴더로 복사해서 사용하는 것이 좋습니다.

6. 오른쪽과 같이 프로젝트에 이미지가 추가되었습니다.

▶ 이미지를 추가하는 자세한 설명은 03장을 참고하세요.

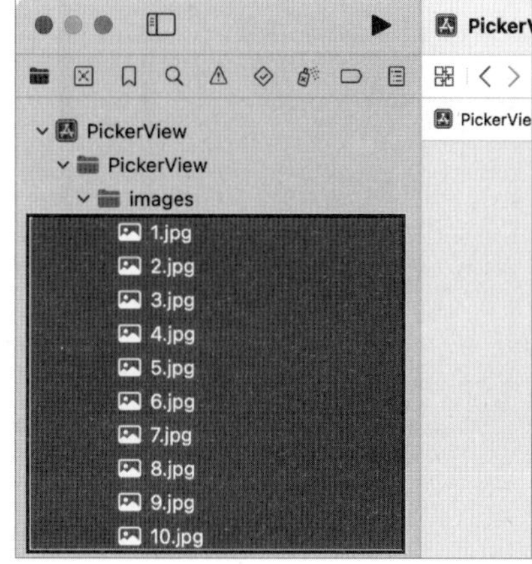

05-3 스토리보드로 피커 뷰 앱 화면 꾸미기

이 앱에서는 이미지 파일 목록을 보여 주고 선택하기 위한 피커 뷰(Picker View) 객체와 선택된 목록에 해당하는 이미지 파일명을 표시할 레이블(Label) 객체, 그리고 선택된 이미지를 화면에 보여줄 이미지 뷰(Image View) 객체를 사용합니다. 오른쪽 그림은 완성된 스토리보드 화면입니다. 오른쪽의 화면과 사용된 객체 목록을 참고하여 배치해 보겠습니다.

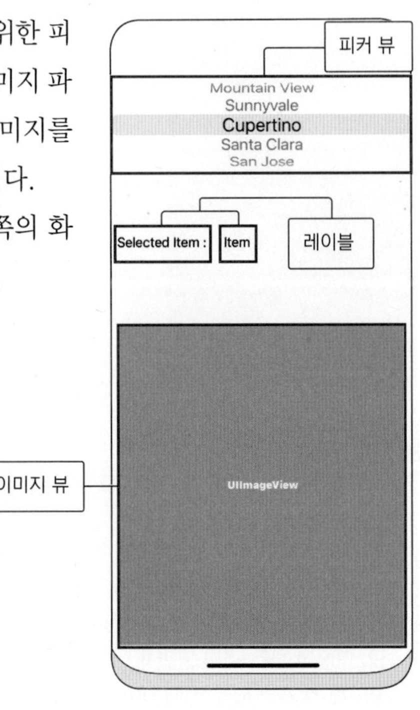

직접 해보세요! 피커 뷰와 레이블, 이미지 뷰 배치하기

1. Xcode 상단의 [Library] 버튼을 클릭한 후 팝업 창에서 [피커 뷰(Picker View)]를 찾아 선택한 후 스토리보드로 끌어와 화면의 위쪽에 배치합니다.

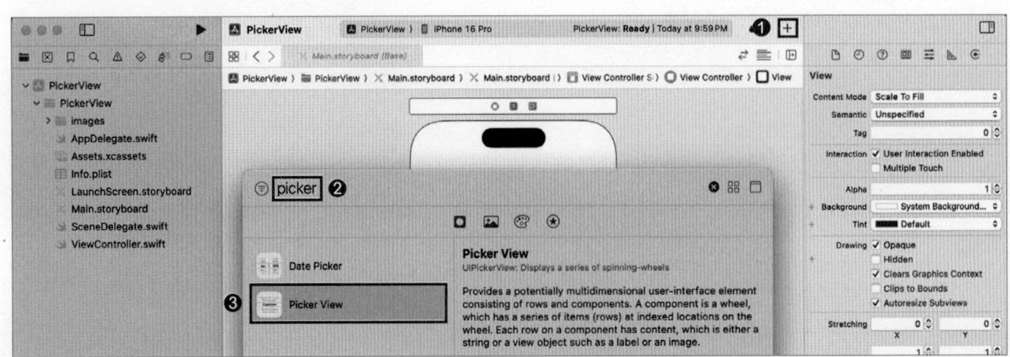

2. 상단의 [Library] 버튼을 클릭한 후 팝업 창에서 레이블 객체를 찾아 스토리보드로 끌어와 왼쪽 중앙에 배치합니다. 그리고 추가한 레이블을 더블 클릭하여 'Selected Item :'이라고 입력합니다.

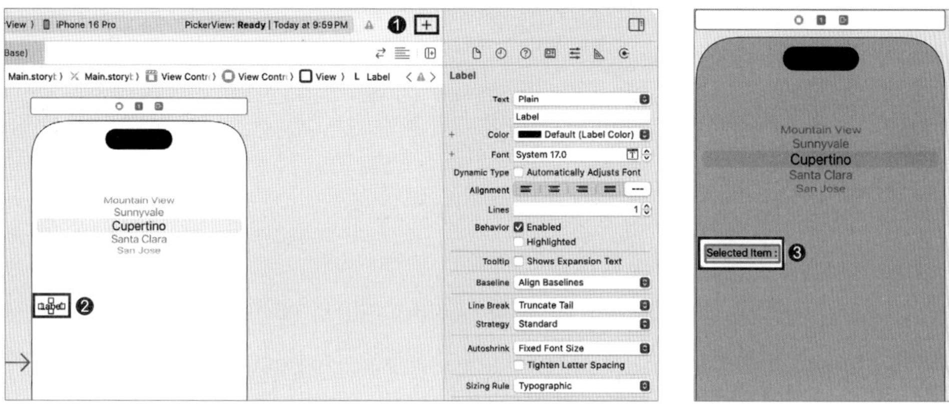

3. 레이블 객체를 하나 더 스토리보드로 끌어와 앞에서 추가한 레이블의 오른쪽 옆에 배치하고 텍스트를 'Item'이라고 입력한 후 오른쪽 방향으로 크기를 키웁니다.

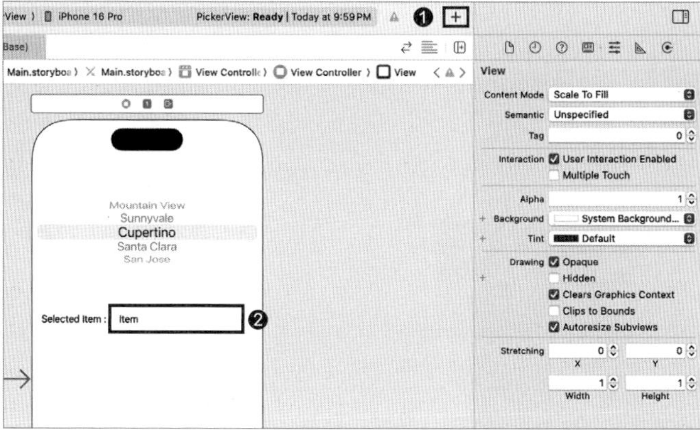

4. 마지막으로 상단의 [Library] 버튼을 클릭한 후 팝업 창에서 이미지 뷰 객체를 찾아 스토리보드로 끌어온 후 아래쪽에 배치하고 크기를 키웁니다.

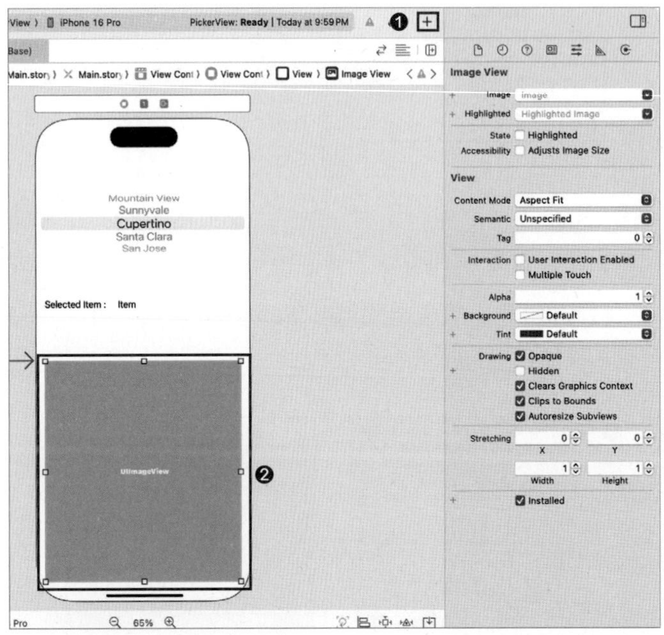

5. 오른쪽 인스펙터 영역에서 Content Mode를 [Aspect Fill]로 변경합니다. [Full Fill]은 사진을 확대하거나 축소하여 이미지 뷰 크기에 맞게 맞춰주고, [Aspect Fill]은 원래 사진의 비율은 유지한 채 사진을 확대하거나 축소하여 이미지 뷰의 크기에 맞게 맞춰줍니다.

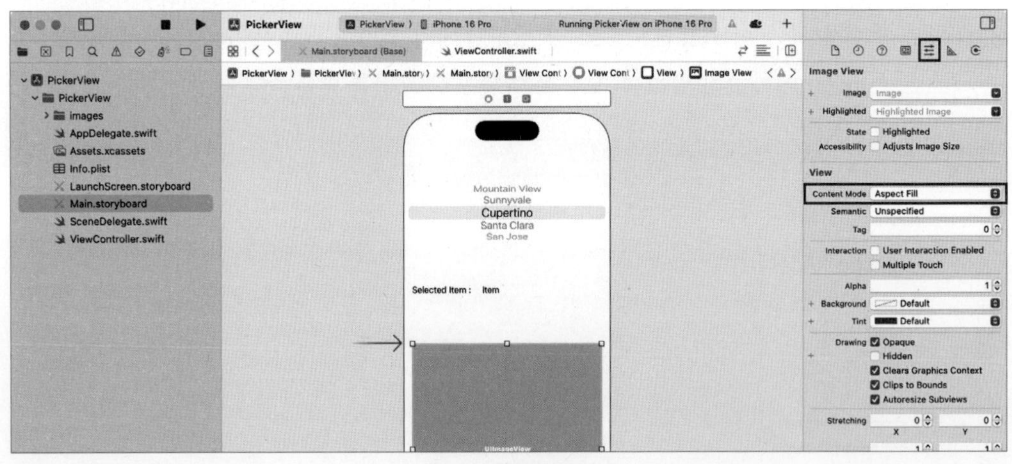

이렇게 스토리보드를 이용하여 피커 뷰 기능을 구현할 화면 구성을 마쳤습니다.

05-4 아웃렛 변수 추가하고 델리게이트 설정하기

이제 프로그램에서 사용할 아웃렛 변수를 추가해 보겠습니다. 피커 뷰를 선택했을 때 어떤 목록을 선택했는지 알 수 있게 해주는 피커 뷰 아웃렛 변수와 선택한 목록을 레이블에 출력하는 레이블 아웃렛 변수 그리고 선택한 목록에 해당하는 이미지를 이미지 뷰에 보여 줄 이미지 뷰 아웃렛 변수를 추가해 보겠습니다.

아웃렛 변수 추가하기

1. 보조 편집기 영역 열기

아웃렛 변수와 액션 함수를 추가하려면 오른쪽 윗부분의 [Adjust Editor Options] 버튼을 클릭한 후 [Assistant] 메뉴를 선택하여 보조 편집기(Assistant editor) 영역을 열어야 합니다. 그럼 가운데 화면의 스토리보드 부분이 둘로 나누어지면서 왼쪽에는 스토리보드, 오른쪽에는 소스를 편집하는 영역이 나타납니다.

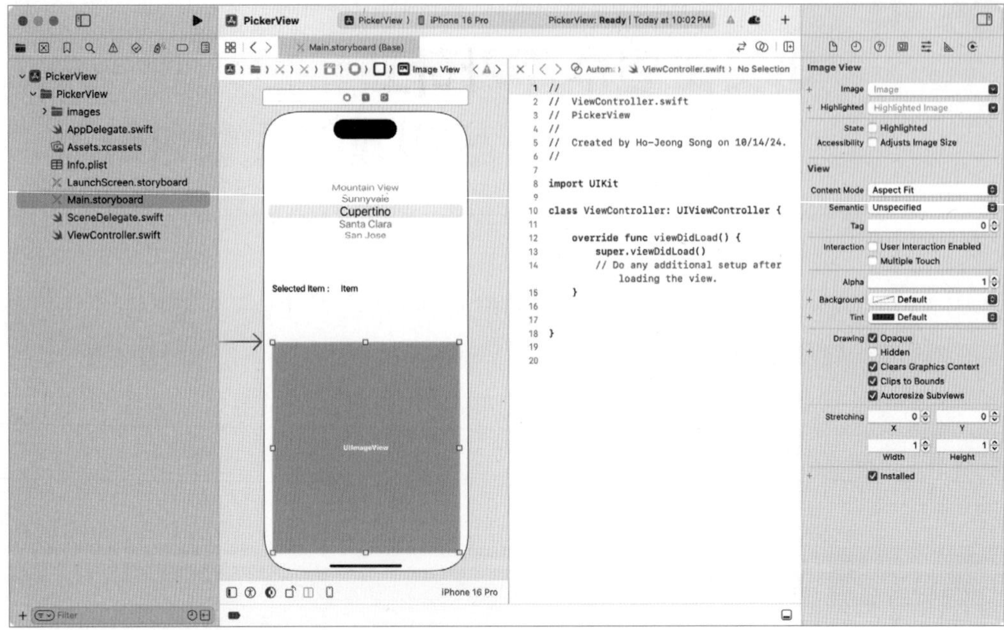

2. 피커 뷰에 대한 아웃렛 변수 추가하기

우선 위쪽 피커 뷰에 대한 아웃렛 변수를 추가해 보겠습니다. 위쪽의 피커 뷰를 마우스 오른쪽 버튼으로 선택한 후 오른쪽 보조 편집기 영역으로 드래그하면 다음 그림과 같이 연결선이 나타납니다. 이 연결선을 뷰 컨트롤러의 클래스 선언문 바로 아래에 배치한 후 마우스 버튼에서 손을 뗍니다.

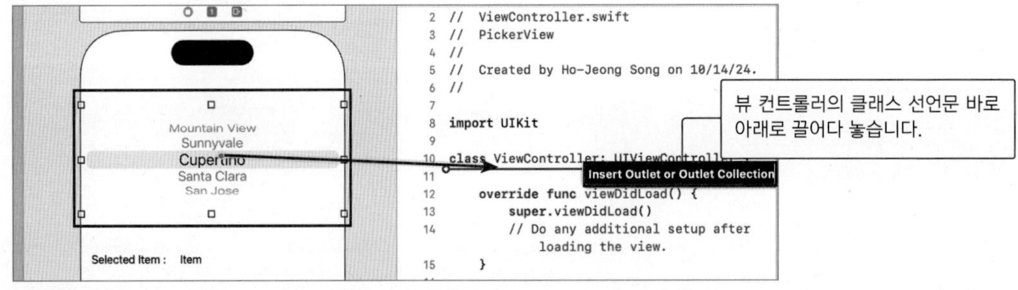

연결 설정 창이 나타나면 다음과 같이 이름(Name)을 입력하고 타입(Type)을 확인한 후 [Connect] 버튼을 클릭하여 피커 뷰와 아웃렛 변수를 연결합니다.

위치	뷰 컨트롤러의 클래스 선언문 바로 아래
연결(Connection)	Outlet
이름(Name)	pickerImage
타입(Type)	UIPickerView

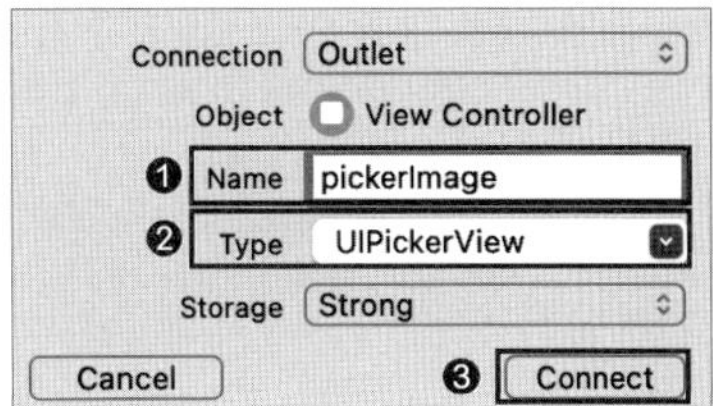

3. 피커 뷰에 대한 아웃렛 변수가 다음과 같이 추가되었습니다.

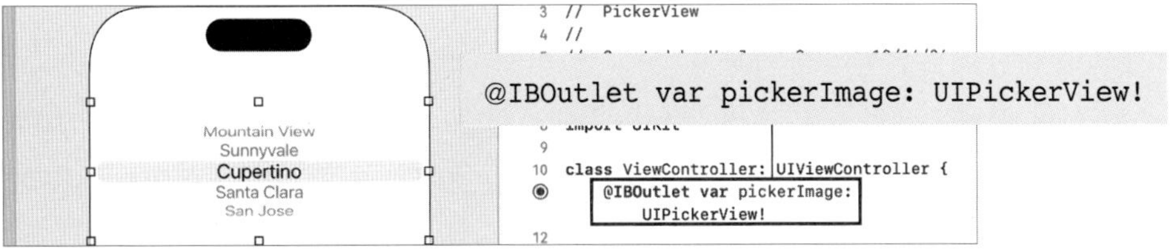

4. 레이블에 대한 아웃렛 변수 추가하기

두 번째로 레이블에 대한 아웃렛 변수를 추가해 보겠습니다. 앞에서와 같은 방법으로 마우스 오른쪽 버튼으로 레이블을 선택한 후 드래그해서 보조 편집기 영역의 조금 전에 추가한 피커 뷰 아웃렛 변수 아래로 끌어다 놓습니다.

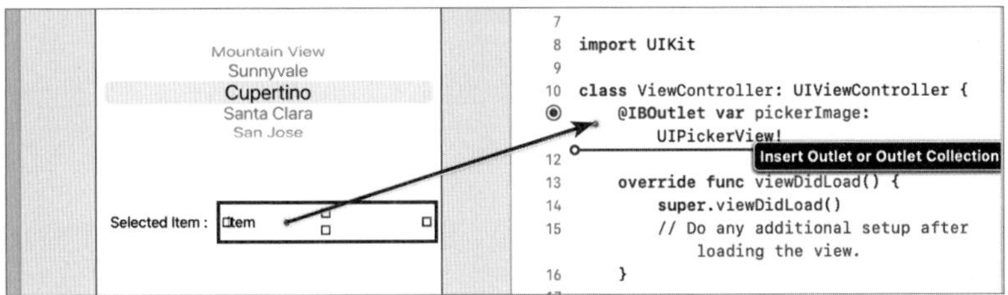

연결 설정 창이 나타나면 다음과 같이 이름(Name)을 입력하고 타입(Type)을 확인한 후 [Connect] 버튼을 클릭하여 레이블과 아웃렛 변수를 연결합니다.

위치	뷰 컨트롤러의 클래스 선언문 바로 아래
연결(Connection)	Outlet
이름(Name)	lblImageFileName
타입(Type)	UILabel

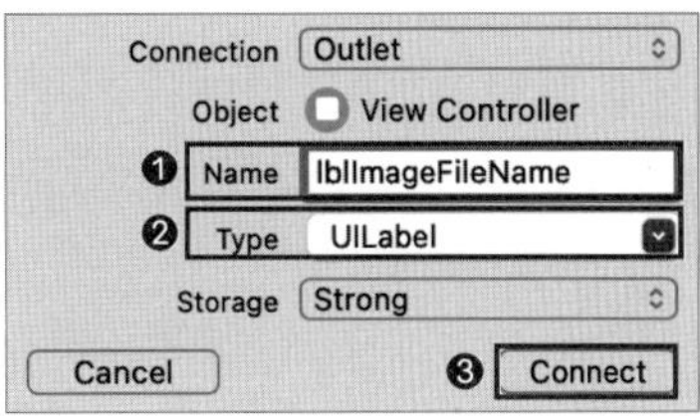

5. 레이블에 대한 아웃렛 변수가 다음과 같이 추가되었습니다.

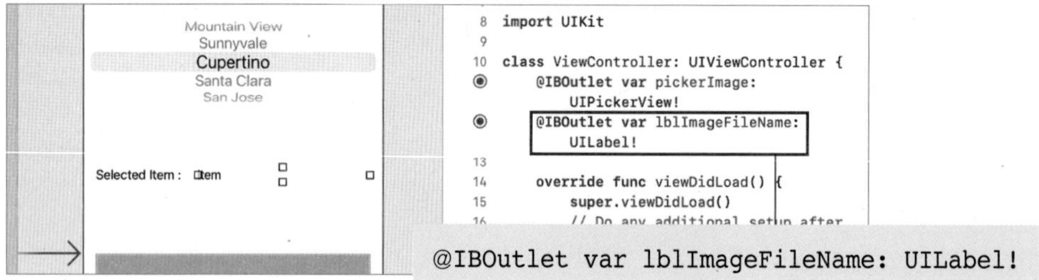

6. 이미지 뷰에 대한 아웃렛 변수 추가하기

마지막으로 이미지 뷰에 대한 아웃렛 변수를 추가해 보겠습니다. 앞에서 했던 것과 같은 방법으로 마우스 오른쪽 버튼으로 이미지 뷰를 선택한 후 드래그해서 보조 편집기 영역의 조금 전에 추가한 레이블 아웃렛 변수 아래로 끌어다 놓습니다.

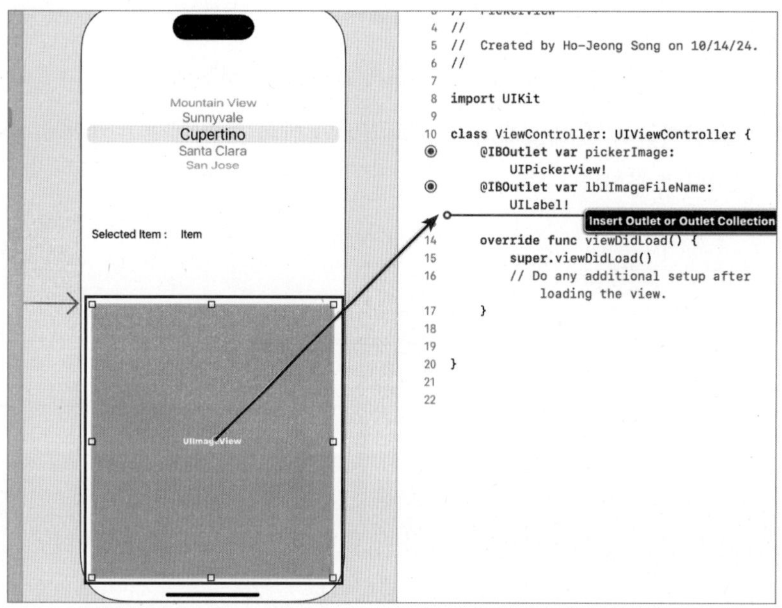

연결 설정 창이 나타나면 다음과 같이 이름(Name)을 입력하고 타입(Type)을 확인한 후 [Connect] 버튼을 클릭하여 이미지 뷰와 아웃렛 변수를 연결합니다.

위치	뷰 컨트롤러의 클래스 선언문 바로 아래
연결(Connection)	Outlet
이름(Name)	imageView
타입(Type)	UIImageView

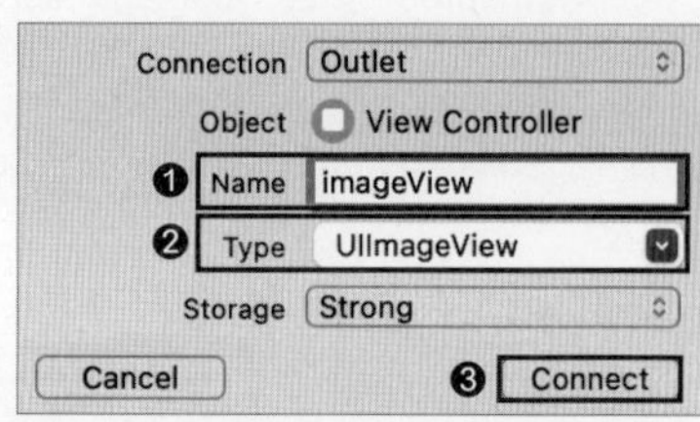

7. 이미지 뷰에 대한 아웃렛 변수가 다음과 같이 추가되었습니다.

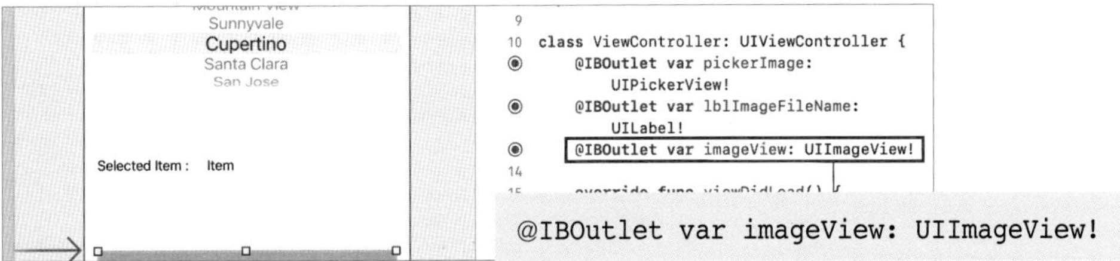

피커 뷰의 델리게이트 설정하기

피커 뷰가 상호 작용하려면 피커 뷰에 대한 델리게이트 메서드를 사용해야 합니다.
실습에 앞서 델리게이트에 대해서 알아볼까요? 델리게이트(Delegate)는 대리자라고도 하며 누군가 해야 할 일을 대신 해주는 역할을 합니다. 예를 들어 특정 객체와 상호 작용할 때 메시지를 넘기면 그 메시지에 대한 책임은 델리게이트로 위임됩니다. 그리고 델리게이트 메서드는 해당 역할을 수행하며 처리 결과나 메시지 등을 받습니다. 즉, 사용자가 객체를 터치했을 때 해야 할 일을 델리게이트 메서드에 구현하고 해당 객체가 터치되었을 때 델리게이트가 호출되어 위임받은 일을 하게 되는 것입니다.
그렇기 때문에 현재 사용하고 있는 뷰 컨트롤러에서 피커 뷰에 대한 델리게이트 메서드를 사용한다고 설정해야 합니다.

1. 피커 뷰의 델리게이트 사용을 설정하기 위하여 마우스 오른쪽 버튼으로 피커 뷰를 선택한 후 위쪽의 뷰 컨트롤러 아이콘 위로 끌어다 놓습니다.

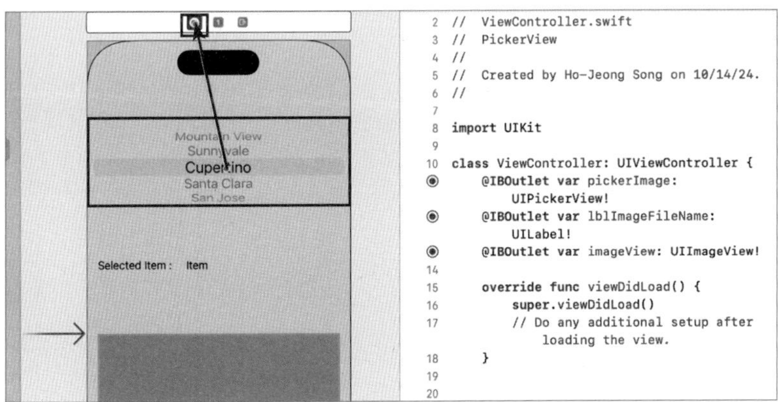

2. 다음과 같은 선택 화면이 나오면 [delegate]를 선택합니다.

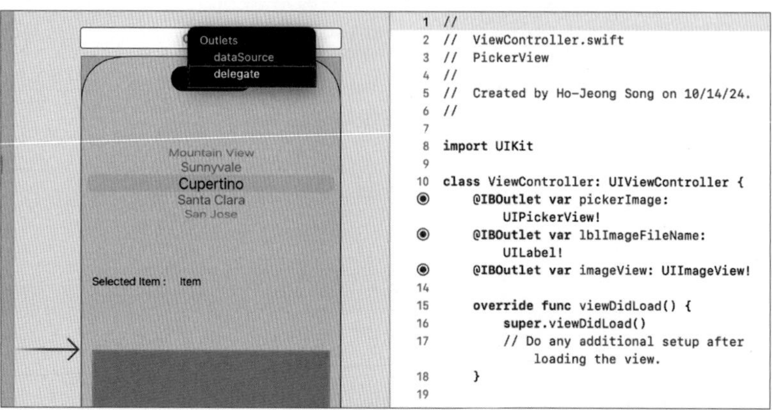

이렇게 피커 뷰 객체와 레이블, 이미지 뷰 객체에 아웃렛 변수를 추가하였습니다. 이제 아웃렛 변수를 사용해 각 객체에 접근할 수 있게 되었습니다. 또한 피커 뷰의 델리게이트 메서드를 사용할 수 있도록 설정을 완료하였습니다.

05-5 피커 뷰 동작 코드 작성하기

이제 피커 뷰를 동작시키기 위한 코드를 작성해 보겠습니다. 피커 뷰를 동작시키기 위해서는 피커 뷰 델리게이트 클래스를 상속받아야 하며 피커 뷰의 델리게이트 메서드를 추가해야 합니다.

피커 뷰에 선택 목록 표시하기

1. 왼쪽 내비게이터 영역에서 [ViewController.swift]를 선택합니다.

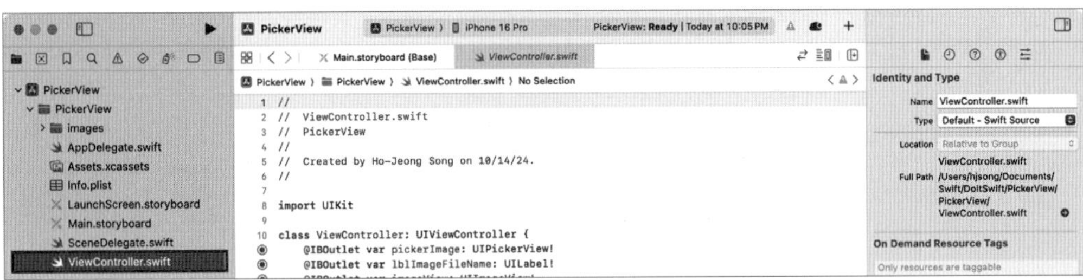

2. UIPickerViewDelegate 클래스 상속받기

피커 뷰의 델리게이트 메서드를 사용하려면 UIPickerViewDelegate 클래스와 UIPicker ViewDataSource 클래스를 상속받아야 합니다. ViewController 클래스 선언문 오른쪽에 다음과 같이 ', UIPickerViewDelegate, UIPickerViewDataSource'를 입력하면 클래스를 상속받을 수 있습니다.

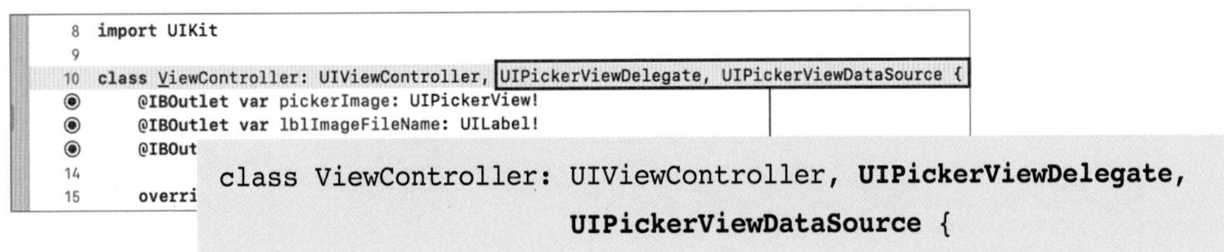

이때 에러 메시지가 나타나는데, 이는 델리게이트 메서드가 없어서 발생한 것이므로 일단 무시해도 됩니다.

스위프트 문법 } 클래스 상속받기

클래스는 부모 클래스와 자식 클래스로 구분할 수 있습니다. 자식 클래스는 상속을 받는 클래스, 부모 클래스는 상속하는 클래스를 말합니다. 클래스를 상속받는다는 의미는 상속받고자 하는 클래스의 변수 및 함수를 모두 사용할 수 있다는 의미입니다.
상속을 받기 위해서는 클래스를 선언하면서 클래스 이름의 오른쪽에 ':'과 함께 상속받을 클래스의 이름을 입력하면 됩니다.
지금까지는 'ViewController.swift'에서 ViewController 클래스를 선언할 때 자동으로 선언되어 알지 못하고 있었지만 항상 UIViewController 클래스를 상속받고 있었습니다.

```
class ViewController: UIViewController {
...
}
```

이제 여기에 추가로 다른 클래스를 상속받으려면 ','와 함께 상속받을 클래스의 이름을 추가하면 됩니다. 앞의 ViewController 클래스에서 추가로 피커 뷰 델리게이트 클래스와 피커 뷰 데이터 소스 클래스를 상속받으려면 다음과 같이 ', UIPickerViewDelegate, UIPickerViewDataSource'를 추가하면 됩니다.

```
class ViewController: UIViewController, UIPickerViewDelegate,
                      UIPickerViewDataSource {
...
}
```

3. 변수 및 상수 추가하기

이제는 피커 뷰가 동작하는 데 필요한 변수 및 상수를 추가해 보겠습니다. 다음 소스를 ViewController 클래스 선언부와 아웃렛 변수 선언부 사이에 추가합니다. 단, ❶번에는 본인이 사용할 이미지의 개수를, ❸번에 들어간 이미지 이름은 앞에서 자신이 추가한 이미지의 이름과 파일명에 맞춰 기입합니다.

```

import UIKit

class ViewController: UIViewController, UIPickerViewDelegate, UIPickerViewDataSource {
    let MAX_ARRAY_NUM = 10
    let PICKER_VIEW_COLUMN = 1
    var imageFileName = [ "1.jpg", "2.jpg", "3.jpg", "4.jpg", "5.jpg",
                          "6.jpg", "7.jpg", "8.jpg", "9.jpg", "10.jpg" ]

    @IBOutlet var pickerImage: UIPickerView!
    @IBOutlet var lblImageFileName: UILabel!
    @IBOutlet var imageView: UIImageView!

    override func viewDidLoad() {
        super.viewDidLoad()
        // Do any additional setup after loading the view.
```

```
class ViewController: UIViewController, UIPickerViewDelegate,
                      UIPickerViewDataSource {
    let MAX_ARRAY_NUM = 10 —❶
    let PICKER_VIEW_COLUMN = 1 —❷
    var imageFileName = [ "1.jpg", "2.jpg", "3.jpg", "4.jpg", "5.jpg",
                          "6.jpg", "7.jpg", "8.jpg", "9.jpg", "10.jpg" ]—❸
...
```

❶ MAX_ARRAY_NUM: 이미지의 파일명을 저장할 배열의 최대 크기를 지정합니다.

❷ PICKER_VIEW_COLUMN: 피커 뷰의 열의 개수를 지정합니다.

❸ imageFileName: 이미지의 파일명을 저장할 배열입니다.

스위프트 문법 } 배열이란?

배열은 하나의 변수 이름으로 여러 개의 데이터를 저장할 수 있는 공간을 의미합니다. 일반적으로 하나의 변수는 하나의 데이터만 저장할 수 있습니다.

```
var Name = "Ho-Jeong"
var score = 100;
```

하지만 10명 또는 100명의 이름과 점수를 저장하려면 어떻게 해야 할까요? 이름 변수와 점수 변수를 각각 10개씩 또는 100개씩 만들어야 할까요? 이렇게 많은 양의 데이터를 저장하기 위해 배열이라는 자료형을 사용합니다. 즉, 배열이란 하나의 이름으로 여러 개의 데이터를 저장할 수 있는 공간을 만들어서 사용하는 것을 말합니다.

name	0	1	2	···	N-2	N-1

위 그림과 같이 'name'이라는 이름으로 N개의 저장 공간을 만들어 사용할 수 있습니다. 여기서 주의해야 할 점은 배열의 번호는 1부터 시작하지 않고 0부터 시작한다는 점입니다. 그럼 선언 방법을 알아보겠습니다.

① 변수 선언과 동시에 값을 입력한 배열을 만드는 방법

```
var name: [String] = ["슈퍼맨", "배트맨", "캡틴", "아이언맨", "스파이더맨" ]
var score: [Int] = [ 100, 80, 95, 98, 86 ]
```

② 빈 배열을 선언하고 값을 추가하는 방법

```
var name = [String]()
var score = [Int]()

name.append("슈퍼맨")
name.append("배트맨")
...

score.append(100);
score.append(80)
...
```

①처럼 배열을 만들어도 나중에 ②와 같이 append 메서드로 추가할 수 있습니다.
배열을 선언했으면 이제 배열 값을 접근하는 방법을 알아보겠습니다. 접근한다는 의미는 배열 값을 읽어오거나 변경한다는 의미입니다.

```
let someoneName = name[0]    // name 배열에서 첫 번째 값인 "슈퍼맨"을 읽어옵니다.
name[1] = "홍길동"            // 배열의 두 번째 값인 name[1]에 "홍길동"을 저장합니다.
                             // 이전에 있던 "배트맨" 값은 사라지고 "홍길동"으로 변합니다.

let someScore = score[2]     // score 배열에서 세 번째 값인 95를 읽어옵니다.
score[3] = 60                // 배열의 네 번째 값인 score[3]에 60을 저장합니다.
```

▶ 배열에 대한 자세한 설명은 [문법 03]을 참고하세요.

4. 이제 피커 뷰에게 무엇을 어떻게 보여주고 어떻게 동작할지를 설정해 보겠습니다. 우선 피커 뷰의 동작에 필요한 델리게이트 메서드를 뷰 컨트롤러(ViewController) 클래스의 맨 아래에 추가합니다.

```
    }

    // returns the number of 'columns' to display.
    func numberOfComponents(in pickerView: UIPickerView) -> Int {
        return PICKER_VIEW_COLUMN
    }

    // returns the # of rows in each component..
    func pickerView(_ pickerView: UIPickerView, numberOfRowsInComponent component: Int) ->
        Int {
        return imageFileName.count
    }

    func pickerView(_ pickerView: UIPickerView, titleForRow row: Int, forComponent
        component: Int) -> String? {
        return imageFileName[row]
    }

}
```

```
// returns the number of 'columns' to display.
func numberOfComponents(in pickerView: UIPickerView) -> Int {
    return PICKER_VIEW_COLUMN —❶
}

// returns the # of rows in each component..
func pickerView(_ pickerView: UIPickerView, numberOfRowsInComponent
    component: Int) -> Int {
    return imageFileName.count —❷
}

func pickerView(_ pickerView: UIPickerView, titleForRow row: Int, forComponent
    component: Int) -> String? {
    return imageFileName[row] —❸
}
```

❶ 피커 뷰에게 컴포넌트의 수를 정수 값으로 넘겨주는 델리게이트 메서드입니다. 피커 뷰의 컴포넌트는 피커 뷰에 표시되는 열의 개수를 의미합니다. 여기서는 PICKER_VIEW_COLUMN의 값인 1을 넘겨줍니다.

❷ numberOfRowsInComponent 인수를 가지는 델리게이트 메서드입니다. 피커 뷰에게 컴포넌트의 열의 개수를 정수 값으로 넘겨줍니다. 이 값은 피커 뷰의 해당 열에서 선택할 수 있는 행의 개수(데이터의 개수)를 의미합니다. 여기에서는 배열 imageFileName의 개수 값인 10을 imageFileName.count를 사용하여 넘겨줍니다.

❸ titleForRow 인수를 가지는 델리게이트 메서드입니다. 피커 뷰에게 컴포넌트의 각 열의 타이틀을 문자열(String) 값으로 넘겨줍니다. 여기서는 imageFileName에 저장되어 있는 파일명을 넘겨줍니다.

알아 두면 좋아요! 델리게이트 메서드 찾아보기

피커 뷰의 델리게이트 메서드를 알고 있을 경우에는 직접 입력하면 되지만 처음 사용하거나 잘 기억이 나지 않는 메서드라면 어떤 메서드를 어떻게 사용해야 할지 알 수 없습니다. 이런 경우에는 command ⌘를 누른 상태에서 클래스 이름 위에 마우스 커서를 올리면 클래스 이름이 선택됩니다.

```
class ViewController: UIViewController, UIPickerViewDelegate  UIPickerVi
    let MAX_ARRAY_NUM = 10
    let PICKER_VIEW_COLUMN = 1
    var imageFileName = [ "1.jpg", "2.jpg", "3.jpg", "4.jpg", "5.jpg",
                          "6.jpg", "7.jpg", "8.jpg", "9.jpg", "10.jpg" ]

    @IBOutlet var pickerImage: UIPickerView!
    @IBOutlet var lblImageFileName: UILabel!
```

마우스로 클릭하면 해당 클래스의 메서드를 정의한 소스 창으로 이동하여 다음과 같이 해당 클래스의 메서드들을 확인할 수 있습니다. 여기에서 필요한 메서드를 복사한 후 뒤로 돌아가기(<) 버튼을 클릭하여 작업 중이던 코드 창으로 돌아가서 붙여 넣기한 후 사용하면 됩니다.

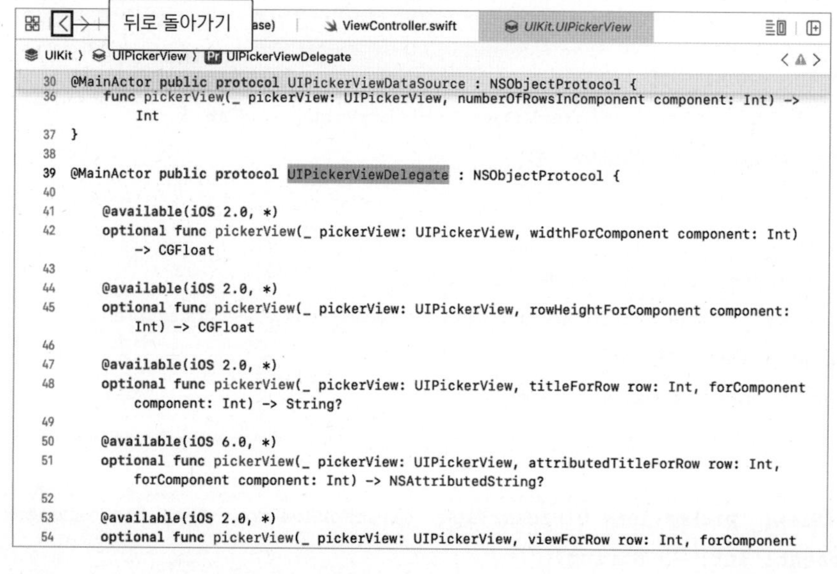


```
@MainActor public protocol UIPickerViewDataSource : NSObjectProtocol {
    func pickerView(_ pickerView: UIPickerView, numberOfRowsInComponent component: Int) ->
        Int
}

@MainActor public protocol UIPickerViewDelegate : NSObjectProtocol {

    @available(iOS 2.0, *)
    optional func pickerView(_ pickerView: UIPickerView, widthForComponent component: Int)
        -> CGFloat

    @available(iOS 2.0, *)
    optional func pickerView(_ pickerView: UIPickerView, rowHeightForComponent component:
        Int) -> CGFloat

    @available(iOS 2.0, *)
    optional func pickerView(_ pickerView: UIPickerView, titleForRow row: Int, forComponent
        component: Int) -> String?

    @available(iOS 6.0, *)
    optional func pickerView(_ pickerView: UIPickerView, attributedTitleForRow row: Int,
        forComponent component: Int) -> NSAttributedString?

    @available(iOS 2.0, *)
    optional func pickerView(_ pickerView: UIPickerView, viewForRow row: Int, forComponent
```

5. 결과 보기

이제 [실행] 버튼을 클릭하여 앱을 실행해 보겠습니다. 앞에서와 마찬가지로 시뮬레이터의 기기는 [iPhone 16 Pro]로 선택하고 [실행] 버튼을 클릭합니다. 피커 뷰의 열의 개수와 행의 개수를 설정하고 각 행의 타이틀을 전달해 주면 피커 뷰가 동작하는 것을 확인할 수 있습니다.

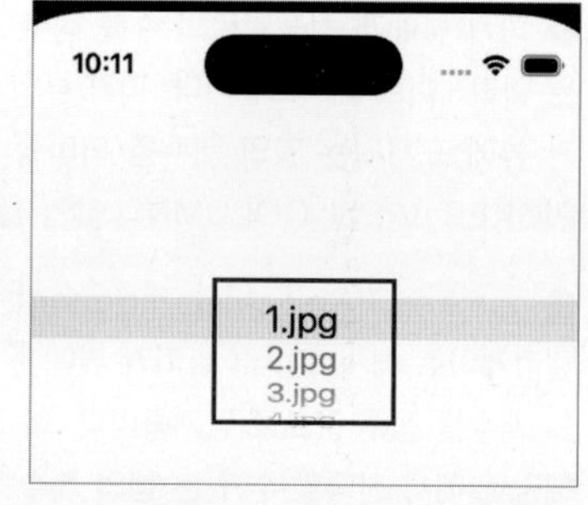

05-6 선택한 이미지 이름과 해당 이미지 출력하기

앞에서 만든 앱을 실행해 보면 피커 뷰가 나타나고 선택 목록에 파일명이 보입니다. 그리고 마우스로 피커 뷰를 선택하여 위, 아래로 움직여 보면 피커 뷰의 룰렛이 돌아가는 것을 확인할 수 있습니다. 하지만 피커 뷰의 룰렛을 아무리 움직여도 어떤 변화가 생기지는 않습니다. 피커 뷰에 아직 어떤 동작을 하라는 코딩을 하지 않았기 때문입니다.
그럼 이제부터 피커 뷰의 룰렛을 돌려 특정 이미지의 이름을 선택했을 때 해당 이미지의 이름이 레이블에 출력되고 선택한 이미지가 이미지 뷰에 나타나도록 코딩해 보겠습니다.

선택한 이미지 이름 출력하기

1. 코드 수정 및 추가하기

사용자가 피커 뷰의 룰렛을 돌려 원하는 열을 선택했을 때 할 일을 델리게이트에게 지시하는 메서드를 맨 아래에 추가합니다. 피커 뷰의 델리게이트 메서드 중 didSelectRow 인수가 포함된 메서드는 사용자가 피커 뷰의 룰렛을 선택했을 때 호출됩니다. 사용자가 선택한 피커 뷰의 row를 사용하여 원하는 일을 코딩할 수 있습니다. 여기서는 선택된 파일명을 레이블에 출력해 보겠습니다.

```
    func pickerView(_ pickerView: UIPickerView, titleForRow row: Int, forComponent
        component: Int) -> String? {
        return imageFileName[row]
    }

    func pickerView(_ pickerView: UIPickerView, didSelectRow row: Int, inComponent
        component: Int) {
        lblImageFileName.text = imageFileName[row]
    }

}

```

```
func pickerView(_ pickerView: UIPickerView, didSelectRow row: Int,
        inComponent component: Int) {
        lblImageFileName.text = imageFileName[row] —❶
}
```

❶ 사용자가 피커 뷰의 룰렛에서 선택한 row 값을 사용하여 imageFileName 배열에서 row 값에 해당하는 문자열을 가지고 옵니다. 그리고 가져온 문자열을 레이블의 아웃렛 변수인 lblImageFileName.text에 저장합니다.

2. 결과 보기

[실행] 버튼을 클릭하여 결과를 확인합니다. 피커 뷰의 델리게이트 메서드를 사용하여 룰렛이 선택되었을 때 레이블에 선택된 파일명을 출력하도록 코딩하였기 때문에 파일명이 레이블에 출력되는 것을 확인할 수 있습니다.

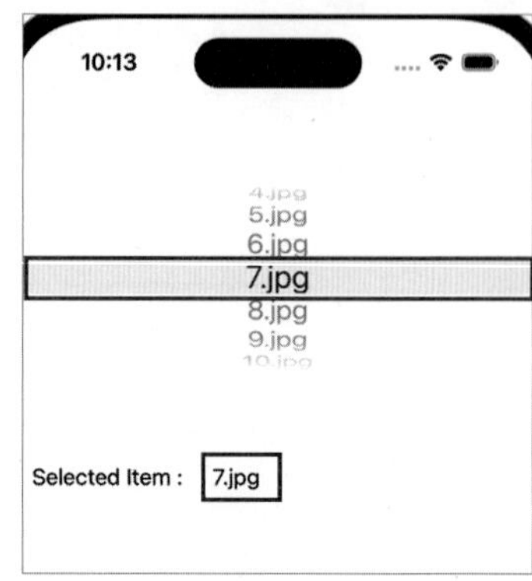

선택한 이미지를 이미지 뷰에 출력하기

이제는 피커 뷰의 룰렛을 선택할 경우 선택된 파일명에 해당하는 이미지를 이미지 뷰에 출력해 보겠습니다.

1. 앞에서 변수를 추가한 위치 중에서 PICKER_VIEW_COLUMN과 imageFileName 사이에 UIImage 타입의 배열 imageArray를 선언합니다(선언하는 위치는 어느 위치든 상관없습니다. 상수, 변수, 아웃렛 변수는 가장 윗부분에 선언하고 함수와 메서드는 아랫부분에 선언하면 됩니다.).

```
class ViewController: UIViewController, UIPickerViewDelegate, UIPickerViewDataSource {
    let MAX_ARRAY_NUM = 10
    let PICKER_VIEW_COLUMN = 1
    var imageArray = [UIImage?]()
    var imageFileName = [ "1.jpg", "2.jpg", "3.jpg", "4.jpg",
                          "6.jpg", "7.jpg", "8.jpg", "9.jpg", "10.jpg" ]

    @IBOutlet var pickerImage: UIPickerView!
    @IBOutlet var lblImageFileName: UILabel!
    @IBOutlet var imageView: UIImageView!
```

```
var imageArray = [UIImage?]()
```

2. 뷰가 로드되었을 때 MAX_ARRAY_NUM의 개수만큼 imageFileName에 있는 이미지를 가져와 UIImage 타입의 상수 image에 할당하고, 할당된 image를 배열 imageArray에 추가합니다. 또한 레이블과 이미지 뷰에 배열의 처음에 해당하는 imageFileName[0]과 imageArray[0]을 각각 출력합니다. 다음 소스를 viewDidLoad 함수 맨 아랫부분에 추가합니다.

PickerView 〉 PickerView 〉 ViewController.swift 〉 No Selection

```
class ViewController: UIViewController, UIPickerViewDelegate, UIPickerViewDataSource {
    var imageArray = [UIImage?]()
    var imageFileName = [ "1.jpg", "2.jpg", "3.jpg", "4.jpg", "5.jpg",
                          "6.jpg", "7.jpg", "8.jpg", "9.jpg", "10.jpg" ]

    @IBOutlet var pickerImage: UIPickerView!
    @IBOutlet var lblImageFileName: UILabel!
    @IBOutlet var imageView: UIImageView!

    override func viewDidLoad() {
        super.viewDidLoad()
        // Do any additional setup after loading the view.

        for i in 0 ..< MAX_ARRAY_NUM {
            let image = UIImage(named: imageFileName[i])
            imageArray.append(image)
        }

        lblImageFileName.text = imageFileName[0]
        imageView.image = imageArray[0]
    }

    // returns the number of 'columns' to display.
    func numberOfComponents(in pickerView: UIPickerView) -> Int {
        return PICKER_VIEW_COLUMN
    }

```

```
override func viewDidLoad() {
    super.viewDidLoad()
    // Do any additional setup after loading the view.
    for i in 0 ..< MAX_ARRAY_NUM {—❶
        let image = UIImage(named: imageFileName[i])—❷
        imageArray.append(image) —❸
    }

    lblImageFileName.text = imageFileName[0]—❹
    imageView.image = imageArray[0]—❺
}
```

❶ i라는 변수를 0부터 MAX_ARRAY_NUM보다 작을 때까지 루프를 실행합니다(여기서는 0부터 9까지 루프를 실행합니다).

❷ image라는 변수를 선언합니다. imageFileName[i]에 있는 파일명을 사용하여 UIImage 타입의 이미지를 생성합니다. 생성한 이미지를 image라는 변수에 할당합니다.

❸ imageArray 배열에 방금 만든 image를 추가합니다.

❹ lblImageFileName 레이블에 ImageFileName 배열의 첫 번째 파일명을 출력합니다.

❺ 이미지 뷰에 첫 번째 이미지가 나타납니다.

스위프트 문법 } for 루프

for 루프는 특정 코드를 특정한 조건을 만족하는 동안 반복해서 실행하기 위해 제공하는 기능입니다. 오른쪽 코드처럼 사용할 수 있으며, 변수 값이 Range 안에 있을 동안 변수 값을 1씩 증가시키면서 {, } 안의 코드를 반복해서 실행합니다.

```
for 변수 in Range {
    ...
}
```

Range를 설정하는 방법은 다음과 같습니다. 변수 i를 0부터 9까지 반복하면서 print(i)를 출력합니다. 즉, 0부터 9까지 출력합니다.

```
for i in 0...9 {
    print(i)
}
```

변수 i를 0부터 10보다 작을 동안 반복하면서 print(i)를 출력합니다. 즉, 0부터 9까지 출력합니다. 결과는 같지만 조건이 다른 것을 확인할 수 있습니다.

```
for i in 0..<10 {
    print(i)
}
```

▶ for 루프에 대한 자세한 설명은 [문법 03]을 참고하세요.

3. 마지막으로 피커 뷰의 룰렛이 선택되었을 때 동작하는 didSelectRow 인수가 포함된 델리게이트 메서드의 맨 아랫부분에 선택한 이미지를 이미지 뷰에 나타내 주는 코드를 추가합니다.

```
    func pickerView(_ pickerView: UIPickerView, titleForRow row: Int, forComponent
        component: Int) -> String? {
        return imageFileName[row]
    }

    func pickerView(_ pickerView: UIPickerView, didSelectRow row: Int, inComponent
        component: Int) {
        lblImageFileName.text = imageFileName[row]
        imageView.image = imageArray[row]
    }
}
```

```
func pickerView(_ pickerView: UIPickerView, didSelectRow row: Int,
            inComponent component: Int) {
  lblImageFileName.text = imageFileName[row]
  imageView.image = imageArray[row] —❶
}
```

❶ 사용자가 피커 뷰의 룰렛에서 선택한 row 값을 사용하여 imageArray 배열에서 row 값에 해당하는 이미지를 가지고 옵니다. 그리고 가져온 이미지를 이미지 뷰의 아웃렛 변수인 imageView.image에 저장합니다.

4. 결과 보기

[실행] 버튼을 클릭하여 결과를 확인합니다. 룰렛을 선택하면 선택된 파일명은 레이블에, 이미지는 이미지 뷰에 나타나는 것을 확인할 수 있습니다.

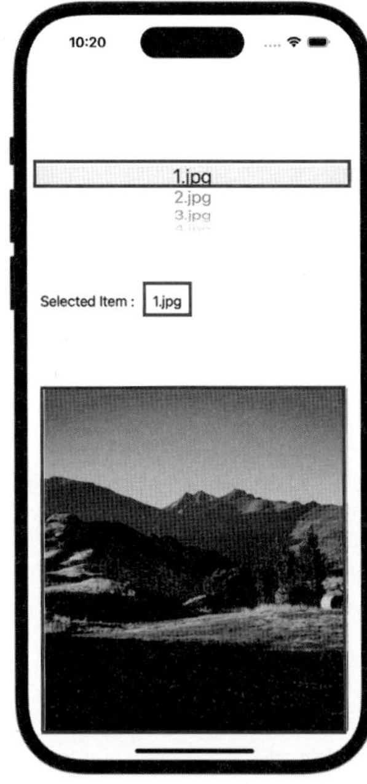

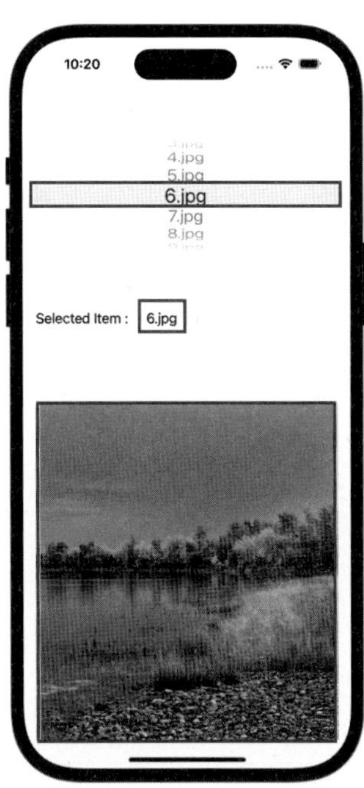

05-7 피커 뷰 룰렛에 파일명 대신 이미지 출력하기

이제는 피커 뷰의 룰렛에 파일명 대신 이미지가 나타나도록 구현해 보겠습니다.

피커 뷰 룰렛에 파일명 대신 이미지 출력하기

1. 코드 수정 및 추가하기

앞에서 선언한 titleForRow 인수를 가지는 델리게이트 메서드를 주석 처리합니다. titleForRow 인수를 가지는 델리게이트 메서드는 각 row에 대한 타이틀을 정의하는 메서드입니다.

```
        Int {
        return imageFileName.count
    }

//    func pickerView(_ pickerView: UIPickerView, titleForRow row: Int, forComponent
    component: Int) -> String? {
//        return imageFileName[row]
//    }

    func pickerView(_ pickerView: UIPickerView, didSelectRow row: Int, inComponent
        component: Int) {
        lblImageFileName.text = imageFileName[row]
        imageView.image = imageArray[row]
    }
}
```

```
//    func pickerView(_ pickerView: UIPickerView, titleForRow row: Int,
      forComponent component: Int) -> String? {
//        return imageFileName[row]
//    }
```

2. viewForRow 인수가 포함되어 있는 델리게이트 메서드를 새롭게 추가합니다. viewForRow 인수가 포함되어 있는 메서드는 각 row의 view를 정의하는 메서드입니다. 새롭게 추가되는 메서드는 각 row의 view를 설정하고 UIView 타입을 리턴합니다. 여기서는 imageView를 리턴하였습니다.

```
//    }

    func pickerView(_ pickerView: UIPickerView, viewForRow row: Int, forComponent component:
        Int, reusing view: UIView?) -> UIView {
        let imageView = UIImageView(image:imageArray[row])
        imageView.frame = CGRect(x: 0, y: 0, width: 100, height: 150)

        return imageView
    }

    func pickerView(_ pickerView: UIPickerView, didSelectRow row: Int, inComponent
        component: Int) {
```

```
func pickerView(_ pickerView: UIPickerView, viewForRow row: Int, forComponent
                component: Int, reusing view: UIView?) -> UIView {   ❶
    let imageView = UIImageView(image:imageArray[row]) ❷
    imageView.frame = CGRect(x: 0, y: 0, width: 100, height: 150) ❸

    return imageView ❹
}
```

❶ 피커 뷰에게 컴포넌트의 각 열의 뷰를 UIView 타입의 값으로 넘겨줍니다. 여기서는 이미지 뷰에 저장되어 있는 이미지를 넘겨줍니다.

❷ 선택된 row에 해당하는 이미지를 imageArray에서 가져옵니다.

❸ 이미지 뷰의 프레임 크기를 설정합니다.

❹ 이미지 뷰를 리턴합니다.

3. 결과 화면

[실행] 버튼을 클릭하여 결과를 확인합니다. 피커 뷰의 룰렛에 이미지의 파일명 대신 이미지가 출력되는 것을 확인할 수 있습니다.

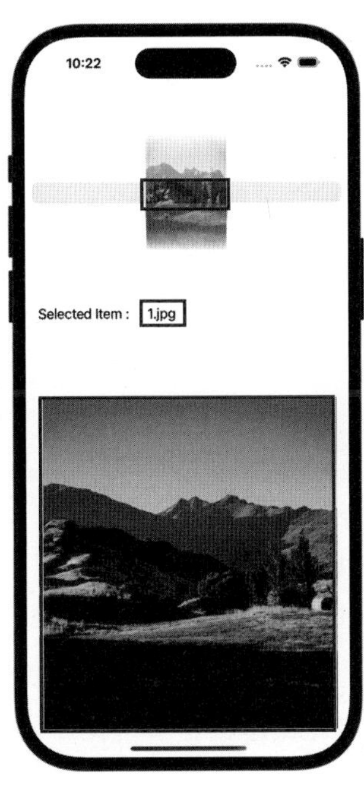

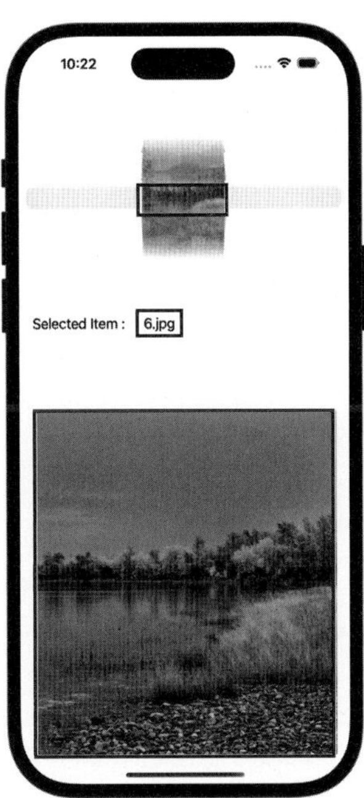

룰렛의 높이 변경하기

앞에서 만든 피커 뷰도 보기는 좋지만 이미지의 세로 높이가 좁아 이미지가 잘 보이지 않습니다. 마지막으로 피커 뷰 룰렛의 세로 높이를 변경해 보겠습니다.

1. 피커 뷰의 높이를 지정할 상수를 맨 위의 상수 선언부 중 PICKER_VIEW_COLUMN과 imageArray 사이에 정의합니다.

```
//
//  ViewController.swift
//  PickerView
//
//  Created by Ho-Jeong Song on 10/14/24.
//

import UIKit

class ViewController: UIViewController, UIPickerViewDelegate, UIPicker
    let MAX_ARRAY_NUM = 10
    let PICKER_VIEW_COLUMN = 1
    let PICKER_VIEW_HEIGHT:CGFloat = 80
    var imageArray = [UIImage?]()
    var imageFileName = [ "1.jpg", "2.jpg", "3.jpg", "4.jpg", "5.jpg",
                          "6.jpg", "7.jpg", "8.jpg", "9.jpg", "10.jpg"
```

```
let PICKER_VIEW_HEIGHT:CGFloat = 80
```

2. 피커 뷰의 높이를 전달할 피커 뷰 델리게이트 메서드를 numberOfComponents 메서드 아래에 추가합니다.

```
    // returns height of row for each component.
    func pickerView(_ pickerView: UIPickerView, rowHeightForComponent component: Int) ->
        CGFloat {
        return PICKER_VIEW_HEIGHT
    }

    // returns the # of rows in each component..
    func pickerView(_ pickerView: UIPickerView, numberOfRowsInComponent component: Int) ->
        Int {
        return imageFileName.count
    }

//    func pickerView(_ pickerView: UIPickerView, titleForRow row: Int, forComponent
```

```
// returns height of row for each component.
func pickerView(_ pickerView: UIPickerView, rowHeightForComponent
            component: Int) -> CGFloat {
    return PICKER_VIEW_HEIGHT
}
```
❶

❶ 피커 뷰에게 컴포넌트의 높이를 정수 값으로 넘겨주는 델리게이트 메서드입니다. 여기서는 PICKER_VIEW_HEIGHT의 값인 80을 넘겨줍니다.

3. 최종 결과 보기

[실행] 버튼을 클릭하여 최종 결과를 확인합니다. 앱이 실행되면 피커 뷰의 룰렛에 이미지가 나타납니다. 룰렛을 선택하면 레이블에는 선택된 파일명이, 이미지 뷰에는 선택된 이미지가 나타나는 것을 확인할 수 있습니다.

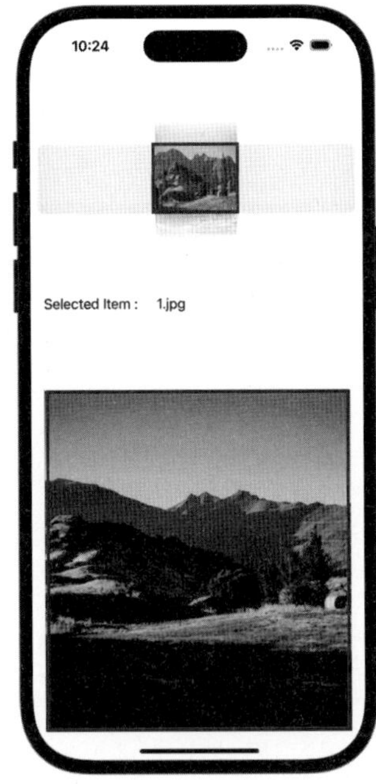

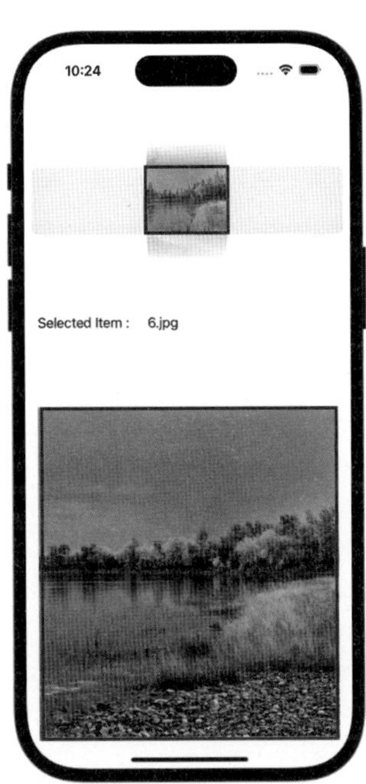

05-8 피커 뷰 앱, 전체 소스 보기

완성된 앱의 전체 소스를 확인해 보세요.

ViewController.swift

```
import UIKit

class ViewController: UIViewController, UIPickerViewDelegate,
                      UIPickerViewDataSource {
    let MAX_ARRAY_NUM = 10
    let PICKER_VIEW_COLUMN = 1
    let PICKER_VIEW_HEIGHT:CGFloat = 80
    var imageArray = [UIImage?]()
    var imageFileName = [ "1.jpg", "2.jpg", "3.jpg", "4.jpg", "5.jpg",
                          "6.jpg", "7.jpg", "8.jpg", "9.jpg", "10.jpg" ]

    @IBOutlet var pickerImage: UIPickerView!
    @IBOutlet var lblImageFileName: UILabel!
    @IBOutlet var imageView: UIImageView!

    override func viewDidLoad() {
        super.viewDidLoad()
        // i 값을 0에서 MAX_ARRAY_NUM보다 작을 때까지 반복
        for i in 0 ..< MAX_ARRAY_NUM {
            // 각 파일명에 해당하는 이미지를 생성
            let image = UIImage(named: imageFileName[i])
            // 생성된 이미지를 imageArray에 추가
            imageArray.append(image)
        }

        // 뷰가 로드되었을 때 첫 번째 파일명 출력
        lblImageFileName.text = imageFileName[0]
        // 뷰가 로드되었을 때 첫 번째 이미지 출력
        imageView.image = imageArray[0]
    }
```

```
    // 피커 뷰의 컴포넌트 수 설정
    func numberOfComponents(in pickerView: UIPickerView) -> Int {
        return PICKER_VIEW_COLUMN
    }

    // 피커 뷰의 높이 설정
    func pickerView(_ pickerView: UIPickerView, rowHeightForComponent
                    component: Int) -> CGFloat {
        return PICKER_VIEW_HEIGHT
    }

    // 피커 뷰의 개수 설정
    func pickerView(_ pickerView: UIPickerView!, numberOfRowsInComponent
                    component: Int) -> Int {
        return imageFileName.count
    }

    // 피커 뷰의 각 Row의 타이틀 설정
//    func pickerView(_ pickerView: UIPickerView, titleForRow row: Int,
                      forComponent component: Int) -> String? {
//        return imageFileName[row]
//    }

    // 피커 뷰의 각 Row의 view 설정
    func pickerView(_ pickerView: UIPickerView, viewForRow row: Int, forComponent
                    component: Int, reusing view: UIView?) -> UIView {
        let imageView = UIImageView(image:imageArray[row])
        imageView.frame = CGRect(x: 0, y: 0, width: 100, height: 150)

        return imageView
    }

    // 피커 뷰가 선택되었을 때 실행
    func pickerView(_ pickerView: UIPickerView, didSelectRow row: Int,
                    inComponent component: Int) {
        lblImageFileName.text = imageFileName[row]
        imageView.image = imageArray[row]
    }
}
```

멀티 컴포넌트 피커 뷰 만들기

목표 이 장에서 배운 내용을 토대로 여러 개의 컴포넌트를 가진 피커 뷰를 만들어 보세요.

1. 컴포넌트의 개수를 두 개로 변경해 보세요. 왼쪽 컴포넌트 또는 오른쪽 컴포넌트를 선택하면 레이블과 이미지 뷰에 선택된 파일명과 이미지가 출력됩니다.

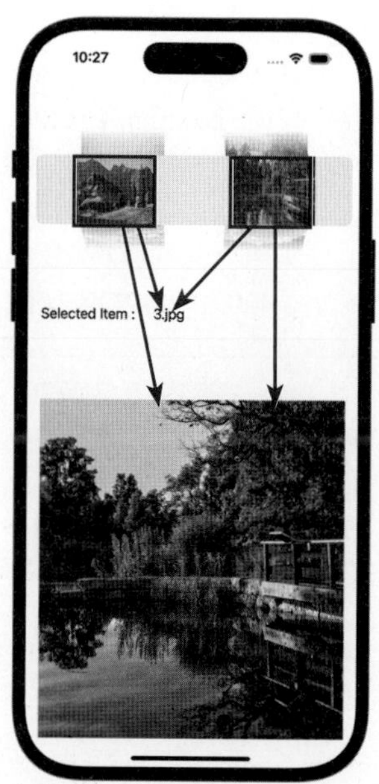

힌트 PICKER_VIEW_COLUMN의 값을 2로 하면 피커 뷰의 컴포넌트가 두 개로 나타납니다.

2. 왼쪽 컴포넌트를 선택했을 때와 오른쪽 컴포넌트를 선택했을 때 다른 동작을 하게 만들어 봅시다. 왼쪽 컴포넌트를 선택했을 때는 레이블에 파일명을 출력하고, 오른쪽 컴포넌트를 선택했을 때는 이미지 뷰에 이미지를 출력해 보세요.

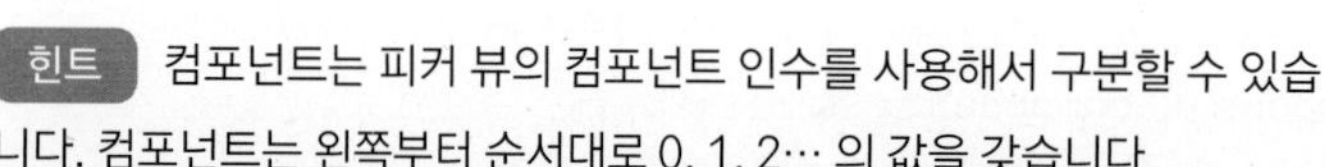

힌트 컴포넌트는 피커 뷰의 컴포넌트 인수를 사용해서 구분할 수 있습니다. 컴포넌트는 왼쪽부터 순서대로 0, 1, 2… 의 값을 갖습니다.

```
if (component==0) {
}
else {
}
```

∷ 완성 소스 [05장] 폴더 / [미션] 폴더 / PickerView.xcodeproj

06 얼럿 사용해 경고 메시지 표시하기

난이도 ★☆☆☆☆

얼럿(Alert)은 화면에 경고 메시지를 표시하는 앱입니다. 단순히 경고 메시지를 확인만 하게 할 수도 있지만, 경고 메시지와 함께 두 가지 이상의 선택을 요구하거나 선택에 따라 특정 작업도 수행할 수 있습니다.

이 장에서는 전구 [켜기], [끄기], [제거] 버튼을 만들어 전구를 제어해 보겠습니다. 단순히 켜고 끄기만 하는 것이 아니라 선택에 따라 경고 메시지를 나타내어 메시지에 따른 작업도 수행하게 할 것입니다. 이번 예제를 통해 경고 메시지를 나타내고 여러 선택에 따라 특정 작업을 수행하는 방법을 익혀 보세요.

완성된 모습
완성 소스 [06장] 폴더 / [본문 실습] 폴더 / Alert.xcodeproj
2:27
[켜기] 버튼을 클릭했을 때 이미 전구가 켜져 있으면 켜져 있다는 경고 메시지를 나타내고 꺼져 있으면 전구를 켭니다.
경고
램프 끄기
네
아니오
램프 제거
[제거] 버튼을 클릭하면 전구를 켤 것인지, 끌 것인지, 제거할 것인지를 선택하고 실행합니다.
[끄기] 버튼을 클릭했을 때 전구가 켜져 있으면 전구를 끕니다. 이미 전구가 꺼져 있거나 제거된 상태이면 아무런 동작을 하지 않습니다.
켜기
끄기
제거

06-1 얼럿이란?

얼럿은 사용자에게 중요한 알림이나 경고 메시지를 나타내야 할 때 주로 사용합니다. 사용자의 주의를 집중시키는 경고로 마무리할 수도 있고 후속 조치를 취할 수도 있습니다.

예를 들어 오디오 스트리밍 앱은 와이파이(Wi-Fi)가 끊기면 사용자에게 알려 주고 셀룰러 데이터를 이용해 계속 오디오를 청취할 것인가를 물어봐야 합니다. 또한 달력 앱은 약속 시간이 다가오고 있음을 사용자에게 알려 주어야 합니다. 다음 그림처럼 와이파이와 셀룰러 데이터가 모두 끊긴 상태라면 웹 브라우저는 이를 사용자에게 알리고 설정을 할 수 있도록 후속 조치를 취해야 합니다.

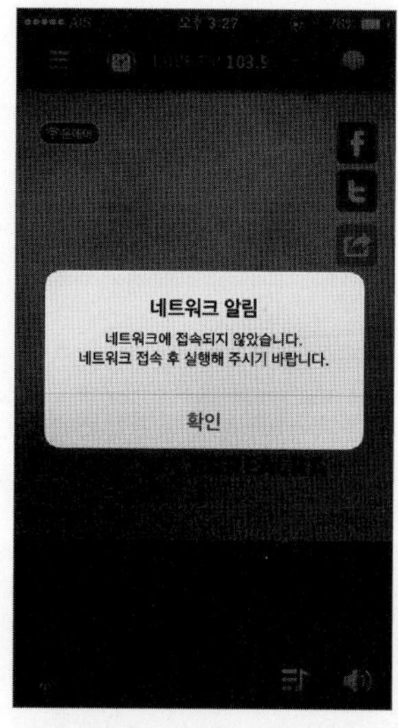

SBS 라디오 스트리밍 앱인 고릴라(Gorealra) 앱 화면. 와이파이가 끊기면 '네트워크 알림' 창이 나타납니다.

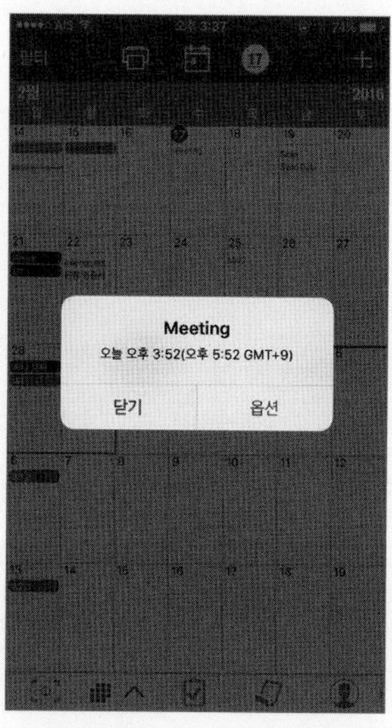

달력과 할 일을 관리해 주는 포켓 인포먼트(Pocket Informant) 앱 화면. 미팅 시간이 임박하면 미리 알려 줍니다.

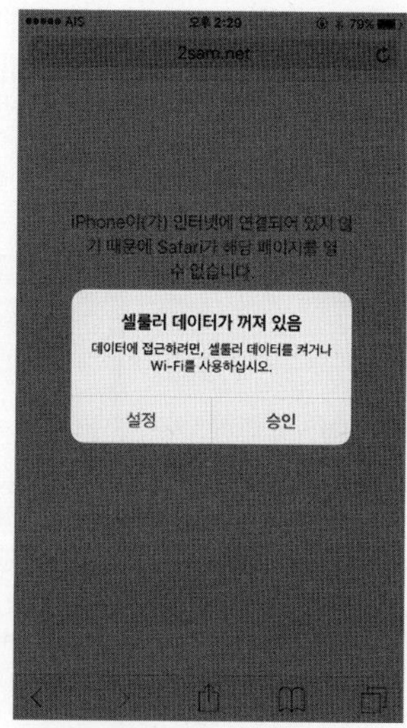

iOS의 기본 브라우저인 사파리(Safari) 앱 화면. 와이파이와 셀룰러 데이터가 모두 끊긴 상태임을 알려 줍니다.

06-2

얼럿 앱을 위한 기본 환경 구성하기

우리가 만들 앱을 사용해 구현할 수 있는 기능은 전구를 켜고, 끄고, 제거하는 것입니다. 또한 전구의 상황에 따라 적절한 메시지를 나타내 줍니다. 따라서 이 앱에서는 전구의 켜져 있는 이미지, 꺼져 있는 이미지 그리고 제거된 이미지가 필요합니다. 이 이미지들을 프로젝트에 추가해 보겠습니다.

프로젝트를 생성한 후 뷰 컨트롤러 크기 조절하기

1. Xcode를 실행한 후 'Alert'이라는 이름으로 프로젝트를 만듭니다.

▶ 프로젝트를 만드는 방법은 02장을 참고하세요.

2. 뷰 컨트롤러 크기 조절하기

Xcode 화면이 처음 열렸을 때 화면 왼쪽의 내비게이터 영역에서 [Main.storyboard]를 선택하면 스토리보드가 화면에 나타납니다. 사용할 스토리보드의 디바이스로 [iPhone 16 Pro]를 선택하겠습니다. 또한 뷰 컨트롤러의 크기는 아랫부분의 [Zoom In], [Zoom Out] 버튼으로 조절할 수 있습니다.

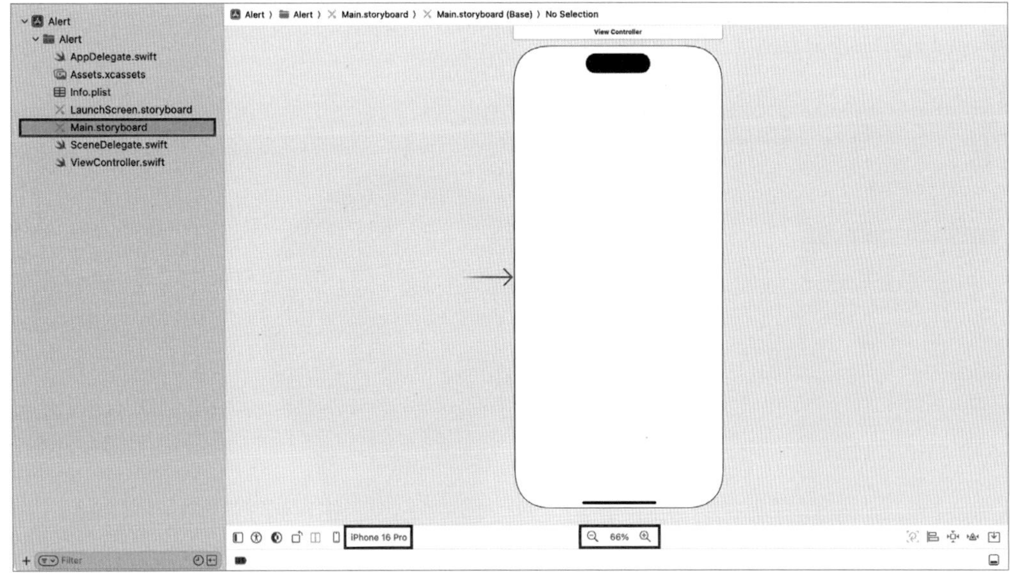

3. 이미지 추가하기

앱에서 사용할 이미지를 프로젝트에 추가하겠습니다. 파인더에서 원하는 이미지를 선택한 후 내비게이터 영역으로 드래그 앤 드롭하여 추가합니다.

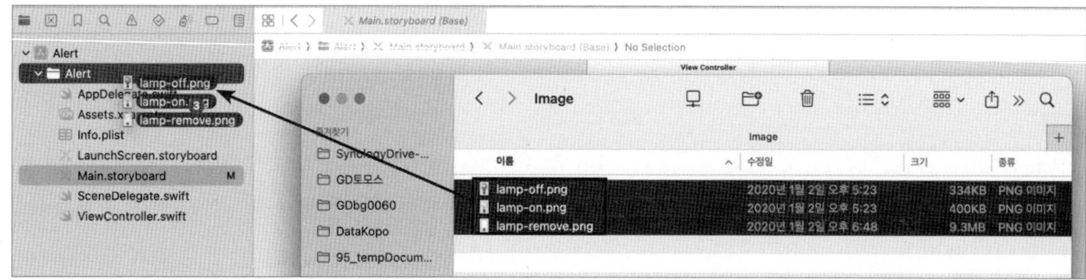

4. 파일 추가에 대한 설정 창이 나타납니다. 추가한 이미지를 프로젝트 폴더로 복사하기 위하여 [Action: Copy files to destination] 항목으로 선택되어 있는지 확인한 후 [Finish] 버튼을 클릭합니다.

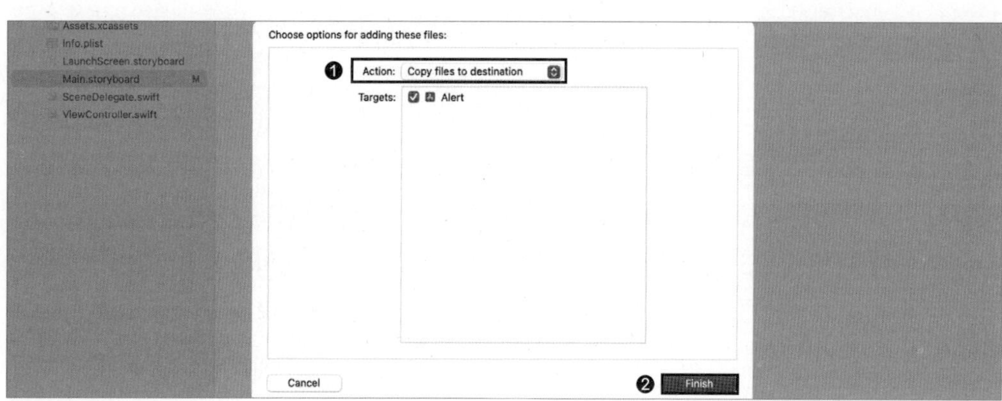

5. 이미지가 프로젝트에 추가되었습니다.

06-3 스토리보드로 얼럿 앱 화면 꾸미기

이 앱에서는 켜진 전구, 꺼진 전구 그리고 제거된 전구를 보여 주어야 하는데, 각각의 전구 이미지를 보여 주기 위해 이미지 뷰(Image View) 객체를 사용합니다. 그리고 전구를 켜고 끄고 제거하기 위해 버튼(Button) 객체를 사용합니다.

오른쪽 그림은 완성된 스토리보드 화면입니다. 이 그림과 사용된 객체를 참고하여 배치해 보겠습니다.

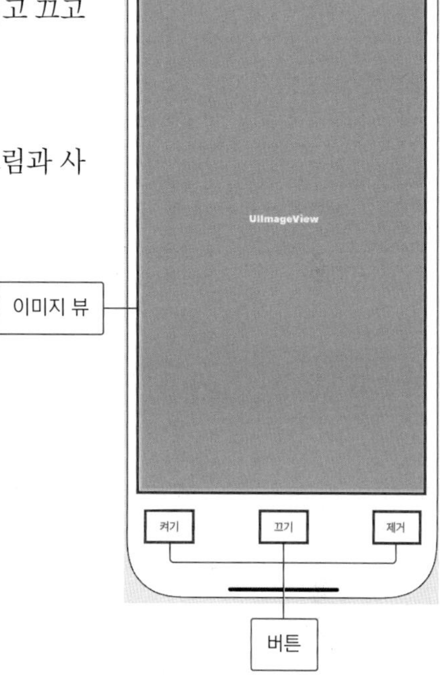

이미지 뷰와 버튼 추가하기

1. 이미지를 보여 줄 이미지 뷰 추가하기

상단의 [Library] 버튼을 클릭한 후 팝업 창에서 [이미지 뷰(Image View)]를 찾아 스토리보드로 끌어와 배치합니다. 그리고 나서 이미지 뷰의 크기를 적당히 조절합니다. 여기에 전구 이미지가 나타나게 됩니다.

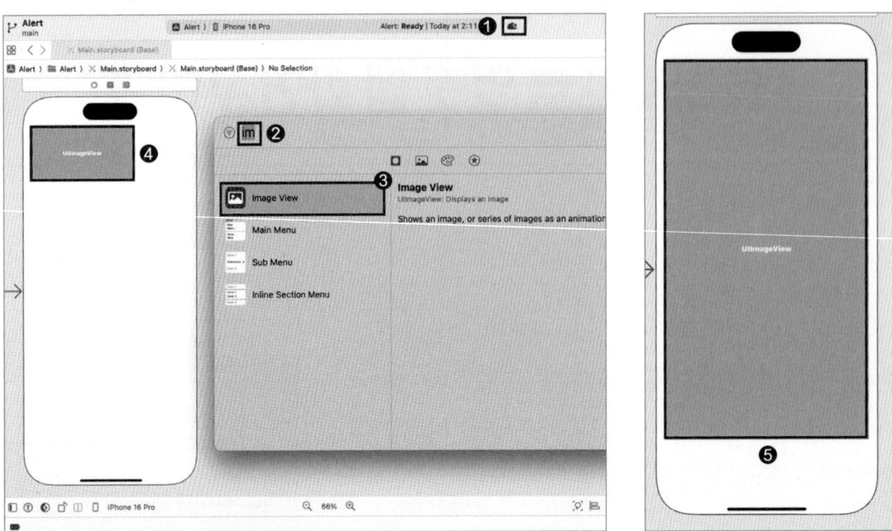

2. 전구 이미지의 원본의 비율을 유지하기 위해서 Content Mode를 [Aspect Fit]으로 수정합니다.

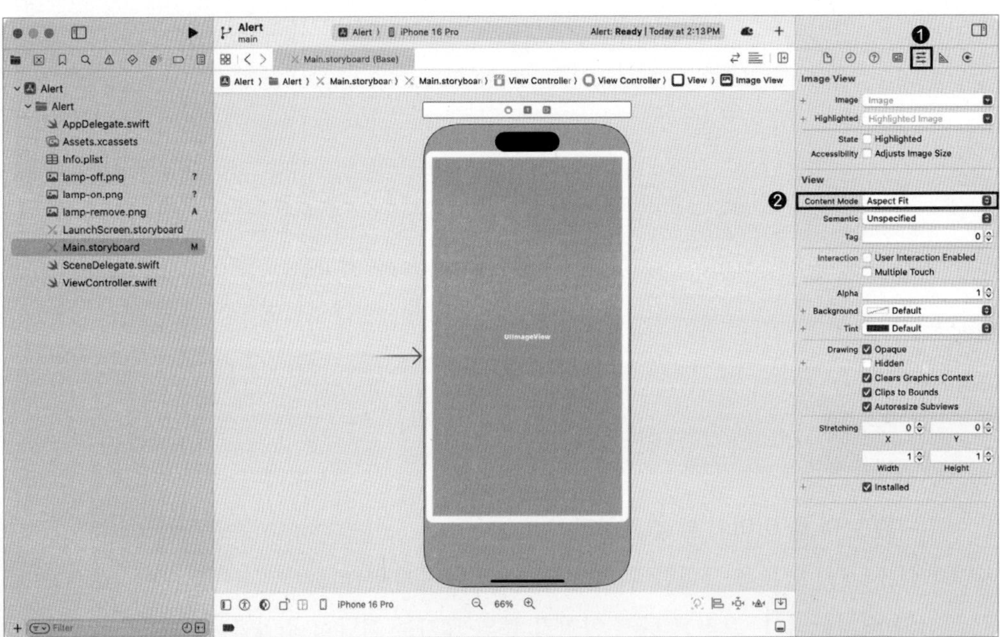

3. 전구를 제어할 버튼 추가하기

이번에는 전구를 제어할 버튼을 만들어 보겠습니다. [Library] 버튼을 클릭한 후 팝업 창에서 [버튼(Button)]을 찾아 스토리보드로 끌어와 화면 아랫부분에 배치합니다. 같은 방법으로 일직선 상에 버튼을 두 개 더 추가합니다.

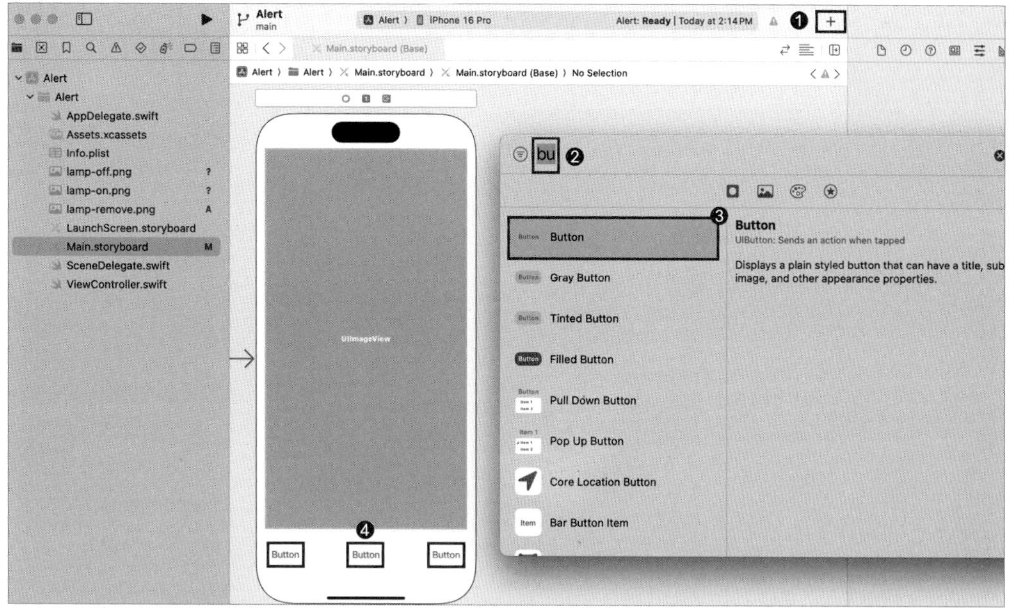

3개 버튼 모두 화면 오른쪽 인스펙터 영역에서 스타일(Style) 항목을 [Default]로 변경합니다.

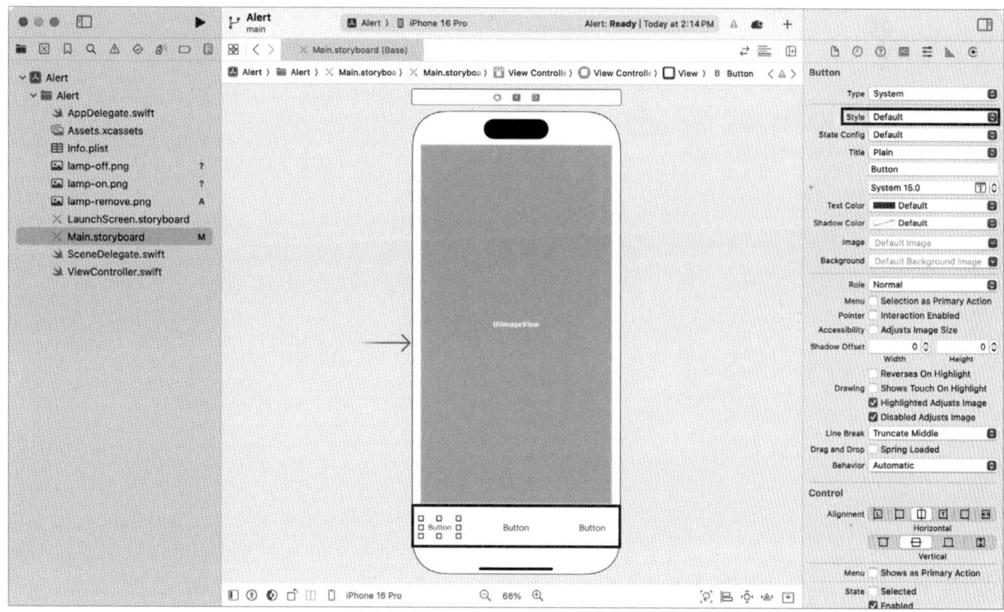

4. 각 버튼을 마우스로 더블 클릭한 후 내용을 '켜기', '끄기', '제거'로 변경하여 화면 구성을 마칩니다.

06-4 아웃렛 변수와 액션 함수 추가하기

스토리보드에서 추가한 객체들을 프로그램으로 제어하기 위해 소스 코드에 변수 형태와 함수 형태로 추가합니다. 객체가 선택되었을 때 어떤 동작을 수행해야 한다면 액션 함수로 추가하고, 객체의 값을 이용하거나 속성 등을 제어해야 한다면 아웃렛 변수 형태로 추가합니다.

이제 프로그램에서 사용할 아웃렛 변수와 액션 함수를 추가해 보겠습니다.

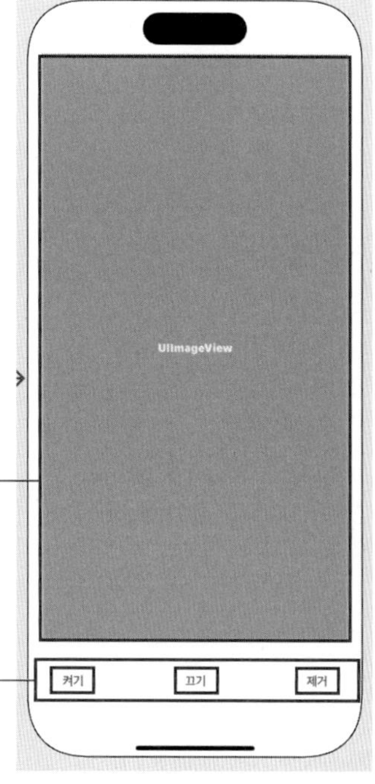

이미지 뷰의 내용, 즉 속성을 제어해야 하므로 아웃렛 변수를 추가합니다.

각각의 버튼을 누르면 이미지 뷰의 내용을 변경해야 하므로 세 버튼 모두에 액션 함수를 추가합니다.

이미지 뷰와 버튼의 아웃렛 변수 및 액션 함수 추가하기

1. 보조 편집기 영역 열기

아웃렛 변수와 액션 함수를 추가하기 위해 오른쪽 윗부분의 [Adjust Editor Options] 버튼을 클릭한 후 [Assistant] 메뉴를 선택하여 보조 편집기 영역을 엽니다.

2. 이미지 뷰에 대한 아웃렛 변수 추가하기

첫 번째로 이미지 뷰에 대한 아웃렛 변수를 추가하겠습니다. 이미지 뷰를 마우스 오른쪽 버튼으로 선택한 후 편집기 영역으로 드래그하면 아래 그림과 같이 연결선이 나타납니다. 드래그한 연결선을 뷰 컨트롤러의 클래스 선언문 바로 아래에 끌어다 놓은 후 마우스 버튼에서 손을 뗍니다.

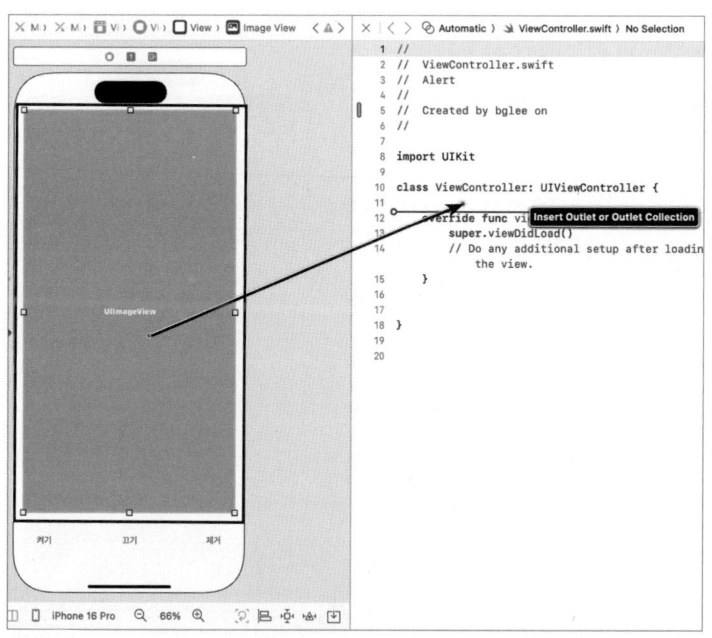

알아 두면 좋아요! 아웃렛 변수 추가할 때 공간 확보하기

아웃렛 변수가 추가되는 부분에서 [return]을 눌러 공간을 확보할 수 있습니다. 보통 아웃렛 변수는 클래스의 위쪽에 놓습니다.

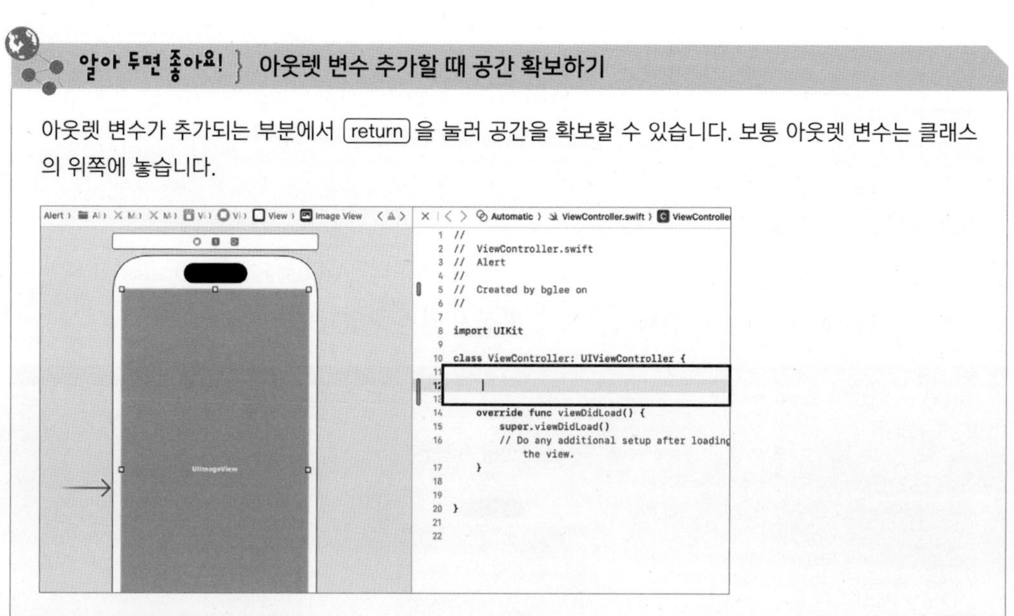

3. 이미지 뷰(Image View)를 마우스 오른쪽 버튼으로 클릭한 후 드래그하여 보조 편집기 영역에 갖다 놓으면 다음과 같이 연결 설정 창이 나타납니다. 이 설정 창에서 다음과 같이 이름(Name)을 입력하고 타입(Type)을 확인한 후 [Connect] 버튼을 클릭하여 이미지 뷰와 아웃렛 변수를 연결합니다.

위치	뷰 컨트롤러의 클래스 선언문 바로 아래
연결(Connection)	Outlet
이름(Name)	lampImg
타입(Type)	UIImageView

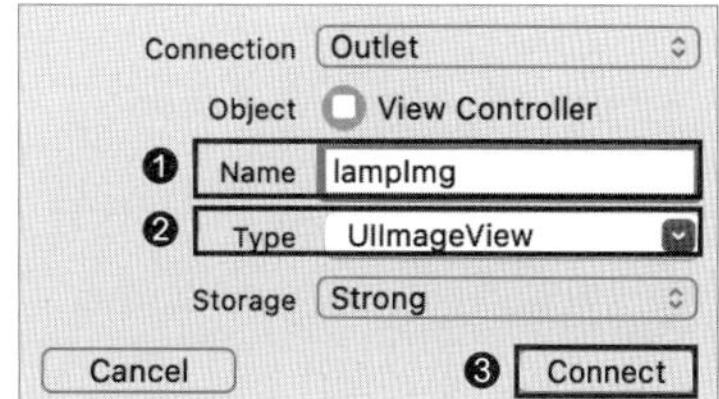

4. 이미지 뷰에 대한 아웃렛 변수가 추가되었습니다.

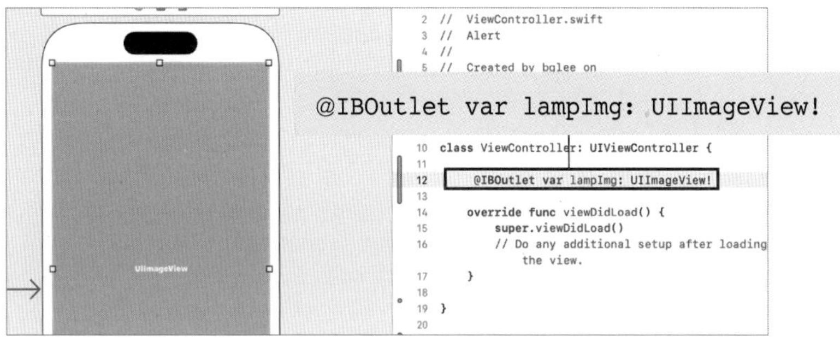

5. [켜기], [끄기], [제어] 버튼에 대한 액션 함수 추가하기

먼저 [켜기] 버튼에 대한 액션 함수를 추가하겠습니다. 3번 과정과 같은 방법으로 마우스 오른쪽 버튼으로 [켜기]를 선택한 후 드래그해서 오른쪽 보조 편집기 영역의 마지막 '}' 괄호 바로 위에 갖다 놓습니다.

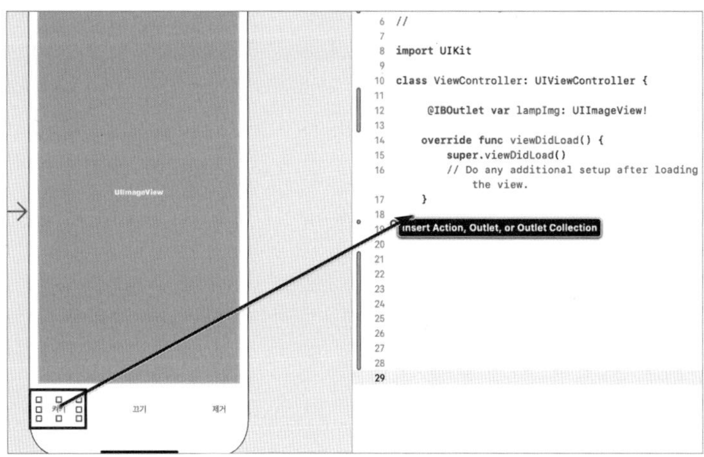

6. 다음과 같이 연결 설정 창이 나타나면 다음과 같이 이름(Name)을 'btnLampOn'으로 입력하고, 타입(Type)은 버튼의 액션을 추가하는 것이므로 [UIButton]을 선택합니다. 변경을 완료한 후 [Connect] 버튼을 클릭하여 추가합니다.

위치	뷰 컨트롤러 클래스의 마지막 '}' 바로 위
연결(Connection)	Action
이름(Name)	btnLampOn
타입(Type)	UIButton

Connection Action
Object View Controller
❶ Name btnLampOn
❷ Type UIButton
Event Touch Up Inside
Arguments Sender
Cancel
❸ Connect

7. [켜기] 버튼에 대한 액션 함수가 추가되었습니다.

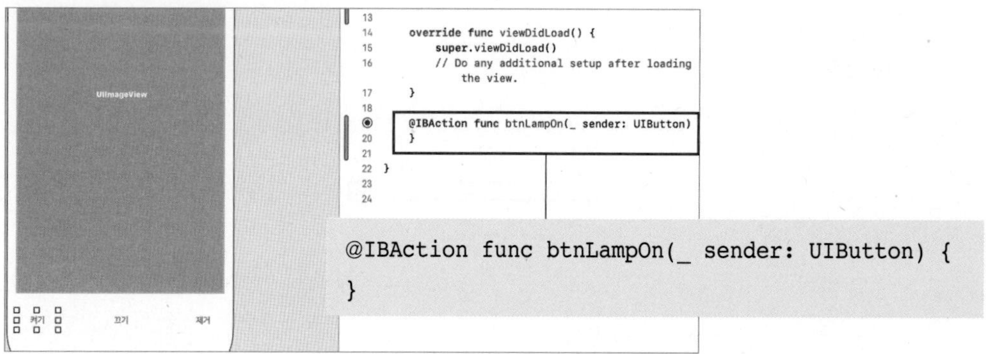
override func viewDidLoad() {
super.viewDidLoad()
// Do any additional setup after loading the view.
}
@IBAction func btnLampOn(_ sender: UIButton)
}
}
끄기
제거

```
@IBAction func btnLampOn(_ sender: UIButton) {
}
```

8. 같은 방법으로 [끄기] 버튼과 [제거] 버튼에 대한 액션 함수를 추가하겠습니다. 우선 [끄기]의 연결선은 방금 추가한 btnLampOn 함수 아래에 놓습니다. 그리고 이름(Name)을 'btnLampOff'로 입력하고, 타입(Type)은 버튼의 액션을 추가하는 것이므로 [UIButton]을 선택합니다. 변경을 완료한 후 [Connect] 버튼을 클릭하여 추가합니다.

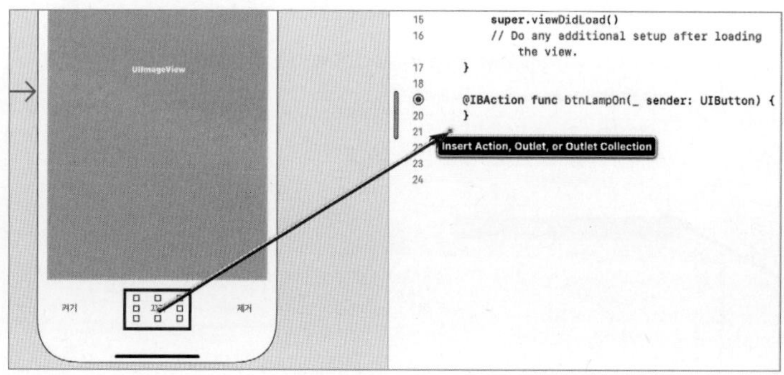
super.viewDidLoad()
// Do any additional setup after loading the view.
}
@IBAction func btnLampOn(_ sender: UIButton) {
}
Insert Action, Outlet, or Outlet Collection
켜기
제거

위치	뷰 컨트롤러 클래스의 마지막 '}' 바로 위 (btnLampOn 함수 아래)
연결(Connection)	Action
이름(Name)	btnLampOff
타입(Type)	UIButton

9. 다음으로 [제거] 버튼을 방금 추가한 btnLampOff 함수 아래에 연결합니다. 연결 설정 창에서 이름(Name)을 'btnLampRemove'로 입력하고, 타입(Type)은 버튼의 액션을 추가하는 것이므로 [UIButton]을 선택합니다. 변경을 완료한 후 [Connect] 버튼을 클릭하여 추가합니다.

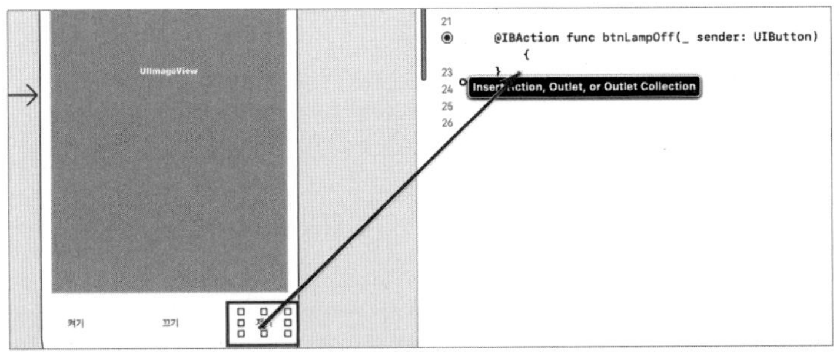

위치	뷰 컨트롤러 클래스의 마지막 '}' 바로 위 (btnLampOff 함수 아래)
연결(Connection)	Action
이름(Name)	btnLampRemove
타입(Type)	UIButton

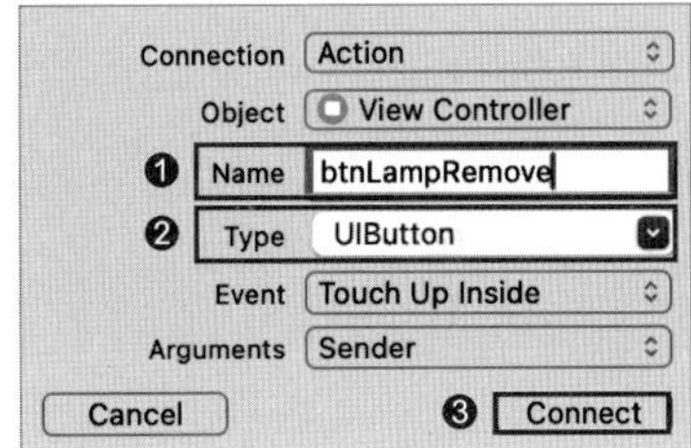

10. [끄기], [제거] 버튼에 대한 액션 함수가 추가되었습니다.

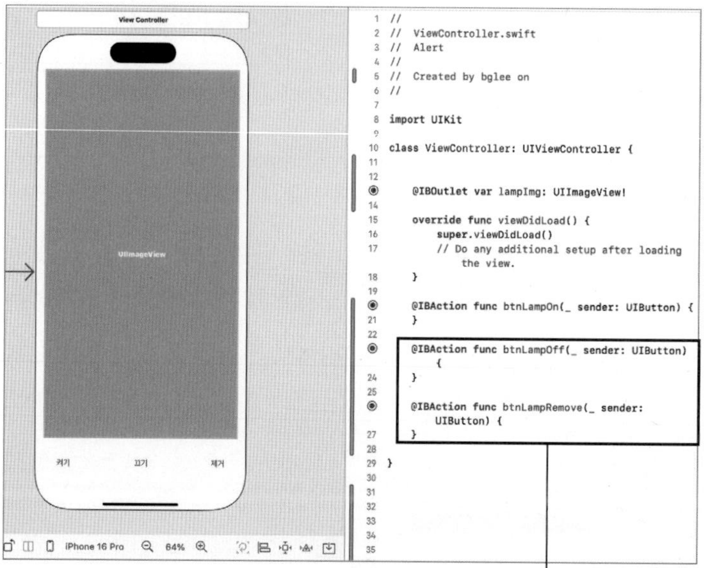

```
@IBAction func btnLampOff(_ sender: UIButton) {
}

@IBAction func btnLampRemove(_ sender: UIButton) {
}
```

06-5 전구 켜기 구현하기

[켜기] 버튼을 누르면 전구가 켜지고, 이미 전구가 켜져 있는 상태라면 현재 전구가 켜져 있다는 경고 메시지를 나타내도록 구현해 보겠습니다. [끄기] 버튼을 눌렀을 때 전구가 켜져 있는 상태라면 전구를 끌 것인지를 선택할 수 있도록 하고, 이미 꺼져 있는 상태라면 아무런 동작을 하지 않도록 하겠습니다. 마지막으로 [제거] 버튼을 누르면 전구의 상태에 상관없이 메시지 창을 나타내어 끌 것인지, 켤 것인지, 제거할 것인지 선택하도록 하겠습니다. 또한 전구를 제거하는 경우에는 메시지가 한눈에 보이도록 붉은 글씨로 표시되도록 하겠습니다.

전구 켜기를 코드로 구현하기

1. 왼쪽 내비게이터 영역에서 [ViewController.swift]를 선택합니다.

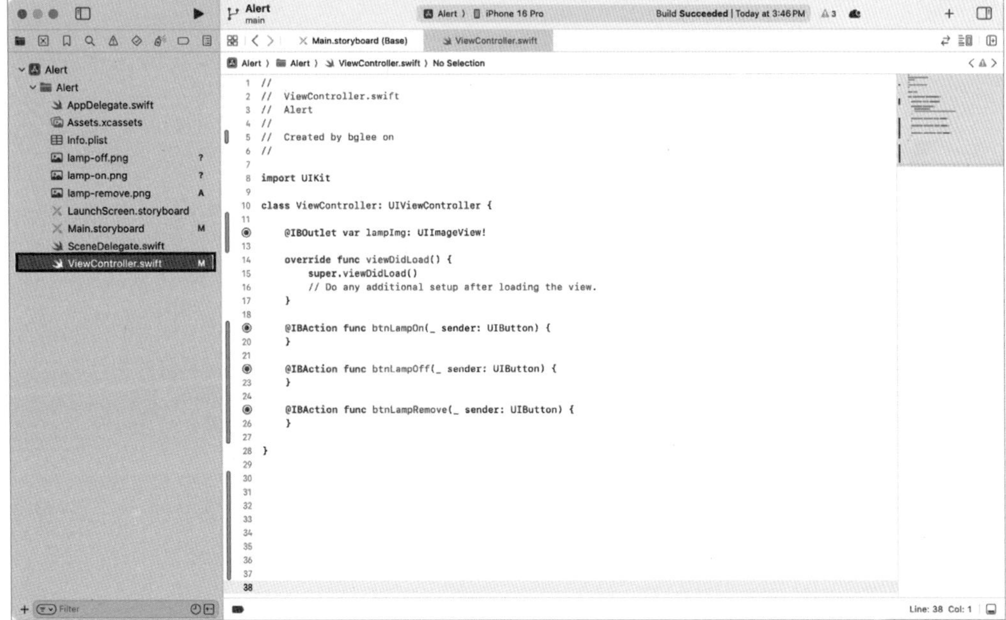

2. 상수 및 변수 추가하기

코딩에 필요한 상수들과 변수를 뷰 컨트롤러 클래스 선언문 바로 아래에 추가합니다.

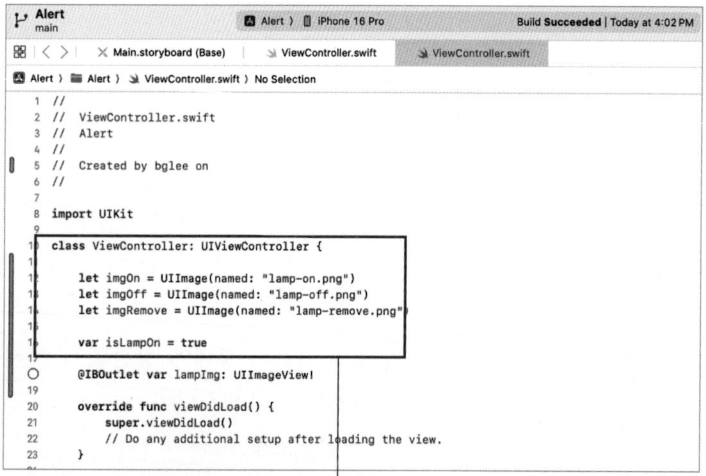

Alert main | Alert 〉 iPhone 16 Pro | Build Succeeded | Today at 4:02 PM

Main.storyboard (Base) | ViewController.swift | ViewController.swift

Alert 〉 Alert 〉 ViewController.swift 〉 No Selection

```
//
//  ViewController.swift
//  Alert
//
//  Created by bglee on
//

import UIKit

class ViewController: UIViewController {

    let imgOn = UIImage(named: "lamp-on.png")
    let imgOff = UIImage(named: "lamp-off.png")
    let imgRemove = UIImage(named: "lamp-remove.png")

    var isLampOn = true

    @IBOutlet var lampImg: UIImageView!

    override func viewDidLoad() {
        super.viewDidLoad()
        // Do any additional setup after loading the view.
    }
```

```
Class ViewController: UIViewController {

      let imgOn = UIImage(named: "lamp-on.png")
          ❶
      let imgOff = UIImage(named: "lamp-off.png")
          ❷
      let imgRemove = UIImage(named: "lamp-remove.png")
          ❸
      var isLampOn = true
          ❹
```

❶ imgOn: 켜진 전구 이미지를 가지고 있는 UIImage 타입의 상수

❷ imgOff: 꺼진 전구 이미지를 가지고 있는 UIImage 타입의 상수

❸ imgRemove: 제거된 전구 이미지를 가지고 있는 UIImage 타입의 상수

❹ isLampOn: 전구가 켜졌는지의 여부를 나타내는 변수. 켜진 상태는 true, 꺼진 상태는 false

▶ UIImage(named: "lamp-on.png")의 경우 lamp-on.png는 여기에서 사용할 전구 이미지의 파일명입니다.

imgOn, imgOff, imgRemove의 경우 앱이 종료될 때까지 변하지 않기 때문에 상수로 처리하였습니다.

3. 이미지 보여 주기

앱을 처음 시작할 때 전구가 켜져 있는 이미지를 보여 주기 위해 viewDidLoad 함수 내의 lampImg 객체에 imgOn을 대입합니다. 그러면 앱이 실행될 때 'lamp_on.png' 이미지가 화면에 나타나게 됩니다.

```
    let imgOn = UIImage(named: "lamp-on.png")
    let imgOff = UIImage(named: "lamp-off.png")
    let imgRemove = UIImage(named: "lamp-remove.png")

    var isLampOn = true

    @IBOutlet var lampImg: UIImageView!

    override func viewDidLoad() {
        super.viewDidLoad()
        // Do any additional setup after loading the view.
        lampImg.image = imgOn
    }
```

```
override func viewDidLoad() {
    super.viewDidLoad()
    // Do any additional setup after loading the view.

    lampImg.image = imgOn
}
```

4. [켜기] 버튼 클릭 시 동작하는 함수 코딩하기

[켜기] 버튼을 클릭했을 때 동작하는 btnLampOn 함수를 코딩하겠습니다. [켜기] 버튼을 클릭할 경우 전구가 켜졌을 때와 그렇지 않을 때의 동작이 다르기 때문에 조건문을 사용해야 합니다. 다음 주석(//로 표시한 부분)을 제외한 소스를 btnLampOn 함수에 추가합니다.

```
        super.viewDidLoad()
        // Do any additional setup after load
        lampImg.image = imgOn
    }

    @IBAction func btnLampOn(_ sender: UIButt
        if(isLampOn==true) {

        } else {

        }
    }

    @IBAction func btnLampOff(_ sender: UIBut
    }

    @IBAction func btnLampRemove(_ sender: UI
    }
```

```
@IBAction func btnLampOn(_ sender: UIButton) {
    if(isLampOn==true) {
    // 전구가 켜져 있을 때
    // 전구가 켜져 있다고 Alert을 실행함
    } else {
    // 전구가 켜져 있지 않을 때
    // 전구를 켬
    }
}
```

5. 먼저 전구가 켜져 있지 않을 때(즉, else일 때) 전구를 켜보겠습니다. else문에서 lampImg 객체에 imgOn을 대입하여 켜져 있는 전구 이미지를 나타내고 isLampOn 변수에 true 값을 주어 전구가 켜져 있는 상태로 바꿉니다. btnLampOn 함수의 else문에 다음 소스를 추가합니다.

```
    @IBAction func btnLampOn(_ sender: UIButton) {
        if(isLampOn==true) {

        } else {
            lampImg.image = imgOn
            isLampOn=true
        }
    }

    @IBAction func btnLampOff(_ sender: UIButton) {
    }

    @IBAction func btnLampRemove(_ sender: UIButton) {
    }
}
```

```
lampImg.image = imgOn
isLampOn=true
```

6. 다음으로 전구가 켜져 있을 경우(즉, isLampOn 변수 값이 true일 때) 얼럿이 나타나게 해보겠습니다. UIAlertController를 매개변수로 가진 present 메서드를 실행합니다. 다음 소스를 btnLampOn 함수의 if문에 추가하세요.

```
    }

    @IBAction func btnLampOn(_ sender: UIButton) {
        if(isLampOn==true) {
            let lampOnAlert = UIAlertController(title: "경고", message: "현재 On 상태입니다", preferredStyle:
                UIAlertController.Style.alert)
            let onAction = UIAlertAction(title: "네, 알겠습니다.", style: UIAlertAction.Style.default, handler:
                nil)
            lampOnAlert.addAction(onAction)
            present(lampOnAlert, animated: true, completion: nil)
        } else {
            lampImg.image = imgOn
            isLampOn=true
        }
    }

    @IBAction func btnLampOff(_ sender: UIButton) {
    }

    @IBAction func btnLampRemove(_ sender: UIButton) {
    }
```

```
@IBAction func btnLampOn(_ sender: UIButton) {
    if(isLampOn==true) {
        let lampOnAlert = UIAlertController(title: "경고", message: "현재
            On 상태입니다", preferredStyle: UIAlertController.Style.alert)   ❶
        let onAction = UIAlertAction(title: "네, 알겠습니다.", style:
            UIAlertAction.Style.default, handler: nil)                     ❷
        lampOnAlert.addAction(onAction) ❸
        present(lampOnAlert, animated: true, completion: nil) ❹
    }
```

```
        else {
            lampImg.image = imgOn
            isLampOn=true
        }
}
```

❶ UIAlertController를 생성합니다.

❷ UIAlertAction을 생성합니다(특별한 동작을 하지 않을 경우에는 handler를 nil로 합니다).

❸ 생성된 onAction을 얼럿에 추가합니다.

❹ present 메서드를 실행합니다.

7. 시뮬레이터를 [iPhone 16 Pro]로 선택한 후 [실행] 버튼을 클릭하면 iOS 시뮬레이터가 구동되며 프로그램한 앱이 실행됩니다. 전구가 켜져 있는 경우 [켜기] 버튼을 클릭하면 전구가 켜져 있다는 경고 창이 나타납니다.

06-6 전구 끄기 구현하기

이제 추가로 [끄기] 버튼을 클릭했을 때 동작할 btnLampOff 함수를 코딩해 보겠습니다. 전구가 꺼져 있을 경우에는 아무런 동작을 하지 않고 전구가 켜져 있을 경우에는 끌 것인지 묻도록 만들어 보겠습니다.

전구 끄기를 코드로 추가하기

1. [끄기] 버튼은 전구가 켜져 있을 때만 동작해야 하므로 조건문에서 if문을 사용하겠습니다. 다음 주석(//로 표시한 부분)을 제외한 소스를 btnLampOff 함수에 추가하세요.

```
Alert 〉 Alert 〉 ViewController.swift 〉 No Selection
class ViewController: UIViewController {
    override func viewDidLoad() {
        super.viewDidLoad()
        // Do any additional setup after loading the view.
        lampImg.image = imgOn
    }

    @IBAction func btnLampOn(_ sender: UIButton) {
        if(isLampOn==true) {
            let lampOnAlert = UIAlertController(title: "경고", message: "현재 On 상태입니다", preferredStyle:
                UIAlertController.Style.alert)
            let onAction = UIAlertAction(title: "네, 알겠습니다.", style: UIAlertAction.Style.default, handler:
                nil)
            lampOnAlert.addAction(onAction)
            present(lampOnAlert, animated: true, completion: nil)
        } else {
            lampImg.image = imgOn
            isLampOn=true
        }
    }

    @IBAction func btnLampOff(_ sender: UIButton) {
        if isLampOn {

        }
    }

    @IBAction func btnLampRemove(_ sender: UIButton) {
    }
}
```

```
if isLampOn {
// 전구가 켜져 있을 경우
// 전구를 끌 것인지를 묻는 Alert을 실행
// if(isLampOn==true)로 작성해도 무방
}
```

2. 얼럿을 나타내는 순서는 앞의 방법과 같습니다. 대신에 UIAlertAction을 두 가지로 작성합니다. UIAlertAction 중 한 가지는 아무런 동작을 하지 않아 핸들러를 nil로 하지만 나머지 한 경우는 전구를 꺼야 하므로 핸들러에서 중괄호 {, }를 추가하여 전구를 끄는 작업을 하도록

만들어야 합니다. 다음 소스를 btnLampOff 함수의 if문에 추가하세요.

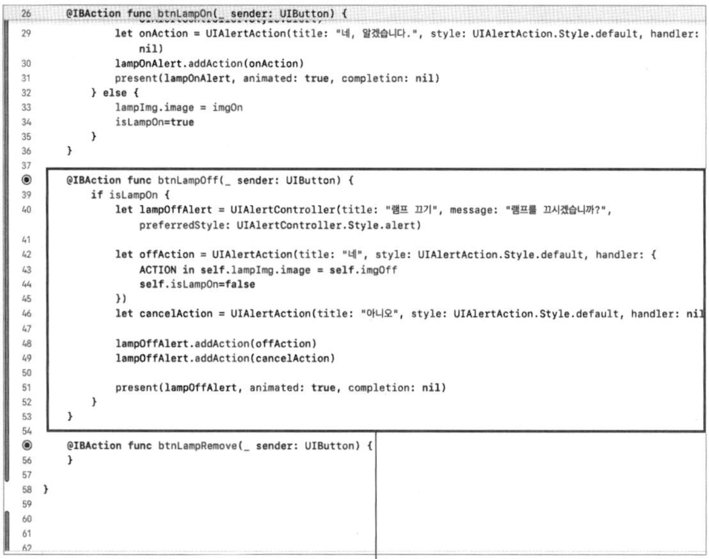

```
    @IBAction func btnLampOn(_ sender: UIButton) {
            let onAction = UIAlertAction(title: "네, 알겠습니다.", style: UIAlertAction.Style.default, handler:
                nil)
            lampOnAlert.addAction(onAction)
            present(lampOnAlert, animated: true, completion: nil)
        } else {
            lampImg.image = imgOn
            isLampOn=true
        }
    }

    @IBAction func btnLampOff(_ sender: UIButton) {
        if isLampOn {
            let lampOffAlert = UIAlertController(title: "램프 끄기", message: "램프를 끄시겠습니까?",
                preferredStyle: UIAlertController.Style.alert)

            let offAction = UIAlertAction(title: "네", style: UIAlertAction.Style.default, handler: {
                ACTION in self.lampImg.image = self.imgOff
                self.isLampOn=false
            })
            let cancelAction = UIAlertAction(title: "아니오", style: UIAlertAction.Style.default, handler: nil

            lampOffAlert.addAction(offAction)
            lampOffAlert.addAction(cancelAction)

            present(lampOffAlert, animated: true, completion: nil)
        }
    }

    @IBAction func btnLampRemove(_ sender: UIButton) {
    }

}
```

```
@IBAction func btnLampOff(_ sender: UIButton) {
        if isLampOn {
            let lampOffAlert = UIAlertController(title: "램프 끄기",       ❶
                message: "램프를 끄시겠습니까?",
                preferredStyle: UIAlertController.Style.alert)

            let offAction = UIAlertAction(title: "네",                      ❷
                style: UIAlertAction.Style.default, handler: {
                ACTION in self.lampImg.image = self.imgOff
                self.isLampOn=false
            })
            let cancelAction = UIAlertAction(title: "아니오", style:       ❸
                UIAlertAction.Style.default, handler: nil)

            lampOffAlert.addAction(offAction)                              ❹
            lampOffAlert.addAction(cancelAction)

            present(lampOffAlert, animated: true, completion: nil)         ❺
        }
}
```

❶ UIAlertController를 생성합니다.

❷ UIAlertAction을 생성합니다. 전구를 꺼야 하므로 핸들러에 중괄호 {, }를 넣어 추가적으로 작업을 합니다. 반드시 self를 붙여야 에러가 발생하지 않습니다.

❸ UIAlertAction을 추가로 생성합니다. 특별한 동작을 하지 않을 경우에는 핸들러를 nil로 합니다.

❹ 생성된 offAction, cancelAction을 얼럿에 추가합니다.

❺ present 메서드를 실행합니다.

스위프트 문법 } 익명 함수란?

앞에서 입력한 ❷의 소스를 보면 오른쪽 코드와 같은 형태로 정리되어 있는 것을 볼 수 있습니다. 일반적인 함수의 경우 func 키워드와 함수 이름을 선언하고 사용하지만 이처럼 효율적인 코드를 작성하기 위해 함수 이름을 선언하지 않고 바로 함수 몸체만 만들어 사용하는 일회용 함수를 익명 함수(Anonymous Functions) 혹은 클로저(Closure)라고 합니다.

```
{
    ACTION in self.lampImg.image = self.imgOff
    self.isLampOn=false
}
```

익명 함수를 작성할 수 있는 구문 예는 다음과 같습니다.

```
func  completeWork(finished:  Bool)
-> (){
   print("complete : \(finished)")
}
```

completeWork 함수는 Bool 타입의 finished 매개변수를 받아 출력하는 함수이며 리턴 타입은 없습니다.

▼

이를 익명 함수 형태로 바꾸면 다음과 같습니다.

```
{
    (finished: Bool) -> () in
    print("complete : \(finished)")
}
```

```
{
   (매개변수) -> (반환 타입) in
   실행 구문
}
```

▼

여기서 컴파일러가 반환 타입을 미리 알고 있다면 반환 타입을 생략할 수 있습니다. 또한 매개변수의 파라미터 타입도 생략할 수 있습니다.

```
{
    (finished: Bool) in
    print("complete : \(finished)")
}
```

```
{
   (매개변수) in
   실행 구문
}
```

``{
    (finished) in
    print("complete : \(finished)")
}```
	또한 컴파일러가 매개변수의 파라미터 타입을 알고 있다면 이를 생략할 수 있습니다.
	만약 컴파일러가 finished 타입을 알고 있다면 왼쪽처럼 쓸 수 있습니다.

▼

파라미터 타입이 생략된 경우 매개변수의 소괄호 (,)를 생략할 수 있습니다.

```
{
    finished in
    print("complete : \(finished)")
}
```

```
{
    매개변수 in
    실행 구문
}
```

▶ 익명 함수에 대한 자세한 설명은 [문법 04]를 참고하세요.

3. 결과 보기

[실행] 버튼을 클릭하여 결과를 확인합니다. [끄기] 버튼의 경우 전구가 꺼져 있으면 아무런 동작을 하지 않습니다. 전구가 켜져 있는 경우 [끄기] 버튼을 클릭하면 '램프를 끄시겠습니까?'라는 질문과 함께 [네]와 [아니오]를 선택할 수 있는데 [네]를 선택하면 전구가 꺼지고, [아니오]를 선택하면 전구가 켜진 채로 있게 됩니다.

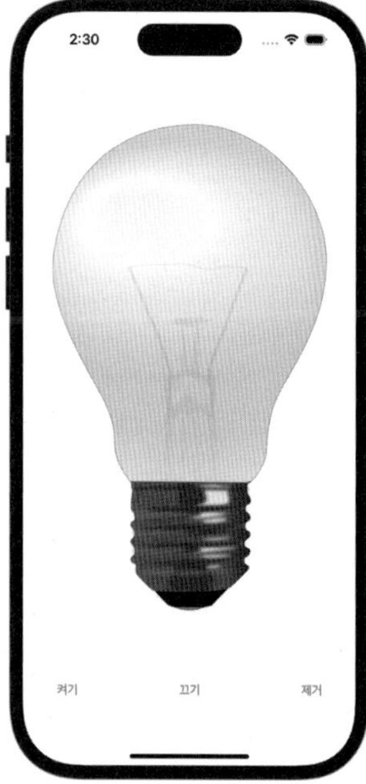

06-7 전구 제거 구현하기

이제 [제거] 버튼을 클릭할 때 동작할 btnLampRemove 함수를 코딩해 보겠습니다. 전구가 켜져 있거나 꺼져 있거나 제거되었어도 동일한 동작을 하게 만들 것입니다. [제거] 버튼을 클릭하면 전구를 제거할 것인지를 묻고, '켜기', '끄기', '제거'의 세 가지 동작을 구현하도록 만들어 보겠습니다.

전구 제거 코드 추가하기

1. 얼럿을 나타내는 순서는 앞과 같습니다. 대신에 UIAlertAction을 세 가지로 작성합니다. '켜기', '끄기', '제거'의 세 가지 동작 중에서 선택해야 하기 때문입니다. UIAlertAction은 핸들러에서 {, }를 각각 추가하여 작업할 것입니다. 다음 소스를 btnLampRemove 함수 안에 추가하세요.

```
Alert 〉 Alert 〉 ViewController.swift 〉 No Selection
class ViewController: UIViewController {
    @IBAction func btnLampOff(_ sender: UIButton) {
            lampOffAlert.addAction(offAction)
            lampOffAlert.addAction(cancelAction)

            present(lampOffAlert, animated: true, completion: nil)
        }
    }

    @IBAction func btnLampRemove(_ sender: UIButton) {
        let lampRemoveAlert = UIAlertController(title: "램프 제거", message: "램프를 제거하시겠습니까?",
            preferredStyle: UIAlertController.Style.alert)

        let offAction = UIAlertAction(title: "아니오, 끕니다(off).", style: UIAlertAction.Style.default,
            handler: {
            ACTION in self.lampImg.image = self.imgOff
            self.isLampOn=false
        })
        let onAction = UIAlertAction(title: "아니오, 켭니다(on).", style: UIAlertAction.Style.default) {
            ACTION in self.lampImg.image = self.imgOn
            self.isLampOn=true
        }
        let removeAction = UIAlertAction(title: "네, 제거합니다.", style: UIAlertAction.Style.destructive,
            handler: {
            ACTION in self.lampImg.image = self.imgRemove
            self.isLampOn=false
        })

        lampRemoveAlert.addAction(offAction)
        lampRemoveAlert.addAction(onAction)
        lampRemoveAlert.addAction(removeAction)

        present(lampRemoveAlert, animated: true, completion: nil)
    }

}
```

```
@IBAction func btnLampRemove(_ sender: UIButton) {
    let lampRemoveAlert = UIAlertController(title: "램프 제거", message: "램프를
        제거하시겠습니까?", preferredStyle: UIAlertController.Style.alert)—❶

    let offAction = UIAlertAction(title: "아니오, 끕니다(off).", style:
        UIAlertAction.Style.default, handler: {
       ACTION in self.lampImg.image = self.imgOff
       self.isLampOn=false
    }) —❷
    let onAction = UIAlertAction(title: "아니오, 켭니다(on).", style:
        UIAlertAction.Style.default) {
       ACTION in self.lampImg.image = self.imgOn
       self.isLampOn=true
    } —❸
    let removeAction = UIAlertAction(title: "네, 제거합니다.", style:
        UIAlertAction.Style.destructive, handler: {
       ACTION in self.lampImg.image = self.imgRemove
       self.isLampOn=false
    }) —❹

    lampRemoveAlert.addAction(offAction)         ─┐
    lampRemoveAlert.addAction(onAction)           ├❺
    lampRemoveAlert.addAction(removeAction)      ─┘
    present(lampRemoveAlert, animated: true, completion: nil) —❻
}
```

❶ UIAlertController를 생성합니다.

❷ UIAlertAction을 생성합니다. 전구를 꺼야 하므로 handler에 {, }를 넣어 추가적으로 작업을 합니다.

❸ UIAlertAction을 추가로 생성합니다. 전구를 켜는 동작을 추가합니다. 핸들러에 {, }를 넣어 추가 작업을 할 수 있는데, 이번에는 핸들러 매개변수를 삭제하고 뒤쪽에 {, }를 넣는 방법을 이용합니다. 두 가지 방법 모두 에러 없이 동작을 구현합니다.

❹ UIAlertAction을 추가로 생성한 후 전구를 제거하는 동작을 추가합니다.

❺ 생성된 offAction, onAction, removeAction을 얼럿에 추가합니다.

❻ present 메서드를 실행합니다.

2. 결과 보기

[실행] 버튼을 클릭하여 결과를 확인합니다. [제거] 버튼은 전구 상태와 상관없이 동일한 경고 창을 나타냅니다. 선택에 따라 전구의 켜기, 끄기, 제거가 가능합니다.

06-8

얼럿 앱, 전체 소스 보기

완성된 앱의 전체 소스를 확인해 보세요.

ViewController.swift

```
import UIKit

class ViewController: UIViewController {

    // 켜진 전구 이미지, 꺼진 전구 이미지, 제거된 전구 이미지의 상수
    let imgOn = UIImage(named: "lamp-on.png")
    let imgOff = UIImage(named: "lamp-off.png")
    let imgRemove = UIImage(named: "lamp-remove.png")

    // 전구 상태를 나타내는 변수(켜진 상태는 true, 꺼진 상태는 false)
    var isLampOn = true


    @IBOutlet var lampImg: UIImageView!

    override func viewDidLoad() {
        super.viewDidLoad()
        // Do any additional setup after loading the view.

        lampImg.image = imgOn // 앱 실행 시 켜진 전구 이미지가 나타남
    }

    @IBAction func btnLampOn(_ sender: UIButton) {
        if(isLampOn==true) {
            // 전구가 켜져 있을 경우, 전구가 켜져 있다고 알려 주는 얼럿을 실행함
            let lampOnAlert = UIAlertController(title: "경고", message: "현재
                On 상태입니다", preferredStyle: UIAlertController.Style.alert)
            let onAction = UIAlertAction(title: "네, 알겠습니다.", style:
                UIAlertAction.Style.default, handler: nil)
            lampOnAlert.addAction(onAction)
            present(lampOnAlert, animated: true, completion: nil)
        }
```

```
    else { // 전구가 켜져 있지 않을 경우, 전구를 켬
        lampImg.image = imgOn
        isLampOn=true
    }
}

@IBAction func btnLampOff(_ sender: UIButton) {
    if isLampOn {
        // 전구가 켜져 있을 경우, 끌 것인지 묻는 얼럿을 실행함
        let lampOffAlert = UIAlertController(title: "램프 끄기", message:
            "램프를 끄시겠습니까?", preferredStyle: UIAlertController.Style.
            alert)

        let offAction = UIAlertAction(title: "네", style:
            UIAlertAction.Style.default, handler: {
            ACTION in self.lampImg.image = self.imgOff
            self.isLampOn=false
        })
        let cancelAction = UIAlertAction(title: "아니오", style:
            UIAlertAction.Style.default, handler: nil)

        lampOffAlert.addAction(offAction)
        lampOffAlert.addAction(cancelAction)

        present(lampOffAlert, animated: true, completion: nil)
    }
}
    // 전구를 제거할 것인지 묻고 '켜기', '끄기', '제거'의 세 가지 동작 중에서 선택해 실행
@IBAction func btnLampRemove(_ sender: UIButton) {
    let lampRemoveAlert = UIAlertController(title: "램프 제거", message:
        "램프를 제거하시겠습니까?", preferredStyle: UIAlertController.Style.alert)
    let offAction = UIAlertAction(title: "아니오, 끕니다(off).", style:
        UIAlertAction.Style.default, handler: {
        ACTION in self.lampImg.image = self.imgOff
        self.isLampOn=false
    })
    let onAction = UIAlertAction(title: "아니오, 켭니다(on).", style:
        UIAlertAction.Style.default) {
        ACTION in self.lampImg.image = self.imgOn
        self.isLampOn=true
    }
```

```
    let removeAction = UIAlertAction(title: "네, 제거합니다.", style:
          UIAlertAction.Style.destructive, handler: {
        ACTION in self.lampImg.image = self.imgRemove
        self.isLampOn=false
    })

    lampRemoveAlert.addAction(offAction)
    lampRemoveAlert.addAction(onAction)
    lampRemoveAlert.addAction(removeAction)

    present(lampRemoveAlert, animated: true, completion: nil)
    }

}
```

알람 시계 만들기

목표 현재 시간이 선택한 시간과 같아지면 얼럿으로 알림 메시지를 나타내는 알람 시계를 만들어 보세요.

[네, 알겠습니다.]를 누른 후에는 1분 동안 알림 창이 나타나지 않게 설정해 보세요.

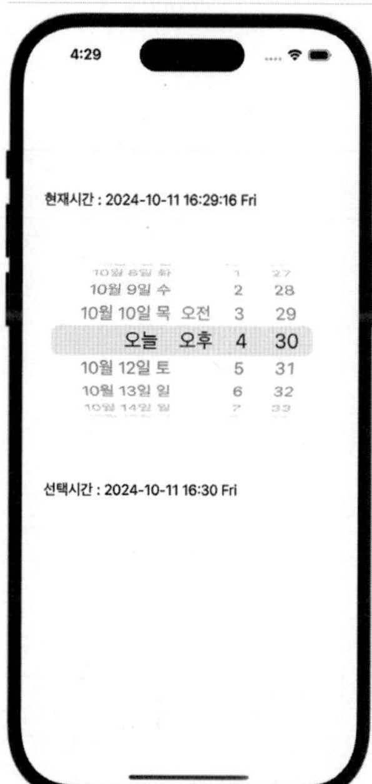

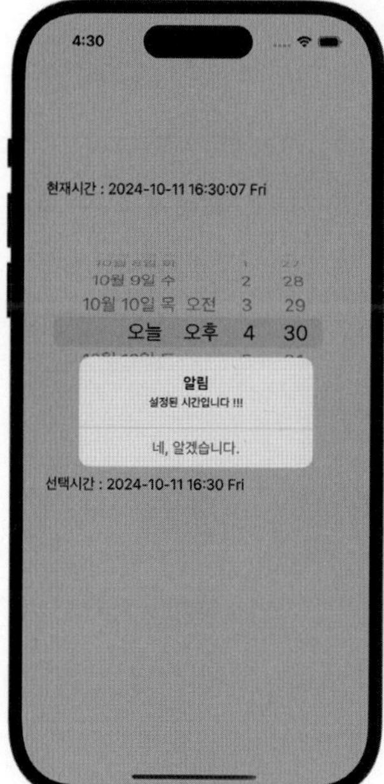

힌트 시간 비교는 다음과 같이 할 수 있습니다.

PickerView가 변경되었을 때	UpdateTime이 호출되었을 때

formatter.dateFormat = "hh:mm aaa"
alarmTime = formatter.string(from:
datePickerView.date)
	formatter.dateFormat = "hh:mm aaa"
	let currentTime = formatter.
	string(from: date as Date)
	
	if (alarmTime == currentTime) {
	}

:: 완성 소스 [06장] 폴더 / [미션] 폴더 / AlertM.xcodeproj

문법 03 배열, for 루프, while 루프 비교해 알아보기

1. 배열이 뭔가요?

일반적으로 하나의 변수는 하나의 데이터만 저장할 수 있습니다. 하지만 배열을 사용하면 하나의 변수 이름으로 여러 개의 데이터를 저장할 수 있습니다. 배열은 일련의 순서를 가지는 리스트 형식의 데이터를 저장하는 데 사용하는 자료형입니다. 배열에 데이터를 저장할 때 각 데이터는 일련번호를 가지게 되는데 이를 인덱스라고 부릅니다. 즉, 하나의 변수 이름을 사용하며 인덱스를 사용해 저장 공간에 접근합니다.

name	0	1	2	…	N-2	N-1

위의 그림처럼 name이라는 배열에서 0부터 N-1까지의 인덱스를 사용하여 해당 메모리에 접근할 수 있습니다. 여기서 주의할 점은 배열의 인덱스는 1부터 시작하지 않고 0부터 시작한다는 점입니다.

배열은 다음과 같이 초깃값을 대입하여 선언할 수 있습니다.

```
var color: [String] = ["빨간색", "노란색", "파란색", "하얀색", "검정색"]
var value: [Int] = [ 255, 27, 996, 512, 273 ]
```

또한 빈 배열을 선언하고 append 메서드를 사용하여 배열에 값을 추가할 수도 있습니다.

```
var color = [String]()
var value = [Int]()

color.append("빨간색")
color.append("노란색")
color.append("파란색")
color.append("하얀색")
color.append("검정색")

value.append(255)
value.append(27)
value.append(996)
value.append(512)
value.append(273
```

배열을 선언했으면 이제는 참조하는 방법을 알아보겠습니다. 다음과 같이 처음 배열을 선언했을 때와는 다른 값을 넣을 수 있습니다.

```
var color: [String] = ["빨간색", "노란색", "파란색", "하얀색", "검정색"]
var value: [Int] = [ 255, 27, 996, 512, 273 ]

color[2] = "분홍색"
value[3] = 0
var someValue = value[2]

print("color = ", color)
print("value = ", value)
print("someValue = ", someValue)
```

결과

```
color =  ["빨간색", "노란색", "분홍색", "하얀색", "검정색"]
value =  [255, 27, 996, 0, 273]
someValue =  996
```

2. for 루프는 어떻게 사용하나요?

for 루프는 특정 구문을 특정한 횟수만큼 반복해서 실행하고자 할 때 사용하는 제어문입니다.

```
for 변수 in Range {
   [수행할 구문]
}
```

위의 형식에서 변수값이 Range 안에 있을 동안 변수값을 1씩 증가시키면서 [수행할 구문]을 반복해서 수행합니다. 반복할 Range는 다음과 같이 설정할 수 있습니다.

```
print("구구단 2단")
for i in 1...9 {
    print("2 x \(i) = \(2*i)")
}
```

```
결과

구구단 2단
2 x 1 = 2
2 x 2 = 4
2 x 3 = 6
2 x 4 = 8
2 x 5 = 10
2 x 6 = 12
2 x 7 = 14
2 x 8 = 16
2 x 9 = 18
```

위 예제는 변수 i를 0부터 9까지 반복하면서 i 값을 사용해 구구단 2단을 출력합니다. '<' 기호를 사용해 0부터 10보다 작을 때까지 반복하면서 i 값을 사용해 2단 구구단을 출력할 수도 있습니다.

```
print("구구단 2단")
for i in 1..<10 {
    print("2 x \(i) = \(2*i)")
}
```

3. while 루프는 for 루프와 어떻게 다른가요?

for 루프와 비슷한 구문으로 while 루프를 살펴보겠습니다. for 루프는 정해진 횟수만큼 특정 구문을 반복하지만 while 루프는 주어진 조건식이 false가 될 때까지 특정 구문을 반복하는 제어문입니다.

```
while <조건식> {
    [수행할 구문]
}
```

앞의 for 루프에서 사용한 구구단 2단 출력 예제를 while 루프를 사용해도 같은 결과를 얻을 수 있습니다.

```
print("while을 이용한 구구단 2단")
while i<10 {
    print("2 x \(i) = \(2*i)")
    i = i + 1
}
```

풀어서 설명하면 i가 10보다 크거나 같을 때까지(즉, i가 10보다 작을 때까지) 루프를 계속 반복하면서 i 값을 사용하여 2단 구구단을 출력하고 i = i + 1에서 i 값을 1 증가시킵니다.

웹 뷰로 간단한 웹 브라우저 만들기

난이도 ★☆☆☆☆

이 장에서는 웹 뷰를 사용해 다양한 기능을 구현하는 웹 페이지를 만들어 보겠습니다. 텍스트 필드에 URL 주소를 입력하면 해당 주소로 이동할 뿐만 아니라 [Site1], [Site2] 버튼을 누르면 다른 사이트로도 이동하도록 만들어 보겠습니다. 또한 웹 페이지 로딩 멈추기, 재로딩하기, 이전 페이지와 다음 페이지로 이동하기 등의 작업을 수행하는 웹 페이지도 만들어 보겠습니다.

완성된 모습
완성 소스 [07장] 폴더 / [본문 실습] 폴더 / Web.xcodeproj
홈페이지에 접속할 때 홈페이지가 로딩되는 동안 액티비티 인디케이터(Activity Indicator)가 돌아갑니다.
코딩에서 입력한 특정 주소로 이동합니다.
텍스트 필드에 입력한 주소로 이동합니다.
코딩에서 작성한 HTML 파일의 내용이 나타납니다.
코딩에서 작성한 스트링 변수의 내용이 나타납니다.
[Stop(☒)] 페이지 로딩을 중지합니다.
[Refresh(↻)] 현재 페이지를 다시 로딩합니다.
[Rewind(◀◀)] 조금 전에 로딩했던 페이지로 이동합니다.
[Fast Forward(▶▶)] 다음 페이지로 이동합니다.

07-1 웹 뷰란?

웹 뷰(Web View)는 웹 콘텐츠를 뷰(View) 형태로 보여 주는 앱입니다. 다시 말해 익스플로러, 크롬 브라우저와 같이 HTML로 작성된 홈페이지를 표시할 수 있습니다. 직접 인터넷에 연결된 주소를 입력하여 홈페이지에 접속할 수 있을 뿐만 아니라 미리 저장된 HTML 파일을 읽어들여 표시할 수도 있습니다.

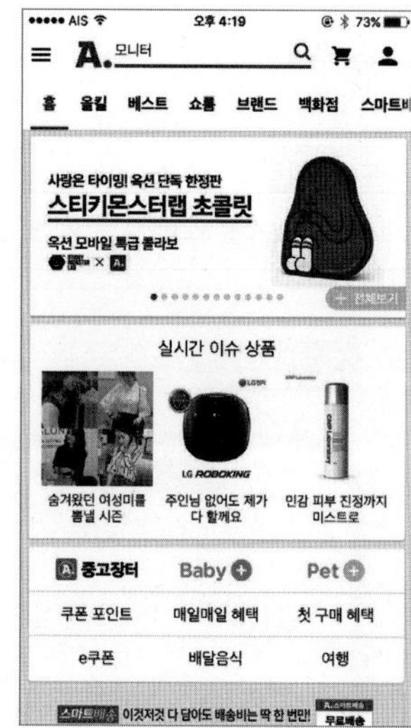

옥션 앱 화면. 웹 뷰를 이용하면 간단한 웹 브라우저뿐만 아니라 모바일에 맞춰 설계된 쇼핑몰이 있을 경우 앱도 쉽게 만들 수 있습니다.

데이터베이스(DB)가 구축된 홈페이지라면 클라우드를 이용하지 않고도 웹 뷰를 이용하여 쉽게 데이터를 동기화할 수 있습니다. 예를 들어 웹 브라우저에서 workflowy.com에 접속하면 사용자의 데이터베이스에 저장된 내용이 나타나고, 워크플로위(workflowy) 앱은 같은 내용이 모바일에 맞추어 나타납니다. workflowy.com의 경우 홈페이지가 반응형으로 작성되어 있기 때문에 앱에서는 자동으로 모바일 형식에 맞추어 표시됩니다. 이처럼 웹을 통해 서버의 데이터베이스를 같이 사용하므로 웹과 앱에서 데이터가 동기화되는 효과를 얻을 수 있습니다.

workflowy 앱 화면

workflowy.com 웹 브라우저 화면

이 외에도 웹 뷰를 이용하면 HTML이나 파일을 이용하여 직접 웹 뷰에 디스플레이할 수 있다는 점도 기억하기 바랍니다. 만약 하이브리드 앱을 만들기 위한 HTML 파일을 가지고 있다면 이 파일들과 웹 뷰를 이용하여 하이브리드 앱이 아닌 iOS 전용 앱도 만들 수 있습니다.

07-2 웹 뷰 앱을 위한 기본 환경 구성하기

웹 뷰 앱을 구현하기 위해 프로젝트를 생성하고 스토리보드의 디바이스를 변경합니다.

프로젝트 생성 후 뷰 컨트롤러 크기 조절하기

1. Xcode를 실행한 후 'Web'이라는 이름으로 프로젝트를 만듭니다.

> 프로젝트를 만드는 방법은 02장을 참고하세요.

2. 뷰 컨트롤러 크기 조절하기

Xcode 화면이 처음 열렸을 때 화면 왼쪽의 내비게이터 영역에서 [Main.storyboard]를 선택하면 스토리보드가 화면에 나타납니다. 그러면 사용할 스토리보드의 디바이스로 [iPhone 16 Pro]를 선택하겠습니다. 또한 뷰 컨트롤러의 크기는 [Zoom In], [Zoom Out] 버튼을 사용하여 조절할 수 있습니다.

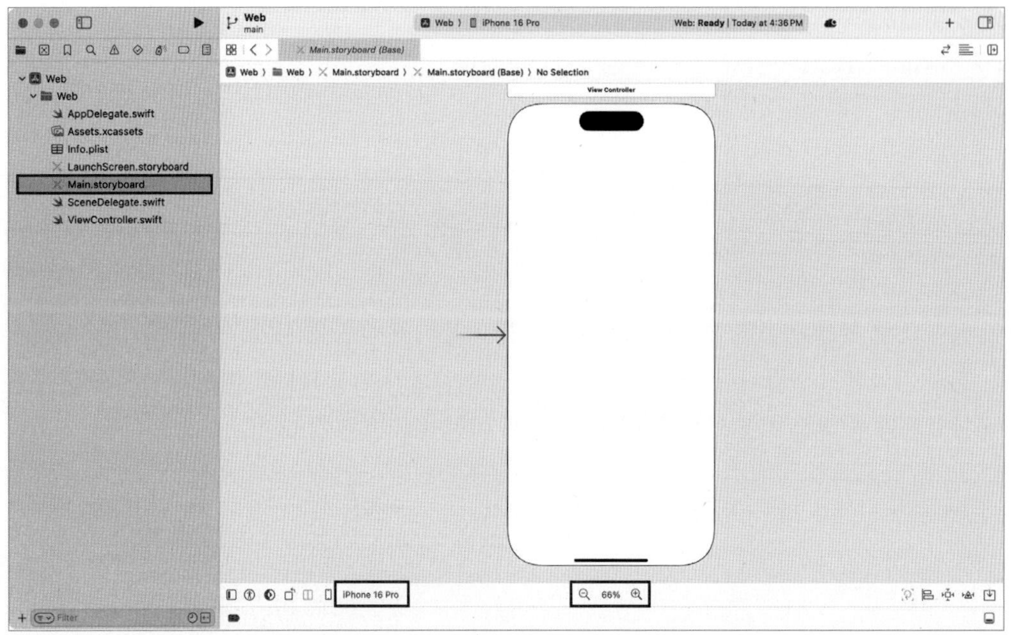

07-3 스토리보드로 웹 뷰 앱 화면 꾸미기

웹의 내용을 보여 주는 웹 뷰(Web View), 주소를 직접 입력할 수 있는 텍스트 필드(Text Field), 미리 정해둔 웹 주소로 이동하여 웹 뷰로 보여 줄 버튼(Button), 웹을 제어할 바 버튼 아이템이 들어 있는 툴바(Toolbar), 웹을 제어할 버튼인 바 버튼 아이템(Bar Button Item), 바 바튼 아이템을 균등하게 배치하기 위한 플렉서블 스페이스 바 버튼 아이템(Flexible Space Bar Button Item) 그리고 웹을 로딩하는 중임을 알리는 액티비티 인디케이터 뷰(Activity Indicator View) 객체를 사용합니다.

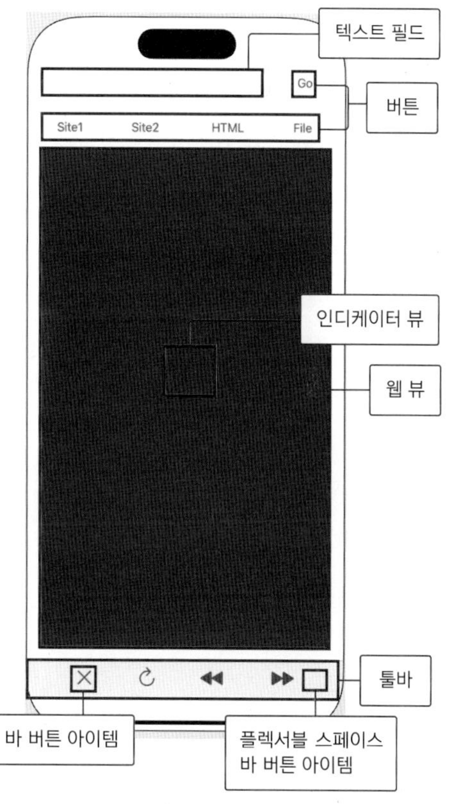

완성된 스토리보드 화면입니다. 위 그림과 사용된 객체 목록을 참고하여 배치해 보겠습니다.

웹 뷰를 위한 스토리보드 꾸미기

1. 홈페이지 URL을 입력할 텍스트 필드 추가하기

홈페이지 URL을 입력할 텍스트 필드를 만들어 보겠습니다. [Library] 버튼을 클릭한 후 팝업 창에 'te'를 입력하여 [텍스트 필드(Text Field)]를 찾고 스토리보드로 끌어와 왼쪽 윗부분에 배치합니다. 그런 다음 텍스트 필드의 크기를 가로 폭에 맞춰 조절합니다.

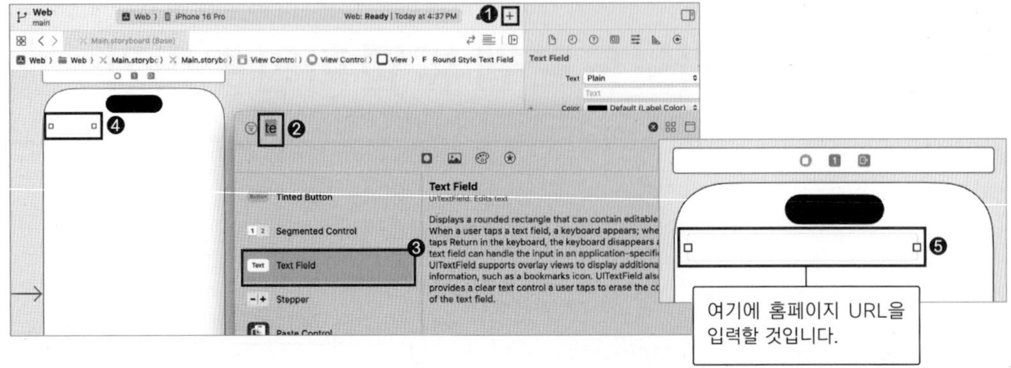

2. 홈페이지 이동을 위한 버튼 추가하기

홈페이지 이동을 위한 버튼을 만들어 보겠습니다. [Library] 버튼을 클릭한 후 팝업 창에 [버튼(Button)]을 찾아 스토리보드로 끌어와 텍스트 필드의 오른쪽에 배치합니다. 화면 오른쪽 인스펙터 영역에서 버튼의 스타일(Style) 항목을 [Default]로 변경합니다.

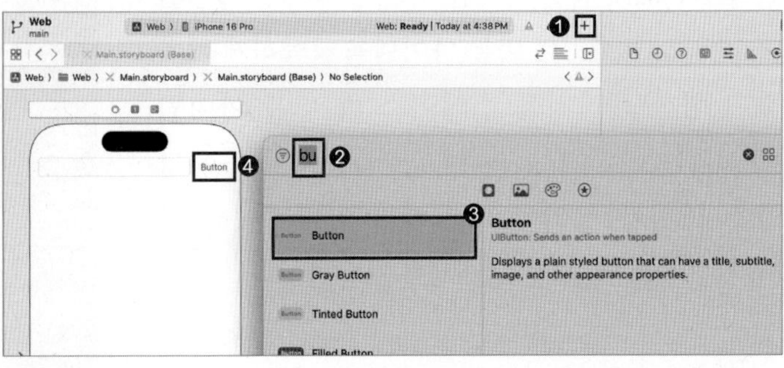

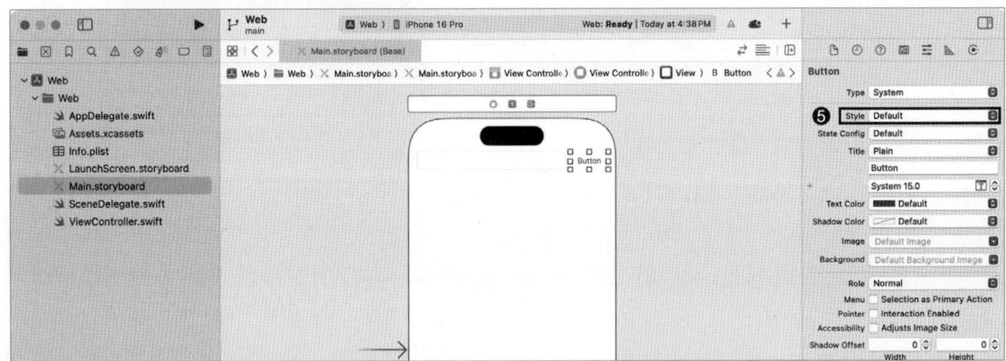

버튼을 마우스로 더블 클릭한 후 내용을 'Go'로 변경합니다.

3. 같은 방법으로 다음과 같이 버튼을 네 개 더 추가합니다. 화면 오른쪽 인스펙터 영역에서 버튼 4개의 스타일(Style) 항목을 모두 [Default]로 변경합니다.

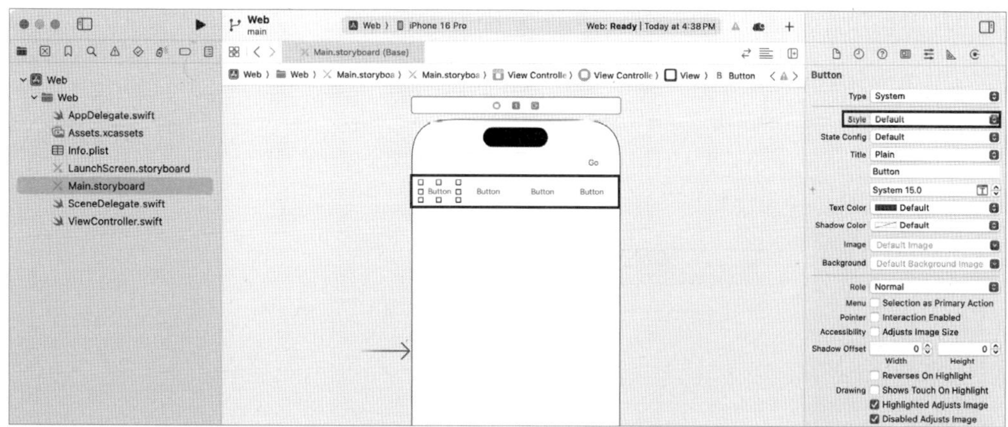

그리고 나서 각 버튼을 마우스로 더블 클릭한 후 버튼의 이름을 'Site1', 'Site2', 'HTML', 'File'로 변경합니다.

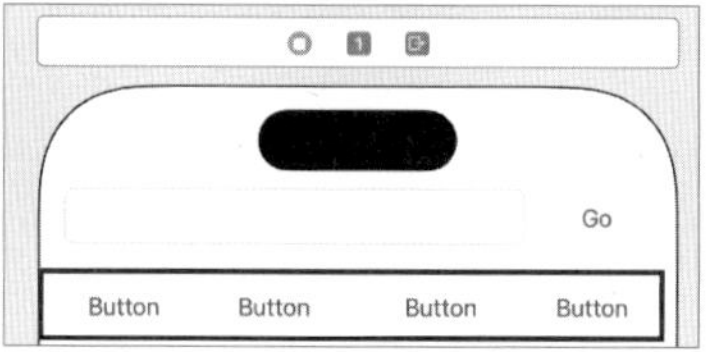

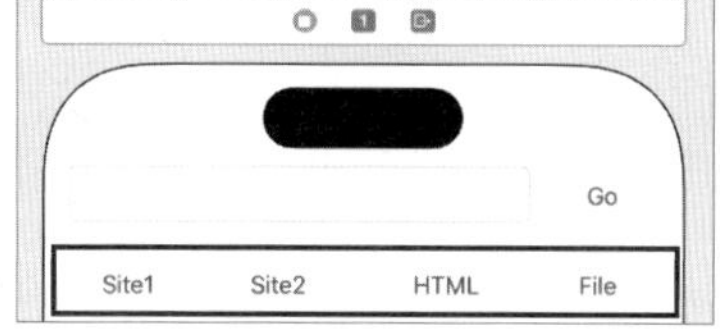

4. 웹 뷰 추가하기

홈페이지를 보여 줄 웹 뷰를 만들어 보겠습니다. [Library] 버튼을 클릭한 후 팝업 창에서 [웹킷 뷰(WebKit View)]를 찾아 스토리보드로 끌어와 적당한 위치에 배치합니다. 이 웹 뷰에 홈페이지를 보여 줄 것입니다. 웹 뷰의 크기를 적당히 조절하세요.

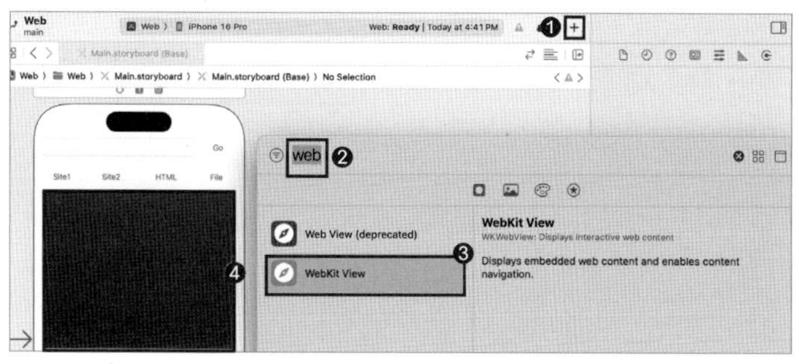

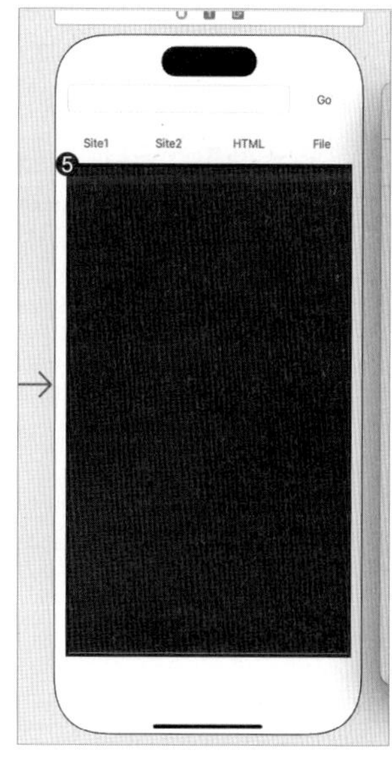

5. 툴바 추가하기

홈페이지를 제어할 수 있는 툴바를 만들어 보겠습니다. [Library] 버튼을 클릭한 후 팝업 창에 'too'를 입력한 후 [툴바(Toolbar)]를 찾아 스토리보드로 끌어와 웹 뷰의 아래쪽에 배치합니다.

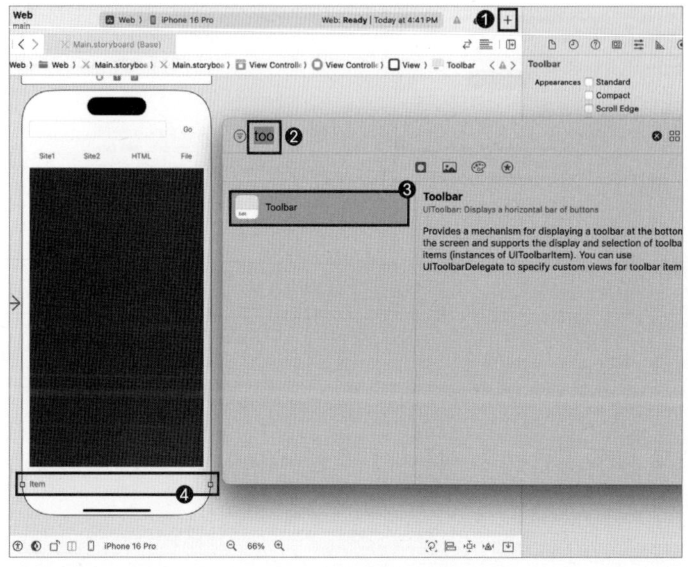

> **알아 두면 좋아요! } 툴바, 이럴 때 사용합니다**
>
> 앱 화면의 아래쪽에서 주로 볼 수 있는 툴바(Toolbar)에는 '툴바 아이템'이라고 하는, 한 개 이상의 버튼이 있습니다. 이 버튼은 보통 화면의 현재 내용과 관련된 도구를 제공합니다. 예를 들어 지금 우리가 만들고 있는 앱의 툴바는 웹 뷰를 통해 웹을 읽어 올 때 필요한 정지(Stop), 새로 고침(Refresh), 되감기(Rewind), 앞으로 감기(Fast Forward) 등과 같은 도구(기능)를 제공합니다. 이 도구는 툴바나 내비게이션 바에 배치하기 위해 '바 버튼 아이템'이라고 하는 특화된 버튼으로 구성되어 있습니다.
>
> 
>
>
> 사파리 앱의 툴바

6. 이 툴바에 바 버튼 아이템을 추가해야 합니다. 하지만 그 전에 버튼들이 툴바에 균등하게 배치될 수 있도록 플렉서블 스페이스 바 버튼 아이템을 추가하겠습니다. [Library] 버튼을 클릭한 후 팝업 창에 'bu'를 입력하여 [플렉서블 스페이스 바 버튼 아이템(Flexible Space Bar Button Item)]을 찾은 후 스토리보드로 끌어와 툴바 내부의 [Item] 버튼 왼쪽에 배치합니다.

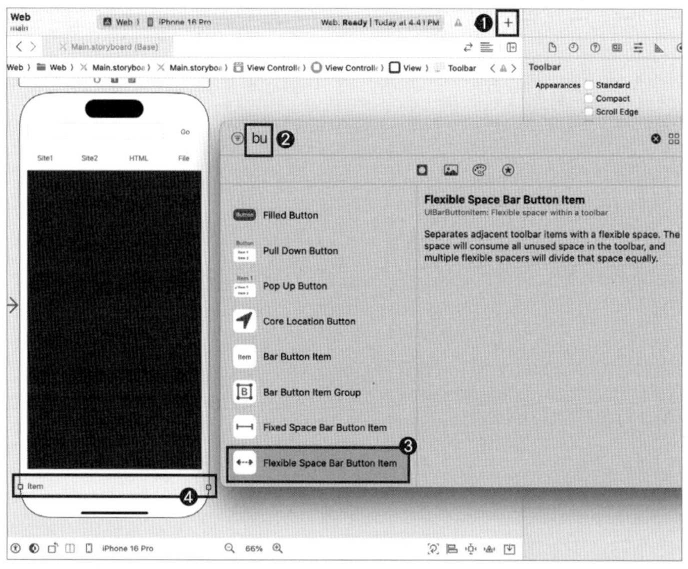

알아 두면 좋아요! } **바 버튼 아이템과 플렉서블 스페이스 바 버튼 아이템의 차이**

바 버튼 아이템(Bar Button Item)은 툴바나 내비게이션 바에 배치하기 위해 특화된 버튼이므로 버튼과 동일하게 동작합니다. 버튼과 다른 점이 있다면 툴바나 내비게이션 바에서 사용하기 위한 메서드의 초기화가 추가적으로 정의되어 있다는 것입니다. 즉, 바 버튼 아이템은 주로 툴바나 내비게이션 바에서 사용하는 버튼이라고 할 수 있습니다.

한편, 플렉서블 스페이스 바 버튼 아이템(Flexible Space Bar Button Item)은 툴바의 공간을 같은 간격으로 나눠 바 버튼 아이템을 배치할 때 사용하는 아이템입니다.

아이폰의 기본 앱인 메모 앱의 바 버튼 아이템

7. 플렉서블 스페이스 바 버튼 아이템(Flexible Space Bar Button Item)과 바 버튼 아이템(Bar Button Item)을 번갈아가면서 배치해 툴바를 채워 보겠습니다. 다음과 같은 순서로 바 버튼 아이템은 네 개, 플렉서블 스페이스 바 버튼 아이템은 다섯 개가 되도록 추가합니다. 먼저 바 버튼 아이템 네 개를 연이어 배치하고, 사이 사이에 플렉서블 스페이스 바 버튼 아이템을 끼워 주면 쉽게 추가할 수 있습니다.

Flexible	Item	Flexible	Item	Flexible	Item	Flexible	Item	Flexible

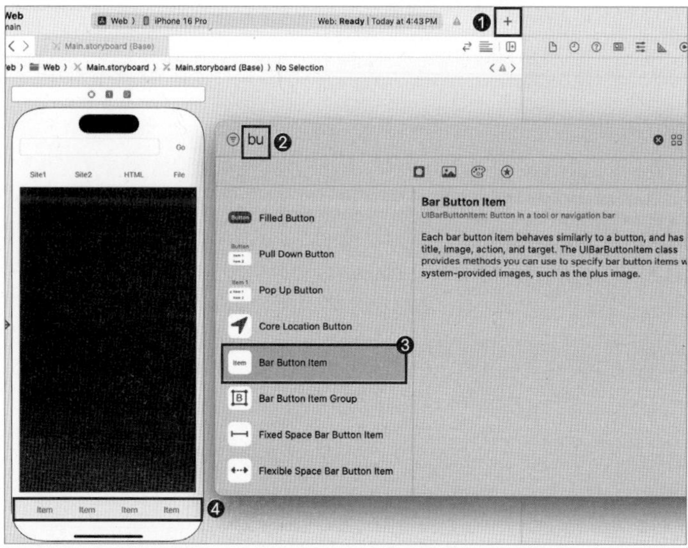

8. 툴바 내부의 바 버튼 아이템(Item)의 아이콘 모양을 수정해 보겠습니다. 첫 번째에 위치한 [Item] 바 버튼을 더블 클릭하고 오른쪽 윗부분의 [Attributes inspector] 버튼을 클릭하면 System Item이 [Custom]으로 되어 있는 것을 확인할 수 있습니다. 이를 [정지(Stop)]로 변경하면 [Item]의 아이콘이 'X' 모양으로 변경됩니다.

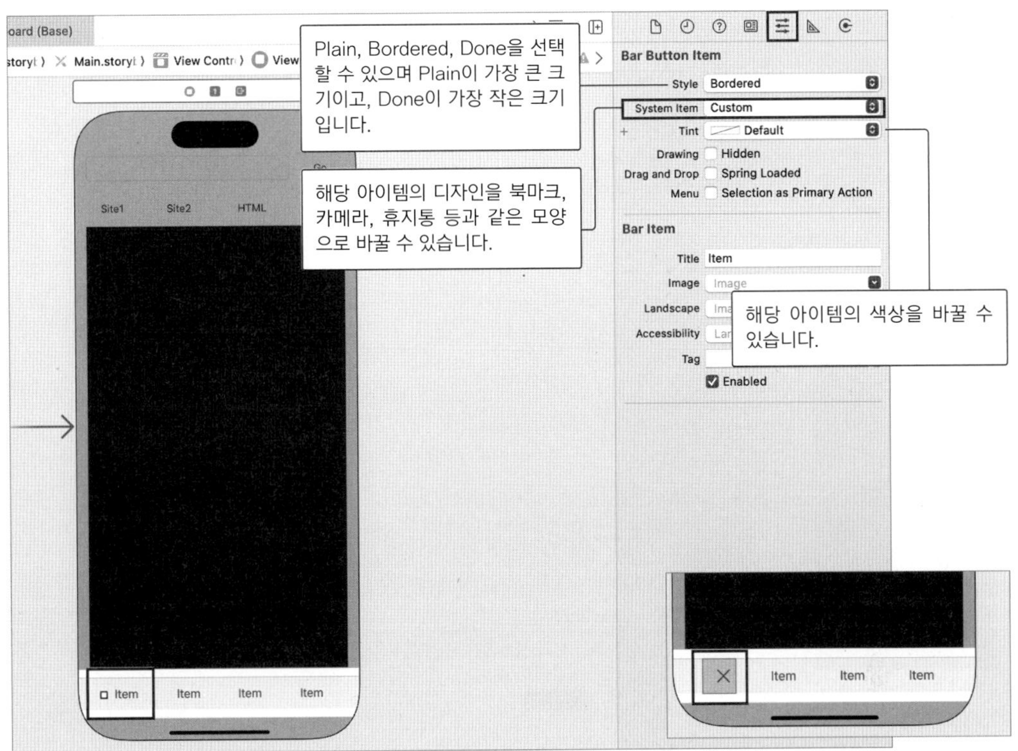

9. 같은 방법으로 두 번째 바 버튼 아이템(Item)을 [새로 고침(Refresh)(↻)]으로 변경합니다. 세 번째 바 버튼 아이템은 [되감기(Rewind)(◀◀)], 네 번째 바 버튼 아이템은 [앞으로 감기(Fast Forward)(▶▶)]로 변경합니다.

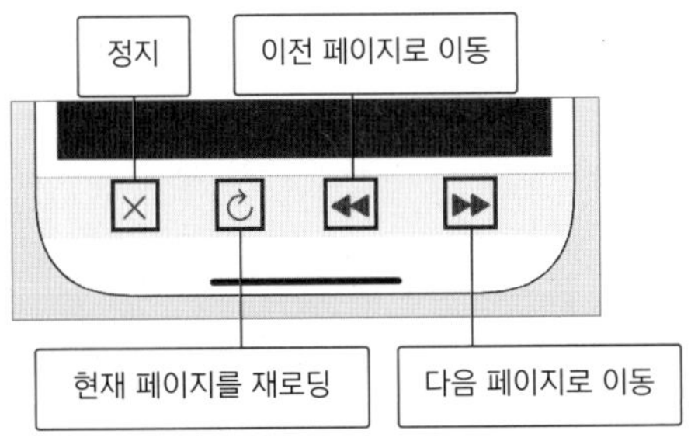

10. 로딩을 표시하기 위한 액티비티 인디케이터 뷰 추가하기

아이폰 사용자라면 로딩을 기다릴 때 화면 가운데에서 돌아가는 원 모양의 점선을 본 적이 있을 것입니다. 이것이 바로 '액티비티 인디케이터 뷰'입니다. 이번에는 로딩을 표시하기 위한 액티비티 인디케이터 뷰를 만들어 보겠습니다. [Library] 버튼을 클릭한 후 팝업 창에 'in'을 입력하여 [액티비티 인디케이터 뷰(Activity Indicator View)]를 찾습니다. 그리고 이를 스토리보드로 끌어와 중앙에 배치합니다. 배치한 액티비티 인디케이터 뷰를 다시 클릭한 후 오른쪽 윗부분의 '액티비티 인디케이터 뷰(Activity Indicator View)'에서 동작할 때만 인디케이터가 보이고 동작을 멈추면 보이지 않게 하기 위해 [Hides When Stopped] 항목에 체크하세요.

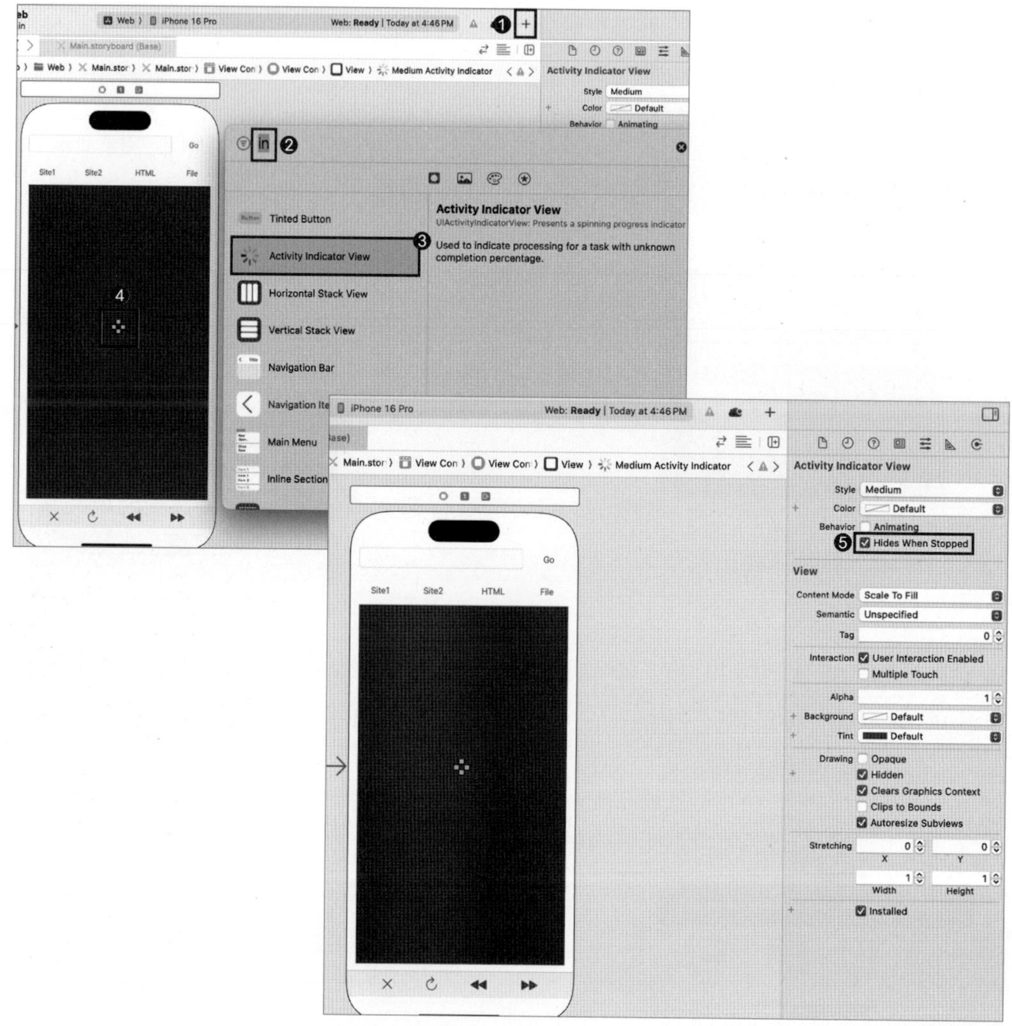

스토리보드를 이용한 화면 구성을 마쳤습니다.

07-4

아웃렛 변수와 액션 함수 추가하기

스토리보드에서 추가한 객체들을 프로그램으로 제어하기 위해 소스 코드에 변수와 함수 형태로 추가합니다. 객체를 선택했을 때 어떤 동작을 수행해야 한다면 액션 함수로 추가하고, 객체의 값을 이용하거나 속성 등을 제어해야 한다면 아웃렛 변수 형태로 추가합니다.

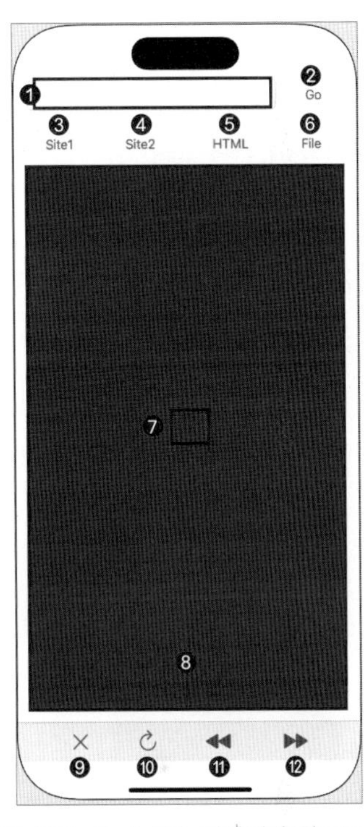

❶ **텍스트 필드**: 텍스트 필드에 적힌 텍스트를 파악해야 하므로 아웃렛 변수로 추가합니다.

❷ **버튼**: 버튼을 누르면 웹 뷰가 텍스트 필드의 주소로 이동해야 하므로 액션 함수로 추가합니다.

❸~❹ **버튼**: 버튼을 누르면 웹 뷰가 특정 사이트로 이동해야 하므로 액션 함수로 추가합니다.

❺ **버튼**: 버튼을 누르면 웹 뷰에 특정 HTML 코드를 전달해 주어야 하므로 액션 함수로 추가합니다.

❻ **버튼**: 버튼을 누르면 웹 뷰에 HTML 파일을 전달해 주어야 하므로 액션 함수로 추가합니다.

❼ **인디케이터 뷰**: 인디케이터가 보이게 했다가 안 보이게 했다가 하는 속성을 제어해야 하므로 아웃렛 변수로 추가합니다.

❽ **웹킷 뷰**: 웹 뷰의 내용, 즉 속성을 제어해야 하므로 아웃렛 변수로 추가합니다

❾ **바 버튼 아이템**: [Stop(☒)] 버튼을 누르면 웹 뷰의 로딩을 멈춰야 하므로 액션 함수로 추가합니다.

❿ **바 버튼 아이템**: [Refresh(↻)] 버튼을 누르면 웹 뷰를 재로딩해야 하므로 액션 함수로 추가합니다.

⓫ **바 버튼 아이템**: [Rewind(◀◀)] 버튼을 누르면 웹 뷰를 이전 페이지로 이동해야 하므로 액션 함수로 추가합니다.

⓬ **바 버튼 아이템**: [Fast Forward(▶▶)] 버튼을 누르면 웹 뷰를 다음 페이지로 이동해야 하므로 액션 함수로 추가합니다.

이제 프로그램을 구현하기 위하여 프로그램에서 사용할 아웃렛 변수와 액션 함수를 추가해 보겠습니다.

직접 해보세요! 웹 뷰의 아웃렛 변수 추가하기

1. 보조 편집기 영역 열기

아웃렛 변수와 액션 함수를 추가하기 위해 오른쪽 윗부분의 [Adjust Editor Options] 버튼을 클릭한 후 [Assistant] 메뉴를 선택하여 보조 편집기 영역을 엽니다.

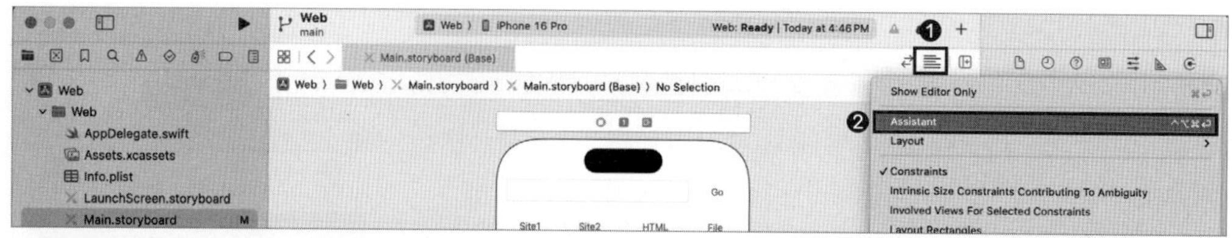

2. 텍스트 필드에 대한 아웃렛 변수 추가하기

첫 번째로 텍스트 필드에 대한 아웃렛 변수를 추가하겠습니다. 텍스트 필드를 마우스 오른쪽 버튼으로 클릭한 후 보조 편집기 영역으로 드래그하면 아래 그림과 같이 연결선이 나타납니다. 드래그한 연결선을 뷰 컨트롤러의 클래스 선언문 바로 아래에 끌어다 놓습니다.

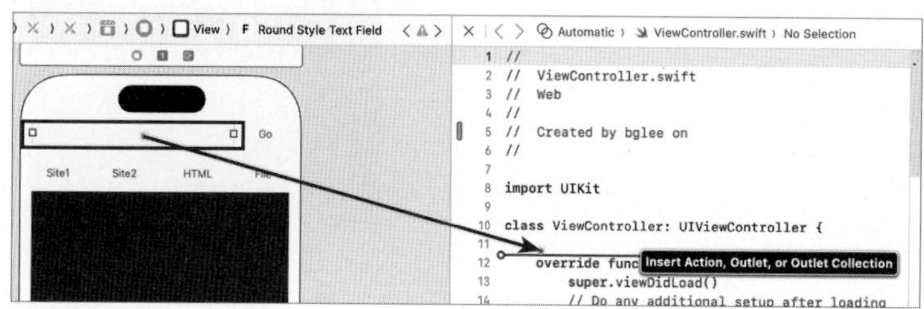

3. 텍스트 필드를 마우스 오른쪽 버튼으로 클릭한 후 드래그하여 보조 편집기 영역에 드롭하면 다음과 같이 연결 설정 창이 나타납니다. 이 설정 창에서 아웃렛 변수의 이름(Name)을 'txtUrl'로 입력하고 타입(Type)을 확인한 후 [Connect] 버튼을 클릭하여 텍스트 필드와 아웃렛 변수를 연결합니다.

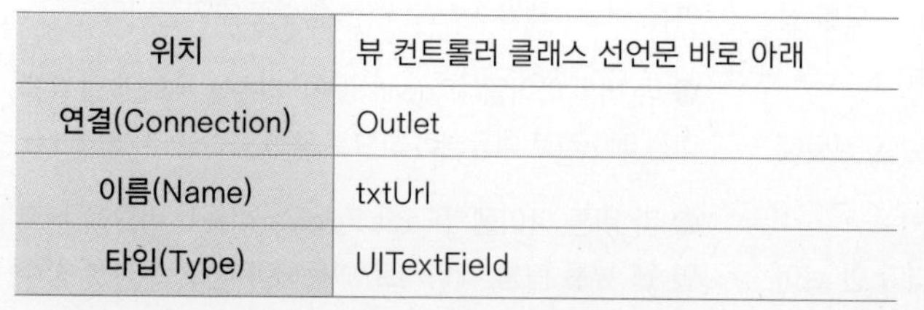

위치	뷰 컨트롤러 클래스 선언문 바로 아래
연결(Connection)	Outlet
이름(Name)	txtUrl
타입(Type)	UITextField

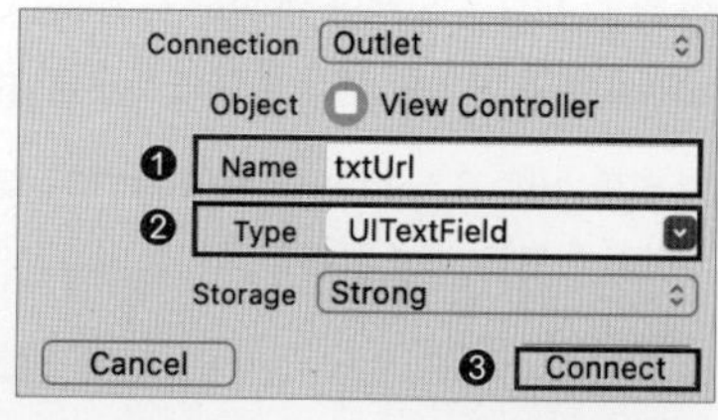


```
@IBOutlet var txtUrl: UITextField!
```

4. 다음으로 웹 뷰에 대한 아웃렛 변수를 추가하겠습니다. 웹 뷰를 마우스 오른쪽 버튼으로 클릭한 후 오른쪽 보조 편집기 영역으로 드래그하면 아래 그림과 같이 연결선이 나타납니다. 드래그한 연결선을 3번 과정에서 추가한 텍스트 필드 변수 아래에 끌어다 놓습니다.

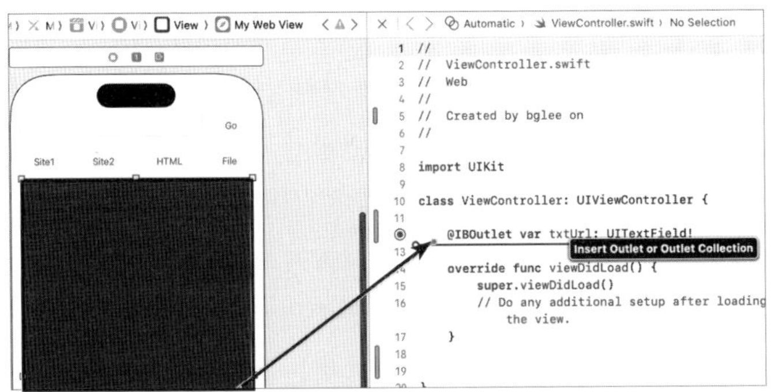

5. 보조 편집기 영역에 드롭하면 다음과 같이 연결 설정 창이 나타납니다. 이 설정 창에서 아웃렛 변수의 이름(Name)을 'myWebView'로 입력하고 타입(Type)을 확인한 후 [Connect] 버튼을 클릭하여 웹 뷰와 아웃렛 변수를 연결합니다.

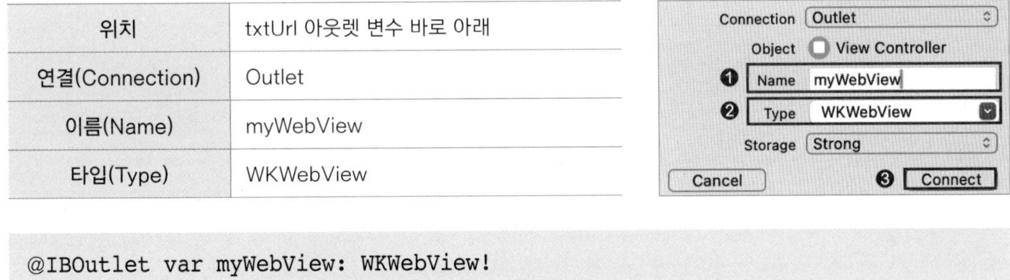

위치	txtUrl 아웃렛 변수 바로 아래
연결(Connection)	Outlet
이름(Name)	myWebView
타입(Type)	WKWebView


```
@IBOutlet var myWebView: WKWebView!
```

아웃렛 변수가 추가되면서 에러 메시지가 나타납니다. 에러가 발생한 이유는 방금 설정 창에서 타입(Type)을 [WKWebView]로 설정하였는데, 이 WKWebView가 정의되어 있는 Webkit이 임포트 되지 않았기 때문입니다.

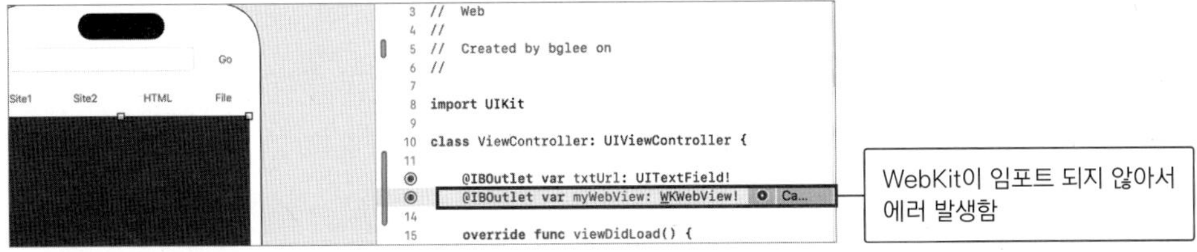

다음과 같이 뷰 컨트롤러 클래스 위에 WebKit을 임포트합니다.

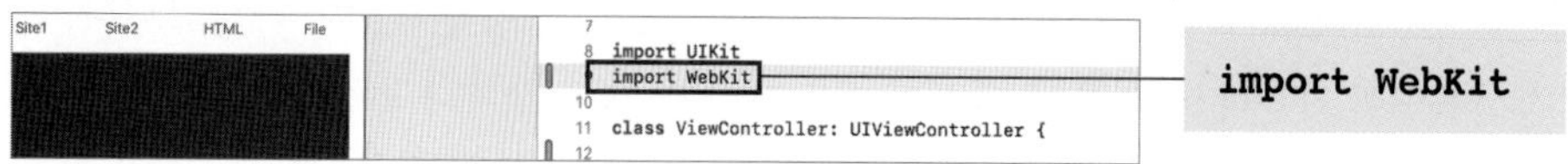
Site1 Site2 HTML File
import UIKit
import WebKit
class ViewController: UIViewController {

```
import WebKit
```

6. 마지막으로 액티비티 인디케이터 뷰에 대한 아웃렛 변수를 추가하겠습니다. 액티비티 인디케이터 뷰를 마우스 오른쪽 버튼으로 클릭한 후 오른쪽 보조 편집기 영역으로 드래그합니다. 드래그한 연결선을 **5**번 과정에서 추가한 웹 뷰 변수 바로 아래에 끌어다 놓습니다.

액티비티 인디케이터 뷰를 마우스 오른쪽 버튼으로 클릭한 후 드래그하여 보조 편집기 영역에 드롭하면 연결 설정 창이 나타납니다. 이 설정 창에서 아웃렛 변수의 이름(Name)을 'myActivityIndicator'로 입력하고 타입(Type)을 확인한 후 [Connect] 버튼을 클릭하여 아웃렛 변수를 추가합니다.

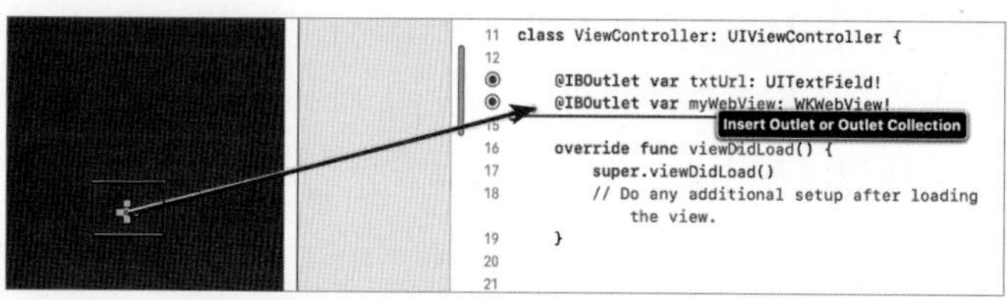
class ViewController: UIViewController {
@IBOutlet var txtUrl: UITextField!
@IBOutlet var myWebView: WKWebView!
Insert Outlet or Outlet Collection
override func viewDidLoad() {
super.viewDidLoad()
// Do any additional setup after loading the view.
}

위치	myWebView 아웃렛 변수 바로 아래
연결(Connection)	Outlet
이름(Name)	myActivityIndicator
타입(Type)	UIActivityIndicatorView

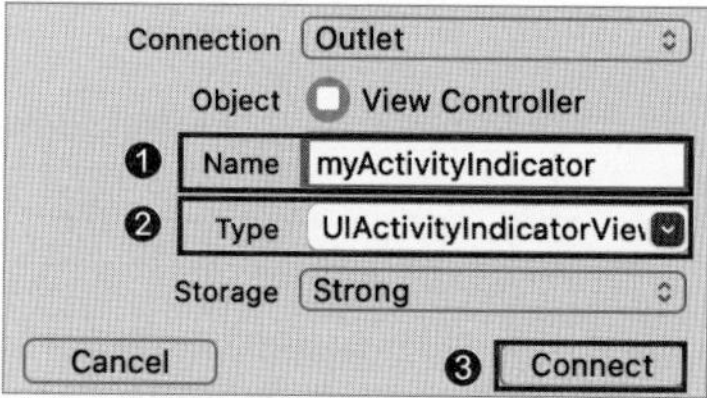
Connection Outlet
Object View Controller
❶ Name myActivityIndicator
❷ Type UIActivityIndicatorView
Storage Strong
Cancel
❸ Connect

```
@IBOutlet var myActivityIndicator: UIActivityIndicatorView!
```

7. 필요한 모든 아웃렛 변수가 다음과 같이 추가되었습니다.

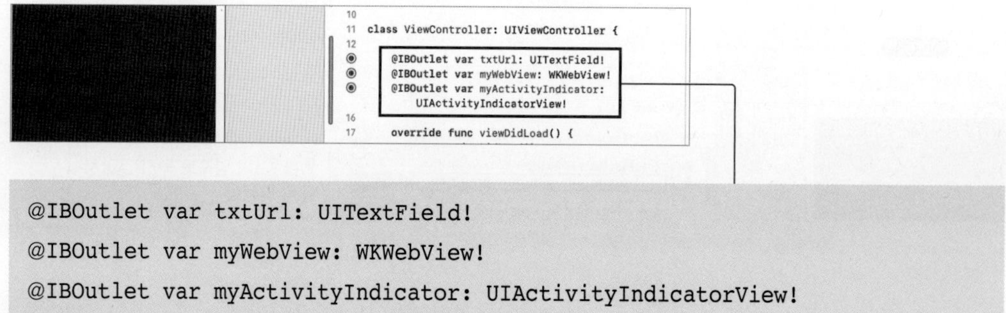
class ViewController: UIViewController {
@IBOutlet var txtUrl: UITextField!
@IBOutlet var myWebView: WKWebView!
@IBOutlet var myActivityIndicator: UIActivityIndicatorView!
override func viewDidLoad() {

```
@IBOutlet var txtUrl: UITextField!
@IBOutlet var myWebView: WKWebView!
@IBOutlet var myActivityIndicator: UIActivityIndicatorView!
```

웹 뷰의 액션 함수 추가하기

1. [Go] 버튼에 대한 액션 추가하기

먼저 [Go] 버튼에 대한 액션을 추가하겠습니다. 마우스 오른쪽 버튼으로 [Go]를 클릭한 후 드래그해서 오른쪽 보조 편집기 영역의 뷰 컨트롤러 클래스 아래에 갖다 놓습니다.

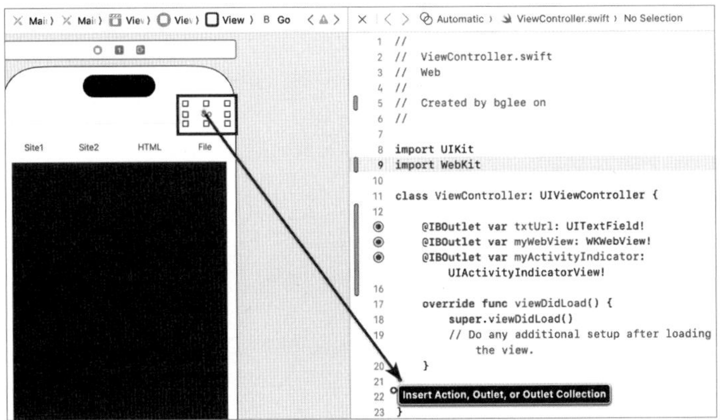

2. 다음과 같이 연결 설정 창이 나타납니다. 이 설정 창에서 다음과 같이 이름(Name)을 입력하고 타입(Type)을 확인한 후 [Connect] 버튼을 클릭하여 액션을 추가합니다.

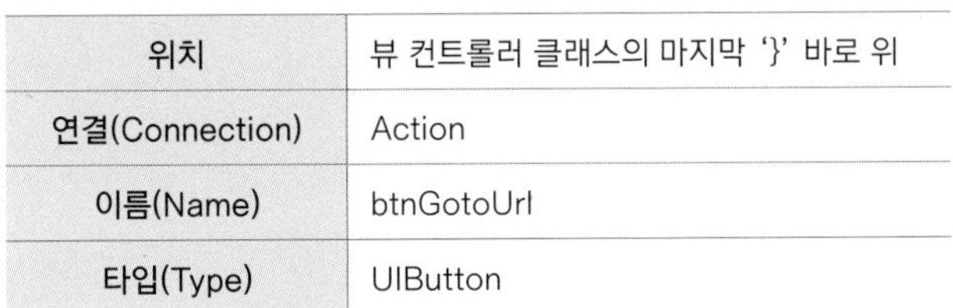

위치	뷰 컨트롤러 클래스의 마지막 '}' 바로 위
연결(Connection)	Action
이름(Name)	btnGotoUrl
타입(Type)	UIButton

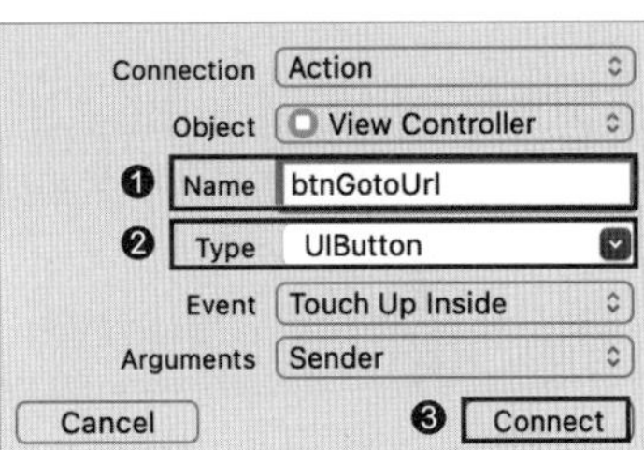


```
@IBAction func btnGotoUrl(_ sender: UIButton) {
}
```

3. 다음으로 [Site1] 버튼에 대한 액션을 추가하겠습니다. 마우스 오른쪽 버튼으로 [Site1]을 클릭한 후 드래그해서 오른쪽 보조 편집기 영역의 뷰 컨트롤러 클래스 아래쪽의 btnGotoUrl 함수 아래에 갖다 놓습니다.

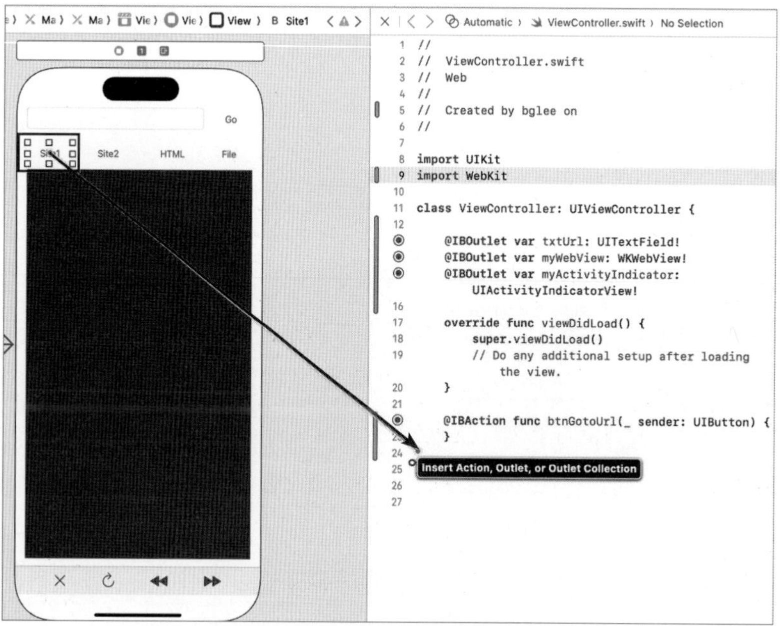

4. 다음과 같이 연결 설정 창이 나타납니다. 이 설정 창에서 다음과 같이 이름(Name)을 입력하고 타입(Type)을 확인한 후 [Connect] 버튼을 클릭하여 액션을 추가합니다.

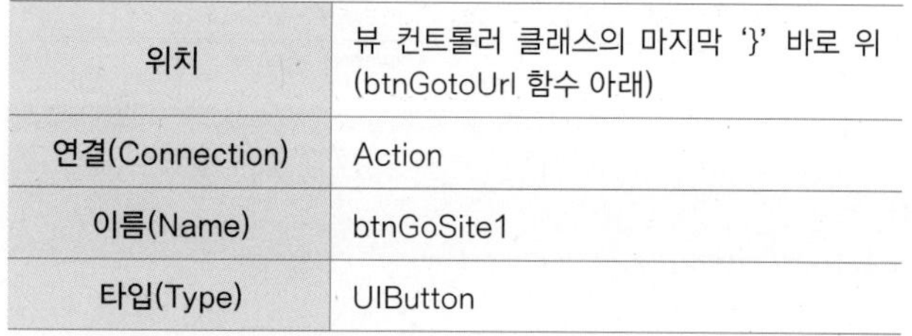

위치	뷰 컨트롤러 클래스의 마지막 '}' 바로 위 (btnGotoUrl 함수 아래)
연결(Connection)	Action
이름(Name)	btnGoSite1
타입(Type)	UIButton

```
@IBAction func btnGoSite1(_ sender: UIButton) {
}
```

5. 같은 방법으로 [Site2], [html]과 [File] 버튼에 대한 액션을 추가하겠습니다. 앞에서 추가한 [Site1] 버튼의 액션 함수 아래쪽에 소스를 연결하면 됩니다.
먼저 [Site2] 버튼의 액션 함수를 추가하겠습니다. 마우스 오른쪽 버튼으로 [Site2]를 클릭한 후 드래그해서 오른쪽 보조 편집기 영역의 뷰 컨트롤러 클래스 선언문 아래쪽의 btnGoSite1 함수 아래에 갖다 놓습니다.

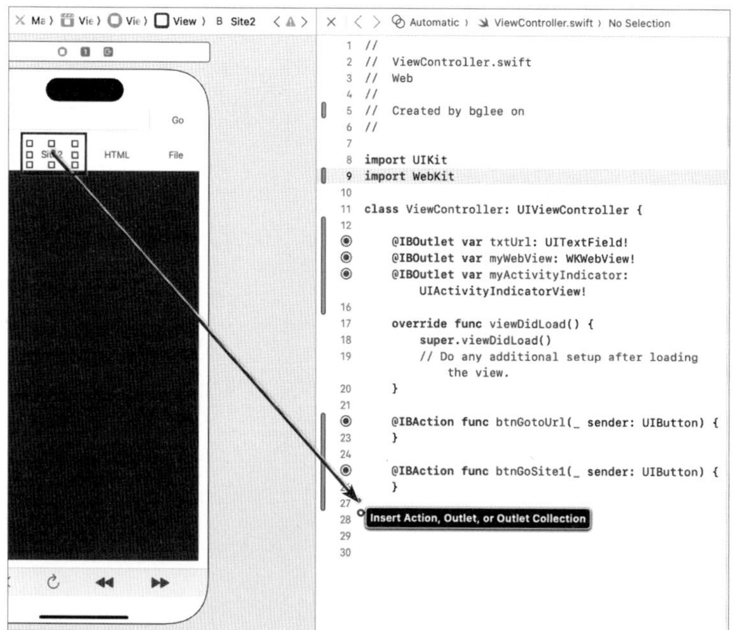

6. 다음과 같이 연결 설정 창이 나타납니다. 이 설정 창에서 다음과 같이 이름(Name)을 입력하고 타입(Type)을 확인한 후 [Connect] 버튼을 클릭하여 액션을 추가합니다.

위치	뷰 컨트롤러 클래스의 마지막 '}' 바로 위 (btnGoSite1 함수 아래)
연결(Connection)	Action
이름(Name)	btnGoSite2
타입(Type)	UIButton

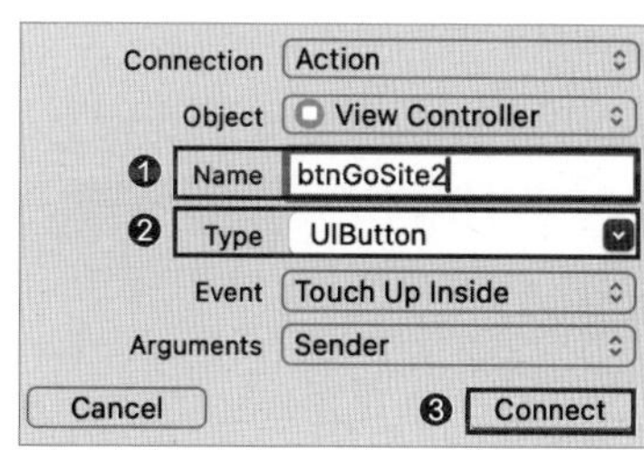


```
@IBAction func btnGoSite2(_ sender: UIButton) {
}
```

7. 다음으로 [HTML] 버튼에 대한 액션 함수를 추가하겠습니다. 마우스 오른쪽 버튼으로 [HTML]을 클릭한 후 드래그해서 오른쪽 보조 편집기 영역의 뷰 컨트롤러 클래스 아래쪽의 btnGotoSite2 함수 아래에 갖다 놓습니다.

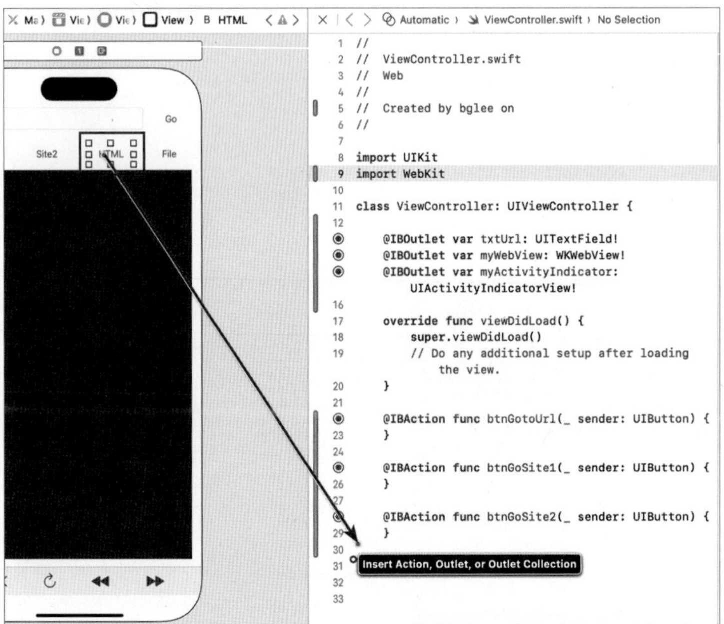

8. 다음과 같이 연결 설정 창이 나타납니다. 이 설정 창에서 다음과 같이 이름(Name)을 입력하고 타입(Type)을 확인한 후 [Connect] 버튼을 클릭하여 액션을 추가합니다.

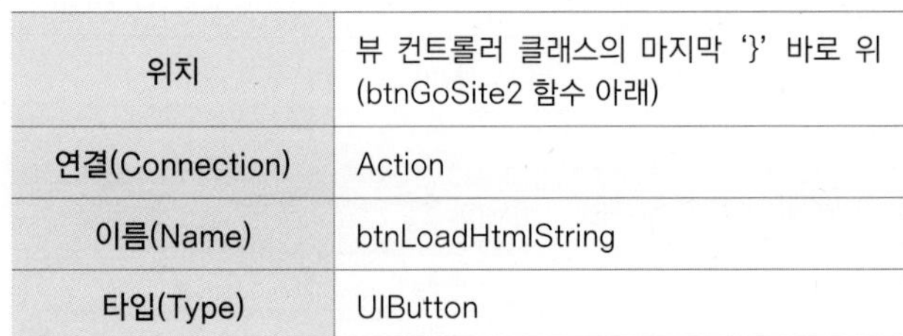

위치	뷰 컨트롤러 클래스의 마지막 '}' 바로 위 (btnGoSite2 함수 아래)
연결(Connection)	Action
이름(Name)	btnLoadHtmlString
타입(Type)	UIButton

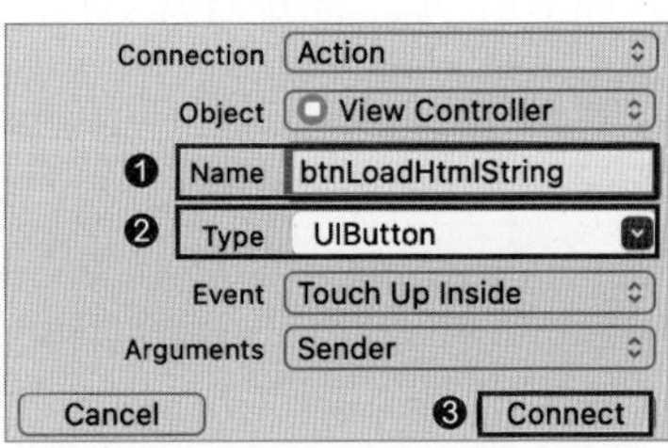


```
@IBAction func btnLoadHtmlString(_ sender: UIButton) {
}
```

9. 마지막으로 [File] 버튼에 대한 액션을 취하겠습니다. 마우스 오른쪽 버튼으로 [File]을 클릭한 후 드래그해서 오른쪽 보조 편집기 영역의 뷰 컨트롤러 클래스 아래쪽의 btnLoadHtml String 함수 아래에 갖다 놓습니다.

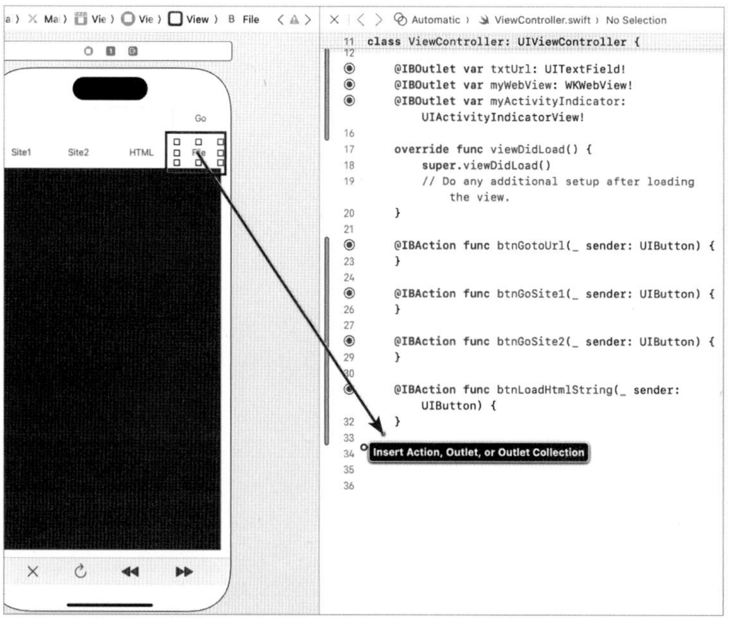

10. 다음과 같이 연결 설정 창이 나타납니다. 이 설정 창에서 다음과 같이 이름(Name)을 입력하고 타입(Type)을 확인한 후 [Connect] 버튼을 클릭하여 액션을 추가합니다.

위치	뷰 컨트롤러 클래스의 마지막 '}' 바로 위 (btnLoadHtmlString 함수 아래)
연결(Connection)	Action
이름(Name)	btnLoadHtmlFile
타입(Type)	UIButton

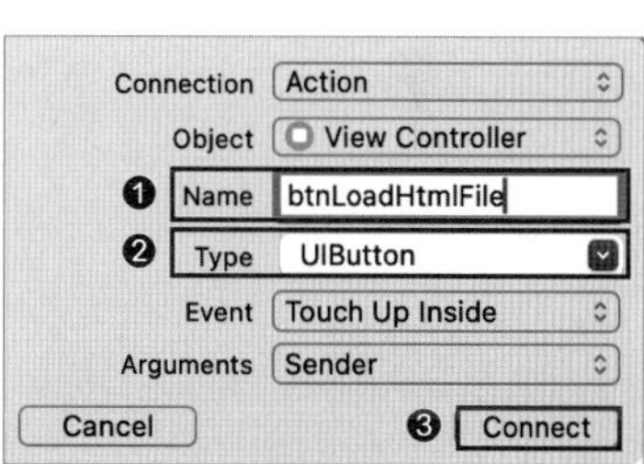


```
@IBAction func btnLoadHtmlFile(_ sender: UIButton) {
}
```

11. 이제 툴바의 [Stop(×)] 아이템에 대한 액션을 추가하겠습니다. 마우스 왼쪽 버튼으로 [Stop] 아이템을 더블 클릭해 선택된 상태에서 오른쪽 버튼으로 드래그해서 소스의 가장 아래쪽 btnLoadHtmlFile 함수 아래에 갖다 놓습니다.

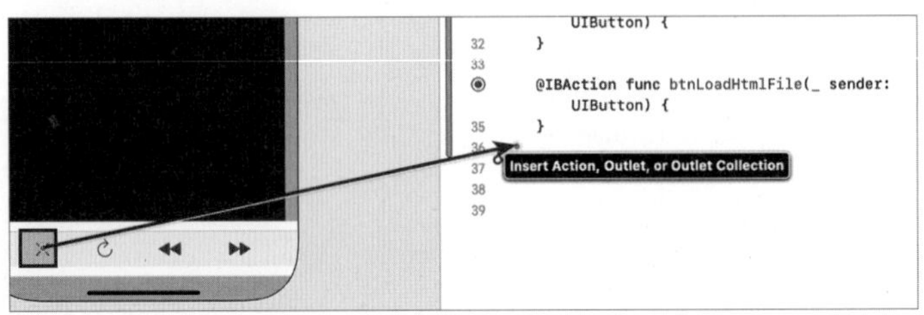

12. 연결 설정 창에서 이름(Name)을 'btnStop'으로 입력하고, 타입(Type)은 BarButtonItem의 액션을 추가하는 것이므로 [UIBarButtonItem]을 선택합니다. 변경을 완료한 후 [Connect] 버튼을 클릭합니다.

위치	뷰 컨트롤러 클래스의 마지막 '}' 바로 위 (btnLoadHtmlFile 함수 아래)
연결(Connection)	Action
이름(Name)	btnStop
타입(Type)	UIBarButtonItem

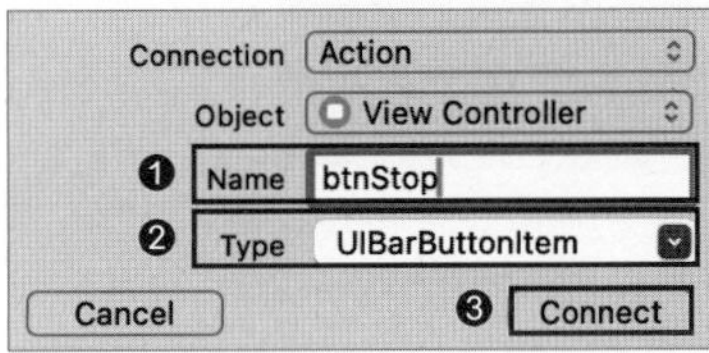


```
@IBAction func btnStop(_ sender: UIBarButtonItem) {
}
```

13. 같은 방법으로 [Refresh(↻)], [Rewind(◀◀)]과 [Fast Forward(▶▶)] 아이템에 대한 액션을 추가하겠습니다. 추가할 위치는 앞에서 추가한 [Stop] 아이템의 액션 소스 바로 아래에 이어서 추가하면 됩니다.

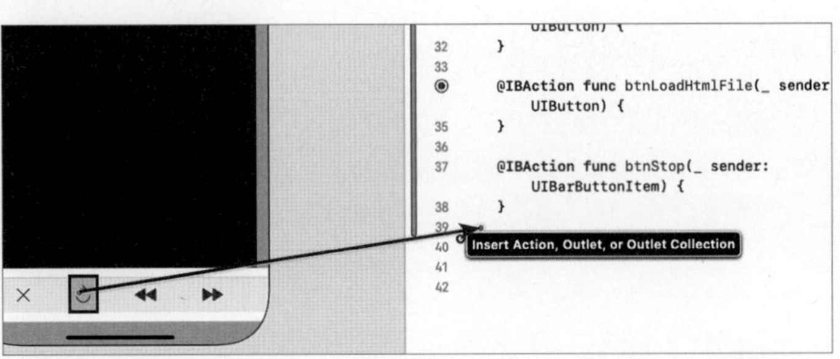

14. 툴바 위의 버튼 Refresh, Rewind, Fast Forward의 액션 함수를 추가할 때 연결(Connection)은 [Action]으로, 타입(Type)은 [UIBarButtonItem]으로 설정하고 이름(Name)만 다르게 설정합니다. Refresh는 'btnReload'로, Rewind는 'btnGoBack'으로, Fast Forward는 'btnGoForward'로 입력합니다. 아래 그림을 참고해서 입력하면 됩니다.

위치	뷰 컨트롤러 클래스의 마지막 '}' 바로 위 (btnStop 함수 아래)
연결(Connection)	Action
이름(Name)	[Refresh] 버튼 : btnReload [Rewind] 버튼 : btnGoBack [Fast Forward] 버튼 : btnGoForward
타입(Type)	UIBarButtonItem

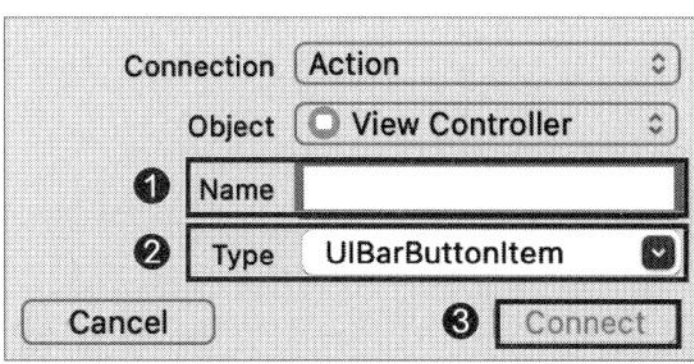


```
@IBAction func btnReload(_ sender: UIBarButtonItem) {
}
@IBAction func btnGoBack(_ sender: UIBarButtonItem) {
}
@IBAction func btnGoForward(_ sender: UIBarButtonItem) {
}
```

15. 이렇게 모든 액션 함수가 추가되었습니다.

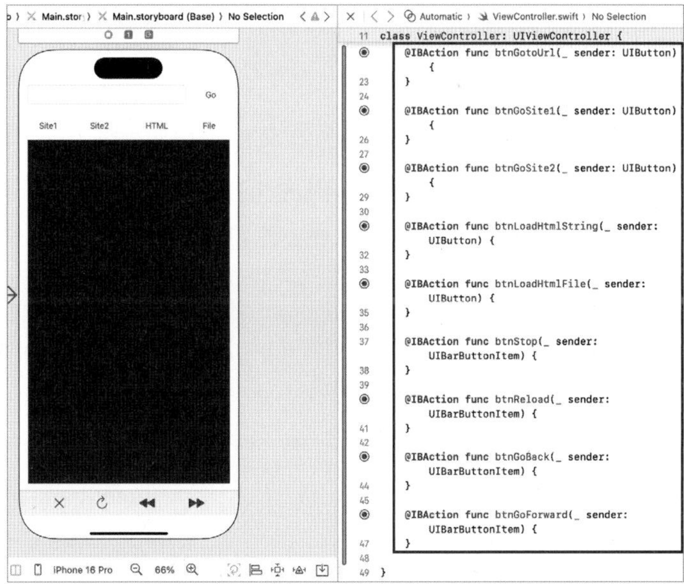

07-5 앱 시작할 때 지정된 페이지 보여 주기

웹 뷰에 웹 페이지를 보여 주기 위한 함수인 loadWebPage 함수를 구현해 보겠습니다. 앱이 시작되면 loadWebPage 함수를 호출하여 지정된 웹 주소의 페이지를 보여 줍니다.

시작 홈페이지 보여 주기

1. 왼쪽 내비게이터 영역에서 [ViewController.swift]를 선택합니다.

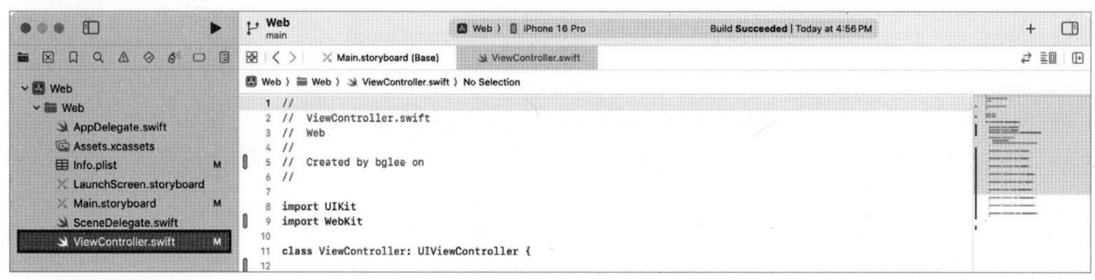

2. 지정 웹 페이지 보여 주기

우선 웹을 처음 시작할 때 기본적으로 특정 웹 페이지를 보여 주기 위해 웹 페이지를 로드하는 함수를 만들어야 합니다. 웹 페이지 주소를 url의 인수를 통해 전달해서 웹 페이지를 보여 주는 loadWebPage 함수를 myActivityIndicator 아웃렛 변수와 viewDidLoad 함수 사이에 추가합니다.

```
import UIKit
import WebKit

class ViewController: UIViewController {

    @IBOutlet var txtUrl: UITextField!
    @IBOutlet var myWebView: WKWebView!
    @IBOutlet var myActivityIndicator: UIActivityIndicatorView!

    func loadWebPage(_ url: String) {

    }

    override func viewDidLoad() {
        super.viewDidLoad()
        // Do any additional setup after loading the view.
    }

    @IBAction func btnGotoUrl(_ sender: UIButton) {
```

```
func loadWebPage(_ url: String) {
}
```

3. 스트링형 url을 이용하여 웹 페이지를 나타내는 순서는 다음 3단계를 거칩니다. 다음 소스를 **2**번 과정에서 추가한 loadWebPage 함수 안에 추가하세요.

```
import UIKit
import WebKit

class ViewController: UIViewController {

    @IBOutlet var txtUrl: UITextField!
    @IBOutlet var myWebView: WKWebView!
    @IBOutlet var myActivityIndicator: UIActivityIndicatorView!

    func loadWebPage(_ url: String) {
        let myUrl = URL(string: url)
        let myRequest = URLRequest(url: myUrl!)
        myWebView.load(myRequest)
    }

    override func viewDidLoad() {
        super.viewDidLoad()
        // Do any additional setup after loading the view.
```

```
func loadWebPage(_ url: String) {
    let myUrl = URL(string: url)—❶
    let myRequest = URLRequest(url: myUrl!)—❷
    myWebView.load(myRequest) —❸
}
```

❶ 상수 myUrl은 url 값을 받아 URL형으로 선언합니다.

❷ 상수 myRequest는 상수 myUrl을 받아 URL Request형으로 선언합니다.

❸ UIWebView형의 myWebView 클래스의 load 메서드를 호출합니다.

4. 앱을 시작할 때 지정한 웹 페이지가 나타나도록 viewDidLoad 함수 안에 loadWebPage 함수를 추가해 보겠습니다. **3**번 과정에서 다룬 loadWebPage 함수 아래에 있는 view DidLoad 함수로 이동합니다.

```

    @IBOutlet var txtUrl: UITextField!
    @IBOutlet var myWebView: WKWebView!
    @IBOutlet var myActivityIndicator: UIActivityIndicatorView!

    func loadWebPage(_ url: String) {
        let myUrl = URL(string: url)
        let myRequest = URLRequest(url: myUrl!)
        myWebView.load(myRequest)
    }

    override func viewDidLoad() {
        super.viewDidLoad()
        // Do any additional setup after loading the view.
        |
    }

    @IBAction func btnGotoUrl(_ sender: UIButton) {
    }

    @IBAction func btnGoSite1(_ sender: UIButton) {
    }

    @IBAction func btnGoSite2(_ sender: UIButton) {
    }

    @IBAction func btnLoadHtmlString(_ sender: UIButton) {
    }
```

5. 앱이 처음 나타나면 접속할 웹 페이지 주소를 추가하여 viewDidLoad 함수 안에 loadWebPage 함수를 추가합니다. 주소는 임의로 저의 블로그인 http://2sam.net을 입력하겠습니다.

```
    func loadWebPage(_ url: String) {
        let myUrl = URL(string: url)
        let myRequest = URLRequest(url: myUrl!)
        myWebView.load(myRequest)
    }

    override func viewDidLoad() {
        super.viewDidLoad()
        // Do any additional setup after loading the view.
        loadWebPage("http://2sam.net")
    }
```

loadWebPage("http://2sam.net")

6. 시작 홈페이지 결과 보기

시뮬레이터를 [iPhone 16 Pro]로 선택한 후 [실행] 버튼을 클릭하면 iOS 시뮬레이터가 구동되고 프로그램한 앱은 실행이 되는데, 지정된 웹 페이지가 나타나지 않습니다. 이미 예상했던 내용이니 당황하지 않아도 됩니다. 왼쪽 윗부분의 [시뮬레이터(Simulator)]를 클릭하여 종료하고 다시 Xcode로 돌아갑니다.

로딩되지 않는 웹 페이지

7. 로딩할 때 웹 페이지가 나타나도록 'Info.plist' 파일을 수정하겠습니다. 'Info.plist'를 수정하기 위해 왼쪽의 내비게이터 영역에서 [Info.plist]를 선택합니다. 그런 다음 [Information Property List]의 오른쪽에 있는 [+]를 눌러 항목을 추가합니다.

▶ Info.plist는 Information property list의 약자이며, 키-값 쌍(key/value pair)의 정보가 저장되어 있습니다. 이 파일 안에는 언어, 실행 파일 이름 및 앱 식별자 등등의 항목들과 관련된 리소스 설정이 들어 있습니다.

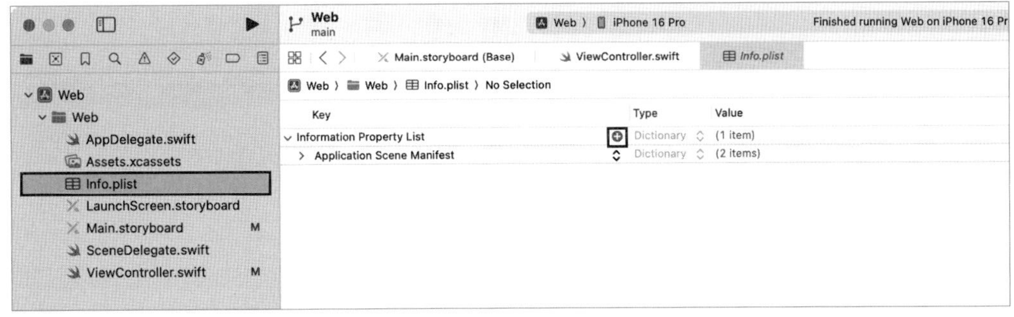

8. 드롭 다운 목록에서 키보드 방향 키로 이동해 [App Transport Security Settings]를 선택합니다.

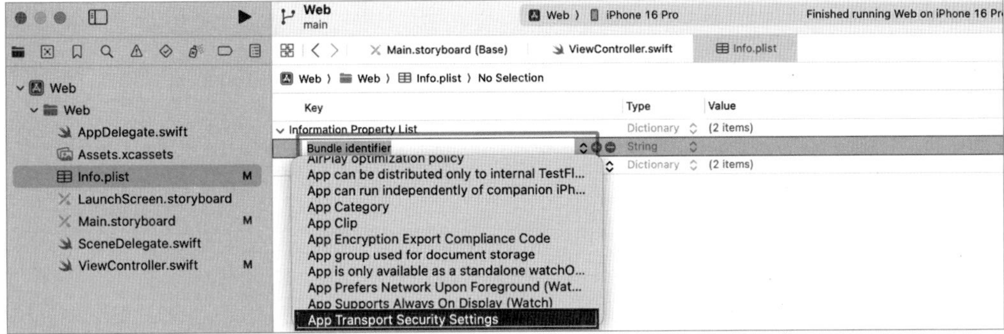

9. Enter 를 눌러 세팅을 완료합니다.

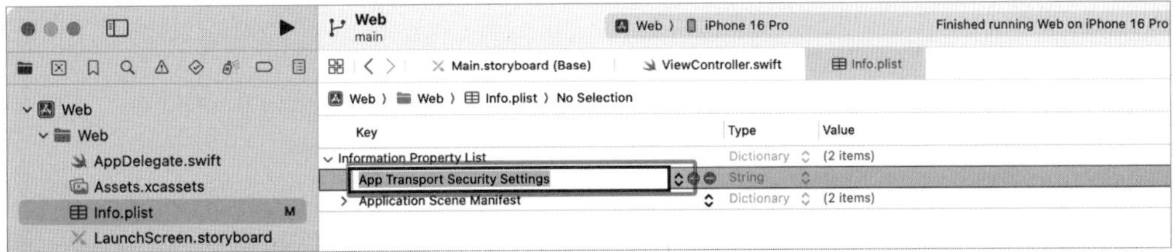

10. [App Transport Security Settings] 왼쪽의 화살표가 아래로 향하도록 한 다음 다시 한 번 [+]를 누릅니다.

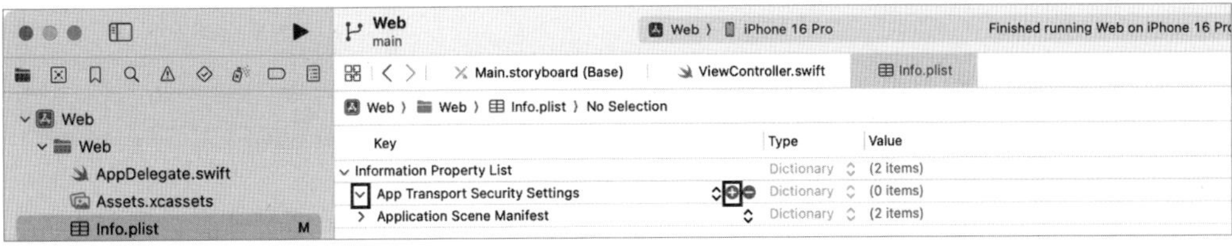

11. [Allow Arbitrary Loads]를 마우스로 선택한 후 Enter 를 눌러 완료합니다.

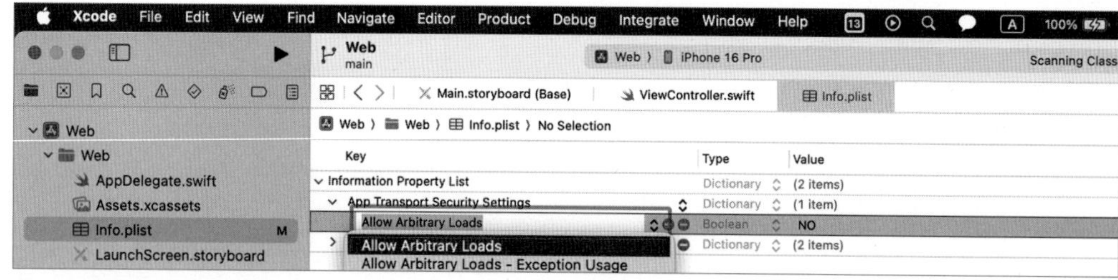

12. [Allow Arbitrary Loads]의 [Value] 값을 오른쪽에 있는 화살표(⬍)를 눌러 [NO]를 [YES]로 변경합니다.

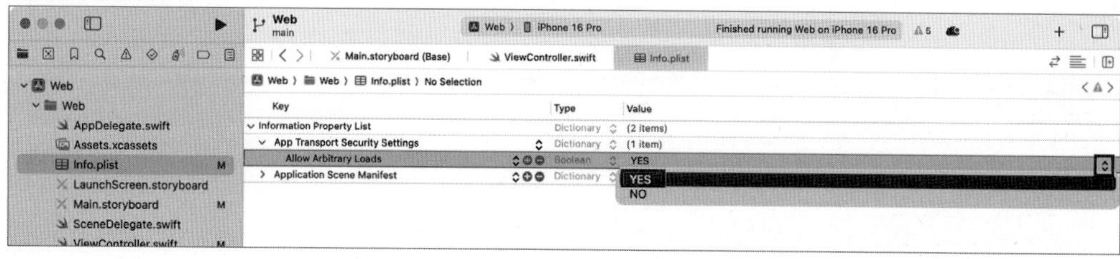

13. 다시 실행하면 지정한 웹 페이지가 나타납니다.

07-6 액티비티 인디케이터 구현하기

웹 페이지를 로딩할 때 네트워크의 속도가 느리거나 서버에 부하가 많이 걸려 로딩이 오래 걸렸던 경험은 누구나 있을 것입니다. 이때 필요한 것이 바로 액티비티 인디케이터입니다. 액티비티 인디케이터는 원형으로 돌아가는 애니메이션 효과로, 앱이 동작 중임을 사용자에게 보여 줍니다.

액티비티 인디케이터로 로딩 보이기

1. 다시 왼쪽 내비게이터 영역의 [ViewController.swift]를 선택해서 코딩을 계속하겠습니다. 웹 뷰가 로딩중인지 살펴보기 위해 델리게이트를 선언하겠습니다. 아래 그림을 참고하여 다음 소스를 뷰컨트롤러의 선언문과 viewDidLoad( ) 함수에 각각 추가합니다.

```
//

import UIKit
import WebKit

class ViewController: UIViewController, WKNavigationDelegate {

    @IBOutlet var txtUrl: UITextField!
    @IBOutlet var myWebView: WKWebView!
    @IBOutlet var myActivityIndicator: UIActivityIndicatorView!

    func loadWebPage(_ url: String) {
        let myUrl = URL(string: url)
        let myRequest = URLRequest(url: myUrl!)
        myWebView.load(myRequest)
    }

    override func viewDidLoad() {
        super.viewDidLoad()
        // Do any additional setup after loading the view.
        myWebView.navigationDelegate = self
        loadWebPage("http://2sam.net")
    }

    @IBAction func btnGotoUrl(_ sender: UIButton) {
    }

    @IBAction func btnGoSite1(_ sender: UIButton) {
    }
```

```
import UIKit
import WebKit

class ViewController: UIViewController, WKNavigationDelegate {
    @IBOutlet var txtUrl: UITextField!
    @IBOutlet var myWebView: WKWebView!
    @IBOutlet var myActivityIndicator: UIActivityIndicatorView!
            ⋮
    override func viewDidLoad() {
    super.viewDidLoad()
    // Do any additional setup after loading the view.
        myWebView.navigationDelegate = self
        loadWebPage("http://2sam.net")
    }
```

2. viewDidLoad() 함수 아래에 로딩 중인지를 확인하기 위한 webView(_ webView: WKWebView, didCommit navigation: WKNavigation!) 함수를 추가합니다. 'web'만 입력하면 자동 완성 기능이 알아서 찾아주므로 전부 입력할 필요는 없습니다.

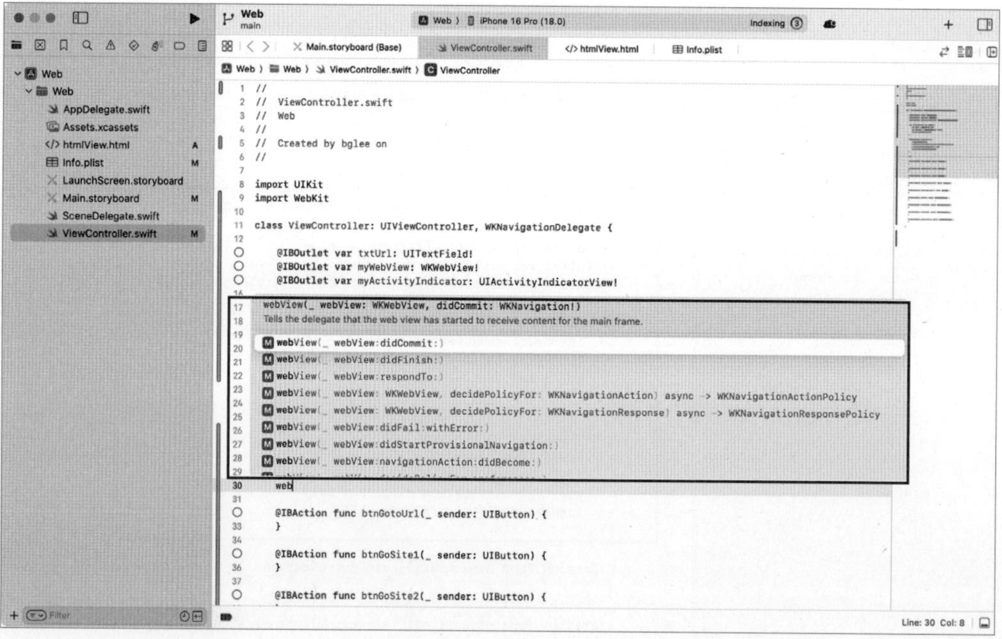

3. webView(_ webView: WKWebView, didCommit navigation: WKNavigation!) 함수가 추가된 것을 확인할 수 있습니다.

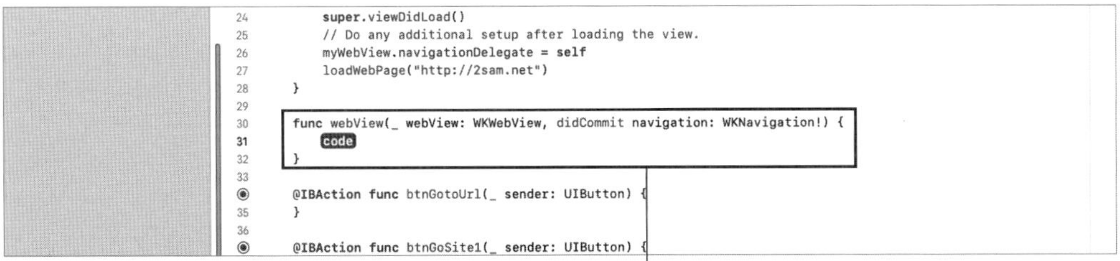

```
        super.viewDidLoad()
        // Do any additional setup after loading the view.
        myWebView.navigationDelegate = self
        loadWebPage("http://2sam.net")
    }

    func webView(_ webView: WKWebView, didCommit navigation: WKNavigation!) {
        code
    }

    @IBAction func btnGotoUrl(_ sender: UIButton) {
    }

    @IBAction func btnGoSite1(_ sender: UIButton) {
```

```
func webView(_ webView: WKWebView, didCommit navigation: WKNavigation!) {

}
```

4. myWebView가 로딩 중일 때 인디케이터를 실행하고 화면에 나타나게 합니다.

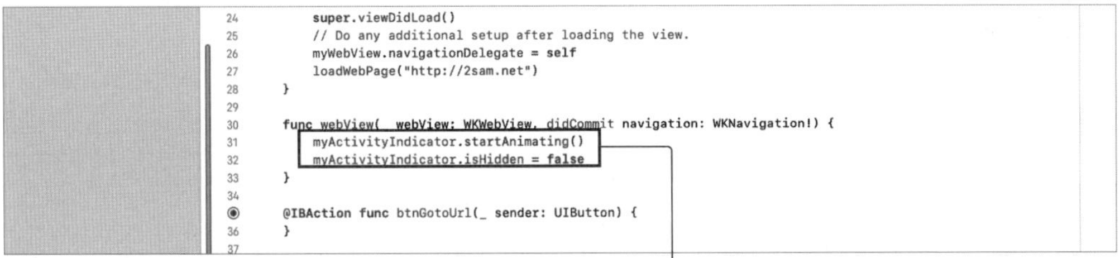

```
        super.viewDidLoad()
        // Do any additional setup after loading the view.
        myWebView.navigationDelegate = self
        loadWebPage("http://2sam.net")
    }

    func webView(_ webView: WKWebView, didCommit navigation: WKNavigation!) {
        myActivityIndicator.startAnimating()
        myActivityIndicator.isHidden = false
    }

    @IBAction func btnGotoUrl(_ sender: UIButton) {
    }
```

```
func webView(_ webView: WKWebView, didCommit navigation: WKNavigation!) {
    myActivityIndicator.startAnimating()
    myActivityIndicator.isHidden = false
}
```

5. 같은 방법으로 두 개의 함수를 추가합니다. 먼저 webView(_ webView: WKWebView, didFinish navigation: WKNavigation!) 함수는 로딩이 완료되었을 때 동작하므로 인디케이터를 중지하고 숨깁니다. 그리고 func webView(_ webView: WKWebView, didFail navigation: WKNavigation!, withError error: Error) 함수는 로딩 실패 시 동작하므로 마찬가지로 인디케이터를 중지하고 숨깁니다.

```
func webView(_ webView: WKWebView, didCommit navigation: WKNavigation!) {
    myActivityIndicator.startAnimating()
    myActivityIndicator.isHidden = false
}

func webView(_ webView: WKWebView, didFinish navigation: WKNavigation!) {
    myActivityIndicator.stopAnimating()
    myActivityIndicator.isHidden = true
}

func webView(_ webView: WKWebView, didFail navigation: WKNavigation!, withError error: Error) {
    myActivityIndicator.stopAnimating()
    myActivityIndicator.isHidden = true
}

@IBAction func btnGotoUrl(_ sender: UIButton) {
```

```
func webView(_ webView: WKWebView, didCommit navigation: WKNavigation!) {
    myActivityIndicator.startAnimating()
    myActivityIndicator.isHidden = false
}

func webView(_ webView: WKWebView, didFinish navigation: WKNavigation!) {
    myActivityIndicator.stopAnimating()
    myActivityIndicator.isHidden = true
}

func webView(_ webView: WKWebView, didFail navigation: WKNavigation!,
withError error: Error) {
    myActivityIndicator.stopAnimating()
    myActivityIndicator.isHidden = true
}
```

6. 결과 보기

[실행] 버튼을 클릭하여 결과를 확인합니다. [실행] 버튼을 클릭하면 iOS 시뮬레이터가 구동되고 프로그래밍한 앱이 실행됩니다. 홈페이지에 접속할 때 액티비티 인디케이터가 동작하면 이동이 되는 것을 확인할 수 있습니다. 접속이 빠르게 진행되면 보이지 않을 수도 있으니 맥 PC의 네트워크를 끄고 확인해 보세요.

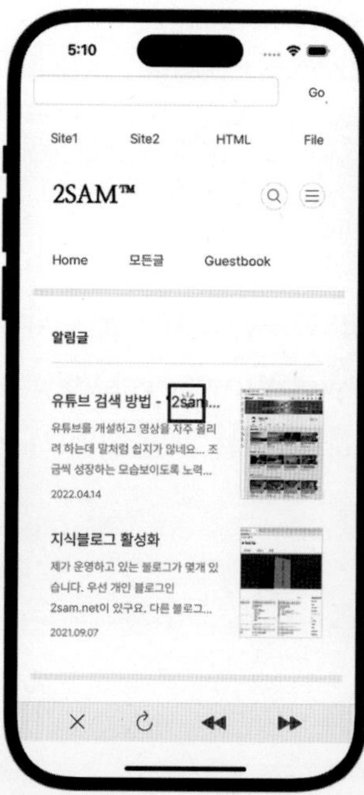

07-7 [Site1], [Site2] 버튼 구현하기

이제 버튼을 클릭하면 지정한 웹 사이트로 이동하도록 코딩을 추가하겠습니다.

[Site1], [Site2] 버튼에 대한 코드 추가하기

1. [Site1]과 [Site2] 버튼을 클릭해서 이동할 웹 사이트의 주소를 btnGoSite1, btnGoSite2 함수에 추가합니다.

```
    @IBAction func btnGotoUrl(_ sender: UIButton) {
    }

    @IBAction func btnGoSite1(_ sender: UIButton) {
        loadWebPage("http://fallinmac.tistory.com")
    }

    @IBAction func btnGoSite2(_ sender: UIButton) {
        loadWebPage("http://blog.2sam.net")
    }

    @IBAction func btnLoadHtmlString(_ sender: UIButton) {
    }
```

```
@IBAction func btnGoSite1(_ sender: UIButton) {
    loadWebPage("http://fallinmac.tistory.com")
}

@IBAction func btnGoSite2(_ sender: UIButton) {
    loadWebPage("http://blog.2sam.net")
}
```

2. 결과 보기

[실행] 버튼을 클릭하여 결과를 확인합니다. [실행] 버튼을 클릭하면 iOS 시뮬레이터가 구동되고 프로그래밍한 앱이 실행됩니다. [Site1]과 [Site2] 버튼을 클릭하면 지정한 웹 사이트로 이동하는 것을 확인할 수 있습니다.

07-8 [정지], [재로딩], [이전 페이지], [다음 페이지] 버튼 구현하기

웹 브라우저의 기본 기능인 '정지', '재로딩', '이전 페이지로 이동', '다음 페이지로 이동'을 웹 뷰에서 동작하도록 구현해 보겠습니다.

[정지], [재로딩], [이전 페이지], [다음 페이지] 버튼에 대한 코드 추가하기

1. 이제 웹 브라우저에 있는 버튼을 사용해 정지, 재로딩, 이전 페이지로 이동, 다음 페이지로 이동을 제어할 수 있는 코드를 추가하겠습니다. 다음 소스를 각각 btnStop, btnReload, btnGoBack 및 btnGoForward 함수에 추가하세요.

```
    }

    @IBAction func btnGoSite2(_ sender: UIButton) {
        loadWebPage("http://blog.2sam.net")
    }

    @IBAction func btnLoadHtmlString(_ sender: UIButton) {
    }

    @IBAction func btnLoadHtmlFile(_ sender: UIButton) {
    }

    @IBAction func btnStop(_ sender: UIBarButtonItem) {
        myWebView.stopLoading()
    }

    @IBAction func btnReload(_ sender: UIBarButtonItem) {
        myWebView.reload()
    }

    @IBAction func btnGoBack(_ sender: UIBarButtonItem) {
        myWebView.goBack()
    }

    @IBAction func btnGoForward(_ sender: UIBarButtonItem) {
        myWebView.goForward()
    }

}
```

```
@IBAction func btnStop(_ sender: UIBarButtonItem) {
        myWebView.stopLoading()   ❶ 웹 페이지의 로딩을 중지시키는 함수를 호출합니다.
}
@IBAction func btnReload(_ sender: UIBarButtonItem) {
        myWebView.reload()   ❷ 웹 페이지를 재로딩시키는 함수를 호출합니다.
}
@IBAction func btnGoBack(_ sender: UIBarButtonItem) {
        myWebView.goBack()   ❸ 이전 웹 페이지로 이동시키는 함수를 호출합니다.
}
@IBAction func btnGoForward(_ sender: UIBarButtonItem) {
        myWebView.goForward()   ❹ 다음 웹 페이지로 이동시키는 함수를 호출합니다.
}
```

2. 결과 보기

[실행] 버튼을 클릭하여 결과를 확인합니다. [실행] 버튼을 클릭하면 iOS 시뮬레이터가 구동되고 프로그래밍한 앱이 실행됩니다. [Site1] 버튼을 클릭한 후 바로 [정지] 버튼을 클릭하면 로딩이 중지되는 것을 확인할 수 있습니다. 나머지 [재로딩], [이전 페이지], [다음 페이지] 버튼의 실행 결과도 확인할 수 있습니다.

07-9

[HTML] 버튼 구현하기

HTML 코드를 변수에 저장하고 [HTML] 버튼을 클릭하면 변수의 내용이 HTML 형식에 맞추어 웹 뷰로 나타나게 구현해 보겠습니다. HTML로 표현할 수 있는 모든 것은 웹 뷰를 통해 표현할 수 있습니다.

[HTML] 버튼에 대한 코드 추가하기

1. 다음 소스를 btnLoadHtmlString 함수 안에 입력하세요.

```
@IBAction func btnGotoUrl(_ sender: UIButton) {
}

@IBAction func btnGoSite1(_ sender: UIButton) {
    loadWebPage("http://fallinmac.tistory.com")
}

@IBAction func btnGoSite2(_ sender: UIButton) {
    loadWebPage("http://blog.2sam.net")
}

@IBAction func btnLoadHtmlString(_ sender: UIButton) {
    let htmlString = "<h1> HTML String </h1><p> String 변수를 이용한 웹페이지 </p> <p><a
        href=\"http://2sam.net\">2sam</a>으로 이동</p>"
    myWebView.loadHTMLString(htmlString, baseURL: nil)
}

@IBAction func btnLoadHtmlFile(_ sender: UIButton) {
}

@IBAction func btnStop(_ sender: UIBarButtonItem) {
    myWebView.stopLoading()
}
```

```
@IBAction func btnLoadHtmlString(_ sender: UIButton) {
    let htmlString = "<h1> HTML String </h1><p> String 변수를 이용한 웹 페이지 </p>
        <p><a href=\"http://2sam.net\">2sam</a>으로 이동</p>" —❶
    myWebView.loadHTMLString(htmlString, baseURL: nil)—❷
}
```

❶ HTML문을 변수에 저장합니다.

❷ loadHTMLString 함수를 이용하여 변수에 저장된 HTML문을 웹 뷰에 나타냅니다.

htmlString 문자열 상수에 HTML 코드를 대입할 때는 큰따옴표(“, ”) 안에 넣어야 합니다. 그런데 이때 다음 코드처럼 줄을 바꿔 입력하면 에러가 발생합니다. 따라서 아래의 HTML 코드를 ❶처럼 줄 바꿈 없이 사용해야 합니다.

◐ 코드에서 쓰인 [\]는 '백슬래시'라고 하며, 맥북의 경우 [delete] 키 아래에 있고 일반 키보드의 경우 [F11] 아래 또는 [Del] 옆이나 아래에 있습니다.

```
<h1> HTML String </h1>
<p> String 변수를 이용한 웹페이지 </p>
<p>
      <a href=\"http://2sam.net\">2sam</a>으로 이동
</p>
```

2. 결과 보기

[실행] 버튼을 클릭하여 결과를 확인합니다. [HTML] 버튼을 클릭하면 미리 입력한 HTML문이 적용된 것을 확인할 수 있습니다.

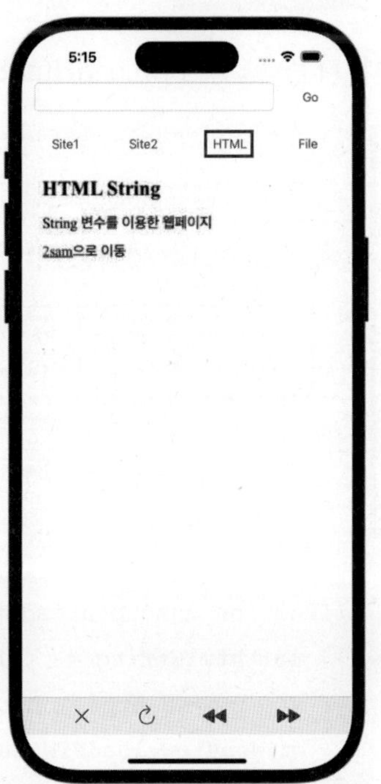

07-10 [File] 버튼 구현하기

간단하게 파일을 프로젝트에 추가하고 HTML 문법에 맞게 작성한 후 [File] 버튼을 클릭하면 이 파일이 웹 뷰에 나타나도록 구현해 보겠습니다. 만약 모바일 형식에 맞게 작성된 HTML 파일이 있다면 웹 뷰를 이용하여 하이브리드 앱이 아닌 iOS 전용 앱으로 만들 수 있습니다.

[File] 버튼에 대한 코드 추가하기

1. [File] 버튼을 클릭하면 HTML 파일을 읽어들여 웹 뷰로 나타내는 코드를 추가해 보겠습니다. 이번 예제에서는 HTML 파일을 복사하지 않고 직접 만들어 보겠습니다. 메뉴의 [File → New → File from Template...]을 클릭합니다.

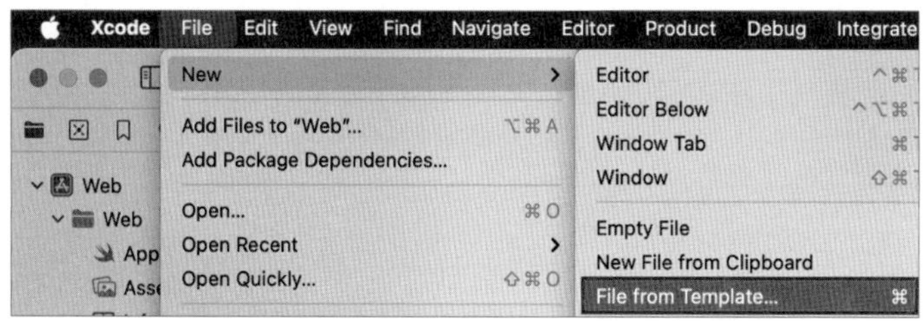

2. iOS에서 마우스를 스크롤해 [Other]의 [Empty]를 선택한 후 [Next] 버튼을 클릭합니다.

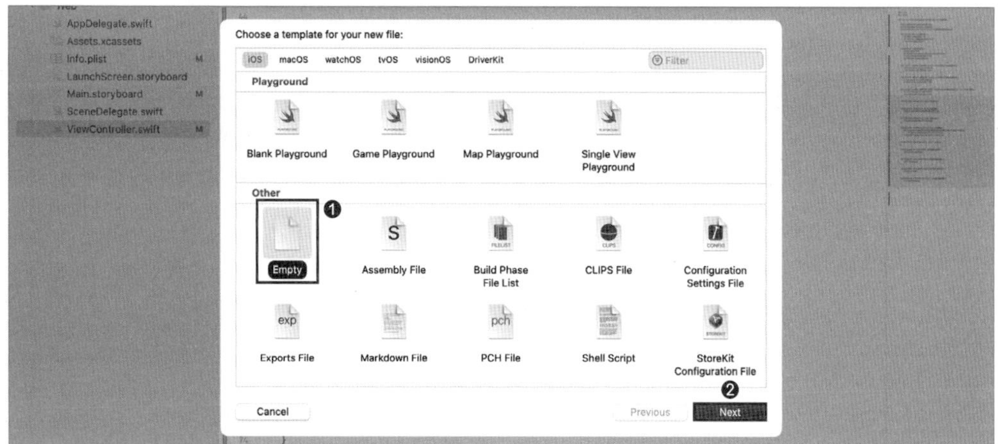

3. Save As에 'htmlView.html'을 입력해 파일명을 정하고 [Create] 버튼을 클릭하여 HTML 파일을 생성합니다.

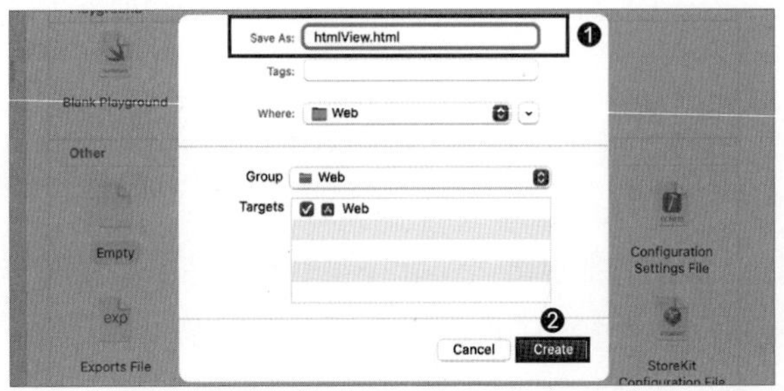

4. HTML 파일이 추가된 것을 확인할 수 있습니다. 추가된 HTML 파일을 [Web] 폴더로 끌어다 놓습니다.

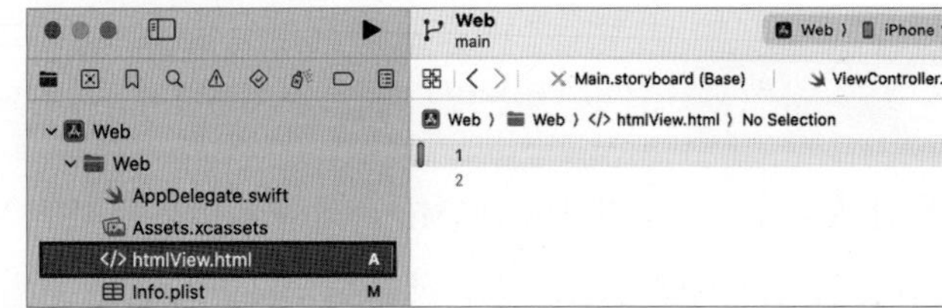

5. 다음 HTML문을 편집 창에 추가합니다.

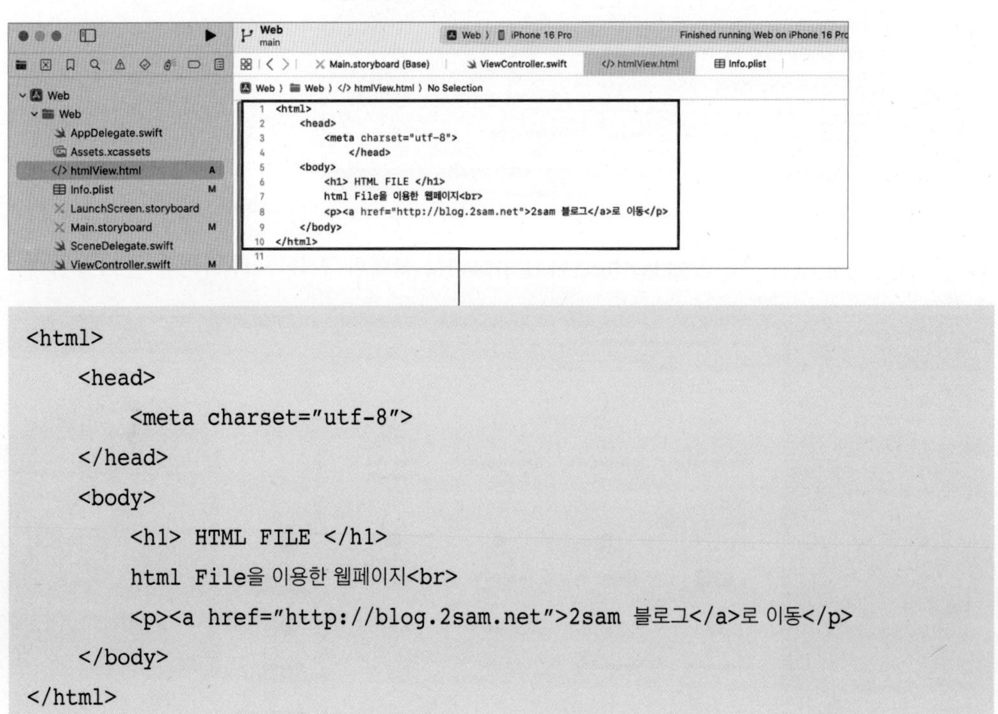


```
<html>
    <head>
        <meta charset="utf-8">
    </head>
    <body>
        <h1> HTML FILE </h1>
        html File을 이용한 웹페이지<br>
        <p><a href="http://blog.2sam.net">2sam 블로그</a>로 이동</p>
    </body>
</html>
```

6. 이제 추가 코드 작업을 위해 왼쪽의 내비게이터 영역에서 [ViewController.swift]를 선택합니다.

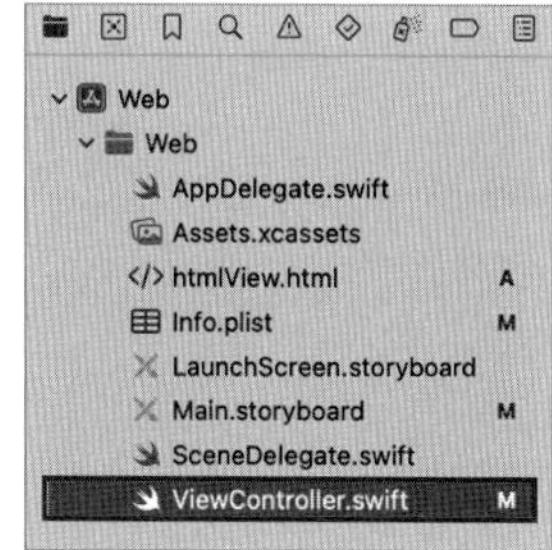

7. 다음 소스를 btnLoadHtmlFile 함수에 입력합니다. 각 소스의 의미는 다음과 같습니다.

```
        href=\"http://2sam.net\">2sam</a>으로 이동</p>"
        myWebView.loadHTMLString(htmlString, baseURL: nil)
    }

    @IBAction func btnLoadHtmlFile(_ sender: UIButton) {
        let filePath = Bundle.main.path(forResource: "htmlView", ofType: "html")
        let myUrl = URL(fileURLWithPath: filePath!)
        let myRequest = URLRequest(url: myUrl)
        myWebView.load(myRequest)
    }

    @IBAction func btnStop(_ sender: UIBarButtonItem) {
        myWebView.stopLoading()
    }
```

```
@IBAction func btnLoadHtmlFile(_ sender: UIButton) {
    let filePath = Bundle.main.path(forResource: "htmlView", ofType: "html") —❶
    let myUrl = URL(fileURLWithPath: filePath!) —❷
    let myRequest = URLRequest(url: myUrl) —❸
    myWebView.load(myRequest) —❹
}
```

❶ htmlView.html의 파일에 대한 패스 변수를 생성합니다.

❷ 패스 변수를 이용하여 URL 변수를 생성합니다.

❸ URL 변수를 이용하여 Request 변수를 생성합니다.

❹ Request 변수를 이용하여 HTML 파일을 로딩합니다.

▶ '!'의 의미는 288쪽 [스위프트 문법] '!' 연산자를 참고하세요.

8. 결과 보기

[실행] 버튼을 클릭하여 결과를 확인합니다. [File] 버튼을 클릭하면 미리 만들어 놓은 HTML 파일의 내용이 적용된 것을 확인할 수 있습니다.

07-11 'http://' 문자열 자동 삽입 기능 구현하기

웹 브라우저에서 홈페이지 주소를 입력할 때 보통은 '프로토콜(http://)'을 직접 입력하지 않고 사용합니다. 하지만 이는 웹 브라우저에서 기본적으로 설정을 해놨기 때문이고, 실제로는 내부적으로 프로토콜이 있어야 합니다. 이 장에서는 프로토콜이 있는지를 검사하고 없을 경우 'http://' 문자열을 자동으로 추가하는 함수를 만들어 보겠습니다.

직접 해보세요! 'http://' 문자열을 자동으로 삽입하는 코드 추가하기

1. 홈페이지 주소를 문자열(String)로 받고, 이를 처리한 후 다시 문자열로 가져오는 checkUrl 함수의 코드를 btnGotoUrl 함수 위쪽에 추가합니다.

```
}

func webView(_ webView: WKWebView, didFail navigation: WKNavigation!, withError error: Error) {
    myActivityIndicator.stopAnimating()
    myActivityIndicator.isHidden = true
}

func checkUrl(_ url: String) -> String {

}

@IBAction func btnGotoUrl(_ sender: UIButton) {
}

@IBAction func btnGoSite1(_ sender: UIButton) {
    loadWebPage("http://fallinmac.tistory.com")
}

@IBAction func btnGoSite2(_ sender: UIButton) {
    loadWebPage("http://blog.2sam.net")
}

@IBAction func btnLoadHtmlString(_ sender: UIButton) {
    let htmlString = "<h1> HTML String </h1><p> String 변수를 이용한 웹페이지 </p> <p><a
        href=\"http://2sam.net\">2sam</a>으로 이동</p>"
    myWebView.loadHTMLString(htmlString, baseURL: nil)
```

Missing return in instance method expected to return 'String'

```
func checkUrl(_ url: String) -> String {

}
```

스위프트 문법 } 함수(Function)는 어떻게 만들죠?

함수는 특정 일을 수행하는 코드의 집합입니다. 보통의 함수는 값을 전달받아 이 값을 이용해 특정 일을 수행하고, 그 결과를 리턴하는 형태를 취합니다. 여기서 전달받은 값을 '파라미터'라 하고, 리턴하는 값을 '반환값'이라고 합니다. 스위프트의 함수는 func 함수명(파라미터명1: 자료형, 파라터명2: 자료형) -> 반환값의 자료형 {실행 코드}의 형태를 취합니다. 실행 코드에서는 이 파라미터명을 이용해 작업이 이루어집니다.

```
func today(month : String, day : String) -> String {
    return "오늘은 \(month)월 \(day)일입니다."
}

today(month: "1", day: "23")
```

함수를 호출할 때 C 언어처럼 파라미터명() 없이 사용하고 싶을 때는 _를 추가하면 C 언어에서와 같이 함수를 호출하여 사용할 수 있습니다.

```
func today2(_ month : String, _ day : String) -> String {
    return "오늘은 \(month)월 \(day)일입니다."
}

today2("1", "2")
```

▶ 함수에 대한 자세한 설명은 [문법 04]를 참고하세요.

2. 다음 소스를 checkURL 함수에 추가합니다. 각 소스의 의미는 다음과 같습니다.

```
    func webView(_ webView: WKWebView, didFail navigation: WKNavigation!, withErro
        myActivityIndicator.stopAnimating()
        myActivityIndicator.isHidden = true
    }

    func checkUrl(_ url: String) -> String {
        var strUrl = url
        let flag = strUrl.hasPrefix("http://")
        if !flag {
            strUrl = "http://" + strUrl
        }
        return strUrl
    }

    @IBAction func btnGotoUrl(_ sender: UIButton) {
    }

    @IBAction func btnGoSite1(_ sender: UIButton) {
        loadWebPage("http://fallinmac.tistory.com")
    }
```

```
func checkUrl(_ url: String) -> String {
    var strUrl = url ❶
    let flag = strUrl.hasPrefix("http://") ❷
    if !flag {
        strUrl = "http://" + strUrl
    }
    return strUrl ❸
}
```

❶ 입력받은 url 스트링을 임시 변수 strUrl에 넣습니다.

❷ "http://"를 가지고 있는지 확인한 값을 flag에 넣습니다.

❸ "http://"를 가지고 있지 않다면, 즉 '!flag'일 때 변수 strUrl에 "http://"를 추가하고 이를 리턴합니다.

스위프트 문법 } '!' 연산자

if문에서 조건으로 '!flag'를 입력했는데, 여기서 '!'는 논리 연산자의 하나로 논리 NOT 연산자입니다. '!' 연산자를 사용하면 true는 false, false는 true가 됩니다. 그래서 '!' 연산자 뒤에는 논리 값(true 또는 false)을 가지는 Bool형의 변수나 상수가 와야 합니다. 앞의 코드에서 flag는 `strUrl.hasPrefix("http://")`의 결과로 true나 false를 가지는 Bool형 상수입니다. 앞의 코드에서는 http://를 가지고 있지 않으면 flag에 false를 가지게 되며, if문에서 조건 !flag가 true가 되어 if문을 실행하게 됩니다.

3. [Go] 버튼을 클릭할 때 텍스트 필드에 적힌 주소로 웹 뷰가 로딩되도록 btnGotoUrl 함수를 수정합니다. 흔히 웹 브라우저의 주소 창에서 간단히 "2sam.net"의 주소를 입력하지만 웹은 프로토콜로 http를 사용하기 때문에 내부적으로는 자동으로 "http://2sam.net"을 호출합니다. 비슷한 예로 ftp의 경우는 "ftp://주소"를 입력해야 합니다. 여기서는 http 프로토콜을 사용하여 자동으로 삽입되게 만들겠습니다.
앞에서 만든 checkUrl 함수에 텍스트 필드에 적힌 주소를 호출하여 변수 myUrl로 받고, 이를 loadWebPage 함수를 이용하여 웹 뷰에 로딩합니다. btnGotoUrl 함수에 다음 소스를 추가합니다.

```
        }
        return strUrl
    }

    @IBAction func btnGotoUrl(_ sender: UIButton) {
        let myUrl = checkUrl(txtUrl.text!)
        txtUrl.text = ""
        loadWebPage(myUrl)
    }

    @IBAction func btnGoSite1(_ sender: UIButton) {
        loadWebPage("http://fallinmac.tistory.com")
    }

    @IBAction func btnGoSite2(_ sender: UIButtc
        loadWebPage("http://blog.2sam.net")
```

```
@IBAction func btnGotoUrl(_ sender: UIButton) {
    let myUrl = checkUrl(txtUrl.text!)
    txtUrl.text = ""
    loadWebPage(myUrl)
}
```

4. 결과 보기

텍스트 필드에 이동할 홈페이지 주소를 입력한 후 [Go] 버튼을 클릭하면 웹 뷰가 해당 주소로 이동하는 것을 확인할 수 있습니다.

07-12

웹 뷰 앱, 전체 소스 보기

완성된 앱의 전체 소스를 확인해 보세요.

ViewController.swift

```
import UIKit
import WebKit

class ViewController: UIViewController, WKNavigationDelegate {

    @IBOutlet var txtUrl: UITextField!
    @IBOutlet var myWebView: WKWebView!
    @IBOutlet var myActivityIndicator: UIActivityIndicatorView!

    // url의 인수를 통해 웹 페이지의 주소를 전달받아 웹 페이지를 보여 줌
    func loadWebPage(_ url: String) {
        let myUrl = URL(string: url)
        let myRequest = URLRequest(url: myUrl!)
        myWebView.loadRequest(myRequest)
    }

    override func viewDidLoad() {
        super.viewDidLoad()
         // Do any additional setup after loading the view.
        myWebView.navigationDelegate = self
        loadWebPage("http://2sam.net") // 앱 실행 시 초기 홈페이지를 불러옴
    }

    func webView(_ webView: WKWebView, didCommit navigation: WKNavigation!) {
        myActivityIndicator.startAnimating( )
        myActivityIndicator.isHidden = false
    }

    func webView(_ webView: WKWebView, didFinish navigation: WKNavigation!) {
        myActivityIndicator.stopAnimating( )
        myActivityIndicator.isHidden = true
```

```
}

func webView(_ webView: WKWebView, didFail navigation: WKNavigation!,
    withError error: Error) {
    myActivityIndicator.stopAnimating( )
    myActivityIndicator.isHidden = true
}
// "http://" 문자열이 없을 경우 자동으로 삽입
func checkUrl(_ url: String) -> String {
    var strUrl = url
    let flag = strUrl.hasPrefix("http://")
    if !flag {
        strUrl = "http://" + strUrl
    }
    return strUrl
}

// 텍스트 필드에 적힌 주소로 웹 뷰 로딩
@IBAction func btnGotoUrl(_ sender: UIButton) {
    let myUrl = checkUrl(txtUrl.text!)
    txtUrl.text = " "
    loadWebPage(myUrl)
}

// [Site1] 버튼 클릭 시 fallinmac.tistory.com으로 이동
@IBAction func btnGoSite1(_ sender: UIButton) {
    loadWebPage("http://fallinmac.tistory.com")
}

// [Site2] 버튼 클릭 시 blog.2sam.net으로 이동
@IBAction func btnGoSite2(_ sender: UIButton) {
    loadWebPage("http://blog.2sam.net")
}

// HTML 코드를 변수에 저장하고 [html] 버튼을 클릭하면
// HTML 문법에 맞게 작성된 문자열 변수를 웹 뷰로 나타냄
@IBAction func btnLoadHtmlString(_ sender: UIButton) {
    let htmlString = "<h1> HTML String </h1><p> String 변수를 이용한 웹 페이지
        </p> <p><a href=\"http://2sam.net\">2sam</a>으로 이동</p>"
    myWebView.loadHTMLString(htmlString, baseURL: nil)
}

// htmlView.html을 웹 뷰로 나타냄
@IBAction func btnLoadHtmlFile(_ sender: UIButton) {
```

```
        let filePath = Bundle.main.path(forResource: "htmlView", ofType: "html")
        let myUrl = URL(fileURLWithPath: filePath!)
        let myRequest = URLRequest(url: myUrl)
        myWebView.load(myRequest)
    }

    @IBAction func btnStop(_ sender: UIBarButtonItem) {
        myWebView.stopLoading() // 웹 페이지의 로딩을 중지
    }

    @IBAction func btnReload(_ sender: UIBarButtonItem) {
        myWebView.reload() // 웹 페이지를 재로딩
    }

    @IBAction func btnGoBack(_ sender: UIBarButtonItem) {
        myWebView.goBack() // 이전 웹 페이지로 이동
    }

    @IBAction func btnGoForward(_ sender: UIBarButtonItem) {
        myWebView.goForward() // 다음 웹 페이지로 이동
    }

}
```

htmlView.html

```
<html>
    <head>
        <meta charset="utf-8">
    </head>
    <body>
        <h1> HTML FILE </h1>
        html File을 이용한 웹 페이지<br>
        <p><a href="http://blog.2sam.net">2sam 블로그</a>로 이동</p>
    </body>
</html>
```

웹 앱 만들기

목표 워크플로위(WorkFlowy)의 웹 주소를 이용하여 웹 앱을 만들어 보세요.

웹 뷰로 스토리보드의 전체 화면을 채우고 앱이 시작될 때 HTML 파일을 읽어 디스플레이하고 링크를 걸어 workflowy.com으로 이동하게 만들어 보세요. 그리고 실제로 앱 스토어에서 워크플로위(WorkFlowy) 앱을 다운로드한 후 어떤 차이가 있는지 확인해 보세요.

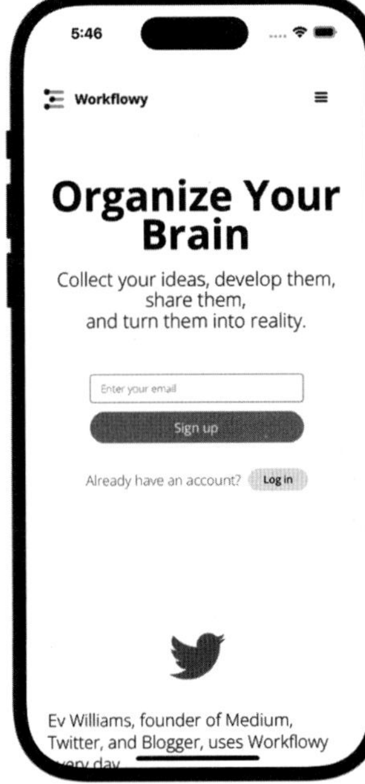

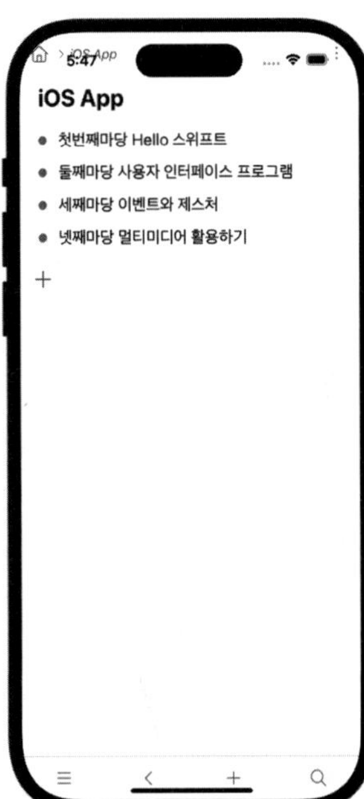

힌트 다음 소스 코드는 htmlView.html입니다.

```
<html>
    <head>
        <meta charset="utf-8">
    </head>
    <body>
        <h1> WorkFlowy </h1>
        workflowy 앱처럼 보이는지 확인해 봅시다<br>
       <p><a href="https://workflowy.com">https://workflowy.com</a>로 이동</p>
    </body>
</html>
```

:: 완성 소스 [07장] 폴더 / [미션] 폴더 / WebM.xcodeproj

난이도 ★☆☆☆☆

08 맵 뷰로 지도 나타내기

이 장에서는 지도, 위치 관련 앱에서 활용할 수 있는 맵 뷰(Map View)를 마스터해 보겠습니다. 여기서는 맵 뷰를 이용해 위도와 경도 그리고 범위를 설정하여 지도에 나타내고, 원하는 곳에 핀을 설치하여 원하는 글자를 나타낼 것입니다. 위치를 선택하기 위해 버튼 대신 '세그먼트 컨트롤'을 이용하겠습니다. 세그먼트란 세분화된 기능을 가진 버튼을 말하며, 세그먼트 컨트롤은 여러 개의 세그먼트를 수평으로 나열하여 구성한 수평 컨트롤을 말합니다. 이러한 세그먼트를 세 개 만들어 각각의 위치를 표시한 다음 '폴리텍대학'과 '이지스퍼블리싱 출판사'에 핀을 설치해 보겠습니다.

완성된 모습

완성 소스 [08장] 폴더 / [본문 실습] 폴더 / Map.xcodeproj

[현재 위치]를 선택하면 iOS 시뮬레이터에서 미리 설정해 둔 청주 시청이 표시됩니다.

[이지스퍼블리싱]을 선택하면 이지스퍼블리싱 출판사에 핀이 설치됩니다.

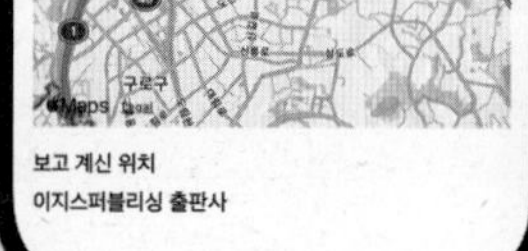

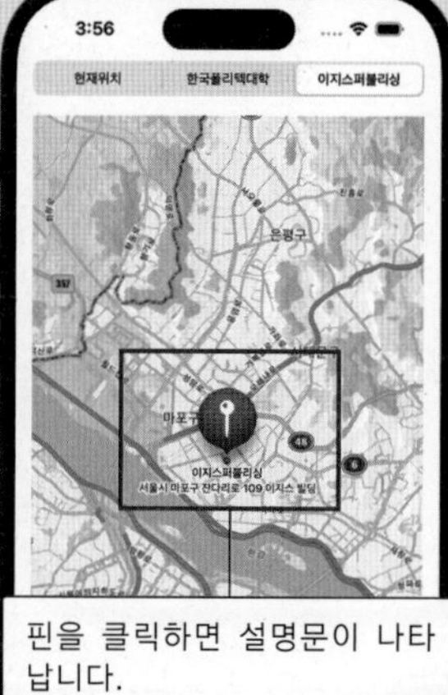

핀을 클릭하면 설명문이 나타납니다.

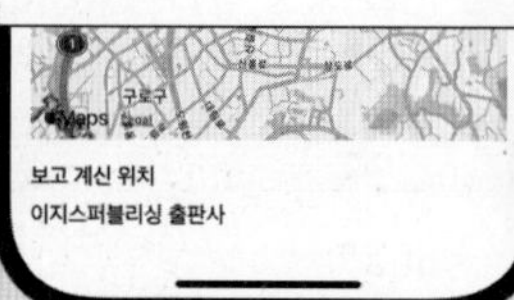

08-1 맵 뷰란?

사람들은 평소 길을 찾을 때 내비게이션 역할을 하는 지도 앱을 많이 사용합니다. 기본적으로 지도 화면에 현재 내 위치를 알려 주는 것은 물론이고, 이동도 가능합니다. 구글 지도, 네이버 지도, 다음 지도 외에 '런타스틱(Runtastic)' 같은 운동 관련 앱, '청주 버스' 앱과 같은 버스 앱이 그 예입니다.

이런 앱은 '맵 뷰'를 이용하여 쉽게 만들 수 있습니다. 사용자의 경도, 위도 및 고도와 같은 위치 정보를 이용하여 사용자의 위치를 지도에 표시하고 추적할 수 있습니다. 또한 특정 위치를 표시하고 사용자의 터치를 인식하여 확대, 축소 및 이동 기능을 제공합니다.

아이폰의 기본 지도 앱

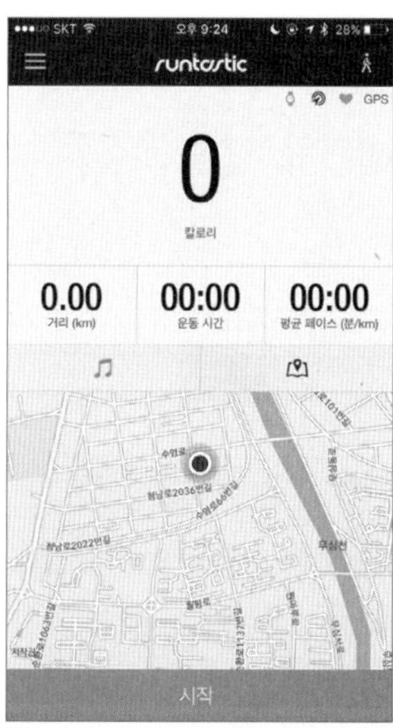

런타스틱(Runtastic) 앱

청주 버스 앱

08-2 맵 뷰 앱을 위한 기본 환경 구성하기

이 장에서는 맵 뷰를 사용하여 원하는 장소를 지도에 표시하는 기능을 구현해 보겠습니다.

프로젝트 생성 후 뷰 컨트롤러 크기 조절하기

1. Xcode를 실행한 후 'Map'이라는 이름으로 프로젝트를 만듭니다.

◐ 프로젝트를 만드는 방법은 02장을 참고하세요.

2. 뷰 컨트롤러 크기 조절하기

사용할 스토리보드의 디바이스로 [iPhone 16 Pro]를 선택하겠습니다. 또한 [Zoom In], [Zoom Out] 버튼을 사용하여 뷰 컨트롤러의 크기를 조절할 수 있습니다.

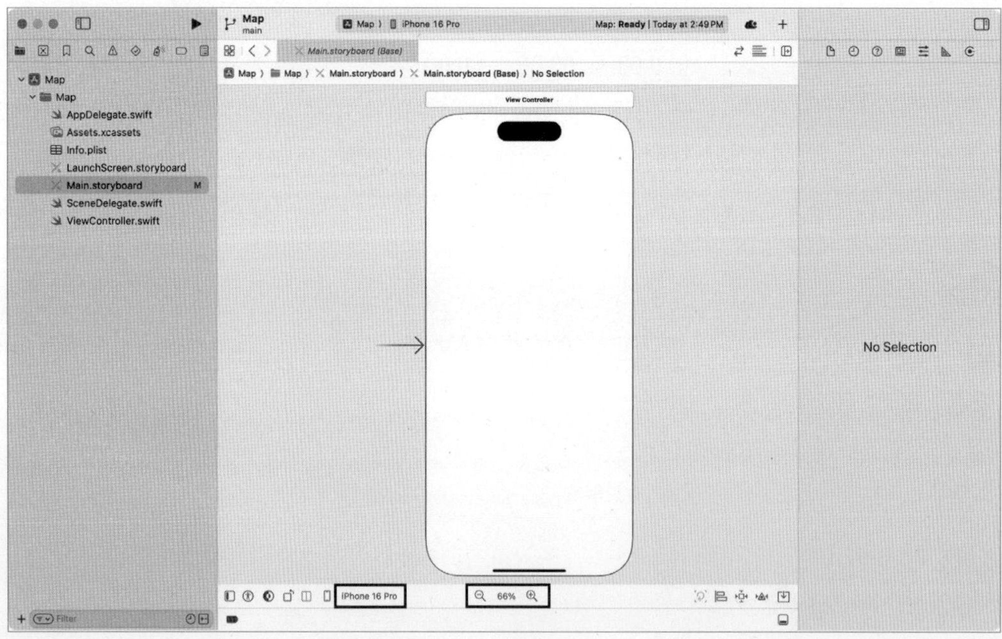

08-3 스토리보드로 맵 뷰 앱 화면 꾸미기

이 앱에서는 현재 위치와 폴리텍대학 및 이지스퍼블리싱 출판사의 위치를 지도에 표시해야 합니다. 지도를 보여 주기 위한 맵 뷰(Map View) 객체, 세 곳의 위치를 선택하기 위한 세그먼트 컨트롤(Segmented Control) 객체 그리고 위치 정보를 표시하기 위한 레이블(Label) 객체를 사용합니다. 오른쪽 그림은 완성된 스토리보드 화면으로, 이 그림과 사용된 객체 목록을 참고하여 배치해 보겠습니다.

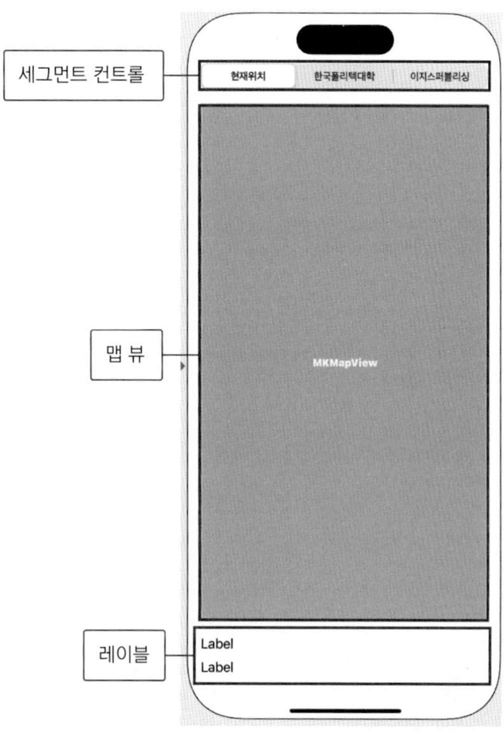

세그먼트 컨트롤을 포함한 스토리보드 꾸미기

1. 세그먼트 컨트롤 추가하기

지도 화면에서 현재 위치 및 특정 위치를 선택할 수 있는 '세그먼트 컨트롤(Segmented Control)'을 만들어 추가해 보겠습니다. 먼저 [Library] 버튼을 클릭한 후 팝업 창에 'se'라고 입력한 후 [세그먼트 컨트롤(Segmented Control)]을 찾아 스토리보드 화면으로 끌어와 다음 그림과 같이 위쪽에 배치합니다. 그리고 좌우로 크기를 늘려 줍니다.

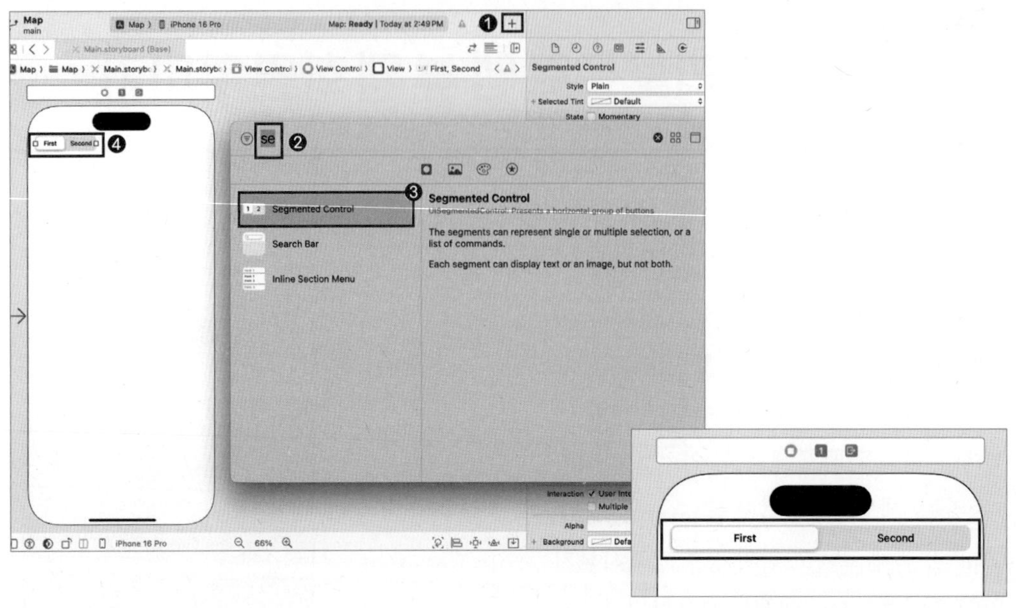

알아 두면 좋아요! 버튼과 세그먼트 컨트롤의 차이

세그먼트 컨트롤은 여러 세그먼트로 구성된 수평 컨트롤이며, 세그먼트는 각 세분화된 기능을 가진 버튼을 말합니다. 기능상으로 세그먼트는 버튼과 동일하다고 볼 수 있습니다. 다만, 세그먼트 컨트롤은 관련이 있는 버튼들을 모아 놓은 것이라 생각하면 됩니다. 그리고 모아 놓은 버튼에 '선택'의 개념이 더해졌습니다. 예를 들어 세 개의 버튼을 나열하였을 경우 이 버튼들이 관련이 있는지 없는지 알 수 없지만 세그먼트 컨트롤에 사용된 세그먼트는 관련이 있다고 볼 수 있습니다. 또한 버튼의 경우 세 개 중 이전에 어느 것을 선택했는지 알 수가 없지만 세그먼트 컨트롤의 경우는 세 개 중에 어느 세그먼트를 선택했는지 알 수 있습니다.

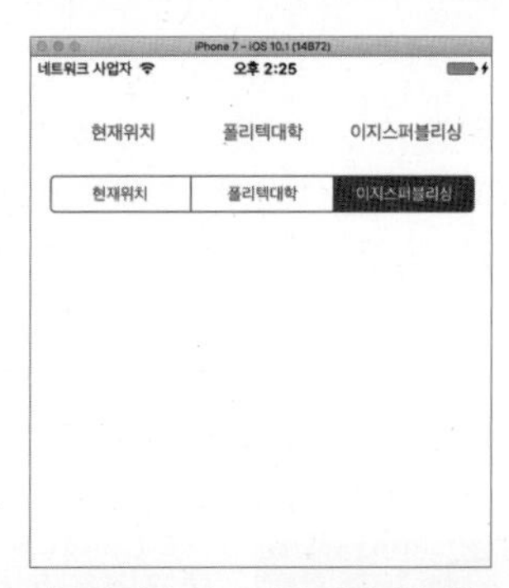

버튼의 경우 어느 것이 선택되어 있는지 알 수 없지만 세그먼트 컨트롤은 알 수 있습니다.

2. 세그먼트 컨트롤에 들어갈 글자 변경하기

이 세그먼트 컨트롤을 누르면 특정 위치를 선택할 수 있도록 설정하겠습니다. [세그먼트 컨트롤(Segmented Control)]을 선택한 채 오른쪽의 인스펙터 영역에서 [Attributes inspector] 버튼을 클릭한 후 Segments를 [3]으로 선택해 세그먼트를 하나 추가합니다.

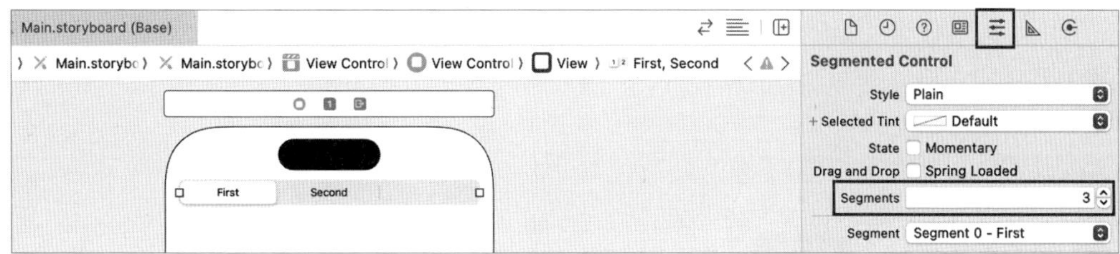

3. 그리고 마지막 세그먼트에 타이틀을 추가하기 위해 Segment에서 [Segment 2]를 선택합니다.

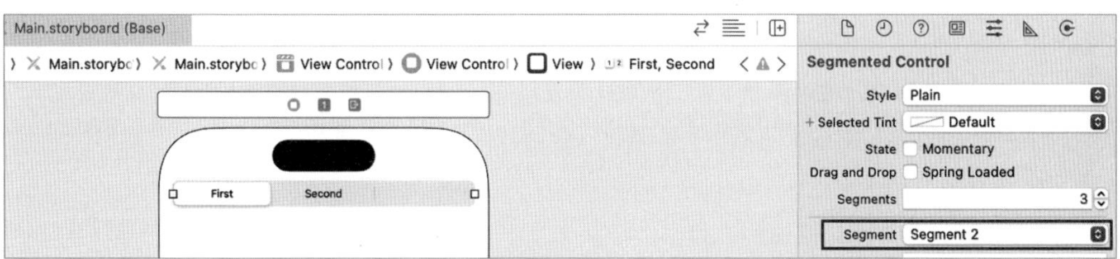

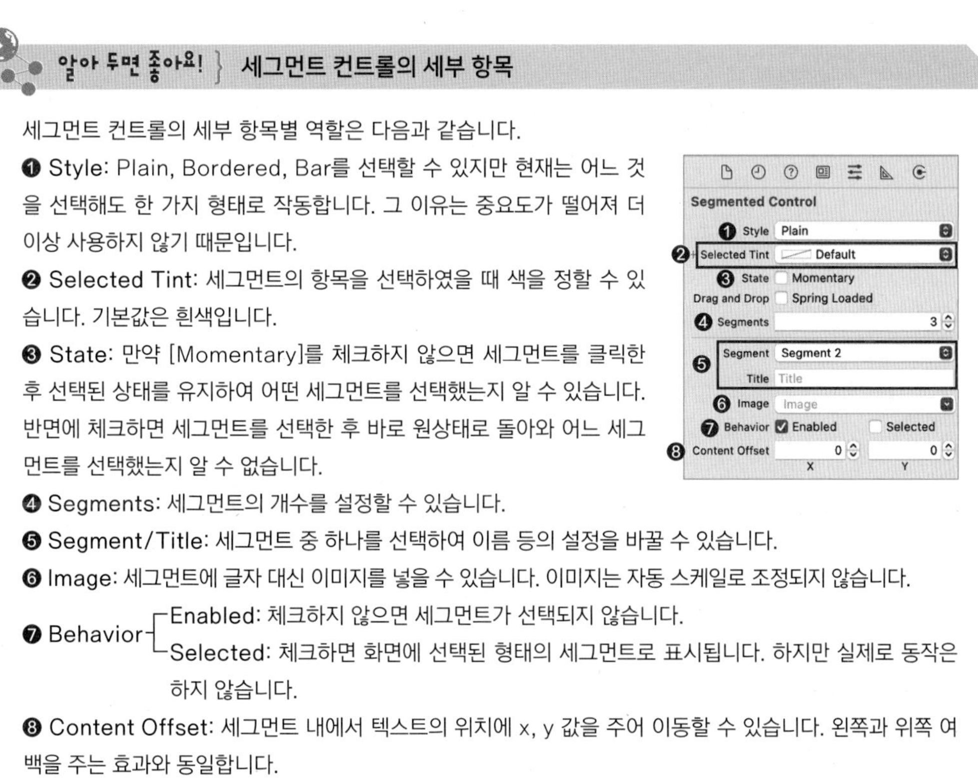

알아 두면 좋아요! } **세그먼트 컨트롤의 세부 항목**

세그먼트 컨트롤의 세부 항목별 역할은 다음과 같습니다.

❶ Style: Plain, Bordered, Bar를 선택할 수 있지만 현재는 어느 것을 선택해도 한 가지 형태로 작동합니다. 그 이유는 중요도가 떨어져 더 이상 사용하지 않기 때문입니다.

❷ Selected Tint: 세그먼트의 항목을 선택하였을 때 색을 정할 수 있습니다. 기본값은 흰색입니다.

❸ State: 만약 [Momentary]를 체크하지 않으면 세그먼트를 클릭한 후 선택된 상태를 유지하여 어떤 세그먼트를 선택했는지 알 수 있습니다. 반면에 체크하면 세그먼트를 선택한 후 바로 원상태로 돌아와 어느 세그먼트를 선택했는지 알 수 없습니다.

❹ Segments: 세그먼트의 개수를 설정할 수 있습니다.

❺ Segment/Title: 세그먼트 중 하나를 선택하여 이름 등의 설정을 바꿀 수 있습니다.

❻ Image: 세그먼트에 글자 대신 이미지를 넣을 수 있습니다. 이미지는 자동 스케일로 조정되지 않습니다.

❼ Behavior
- Enabled: 체크하지 않으면 세그먼트가 선택되지 않습니다.
- Selected: 체크하면 화면에 선택된 형태의 세그먼트로 표시됩니다. 하지만 실제로 동작은 하지 않습니다.

❽ Content Offset: 세그먼트 내에서 텍스트의 위치에 x, y 값을 주어 이동할 수 있습니다. 왼쪽과 위쪽 여백을 주는 효과와 동일합니다.

4. 'Title' 입력란에 지도에서 찾고자 하는 장소의 이름을 입력합니다. 필자의 경우는 출판사의 위치를 선택하기 위해 '이지스퍼블리싱'을 입력하였습니다.

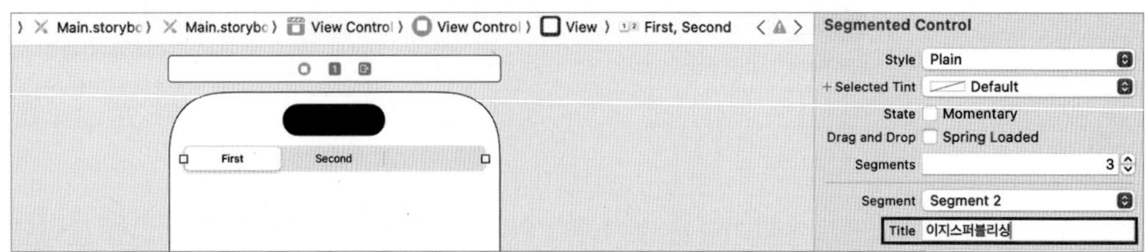

알아 두면 좋아요! } 세그먼트 컨트롤의 크기 조절

세그먼트 컨트롤의 크기 조절은 가로만 가능하고 세로는 불가능합니다. 또한 오프셋 값을 이용하여 세그먼트 내의 글씨 위치도 변경할 수 있습니다.

▶ 세그먼트 컨트롤의 가로 폭에 비해 글자가 너무 길면 말줄임표(...)와 함께 일부 글자만 보입니다.

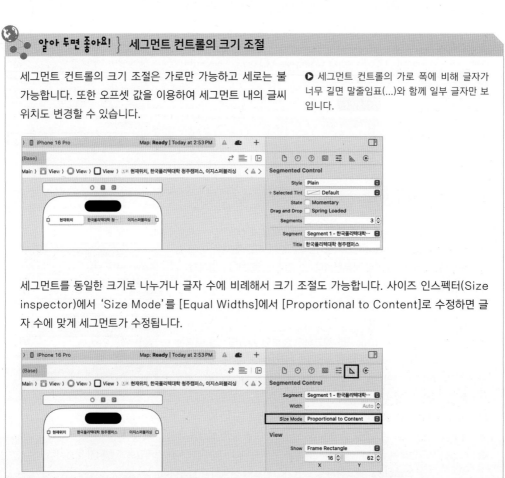

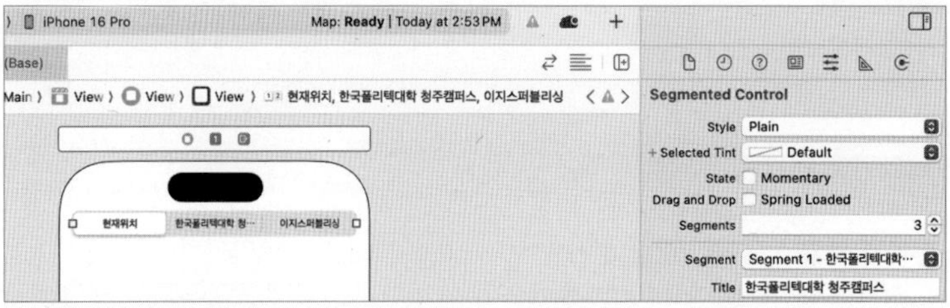

세그먼트를 동일한 크기로 나누거나 글자 수에 비례해서 크기 조절도 가능합니다. 사이즈 인스펙터(Size inspector)에서 'Size Mode'를 [Equal Widths]에서 [Proportional to Content]로 수정하면 글자 수에 맞게 세그먼트가 수정됩니다.

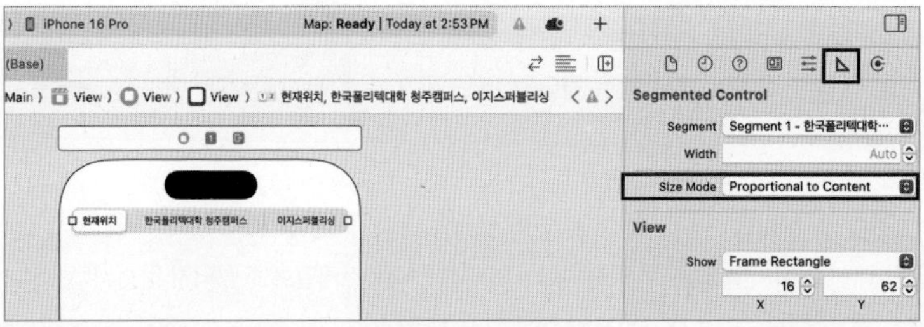

5. 세그먼트 컨트롤의 타이틀은 해당 부분을 더블 클릭해서 수정할 수도 있습니다. 두 번째 세그먼트에는 장소 이름을 입력하고, 첫 번째 세그먼트에는 '현재위치'라고 입력합니다.

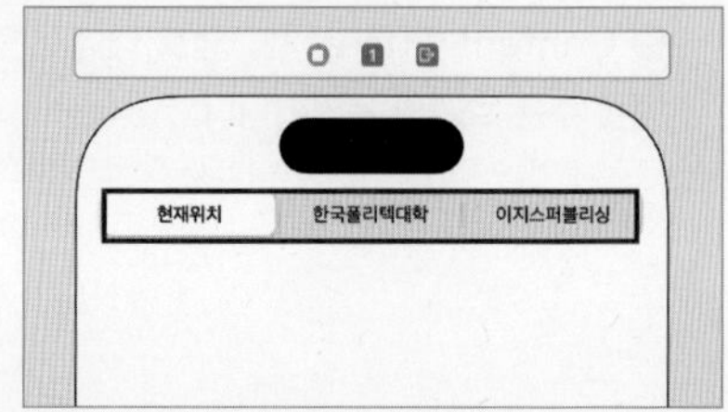

6. 지도를 보여 줄 맵 뷰 추가하기

세그먼트 컨트롤에 대해 살펴봤으니 이제는 지도를 보여 줄 맵 뷰를 추가해 보겠습니다. [Library] 버튼을 클릭한 후 팝업 창에 'map'을 입력하여 [맵 킷 뷰(Map Kit View)]라는 객체를 찾은 후 맵 뷰를 스토리보드로 끌어와 세그먼트 컨트롤 아래에 배치합니다. 이때 아래쪽은 위치 정보를 위한 레이블을 위해 남겨둡니다.

7. 위치 정보를 표기할 레이블 추가하기

맵 뷰 아래쪽에는 그 위치에 대한 정보를 표기해 보겠습니다. 정보를 보여 주기 위해 여기서는 [레이블(Label)]을 이용합니다. [Library] 버튼을 클릭한 후 팝업 창에 'la'를 입력하면 목록에 [레이블(Label)]이 나타납니다. 레이블 두 개를 스토리보드로 끌어와 맵 뷰 아래에 배치한 후 크기도 조절합니다. 하나에는 위치에 대한 설명을, 나머지 하나에는 실제 위치의 주소를 표기할 것입니다.

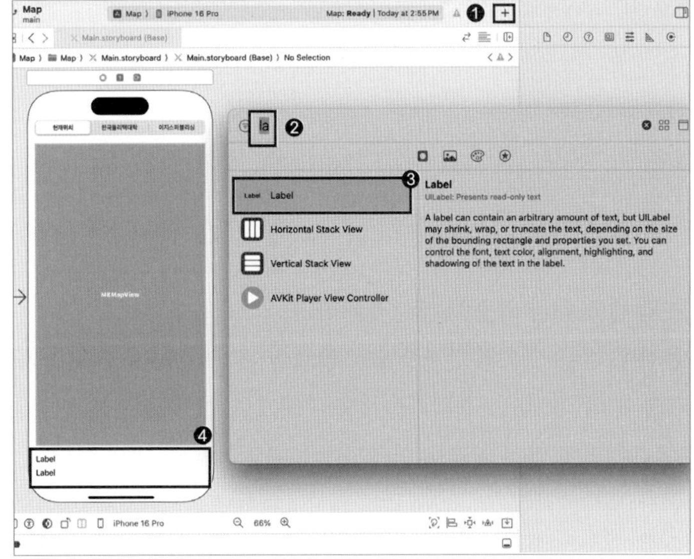

08-4 아웃렛 변수와 액션 함수 추가하기

이제 프로그램에서 지도를 보여 주기 위한 맵 뷰의 아웃렛 변수와 위치 정보를 보여 주기 위한 레이블의 아웃렛 변수 그리고 미리 지정한 위치를 지도에 보여 주기 위한 세그먼트 컨트롤의 액션 함수를 추가해 보겠습니다.

스토리보드의 오브젝트에 아웃렛 변수와 액션 함수 추가하기

1. 보조 편집기 영역 열기

아웃렛 변수와 액션 함수를 추가하기 위해 화면 오른쪽 윗부분의 [Adjust Editor Options] 버튼을 클릭한 후 [Assistant] 메뉴를 선택하여 보조 편집기 영역을 엽니다.

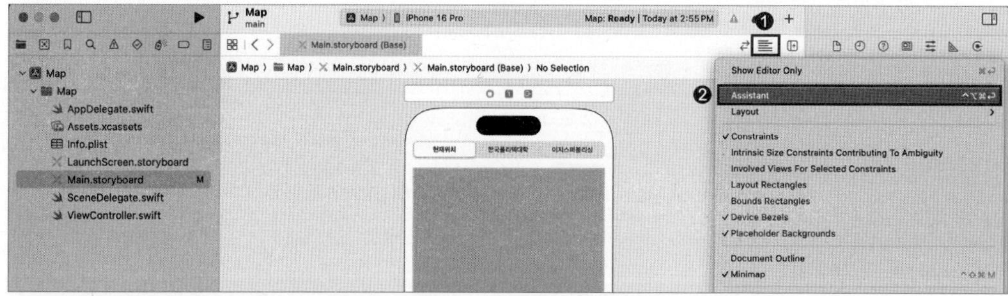

2. 맵 뷰에 대한 아웃렛 변수 추가하기

맵 뷰를 마우스 오른쪽 버튼으로 클릭한 후 오른쪽 보조 편집기 영역으로 드래그하면 다음 그림과 같이 연결선이 나타납니다. 드래그한 연결선을 뷰 컨트롤러의 클래스(ViewController class) 선언문 바로 아래에 연결하여 아웃렛 변수를 추가합니다.

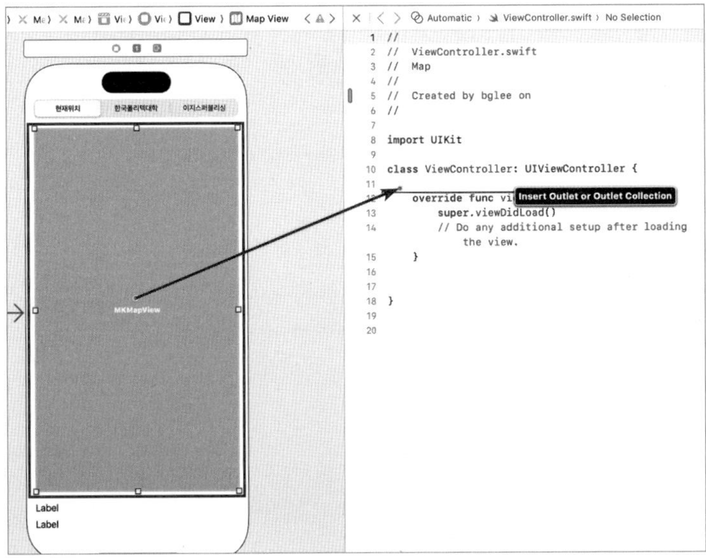

3. 아웃렛 변수 연결 설정 창이 나타나면 다음과 같이 아웃렛 변수의 이름(Name)을 입력하고 타입(Type)을 확인한 후 [Connect] 버튼을 클릭합니다. 여기서는 이름(Name)을 myMap으로 입력합니다.

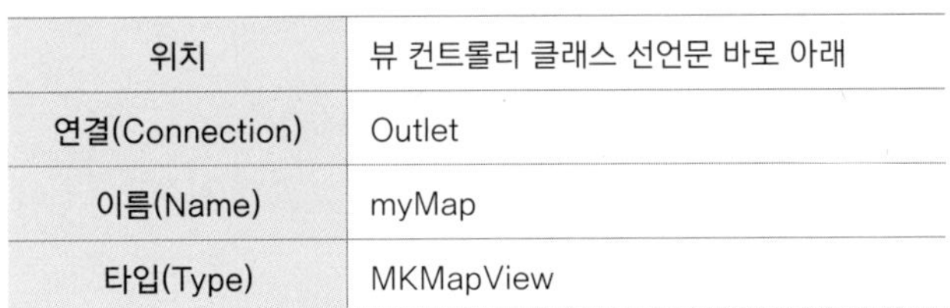

위치	뷰 컨트롤러 클래스 선언문 바로 아래
연결(Connection)	Outlet
이름(Name)	myMap
타입(Type)	MKMapView

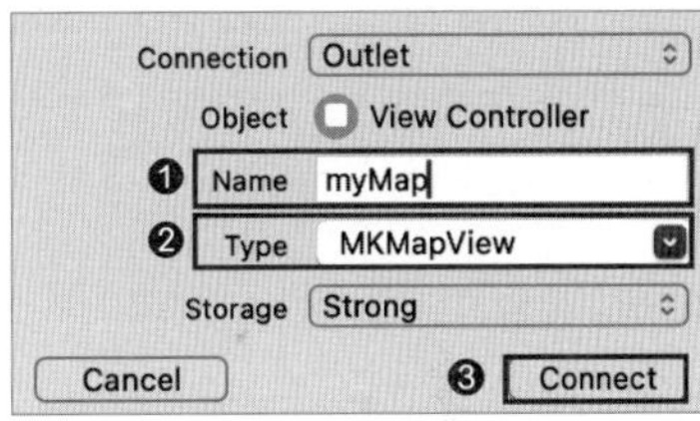


```
@IBOutlet var myMap: MKMapView!
```

그런데 이때 한 줄에 에러가 발생한 것을 볼 수 있습니다. 에러가 발생한 이유는 방금 설정 창에서 타입(Type)을 [MKMapView]로 설정했는데 이 MKMapView가 정의되어 있는 MapKit이 임포트 되지 않았기 때문입니다.

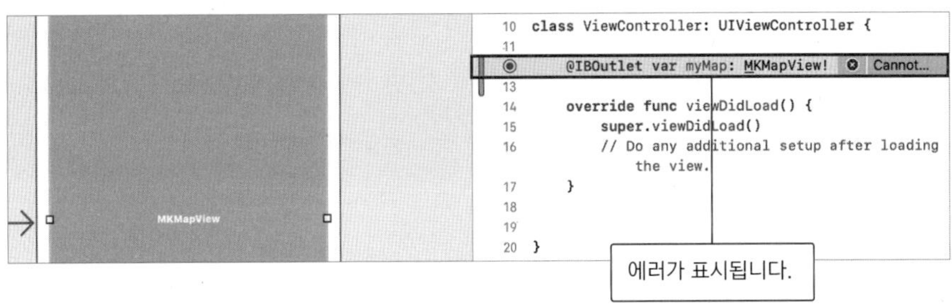

4. 그림에서 위치를 참고하여 코드에 'import MapKit'을 추가합니다. 이 맵킷(MapKit)은 지도를 확대, 축소 및 이동하는 등 지도에 관한 여러 기능을 제공합니다. 따라서 사용자의 터치를 인식하여 기능을 수행하기 위해선 이 작업이 필요합니다.

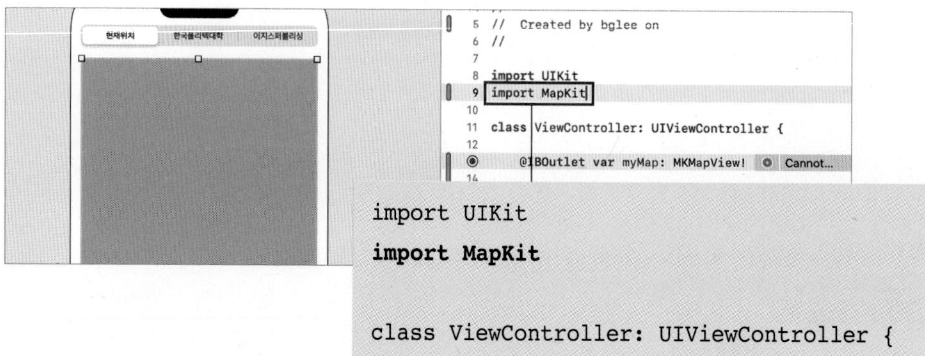

```
import UIKit
import MapKit

class ViewController: UIViewController {
```

5. 다시 레이블을 마우스 오른쪽 버튼으로 클릭한 후 오른쪽 보조 편집기 영역으로 드래그하면 다음 그림과 같이 연결선이 나타납니다. 드래그한 연결선을 위에서 추가한 아웃렛 변수의 바로 아래에 배치한 후 마우스 버튼에서 손을 뗍니다.

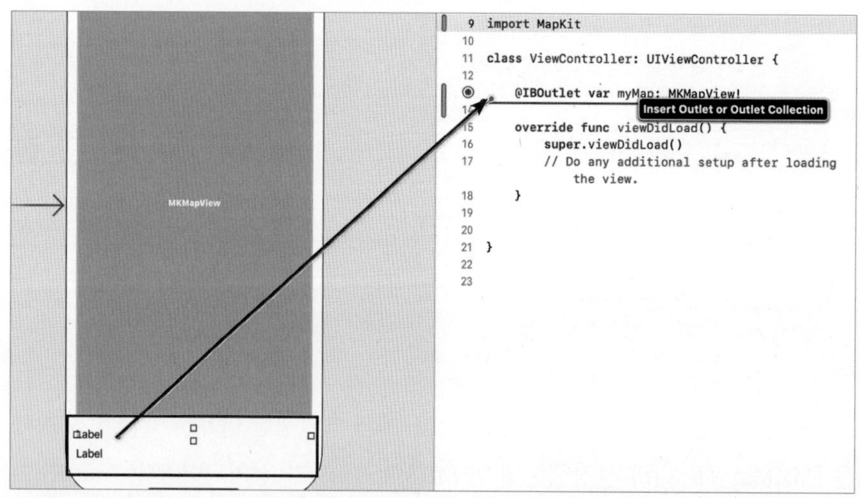
MKMapView
Label
Label
import MapKit
class ViewController: UIViewController {
@IBOutlet var myMap: MKMapView!
Insert Outlet or Outlet Collection
override func viewDidLoad() {
super.viewDidLoad()
// Do any additional setup after loading the view.
}
}

6. 연결 설정 창이 나타나면 다음과 같이 아웃렛 변수의 이름(Name)을 입력하고 타입(Type)을 확인한 후 [Connect] 버튼을 클릭하여 레이블과 아웃렛 변수를 연결합니다.

위치	myMap 아웃렛 변수 바로 아래
연결(Connection)	Outlet
이름(Name)	lblLocationInfo1
타입(Type)	UILabel

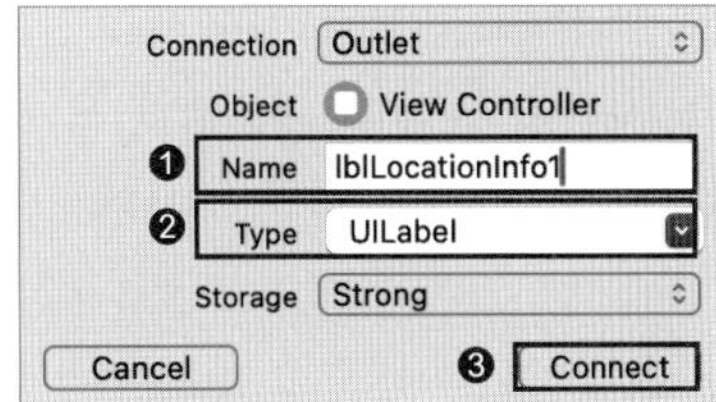


```
@IBOutlet var lblLocationInfo1: UILabel!
```

7. 6번과 같은 방법으로 두 번째 레이블의 연결 설정 창에서 아웃렛 변수의 이름(Name)을 입력하고 타입(Type)을 확인한 후 [Connect] 버튼을 클릭하여 레이블과 아웃렛 변수를 연결합니다. 여기서는 이름을 'lblLocationInfo2'로 입력합니다.

위치	lblLocationInfo1 아웃렛 변수 바로 아래
연결(Connection)	Outlet
이름(Name)	lblLocationInfo2
타입(Type)	UILabel

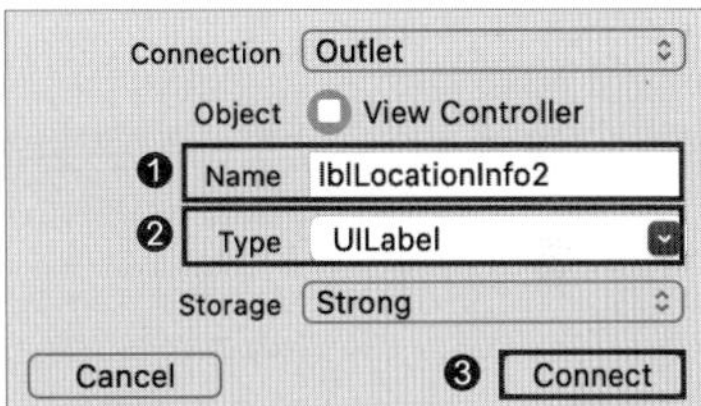


```
@IBOutlet var lblLocationInfo2: UILabel!
```

8. 액션 함수 추가하기

세그먼트 컨트롤에 대한 액션 함수를 추가하겠습니다. 마우스 오른쪽 버튼으로 세그먼트를 클릭한 후 드래그해서 오른쪽 보조 편집기 영역에 갖다 놓습니다.

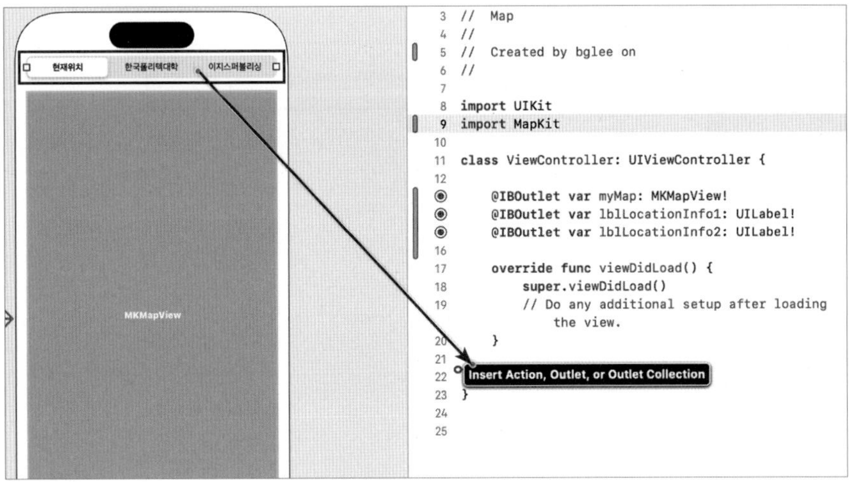

9. 아래 표를 참고하여 세그먼트 컨트롤의 액션 함수를 연결합니다. 이때, 타입(Type)을 [UISegmentedControl]로 설정하는 이유는 세그먼트 컨트롤에 액션을 추가하기 위해서입니다.

위치	뷰 컨트롤러 클래스의 마지막 '}' 바로 앞 부분
연결(Connection)	Action
이름(Name)	sgChangeLocation
타입(Type)	UISegmentedControl

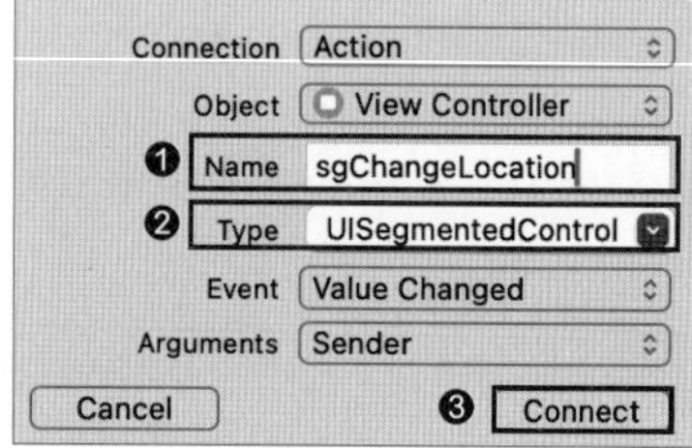


```
@IBAction func sgChangeLocation(_ sender: UISegmentedControl) {
}
```

10. 이렇게 해서 모든 아웃렛 변수와 액션 함수를 추가했습니다.

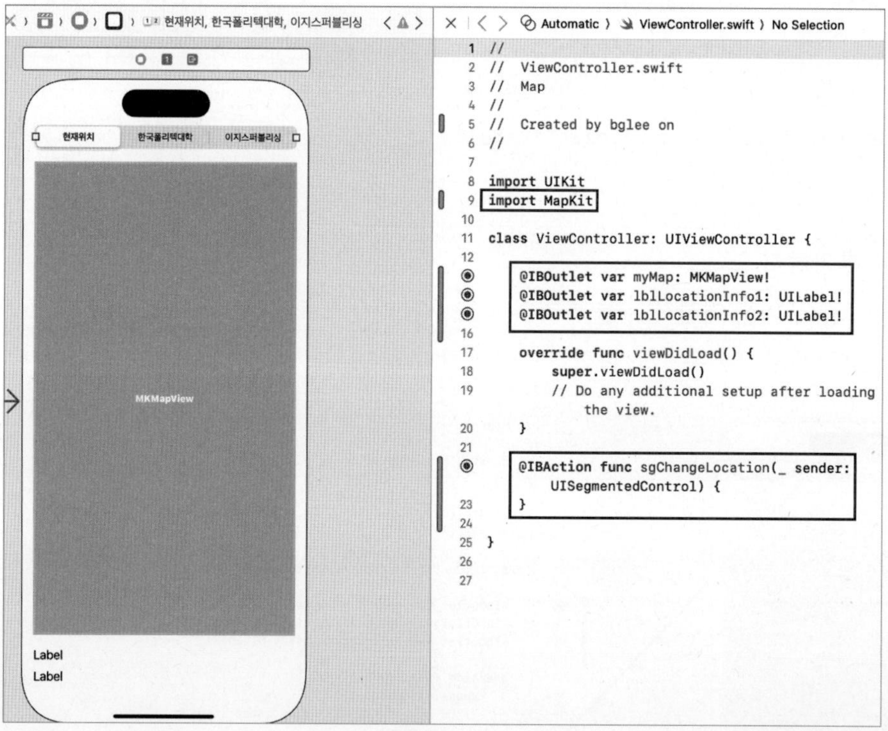

08-5 지도 보여 주기

08-4절에서 지도를 보여 주기 위한 맵 뷰의 아웃렛 변수와 위치 정보를 보여 주기 위한 레이블의 아웃렛 변수 그리고 미리 지정한 위치를 지도로 보여 주기 위한 세그먼트 컨트롤의 액션 함수를 추가해 보았습니다. 이제는 지도를 보여 주기 위한 변수 선언과 초기 작업을 진행해 보겠습니다.

맵 뷰에 우리나라 지도 보여 주기

1. 왼쪽 내비게이터 영역에서 [ViewController.swift]를 선택합니다.

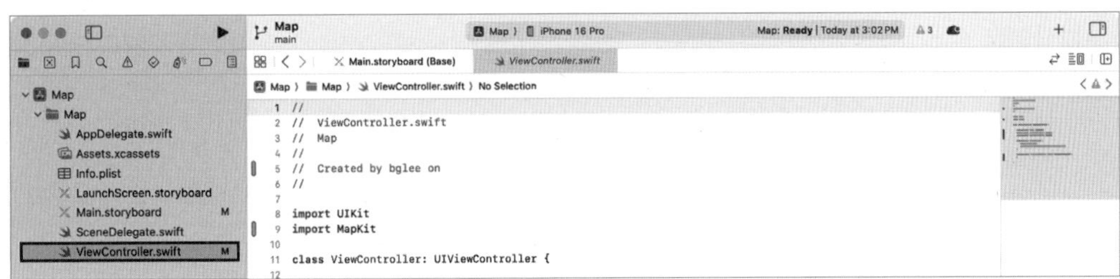

2. 지도 보여 주기

지도를 보여 주기 위해 변수와 델리게이트를 선언하겠습니다. 아래 그림을 참고하여 다음 소스를 뷰 컨트롤러의 선언문과 아웃렛 변수들 아래에 각각 추가합니다.

```
import UIKit
import MapKit

class ViewController: UIViewController, CLLocationManagerDelegate {

    @IBOutlet var myMap: MKMapView!
    @IBOutlet var lblLocationInfo1: UILabel!
    @IBOutlet var lblLocationInfo2: UILabel!

    let locationManager = CLLocationManager()

    override func viewDidLoad() {
        super.viewDidLoad()
        // Do any additional setup after loading the view.
    }

    @IBAction func sgChangeLocation(_ sender: UISegmentedControl) {
    }
```

```
Class ViewController: UIViewController, CLLocationManagerDelegate {
        ⋮
    let locationManager = CLLocationManager()
        ⋮
```

3. 앱을 실행하면 지도가 나타나도록 viewDidLoad 함수에 코드를 추가하겠습니다. 다음 그림을 참고하여 소스를 입력하세요. 각 소스의 의미는 아래와 같습니다.

```
let locationManager = CLLocationManager()

override func viewDidLoad() {
    super.viewDidLoad()
    // Do any additional setup after loading the view.
    lblLocationInfo1.text = ""
    lblLocationInfo2.text = ""
    locationManager.delegate = self
    locationManager.desiredAccuracy = kCLLocationAccuracyBest
    locationManager.requestWhenInUseAuthorization()
    locationManager.startUpdatingLocation()
    myMap.showsUserLocation = true
}

@IBAction func sgChangeLocation(_ sender: UISegmentedControl) {
}
```

```
override func viewDidLoad() {
    super.viewDidLoad()
    // Do any additional setup after loading the view, typically from a nib.
    lblLocationInfo1.text = ""  ─┐
    lblLocationInfo2.text = ""  ─┴❶
    locationManager.delegate = self ─❷
    locationManager.desiredAccuracy = kCLLocationAccuracyBest ─❸
    locationManager.requestWhenInUseAuthorization() ─❹
    locationManager.startUpdatingLocation() ─❺
    myMap.showsUserLocation = true ─❻
}
```

❶ 위치 정보를 표시할 레이블에는 아직 특별히 표시할 필요가 없으므로 공백으로 둡니다.

❷ 상수 locationManager의 델리게이트를 self로 설정합니다.

❸ 정확도를 최고로 설정합니다.

❹ 위치 데이터를 추적하기 위해 사용자에게 승인을 요구합니다.

❺ 위치 업데이트를 시작합니다.

❻ 위치 보기 값을 true로 설정합니다.

4. 결과 보기

이제 지도가 제대로 나타나는지 확인해 보겠습니다. 시뮬레이터를 [iPhone 16 Pro]로 수정 후 [실행] 버튼을 클릭하면 iOS 시뮬레이터가 구동되며 프로그래밍한 앱이 실행됩니다. 맵 뷰에 우리나라의 지도가 나타납니다.

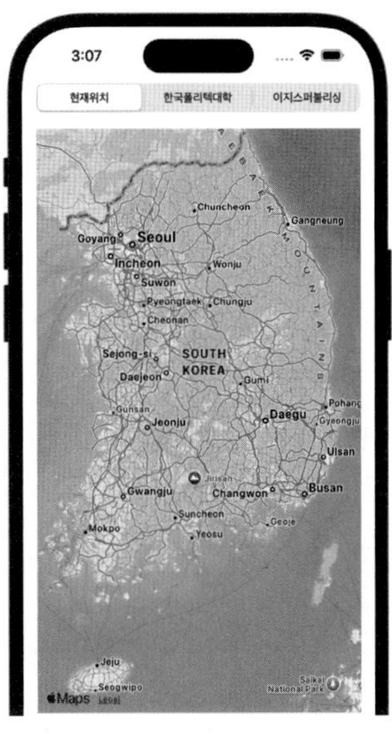

5. 앱이 사용자 위치에 접근하도록 허용하기

앱이 사용자 위치에 접근할 수 있도록 'Info.plist'을 수정합니다. 경우에 따라 지도가 나타나지 않을 수도 있습니다. 이런 경우 경고 창을 확인하여 'This app has attempted to access privacy-sensitive data without a usage description.'이라는 메시지가 있다면 'Info.plist'을 수정하여 또한 해결할 수 있습니다.

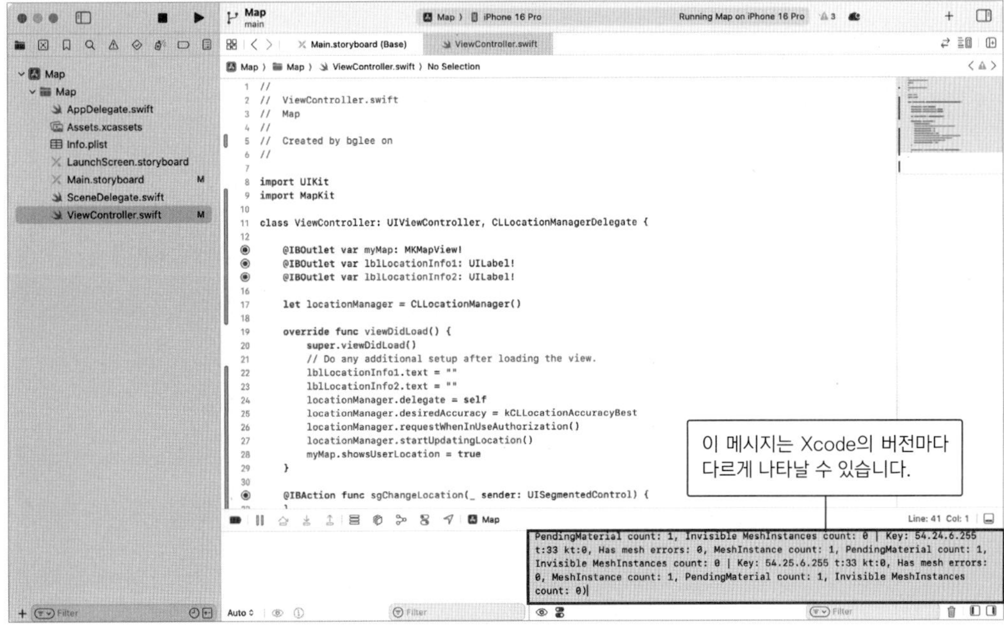

'Info.plist'를 수정하기 위해 왼쪽의 내비게이터 영역에서 [Info.plist]를 선택한 후 마우스 커서를 [Information Property List] 위로 가져가 [+]가 표시되면 이를 클릭합니다.

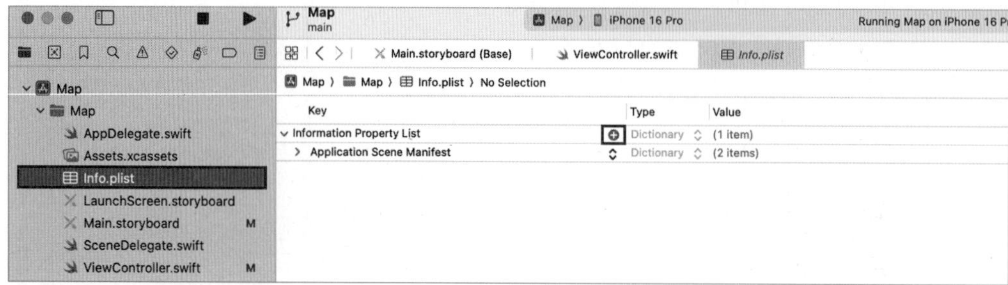

리스트가 새로 추가되면 'Privacy - Location When In Use Usage Description'을 선택합니다.

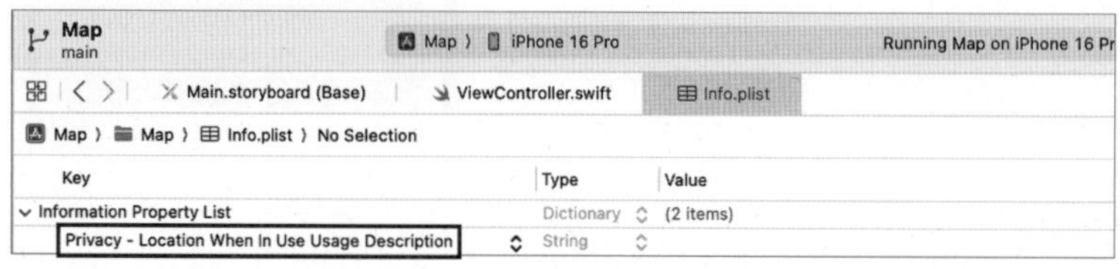

[Value]를 더블 클릭하여 [App needs location servers for stuff.]를 입력합니다.

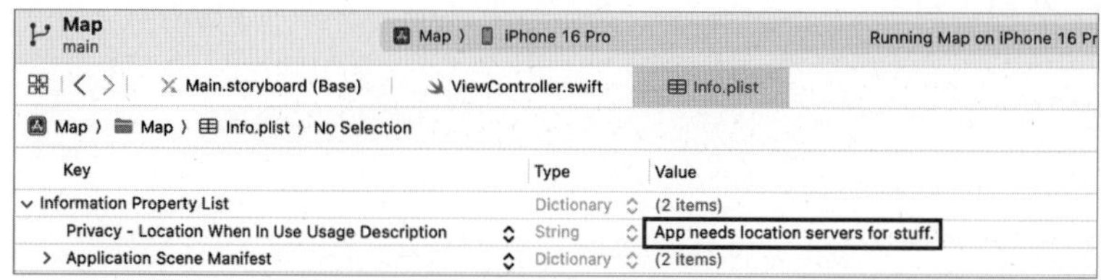

6. 다시 시뮬레이터를 실행해 앱이 사용자 위치에 접근하도록 허용할 것인지를 물어보면 앱이 실행하는 동안 허용할 때는 [Allow While Using App]을, 한 번 허용할 때는 [Allow Once]를 눌러 허용합니다. 다음부터는 시뮬레이터를 실행하더라도 경고 메시지가 나타나지 않습니다.

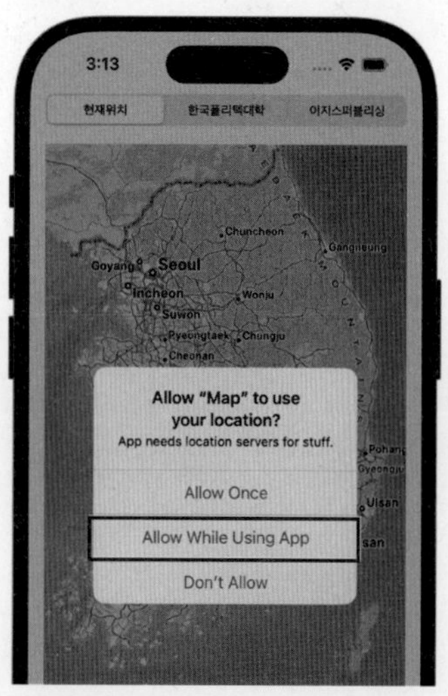

08-6 시뮬레이터를 한글화하기

지도를 보면 '대한민국'이 아닌 'SOUTH KOREA'로 표시되어 있는데, 이는 시뮬레이터의 언어가 영어로 되어 있기 때문입니다. 설정을 통해 언어와 지역을 수정해 보겠습니다.

iOS 시뮬레이터의 언어와 지역 바꾸기

1. 먼저 iOS 시뮬레이터에서 홈 버튼을 클릭하거나 키보드의 command ⌘ + shift + H를 눌러 홈으로 이동합니다. 그런 다음 마우스를 이용해 [Settings → General → Language & Region]을 클릭하여 이동합니다. 현재 언어는 [English]로, 지역은 [United States]로 되어 있습니다. 여기에 [한국어]를 추가하고 [대한민국]으로 수정합니다.

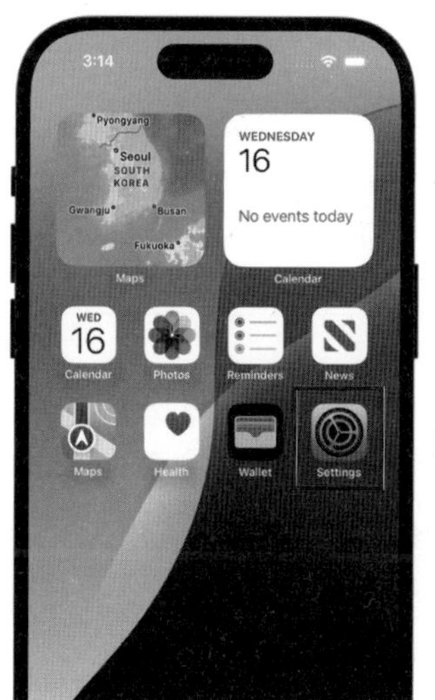

2. 다시 홈 버튼을 클릭하거나 command ⌘ + shift + H를 눌러 홈으로 이동하면 아이폰의 글자들이 한글로 변경되어 있습니다.

3. 이제 앱을 실행하면 지도의 글자가 한글로 바뀌어 있는 것을 확인할 수 있습니다.

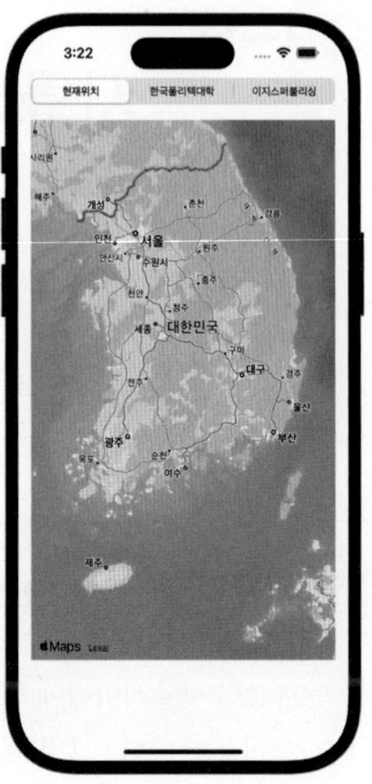

08-7 위도와 경도로 원하는 위치 표시하기

앞에서는 우리나라의 전체 지도를 보여 주었다면 이제는 사용자가 원하는 위도와 경도의 지도만 보여 주기 위해 추가적인 코딩을 해보겠습니다. 위도, 경도 그리고 범위의 크기를 지정하면 지도에 원하는 위치를 표시해 주는 함수를 추가하겠습니다.

위도와 경도로 원하는 위치 표시하기

1. 추가하는 함수 이름을 'goLocation'으로 지정하고, 입력 파라미터는 위도 값, 경도 값, 범위로 설정합니다. 이 함수를 앞에서 만든 sgChangeLocation 액션 함수 바로 앞에 입력합니다.

```
class ViewController: UIViewController, CLLocationManagerDelegate {

    @IBOutlet var myMap: MKMapView!
    @IBOutlet var lblLocationInfo1: UILabel!
    @IBOutlet var lblLocationInfo2: UILabel!

    let locationManager = CLLocationManager()

    override func viewDidLoad() {
        super.viewDidLoad()
        // Do any additional setup after loading the view.
        lblLocationInfo1.text = ""
        lblLocationInfo2.text = ""
        locationManager.delegate = self
        locationManager.desiredAccuracy = kCLLocationAccuracyBest
        locationManager.requestWhenInUseAuthorization()
        locationManager.startUpdatingLocation()
        myMap.showsUserLocation = true
    }

    func goLocation(latitudeValue: CLLocationDegrees, longitudeValue : CLLocationDegrees, delta span :Double) {

    }

    @IBAction func sgChangeLocation(_ sender: UISegmentedControl) {
    }

}

```

```
func goLocation(latitudeValue: CLLocationDegrees,
      longitudeValue : CLLocationDegrees, delta span :Double) {

}
```

2. 지도를 나타내기 위해서는 네 개의 함수를 호출해야 합니다. 그 네 가지 함수는 CLLocationCoordinate2DMake 함수, MKCoordinateSpan 함수, MKCoordinateRegion 함수 그리고 맵 뷰의 setRegion 함수입니다. 이 함수들을 이용한 소스를 앞에서 추가한 goLocation 함수 안에 입력합니다.

```
    override func viewDidLoad() {
        super.viewDidLoad()
        // Do any additional setup after loading the view.
        lblLocationInfo1.text = ""
        lblLocationInfo2.text = ""
        locationManager.delegate = self
        locationManager.desiredAccuracy = kCLLocationAccuracyBest
        locationManager.requestWhenInUseAuthorization()
        locationManager.startUpdatingLocation()
        myMap.showsUserLocation = true
    }

    func goLocation(latitudeValue: CLLocationDegrees, longitudeValue : CLLocationDegrees, delta span :Double) {
        let pLocation = CLLocationCoordinate2DMake(latitudeValue, longitudeValue)
        let spanValue = MKCoordinateSpan(latitudeDelta: span, longitudeDelta: span)
        let pRegion = MKCoordinateRegion(center: pLocation, span: spanValue)
        myMap.setRegion(pRegion, animated: true)
    }

    @IBAction func sgChangeLocation(_ sender: UISegmentedControl) {
    }

}

```

```
func goLocation(latitudeValue: CLLocationDegrees,
     longitudeValue : CLLocationDegrees, delta span :Double) {
     let pLocation = CLLocationCoordinate2DMake(latitudeValue, longitudeValue) —❶
     let spanValue = MKCoordinateSpan(latitudeDelta: span, longitude
     Delta: span) —❷
     let pRegion = MKCoordinateRegion(center: pLocation, span: span
     Value) —❸
     myMap.setRegion(pRegion, animated: true) —❹
}
```

❶ 위도 값과 경도 값을 매개변수로 하여 CLLocation Coordinate2DMake 함수를 호출하고, 리턴 값을 pLocation으로 받습니다.

❷ 범위 값을 매개변수로 하여 MKCoordinateSpan Make 함수를 호출하고, 리턴 값을 spanValue로 받습니다.

❸ pLocation과 spanValue 값을 매개변수로 하여 MKCoordinateRegionMake 함수를 호출하고, 리턴 값을 pRegion으로 받습니다.

❹ pRegion 값을 매개변수로 하여 myMap.setRegion 함수를 호출합니다.

3. 위치가 업데이트되었을 때 지도에 위치를 나타내기 위해 함수를 추가하겠습니다. location Manager 함수를 **2**번 과정에서 추가한 goLocation 함수 아래에 추가합니다.

```
        locationManager.startUpdatingLocation()
        myMap.showsUserLocation = true
    }

    func goLocation(latitudeValue: CLLocationDegrees, longitudeValue : CLLocationDegrees, delta span :Double) {
        let pLocation = CLLocationCoordinate2DMake(latitudeValue, longitudeValue)
        let spanValue = MKCoordinateSpan(latitudeDelta: span, longitudeDelta: span)
        let pRegion = MKCoordinateRegion(center: pLocation, span: spanValue)
        myMap.setRegion(pRegion, animated: true)
    }

    func locationManager(_ manager: CLLocationManager, didUpdateLocations locations: [CLLocation]) {
        code
    }

    @IBAction func sgChangeLocation(_ sender: UISegmentedControl) {
    }
```

```
func goLocation(latitudeValue: CLLocationDegrees,
     longitudeVale : CLLocationDegrees, delta Span :Double) {
     ⋮
}

func locationManager(_ manager: CLLocationManager, didUpdateLocations
     locations: [CLLocation]) {
}
```

4. 다음 소스를 locationManager 함수 안에 입력하면 마지막 위치가 지도에 나타납니다.

```
        locationManager.startUpdatingLocation()
        myMap.showsUserLocation = true
    }

    func goLocation(latitudeValue: CLLocationDegrees, longitudeValue : CLLocationDegrees, delta span :Double) {
        let pLocation = CLLocationCoordinate2DMake(latitudeValue, longitudeValue)
        let spanValue = MKCoordinateSpan(latitudeDelta: span, longitudeDelta: span)
        let pRegion = MKCoordinateRegion(center: pLocation, span: spanValue)
        myMap.setRegion(pRegion, animated: true)
    }

    func locationManager(_ manager: CLLocationManager, didUpdateLocations locations: [CLLocation]) {
        let pLocation = locations.last
        goLocation(latitudeValue: (pLocation?.coordinate.latitude)!, longitudeValue:
            (pLocation?.coordinate.longitude)!, delta: 0.01)
    }

    @IBAction func sgChangeLocation(_ sender: UISegmentedControl) {
    }

}
```

```
func locationManager(_ manager: CLLocationManager, didUpdateLocations
     locations: [CLLocation]) {
     let pLocation = locations.last —❶
     goLocation(latitudeValue: (pLocation?.coordinate.latitude)!,
       longitudeValue: (pLocation?.coordinate.longitude)!, delta: 0.01) —❷
}
```

❶ 위치가 업데이트되면 먼저 마지막 위치 값을 찾아냅니다.

❷ 마지막 위치의 위도와 경도 값을 가지고 앞에서 만든 goLocation 함수를 호출합니다. 이때 delta 값은 지도의 크기를 정하는데, 값이 작을수록 확대되는 효과가 있습니다. delta를 0.01로 하였으니 1의 값보다 지도를 100배로 확대해서 보여 줄 것입니다.

08-8 위치 정보 추출해 텍스트로 표시하기

이제 위도와 경도 값을 이용해 위치 정보를 가져오고 나라, 지역 및 도로명을 찾아 레이블에 표시해 보겠습니다.

위치 정보 추출하여 텍스트로 표시하기

1. 위도와 경도 값을 가지고 역으로 위치의 정보, 즉 주소를 찾아보겠습니다. 핸들러의 익명 함수를 추가로 준비합니다. 쉽게 말해 reverse Geocode Location 함수에서 내부 파라미터인 핸들러를 익명 함수로 처리하기 위해 {, }를 넣습니다.

▶ 익명 함수에 관한 자세한 내용은 178쪽의 [스위프트 문법]을 참고하세요.

▶ 함수와 내부 파라미터에 관한 내용은 233쪽의 [스위프트 문법]을 참고하세요.

```
        myMap.showsUserLocation = true
    }

    func goLocation(latitudeValue: CLLocationDegrees, longitudeValue : CLLocationDegrees, delta span :Double) {
        let pLocation = CLLocationCoordinate2DMake(latitudeValue, longitudeValue)
        let spanValue = MKCoordinateSpan(latitudeDelta: span, longitudeDelta: span)
        let pRegion = MKCoordinateRegion(center: pLocation, span: spanValue)
        myMap.setRegion(pRegion, animated: true)
    }

    func locationManager(_ manager: CLLocationManager, didUpdateLocations locations: [CLLocation]) {
        let pLocation = locations.last
        goLocation(latitudeValue: (pLocation?.coordinate.latitude)!, longitudeValue:
            (pLocation?.coordinate.longitude)!, delta: 0.01)
        CLGeocoder().reverseGeocodeLocation(pLocation!, completionHandler: {   ⊗ Contextual type for closure argume...

        })
    }

    @IBAction func sgChangeLocation(_ sender: UISegmentedControl) {
    }

}
```

```
func locationManager(_ manager: CLLocationManager, didUpdateLocations
    locations: [CLLocation]) {
    let pLocation = locations.last
    goLocation(latitudeValue: (pLocation?.coordinate.latitude)!,
      longitudeValue: (pLocation?.coordinate.longitude)!, delta: 0.01)
    CLGeocoder().reverseGeocodeLocation(pLocation!, completionHandler: {

    })
}
```

2. 핸들러의 추가 함수를 작성하는 데 placemarks 값의 첫 부분만 pm 상수로 받습니다. 이 pm 상수에서 나라(country) 값을 추출하고, 지역(locality)과 도로(thoroughfare)는 존재할 경우에만 출력하도록 하겠습니다. 각각의 값 사이에는 공백을 넣어 읽기 쉽게 합니다. 마지막으로 레이블의 텍스트에 위치 정보를 넣습니다.

```
func locationManager(_ manager: CLLocationManager, didUpdateLocations
    locations: [CLLocation]) {
    let pLocation = locations.last
    goLocation(latitudeValue: (pLocation?.coordinate.latitude)!,
        longitudeValue: (pLocation?.coordinate.longitude)!, delta: 0.01)
    CLGeocoder().reverseGeocodeLocation(pLocation!, completionHandler: {
        (placemarks, error) -> Void in
            let pm = placemarks!.first —❶
            let country = pm!.country —❷
            var address:String = country!—❸
            if pm!.locality != nil {—❹
                address += " "
                address += pm!.locality!
            }
            if pm!.thoroughfare != nil {—❺
                address += " "
                address += pm!.thoroughfare!
            }

            self.lblLocationInfo1.text = "현재 위치"—❻
            self.lblLocationInfo2.text = address—❼

        })

    locationManager.stopUpdatingLocation()—❽
}
```

❶ placemarks 값의 첫 부분만 pm 상수로 대입합니다.

❷ pm 상수에서 나라 값을 country 상수에 대입합니다.

❸ 문자열 address에 country 상수의 값을 대입합니다.

❹ pm 상수에서 지역 값이 존재하면 address 문자열에 추가합니다.

❺ pm 상수에서 도로 값이 존재하면 address 문자열에 추가합니다.

❻ 레이블에 "현재 위치" 텍스트를 표시합니다.

❼ 레이블에 address 문자열의 값을 표시합니다.

❽ 마지막으로 위치가 업데이트되는 것을 멈추게 합니다.

3. 결과 보기

이제 지도가 제대로 나타나고 위치 정보도 제대로 보여 주는지 확인해 보겠습니다. [실행] 버튼을 클릭합니다. 지도가 제대로 표시되지 않으면 08-9절을 참고하여 시뮬레이터의 메뉴에서 [Features → Location → Apple]로 수정한 후 앱을 다시 실행하면 제대로 표시된 지도를 확인할 수 있습니다.

스위프트 문법 } self란?

self란 보통 클래스나 구조체 자신을 가리킬 때 사용합니다. 예를 들어 Point 클래스 내부에 x라는 변수가 있다고 합시다. 그런데 setX 함수는 입력 파라미터로 x를 가지고 있습니다. setX 함수 안에서 파라미터의 x와 클래스 내부의 x를 구분하기 위해 클래스 내부를 가리키는 self 키워드를 사용합니다. self.x는 Point 클래스 내부의 변수를 나타내고, self를 붙이지 않은 x는 setX 함수의 입력 파라미터 x를 나타냅니다. 이와 같은 방법은 메서드(함수)에서 동일하게 사용할 수 있습니다. 또한 self. 함수는 자기 자신의 클래스 함수를 나타냅니다.

```
class Point {
    var x = 0
    func setX(x:Int) -> () {
        self.x = x
    }
}
```

▶ self에 대한 자세한 설명은 [문법 04]를 참고하세요.

스위프트 문법 } nil이란?

스위프트에서 nil은 값이 존재하지 않음을 의미합니다. 예를 들어 아래와 같이 나열한 flightCode 중 flightNumber “aa”는 존재하지 않으므로 결과로 “항공사 코드 aa는 nil입니다.”를 출력합니다. 즉, “aa”의 항공사 코드는 존재하지 않으므로 nil을 표시합니다.

```
var flightCode = [
    "oz":"아시아나항공",
    "ke":"대한항공",
    "ze":"이스타항공",
    "lj":"진에어",
    "7c":"제주항공",
]

flightNumber = "aa"
print("항공사 코드 \(flightNumber)는 \(flightCode[flightNumber])입니다.")
```

항공사 코드가 존재하는지 확인하려면 if문과 nil을 활용해서 코드를 작성할 수 있습니다. 결과는 “없는 항공사 코드입니다.”를 출력합니다.

```
if flightCode[flightNumber] != nil {
    print("항공사 코드 \(flightNumber)는 \(flightCode[flightNumber]!)입니다.")
} else {
    print("없는 항공사 코드입니다.")
}
```

▶ nil에 대한 자세한 설명은 [문법 04]를 참고하세요

08-9 시뮬레이터에서 현재 위치 바꾸기

현재 위치 정보를 텍스트로 추출하여 화면에 보여 주려 했지만 시뮬레이터에서 자동으로 현재 위치를 지원하지 않아 확인할 수 없었습니다. 시뮬레이터에서는 특정 위치를 현재 위치로 지정할 수 있습니다. '서울 시청'과 '미국 애플사'를 현재 위치로 지정하여 위치 정보가 정확하게 표시되는지 확인해 보겠습니다.

직접 해보세요! **지도에서 현재 위치 바꾸기**

1. '현재 위치 정보 보여 주기' 결과 보기

시뮬레이터의 메뉴에서 [Features → Location → Custom Location...]을 선택한 후 위도와 경도 값을 수정합니다. 여기에서는 서울특별시청의 위도와 경도를 사용하였습니다.

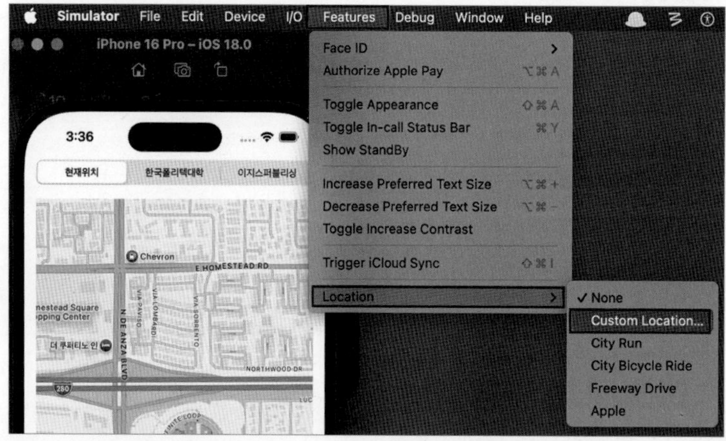

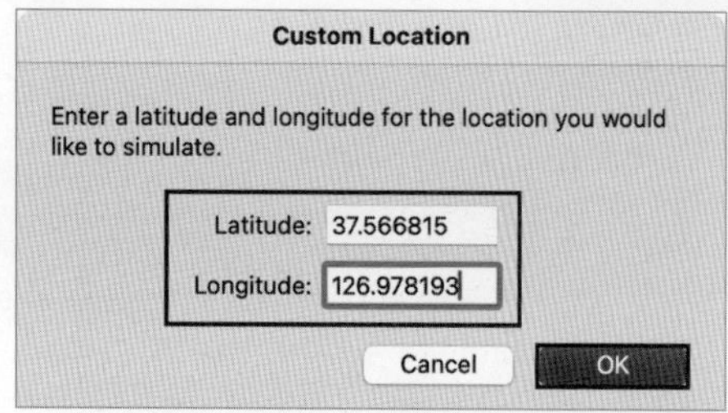

알아 두면 좋아요! } 특정 위치의 위도와 경도 값 찾기

위도와 경도는 구글 지도에서 쉽게 찾을 수 있습니다. https://www.google.co.kr/maps으로 접속합니다.

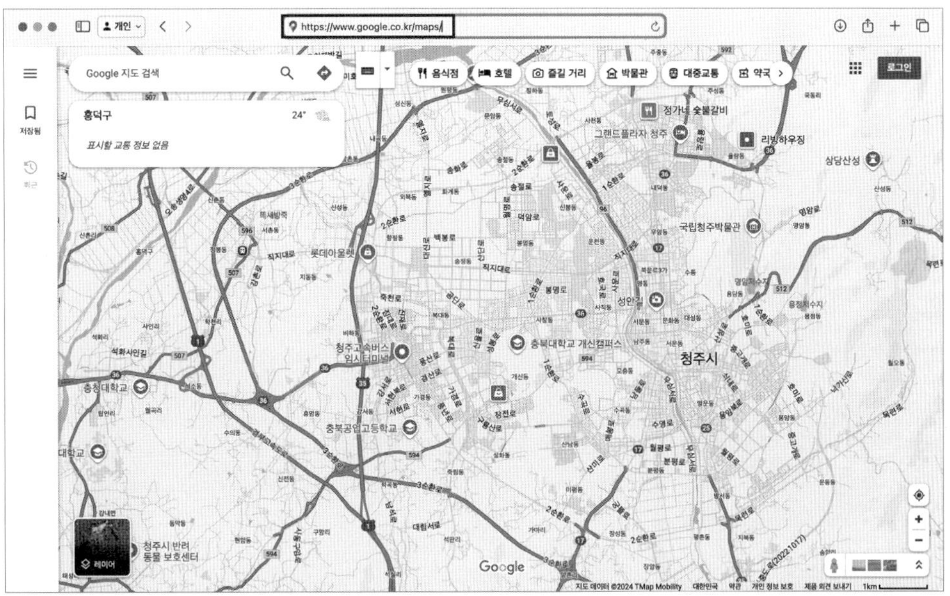

지도 영역에서 '서울특별시청' 글자를 마우스 오른쪽 버튼으로 클릭한 후 '이 위치 공유'를 선택합니다.

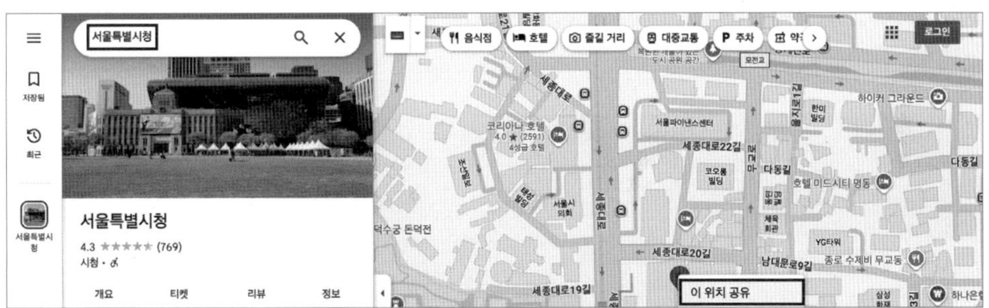

서울특별시청 부근의 위도와 경도를 확인할 수 있습니다.

2. 앱을 다시 실행하면 지도에 서울특별시청이 표시되고, 위치 정보에는 '대한민국 서울특별시 태평로1가'가 표시됩니다.

3. 이번엔 위치를 미국의 애플 사로 수정해 보겠습니다. 메뉴에서 [Features → Location → Apple]을 선택합니다.

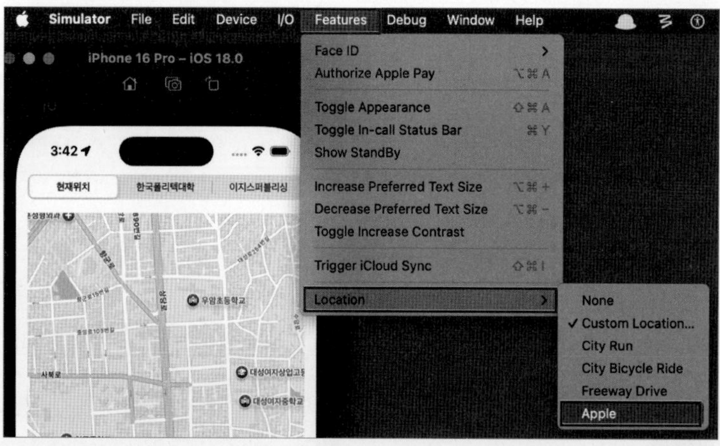

4. 그러면 현재 위치를 알려 주는 동그란 원이 사라집니다. 앱을 다시 실행하면 지도에 미국 애플 사가 표시되고, 위치 정보에 '미 합중국 쿠퍼티노'가 표시됩니다.

08-10 위도와 경도로 원하는 핀 설치하기

이제는 특정 위도와 경도에 핀을 설치하고, 그 핀을 클릭하면 특정 문자를 나타내도록 추가로 코드를 작성해 보겠습니다.

원하는 위치 두 곳에 핀 설치하기

1. 핀 설치를 위한 초기화하기

setAnnotation 함수를 만들어 원하는 곳에 핀을 설치해 보겠습니다. 입력 파라미터는 위도, 경도, 범위, 타이틀, 서브 타이틀로 하여 이 함수를 locationManager 함수 바로 위에 추가합니다.

```
func setAnnotation(latitudeValue: CLLocationDegrees,
   longitudeValue : CLLocationDegrees, delta span :Double, title strTitle:
   String, subtitle strSubtitle:String) {
}

func locationManager(_ manager: CLLocationManager, didUpdateLocations
   locations: [CLLocation]) {
      ⋮
}
```

2. setAnnotation 함수 안에 다음 소스를 입력합니다. 각 소스의 의미는 아래와 같습니다.

```
    }

    func goLocation(latitudeValue: CLLocationDegrees, longitudeValue : CLLocationDegrees, delta span :Double) {
        let pLocation = CLLocationCoordinate2DMake(latitudeValue, longitudeValue)
        let spanValue = MKCoordinateSpan(latitudeDelta: span, longitudeDelta: span)
        let pRegion = MKCoordinateRegion(center: pLocation, span: spanValue)
        myMap.setRegion(pRegion, animated: true)
    }

    func setAnnotation(latitudeValue: CLLocationDegrees, longitudeValue : CLLocationDegrees, delta span
        :Double, title strTitle: String, subtitle strSubtitle:String) {
        let annotation = MKPointAnnotation()
        annotation.coordinate =  goLocation(latitudeValue: latitudeValue, longitudeValue:
            longitudeValue, delta: span)
    }

    func locationManager(_ manager: CLLocationManager, didUpdateLocations locations: [CLLocation]) {
        let pLocation = locations.last
        goLocation(latitudeValue: (pLocation?.coordinate.latitude)!, longitudeValue:
            (pLocation?.coordinate.longitude)!, delta: 0.01)
```

```
func setAnnotation(latitudeValue: CLLocationDegrees,
    longitudeValue : CLLocationDegrees, delta span :Double, title
    strTitle: String, subtitle strSubtitle:String) {
    let annotation = MKPointAnnotation() ❶
    annotation.coordinate = goLocation(latitudeValue: latitudeValue,
      longitudeValue: longitudeValue, delta: span) ❷
}
```

❶ 핀을 설치하기 위해 MKPointAnnotation 함수를 호출하여 리턴 값을 annotation으로 받습니다.

❷ annotation의 coordinate 값을 goLocation 함수로부터 CLLocationCoordinate2D 형태로 받아야 하는데, 이를 위해서는 goLocation 함수를 수정해야 합니다.

3. 앞에서 입력했던 goLocation 함수를 찾아 goLocation 함수의 리턴 타입을 CLLocation Coordinate2D로 하고 코드에 직접 return pLocation을 추가합니다.

```
    }

    func goLocation(latitudeValue: CLLocationDegrees, longitudeValue : CLLocationDegrees, delta span
        :Double)-> CLLocationCoordinate2D {
        let pLocation = CLLocationCoordinate2DMake(latitudeValue, longitudeValue)
        let spanValue = MKCoordinateSpan(latitudeDelta: span, longitudeDelta: span)
        let pRegion = MKCoordinateRegion(center: pLocation, span: spanValue)
        myMap.setRegion(pRegion, animated: true)
        return pLocation
    }

    func setAnnotation(latitudeValue: CLLocationDegrees, longitudeValue : CLLocationDegrees, delta span
        :Double, title strTitle: String, subtitle strSubtitle:String) {
        let annotation = MKPointAnnotation()
        annotation.coordinate =  goLocation(latitudeValue: latitudeValue, longitudeValue: longitudeValue,
            delta: span)
    }

    func locationManager(_ manager: CLLocationManager, didUpdateLocations locations: [CLLocation]) {
        let pLocation = locations.last
        goLocation(latitudeValue: (pLocation?.coordinate.latitude)!, longitudeValue:
            (pLocation?.coordinate.longitude)!, delta: 0.01)
        CLGeocoder().reverseGeocodeLocation(pLocation!, completionHandler: {
            (placemarks, error) -> Void in
              let pm = placemarks!.first
              let country = pm!.country
```

```
func goLocation(latitudeValue: CLLocationDegrees,
     longitudeValue : CLLocationDegrees, delta
     span :Double) -> CLLocationCoordinate2D {
     let pLocation = CLLocationCoordinate2DMake(latitudeValue, longitudeValue)
     let spanValue = MKCoordinateSpan(latitudeDelta: span, longitudeDelta: span)
     let pRegion = MKCoordinateRegion(center: pLocation, span: spanValue)
     myMap.setRegion(pRegion, animated: true)
     return pLocation
}
```

4. goLocation 함수를 반환값을 가지는 함수로 수정하였으므로 locationManager 함수 내의 goLocation 함수 부분을 수정합니다.

```
    }

    func setAnnotation(latitudeValue: CLLocationDegrees, longitudeValue : CLLocationDegrees, delta span
        :Double, title strTitle: String, subtitle strSubtitle:String) {
        let annotation = MKPointAnnotation()
        annotation.coordinate = goLocation(latitudeValue: latitudeValue, longitudeValue: longitudeValue,
            delta: span)
    }

    func locationManager(_ manager: CLLocationManager, didUpdateLocations locations: [CLLocation]) {
        let pLocation = locations.last
        _ = goLocation(latitudeValue: (pLocation?.coordinate.latitude)!, longitudeValue:
            (pLocation?.coordinate.longitude)!, delta: 0.01)
        CLGeocoder().reverseGeocodeLocation(pLocation!, completionHandler: {
            (placemarks, error) -> Void in
                let pm = placemarks!.first
                let country = pm!.country
                var address:String = country!
                if pm!.locality != nil {
                    address += " "
                    address += pm!.locality!
```

```
func locationManager(_ manager: CLLocationManager, didUpdateLocations
locations: [CLLocation]) {
        let pLocation = locations.last
        _ = goLocation(latitudeValue: (pLocation?.coordinate.latitude)!,
        longitudeValue: (pLocation?.coordinate.longitude)!, delta: 0.01)
        ⋮
}
```

5. setAnnotation 함수를 마무리하겠습니다. 핀의 타이틀과 서브 타이틀을 입력 파라미터를 이용하여 세팅하고 맵 뷰에 변수 annotation 값을 추가합니다.

```
    func goLocation(latitudeValue: CLLocationDegrees, longitudeValue : CLLocationDegrees, delta span
        :Double)-> CLLocationCoordinate2D {
        let pLocation = CLLocationCoordinate2DMake(latitudeValue, longitudeValue)
        let spanValue = MKCoordinateSpan(latitudeDelta: span, longitudeDelta: span)
        let pRegion = MKCoordinateRegion(center: pLocation, span: spanValue)
        myMap.setRegion(pRegion, animated: true)
        return pLocation
    }

    func setAnnotation(latitudeValue: CLLocationDegrees, longitudeValue : CLLocationDegrees, delta span
        :Double, title strTitle: String, subtitle strSubtitle:String) {
        let annotation = MKPointAnnotation()
        annotation.coordinate =  goLocation(latitudeValue: latitudeValue, longitudeValue: longitudeValue,
            delta: span)
        annotation.title = strTitle
        annotation.subtitle = strSubtitle
        myMap.addAnnotation(annotation)
    }

    func locationManager(_ manager: CLLocationManager, didUpdateLocations locations: [CLLocation]) {
        let pLocation = locations.last
```

```
func setAnnotation(latitudeValue: CLLocationDegrees,
    longitudeVale : CLLocationDegrees, delta span :Double, title strTitle:
    String, subtitle strSubtitle:String) {
    let annotation = MKPointAnnotation()
    annotation.coordinate = goLocation(latitude: latitudeValue,
        longitude: longitudeVale, delta: span)
    annotation.title = strTitle
    annotation.subtitle = strSubtitle
    myMap.addAnnotation(annotation)
}
```

6. 이제는 세그먼트 컨트롤의 액션을 수정하겠습니다. '현재 위치', '폴리텍대학', '이지스퍼블리싱' 이렇게 3개를 선택할 수 있는데 이것들이 작동하도록 코딩하겠습니다. sender.selectedSegmentIndex 값은 현재 위치를 기점으로 하기 때문에 '현재 위치'를 선택하면 0이 되고, '폴리텍대학'은 1, '이지스퍼블리싱'은 2가 됩니다. 따라서 if문을 이용하여 작성합니다.

```
                address += pm!.locality!
            }
            if pm!.thoroughfare != nil {
                address += " "
                address += pm!.thoroughfare!
            }

            self.lblLocationInfo1.text = "현재 위치"
            self.lblLocationInfo2.text = address
        })

        locationManager.stopUpdatingLocation()
    }

    @IBAction func sgChangeLocation(_ sender: UISegmentedControl) {
        if sender.selectedSegmentIndex == 0 {

        } else if sender.selectedSegmentIndex == 1 {

        } else if sender.selectedSegmentIndex == 2 {

        }
    }

```

```
@IBAction func sgChangeLocation(_ sender: UISegmentedControl) {
    if sender.selectedSegmentIndex == 0 {
    // 현재 위치 표시
    } else if sender.selectedSegmentIndex == 1 {
    // 폴리텍대학 표시
    } else if sender.selectedSegmentIndex == 2 {
    // 이지스퍼블리싱 표시
    }
}
```

7. 폴리텍대학의 위치에 핀 설치하기

폴리텍대학에 핀을 설치하기 위해 setAnnotation 함수를 호출합니다. 위도, 경도, 범위, 타이틀, 서브 타이틀을 입력합니다. 그리고 레이블 값도 함께 추가합니다.

```
    }

    @IBAction func sgChangeLocation(_ sender: UISegmentedControl) {
        if sender.selectedSegmentIndex == 0 {

        } else if sender.selectedSegmentIndex == 1 {
            setAnnotation(latitudeValue: 36.639075, longitudeValue: 127.449406, delta: 1, title: "한국폴리텍대학
                청주캠퍼스", subtitle: "충북 청주시 흥덕구 산단로 54")
            self.lblLocationInfo1.text = "보고 계신 위치"
            self.lblLocationInfo2.text = "한국폴리텍대학 청주캠퍼스"
        } else if sender.selectedSegmentIndex == 2 {

        }
    }

```

```
@IBAction func sgChangeLocation(_ sender: UISegmentedControl) {
    if sender.selectedSegmentIndex == 0 {

    } else if sender.selectedSegmentIndex == 1 {
        setAnnotation(latitudeValue: 36.639075, longitudeValue: 127.449406,
            delta: 1, title: "한국폴리텍대학 청주캠퍼스",
            subtitle: "충북 청주시 흥덕구 산단로 54")
        self.lblLocationInfo1.text = "보고 계신 위치"
        self.lblLocationInfo2.text = "한국폴리텍대학 청주캠퍼스"
    } else if sender.selectedSegmentIndex == 2 {

    }
}
```

8. '폴리텍대학에 핀 설치' 결과 보기

[실행] 버튼을 클릭하여 결과를 보면 지도의 폴리텍대학이 위치한 곳에 핀이 설치되고 레이블도 바뀐 것을 확인할 수 있습니다. 핀을 클릭하면 타이틀과 서브 타이틀이 나타납니다.

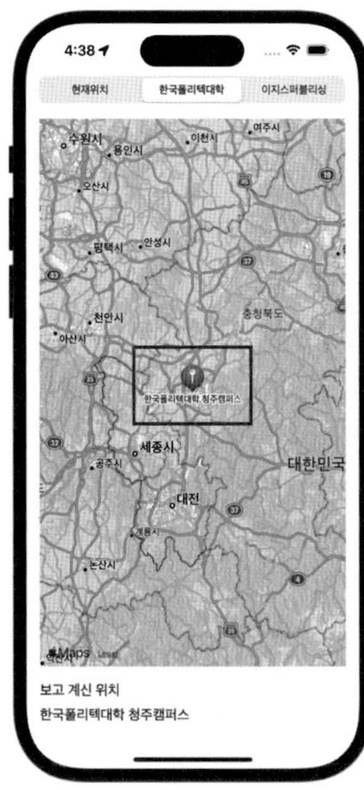

9. 앞에서 실습한 예제를 응용하여 이지스퍼블리싱에도 핀을 표시하겠습니다. 다시 한번 setAnnotation 함수를 호출합니다. 위도, 경도, 범위, 타이틀, 서브 타이틀을 입력합니다. 그리고 레이블 값도 함께 추가합니다.

```
        locationManager.stopUpdatingLocation()
    }

    @IBAction func sgChangeLocation(_ sender: UISegmentedControl) {
        if sender.selectedSegmentIndex == 0 {

        } else if sender.selectedSegmentIndex == 1 {
            setAnnotation(latitudeValue: 36.639075, longitudeValue: 127.449406, delta: 1, title: "한국폴리텍대학
                청주캠퍼스", subtitle: "충북 청주시 흥덕구 산단로 54")
            self.lblLocationInfo1.text = "보고 계신 위치"
            self.lblLocationInfo2.text = "한국폴리텍대학 청주캠퍼스"
        } else if sender.selectedSegmentIndex == 2 {
            setAnnotation(latitudeValue: 37.556876, longitudeValue: 126.914066, delta: 0.1, title:
                "이지스퍼블리싱", subtitle: "서울시 마포구 잔다리로 109 이지스 빌딩")
            self.lblLocationInfo1.text = "보고 계신 위치"
            self.lblLocationInfo2.text = "이지스퍼블리싱 출판사 "
        }
    }

```

```
@IBAction func sgChangeLocation(_ sender: UISegmentedControl) {
    if sender.selectedSegmentIndex == 0 {

    } else if sender.selectedSegmentIndex == 1 {
        setAnnotation(latitudeValue: 36.639075, longitudeValue: 127.449406,
            delta: 1, title: "한국폴리텍대학 청주캠퍼스",
            subtitle: "충북 청주시 흥덕구 산단로 54")
          self.lblLocationInfo1.text = "보고 계신 위치"
    } else if sender.selectedSegmentIndex == 2 {
        setAnnotation(latitudevalue: 37.556876, longitudevalue: 126.914066,
            delta: 0.1, title: "이지스퍼블리싱", subtitle: "서울시 마포구 잔다리로 109 이
            지스 빌딩")
        self.lblLocationInfo1.text = "보고 계신 위치"
        self.lblLocationInfo2.text = "이지스퍼블리싱 출판사"
    }
}
```

10. '이지스퍼블리싱 출판사에 핀 설치' 결과 보기

[실행] 버튼을 클릭하여 결과를 확인합니다. 지도에 이지스퍼블리싱이 위치한 곳에 핀이 설치되고 레이블도 바뀐 것을 확인할 수 있습니다. 그리고 폴리텍대학과 마찬가지로 핀을 클릭하면 타이틀과 서브 타이틀이 나타납니다.

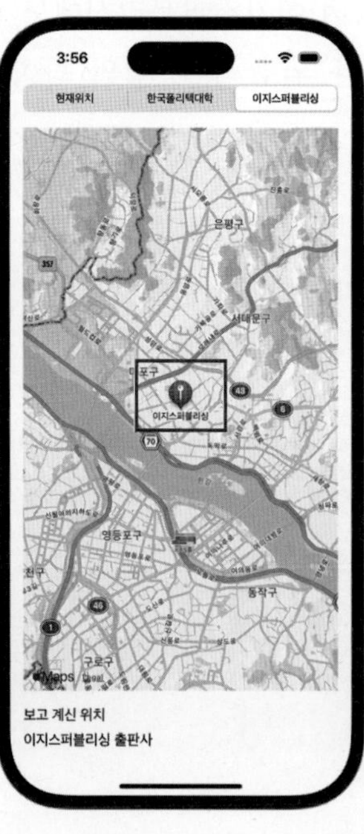

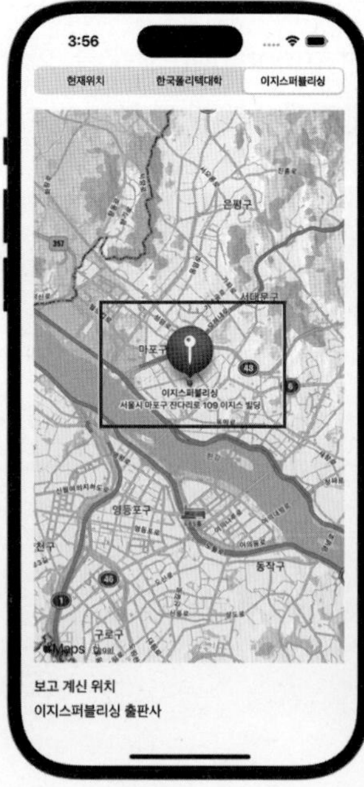

08-11 현재 위치 표시하기

스토리보드에서 화면을 구성하고 아웃렛 변수와 액션 함수를 추가하여 지도를 보여 주는 작업을 해보았습니다. 위도와 경도로 원하는 위치가 지도에 나타나게 하였고, 위치 정보도 추출하여 표시해 보았습니다. 또한 원하는 위치에 핀도 설치해 보았습니다.
이제 마지막으로 세그먼트 컨트롤에서 [현재 위치]를 선택하여 지도에 현재 위치를 표시해 보겠습니다.

현재 위치 표시하기

1. 마지막으로 현재 위치가 표시되도록 레이블 값을 공백으로 초기화하고, locationManager.startUpdatingLocation 함수를 호출합니다. 레이블 값을 초기화해야 기존에 작성되어 있던 텍스트를 삭제하고 현재 위치를 표시할 수 있습니다.

```
@IBAction func sgChangeLocation(_ sender: UISegmentedControl) {
    if sender.selectedSegmentIndex == 0 {
        self.lblLocationInfo1.text = ""
        self.lblLocationInfo2.text = ""
        locationManager.startUpdatingLocation()
    } else if sender.selectedSegmentIndex == 1 {
        setAnnotation(latitudeValue: 36.639075, longitudeValue: 127.449406, delta: 1, title: "한국폴리텍대학
            청주캠퍼스", subtitle: "충북 청주시 흥덕구 산단로 54")
        self.lblLocationInfo1.text = "보고 계신 위치"
        self.lblLocationInfo2.text = "한국폴리텍대학 청주캠퍼스"
    } else if sender.selectedSegmentIndex == 2 {
        setAnnotation(latitudeValue: 37.556876, longitudeValue: 126.914066, delta: 0.1, title:
```

```
@IBAction func sgChangeLocation(_ sender: UISegmentedControl) {
    if sender.selectedSegmentIndex == 0 {
        self.lblLocationInfo1.text = ""
        self.lblLocationInfo2.text = ""
        locationManager.startUpdatingLocation()
    } else if sender.selectedSegmentIndex == 1 {
      setAnnotation(latitudeValue: 36.639075,
        longitudeValue: 127.449406,
          delta: 1, title: "한국폴리텍대학 청주캠퍼스",
          subtitle: "충북 청주시 흥덕구 산단로 54")
        self.lblLocationInfo1.text = "보고 계신 위치"
```

2. 결과 보기

[실행] 버튼을 클릭하여 결과를 확인합니다. 시뮬레이터 메뉴에서 [Features → Locaiton → Custom Location...]을 선택하여 위치를 수정합니다.

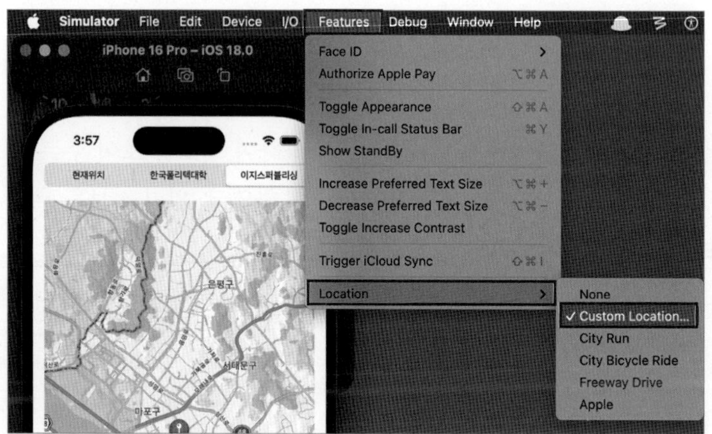

3. 세그먼트의 [한국폴리텍대학], [이지스퍼블리싱]을 각각 클릭한 후 다시 [현재 위치]를 클릭하면 위에서 설정한 현재 위치로 이동합니다.

08-12 맵 뷰 앱, 전체 소스 보기

완성된 앱의 전체 소스를 확인해 보세요.

ViewController.swift

```
import UIKit
import MapKit

class ViewController: UIViewController, CLLocationManagerDelegate {

    @IBOutlet var myMap: MKMapView!
    @IBOutlet var lblLocationInfo1: UILabel!
    @IBOutlet var lblLocationInfo2: UILabel!

    let locationManager = CLLocationManager()

    override func viewDidLoad() {
        super.viewDidLoad()
        // Do any additional setup after loading the view.

        lblLocationInfo1.text = ""
        lblLocationInfo2.text = ""
        locationManager.delegate = self
        // 정확도를 최고로 설정
        locationManager.desiredAccuracy = kCLLocationAccuracyBest
        // 위치 데이터를 추적하기 위해 사용자에게 승인 요구
        locationManager.requestWhenInUseAuthorization()
        // 위치 업데이트를 시작
        locationManager.startUpdatingLocation()
        myMap.showUserLocation = true
    }

    func goLocation(latitudeValue: CLLocationDegrees, longitudeValue :
        CLLocationDegrees, delta span :Double) -> CLLocationCoordinate2D {
        let pLocation = CLLocationCoordinate2DMake(latitudeValue, longitudeValue)
        let spanValue = MKCoordinateSpan(latitudeDelta: span, longitudeDelta: span)
        let pRegion = MKCoordinateRegion(center: pLocation, span: spanValue)
```

```
        myMap.setRegion(pRegion, animated: true)
        return pLocation
    }

    // 특정 위도와 경도에 핀 설치하고 핀에 타이틀과 서브 타이틀의 문자열 표시
    func setAnnotation(latitudeValue: CLLocationDegrees,
        longitudeValue : CLLocationDegrees, delta span :Double, title
        strTitle: String, subtitle strSubtitle:String) {
        let annotation = MKPointAnnotation()
        annotation.coordinate = goLocation(latitudeValue: latitudeValue,
        longitudeValue: longitudeValue, delta: span)
        annotation.title = strTitle
        annotation.subtitle = strSubtitle
        myMap.addAnnotation(annotation)
    }

    // 위치 정보에서 국가, 지역, 도로를 추출하여 레이블에 표시
    func locationManager(_ manager: CLLocationManager, didUpdateLocations
        locations: [CLLocation]) {
        let pLocation = locations.last
        _ = goLocation(latitudeValue: (pLocation?.coordinate.latitude)!,
          longitudeValue: (pLocation?.coordinate.longitude)!, delta: 0.01)
       CLGeocoder().reverseGeocodeLocation(pLocation!, completionHandler:
    {
            (placemarks, error) -> Void in
            let pm = placemarks!.first
            let country = pm!.country
            var address:String = country!
            if pm!.locality != nil {
                address += " "
                address += pm!.locality!
            }
            if pm!.thoroughfare != nil {
                address += " "
                address += pm!.thoroughfare!
            }

            self.lblLocationInfo1.text = "현재 위치"
            self.lblLocationInfo2.text = address

        })

        locationManager.stopUpdatingLocation()
    }
```

```
    // 세그먼트 컨트롤을 선택하였을 때 호출
    @IBAction func sgChangeLocation(_ sender: UISegmentedControl) {
        if sender.selectedSegmentIndex == 0 {
            // "현재 위치" 선택 - 현재 위치 표시
            self.lblLocationInfo1.text = ""
            self.lblLocationInfo2.text = ""
            locationManager.startUpdatingLocation()
        } else if sender.selectedSegmentIndex == 1 {
         // "폴리텍대학" 선택 - 핀을 설치하고 위치 정보 표시
         setAnnotation(latitudeValue: 36.639075,
           longitudeValue: 127.449406, delta: 1,
             title: "한국폴리텍대학 청주캠퍼스",
             subtitle: "충북 청주시 흥덕구 산단로 54")
           self.lblLocationInfo1.text = "보고 계신 위치"
           self.lblLocationInfo2.text = "한국폴리텍대학 청주캠퍼스"
        } else if sender.selectedSegmentIndex == 2 {
            // "이지스퍼블리싱" 선택 - 핀을 설치하고 위치 정보 표시
         setAnnotation(latitudevalue: 37.556876, longitudevalue: 126.914066,
              delta: 0.1, title: "이지스퍼블리싱", subtitle: "서울시 마포구 잔다리로 109
              이지스 빌딩")
            self.lblLocationInfo1.text = "보고 계신 위치"
            self.lblLocationInfo2.text = "이지스퍼블리싱 출판사 "
        }
    }

}
```

우리 집에 핀 설치하기

목표 08장에서 배운 내용을 토대로 세그먼트를 추가하여 본인의 집에 핀을 설치해 보세요.

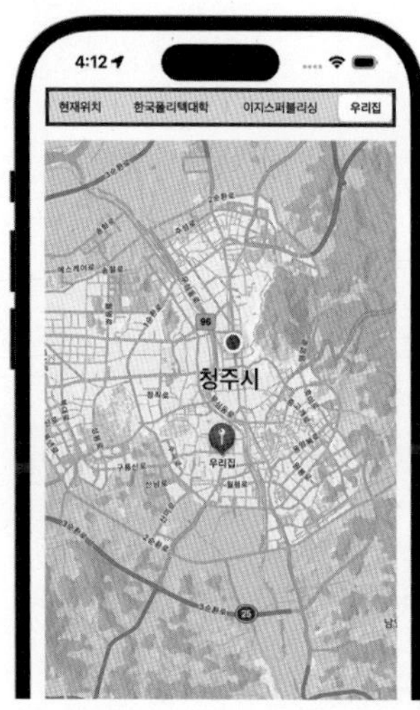

힌트 [Attributes inspector] 버튼을 클릭해 세그먼트 수를 네 개로 수정하고 타이틀(Title)을 '우리집'으로 입력합니다.

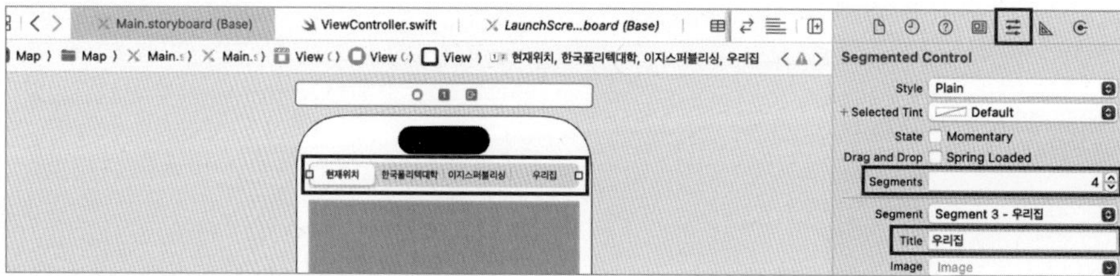

사이즈 인스펙터에서 'Size Mode'를 [Equal Widths]에서 [Proportional to Content]로 수정하면 글자 수에 맞게 세그먼트가 수정됩니다.

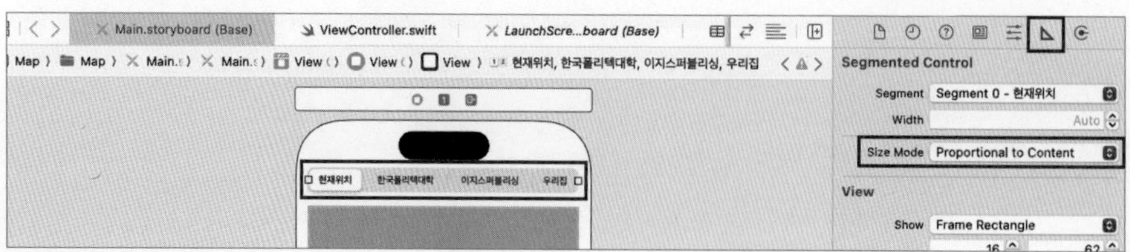

:: 완성 소스 [08장] 폴더 / [미션] 폴더 / Map.xcodeproj

문법 04 함수, 익명 함수, nil, 옵셔널 변수, self 이해하기

1. 함수는 어떻게 만드나요?

함수는 특정 일을 수행하는 코드의 집합입니다. 보통의 함수는 값을 전달받아 이 값을 이용해서 특정 일을 수행하고, 그 결과를 리턴하는 형태를 취합니다. 여기서 전달받은 값을 '파라미터'라 하고, 리턴하는 값을 '반환값'이라고 합니다. 스위프트의 함수는 다음과 같은 형태를 취합니다. 실행 코드에서는 파라미터명을 이용해 작업이 이루어집니다.

```
func 함수명(파라미터명1: 자료형, 파라터명2: 자료형) -> 반환값의 자료형 {실행 코드}
```

실제 예를 들어 살펴보겠습니다. 문자열 두 개의 파라미터를 입력받아 문자열을 출력하는 함수인 today 함수를 정의합니다. today 함수는 문자열로 month와 day 파라미터를 전달받아 오늘 날짜를 알려 주는 문자열을 만들어서 이 문자열을 리턴하는 함수입니다.

```
func today(month: String, day: String) -> String {
    return "오늘은 \(month)월 \(day)일입니다."
}
```

그래서 today(month: "1", day: "23")는 today 함수를 호출하고 month에는 "1"이 전달되고 day에는 "23"이 전달되어 그 결과, "오늘은 1월 23일입니다"의 문자열이 출력됩니다. 오늘 날짜를 출력하고 싶을 때 today 함수를 호출하여 사용하면 됩니다.

```
func today(month: String, day: String) -> String {
    return "오늘은 \(month)월 \(day)일입니다."
}

today(month: "1", day: "23")
print(today(month: "1", day: "23"))
```

결과

```
오늘은 1월 23일입니다.
```

그럼 함수를 만들 때 자주 범하는 실수들을 짚어 보겠습니다. 다음과 같은 실수를 범하지 않도록 주의하세요!

① 첫 번째 파라미터명을 생략하면 안 돼요!

함수를 호출하여 사용할 때 첫 번째 파라미터명을 생략하면 에러가 발생합니다. 예를 들어, 앞의 소스처럼 사용하면 에러가 발생합니다. 아래처럼 첫 번째 파라미터명도 함께 사용해야 에러가 발생하지 않습니다.

```
today("1", day: "23")                (X)

↓↓↓

today(month: "1", day: "23")         (O)
```

② 인자라벨을 쓰면 안 돼요!

func 함수명(인자라벨 파라미터명1: 자료형, 인자라벨 파라미터명2: 자료형) -> 반환값의 자료형 {실행 코드} 형태로 구현하면 경고 메시지가 나타납니다.

```
func today(month month: String, day day: String) -> String {   2 ⚠ Extraneous duplicate parameter nam..
    return "오늘은 \(month)월 \(day)일입니다."
}

today(month: "1", day: "23")
print(today(month: "1", day: "23"))

오늘은 1월 23일입니다.
```

2. 익명 함수란 무엇인가요?

일반적인 함수의 경우 func 키워드와 함수명을 선언하고 사용하지만 효율적인 코드를 작성하기 위해 함수명을 선언하지 않고 바로 함수 몸체만 만들어 사용하는 일회용 함수를 익명 함수(Anonymous Functions) 혹은 클로저(Closure)라고 합니다. 함수의 파라미터로 값이나 변수가 아닌 함수를 사용하고 싶을 때, 함수명을 사용하지 않고 함수의 몸체만 이용할 때 사용합니다.

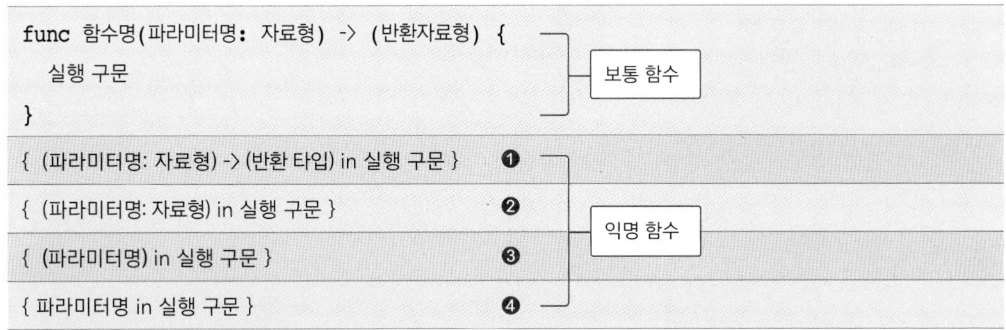

❶ func 함수명을 생략한 형태로 바꿀 수 있습니다. 또한 익명 함수의 경우 실행 구문이 길지 않아 함수를 한 줄로 구현하는 경우도 있습니다.

❷ 반환 자료형을 생략할 수 있습니다.

❸ 파라미터 자료형을 생략할 수 있습니다.

❹ 파라미터 자료형이 생략된 경우 매개변수의 소괄호 (,)를 생략할 수 있습니다

예를 들어 직접 적용해 보겠습니다. completeWork 함수는 Bool 타입의 finished 매개변수를 받아 출력하는 함수이며 리턴 타입은 없습니다.

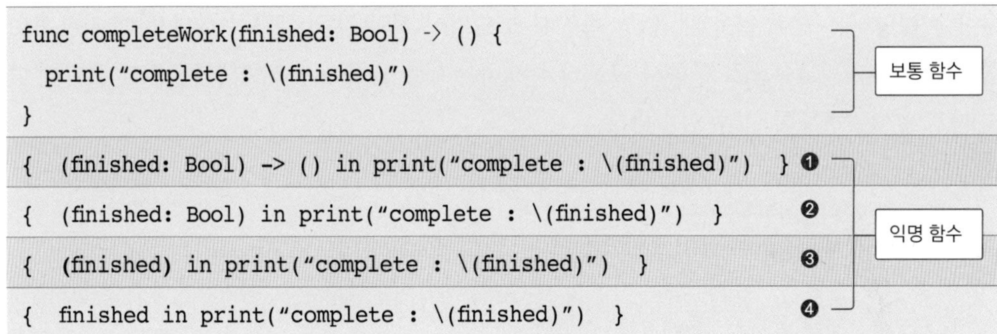

❶ 익명 함수 형태로 바꾸면 이렇게 됩니다.

❷ 컴파일러가 반환 타입을 미리 알고 있다면 반환 타입을 생략할 수 있습니다.

❸ 매개변수의 파라미터 타입도 생략할 수 있습니다.

❹ 파라미터 타입이 생략된 경우 매개변수의 소괄호(,)를 생략할 수 있습니다.

3. nil이란 무엇인가요?

nil은 값이 존재하지 않음을 의미합니다. 예를 들어 다음과 같이 나열한 flightCode 중 flightNumber "aa"는 존재하지 않으므로 결과를 보면 nil이 발견되었다는 에러 메시지를 나타냅니다. 즉, 변수 flightNumber가 존재하지 않기 때문에 에러 메시지가 나타납니다.

```
var flightCode = [
  "oz":"아시아나항공",
  "ke":"대한항공",
  "ze":"이스타항공",
  "lj":"진에어",
  "7c":"제주항공",
]

var flightNumber = "aa"

print("항공사 코드 \(flightNumber)는 \(flightCode[flightNumber]!)입니다.")
```

결과

```
fatal error: unexpectedly found nil while unwrapping an Optional value
```

그렇다면 이렇게 값이 존재하지 않음을 뜻하는 nil은 어떤 경우에 사용할까요? 위와 같은 경우에는 해당하는 값이 없을 때 '없는 항공사 코드입니다'와 같은 문구를 나타낼 때 사용하면 좋겠죠. 아래처럼 if문으로 항공사 코드가 존재하는지를 nil을 이용해 확인한 후 그 결과에 따라 다르게 출력하도록 할 수 있습니다.

```
if flightCode[flightNumber] != nil {
    print("항공사 코드 \(flightNumber)는 \(flightCode[flightNumber]!)입니다.")
} else {
    print("없는 항공사 코드입니다.")
}
```

결과

```
없는 항공사 코드입니다.
```

추가적으로 flightCode[flightNumber] 값을 flightCodeName 상수에 대입하는 방식으로 옵셔널 바인딩을 활용해서 작성할 수도 있습니다.

```
if let flightCodeName = flightCode[flightNumber]  {
    print("항공사 코드 \(flightNumber)는 \(flightCodeName)입니다.")
} else {
    print("없는 항공사 코드입니다.")
}
```

결과

```
없는 항공사 코드입니다.
```

4. 옵셔널(Optionals) 변수란 무엇인가요?

그러면 이러한 nil 값을 변수에 할당하면 어떻게 될까요? 앞의 예제에서 위의 코드처럼 수정했을 때 아래와 같은 에러 메시지가 나타납니다.

```
var flightNumber = "oz"
var flightCompany: String = flightCode[flightNumber]
```

결과

```
error: value of optional type 'String?' not unwrapped; did you mean to use
'!' or '?'?
```

스위프트에서는 변수에 값을 대입할 때 반드시 nil이 아닌 값을 대입해야 하지만 위의 예제에서는 이전 예제와 같이 flightCompany에 nil 값이 할당될 수 있기 때문에 에러가 발생합니다. 그렇다면 이럴 때는 어떻게 해야 할까요? 이때 바로 옵셔널 변수를 사용하는 것입니다. 옵셔널 타입으로 선언한 변수는 nil 값을 가질 수 있습니다. 즉, 옵셔널 변수는 nil 값을 대입할 수 있거나 초깃값을 주지 않아 어떤 값이 들어갈지 모를 때 사용할 수 있습니다.

위의 예제는 어떻게 해결해야 할까요? 만일 어떤 변수에 nil 값을 대입할 수 있다면 옵셔널 변수로 선언해야 합니다. 즉, 변수의 자료형(위에서는 String) 다음에 '?'를 추가하여 옵셔널 변수라는 것을 선언함으로써 해결할 수 있습니다.

```
var flightCompany: String? = flightCode[flightNumber]
```

그러면 이렇게 옵셔널로 선언된 변수는 어떻게 사용해야 할까요? 위의 소스처럼 사용하면 경고 메시지가 나타납니다. 옵셔널로 선언된 변수에 값이 할당되면 그 값은 '옵셔널에 래핑(wrapped)되었다'고 하며 이 값은 그냥 사용할 수 없고 아래 소스처럼 '!'를 사용해 강제 언래핑(force unwrapping)하여 값에 접근해야 합니다.

```
print(flightCompany)            (X)

↓↓↓

print(flightCompany!)           (O)
```

반면에 옵셔널 변수는 암묵적인 언래핑(implicity unwrapping)이 되도록 선언할 수 있는데, 이때는 강제 언래핑을 사용하지 않아도 값에 접근할 수 있습니다. 즉, 변수를 선언할 때 '?' 대신 '!'를 사용하여 암묵적인 언래핑된 옵셔널 변수로 선언할 수 있습니다. 이렇게 되면 변수의 값에 접근할 때 '!'를 사용하지 않아도 됩니다.

```
var flightNumber = "oz"
var flightCompany: String! = flightCode[flightNumber]

print(flightCompany)
```

5. if문에서 !의 역할은 무엇인가요?

if문에서 조건에 '!'가 들어 있는 경우를 종종 볼 수 있습니다. 여기서 '!'는 논리 연산자의 하나로, 논리 NOT 연산자입니다. NOT 연산자의 경우 변수 앞에 '!'가 붙습니다. 앞에서 설명한 강제 언래핑 기호로 사용된 '!'나 강제 언래핑 기호를 생략하기 위해 변수 선언에 사용한 '!'는 변수 뒤에 붙으며 연산자가 아닌 키워드인 데 반해, NOT 연산자의 '!'는 +, -, *, / 등과 같은 연산자입니다. 다만 논리 연산자이기 때문에 일반 값이 아닌 논리값(참, 거짓)을 연산합니다. 즉, 논리값을 반전시킵니다. '!' 연산자를 사용하면 true는 false, false는 true가 됩니다. 그래서 '!' 연산자 뒤에는 논리값(true 또는 false)을 가지는 Bool형의 변수나 상수가 와야 합니다.

```
var on : Bool

on=true
print(on)
print(!on)
```

on에 true 값을 대입한 후 on을 출력하면 true가 출력되고, !on을 출력하면 false가 출력되는 것을 확인할 수 있습니다.

6. self의 의미는 무엇인가요?

self란 보통 클래스나 구조체 자신을 가리킬 때 사용합니다. 예를 들어 Point 클래스 내부에 x라는 변수가 있다고 합시다. 그런데 setX 함수는 입력 파라미터로 x를 가지고 있습니다. setX 함수 안에서 파라미터의 x와 클래스 내부의 x를 구분하기 위해 클래스 내부를 가리키는 self 키워드를 사용합니다. self.x는 Point 클래스 내부의 변수를 나타내고, self를 붙이지 않은 x는 setX 함수의 입력 파라미터 x를 나타냅니다. 이와 같은 방법은 메서드(함수)에서 동일하게 사용할 수 있습니다. 또한 self. 함수는 자기 자신의 클래스 함수를 나타냅니다.

```
class Point {
    var x = 0
    func setX(x:Int) -> () {
        self.x = x
    }
 }

var p=Point();
print(p.x)

p.setX(x: 10)
print(p.x)
```

var p=Point( )를 실행한 후 p.x의 값을 보면 x의 초깃값인 0을 확인할 수 있고 p.setX(x: 10)를 실행한 후 p.x의 값을 보면 10을 확인할 수 있습니다. 즉, 10인 x가 self.x에 대입되어 p.x가 10이 된 것입니다.

셋째마당

뷰 컨트롤러 기반 프로그램 만들기

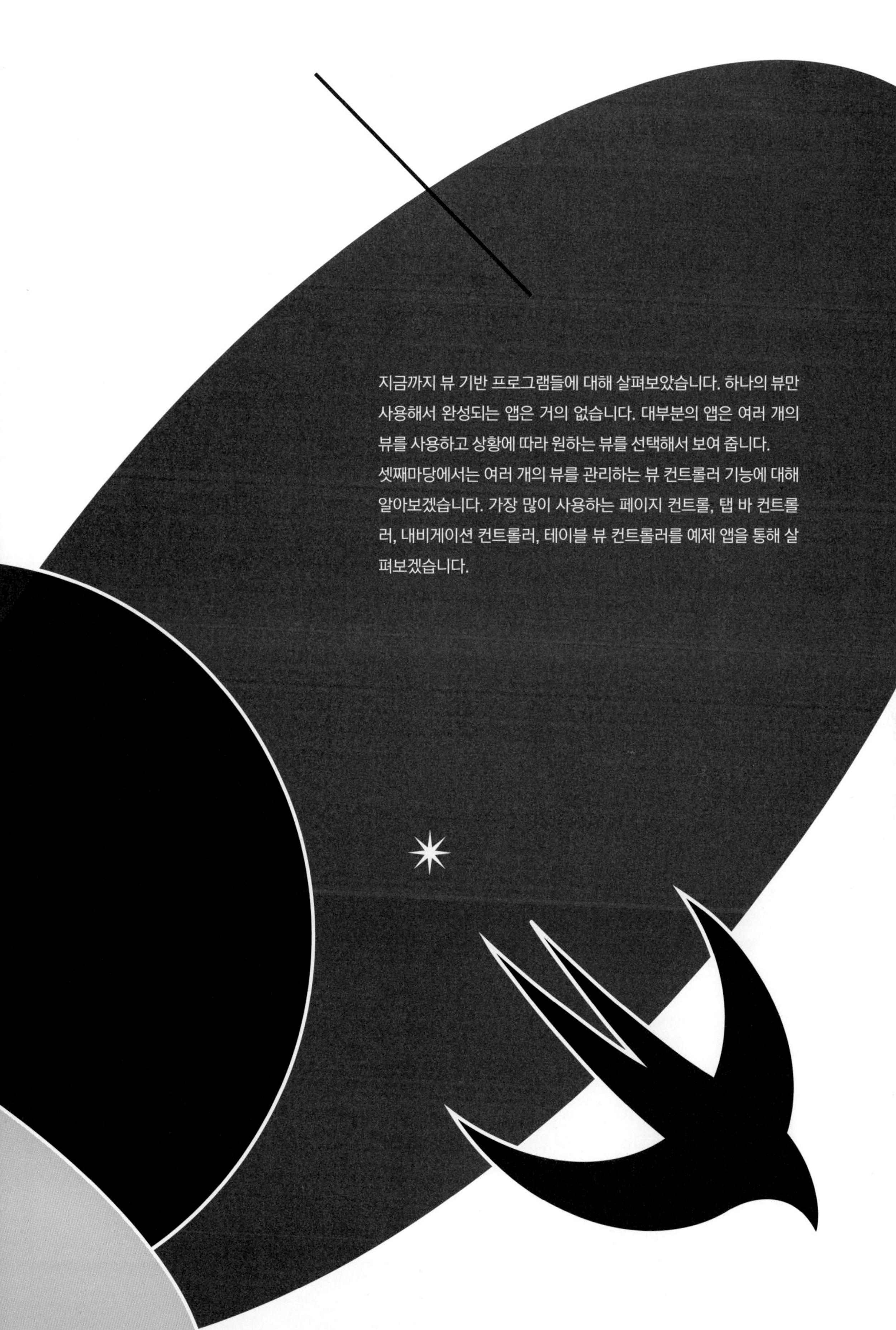

지금까지 뷰 기반 프로그램들에 대해 살펴보았습니다. 하나의 뷰만 사용해서 완성되는 앱은 거의 없습니다. 대부분의 앱은 여러 개의 뷰를 사용하고 상황에 따라 원하는 뷰를 선택해서 보여 줍니다. 셋째마당에서는 여러 개의 뷰를 관리하는 뷰 컨트롤러 기능에 대해 알아보겠습니다. 가장 많이 사용하는 페이지 컨트롤, 탭 바 컨트롤러, 내비게이션 컨트롤러, 테이블 뷰 컨트롤러를 예제 앱을 통해 살펴보겠습니다.

페이지 이동하기 - 페이지 컨트롤

난이도 ★☆☆☆☆

페이지 컨트롤(Page Control)은 여러 개의 내용을 페이지별로 보여 주기 위해 사용하는 객체입니다. 요즘에는 앱뿐만 아니라 웹 사이트에서도 자주 볼 수 있는 기능이지요.
이 장에서는 페이지 컨트롤을 이용해 여러 개의 이미지를 화면에 출력하는 간단한 갤러리 앱을 만들어 보겠습니다.

완성된 모습

완성 소스 [09장] 폴더 / [본문 실습] 폴더 / PageControl.xcodeproj

프로그램을 실행하면 첫 번째 이미지가 보이고 이미지 아래쪽에 페이지 컨트롤이 표시됩니다. 페이지 컨트롤의 오른쪽 부분을 터치하면 다음 페이지로 이동하고, 페이지 컨트롤의 왼쪽 부분을 터치하면 이전 페이지로 이동하여 해당 이미지를 보여 줍니다.

09-1 페이지 컨트롤이란?

페이지 컨트롤(Page Control)은 오른쪽 그림에서 아래쪽의 작은 동그라미가 줄지어 있는 부분으로, 여러 페이지 중에서 현재 페이지를 알려 주는 역할을 합니다. 다시 말해 현재 뷰에서 보여 주고자 하는 내용이 여러 개일 때 페이지를 나누어서 보여 주는 기능을 말하지요. 흔히 갤러리나 아이폰의 홈(Home) 화면과 같은 앱에서 전체 페이지 중 현재 페이지가 어느 부분에 있는지 알려 줄 때 사용합니다.

아이폰의 홈(Home) 화면

09-2 페이지 컨트롤 앱을 위한 기본 환경 구성하기

앞 장에서와 마찬가지로 페이지 컨트롤 앱을 만들기 위해 프로젝트를 생성하고 필요한 이미지를 프로젝트에 추가하는 기본 환경을 설정해 보겠습니다.

프로젝트 만들고 이미지 파일 추가하기

1. Xcode를 실행한 후 'PageControl'이라는 이름으로 프로젝트를 만듭니다.

▶ 프로젝트를 만드는 방법은 02장을 참고하세요.

2. 디바이스 선택 및 뷰 컨트롤러 크기 조절하기

스토리보드의 디바이스를 선택합니다. 여기서는 [iPhone 16 Pro]를 선택합니다. 또한 아이폰 모양의 뷰 컨트롤러 크기를 상황에 맞게 조절합니다.

▶ 스토리보드의 디바이스를 선택하는 방법 및 뷰 컨트롤러 크기를 조절하는 방법은 02장을 참고하세요.

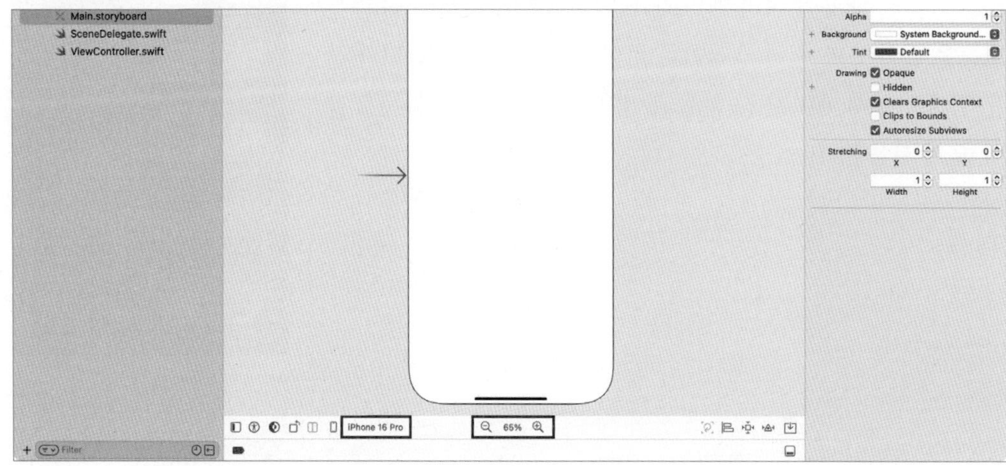

3. 프로젝트에 이미지 파일 추가하기

앱에서 사용할 이미지를 프로젝트에 추가해 보겠습니다. 우선 내비게이터 영역의 [PageControl] 폴더를 마우스 오른쪽 버튼으로 클릭하여 [새 그룹(New Group)]을 만듭니다. 그룹 이름은 [images]로 합니다. 그리고 오른쪽과 같이 앱에서 사용할 이미지 파일을 프로젝트에 추가합니다.

▶ 이미지 파일을 추가하는 방법은 03장을 참고하세요.

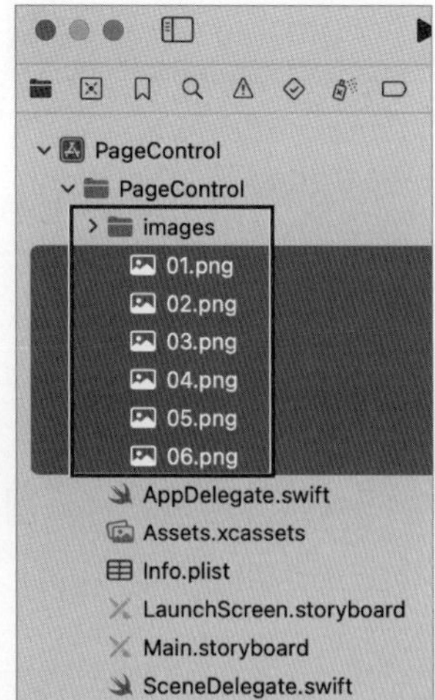

09-3 스토리보드로 페이지 컨트롤 앱 화면 꾸미기

이제 스토리보드를 사용하여 앱 화면을 꾸며 보겠습니다. 페이지 컨트롤 기능을 보여 주려면 페이지 컨트롤(Page Control) 객체와 각 페이지별 이미지를 보여 줄 이미지 뷰(Image View) 객체가 필요합니다.
오른쪽 그림은 완성된 스토리보드 화면입니다. 이 그림과 사용된 객체를 참고하여 배치해 보겠습니다.

이미지 뷰와 페이지 컨트롤 추가하기

1. 이미지 뷰 추가하기

상단의 [Library] 버튼을 클릭한 후 팝업 창에서 [이미지 뷰(Image View)]를 찾아 스토리보드로 끌어와 화면의 위쪽에 배치합니다. 그리고 이미지 뷰의 크기를 전체 화면에 가득 차게 조절합니다. 또한 오른쪽 인스턴트 창에서 Content Mode를 [Aspect Fill]로 변경합니다.

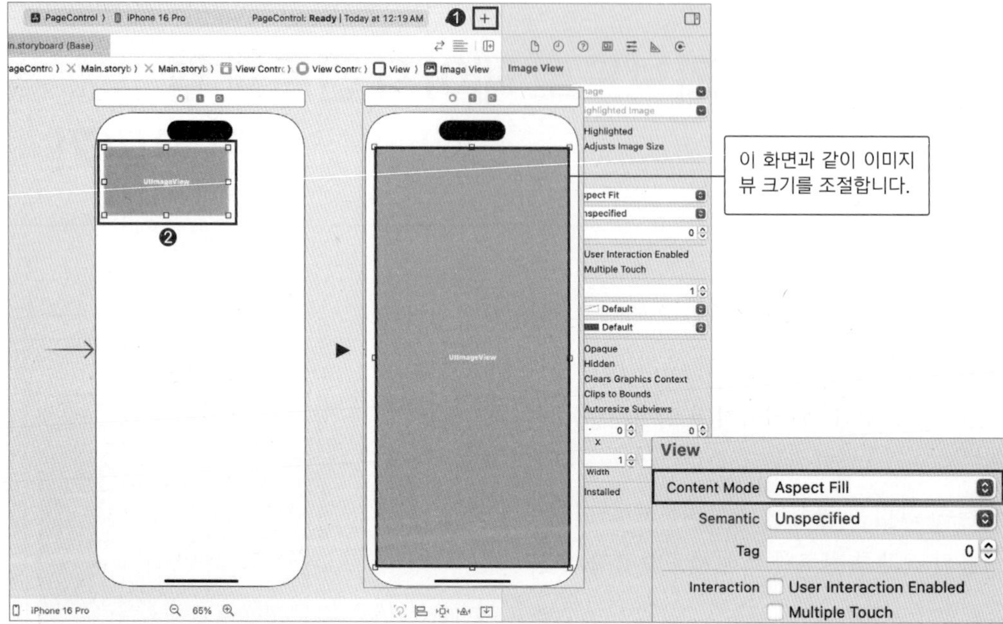

2. 페이지 컨트롤 추가하기

페이지 컨트롤도 마찬가지로 상단의 [Library] 버튼을 클릭한 후 팝업 창에서 [페이지 컨트롤(Page Control)]을 찾아 스토리보드로 끌어와 화면의 아래쪽에 배치합니다. 그리고 좌우로 늘려 크기를 조절합니다.

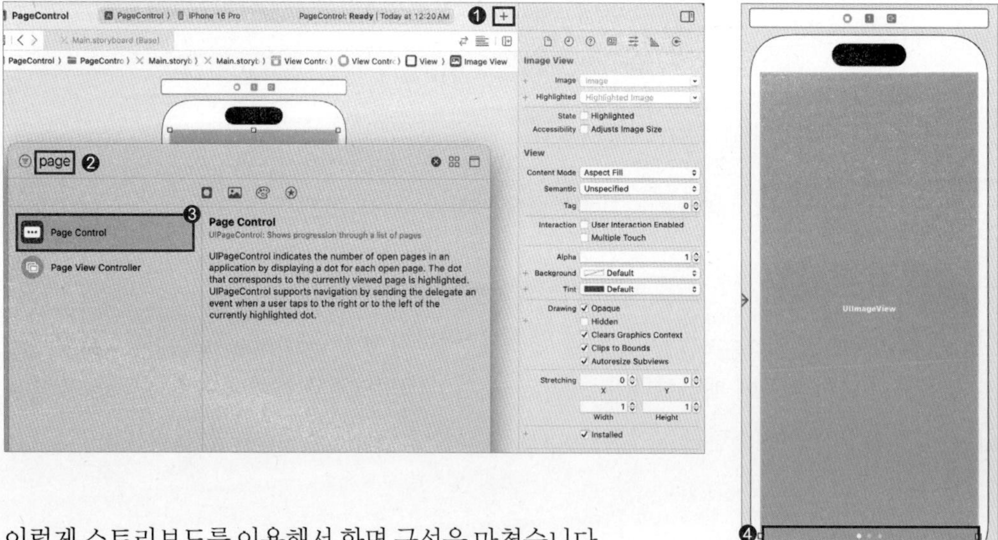

이렇게 스토리보드를 이용해서 화면 구성을 마쳤습니다.

09-4 아웃렛 변수와 액션 함수 추가하기

이제 프로그램에서 사용될 아웃렛 변수와 액션 함수를 추가해 보겠습니다.

이미지 뷰와 페이지 컨트롤에 아웃렛 변수 추가하기

1. 보조 편집기 영역 열기

아웃렛 변수와 액션 함수를 추가하기 위해 오른쪽 윗부분의 [Adjust Editor Options] 버튼을 클릭한 후 [Assistant] 메뉴를 선택하여 보조 편집기 영역을 엽니다.

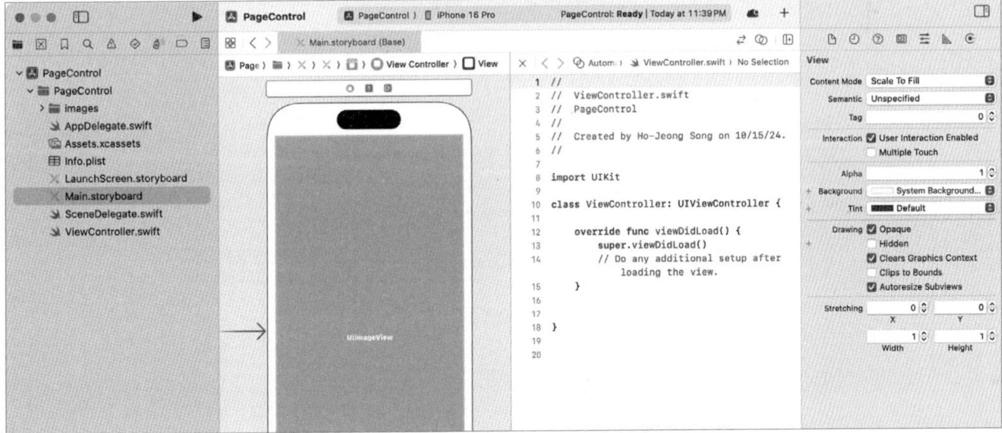

2. 이미지 뷰에 대한 아웃렛 변수 추가하기

스토리보드의 이미지 뷰 객체를 마우스 오른쪽 버튼으로 클릭한 후 오른쪽의 보조 편집기 영역으로 드래그하면 다음 그림과 같이 연결선이 나타납니다. 드래그한 연결선을 뷰 컨트롤러의 클래스 선언문 바로 아래에 배치한 후 버튼에서 손을 뗍니다.

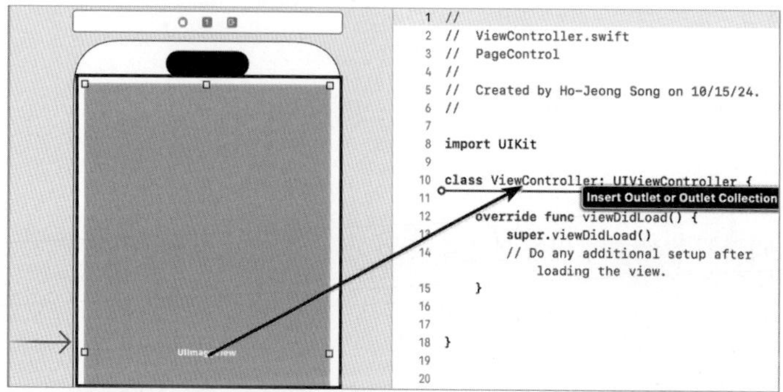

3. 다음과 같이 연결 설정 창이 나타나면 아웃렛 변수의 이름(Name)에 'imgView'를 입력하고 타입(Type)을 확인한 후 [Connect] 버튼을 클릭하여 이미지 뷰와 아웃렛 변수를 연결합니다.

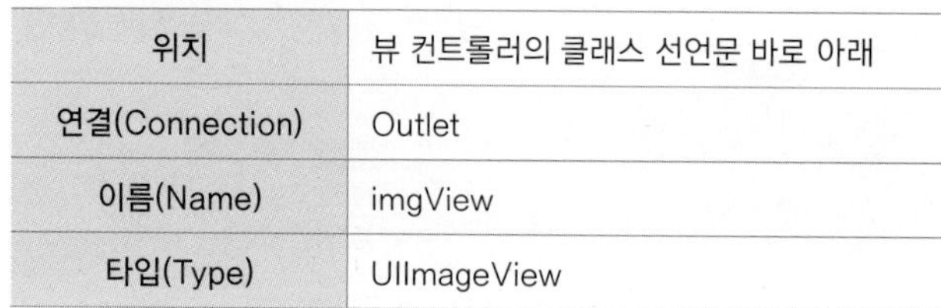

위치	뷰 컨트롤러의 클래스 선언문 바로 아래
연결(Connection)	Outlet
이름(Name)	imgView
타입(Type)	UIImageView

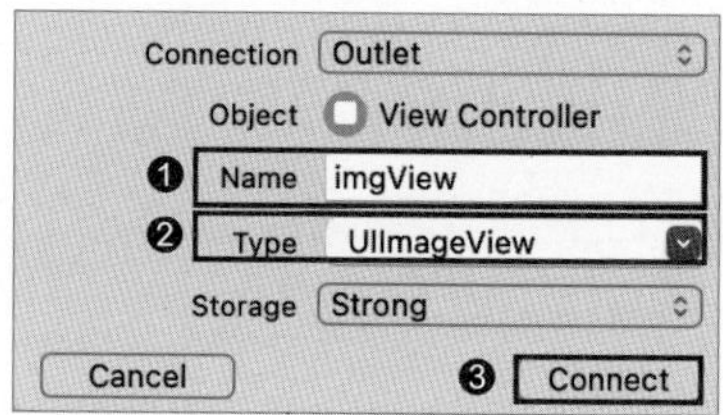

4. 이미지 뷰에 대한 아웃렛 변수가 추가되었습니다.

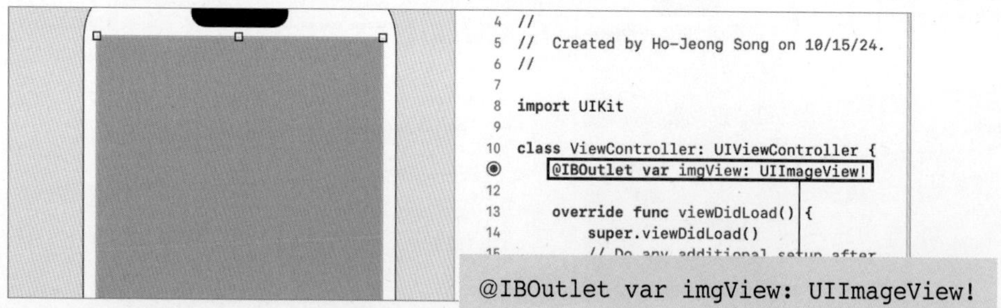

5. 페이지 컨트롤에 대한 아웃렛 변수 추가하기

위와 같은 방법으로 스토리보드 상의 페이지 컨트롤을 마우스 오른쪽 버튼으로 클릭한 후 드래그해서 **3**번 과정에서 추가한 imgView 아웃렛 변수 아래쪽에 갖다 놓습니다.

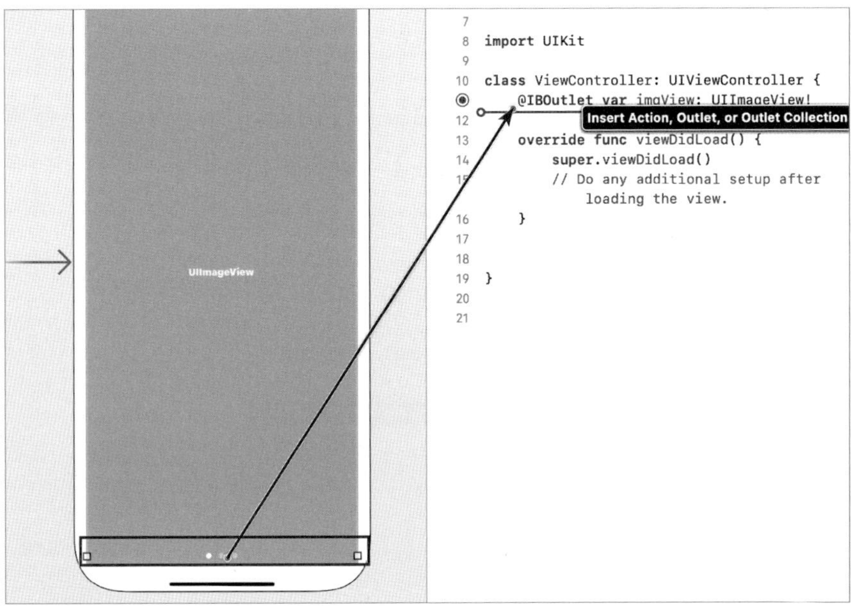

6. 다음과 같이 연결 설정 창이 나타나면 아웃렛 변수의 이름(Name)에 'pageControl'을 입력하고 타입(Type)을 확인한 후 [Connect] 버튼을 클릭하여 페이지 컨트롤과 아웃렛 변수를 연결합니다.

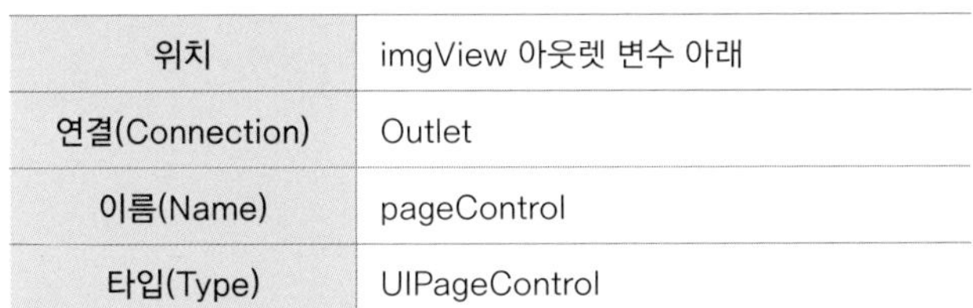

위치	imgView 아웃렛 변수 아래
연결(Connection)	Outlet
이름(Name)	pageControl
타입(Type)	UIPageControl

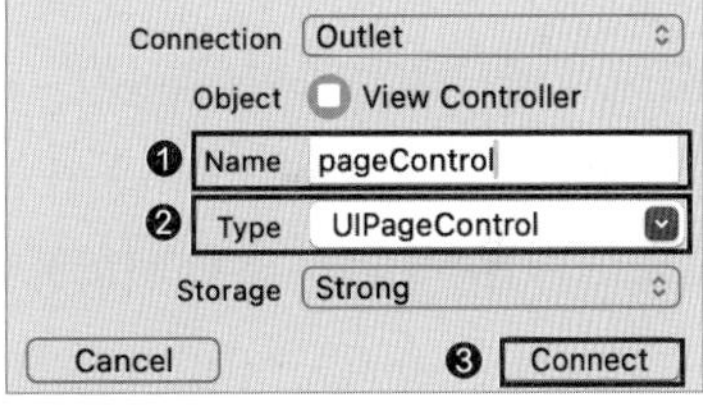

7. 페이지 컨트롤에 대한 아웃렛 변수가 추가되었습니다.

```
import UIKit

class ViewController: UIViewController {
    @IBOutlet var imgView: UIImageView!
    @IBOutlet var pageControl:
        UIPageControl!

    override func viewDidLoad() {
        super.viewDidLoad()
        // Do any additional setup after
            loading the view.
    }
```

UIImageView

```
@IBOutlet var pageControl: UIPageControl!
```

페이지 컨트롤에 액션 함수 추가하기

1. 이제는 마지막으로 페이지 컨트롤에 대한 액션 함수를 추가하겠습니다. 마우스 오른쪽 버튼으로 스토리보드의 페이지 컨트롤 객체를 클릭한 후 드래그해서 오른쪽 소스의 가장 아래쪽에 있는 뷰 컨트롤러 클래스 닫음 괄호 '}'의 바로 위에 갖다 놓습니다.

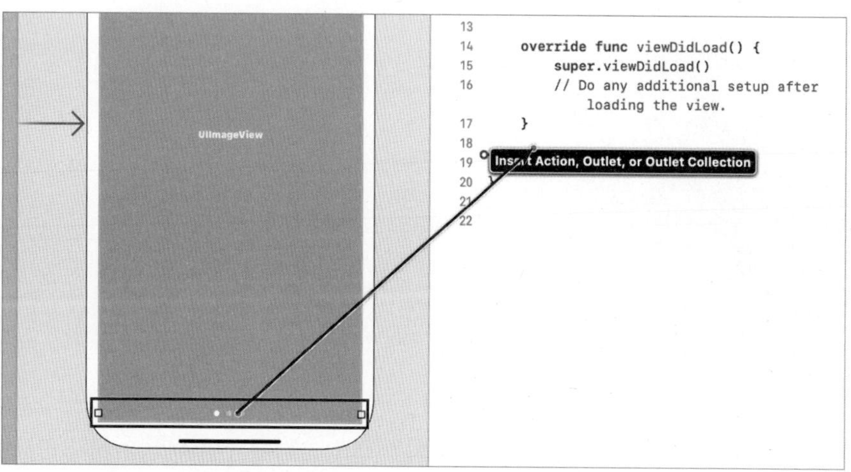

2. 다음과 같이 연결 설정 창이 나타나면 이 설정 창에서 다음과 같이 설정한 후 Event가 [Value Changed]인지 확인하고 [Connect] 버튼을 클릭하여 액션을 추가합니다.

'Event' 설정은 액션 함수를 언제 실행할지를 결정하는 중요한 항목입니다. 즉, 해당 객체에서 어떠한 이벤트가 발생하였을 때 액션 함수를 실행할지 선택하는 것입니다. 선택할 수 있는 이벤트 종류는 오른쪽과 같습니다. 여기서는 페이지 컨트롤의 값이 변할 때 액션 함수를 실행하기 위해 [Value Changed]를 선택했습니다.

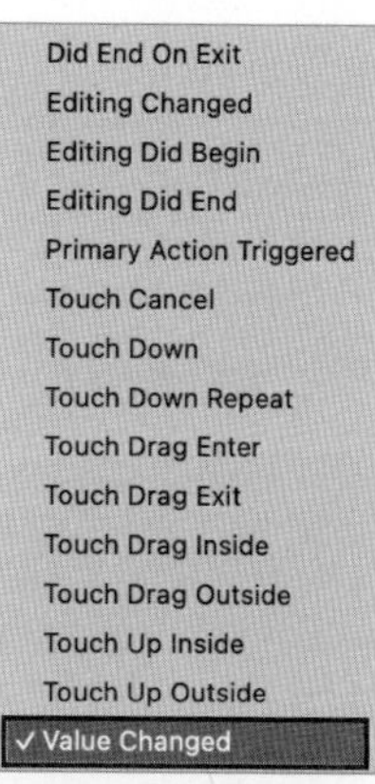

위치	뷰 컨트롤러 클래스 닫음 괄호 '}' 바로 위
연결(Connection)	Action
이름(Name)	pageChange
타입(Type)	UIPageControl
이벤트(Event)	Value Changed

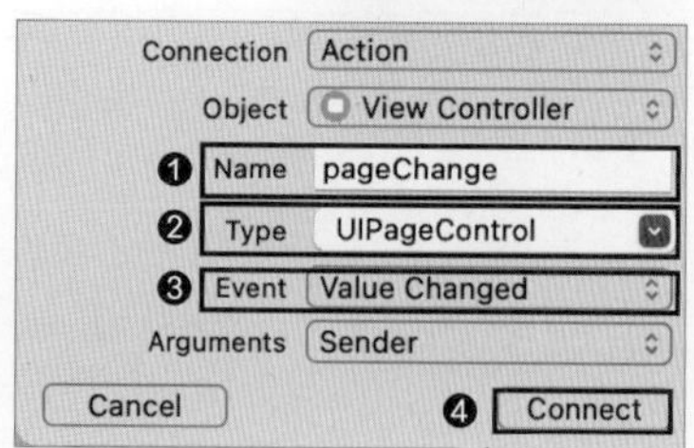

3. 페이지 컨트롤에 대한 액션 함수가 추가되었습니다.

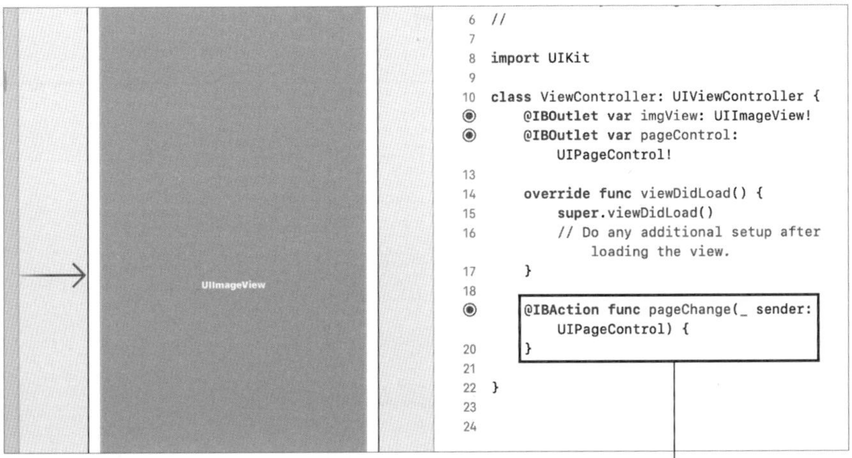

```
//

import UIKit

class ViewController: UIViewController {
    @IBOutlet var imgView: UIImageView!
    @IBOutlet var pageControl:
        UIPageControl!

    override func viewDidLoad() {
        super.viewDidLoad()
        // Do any additional setup after
            loading the view.
    }

    @IBAction func pageChange(_ sender:
        UIPageControl) {
    }

}
```

UIImageView

```
@IBAction func pageChange(_ sender: UIPageControl) {
}
```

09-5 페이지 컨트롤 동작 구현하기

화면 모드를 스탠더드 에디터로 수정한 후 코딩하기

1. 왼쪽 내비게이터 영역에서 [ViewController.swift]를 선택합니다.

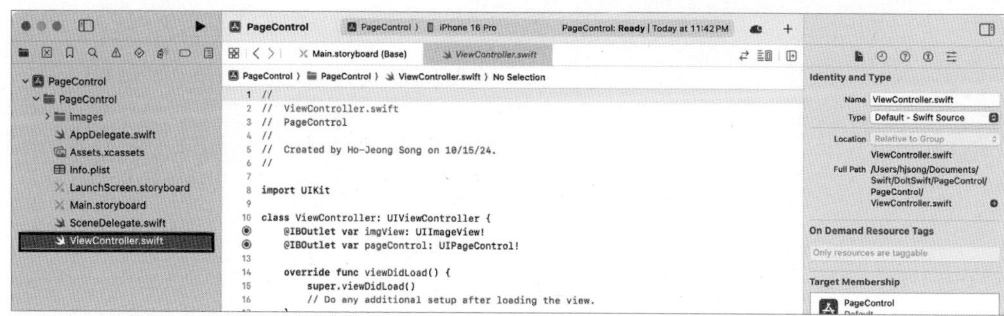

2. 변수 추가하기

이제 페이지 컨트롤을 작동하는 데 필요한 변수를 뷰 컨트롤러 클래스 선언문의 바로 위에 추가하겠습니다.

```
//

import UIKit

var images = [ "01.png", "02.png", "03.png", "04.png", "05.png", "06.png" ]

class ViewController: UIViewController {
    @IBOutlet var imgView: UIImageView!
    @IBOutlet var pageControl: UIPageControl!

        // Do any additional setup after loading the view.
    }
```

```
var images = [ "01.png", "02.png", "03.png", "04.png", "05.png", "06.png" ]
```

여기서 변수 images는 화면에 보여 줄 이미지 파일의 이름을 저장한 배열입니다.

3. 페이지가 변경될 때 동작할 함수 코딩하기

이제 앱에서 페이지(Page)가 변경될 때 동작할 pageChange 함수를 코딩하겠습니다. 다음 코드를 pageChange 함수 안에 입력하면 페이지가 변경되었을 때 현재 페이지에 해당하는 이미지 파일의 이름을 images 배열에서 가지고 와서 imgView에 할당하여 화면에 이미지를 출력합니다.

```
import UIKit

var images = [ "01.png", "02.png", "03.png", "04.png", "05.png", "06.png" ]

class ViewController: UIViewController {
    @IBOutlet var imgView: UIImageView!
    @IBOutlet var pageControl: UIPageControl!

    override func viewDidLoad() {
        super.viewDidLoad()
        // Do any additional setup after loading the view.
    }

    @IBAction func pageChange(_ sender: UIPageControl) {
        imgView.image = UIImage(named: images[pageControl.currentPage])
    }

}

```

```
@IBAction func pageChange(_ sender: UIPageControl) {
        imgView.image = UIImage(named: images[pageControl.currentPage])
             ❹            ❸      ❷              ❶
}
```

❶ 페이지 컨트롤의 현재 페이지를 가지고 옵니다.

❷ 현재 페이지에 해당하는 이미지 파일의 이름을 images 배열에서 가지고 옵니다.

❸ UIImage 타입의 이미지를 만듭니다.

❹ 만든 이미지를 이미지 뷰에 할당합니다.

4. 앱을 시작할 때 수행할 내용 코딩하기

처음 앱이 실행되어 뷰가 보일 때 화면에 페이지 컨트롤의 위치와 이미지를 나타내기 위한 코드를 작성해 보겠습니다. 페이지 컨트롤의 전체 페이지 수와 현재 페이지, 페이지 컨트롤의 색상 등을 설정하고 화면에 현재 페이지에 해당하는 이미지를 출력할 것입니다.

뷰가 보일 때 자동으로 호출되는 함수는 viewDidLoad 함수입니다. 이 함수 안에 뷰를 보여 줄 때 실행하고 싶은 코드를 추가하면 됩니다. 다음 코드를 viewDidLoad 함수의 맨 아래쪽에 입력합니다.

```
class ViewController: UIViewController {
    @IBOutlet var imgView: UIImageView!
    @IBOutlet var pageControl: UIPageControl!

    override func viewDidLoad() {
        super.viewDidLoad()
        // Do any additional setup after loading the view.

        pageControl.numberOfPages = images.count
        pageControl.currentPage = 0

        pageControl.pageIndicatorTintColor = UIColor.green
        pageControl.currentPageIndicatorTintColor = UIColor.red

        imgView.image = UIImage(named: images[0])
    }

    @IBAction func pageChange(_ sender: UIPageControl) {
        imgView.image = UIImage(named: images[pageControl.currentPage])
    }
```

```
override func viewDidLoad() {
    super.viewDidLoad()
    // Do any additional setup after loading the view.
    pageControl.numberOfPages = images.count
                     ❶
    pageControl.currentPage = 0
                    ❷
    pageControl.pageIndicatorTintColor = UIColor.green
                       ❸
    pageControl.currentPageIndicatorTintColor = UIColor.red
                          ❹
    imgView.image = UIImage(named: images[0])
}
```

❶ numberOfPages: 페이지 컨트롤의 전체 페이지 수를 의미합니다.

❷ currentPage: 현재 페이지를 의미합니다.

❸ pageIndicatorTintColor: 페이지 컨트롤의 페이지를 표시하는 부분의 색상을 의미합니다. UIColor.green을 입력하면 페이지를 표시하는 페이지 컨트롤의 전체 동그라미 부분이 초록색으로 표시됩니다.

❹ currentPageIndicatorTintColor: 페이지 컨트롤의 현재 페이지를 표시하는 색상을 의미합니다. UIColor.red를 입력하면 현재 페이지가 빨간색으로 표시됩니다.

 **스위프트 문법 } 색상을 표현하는 방법**

스위프트에서 색상을 표현하는 방법은 여러 가지가 있습니다. 하지만 이 장에서는 가장 많이 사용하는 두 가지 방법을 소개하겠습니다.

1. 스위프트에서 정의된 메서드를 사용하는 방법

스위프트에서 정의된 메서드(Method)는 우리가 흔히 알고 있는 색상의 단어(red, gray, purple 등)를 사용하여 정의한 것입니다. 그럼 이러한 컬러 메서드에는 어떤 것들이 있을까요? 미리 정의된 컬러 메서드를 확인하려면 [command ⌘]를 누른 상태에서 UIColor 위에 마우스 커서를 올리면 UIColor가 선택됩니다. 여기서 UIColor를 마우스로 클릭하면 UIColor 클래스 선언부에 정의된 내용을 확인할 수 있습니다.

Info.plist
LaunchScreen.storyboard
Main.storyboard
SceneDelegate.swift
ViewController.swift

```
//

import UIKit

var images = [ "01.png", "02.png", "03.png", "04.png", "05.png", "06.png" ]

class ViewController: UIViewController {
    @IBOutlet var imgView: UIImageView!
    @IBOutlet var pageControl: UIPageControl!

    override func viewDidLoad() {
        super.viewDidLoad()
        // Do any additional setup after loading the view.

        pageControl.numberOfPages = images.count
        pageControl.currentPage = 0

        pageControl.pageIndicatorTintColor = UIColor.green
        pageControl.currentPageIndicatorTintColor = UIColor.red

        imgView.image = UIImage(named: images[0])
    }

    @IBAction func pageChange(_ sender: UIPageControl) {
        imgView.image = UIImage(named: images[pageControl.currentPage])
    }

}
```

```
@available(iOS 5.0, *)
public init(ciColor: CIColor)

open class var black: UIColor { get }

open class var darkGray: UIColor { get }

open class var lightGray: UIColor { get }

open class var white: UIColor { get }

open class var gray: UIColor { get }

open class var red: UIColor { get }

open class var green: UIColor { get }

open class var blue: UIColor { get }

open class var cyan: UIColor { get }

open class var yellow: UIColor { get }

open class var magenta: UIColor { get }

open class var orange: UIColor { get }

open class var purple: UIColor { get }

open class var brown: UIColor { get }
```

```
black, darkGray, lightGray,
white, gray, red,
green, blue, cyan,
yellow, magenta, orange,
purple, brown, clear
```

이렇게 정의된 메서드를 사용해 다음과 같이 색상을 지정할 수 있습니다.

```
let red = UIColor.red
```

2. 삼원색인 RGB(red, green, blue)와 투명도 Alpha 값을 사용하는 방법

UIColor 클래스의 초기화 함수 중 RGB 값을 사용하는 함수는 다음과 같이 정의되어 있습니다.

```
init(red: CGFloat, green: CGFloat, blue: CGFloat, alpha: CGFloat)
                        ❶                                ❷
```

❶ 빨간색(red), 초록색(green), 파란색(blue)의 포함 정도를 나타내며 0~1 사이의 실수 값을 가집니다. 일반적으로 디스플레이에서 사용되는 색상은 0~255 사이의 값으로 표현되므로 색상 표의 값을 255로 나누어 표시하면 됩니다.

❷ alpha는 투명도를 나타내며 0~1 사이의 실수 값을 가집니다. 0은 투명을 의미하고 1은 불투명을 의미합니다.

```
let red = UIColor(red: 1, green: 0, blue: 0, alpha: 1)
let myColor = UIColor(red: 1, green: 165/255, blue: 0, alpha: 1)
```

5. 시뮬레이터로 결과 보기

이제 [실행] 버튼을 클릭하여 앱을 실행해 보겠습니다. 페이지 컨트롤의 왼쪽 부분과 오른쪽 부분을 터치하면 페이지가 변하고 이미지 또한 해당 이미지로 변하는 것을 확인할 수 있습니다. 사실 페이지를 이동하는 효과는 화면을 '스와이프'해서 사용하는 것이 더 편합니다.

▶ 스와이프 기능은 '18장 스와이프 제스처 사용하기'를 배우고 나면 적용할 수 있습니다.

09-6 페이지 컨트롤 앱, 전체 소스 보기

완성된 앱의 전체 소스를 확인해 보세요.

ViewController.swift

```
import UIKit

var images = [ "01.png", "02.png", "03.png", "04.png", "05.png", "06.png" ]

class ViewController: UIViewController {
    @IBOutlet var imgView: UIImageView!   // 이미지 출력용 아웃렛 변수
    @IBOutlet var pageControl: UIPageControl!   // 페이지 컨트롤용 아웃렛 변수

    // 뷰가 로드되었을 때 호출됨
    override func viewDidLoad() {
        super.viewDidLoad()

        // 페이지 컨트롤의 전체 페이지를 images 배열의 전체 개수 값으로 설정
        pageControl.numberOfPages = images.count
        pageControl.currentPage = 0 // 페이지 컨트롤의 현재 페이지를 0으로 설정

        // 페이지 표시 색상을 초록색으로 설정
        pageControl.pageIndicatorTintColor = UIColor.green

        // 현재 페이지 표시 색상을 빨간색으로 설정
        pageControl.currentPageIndicatorTintColor = UIColor.red

        imgView.image = UIImage(named: images[0])
    }

    // 페이지가 변하면 호출됨
    @IBAction func pageChange(_ sender: UIPageControl) {
        // images라는 배열에서 pageControl이 가리키는 현재 페이지에 해당하는 이미지를 imgView에 할당
        imgView.image = UIImage(named: images[pageControl.currentPage])
    }
}
```

페이지 이동 앱 만들기

목표 이 장에서 배운 페이지 컨트롤을 이용해 다음과 같은 앱을 만들어 보세요.

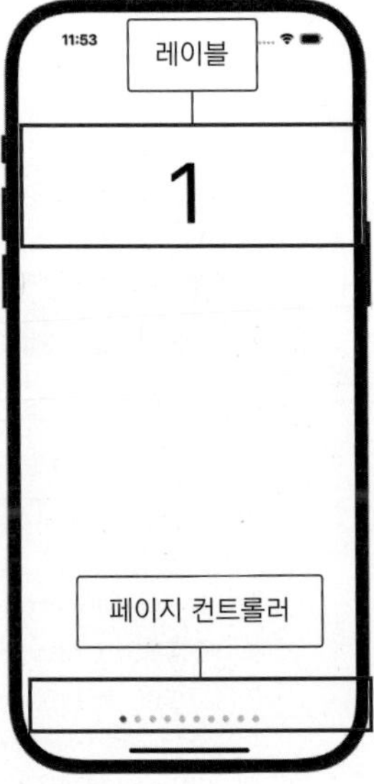

1. 화면에 레이블과 페이지 컨트롤을 추가합니다.
2. 레이블의 폰트 크기는 100으로 설정합니다.
3. 페이지 수는 10 페이지로 설정합니다.
4. 페이지를 넘길 때마다 화면에 1부터 10까지의 페이지 번호가 표시됩니다.

힌트 04장에서 배운 String 함수를 사용하면 정수를 문자열로 변환할 수 있습니다.

:: 완성 소스 [09장] 폴더 / [미션] 폴더 / PageControl.xcodeproj

탭 바 컨트롤러 이용해 여러 개의 뷰 넣기

난이도 ★☆☆☆☆

iOS에서 하나의 앱에 여러 화면을 넣을 때 일반적으로 많이 사용하는 것이 '탭 바(Tab Bar)'입니다. 탭 바는 아래 [완성된 모습]의 그림에서 밑에 늘어서 있는 아이콘 모양의 탭 부분을 말합니다. 각각의 탭을 선택할 때마다 다른 화면을 볼 수 있을 뿐만 아니라 화면을 이동할 때도 탭을 선택하면 되므로 쉽게 여러 개의 화면을 넣을 수 있습니다. 이번 예제에서는 앞에서 만들어 놓은 예제를 활용해 초기 화면과 두 개의 화면을 넣어보겠습니다. 이를 통해 기존의 프로젝트에서 스토리보드의 뷰 컨트롤러를 가져오는 방법과 탭 바 컨트롤러에 대해 알아봅니다.

완성된 모습

완성 소스 [10장] 폴더 / [본문 실습] 폴더 / Tab.xcodeproj

첫 화면의 아랫부분에는 세 개의 탭이 있고 가운데에는 이미지 그리고 위쪽에는 버튼 두 개가 있습니다. [Bookmarks] 탭을 선택하면 앞 장의 예제처럼 전구를 켜거나 끌 수도 있고 확대하거나 축소할 수도 있습니다. 또한 [Recents] 탭을 선택하면 현재 시간과 선택 시간을 확인할 수 있습니다. 그리고 초기 화면의 [이미지뷰로 이동], [피커뷰로 이동] 버튼을 클릭하면 각 탭으로 이동할 수 있습니다.

10-1

탭 바 컨트롤러란?

앞에서 배운 예제들은 대부분 '하나의 뷰'만 보여 주었습니다. 하지만 상황에 따라 하나의 뷰가 아니라 다양한 내용, 즉 여러 개의 뷰를 보여 줄 때가 더 많습니다. 이를 위해 여러 개의 뷰와 더불어 뷰를 선택해 이동할 수 있게 해주는 컨트롤러가 필요합니다. 그 역할을 하는 것이 바로 탭 바 컨트롤러입니다. 이러한 탭 바를 이용하는 대표적인 앱에는 아이폰의 시계, 음악, 전화 앱이 있습니다.

시계 앱의 경우에는 탭 바를 이용해서 세계 시계, 알람, 스톱워치, 타이머 탭으로 이동할 수 있습니다. 세계 시계 탭에서는 여러 나라의 시계를 추가할 수 있고, 알람 탭에서는 여러 알람을 설정할 수 있으며, 스톱워치 탭에서는 시간을 잴 수 있고, 타이머 탭에서는 타이머를 맞출 수 있습니다. 이렇듯 탭 바 컨트롤러를 이용해 시계라는 큰 앱을 세계 시계, 알람, 스톱워치, 타이머 탭으로 구분하여 상황에 맞게 사용할 수 있습니다.

시계 앱의 세계 [시계] 탭

시계 앱의 [알람] 탭

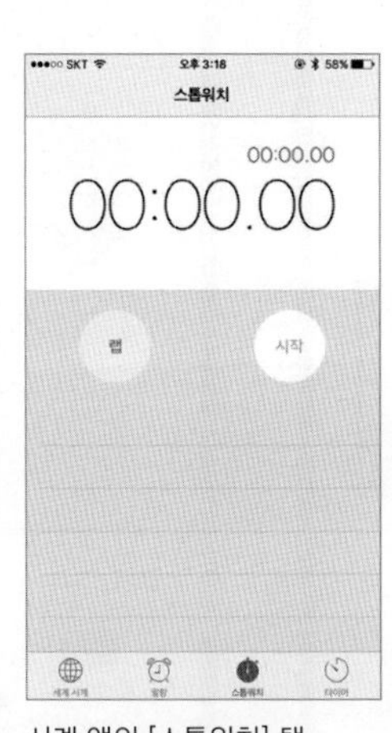

시계 앱의 [스톱워치] 탭

시계 앱의 [타이머] 탭

10-2 탭 바 컨트롤러 앱을 위한 기본 환경 구성하기

탭 바를 사용하기 위해 탭 바 컨트롤러를 추가하고 기본 뷰를 추가한 후 기본 뷰의 탭 바 아이콘을 수정해 보겠습니다.

탭 바 컨트롤러로 뷰 컨트롤러 추가하기

1. Xcode를 실행한 후 'Tab'이라는 이름으로 프로젝트를 만듭니다.

프로젝트를 만드는 방법은 02장을 참고하세요.

2. 뷰 컨트롤러 크기 조절하기

사용할 스토리보드의 디바이스로 [iPhone 16 Pro]를 선택하겠습니다. 또한 [Zoom In], [Zoom Out] 버튼을 사용하여 뷰 컨트롤러의 크기를 조절합니다.

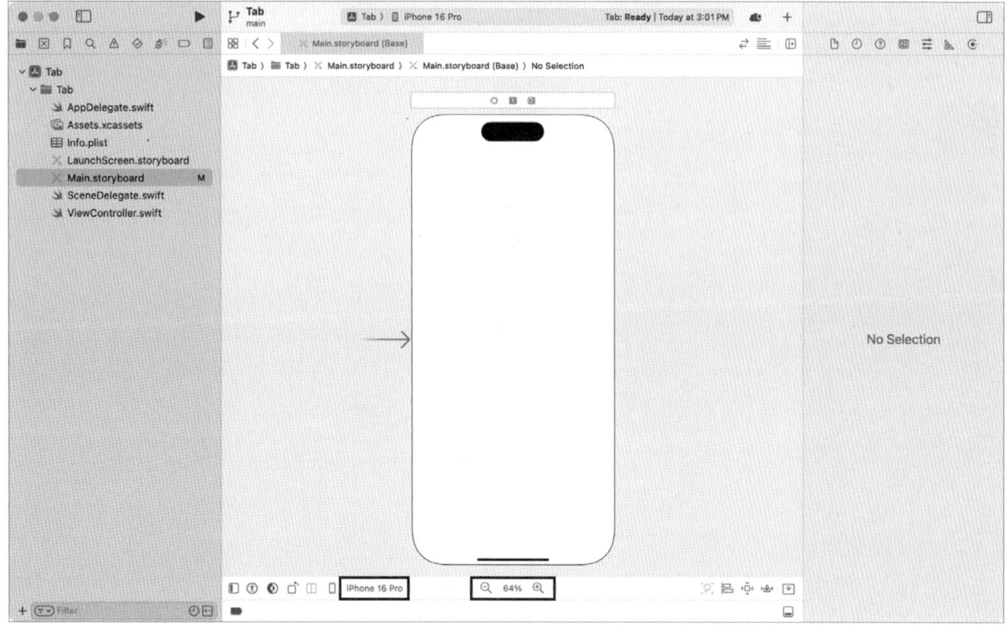

3. 탭 바 컨트롤러를 스토리보드에 추가하기

스토리보드에 탭 바 컨트롤러를 추가하겠습니다. 스토리보드의 아이폰 화면 전체를 드래그한 후 메뉴에서 [Editor → Embed In → Tab Bar Controller]를 선택합니다.

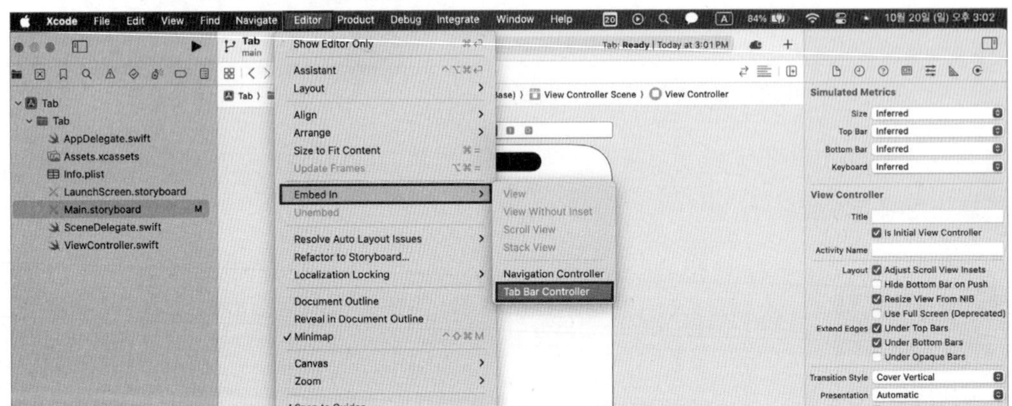

다음과 같이 처음에는 없던 탭 바 컨트롤러가 추가되었습니다.

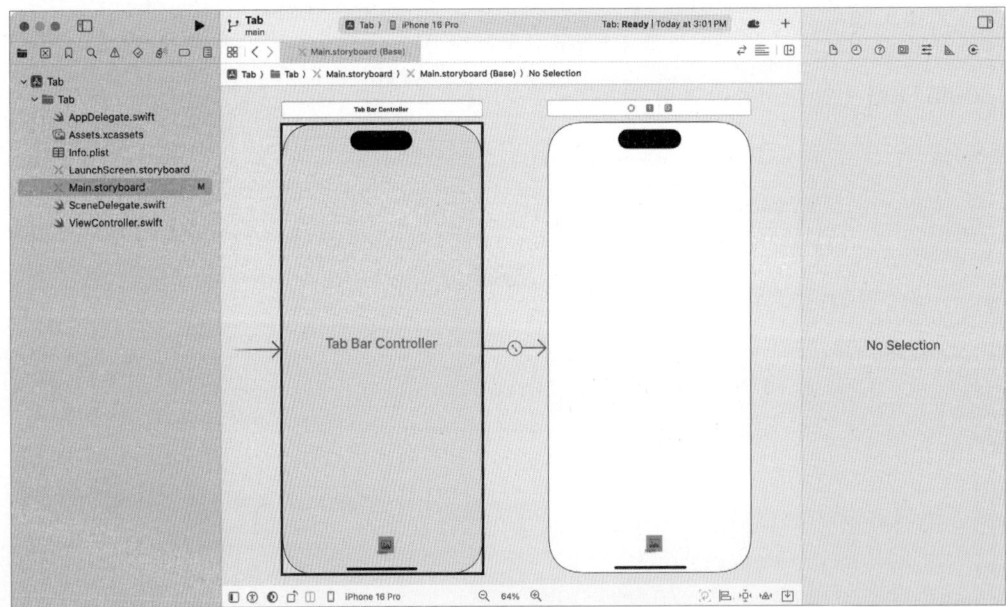

알아 두면 좋아요! **스토리보드를 확대/축소해 컨트롤러 살펴보기**

스토리보드 중앙 하단의 [+], [-]를 클릭해 스토리보드를 확대/축소할 수 있으며 [64%]를 직접 클릭해 원하는 비율로 선택할 수도 있습니다. 또한 마우스 오른쪽 버튼을 클릭하여 팝업 메뉴를 띄워 [Zoom to Fit]을 선택하여 꽉 찬 화면으로 조정할 수 있습니다.

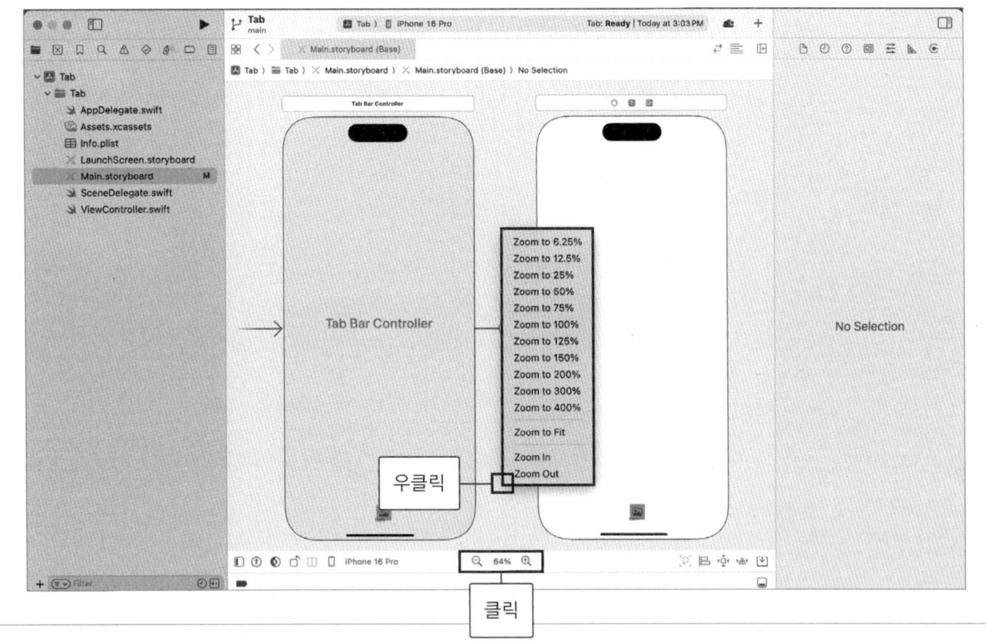

4. 탭 바 아이콘 변경하기

오른쪽의 아이폰 화면을 확대하여 탭 바 아이콘을 클릭합니다. 그 상태에서 오른쪽의 인스펙터 영역에서 [Attributes inspector] 버튼을 클릭한 후 System Item을 보면 [Custom]으로 되어 있습니다.

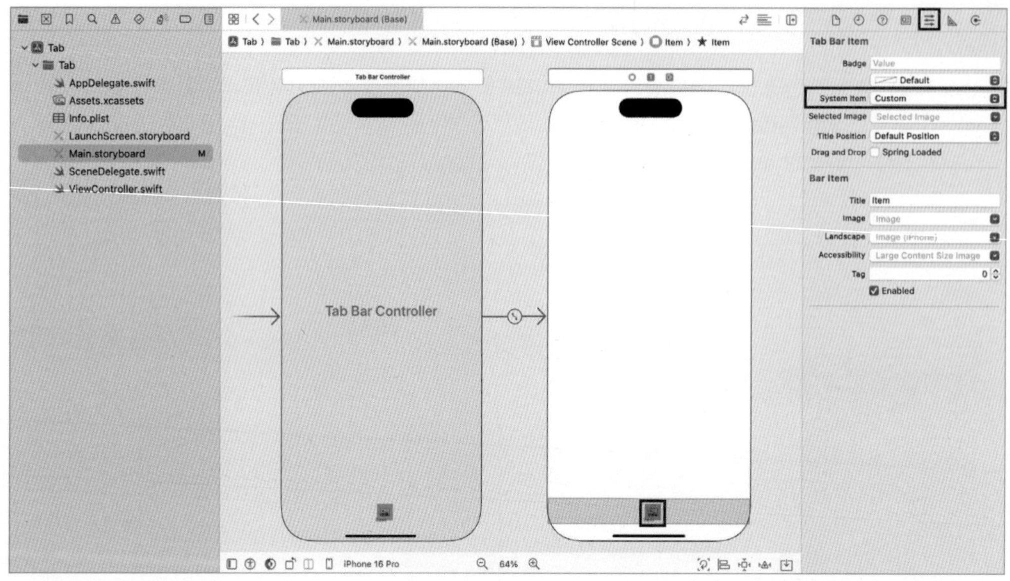

5. [Custom]을 클릭하여 [Top Rated]로 바꿉니다. 탭 바의 아이콘이 변한 것을 확인할 수 있습니다. 다른 것을 선택해도 됩니다.

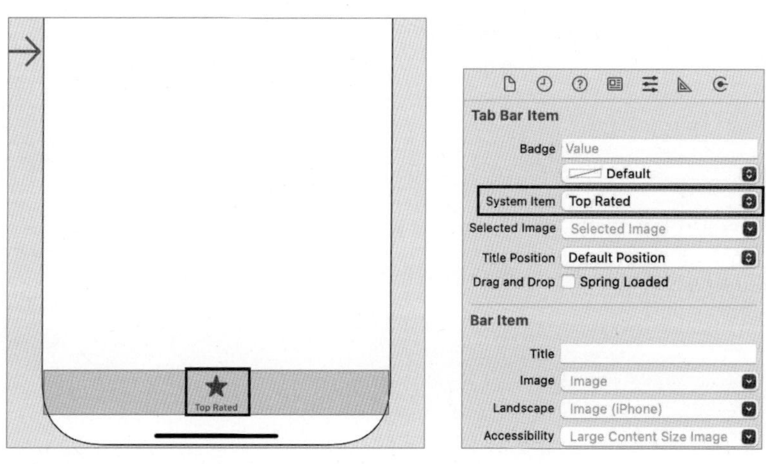

6. 이제 뷰 컨트롤러를 움직여 보겠습니다. 스토리보드를 축소한 후 오른쪽의 뷰 컨트롤러를 선택합니다.

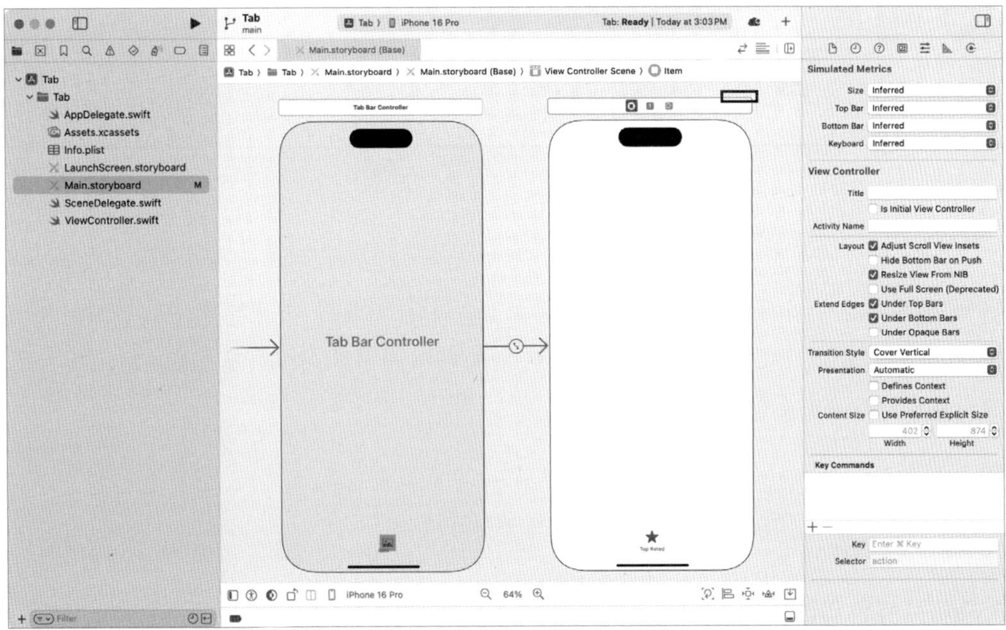

7. 선택한 뷰 컨트롤러를 드래그하여 위쪽으로 옮겨 놓습니다. 이는 뷰 컨트롤러 두 개를 더 추가하기 위해 공간을 확보하려는 것입니다.

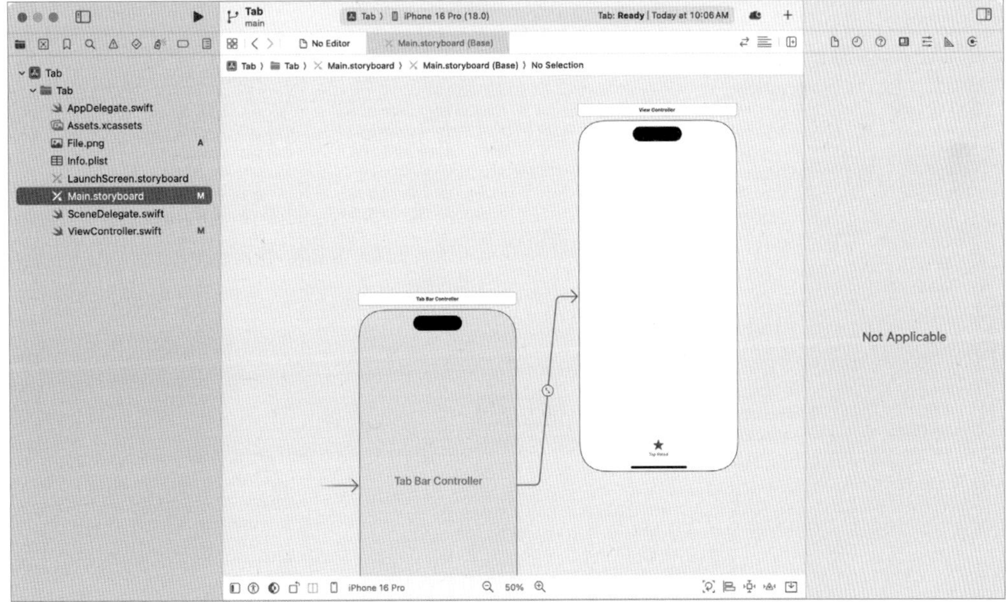

10-3 탭 바에 뷰 추가하기

탭 바의 기본 뷰 이외에 두 개의 뷰를 추가해 보겠습니다. 이때 두 개의 뷰를 새로 만드는 것이 아니라 03장의 '이미지 뷰'와 04장의 '데이트 피커'에서 작성한 이미지와 스토리보드 및 소스 코드를 추가하여 사용합니다.

이미지 뷰 이용해 탭 바에 뷰 추가하기

1. 이미지 뷰의 이미지 추가하기

두 개의 뷰 컨트롤러는 새로 만들지 않고 앞 장에서 만들어 놓은 예제를 그대로 사용합니다. 먼저 파인더를 이용하여 03장에서 만든 [ImageView] 폴더를 엽니다.

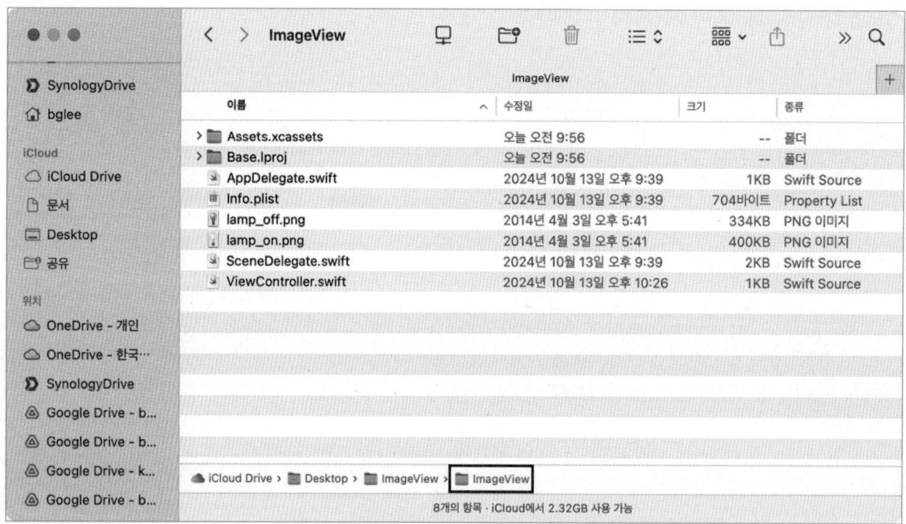

2. 이미지를 사용해야 하므로 이미지 파일을 추가하겠습니다. 전구 이미지인 'lamp_on.png' 파일과 'lamp_off.png' 파일을 왼쪽의 내비게이터 영역에 추가합니다. 파일을 끌어다 놓은 후 [Finish] 버튼을 클릭하면 파일이 추가됩니다.

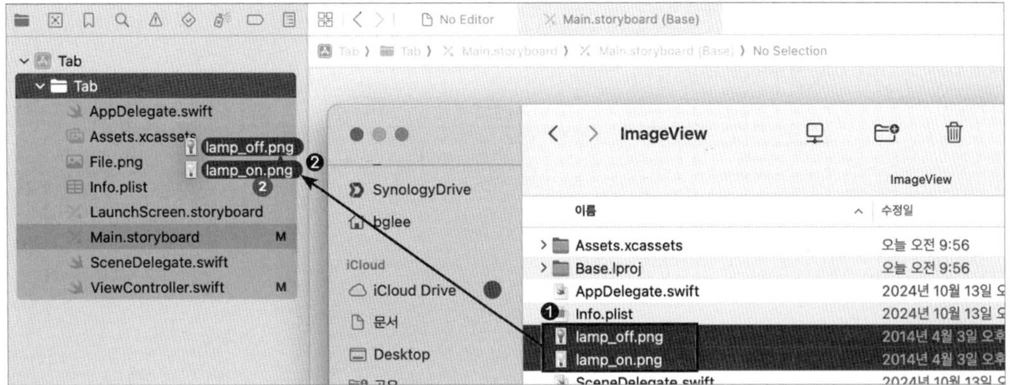

3. 이미지 뷰의 스위프트 파일 추가하기

스위프트 파일도 그대로 사용합니다. 프로젝트에 이미 동일한 이름의 파일이 존재하므로 파일을 복사하여 다른 이름으로 수정합니다. 'ViewController.swift' 파일을 선택한 후 [command ⌘]+[C]를 눌러 복사합니다.

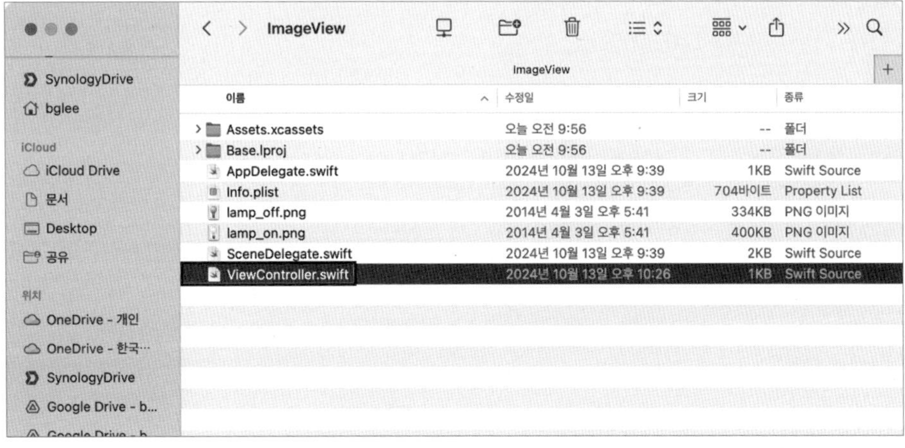

4. command ⌘ + V를 눌러 같은 폴더에 붙여 넣습니다. 그런 다음 return 을 눌러 파일명을 'ImageViewController.swift'로 수정합니다.

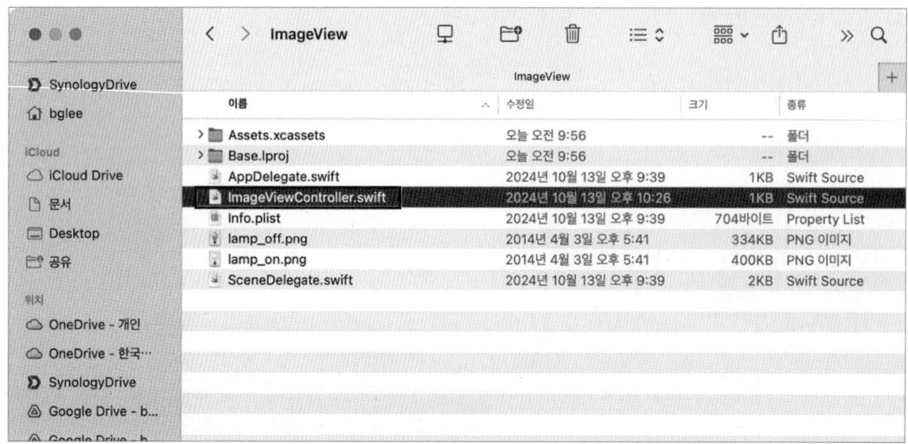

5. 'ImagViewController.swift' 파일을 왼쪽의 내비게이터 영역에 추가합니다. 스위프트 파일을 끌어다 놓은 후 [Finish] 버튼을 클릭하면 파일이 추가됩니다.

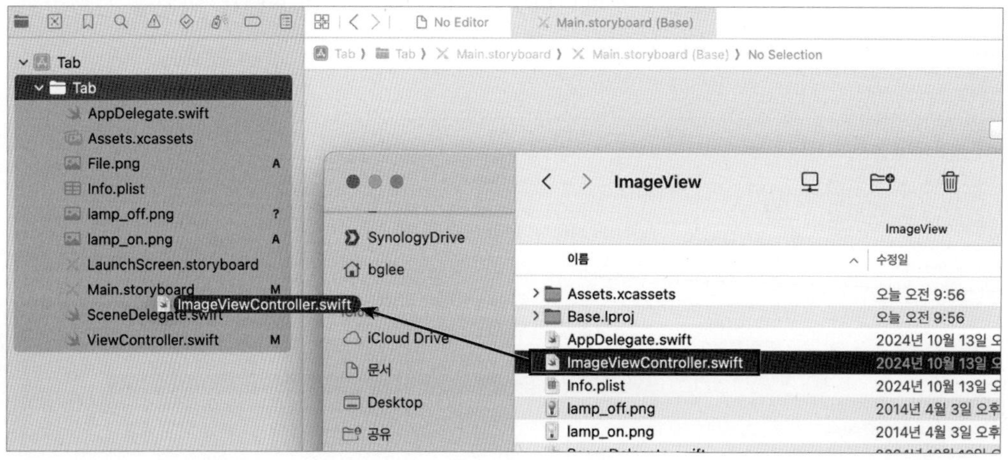

6. 그런데 내비게이터 영역에서 [ImageViewController.swift]를 선택하면 에러가 발생합니다. 이 에러는 파일명과 클래스명이 다르기 때문에 발생한 것이므로 클래스명을 'ImageView Controller'로 수정하고 잠시 기다리면 에러가 사라집니다.

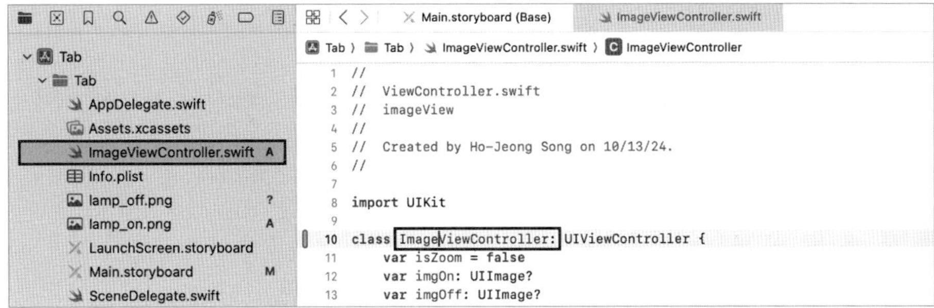

7. 이미지 뷰의 스토리보드 추가하기

이제 뷰 컨트롤러를 복사하겠습니다. 다시 [ImageView] 폴더로 돌아가서 [Base.lproj] 폴더 안으로 들어가면 'Main.storyboard' 파일을 볼 수 있습니다. 이 파일을 더블 클릭하여 실행합니다.

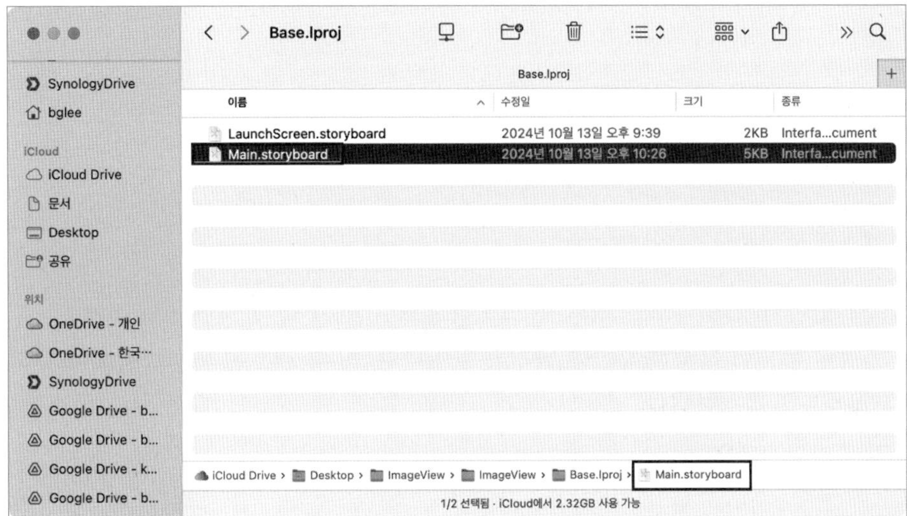

8. 아래 그림처럼 새로운 스토리보드 화면이 나타나면 뷰 컨트롤러가 모두 포함되도록 드래그하여 선택한 후 command ⌘ + C를 눌러 복사합니다. 아래 버튼과 스위치의 위치가 너무 아래쪽에 있을 경우 탭 바와 겹치게 되므로 아래쪽에 여유가 있도록 위치를 조절합니다.

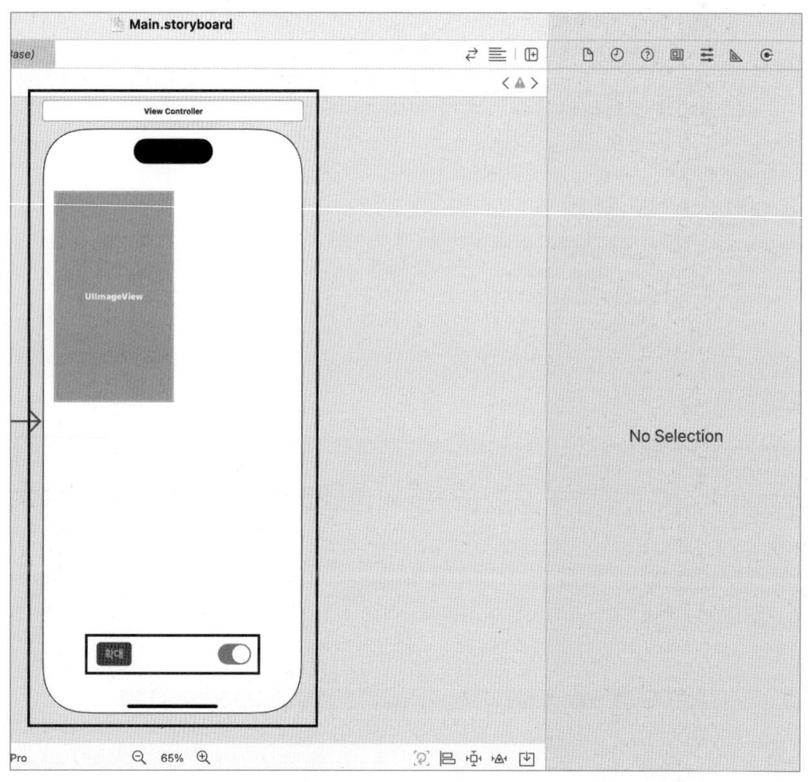

9. 프로젝트로 돌아와 스토리보드 상에서 스토리보드의 빈 곳을 클릭한 후 command ⌘ + V 를 눌러 붙여 넣으면 복사한 뷰 컨트롤러가 보입니다. 이 뷰 컨트롤러를 편하게 이동하기 위해 스토리보드를 축소합니다.

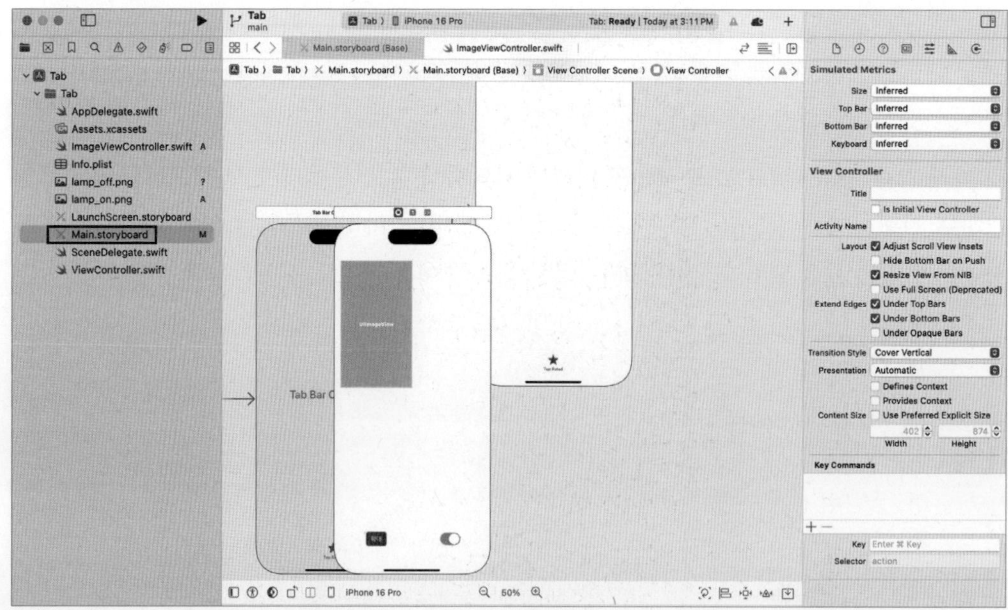

10. 복사한 뷰 컨트롤러를 오른쪽으로 옮깁니다. 이 뷰 컨트롤러를 선택한 후 오른쪽 윗부분의 [Identity inspector] 버튼을 클릭하면 Class가 [ViewController]로 되어 있는 것을 확인할 수 있습니다.

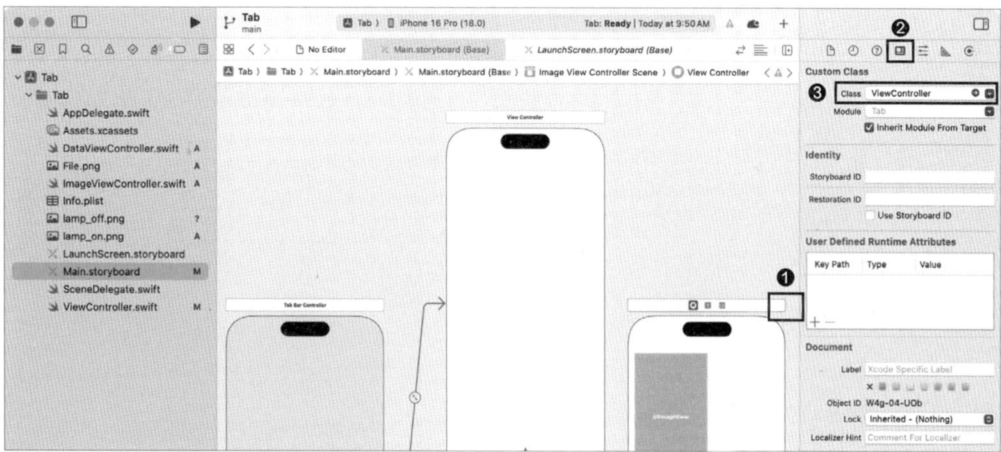

11. Class를 [ImageViewController]로 선택하여 뷰 컨트롤러와 'ImageViewController.swift' 파일을 연결합니다. 이제 스토리보드에 뷰 컨트롤러와 스위프트 파일이 제대로 등록되었습니다.

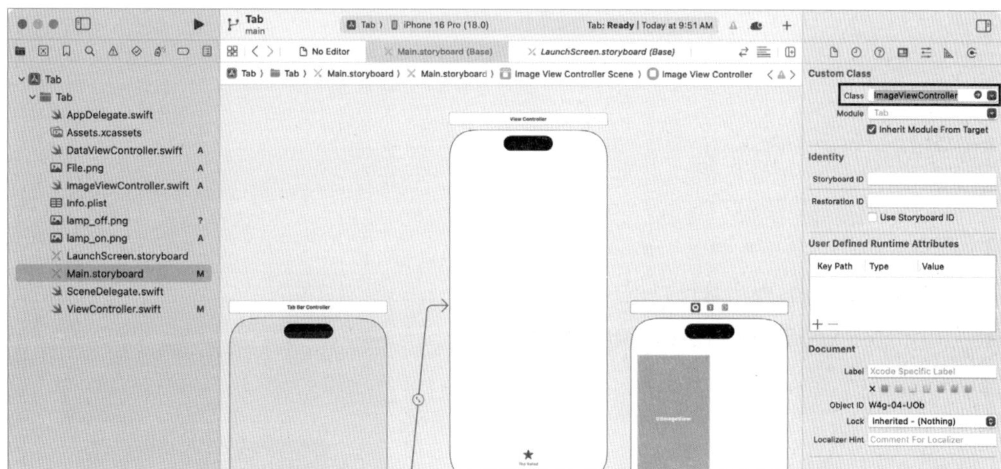

12. 이제 뷰 컨트롤러에 탭 바를 적용하겠습니다. 위쪽에 'Tab Bar Controller'라고 적힌 뷰 컨트롤러를 마우스 오른쪽 버튼으로 클릭한 후 방금 복사한 뷰 컨트롤러 안의 빈 공간에 드래그합니다. 그러면 다음 그림과 같이 연결선이 나타나며 뷰 컨트롤러가 전체적으로 파랗게 됩니다. 이때 마우스 버튼에서 손을 뗍니다.

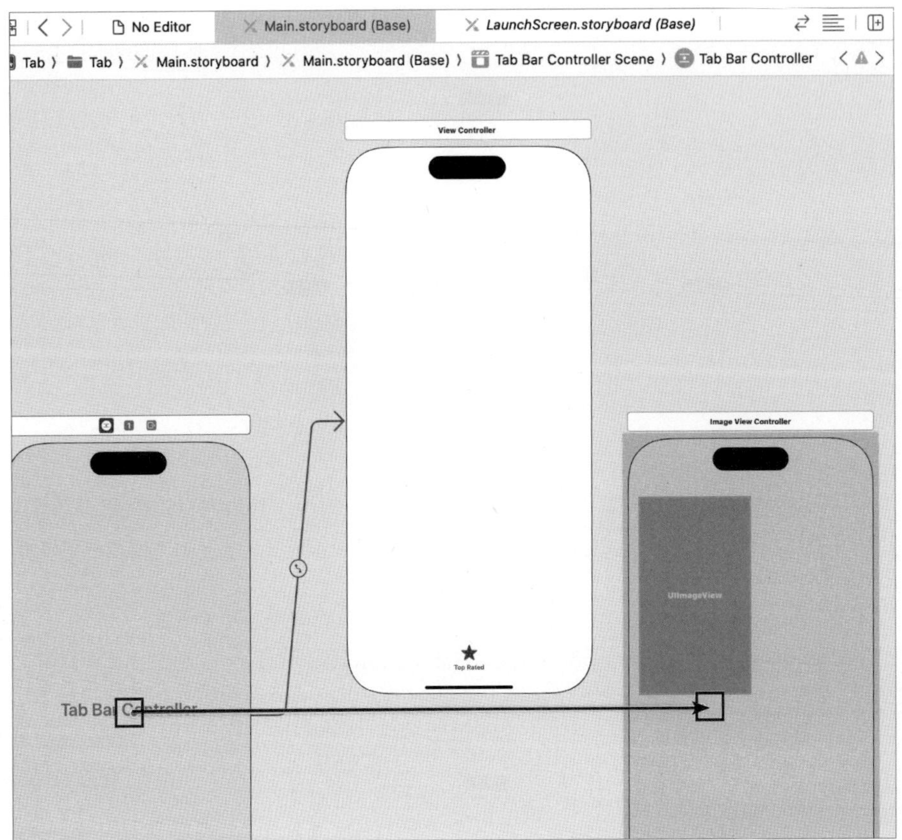

13. 버튼에서 손을 떼면 나타나는 검은 창에서 [Relationship Segue]의 [view controllers]를 선택합니다.

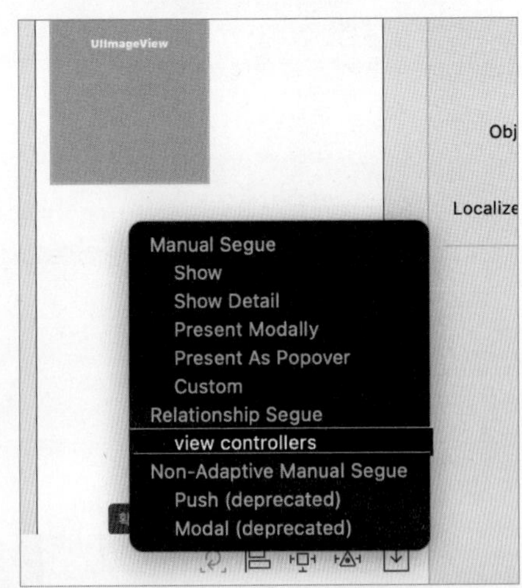

14. 이렇게 하면 뷰 컨트롤러가 화살표로 연결됩니다. 이것은 세그웨이(Segue)가 제대로 추가되었다는 의미입니다. 이렇게 화살표가 제대로 그려지면 화면 전환이 잘 이루어질 것입니다.

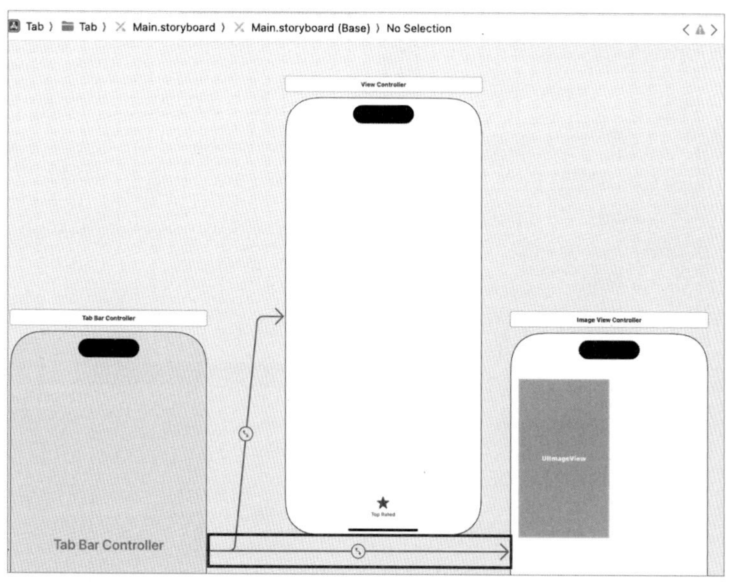

데이트 피커 이용해 탭 바에 뷰 추가하기

1. 데이트 피커의 스위프트 파일 추가하기

마지막 뷰 컨트롤러도 작업해 보겠습니다. 다시 파인더를 이용해 [DatePicker] 폴더를 열고 앞에서 수행한 방법과 동일하게 'ViewController.swift' 파일을 선택한 후 command ⌘ + C를 눌러 복사하고 command ⌘ + V를 눌러 붙여 넣습니다. 그런 다음 return 을 눌러 파일명을 'DateViewController.swift'로 수정합니다.

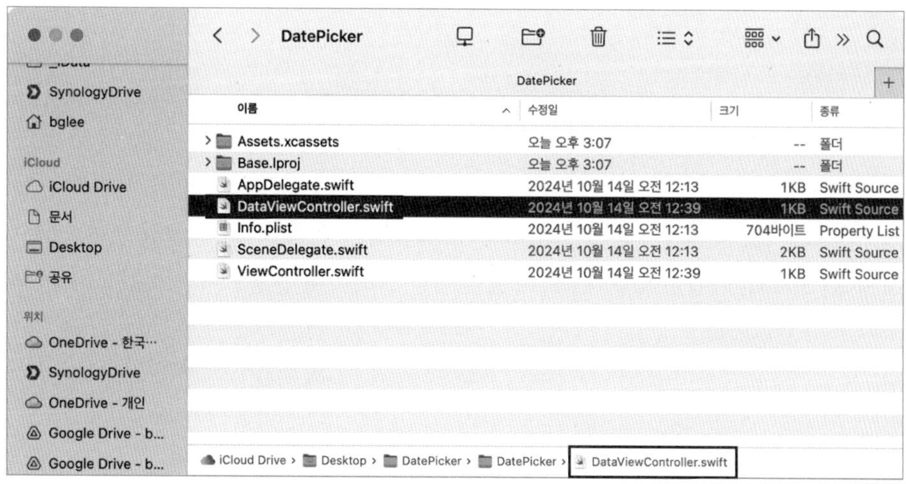

2. 'DateViewController.swift' 파일을 왼쪽의 내비게이터 영역에 추가합니다. 스위프트 파일을 끌어다 놓은 후 [Finish] 버튼을 클릭하면 파일이 추가됩니다.

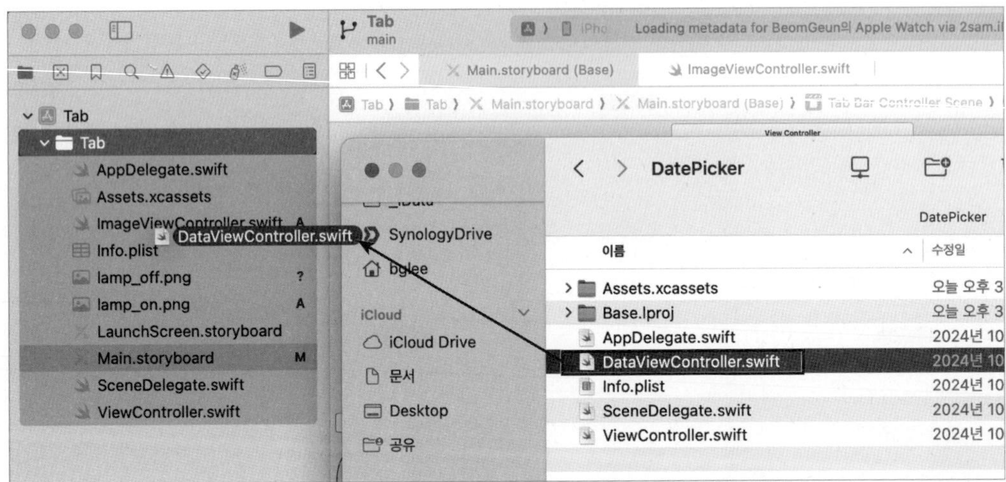

3. 앞에서와 마찬가지로 파일명과 클래스명이 다르기 때문에 에러가 발생합니다. 내비게이터 영역에서 'DateViewController.swift' 파일을 선택한 후 편집기 영역에서 클래스명을 'DateViewController'로 수정하고 Selector에서도 DateViewController로 수정한 후 잠시 기다리면 에러가 사라집니다.

4. 데이트 피커의 스토리보드 추가하기

이제 다시 뷰 컨트롤러를 복사하겠습니다. [DatePicker] 폴더 안의 [Base.lproj] 폴더로 들어가면 'Main.storyboard' 파일이 있는데, 이 파일을 더블 클릭하여 실행합니다.

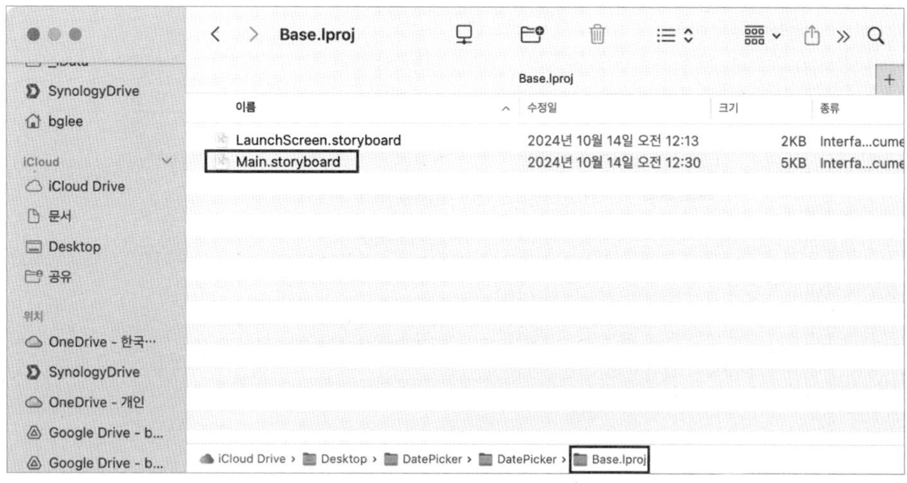

5. 새로운 스토리보드 화면이 나타나면 이때 뷰 컨트롤러가 모두 포함되도록 드래그하여 선택한 후 command ⌘+C를 눌러 복사합니다.

6. 프로젝트로 돌아와 스토리보드 상에서 스토리보드의 빈 곳을 클릭한 후 command ⌘+V를 눌러 붙여 넣은 후 복사한 뷰 컨트롤러를 아래쪽으로 옮깁니다.

7. 이 뷰 컨트롤러를 선택한 후 [Identity inspector] 버튼을 클릭하면 앞에서와 마찬가지로 Class가 [ViewController]로 되어 있습니다. Class를 [DateViewController]로 선택하여 뷰 컨트롤러와 'DateViewController.swift' 파일을 연결합니다. 이제 스토리보드에 뷰 컨트롤러와 스위프트 파일이 제대로 등록되었습니다.

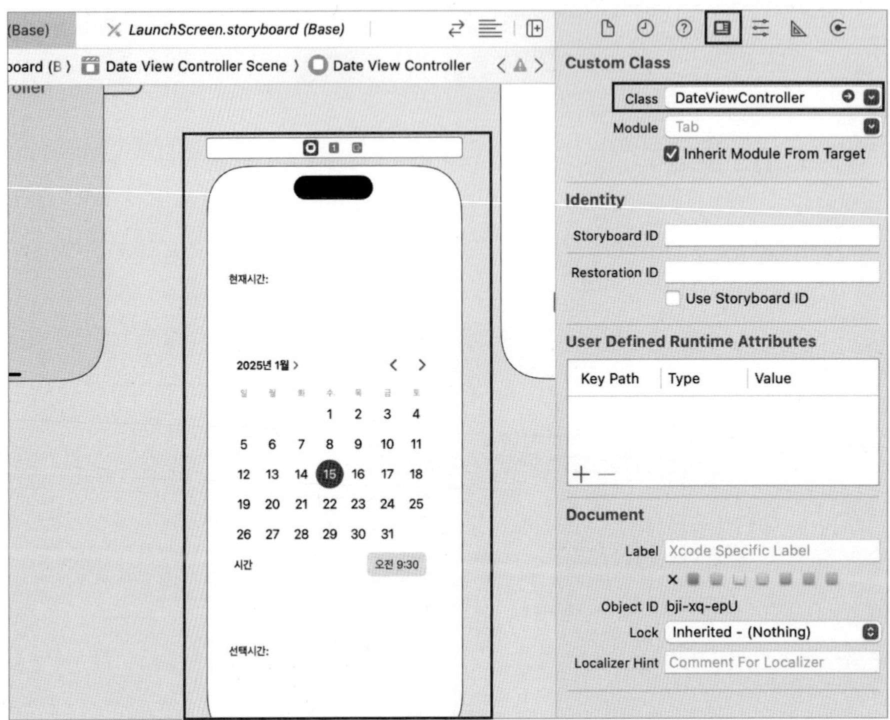

8. 이제 뷰 컨트롤러에 탭 바를 적용해 보겠습니다. 위쪽에 'Tab Bar Controller'라고 적힌 뷰 컨트롤러를 마우스 오른쪽 버튼으로 클릭한 후 방금 복사한 뷰 컨트롤러 안의 빈 공간에 드래그하면 그림과 같이 연결선이 나타나며 뷰 컨트롤러가 전체적으로 파랗게 됩니다. 이때 마우스 버튼에서 손을 뗍니다.

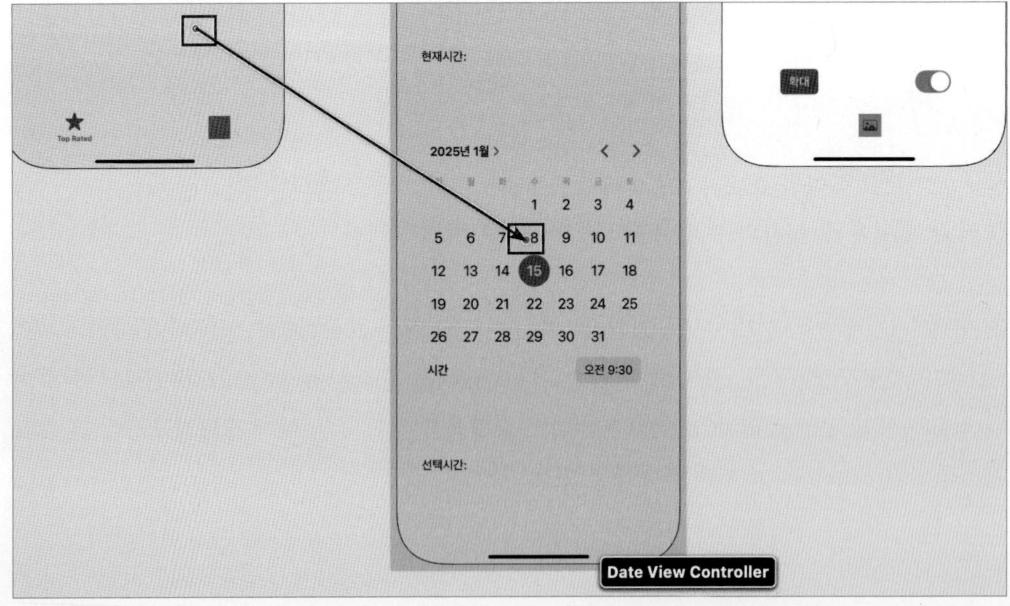

9. 버튼에서 손을 떼면 나타나는 검은 창의 [Relationship Segue]에서 [view controllers]를 선택합니다. 이렇게 하면 뷰 컨트롤러가 화살표로 연결됩니다. 이것은 세그웨이(Segue)가 제대로 추가되었다는 의미입니다.

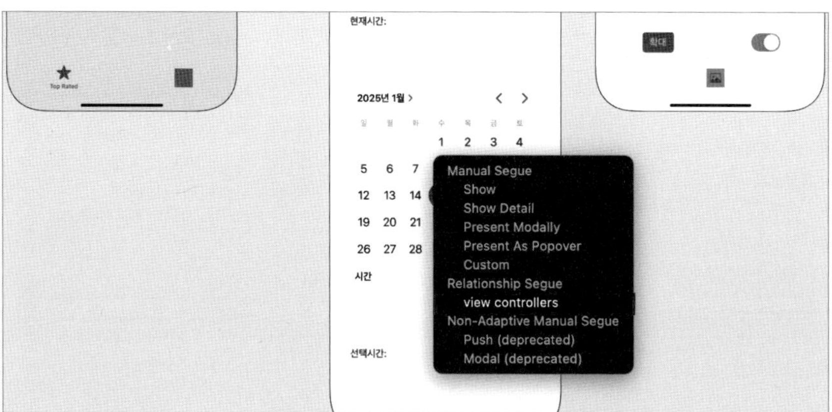

세 가지 뷰가 있는 탭 바 완성하기

1. 이제 탭 바의 아이콘 모양을 수정해 보겠습니다. 이미지 뷰 컨트롤러의 탭 바 아이콘을 클릭한 상태에서 오른쪽의 인스펙터 영역의 [Attributes inspector] 버튼을 클릭한 후 System Item을 보면 [Custom]으로 설정되어 있는 것을 확인할 수 있습니다.

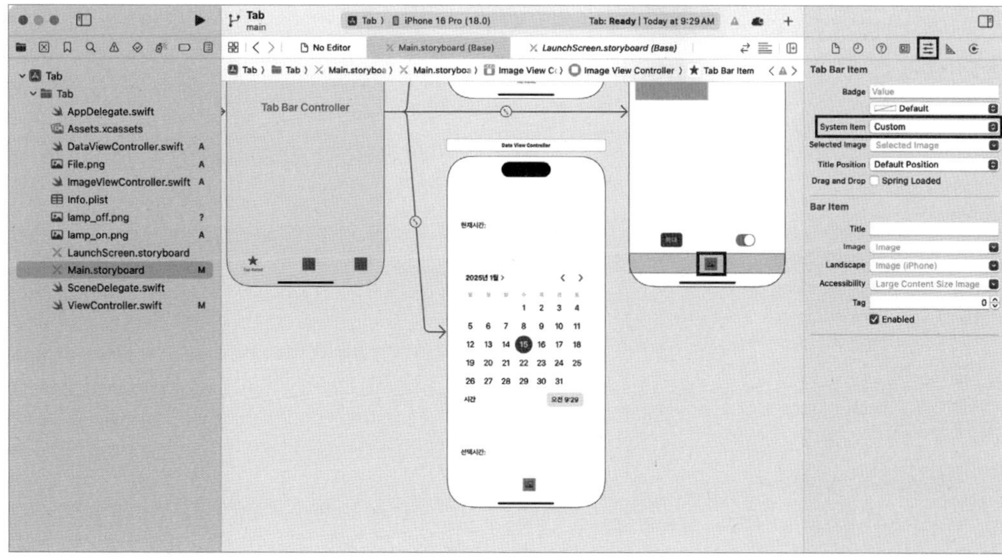

2. System Item을 [Bookmarks]로 수정합니다. 탭 바의 아이콘이 변화된 것을 확인할 수 있습니다. 마찬가지로 데이트 피커 뷰 컨트롤러의 탭 바 아이콘을 클릭한 상태에서 System Item을 [Recents]로 수정합니다. 다른 것을 선택해도 됩니다.

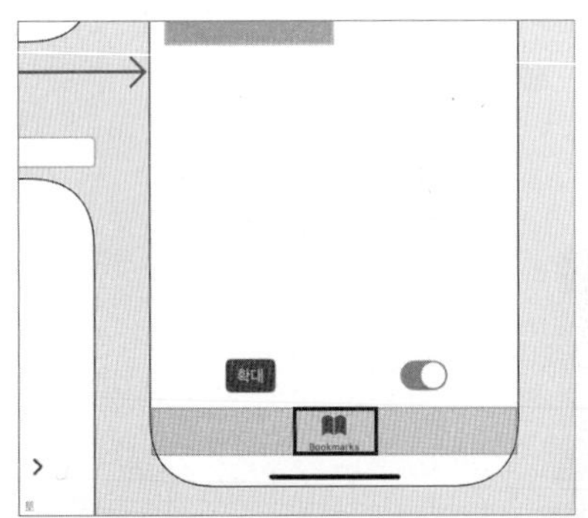

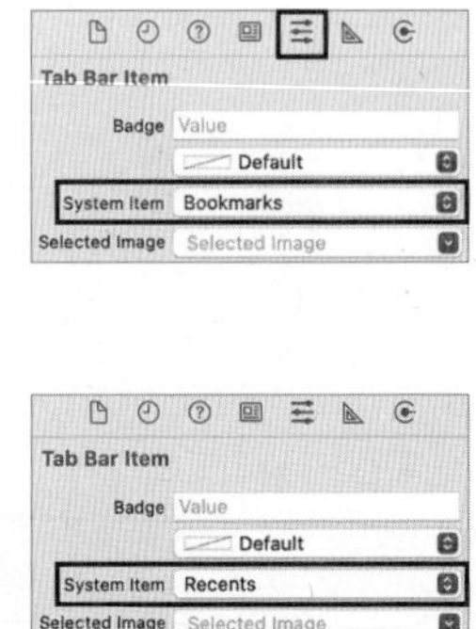

알아 두면 좋아요! 탭 바 아이콘과 타이틀 수정하기

탭 바의 아이콘과 타이틀을 임의로 수정할 수 있습니다. 화면 오른쪽의 인스펙터 영역에서 [Attributes inspector] 버튼을 클릭한 후 Image와 Title을 이용해 수정합니다. 32×32px 크기의 아이콘(이미지 파일)을 프로젝트에 추가한 후 인스펙터 영역의 [Image]에서 선택하여 바꿀 수 있고 타이틀도 자유롭게 바꿀 수 있습니다.

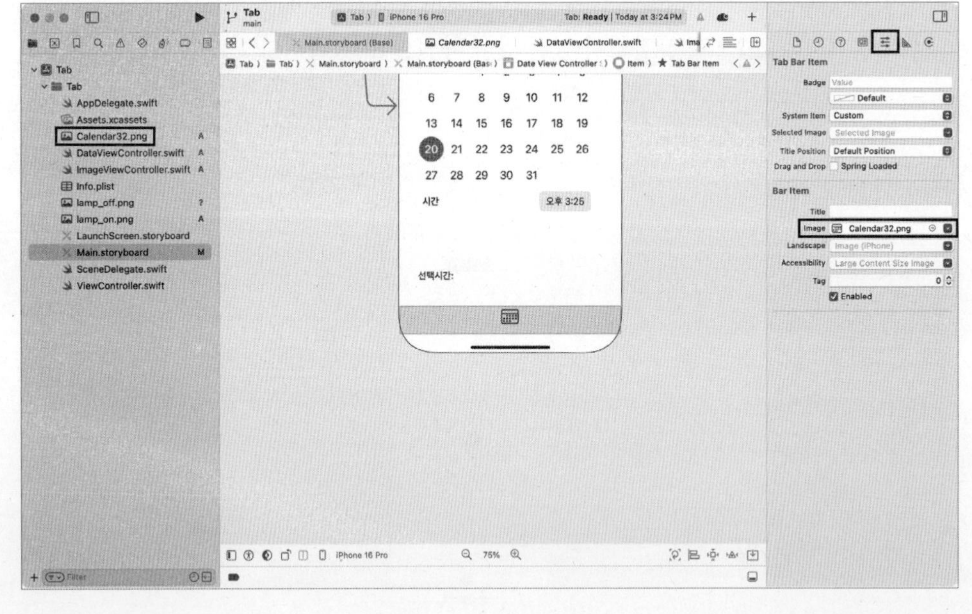

3. 이렇게 해서 스토리보드 작업을 모두 마쳤습니다.

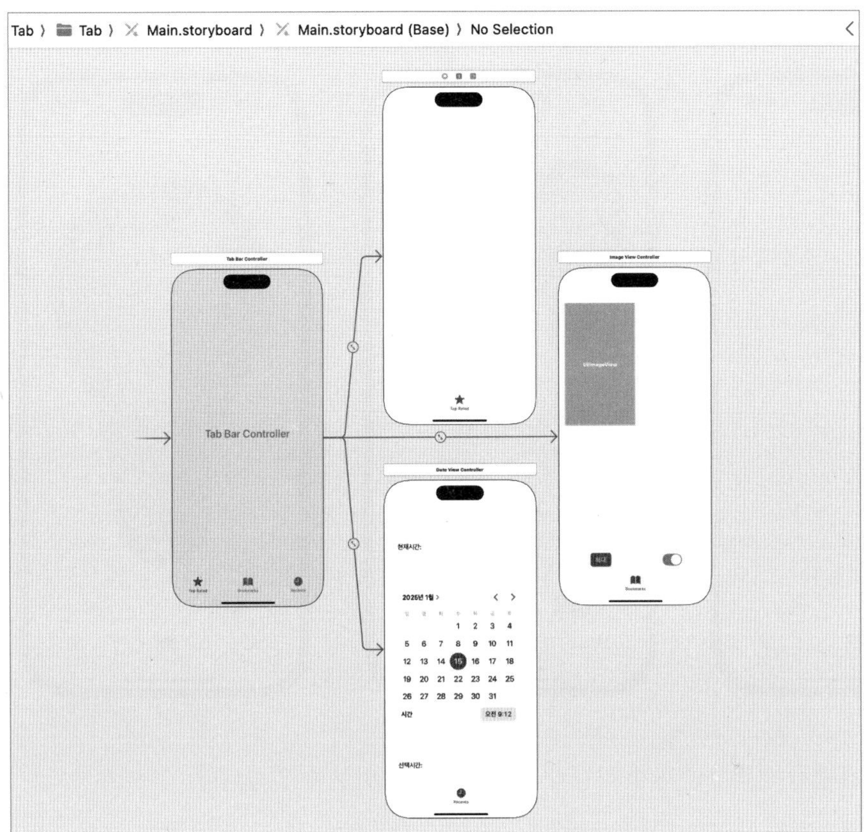

4. 시뮬레이터를 [iPhone 16 Pro]로 수정 후 [실행]을 클릭해 보면 아직 아무런 작업을 하지 않아 첫 화면으로 흰 화면이 나타납니다.

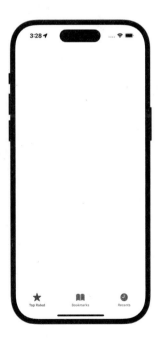

5. [Bookmarks] 탭을 선택하면 03장처럼 전구를 켜거나 끌 수 있고, 확대하거나 축소할 수도 있습니다.

또한 [Recents] 탭을 선택하면 현재 시간과 선택 시간을 확인할 수 있습니다.

10-4

첫 화면을 위한 스토리보드 수정하기

앞 절에서 뷰 컨트롤러와 스위프트를 추가해 보았고 탭 바를 이용해 뷰 전환 작업도 해보았습니다. 하지만 아직 초기 화면이 비어 있습니다. 초기 화면에 이미지 뷰(Image View)와 버튼(Button) 두 개를 넣어 탭 바를 클릭하지 않고도 이 버튼들을 클릭하여 뷰를 전환할 수 있도록 스토리보드를 수정해 보겠습니다.

오른쪽 그림은 완성된 스토리보드 화면입니다. 이 그림과 사용된 객체 목록을 참고하여 배치해 보겠습니다.

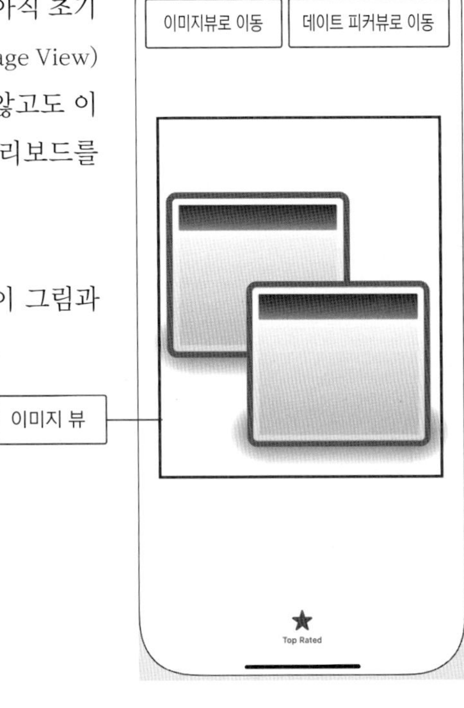

초기 화면을 구성할 이미지 뷰와 버튼 배치하기

1. 이미지 추가하기

이미지를 사용해야 하므로 먼저 이미지 파일을 추가하겠습니다. 초기 화면의 이미지인 'File.png' 파일을 왼쪽의 내비게이터 영역에 추가합니다. 파일을 끌어다 놓은 후 [Finish] 버튼을 클릭하면 파일이 추가됩니다.

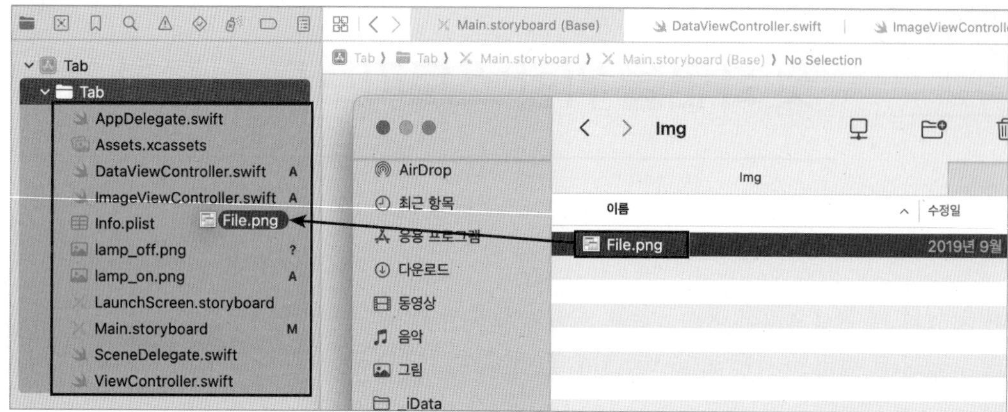

2. 이제 초기 화면의 뷰 컨트롤러를 수정합니다. 왼쪽의 내비게이터 영역에서[Main.storyboard]를 선택합니다. [Top Rated] 탭 바가 있는 뷰 컨트롤러가 나타납니다.

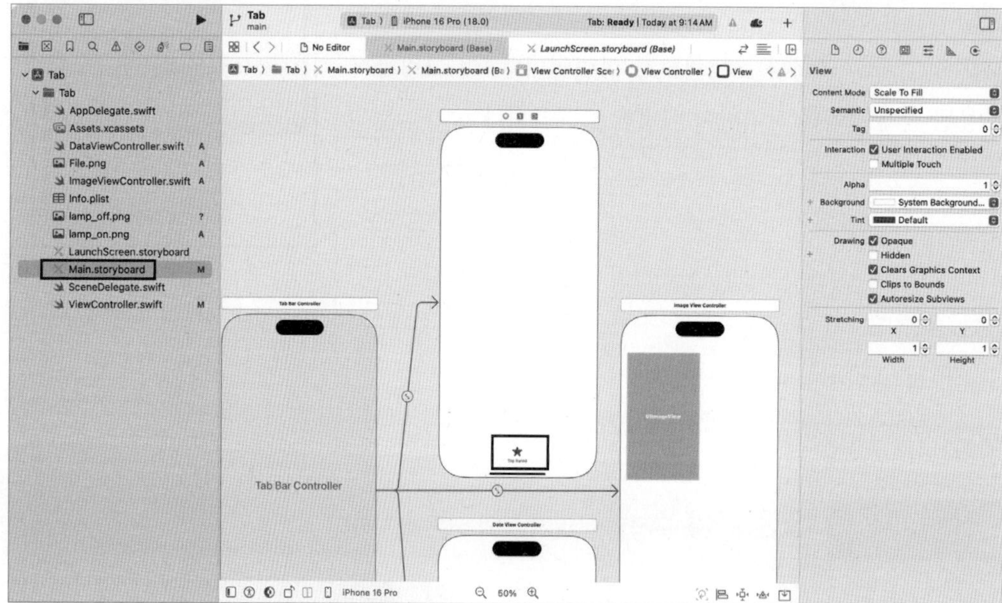

3. 이미지를 나타낼 이미지 뷰 추가하기

상단의 [Library] 버튼을 클릭한 후 팝업 창에서 'im'을 입력하여 [이미지 뷰(Image View)]를 찾아 뷰 컨트롤러에 끌어다 놓은 후 다음 그림과 같이 윗부분에 조금 여유를 두고 크게 만듭니다.

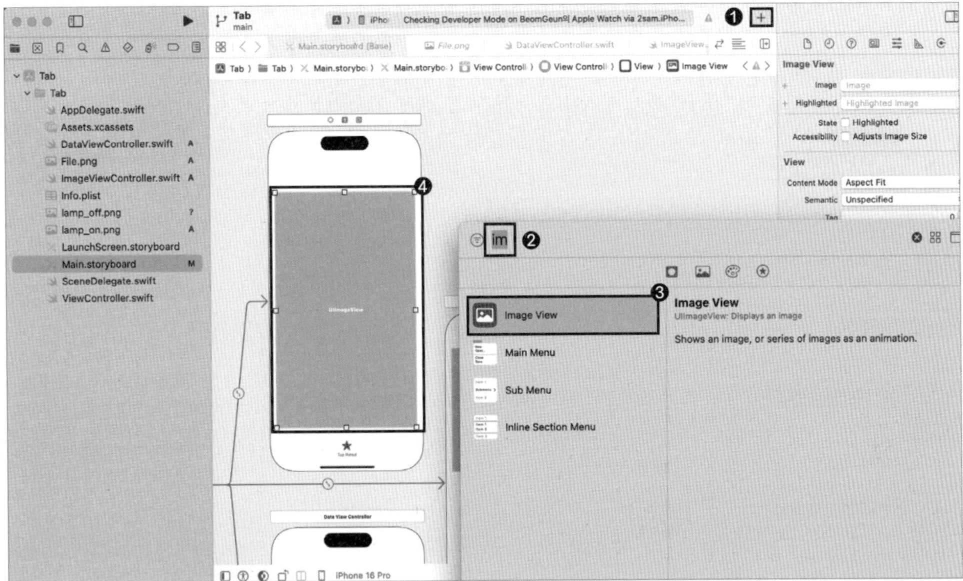

4. [이미지 뷰]를 선택한 상태에서 오른쪽의 인스펙터 영역에서 [Attributes inspector] 버튼을 클릭한 후 Image를 방금 복사한 [File.png] 파일로 선택합니다. 그러면 코드 수정 없이 이미지 뷰에 이미지를 나타낼 수 있습니다.

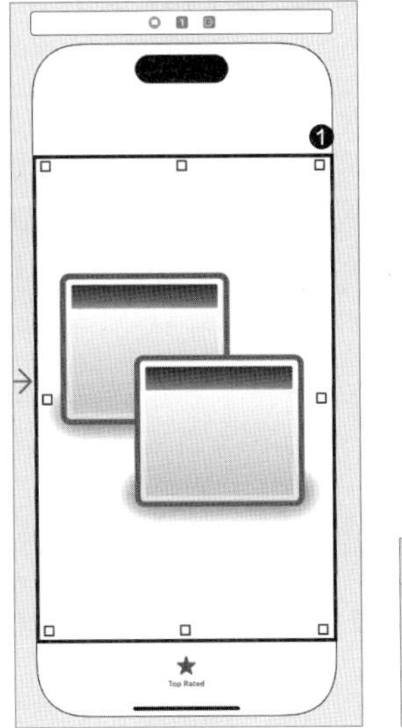

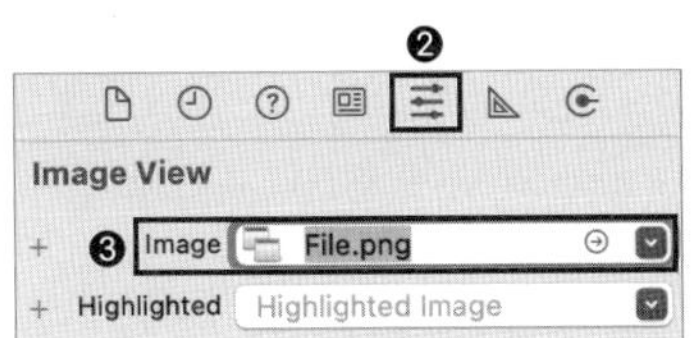

5. 상단의 [Library] 버튼을 클릭한 후 팝업 창에서 'bu'를 입력하여 [버튼(Button)]을 찾아 뷰 컨트롤러의 위쪽에 끌어다 놓고 더블 클릭하여 이름을 '이미지뷰로 이동'으로 수정하고 버튼을 하나 더 가져와 이름을 '데이트 피커뷰로 이동'으로 수정합니다. 버튼 추가 시 인스펙터 영역에서 스타일(Style) 항목을 [Default]로 변경합니다

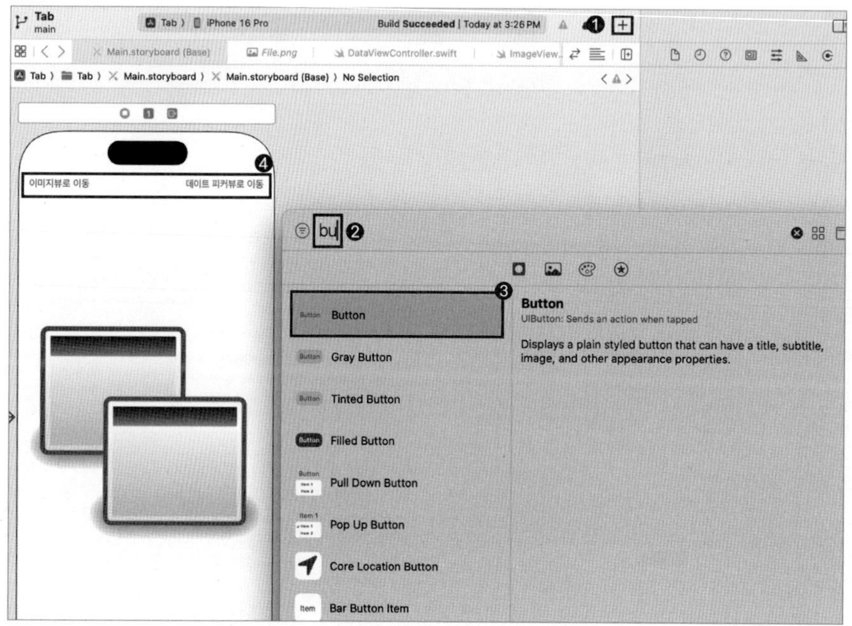

10-5 버튼으로 뷰 전환을 위한 함수 추가하기

앞에서는 탭 바를 이용해 뷰를 전환했다면 이제는 버튼으로 뷰를 전환해 보겠습니다. 이를 위해 액션 함수를 추가합니다.

버튼에 대한 액션 함수 추가하기

1. [이미지뷰로 이동] 버튼을 마우스 오른쪽 버튼으로 클릭한 후 드래그해서 오른쪽 보조 편집기 영역에 갖다 놓습니다.

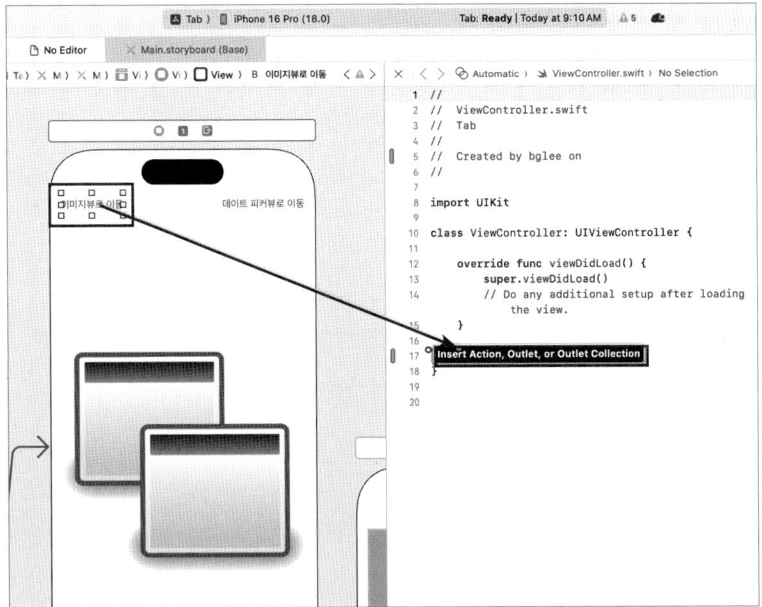

2. 연결 설정 창이 나타나면 다음과 같이 btnMoveImageView 함수의 이름(Name)을 입력하고 타입(Type)을 확인한 후 [Connect] 버튼을 클릭하여 액션을 추가합니다.

위치	소스의 가장 아래쪽에 있는 '}' 의 바로 위
연결(Connection)	Action
이름(Name)	btnMoveImageView
타입(Type)	UIButton

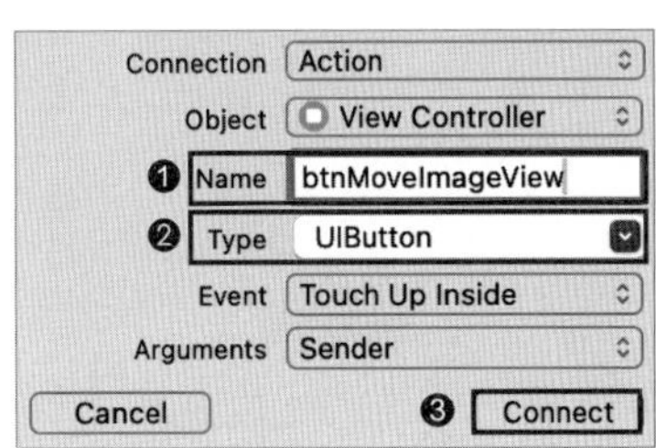

3. btnMoveImageView 함수가 생성된 것을 확인할 수 있습니다.

이미지뷰로 이동
데이트 피커뷰로 이동
//
// ViewController.swift
// Tab
//
// Created by bglee on
//
import UIKit
class ViewController: UIViewController {
override func viewDidLoad() {
super.viewDidLoad()
// Do any additional setup after loading the view.
}
@IBAction func btnMoveImageView(_ sender: UIButton) {
}
}

```
@IBAction func btnMoveImageView(_ sender: UIButton) {
}
```

4. 마찬가지로 [데이트 피커뷰로 이동] 버튼을 마우스 오른쪽 버튼으로 클릭한 후 드래그해서 오른쪽의 보조 편집기 영역에 갖다 놓습니다.

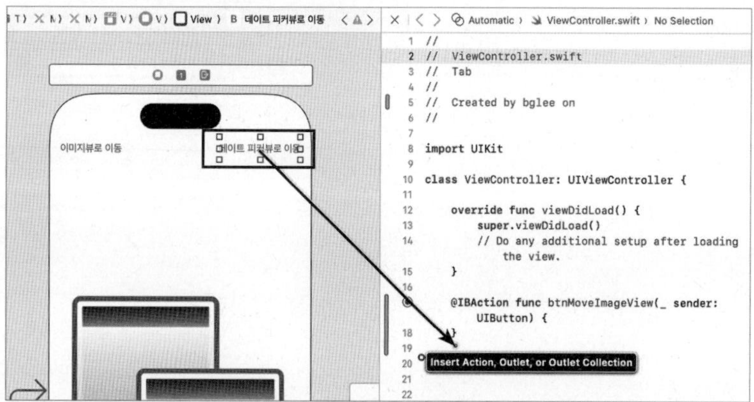

View
데이트 피커뷰로 이동
Automatic
ViewController.swift
No Selection
이미지뷰로 이동
데이트 피커뷰로 이동
//
// ViewController.swift
// Tab
//
// Created by bglee on
//
import UIKit
class ViewController: UIViewController {
override func viewDidLoad() {
super.viewDidLoad()
// Do any additional setup after loading the view.
}
@IBAction func btnMoveImageView(_ sender: UIButton) {
}
Insert Action, Outlet, or Outlet Collection

5. 연결 설정 창이 나타나면 다음과 같이 이름(Name)을 입력하고 타입(Type)을 확인한 후 [Connect] 버튼을 클릭하여 액션을 추가합니다.

위치	소스의 가장 아래쪽에 있는 '}'의 바로 위
연결(Connection)	Action
이름(Name)	btnMoveDatePickerView
타입(Type)	UIButton

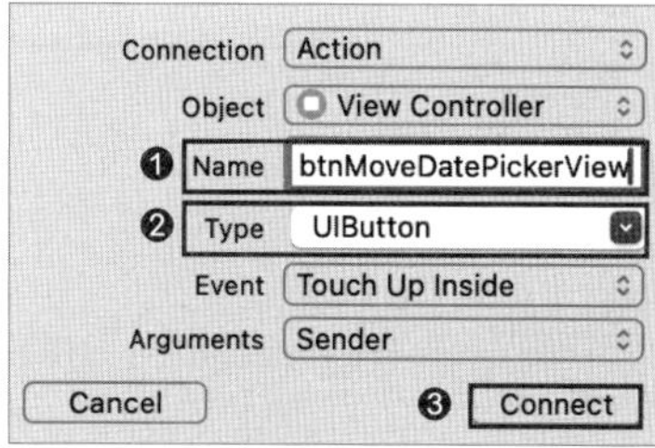

6. btnMoveDatePickerView 함수가 생성된 것을 확인할 수 있습니다.

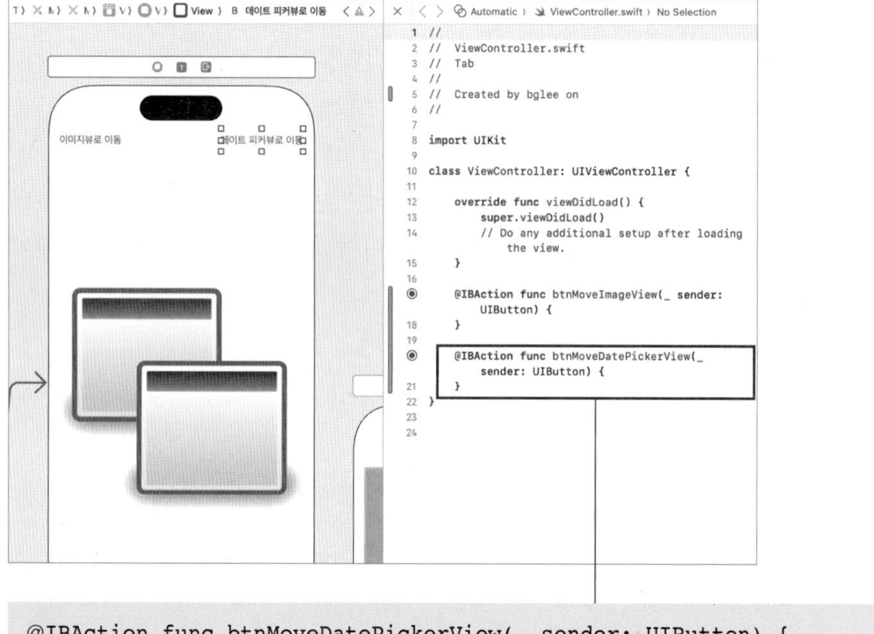

```
@IBAction func btnMoveDatePickerView(_ sender: UIButton) {
}
```

10-6 버튼으로 뷰 전환하기

앞 절에서는 뷰를 전환하기 위해 액션 함수를 추가하였는데 이제는 실제 뷰를 전환하기 위해 소스 코드를 추가하겠습니다.

직접 해보세요! 버튼으로 뷰를 전환하도록 코드 수정하기

1. 왼쪽 내비게이터 영역에서 [ViewController.swift]를 선택합니다.

2. 각 버튼을 클릭하면 뷰가 전환될 수 있도록 btnMoveImageView 함수와 btnMoveDatePickerView 함수를 수정합니다. 여기서 사용된 숫자는 컴퓨터와 관련된 첨자로, 0부터 시작합니다. 따라서 [0]은 첫 번째 화면일 때 사용되므로 [이미지뷰로 이동]에는 [1]을, [데이트 피커뷰로 이동]에는 [2]를 입력합니다.

```

class ViewController: UIViewController {

    override func viewDidLoad() {
        super.viewDidLoad()
        // Do any additional setup after loading the view.
    }

    @IBAction func btnMoveImageView(_ sender: UIButton) {
        tabBarController?.selectedIndex = 1
    }

    @IBAction func btnMoveDatePickerView(_ sender: UIButton) {
        tabBarController?.selectedIndex = 2
    }
}


```

```
@IBAction func btnMoveImageView(_ sender: UIButton) {
    tabBarController?.selectedIndex = 1
}

@IBAction func btnMoveDatePickerView(_ sender: UIButton) {
    tabBarController?.selectedIndex = 2
}
```

3. 결과 보기

앱을 실행해 보겠습니다. 첫 화면에 이미지와 버튼이 추가되었고, 탭 바를 클릭하거나 버튼을 클릭하면 화면을 이동할 수 있습니다.

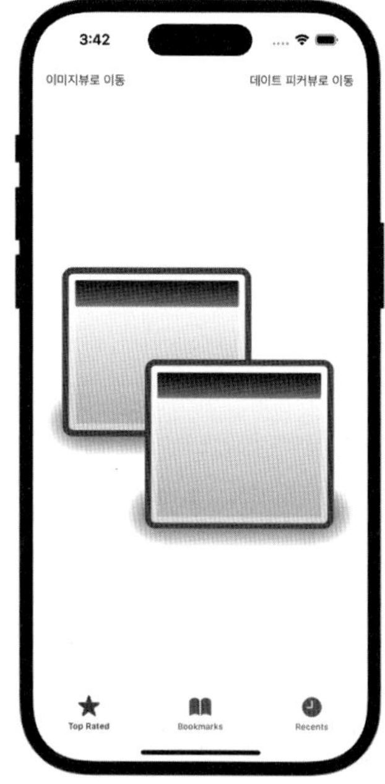

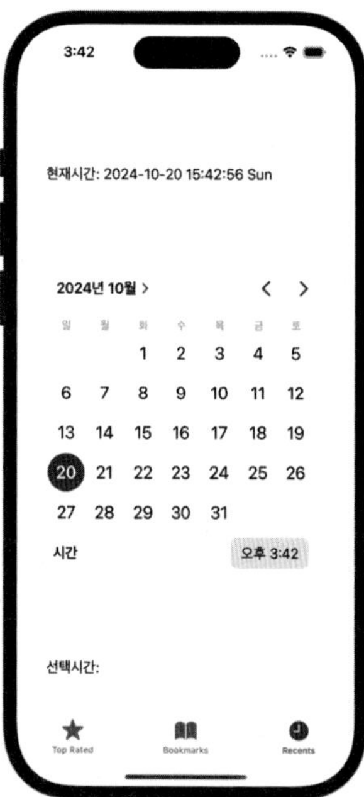

10-7 탭 바 컨트롤러 앱, 전체 소스 보기

완성된 앱의 전체 소스를 확인해 보세요.

ViewController.swift

```
import UIKit

class ViewController: UIViewController {

    override func viewDidLoad() {
        super.viewDidLoad()
        // Do any additional setup after loading the view, typically from a nib.
    }

    @IBAction func btnMoveImageView(_ sender: UIButton) {
        tabBarController?.selectedIndex = 1 // 이미지 뷰 탭으로 이동
    }

    @IBAction func btnMoveDatePickerView(_ sender: UIButton) {
        tabBarController?.selectedIndex = 2 // 데이트 피커 뷰 탭으로 이동
    }
}
```

DateViewController.swift

```
import UIKit

class DateViewController: UIViewController {
    // 타이머가 구동되면 실행할 함수
    let timeSelector: Selector = #selector(DateViewController.updateTime)
    let interval = 1.0          // 타이머 간격. 1초
    var count = 0               // 타이머가 설정한 간격대로 실행되는지 확인하기 위한 변수

    @IBOutlet var lblCurrentTime: UILabel!      // 현재 시간 레이블의 아웃렛 변수
    @IBOutlet var lblPickerTime: UILabel!       // 선택 시간 레이블의 아웃렛 변수
```

```
    override func viewDidLoad() {
        super.viewDidLoad()
        // Do any additional setup after loading the view.

        // 타이머 설정
        Timer.scheduledTimer(timeInterval: interval, target: self,
              selector: timeSelector, userInfo: nil, repeats: true)
    }

    @IBAction func changeDatePicker(_ sender: UIDatePicker) {
        let datePickerView = sender      // 전달된 인수 저장

        let formatter = DateFormatter() // DateFormatter 클래스 상수 선언
        formatter.dateFormat = "yyyy-MM-dd HH:mm EEE"
                                         // formatter의 dateFormat 속성을 설정
        lblPickerTime.text =
           "선택시간: " + formatter.string(from: datePickerView.date)
                       // 데이트 피커에서 선택한 날짜를 formatter의 dateFormat에서 설정한 포맷대로
                                        // string 메서드를 사용하여 문자열(String)로 변환
    }

    // 타이머가 구동된 후 정해진 시간이 되었을 때 실행할 함수
    @objc func updateTime() {
          // count 값을 문자열로 변환하여 lblCurrentTime.text에 출력
          //lblCurrentTime.text = String(count)
          //count = count + 1                  // count 값을 1 증가

        let date = NSDate()                    // 현재 시간을 가져옴

        // DateFormatter라는 클래스의 상수 formatter를 선언
        let formatter = DateFormatter()

        // 상수 formatter의 dateFormat 속성을 설정
        formatter.dateFormat = "yyyy-MM-dd HH:mm:ss EEE"
        // 현재 날짜(date)를 formatter의 dateFormat에서 설정한 포맷대로
        // string 메서드를 사용하여 문자열(String)로 변환
        // 문자열로 변환한 date 값을 "현재시간:"이라는 문자열에 추가
        // 그리고 그 문자열을 lblCurrentTime의 text에 입력
        lblCurrentTime.text = "현재시간: " + formatter.string(from: date as Date)
    }

}
```

ImageViewController.swift

```
import UIKit

class ImageViewController: UIViewController {
    var isZoom = false          // 이미지 확대 여부를 나타내는 bool 타입의 변수
    var imgOn: UIImage?         // 켜진 전구 이미지를 가지고 있는 UIImage 타입의 변수
    var imgOff: UIImage?        // 꺼진 전구 이미지를 가지고 있는 UIImage 타입의 변수

    @IBOutlet var imgView: UIImageView!         // 이미지 뷰에 대한 아웃렛 변수
    @IBOutlet var btnResize: UIButton!          // 버튼에 대한 아웃렛 변수

    override func viewDidLoad() {
        super.viewDidLoad()
        // Do any additional setup after loading the view.
        imgOn = UIImage(named: "lamp_on.png")   // imgOn에 "lamp_on.png" 이미지를 할당
        imgOff = UIImage(named: "lamp_off.png")  // imgOff에 "lamp_off.png" 이미지를 할당

        imgView.image = imgOn              // 위에서 할당한 imgOn 이미지를 imgView에 할당
    }

    // 확대/축소 버튼에 대한 액션 함수
    @IBAction func btnResizeImage(_ sender: UIButton) {
        let scale:CGFloat = 2.0                      // 확대할 배율 값
        var newWidth:CGFloat, newHeight:CGFloat // 확대할 크기의 계산 값을 보관할 변수
        if (isZoom) {      // true 현재 확대된 그림일 경우(즉, 타이틀은 축소)
            // 이미지 뷰의 프레임 너빗값을 scale 값으로 나눔
            newWidth = imgView.frame.width/scale
            // 이미지 뷰의 프레임 높잇값을 scale 값으로 나눔
            newHeight = imgView.frame.height/scale

            // 버튼의 타이틀을 "확대"로 변경합니다.
            btnResize.setTitle("확대", for: .normal)
        }
        else {   // false 현재 축소된 그림일 경우(즉, 타이틀은 확대)
            // 이미지 뷰의 프레임 너빗값을 scale 값으로 곱함
            newWidth = imgView.frame.width*scale
            // 이미지 뷰의 프레임 높잇값을 scale 값으로 곱함
            newHeight = imgView.frame.height*scale

            // 버튼의 타이틀을 "축소"로 변경합니다.
            btnResize.setTitle("축소", for: .normal)
        }
```

```
        // 이미지 뷰의 프레임 크기를 수정된 너비와 높이로 변경합니다.
        imgView.frame.size = CGSize(width: newWidth, height: newHeight)

        isZoom = !isZoom       // isZoom 변수의 상태를 ! 연산자를 사용하여 반전시킵니다.
    }

    // ON/OFF 스위치에 대한 액션 함수
    @IBAction func switchImageOnOff(_ sender: UISwitch) {
        if sender.isOn {                    // 만일 스위치가 On이면
            imgView.image = imgOn           // 이미지 뷰의 이미지에 imgOn 이미지를 할당
        } else {                            // 만일 스위치가 Off이면
            imgView.image = imgOff          // 이미지 뷰의 이미지에 imgOff 이미지를 할당
        }
    }
}
```

새로운 탭 추가하기

목표 새로운 탭을 추가해 보세요.

세 개의 탭에서 하나를 더 추가하여 네 개의 탭이 되도록 앱을 만들어 보세요. 05장의 피커 뷰 예제를 이용하여 검색(Search) 아이콘 형태의 탭을 추가하세요.
▶ 05장 피커 뷰(Picker View)의 소스를 이용하세요.

힌트 05장의 피커 뷰에서 스토리보드와 스위프트를 복사할 때 스위프트 파일명과 뷰 컨트롤러 클래스명을 수정해야 합니다.

:: 완성 소스 [10장] 폴더 / [미션] 폴더 / Tab.xcodeproj

11 내비게이션 컨트롤러 이용해 화면 전환하기

난이도 ★☆☆☆☆

iOS 앱이나 안드로이드 앱에서 가장 많이 사용하는 부분이 화면 전환일 것입니다. 한 화면에서 모든 동작을 구현하면 좋지만 대부분은 화면을 전환하면서 앱에서 필요한 동작을 구현합니다. 또한 화면이 전환되면 데이터도 함께 전달해야 하는 경우가 대부분일 것입니다.

이 장에서는 내비게이션 컨트롤러를 사용해 화면을 전환해 보고 화면 전환과 동시에 데이터도 전달되도록 구현해 보겠습니다. 이제 예제를 통해 화면 전환 방법과 데이터 전송 방법을 알아볼까요?

완성된 모습
완성 소스 [11장] 폴더 / [본문 실습] 폴더 / Navigation.xcodeproj
11:22
메인화면
Edit
수정
Message
꺼주세요
수정화면
segue : use button
완료
켜기
'메인화면'에서 [수정] 버튼을 클릭하면 '수정화면'으로 이동함과 동시에 'segue : use button'이 표시됩니다.
Message에 '꺼주세요'라고 입력한 후 [Edit] 버튼이나 [수정] 버튼을 클릭하여 '수정화면'으로 이동하면 입력한 메시지가 그대로 나타납니다.

11-1 내비게이션 컨트롤러란?

10장에서 배운 탭 바 컨트롤러는 보통 각 화면이 서로 연관성이 없는 경우가 많은데, 그렇다면 화면과 화면을 전환할 때 연관성이 많거나 데이터를 서로 주고받아야 하는 경우에는 어떻게 해야 할까요? 그런 경우에 사용하는 것이 바로 내비게이션 컨트롤러입니다.

내비게이션 컨트롤러를 이용한 대표적인 앱이 '미 피트(Mi Fit)'입니다. 이 앱을 살펴보면 메인 화면에 간단하게 총 걸음 수가 표시되고, 바 버튼을 클릭하면 사용자 정보 화면으로 전환되고, 총 걸음 수를 클릭하면 하루 걷기에 관련된 자세한 설명 화면으로 전환됩니다. 그리고 바 버튼을 클릭하면 메인화면으로 돌아옵니다. 이처럼 내비게이션 컨트롤러를 이용하면 한 화면에서 다른 화면으로 쉽게 전환할 수 있습니다.

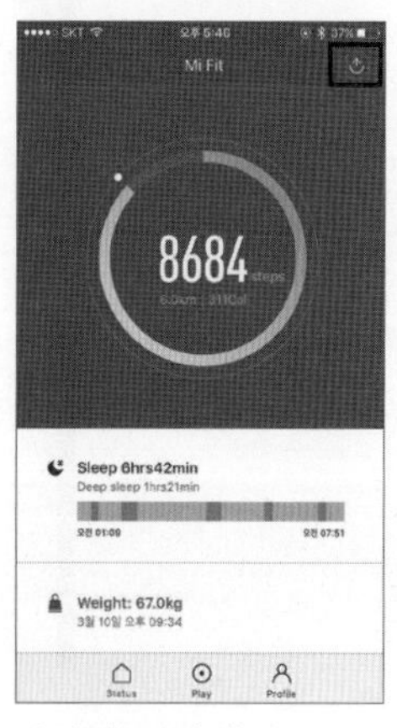

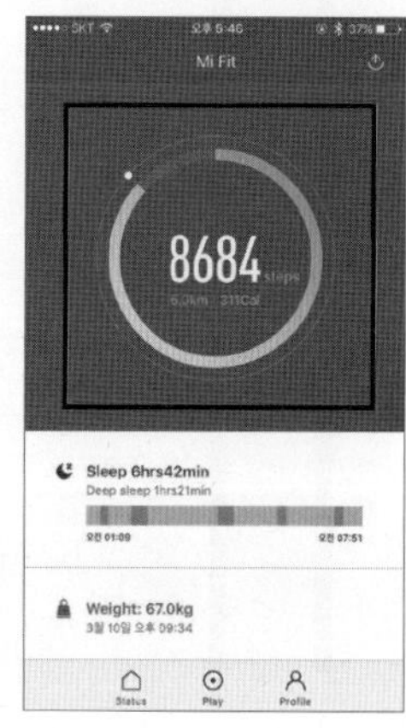

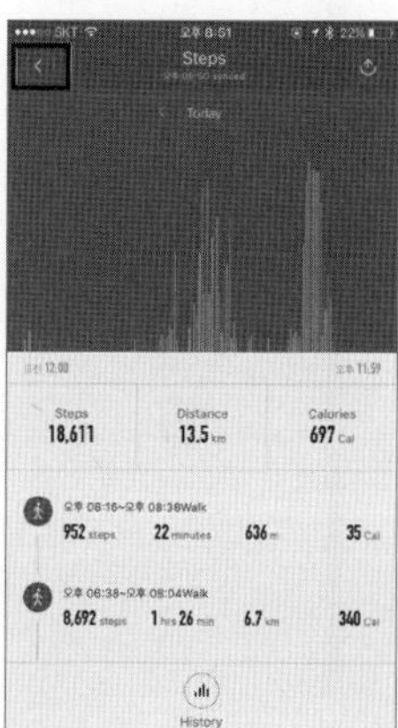

미 피트(Mi Fit) 앱

11-2

내비게이션 컨트롤러 앱을 위한 기본 환경 구성하기

동작 화면은 '메인화면'과 '수정화면', 두 개로 만들겠습니다. 또한 '메인화면'에서 '수정화면'으로 메시지를 전달할 수 있게 하고 전구의 상태를 '수정화면'에서 제어할 수 있도록 구현해 보겠습니다.

새 프로젝트에 내비게이션 컨트롤러 만들기

1. Xcode를 실행한 후 'Navigation'이라는 이름으로 프로젝트를 만듭니다.

▶ 프로젝트를 만드는 방법은 02장을 참고하세요.

2. 뷰 컨트롤러 크기 조절하기

사용할 스토리보드의 디바이스로 [iPhone 16 Pro]를 선택하겠습니다. 또한 [Zoom In], [Zoom Out] 버튼을 사용하여 뷰 컨트롤러의 크기를 조절합니다. 그리고 뷰 컨트롤러의 위쪽을 드래그하여 선택합니다.

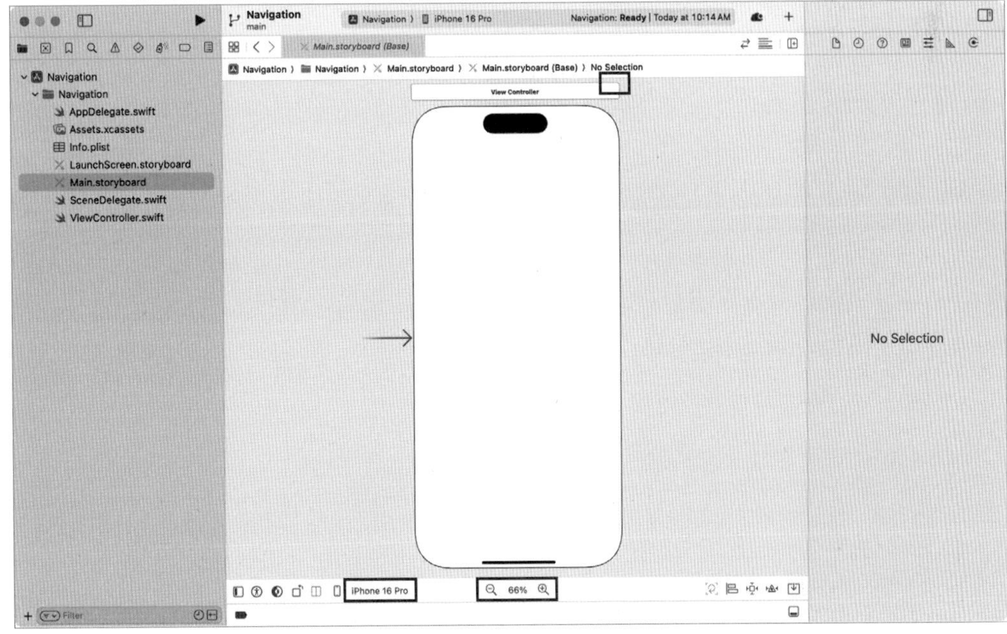

3. 내비게이션 컨트롤러를 스토리보드에 추가하기

먼저 스토리보드에 내비게이션 컨트롤러를 추가하겠습니다. 아이폰 모양의 뷰 컨트롤러를 클릭한 후 메뉴에서 [Editor → Embed In → Navigation Controller]를 선택합니다.

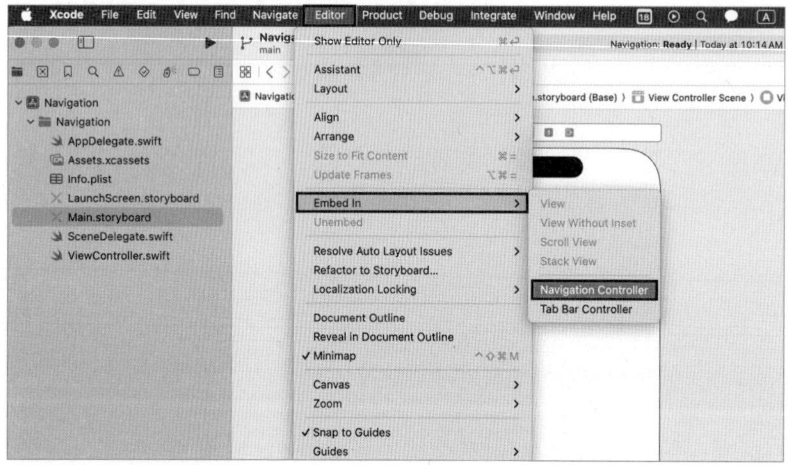

처음에는 없었던 내비게이션 컨트롤러가 포함되었습니다.

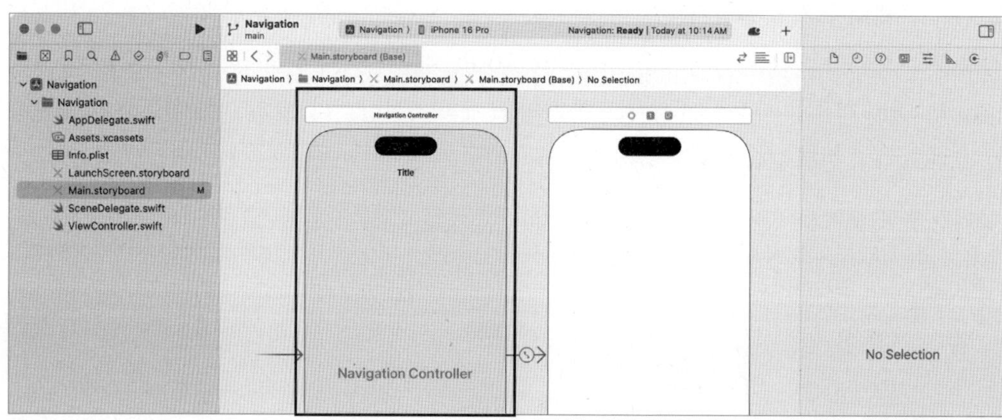

4. 뷰 컨트롤러에 제목을 추가하겠습니다. 제목이 들어갈 부분을 클릭한 후 오른쪽의 인스펙터 영역에서 [Attributes inspector] 버튼을 클릭합니다.

5. 주 화면으로 사용할 것이기 때문에 Title에 '메인화면'을 입력한 후 return 을 누릅니다.

6. 다음과 같이 제목(메인화면)이 들어간 것을 확인할 수 있습니다.

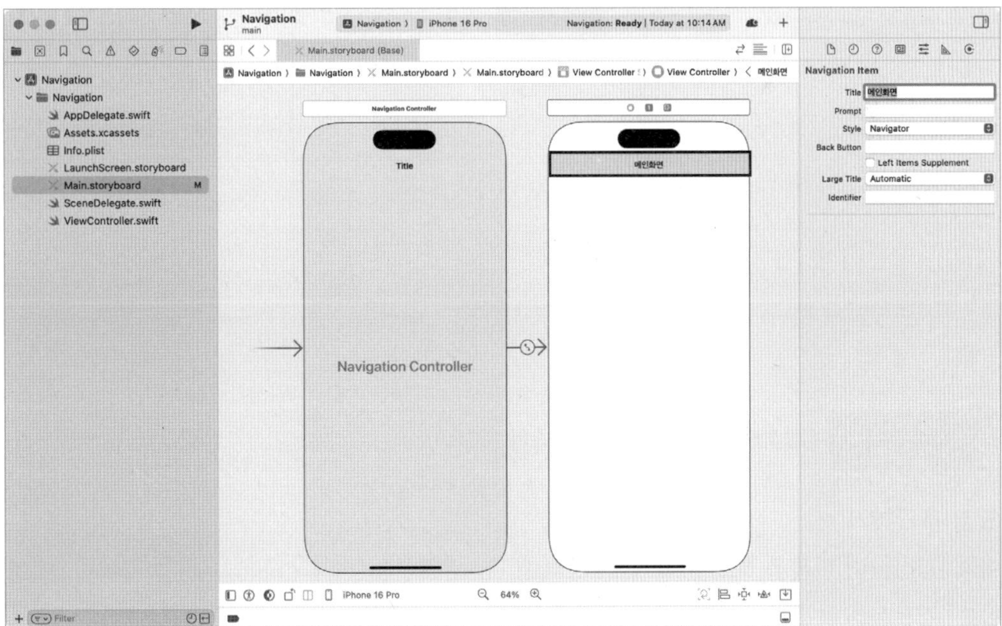

11-3 뷰 추가하고 바 버튼으로 뷰 전환하기

'메인화면'에서 전환될 뷰를 추가하고 바 버튼을 누를 때 추가한 뷰로 전환되도록 구현해 보겠습니다. 화면 전환을 위해 버튼(Button)과 바 버튼 아이템(Bar Button Item), 메시지 전달을 위한 텍스트 필드(Text Field), 전구를 나타낼 이미지 뷰(Image View) 그리고 전구를 켜고 끄기 위한 스위치(Switch)를 사용합니다.

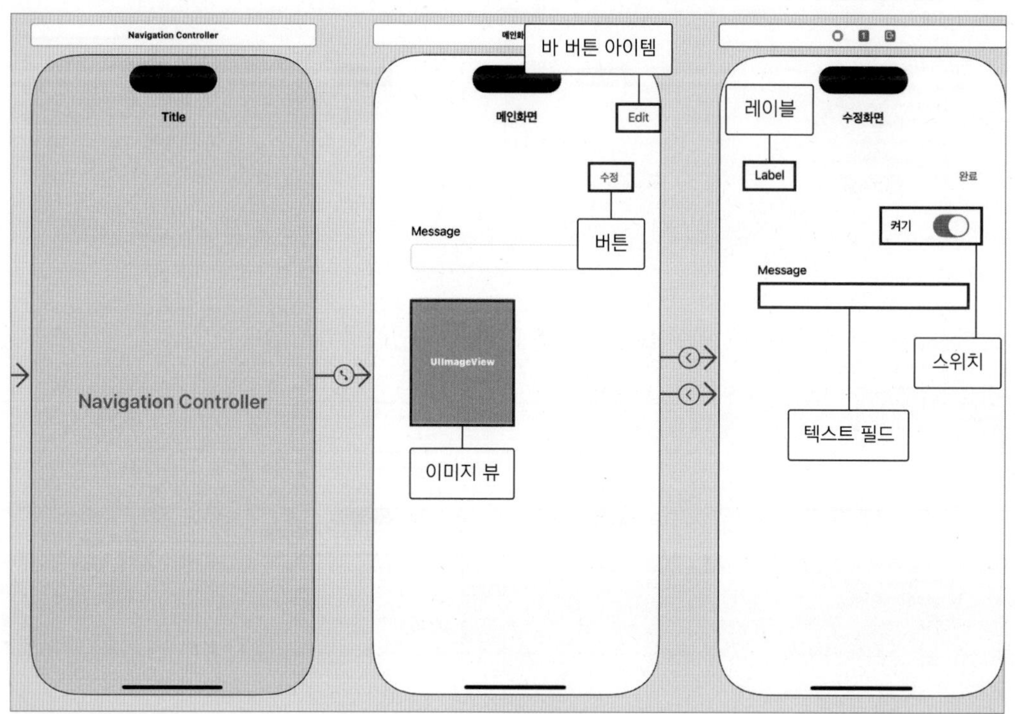

세그웨이 추가해 뷰 전환하기

1. 뷰 추가하기

이제 [Library] 버튼을 클릭한 후 팝업 창에서 [뷰 컨트롤러(View Controller)]를 끌어다 '메인화면' 컨트롤러의 오른쪽 빈 공간에 갖다 놓습니다.

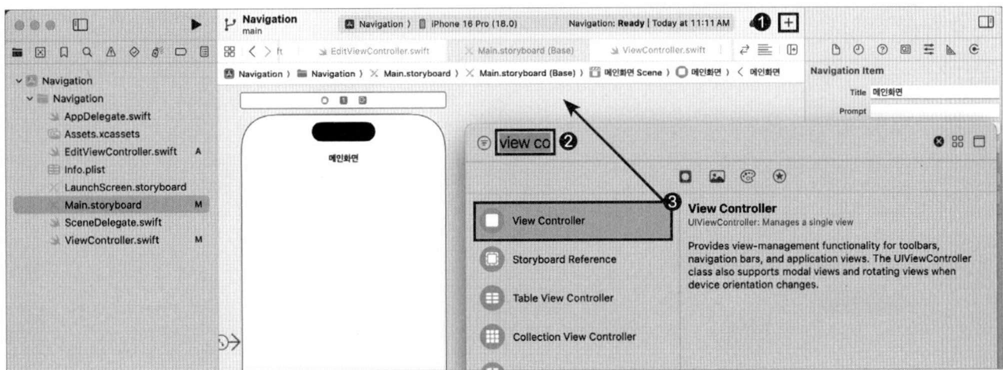

2. 상단의 [Library] 버튼을 클릭한 후 팝업 창에서 'bar'를 입력하여 검색한 후 [바 버튼 아이템(Bar Button Item)]을 내비게이션 바의 오른쪽에 끌어다 놓습니다.

3. [바 버튼 아이템]을 선택한 상태에서 오른쪽의 인스펙터 영역에서 [Attributes inspector] 버튼을 클릭한 후 '시스템 아이템(System Item)'에서 [Edit]를 선택합니다.

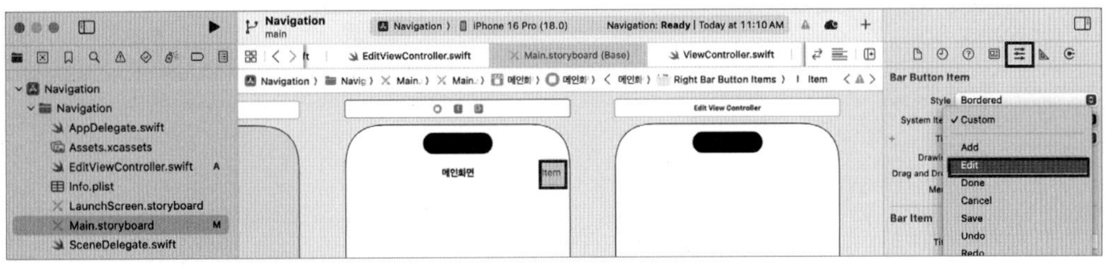

오른쪽 윗부분의 버튼 글자가 'Edit'로 변경되었습니다.

4. 뷰 전환 작업하기

다시 이 [Edit] 바 버튼을 마우스 오른쪽 버튼으로 클릭한 채 오른쪽의 뷰 컨트롤러에 갖다 놓습니다. 그러면 검은색 창이 나타나는데, 여기에서 [Action Segue]를 [Show]로 선택합니다. 그러면 '메인화면'에서 서브 화면으로 갔다가 돌아오는 형태를 취하게 됩니다.

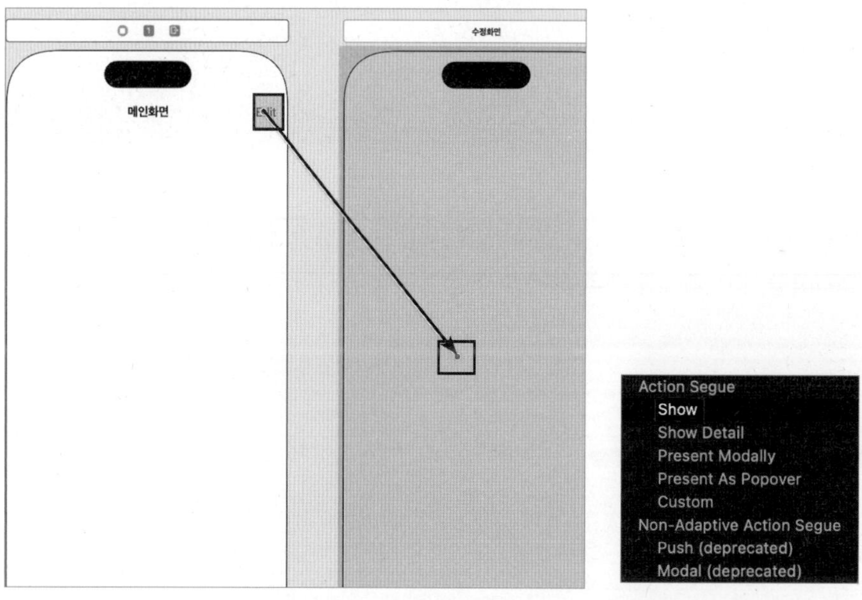

5. 세그웨이(Segue)가 생성되었습니다. 이 세그웨이가 생성되면 코딩이 없어도 화면 전환을 할 수 있습니다.

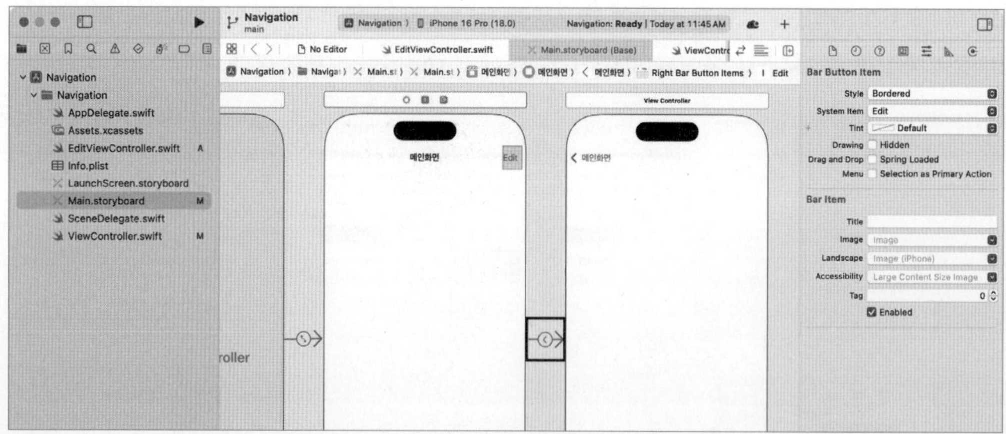

6. 오른쪽 뷰 컨트롤러의 내비게이션 바를 드래그하여 선택한 후 [Attributes inspector]에서 Title을 [수정화면]으로 바꿉니다.

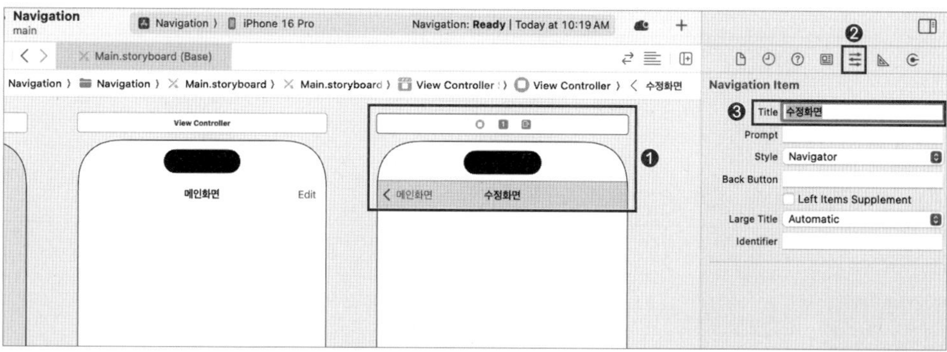

7. 결과 보기

시뮬레이터를 [iPhone 16 Pro]로 선택한 후 [실행] 버튼을 클릭하여 앱을 실행해 보겠습니다. '메인화면'에서 [Edit] 버튼을 클릭하면 '수정화면'으로 이동하고 [메인화면] 버튼을 클릭하면 다시 '메인화면'으로 돌아옵니다. 이렇듯 세그웨이만 추가해도 화면 전환이 가능해 집니다.

11-4 버튼 활용해 뷰 전환하기

이번에는 버튼을 활용해 뷰가 전환되도록 작업해 보겠습니다.

버튼으로 뷰 전환하기

1. 스토리보드에 객체 추가하기

먼저 아래 그림과 같이 '수정화면'에 레이블과 [완료] 버튼을 추가합니다. 그런 다음 '메인화면'에서 [수정] 버튼을 추가합니다. 버튼 추가 시 인스펙터 영역에서 스타일(Style) 항목을 [Default]로 변경합니다.

> 레이블에 글씨를 나타낼 것이므로 미리 크기를 키워둡니다.

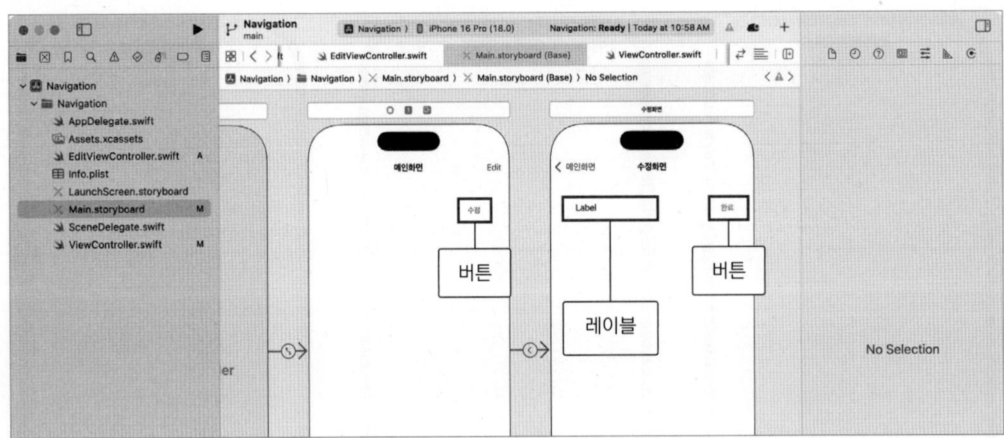

2. 뷰 전환하기

스토리보드의 중앙에 있는 세그웨이를 선택합니다. 그리고 [Attributes inspector] 버튼을 클릭한 후 Identifier를 [editBarButton]으로 수정합니다. 이렇게 하면 지금 선택한 세그웨이의 아이디가 'editBarButton'으로 정의되고 나중에 나올 세그웨이와도 구분이 됩니다.

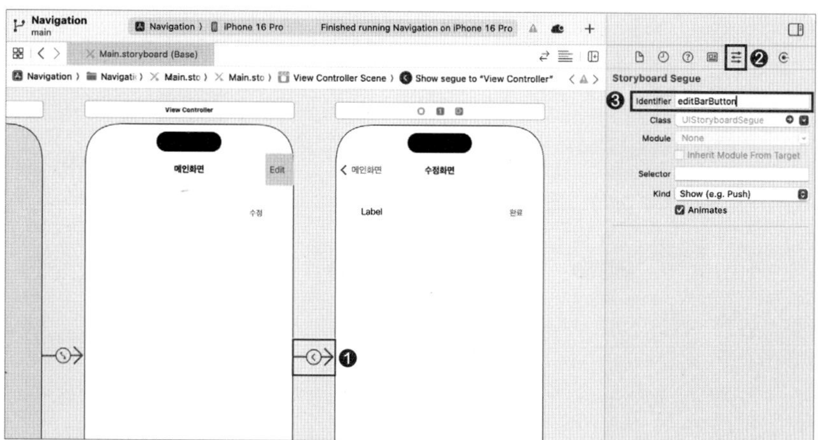

3. 마우스 오른쪽 버튼으로 '메인화면'의 [수정] 버튼을 끌어다가 오른쪽 '수정화면'의 뷰 컨트롤러로 갖다 놓습니다. 검은색 설정 창의 [Action Segue]에서 [Show]를 선택합니다. 그러면 '메인화면'에서 서브 화면으로 갔다가 돌아오는 형태를 취하게 됩니다.

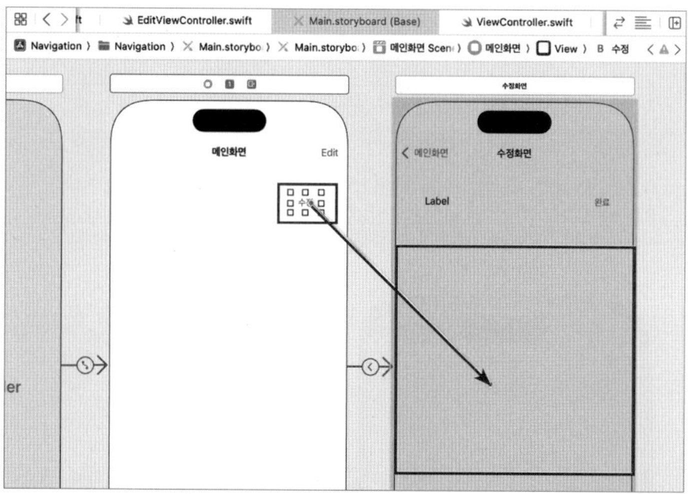

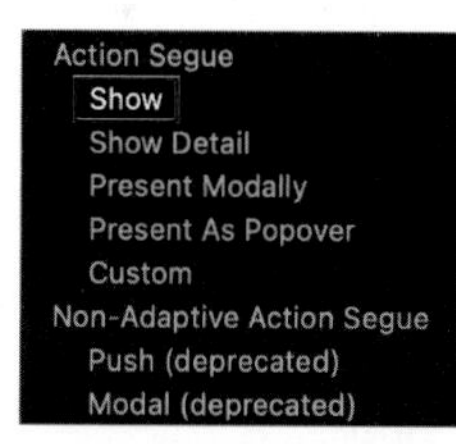

4. 세그웨이가 두 개가 되었습니다. [Edit] 바 버튼을 이용한 세그웨이와 [수정] 버튼을 이용한 세그웨이입니다.

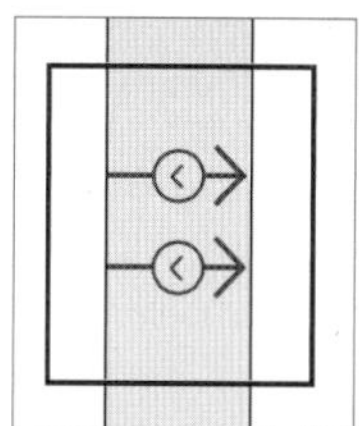

5. 세그웨이를 선택하면 그 세그웨이와 연결된 버튼이 표시되는데, [수정] 버튼이 선택되는 세그웨이를 선택한 후에 Identifier를 [editButton]으로 수정합니다.

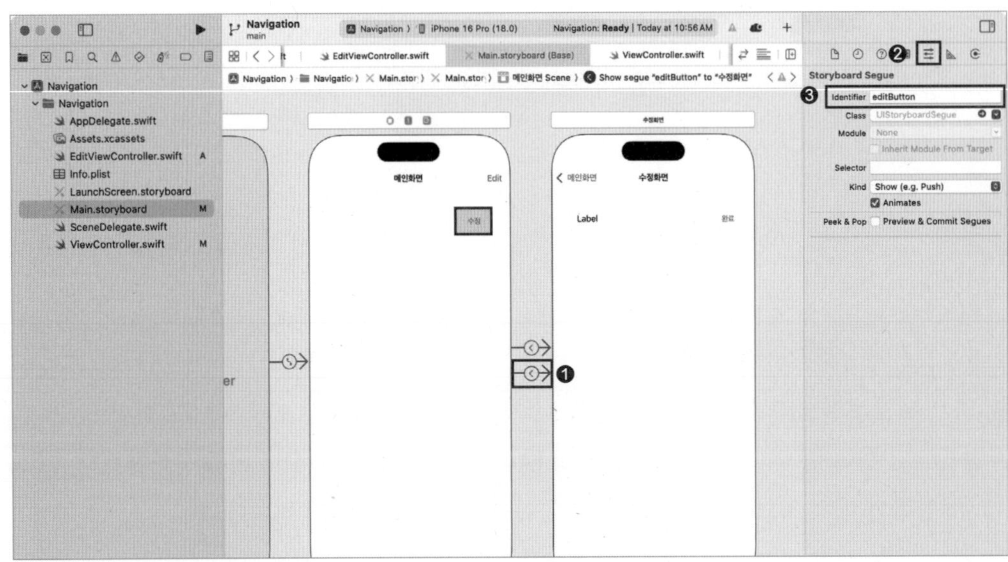

6. 결과 보기

[실행] 버튼을 클릭하여 앱을 실행해 보겠습니다. '메인화면'의 [Edit] 바 버튼을 클릭해도 '수정화면'으로 이동하고, '메인화면'의 [수정] 버튼을 클릭해도 '수정화면'으로 이동합니다. 둘 다 세그웨이를 생성했기 때문에 어느 버튼을 클릭해도 '수정화면'으로 이동할 수 있습니다.

11-5 뷰 전환 구분하기

11-4절에서는 뷰의 전환만 이루어질 뿐 아무런 동작도 수행하지 않습니다. 뷰가 전환되면서 특정한 동작이나 작업을 하기 위해서는 스위프트 소스 코드와 아웃렛 변수 및 액션 함수를 추가해야 합니다. 앞에서는 바 버튼을 이용한 방법과 일반 버튼을 이용한 방법으로 뷰를 전환했는데, 여기서는 뷰가 전환될 때 바 버튼을 눌러 전환되었는지 일반 버튼을 눌러 전환되었는지 구분하고, 이를 화면에 나타내 보겠습니다.

버튼을 이용한 뷰 전환과 바 버튼을 이용한 뷰 전환 구분하기

1. 스위프트 소스 파일 추가하기

'수정화면'의 뷰 컨트롤러를 만들었지만 이에 해당하는 뷰 컨트롤러 클래스 파일이 없습니다. 그래서 '수정화면'의 뷰 컨트롤러 클래스 파일을 만들어 보겠습니다. 메뉴에서 [File → New → File from Template...]을 선택합니다.

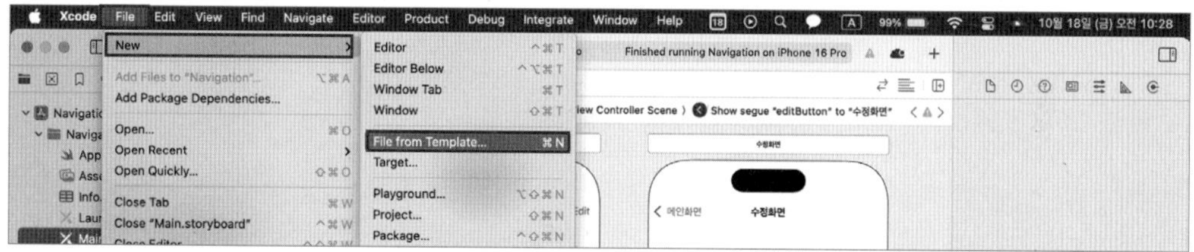

2. 'iOS' 항목의 [Source] 탭에서 [Cocoa Touch Class]를 선택하고 [Next] 버튼을 클릭합니다.

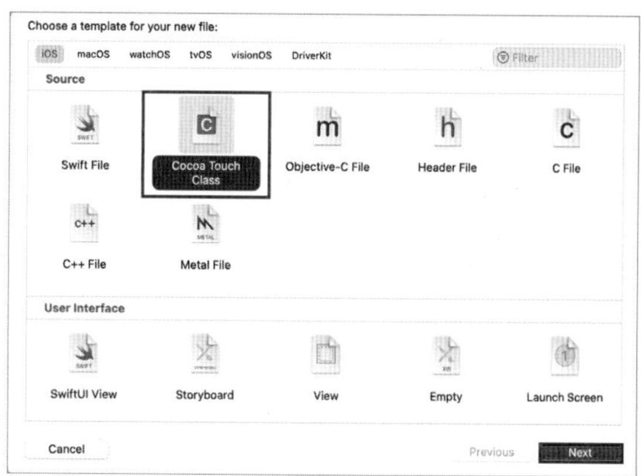

알아 두면 좋아요! } 코코아 터치 클래스란?

코코아(Cocoa)란 애플 환경에서 맥이나 iOS용 애플리케이션을 제작하기 위한 도구들의 모음입니다. 보통 UI(User Interface, 유저 인터페이스) 기능들을 많이 사용하고 있습니다. 그런데 맥과 다르게 iOS의 경우 터치와 관련된 여러 기능들이 추가되었는데 이를 지원하기 위한 도구들의 모음이 코코아 터치(Cocoa Touch)입니다. 그리고 UI를 iOS용으로 변경하고 다양한 터치 관련 기능을 클래스로 만들어 놓은 것이 코코아 터치 클래스(Cocoa Touch Class)입니다. 뷰 컨트롤러에 관한 클래스도 이 코코아 터치 클래스에 있습니다.

3. Subclass of는 [UIViewController]로, Class는 [EditViewController]로 수정한 후 [Next] 버튼을 클릭하고 지정 폴더에 저장합니다.

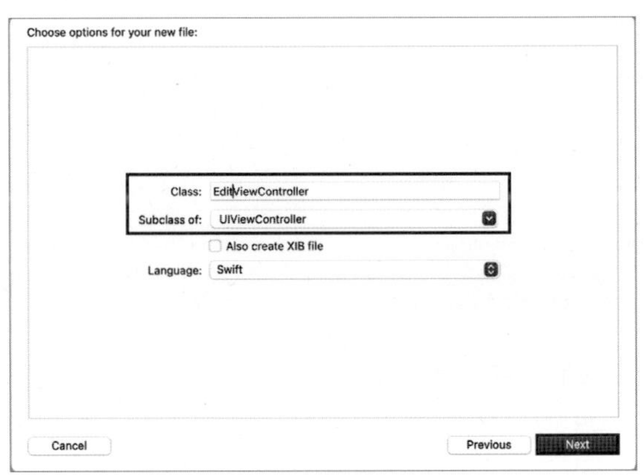

4. 내비게이터 영역에 [EditViewController.swift]가 추가된 것을 확인할 수 있습니다.

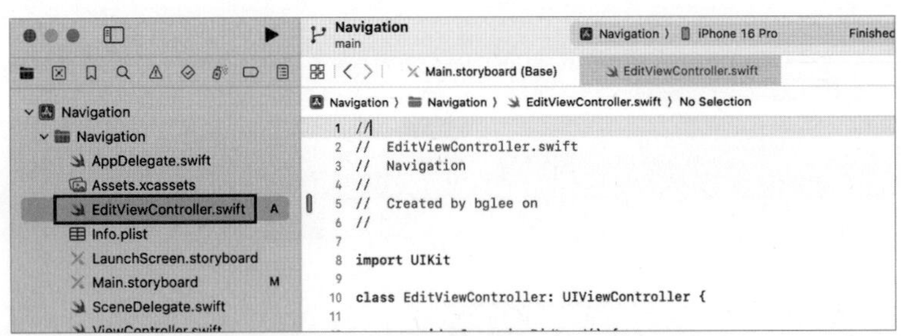

5. [Main.storyboard]에서 '수정화면'의 뷰 컨트롤러를 선택한 후 [Identity inspector] 버튼을 클릭해 Class에서 [EditViewController]를 선택합니다. 이렇게 해서 스토리보드의 뷰 컨트롤러와 'EditViewController.swift' 파일이 제대로 연결되었습니다. 이제부터 '메인화면'에 관한 것은 [ViewController.swift]에서, '수정화면'에 관한 것은 [EditViewController.swift]에서 다루겠습니다. 이름이 비슷하니 헷갈리지 않도록 주의하세요.

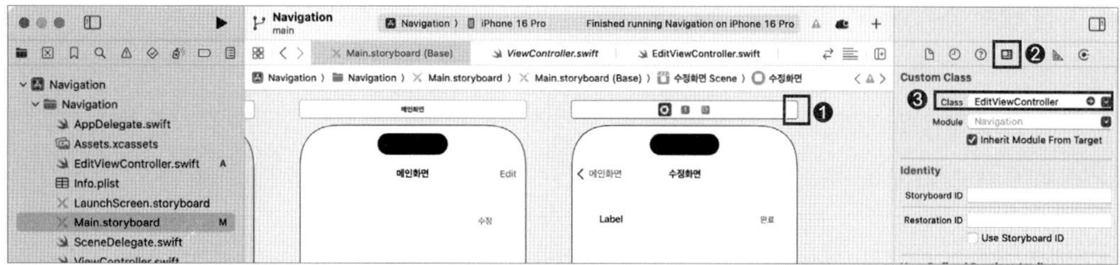

6. 아웃렛 변수 추가하기

아웃렛 변수와 함수를 추가하기 위해 우선 오른쪽 윗부분의 [Adjust Editor Options] 버튼을 클릭한 후 [Assistant] 메뉴를 선택하여 보조 편집기 영역을 엽니다. 가운데 화면의 스토리보드 부분이 둘로 나누어지면서 왼쪽에는 스토리보드, 오른쪽에는 보조 편집기 영역이 나타납니다.

7. 레이블을 마우스 오른쪽 버튼으로 클릭한 후 오른쪽의 보조 편집기 영역으로 드래그하면 아래 그림과 같이 연결선이 나타납니다. 연결 설정 창에서 다음 표를 참고하여 아웃렛 변수를 연결합니다.

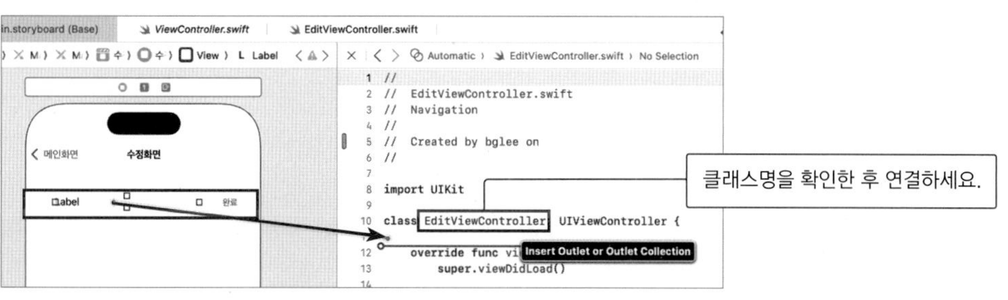

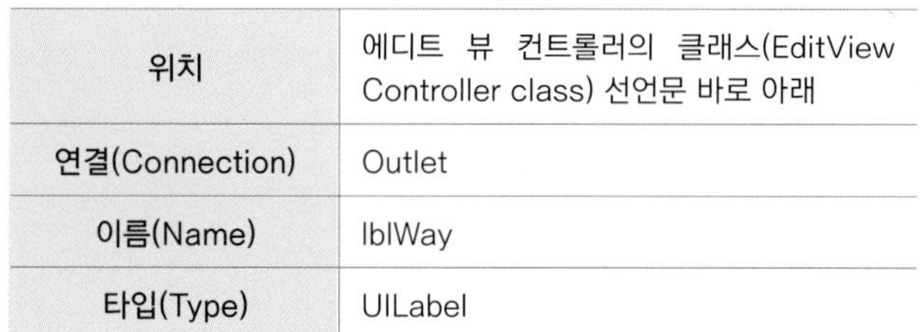

위치	에디트 뷰 컨트롤러의 클래스(EditView Controller class) 선언문 바로 아래
연결(Connection)	Outlet
이름(Name)	lblWay
타입(Type)	UILabel

```
@IBOutlet var lblWay: UILabel!
```

8. 액션 함수 추가하기

아웃렛 변수를 추가하는 것과 같은 방법으로 버튼에 대한 액션 함수를 추가하겠습니다. 레이블의 오른쪽에 있는 [완료] 버튼을 마우스 오른쪽 버튼으로 클릭한 후 드래그해서 오른쪽의 보조 편집기 영역에 갖다 놓습니다.

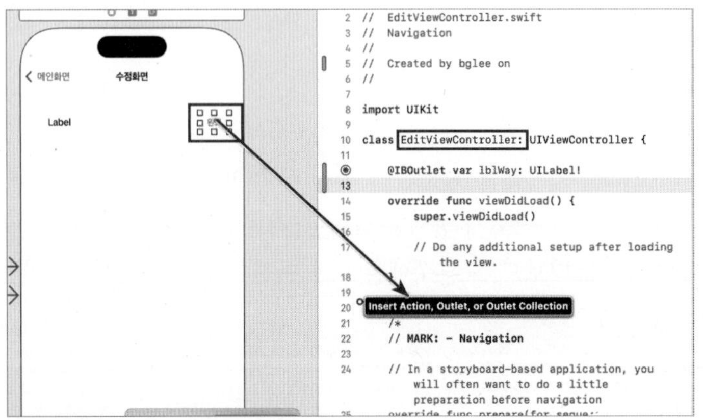

위치	viewDidLoad 함수 아래
연결(Connection)	Action
이름(Name)	btnDone
타입(Type)	UIButton

```
@IBAction func btnDone(_ sender: UIButton) {
}
```

9. 왼쪽 내비게이터 영역에서 [ViewController.swift]를 선택합니다.

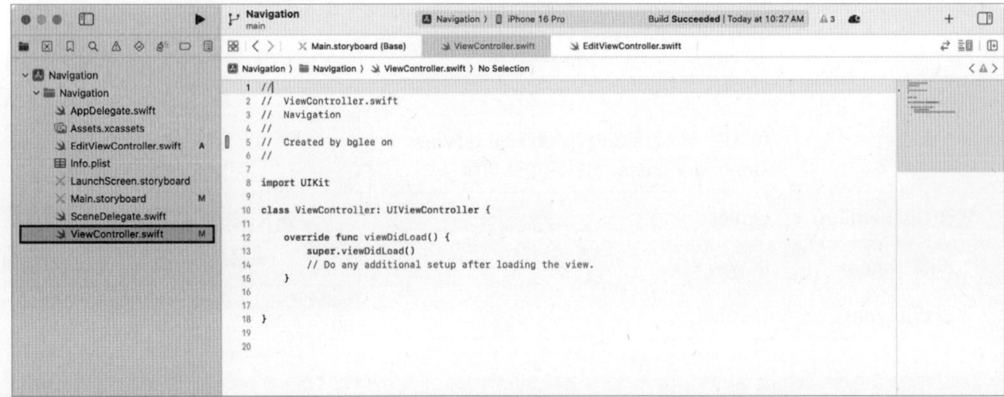

10. 세그웨이를 이용하여 화면을 전환하기 위해 prepare 함수를 사용합니다. 뷰 컨트롤러 클래스의 아래쪽에 다음 함수를 추가합니다. 'prep'만 입력하면 자동 완성 기능을 이용하여 쉽게 함수를 추가할 수 있습니다.

> ◎ prepare 함수는 해당 세그웨이가 해당 뷰 컨트롤러로 전환되기 직전에 호출되는 함수이며 데이터 전달을 위해 사용됩니다.

```
import UIKit

class ViewController: UIViewController {

    override func viewDidLoad() {
        super.viewDidLoad()
        // Do any additional setup after loading the view.
    }

    override func prepare(for segue: UIStoryboardSegue, sender: Any?) {
        code
    }

```

클래스명을 확인한 후 추가하세요.

```
override func prepare(for segue: UIStoryboardSegue, sender: Any?) {
}
```

11. 세그웨이의 도착 컨트롤러를 EditViewController 형태를 가지는 segue.destination ViewController로 선언합니다. 그리고 세그웨이의 아이디에 따라 다르게 동작하도록 if문 형태로 작성합니다. if문과 else문을 이용해 각 세그웨이별로 다른 문자열을 전송할 것입니다. 앞에서 작성한 함수 안에 다음 소스를 추가합니다.

> ◎ 이때 사용하는 세그웨이의 아이디에 대한 내용은 11-3절을 참고하세요.

```
        super.viewDidLoad()
        // Do any additional setup after loading the view.
    }

    override func prepare(for segue: UIStoryboardSegue, sender: Any?) {
        let editViewController = segue.destination as! EditViewController
        if segue.identifier == "editButton" {

        } else if segue.identifier == "editBarButton" {

        }
    }

}
```

```
override func prepare(for segue: UIStoryboardSegue, sender: Any?) {
    let editViewController = segue.destination as! EditViewController
    if segue.identifier == "editButton" {
    // 버튼을 클릭한 경우
    } else if segue.identifier == "editBarButton" {
    // 바 버튼을 클릭한 경우
    }
}
```

12. 뷰 컨트롤러에서 각 세그웨이 아이디별로 다른 문자열을 받아서 표시하기 위해 'EditViewController.swift' 파일을 수정하겠습니다. [EditViewController.swift]를 클릭합니다.

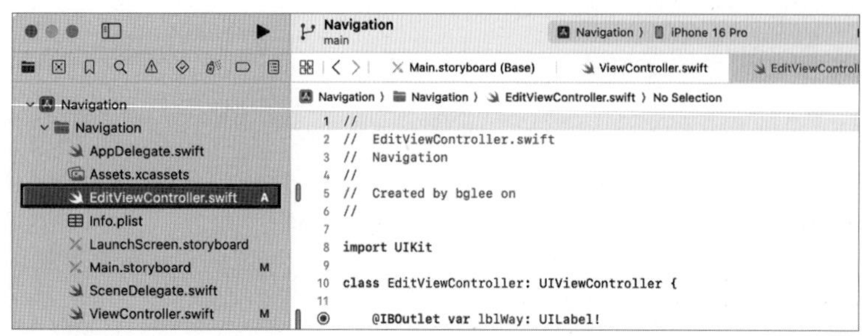

13. 레이블의 텍스트를 직접 제어할 수 없기 때문에 문자열 변수 textWayValue를 만듭니다. 그리고 viewDidLoad 함수에서 변수 textWayValue 값을 레이블의 텍스트로 대입하여 레이블에 출력되게 합니다.

클래스명을 확인하세요.

```
import UIKit

class EditViewController: UIViewController {

    var textWayValue: String = ""

    @IBOutlet var lblWay: UILabel!

    override func viewDidLoad() {
        super.viewDidLoad()

        // Do any additional setup after loading the view.
        lblWay.text = textWayValue
```

```
class EditViewController: UIViewController {
   var textWayValue: String = ""
   @IBOutlet var lblWay: UILabel!

   override func viewDidLoad() {
      super.viewDidLoad()
      // Do any additional setup after loading the view.
      lblWay.text = textWayValue
}
```

14. 다시 [ViewController.swift] 파일을 클릭하여 선택합니다. prepare 함수를 마저 작성하겠습니다. if문과 else문에 다음 소스를 추가합니다. 세그웨이 아이디가 'editButton'일 경우, 즉 레이블의 오른쪽 옆에 있는 버튼일 경우에는 'segue : use button' 문자열을 전송하고, 세그웨이 아이디가 'editBarButton'일 경우, 즉 바 버튼을 클릭하였을 경우에는 'segue : use Bar button' 문자열을 전송하여 '수정화면'의 레이블이 서로 다르게 표시되게 합니다.

```
//  Created by bglee on
//

import UIKit

class ViewController: UIViewController {

    override func viewDidLoad() {
        super.viewDidLoad()
        // Do any additional setup after loading the view.
    }

    override func prepare(for segue: UIStoryboardSegue, sender: Any?) {
        let editViewController = segue.destination as! EditViewController
        if segue.identifier == "editButton" {
            editViewController.textWayValue = "segue : use button"
        } else if segue.identifier == "editBarButton" {
            editViewController.textWayValue = "segue : use Bar button"
        }
    }

}
```

클래스명을 확인하세요.

```
override func prepare(for segue: UIStoryboardSegue, sender: Any?) {
    let editViewController = segue.destination as!
        EditViewController
    if segue.identifier == "editButton" {
        editViewController.textWayValue = "segue : use button"
    } else if segue.identifier == "editBarButton" {
        editViewController.textWayValue = "segue : use Bar button"
    }

}
```

15. 다시 'EditViewController.swift' 파일을 선택하여 '수정화면'의 [완료] 버튼을 클릭하면 '메인화면'으로 이동하도록 코드를 삽입하겠습니다. 앞에서는 실습에서 뷰를 전환하기 위해 세그웨이를 추가할 때 [Action Segue]를 'Show' 형태로 했기 때문에 되돌아갈 때는 'pop'의 형태로 해야 합니다.

```
        // Do any additional setup after loading the view.
        lblWay.text = textWayValue
    }

    @IBAction func btnDone(_ sender: UIButton) {
        _ = navigationController?.popViewController(animated: true)
    }

    /*
    // MARK: - Navigation

    // In a storyboard-based application, you will often want to do a little preparati
    override func prepare(for segue: UIStoryboardSegue, sender: Any?) {
        // Get the new view controller using segue.destination.
        // Pass the selected object to the new view controller.
```

```
@IBAction func btnDone(_ sender: UIButton) {
    _ = navigationController?.popViewController(animated: true)
}
```

16. 결과 보기

[실행] 버튼을 클릭합니다. '메인화면'에서 [수정] 버튼을 클릭하면 '수정화면'으로 이동함과 동시에 'segue : use button'이 표시되고, '메인화면'에서 [Edit] 버튼을 클릭하면 '수정화면'으로 이동함과 동시에 'segue : use Bar button'이 표시됩니다. 이처럼 '메인화면'에서 '수정화면'으로 데이터 전송이 가능하면 세그웨이별로 다른 데이터 전송도 가능합니다. 또한 '수정화면'에서 [완료] 버튼을 클릭해도 '메인화면'으로 이동합니다.

메인화면

[수정] 버튼으로 이동 시

[Edit] 버튼으로 이동 시

11-6 뷰 전환과 함께 메시지 전달하기

이번에는 '수정화면'에서 메시지를 입력하고 [완료] 버튼을 클릭하면 '메인화면'에 그 메시지가 전달되도록 구현해 보겠습니다. 반대로 '메인화면'에서 '수정화면'으로 메시지를 전달하는 작업도 해보겠습니다.

직접 해보세요! '수정화면'에서 '메인화면'으로 메시지 전달하기

데이터 전송은 메시지를 전달하는 형태로 합니다.

1. 메시지 전달을 위해 스토리보드에 추가 작업하기

'메인화면'에 레이블(Label)을 추가한 후 'Message'라고 수정하고, 텍스트 필드(Text Field)를 추가합니다. command ⌘ + C 를 눌러 이 둘을 복사한 후 command ⌘ + V 를 눌러 '수정화면'에 붙여 넣고 아래 그림과 같이 중앙에 오도록 수정합니다.

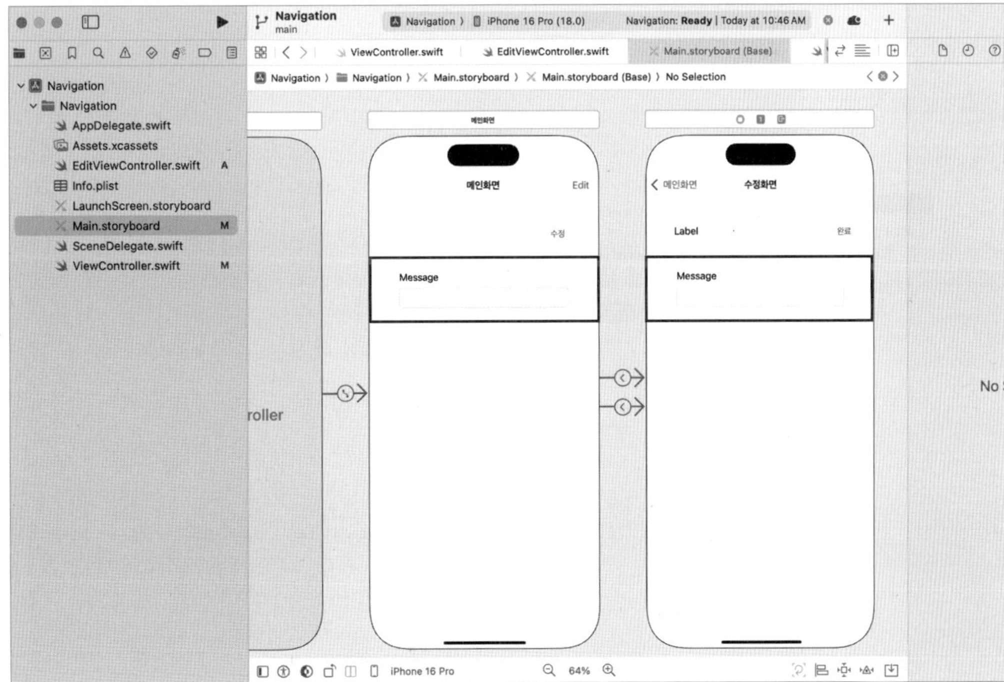

2. 아웃렛 변수와 함수 추가하기

'메인화면'의 텍스트 필드를 마우스 오른쪽 버튼으로 클릭한 후 오른쪽의 보조 편집기 영역으로 드래그하면 아래 그림과 같이 연결선이 나타납니다. 드래그한 연결선을 다음 표를 참고하여 연결합니다.

◐ 드래그하기 전에 오른쪽 보조 편집기 영역이 '뷰 컨트롤러 클래스'인지를 먼저 확인합니다. '에디트 뷰 컨트롤러 클래스(EditView Controller class)'와 헷갈릴 수 있으니 주의하세요.

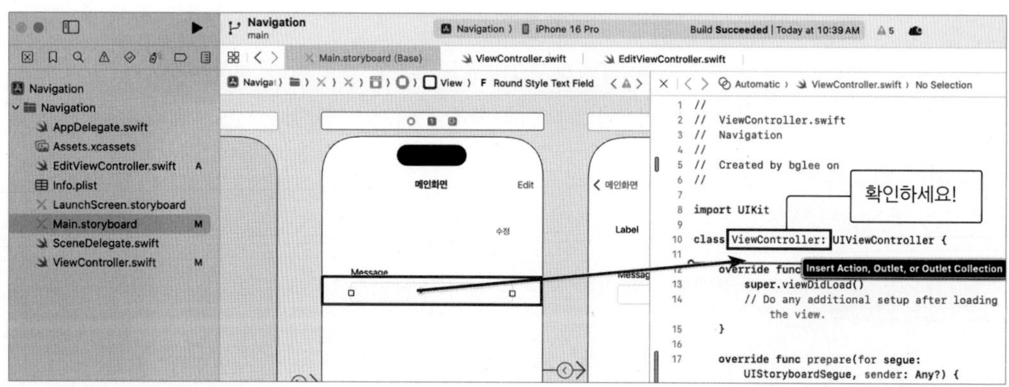

위치	뷰 컨트롤러 클래스 선언문 바로 아래
연결(Connection)	Outlet
이름(Name)	txMessage
타입(Type)	UITextField

3. '메인화면'의 텍스트 필드 아웃렛 변수가 추가되었습니다.

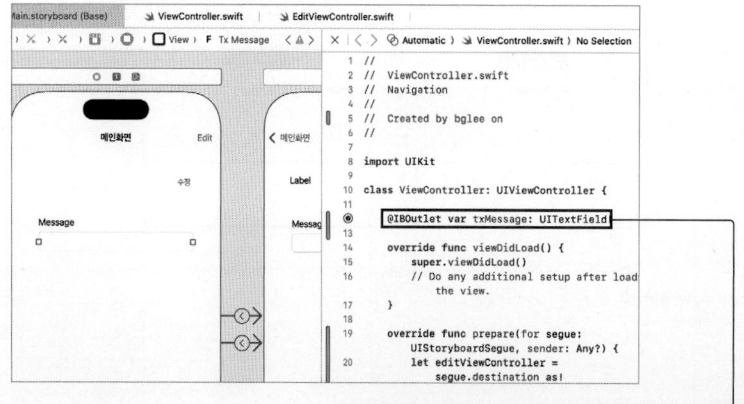

```
@IBOutlet var txMessage: UITextField!
```

알아 두면 좋아요! } 편집기 영역에서 파일 선택하기

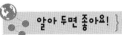

만약 '뷰 컨트롤러 클래스'가 아닌 '에디트 뷰 컨트롤러 클래스'로 되어 있다면 어떻게 바꿀 수 있을까요? 먼저 스토리보드의 빈 곳을 클릭한 후 커서를 보조 편집기 영역의 왼쪽 윗부분에 가져가면 [Automatic]이 나타납니다. 여기를 클릭하면 현재 작업할 수 있는 파일을 볼 수 있습니다.

다음 그림처럼 원하는 뷰 컨트롤러 클래스를 선택합니다.

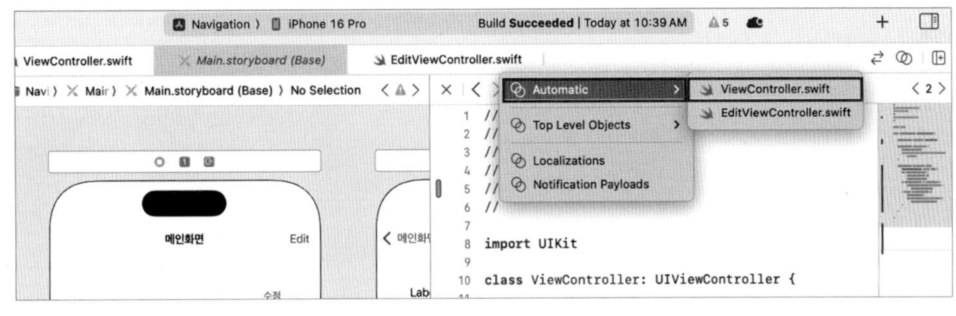

4. 이번엔 '수정화면'의 텍스트 필드를 마우스 오른쪽 버튼으로 클릭한 후 오른쪽의 보조 편집기 영역으로 드래그하여 연결합니다. 드래그하기 전에 오른쪽 보조 편집기 영역이 '에디트 뷰 컨트롤러 클래스(EditViewController class)'인지 확인합니다. 연결선의 위치와 설정은 아래 표를 참고하세요.

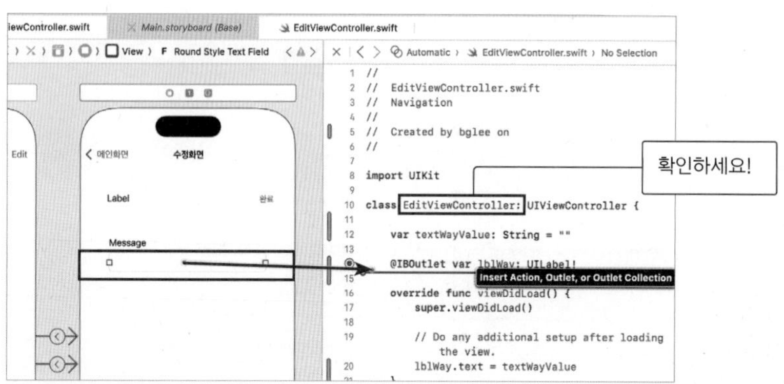

위치	에디트 뷰 컨트롤러 클래스 선언문 바로 아래
연결(Connection)	Outlet
이름(Name)	txMessage
타입(Type)	UITextField

5. '수정화면'의 텍스트 필드 아웃렛 변수가 추가되었습니다.

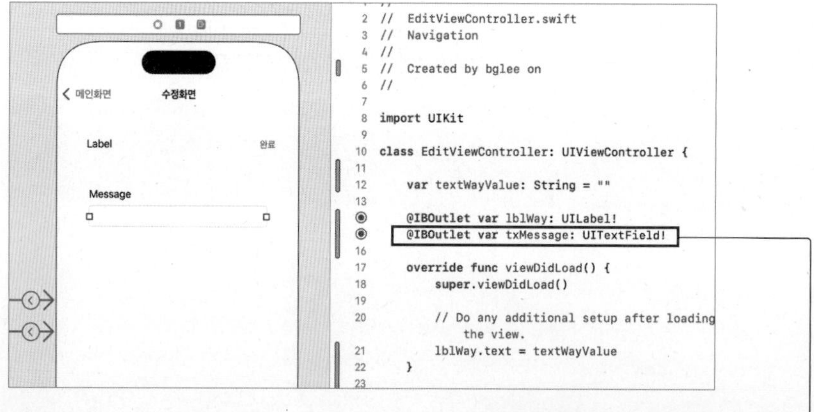

```
@IBOutlet var txMessage: UITextField!
```

6. 메시지를 전달하기 위한 코딩 작업하기

코딩을 위해 화면 모드를 수정하겠습니다. 오른쪽 윗부분에서 [Show the Standard editor] 버튼을 클릭한 후 왼쪽의 내비게이터 영역에서 [EditViewController.swift]를 선택합니다. 그리고 텍스트 필드에 적은 내용을 나타내기 위해 다음 코드를 추가합니다.

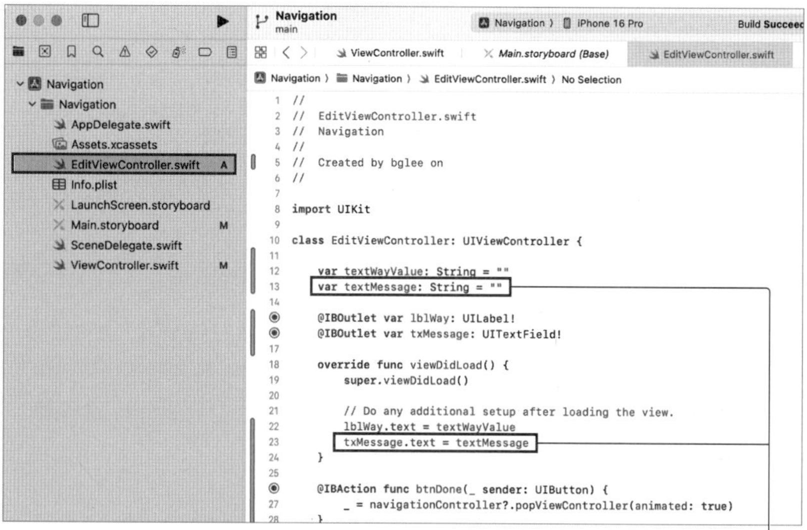

```
var textMessage: String = "" —❶
⋮
override func viewDidLoad() {
    super.viewDidLoad()
    // Do any additional setup after loading the view.

    lblWay.text = textWayValue
    txMessage.text = textMessage —❷
}
```

❶ '수정화면'에서 직접 텍스트 필드의 텍스트를 제어할 수 없기 때문에 변수 textMessage를 문자열로 만듭니다.

❷ viewDidLoad 함수에서 변수 textMessage 값을 텍스트 필드의 텍스트로 대입하여 텍스트 필드에 나타나게 합니다.

7. 프로토콜 형태의 델리게이트를 추가하기 위해 import문과 클래스문 사이에 공백을 만듭니다.

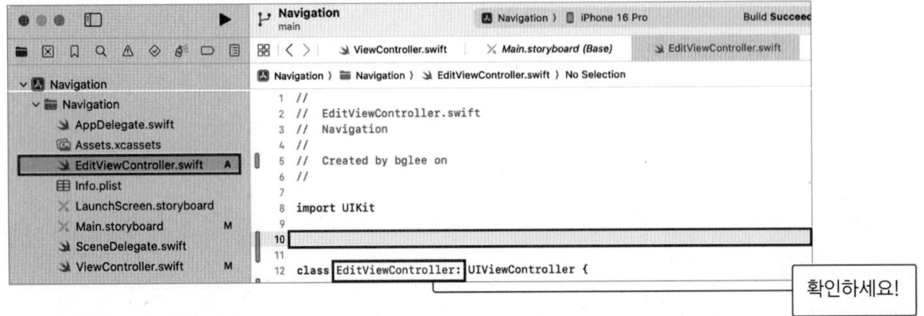

스위프트 문법 } 프로토콜이란?

프로토콜(Protocol)이란 특정 객체가 갖추어야 할 기능이나 속성에 대한 설계도라고 할 수 있습니다. 프로토콜은 실질적으로 아무런 내용이 없습니다. 다만, 단순한 선언 형태만을 갖습니다. 실질적인 내용은 이 프로토콜을 이용하는 객체에서 정의합니다. 예를 들어 계산기를 만든다고 생각합시다. 그런데 이 계산기에 덧셈과 뺄셈이 꼭 있어야만 한다면 프로토콜로 만들 수 있습니다.

```
protocol CalculatorProtocal {
   func add(op1 : Int, op2 : Int) -> Int
   func sub(op1 : Int, op2 : Int) -> Int
}
```

이렇게 계산기 프롤토콜을 만들었다면 이 계산기 프로토콜을 상속받은 클래스는 반드시 add 함수와 sub 함수를 만들어야 합니다. 그렇지 않으면 에러가 발생합니다.

```
class SimpeCalculator : CalculatorProtocal {
   func add(op1 : Int, op2 : Int) -> Int {
      return op1+op2
   }
   func sub(op1 : Int, op2 : Int) -> Int {
      return op1-op2
   }
}
```

▶ 프로토콜에 대한 자세한 설명은 [문법 05]를 참고하세요.

8. 공백 안에 아래와 같이 EditDelegate 프로토콜을 작성합니다.

```
//  EditViewController.swift
//  Navigation
//
//  Created by bglee on
//

import UIKit

protocol EditDelegate {
    func didMessageEditDone(_ controller: EditViewController, message: String)
}

class EditViewController: UIViewController {

    var textWayValue: String = ""
    var textMessage: String = ""

    @IBOutlet var lblWay: UILabel!
    @IBOutlet var txMessage: UITextField!
```

확인하세요!

```
protocol EditDelegate {
    func didMessageEditDone(_ controller: EditViewController, message: String)
}
```

9. 왼쪽의 내비게이터 영역에서 [ViewController.swift]를 선택합니다. 그런 다음 앞에서 프로토콜로 작성한 EditDelegate를 뷰 컨트롤러 클래스 선언문 안에 넣어 상속을 받습니다.

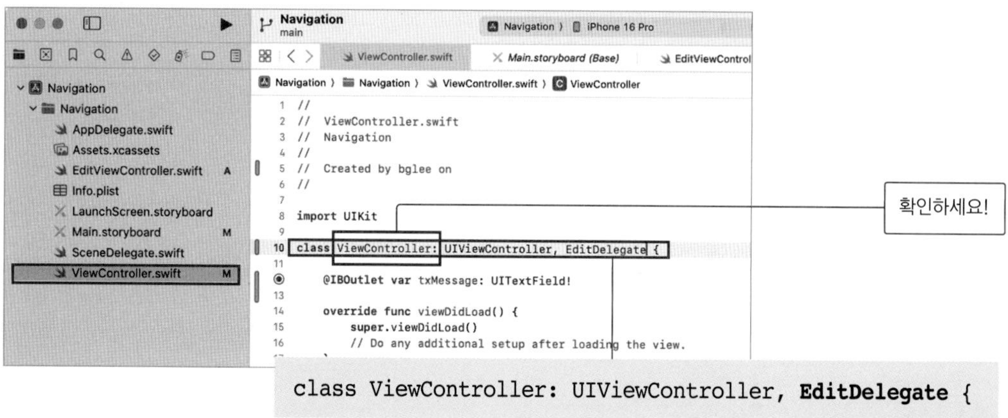


```
class ViewController: UIViewController, EditDelegate {
```

10. 프로토콜을 상속받으면 프로토콜에서 정의한 함수를 무조건 만들어야 합니다. 함수를 만들지 않으면 에러가 발생합니다. 다음 소스는 정의된 함수를 아직 만들지 않았기 때문에 현재는 에러가 발생합니다. 그럼 우선 이 에러 알림을 클릭합니다.

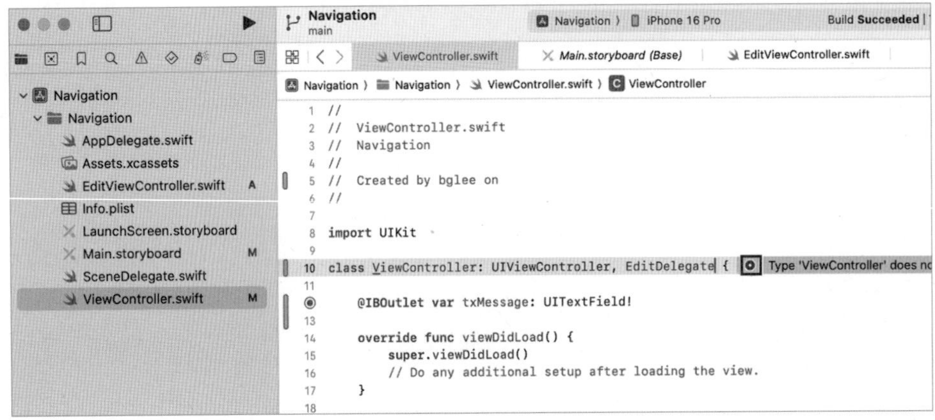

11. 프로토콜에 어긋난다는 메시지와 함께 추가하길 원하는지 묻습니다. [Fix]를 클릭하여 추가되도록 합니다.

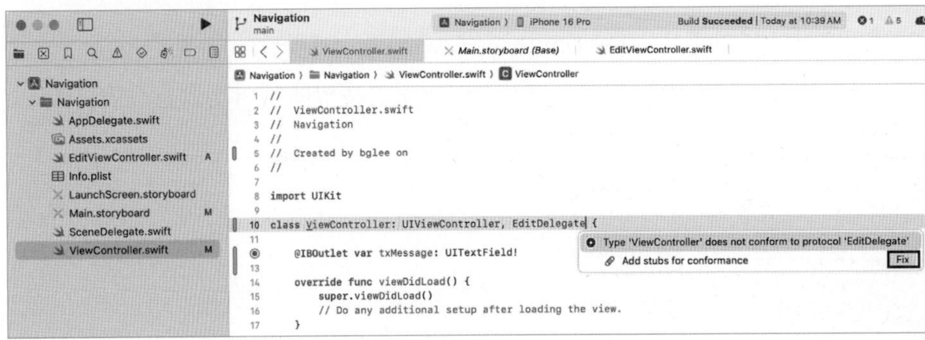

12. 함수가 클래스 바로 밑에 생성되었습니다. 생성된 위치가 변수의 앞쪽이어서 보기 좋지 않으므로 다음의 빨간 박스 영역만큼 선택하여 잘라낸 후 아래쪽으로 옮깁니다.

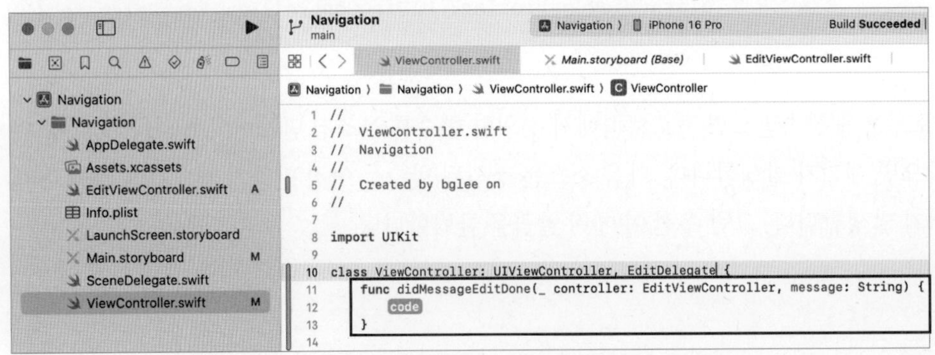

13. 다음과 같이 클래스 하단부에 붙여 넣습니다.

```
        super.viewDidLoad()
        // Do any additional setup after loading the view.
    }

    override func prepare(for segue: UIStoryboardSegue, sender: Any?) {
        let editViewController = segue.destination as! EditViewController
        if segue.identifier == "editButton" {
            editViewController.textWayValue = "segue : use button"
        } else if segue.identifier == "editBarButton" {
            editViewController.textWayValue = "segue : use Bar button"
        }
    }

    func didMessageEditDone(_ controller: EditViewController, message: String) {
        code
    }
}
```

14. 이 didMessageEditDone 함수는 에디트 뷰 컨트롤러에서 함수를 호출하며 메시지(message)를 전달해 주는데, 이 메시지의 스트링 값을 '메인화면'의 텍스트 필드에 텍스트로 보여 줍니다. 즉, '수정화면'의 데이터를 '메인화면'에 전달하여 보여 주는 것입니다. 따라서 앞에서 만든 함수 안에 다음 소스를 입력합니다.

Navigation
- AppDelegate.swift
- Assets.xcassets
- EditViewController.swift A
- Info.plist
- LaunchScreen.storyboard
- Main.storyboard M
- SceneDelegate.swift
- ViewController.swift M

```
        } else if segue.identifier == "editBarButton" {
            editViewController.textWayValue = "segue : use Bar button"
        }
    }

    func didMessageEditDone(_ controller: EditViewController, message: String) {
        txMessage.text = message
    }
}
```

```
func didMessageEditDone(_ controller: EditViewController, message: String) {
    txMessage.text = message
}
```

15. 다시 왼쪽의 내비게이터 영역에서 [EditViewController.swift]를 선택합니다. 그리고 delegate 변수를 생성합니다.

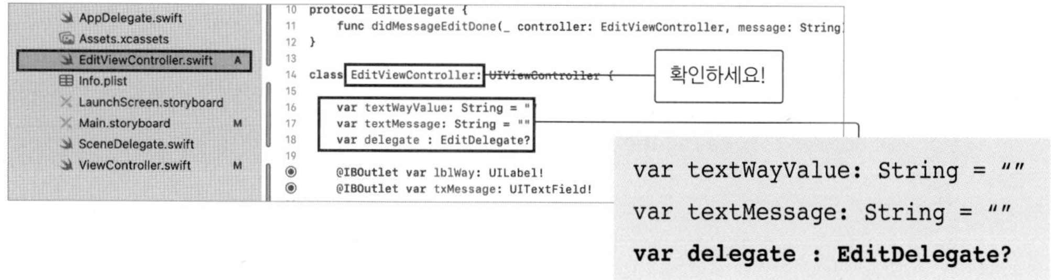


```
var textWayValue: String = ""
var textMessage: String = ""
var delegate : EditDelegate?
```

16. 같은 에디트 뷰 컨트롤러에서 이번에는 btnDone 함수를 수정해 보겠습니다. '수정화면'의 btnDone 함수에서 didMessageEditDone을 호출하면서 '수정화면'의 텍스트 필드 내용을 메시지 문자열(String)로 전달합니다. 다시 말해 '수정화면'의 텍스트 필드의 내용, 즉 데이터를 '메인화면'으로 전달합니다.

```
@IBAction func btnDone(_ sender: UIButton) {
    if delegate != nil {
        delegate?.didMessageEditDone(self, message: txMessage.text!)
    }
    _ = navigationController?.popViewController(animated: true)
}
```

17. 마지막으로 왼쪽의 내비게이터 영역에서 [ViewController.swift]를 선택합니다. 그런 다음 prepare 함수의 마지막 부분에 다음 코드를 추가합니다.

```
override func prepare(for segue: UIStoryboardSegue, sender: Any?) {
    let editViewController = segue.destination as! EditViewController
    ⋮
    editViewController.delegate = self
}
```

18. 결과 보기

이제 [실행] 버튼을 클릭합니다. '메인화면'에서 메시지가 비어 있는 것을 확인하고 '수정화면'으로 이동한 후 메시지 창에 '수정완료'를 입력합니다. [완료] 버튼을 클릭하면 '메인화면'에 동일한 내용이 나타납니다. 이로써 '수정화면'의 데이터를 역으로 '메인화면'으로 이동하였습니다. 하지만 메인화면의 메시지는 수정화면으로 전송되지 않습니다.

'메인화면'에서 '수정화면'으로 메시지 전달하기

이번에는 메인화면에서 메시지를 입력한 후 [수정] 버튼을 클릭하면 '메인화면'의 메시지가 '수정화면'의 메시지로 이동되도록 코딩해 보겠습니다.

1. 왼쪽 내비게이터 영역에서 [ViewController.swift]를 선택합니다.

2. prepare 함수에 다음 소스를 추가합니다. 그러면 editViewController, 즉 '수정화면'의 textMessage에 '메인화면'의 텍스트 필드 내용이 전달됩니다.

EditViewController.swift A
Info.plist
LaunchScreen.storyboard
Main.storyboard M
SceneDelegate.swift
ViewController.swift M

```
        editViewController.textWayValue = "segue : use button"
    } else if segue.identifier == "editBarButton" {
        editViewController.textWayValue = "segue : use Bar button"
    }
    editViewController.textMessage = txMessage.text!
    editViewController.delegate = self
}

func didMessageEditDone(_ controller: EditViewController, message: String) {
```

```
override func prepare(for segue: UIStoryboardSegue, sender: Any?) {
    let editViewController = segue.destination as! EditViewController
    ⋮
    editViewController.textMessage = txMessage.text!
    editViewController.delegate = self
}
```

3. 결과 보기

[실행] 버튼을 클릭합니다. '메인화면'에서 메시지에 '수정해주세요'라고 입력한 후 [Edit] 혹은 [수정] 버튼을 클릭하면 '수정화면'의 메시지 창에 '수정해주세요'가 나타납니다. '메인화면'의 데이터가 '수정화면'으로 이동된 것입니다.

그런 다음 '수정화면'에서 메시지 창에 '수정완료'를 입력한 후 [완료] 버튼을 클릭하면 '메인화면'에 동일한 내용이 나타납니다. 즉, '수정화면'의 데이터가 '메인화면'으로 이동된 것입니다. 이로써 '메인화면'과 '수정화면' 간의 양방향 메시지 전달을 구현해 보았습니다.

11-7 '수정화면'에서 '메인화면'의 전구 제어하기

11-6절에서는 '메인화면'과 '수정화면' 간에 텍스트 메시지를 전달하는 방법을 알아보았습니다. 이제는 텍스트 문자열뿐만 아니라 다양한 변수를 전달하여 여러 정보를 전달하고 정보 값을 변경하여 제어할 수 있도록 구현해 보겠습니다. 이번 절에서는 '메인화면'에 전구 이미지를 넣고, '수정화면'에서 이 전구를 켜거나 끄는 방법을 알아봅니다.

전구 초기 화면 세팅하기

1. 전구를 제어하기 위해 스토리보드에 추가 작업하기

'메인화면'에 이미지 뷰(Image View)를 추가하고, '수정화면'에는 [켜기] 레이블(Label)과 스위치(Switch)를 추가합니다.

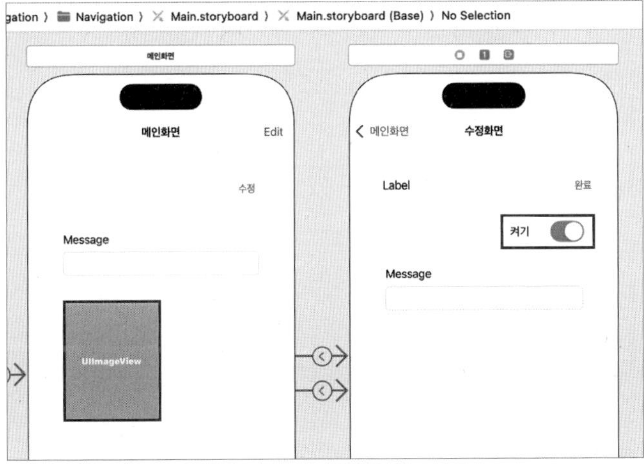

2. 아웃렛 변수 추가하기

'메인화면'의 [이미지 뷰(Image View)]를 마우스 오른쪽 버튼으로 클릭한 후 오른쪽의 보조 편집기 영역으로 드래그하면 다음 그림과 같이 연결선이 나타납니다. 이때 오른쪽 보조 편집기 영역이 '뷰 컨트롤러(ViewController) 클래스'인지를 먼저 확인해야 합니다. 연결선의 위치와 설정은 다음 표를 참고하세요.

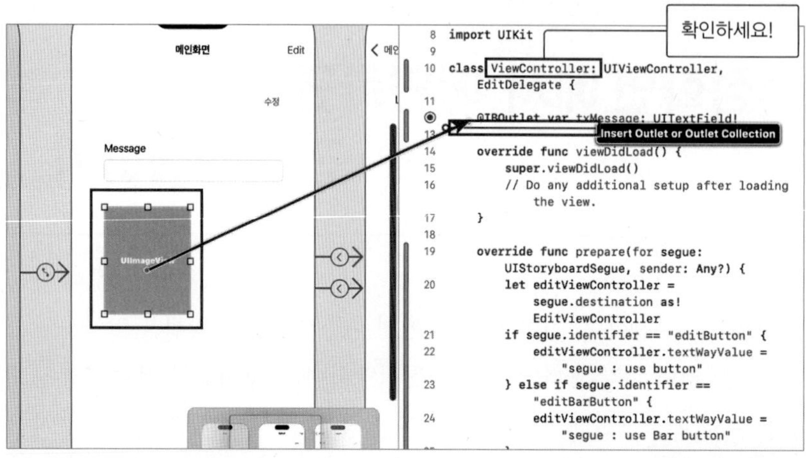

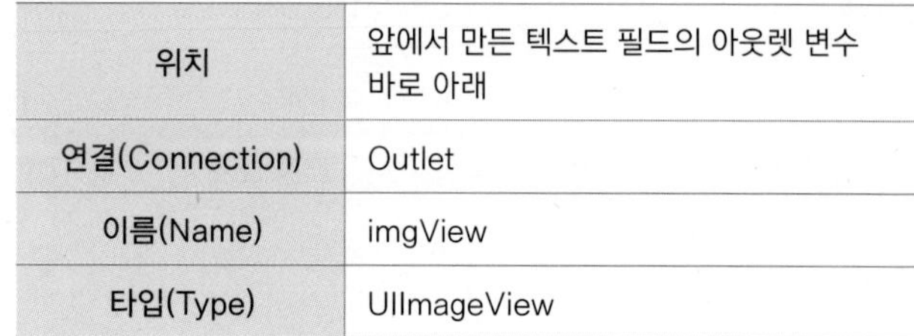

위치	앞에서 만든 텍스트 필드의 아웃렛 변수 바로 아래
연결(Connection)	Outlet
이름(Name)	imgView
타입(Type)	UIImageView

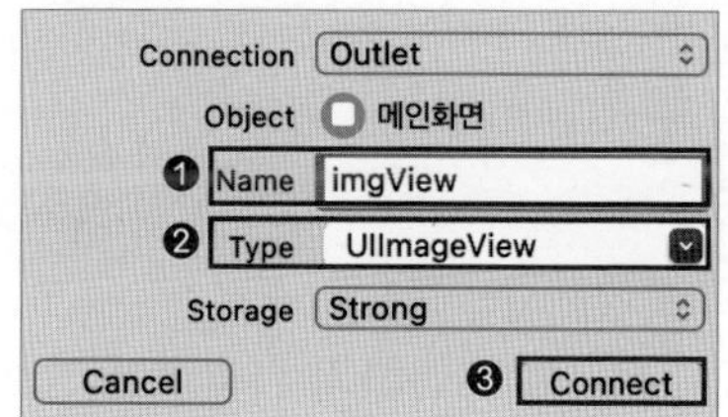

3. 다음과 같이 이미지 뷰 아웃렛 변수가 생성되었습니다.

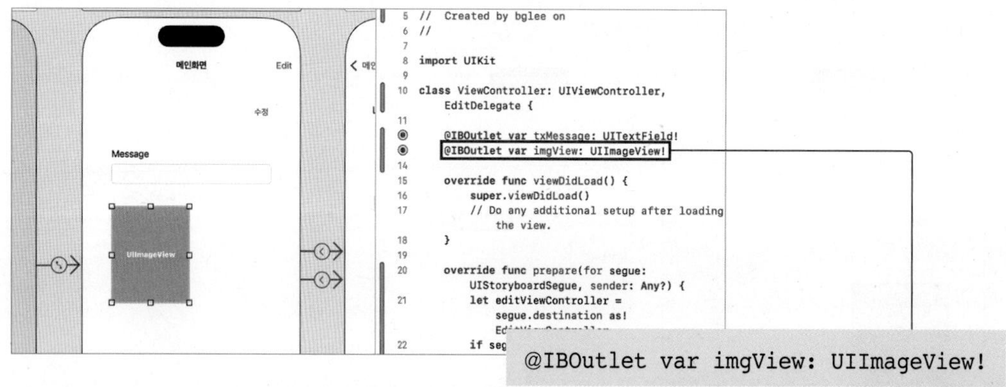

4. '수정화면'의 빈 공간을 클릭한 후 같은 방법으로 [스위치]를 오른쪽 보조 편집기 영역으로 드래그합니다. 드래그하기 전에 오른쪽 보조 편집기 영역이 이번에는 '에디트 뷰 컨트롤러(EditViewController) 클래스'인지를 먼저 확인합니다. 다음 표를 참고하여 아웃렛 변수를 추가합니다.

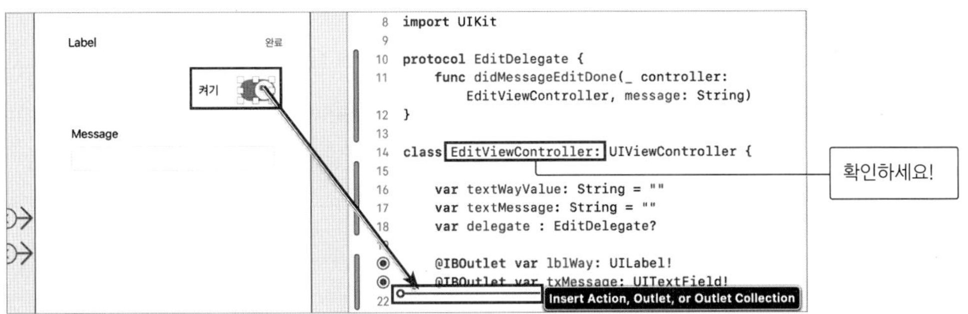

Label
완료
켜기
Message
import UIKit
protocol EditDelegate {
func didMessageEditDone(_ controller:
EditViewController, message: String)
}
class EditViewController: UIViewController {
var textWayValue: String = ""
var textMessage: String = ""
var delegate : EditDelegate?
@IBOutlet var lblWay: UILabel!
Insert Action, Outlet, or Outlet Collection
확인하세요!

위치	앞에서 만든 레이블의 아웃렛 변수 바로 아래
연결(Connection)	Outlet
이름(Name)	swIsOn
타입(Type)	UISwitch

Connection Outlet
Object 수정화면
❶ Name swIsOn
❷ Type UISwitch
Storage Strong
Cancel
❸ Connect

5. 마찬가지로 다음과 같이 스위치의 아웃렛 변수가 생성되었습니다.

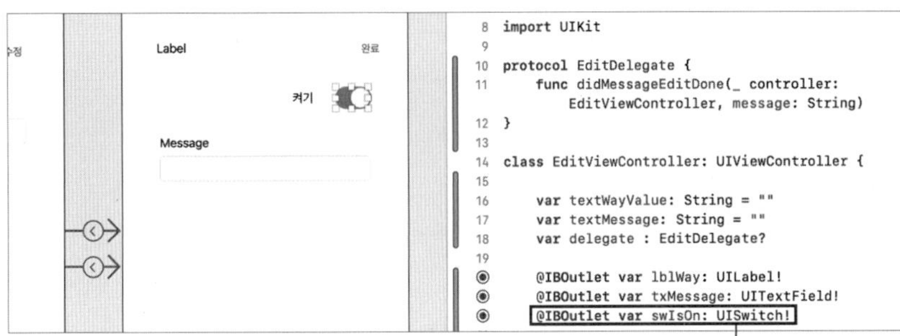

Label
완료
켜기
Message
import UIKit
protocol EditDelegate {
func didMessageEditDone(_ controller:
EditViewController, message: String)
}
class EditViewController: UIViewController {
var textWayValue: String = ""
var textMessage: String = ""
var delegate : EditDelegate?
@IBOutlet var lblWay: UILabel!
@IBOutlet var txMessage: UITextField!
@IBOutlet var swIsOn: UISwitch!

```
@IBOutlet var swIsOn: UISwitch!
```

6. 이미지 추가하기

전구 이미지인 'lamp_on.png' 파일과 'lamp_off.png' 파일을 왼쪽의 내비게이터 영역에 추가합니다. 두 파일을 끌어다 놓은 후 [Finish] 버튼을 클릭하면 파일이 추가됩니다.

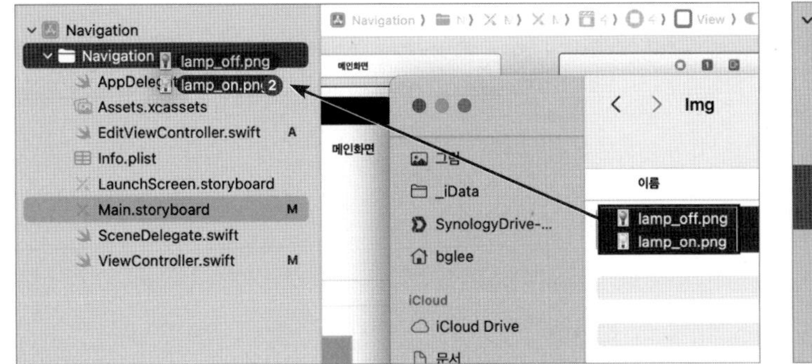

Navigation
lamp_off.png
lamp_on.png
AppDelegate.swift
Assets.xcassets
EditViewController.swift
Info.plist
LaunchScreen.storyboard
Main.storyboard
SceneDelegate.swift
ViewController.swift
Img
_iData
SynologyDrive-...
bglee
iCloud
iCloud Drive

Navigation
AppDelegate.swift
Assets.xcassets
EditViewController.swift
Info.plist
lamp_off.png
lamp_on.png
LaunchScreen.storyboard
Main.storyboard
SceneDelegate.swift
ViewController.swift

7. 전구 초기 화면을 세팅하기 위한 변수 초기화하기

코딩을 위해 화면 모드를 수정하겠습니다. 오른쪽 윗부분에서 [Show the Standard editor] 버튼을 클릭합니다. 그리고 왼쪽의 내비게이터 영역에서 [ViewController.swift]를 선택한 후 다음 소스를 입력합니다.

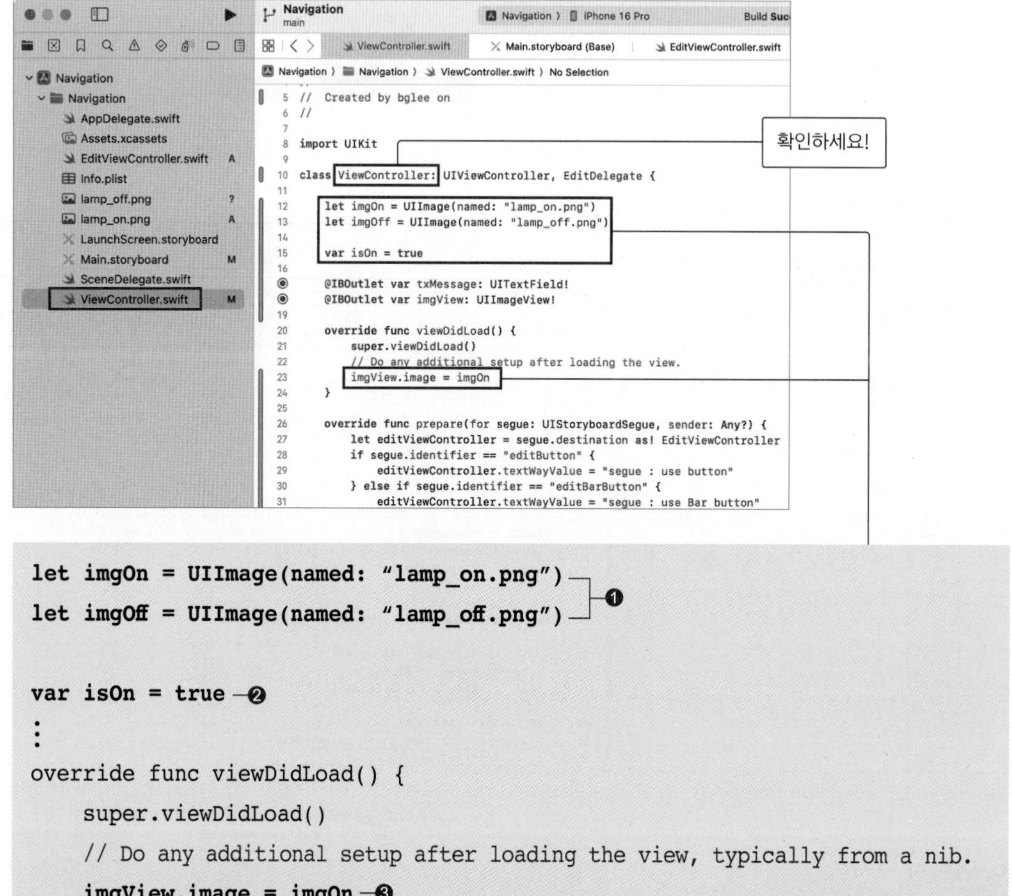


```
let imgOn = UIImage(named: "lamp_on.png")   ❶
let imgOff = UIImage(named: "lamp_off.png")

var isOn = true   ❷
⋮
override func viewDidLoad() {
    super.viewDidLoad()
    // Do any additional setup after loading the view, typically from a nib.
    imgView.image = imgOn   ❸
}
```

❶ UIImage 타입의 변수 imgOn과 imgOff를 선언하고, 각 변수에 이미지 파일명을 입력합니다. 이미지 파일명은 앞에서 내비게이터 영역에 추가한 이미지의 파일명을 입력하면 됩니다.

❷ 전구가 켜져 있는지를 나타내는 변수입니다. True 값을 주어 켜져 있음을 나타냅니다. 이를 ❸에 반영해 켜져 있는 전구의 모습을 구현합니다.

❸ 스토리보드에 추가한 오브젝트인 이미지 뷰에 방금 선언한 imgOn을 대입합니다. 이렇게 하면 앱을 실행했을 때 보이는 첫 화면에서 켜져 있는 전구의 모습을 볼 수 있습니다.

8. 다시 왼쪽의 내비게이터 영역에서 [EditViewController.swift]를 선택한 후 다음 그림을 참고하여 다음 소스를 적절한 위치에 입력합니다. 각 소스가 의미하는 바는 아래와 같습니다.

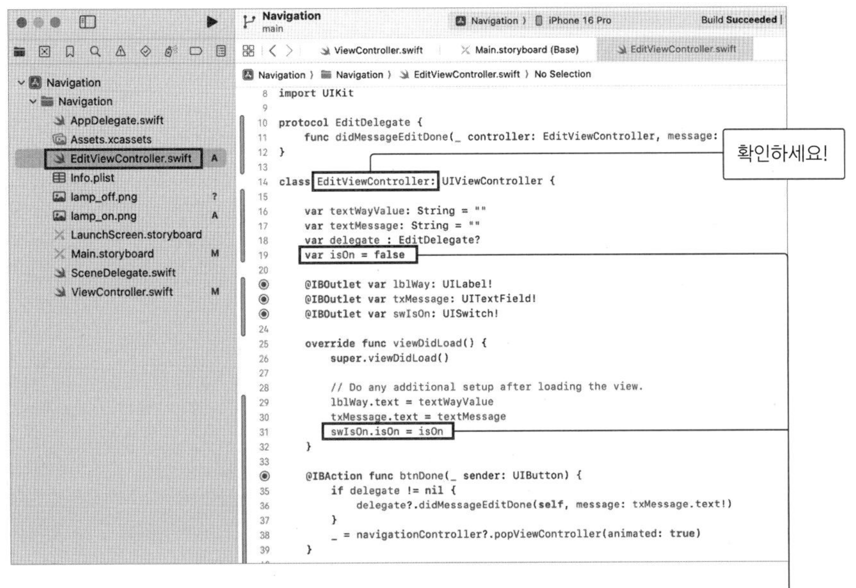


```
var textWayValue: String = ""
var textMessage: String = ""
var delegate : EditDelegate?
var isOn = false ─❶
⋮
override func viewDidLoad() {
    super.viewDidLoad()

    // Do any additional setup after loading the view.
    lblWay.text = textWayValue
    txMessage.text = textMessage
    swIsOn.isOn = isOn ─❷
}
```

❶ '수정화면'에서 직접 스위치를 제어할 수 없기 때문에 변수 isOn을 만듭니다.

❷ viewDidLoad 함수에서 변수 isOn 값을 스위치의 On에 대입하여 스위치 값에 출력되게 합니다. 현재 isOn이 false 값을 가지므로 스위치는 꺼져 있는 모습을 보여 줍니다.

9. 결과 보기

[실행] 버튼을 클릭한 후 '메인화면'에서 [수정] 버튼을 클릭하면 '수정화면'으로 이동합니다. 이제 '수정화면'을 보면 스위치가 꺼져 있는 것을 확인할 수 있습니다.

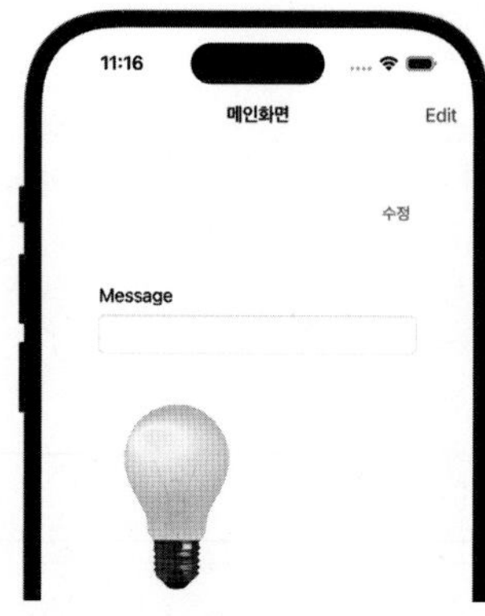

'메인화면'의 전구 상태를 '수정화면'에 반영하기

1. 코드 작성하기

'메인화면' 전구의 온/오프(On/Off) 상태를 '수정화면'에서 그대로 인식해 표시되도록 수정하겠습니다. 왼쪽 내비게이터 영역에서 [ViewController.swift]를 선택합니다. 그림을 참고하여 다음 소스를 추가합니다.

```
Navigation
  AppDelegate.swift
  Assets.xcassets
  EditViewController.swift      A
  Info.plist
  lamp_off.png                  ?
  lamp_on.png                   A
  LaunchScreen.storyboard
  Main.storyboard               M
  SceneDelegate.swift
  ViewController.swift          M
```

```
    override func prepare(for segue: UIStoryboardSegue, sender: Any?) {
        let editViewController = segue.destination as! EditViewController
        if segue.identifier == "editButton" {
            editViewController.textWayValue = "segue : use button"
        } else if segue.identifier == "editBarButton" {
            editViewController.textWayValue = "segue : use Bar button"
        }
        editViewController.textMessage = txMessage.text!
        editViewController.isOn = isOn
        editViewController.delegate = self
    }

    func didMessageEditDone(_ controller: EditViewController, message: String) {
        txMessage.text = message
    }
```

```
override func prepare(for segue: UIStoryboardSegue, sender: Any?) {
        ⋮
    editViewController.textMessage = txMessage.text!
    editViewController.isOn = isOn —❶
    editViewController.delegate = self
}
```

❶ prepare 함수에서 editViewController, 즉 '수정화면'의 isOn에 '메인화면'의 상태를 전달합니다.

2. 결과 보기

[실행] 버튼을 클릭한 후 '메인화면'에서 [수정] 버튼을 클릭하면 '수정화면'으로 이동합니다. 이제 '수정화면'을 보면 스위치가 켜져 있는 것을 확인할 수 있습니다. '메인화면'의 전구와 '수정화면'의 스위치 상태가 동일해진 것입니다.

'메인화면'의 전구 상태를 '수정화면'에서 제어하기

1. 전구를 제어하기 위한 함수 추가하기

스위치에 대한 액션 함수를 추가하겠습니다. [스위치]를 마우스 오른쪽 버튼으로 클릭한 후 드래그해서 오른쪽의 보조 편집기 영역에 갖다 놓습니다. 드래그하기 전에 오른쪽 보조 편집기 영역이 '에디트 뷰 컨트롤(EditViewController) 클래스'인지를 먼저 확인해야 합니다.

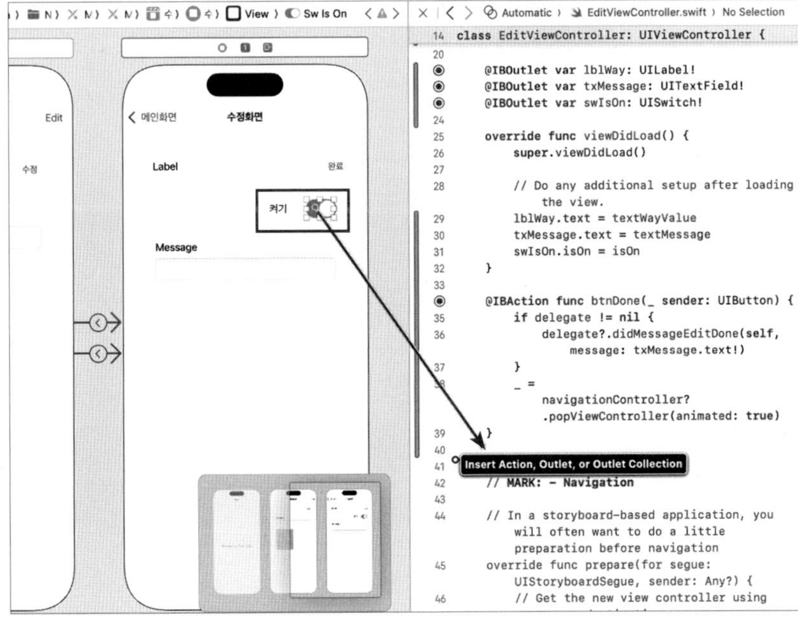

View
Sw Is On
Automatic
EditViewController.swift
No Selection
Edit
수정
메인화면
수정화면
Label
완료
켜기
Message
class EditViewController: UIViewController {
@IBOutlet var lblWay: UILabel!
@IBOutlet var txMessage: UITextField!
@IBOutlet var swIsOn: UISwitch!
override func viewDidLoad() {
super.viewDidLoad()
// Do any additional setup after loading the view.
lblWay.text = textWayValue
txMessage.text = textMessage
swIsOn.isOn = isOn
}
@IBAction func btnDone(_ sender: UIButton) {
if delegate != nil {
delegate?.didMessageEditDone(self, message: txMessage.text!)
}
_ = navigationController?.popViewController(animated: true)
}
Insert Action, Outlet, or Outlet Collection
// MARK: - Navigation
// In a storyboard-based application, you will often want to do a little preparation before navigation
override func prepare(for segue: UIStoryboardSegue, sender: Any?) {
// Get the new view controller using

위치	btnDone 함수 바로 아래
연결(Connection)	Action
이름(Name)	swImageOnOff
타입(Type)	UISwitch

2. 다음과 같이 swImageOnOff 함수가 생성되었습니다.

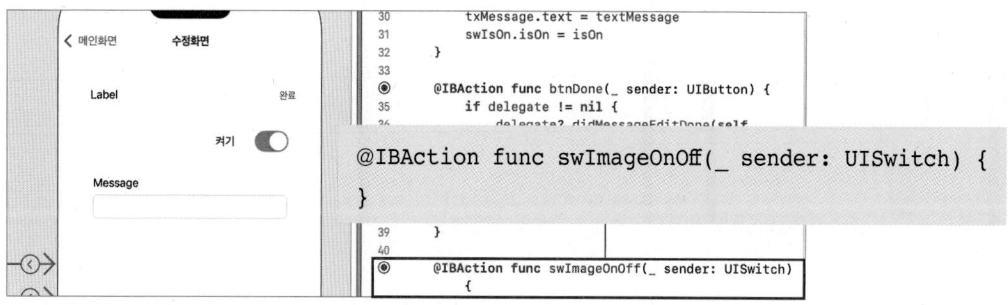

3. 전구를 제어하기 위한 코딩 작업하기

코딩을 위해 화면 모드를 수정하겠습니다. 오른쪽 윗부분에서 [Show the Standard editor] 버튼을 클릭합니다. 그리고 왼쪽의 내비게이터 영역에서 [EditViewController.swift]를 선택한 후 방금 추가한 swImageOnOff 함수를 다음과 같이 수정합니다. 스위치 상태를 확인하여 isOn 변수에 true 또는 false를 설정합니다. 켜져 있으면 true입니다.

```
@IBAction func swImageOnOff(_ sender: UISwitch) {
    if sender.isOn {
        isOn = true
    } else {
        isOn = false
    }
}
```

4. '수정화면'의 스위치 상태를 '메인화면'으로 보내기 위해 델리게이트에 didImageOnOffDone 함수를 추가합니다.

```
func didImageOnOffDone(_ controller: EditViewController, isOn: Bool)
```

5. 왼쪽의 내비게이터 영역에서 [ViewController.swift]를 선택합니다. 이번에도 프로토콜에서 정의한 함수를 만들지 않았기 때문에 에러가 발생합니다. 에러 알림을 클릭한 후 [Fix]를 클릭하여 추가한 후 클래스의 아래쪽으로 이동합니다. 만약 에러가 발생하지 않더라도 실행하면 에러가 발생합니다.

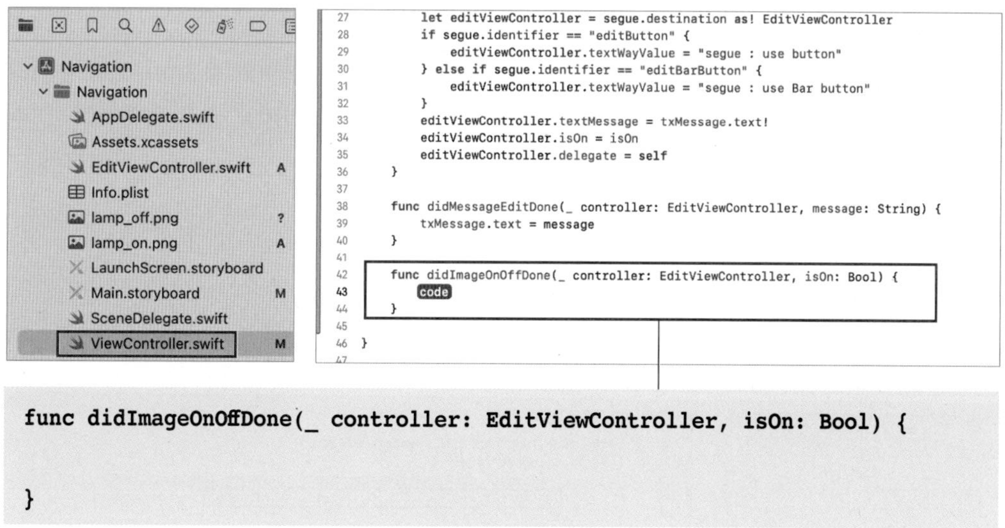

Navigation
Navigation
AppDelegate.swift
Assets.xcassets
EditViewController.swift
Info.plist
lamp_off.png
lamp_on.png
LaunchScreen.storyboard
Main.storyboard
SceneDelegate.swift
ViewController.swift
let editViewController = segue.destination as! EditViewController
if segue.identifier == "editButton" {
editViewController.textWayValue = "segue : use button"
} else if segue.identifier == "editBarButton" {
editViewController.textWayValue = "segue : use Bar button"
}
editViewController.textMessage = txMessage.text!
editViewController.isOn = isOn
editViewController.delegate = self
}
func didMessageEditDone(_ controller: EditViewController, message: String) {
txMessage.text = message
}
func didImageOnOffDone(_ controller: EditViewController, isOn: Bool) {
code
}
}


```
func didImageOnOffDone(_ controller: EditViewController, isOn: Bool) {

}
```

6. 이 isOn을 '메인화면'의 isOn으로 보여 주면 이 값이 이미지 뷰의 이미지에 적용되어 켜진 전구와 꺼진 전구로 표시됩니다. 즉, '수정화면'의 스위치 값을 '메인화면'에 전달하여 켜진 전구 또는 꺼진 전구를 보여 줍니다.

스위치 값에 따라 전구를 켜고 끄기 위하여 if문과 else문을 사용합니다. 다음 소스를 앞에서 추가한 didImageOnOffDone 함수 안에 입력합니다.

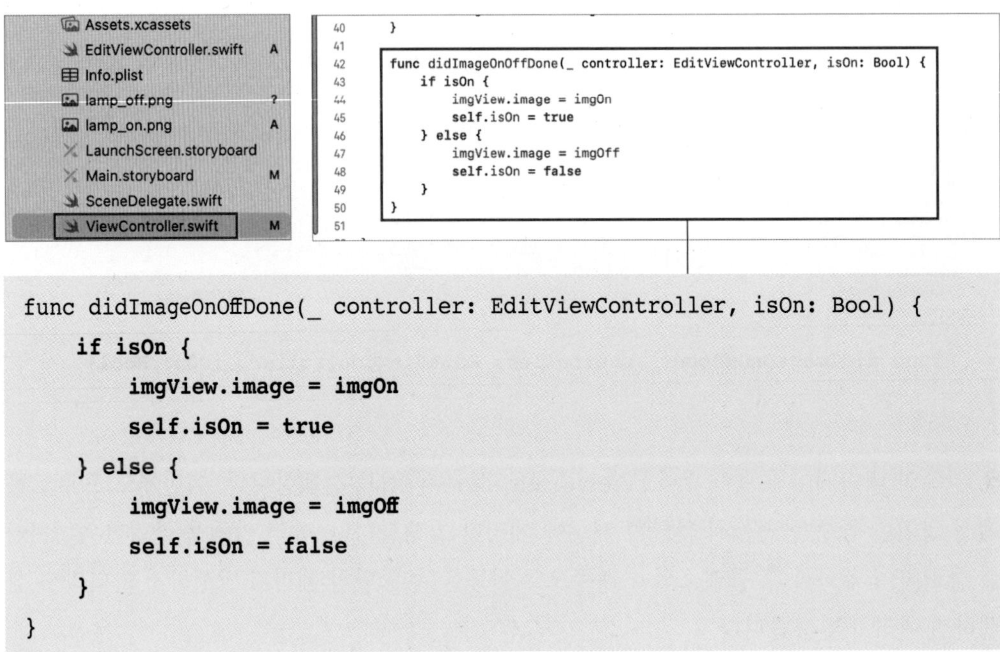

```
func didImageOnOffDone(_ controller: EditViewController, isOn: Bool) {
    if isOn {
        imgView.image = imgOn
        self.isOn = true
    } else {
        imgView.image = imgOff
        self.isOn = false
    }
}
```

7. 왼쪽의 내비게이터 영역에서 [EditViewController.swift]를 선택한 후 btnDone 함수를 수정하겠습니다. '수정화면'의 btnDone 함수에서 didImageOnOffDone을 호출하면서 '수정화면'의 스위치 상태를 isOn으로 전달합니다. 즉, '수정화면'의 스위치 상태를 '메인화면'으로 전달합니다.

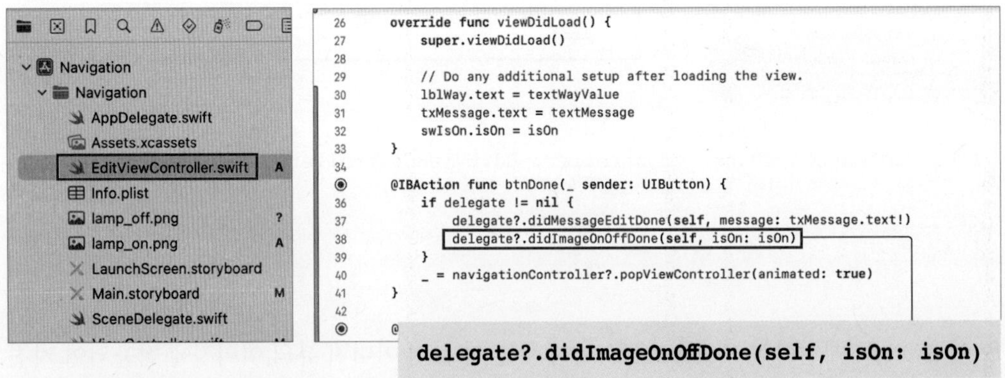

```
delegate?.didImageOnOffDone(self, isOn: isOn)
```

8. 전체 결과 화면

이제 [실행] 버튼을 클릭한 후 '메인화면'에서 [수정] 버튼을 클릭하면 '수정화면'으로 이동함과 동시에 'segue : use button'이 표시되고, '메인화면'에서 [Edit] 버튼을 클릭하면 '수정화면'으로 이동함과 동시에 'segue : use Bar button'이 표시됩니다. 메시지에 '꺼주세요'를 입력한 후 [Edit] 버튼이나 [수정] 버튼을 클릭하여 '수정화면'으로 이동하면 입력한 메시지가 그대로 나타납니다. 여기서 스위치를 끄고 메시지에 '껐습니다.'를 입력한 후 [완료] 버튼을 클릭하면 '메인화면'으로 메시지가 전달되고 전구도 꺼집니다.

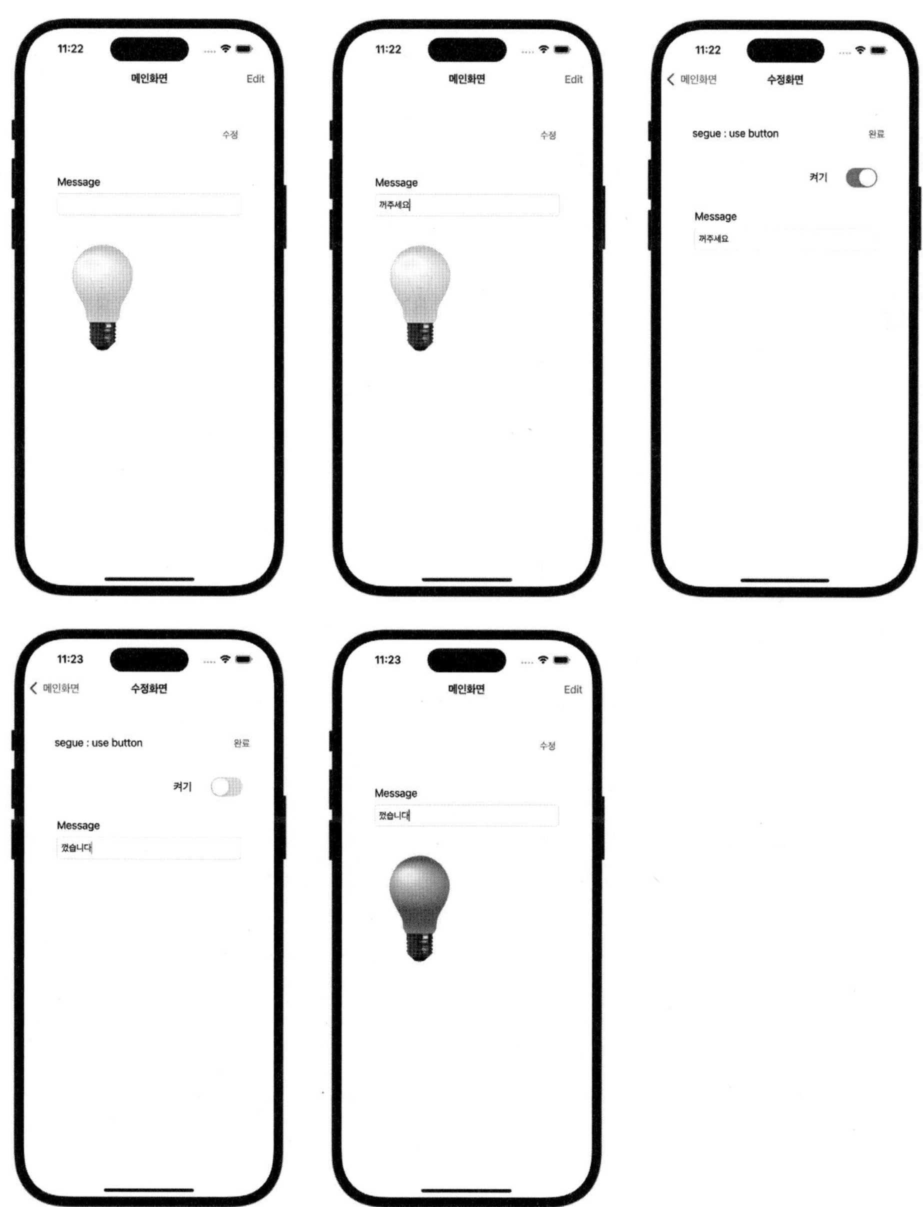

11-8 내비게이션 컨트롤러 앱, 전체 소스 보기

완성된 앱의 전체 소스를 확인해 보세요.

ViewController.swift

```
import UIKit

class ViewController: UIViewController, EditDelegate {

    let imgOn = UIImage(named: "lamp_on.png")
    let imgOff = UIImage(named: "lamp_off.png")

    var isOn = true

    @IBOutlet var txMessage: UITextField!
    @IBOutlet var imgView: UIImageView!

    override func viewDidLoad() {
        super.viewDidLoad()
        // Do any additional setup after loading the view.
        imgView.image = imgOn
    }

    // 세그웨이 이용해 화면 전환
    override func prepare(for segue: UIStoryboardSegue, sender: Any?) {
        let editViewController = segue.destination as!
            EditViewController
        if segue.identifier == "editButton" { // 버튼을 클릭한 경우
            editViewController.textWayValue = "segue : use button"
        } else if segue.identifier == "editBarButton" { // 바 버튼을 클릭한 경우
            editViewController.textWayValue = "segue : use Bar button"
        }

        // 수정화면으로 텍스트 메시지와 전구 상태 전달
        editViewController.textMessage = txMessage.text!
        editViewController.isOn = isOn
```

```
        editViewController.delegate = self
    }

    // 메시지 값을 텍스트 필드에 표시
    func didMessageEditDone(_ controller: EditViewController, message: String) {
        txMessage.text = message
    }

    // 전구 이미지 값 세팅
    func didImageOnOffDone(_ controller: EditViewController, isOn: Bool) {
        if isOn {
            imgView.image = imgOn
            self.isOn = true
        } else {
            imgView.image = imgOff
            self.isOn = false
        }
    }
}
```

EditViewController.swift

```
import UIKit

protocol EditDelegate {
    func didMessageEditDone(_ controller: EditViewController, message: String)
    func didImageOnOffDone(_ controller: EditViewController, isOn: Bool)
}

class EditViewController: UIViewController {

    var textWayValue: String = ""
    var textMessage: String = ""
    var isOn = false

    @IBOutlet var txMessage: UITextField!
    @IBOutlet var lblWay: UILabel!
    @IBOutlet var swIsOn: UISwitch!

    override func viewDidLoad() {
        super.viewDidLoad()
        // Do any additional setup after loading the view.
```

```
        lblWay.text = textWayValue
        txMessage.text = textMessage
        swIsOn.isOn = isOn
    }

    // 전구 켜고 끄기
    @IBAction func swImageOnOff(_ sender: UISwitch) {
        if sender.isOn {
            isOn = true
        } else {
            isOn = false
        }
    }

    @IBAction func btnDone(_ sender: UIButton) {
    // 메인화면으로 텍스트와 전구 이미지 상태 보내기
        if delegate != nil {
            delegate?.didMessageEditDone(self, message: txMessage.text!)
            delegate?.didImageOnOffDone(self, isOn: isOn)
        }

        // 메인화면으로 이동하기
        _ = navigationController?.popViewController(animated: true)
    }

    /*
    // MARK: - Navigation

    // In a storyboard-based application, you will often want to do a little
       preparation before navigation
    override func prepareForSegue(segue: UIStoryboardSegue, sender: AnyObject?) {
    // Get the new view controller using segue.destinationViewController.
    // Pass the selected object to the new view controller.
    }
    */

}
```

확대/축소 기능 추가하기

목표 전구를 확대하거나 축소할 수 있도록 버튼을 추가해 보세요.

'수정화면'에 버튼을 추가하고 축소된 상태면 버튼 이름이 '축소'로 나타나게 하고, 확대된 상태면 '확대'로 나타나게 해보세요. 또한 이 버튼을 클릭하면 확대/축소가 서로 바뀌면서 표시되게 해보세요.
'메인화면'의 전구가 축소된 상태에서 '수정화면'의 버튼을 [확대]로 바꾸면 '메인화면'의 전구가 확대되도록 합니다. 하지만 '메인화면'의 전구가 이미 확대된 상태라면 버튼 이름이 '확대'이더라도 더 이상 확대되지 않습니다. [축소]도 확대와 동일한 형태로 동작하도록 해보세요.

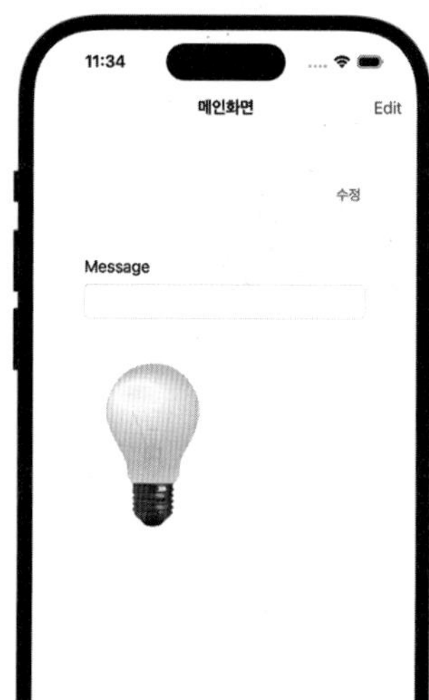

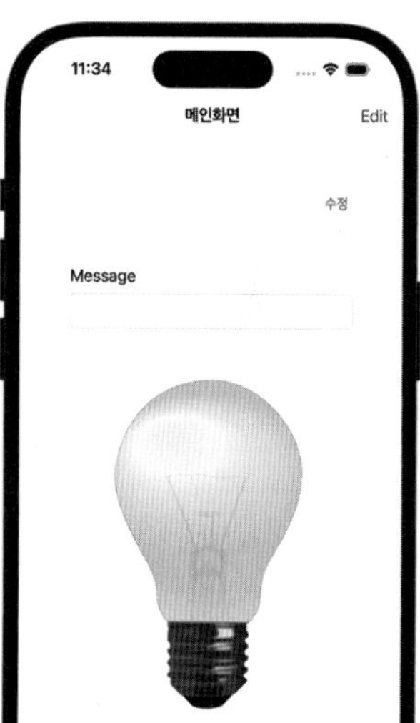

힌트 전구의 확대 상태를 확인할 수 있는 변수가 필요하고, '수정화면' 전구의 확대 상태를 '메인화면'으로 보내기 위해 델리게이트에는 didImageZoomDone 함수가 필요합니다. 03장의 이미지 확대/축소를 참고하세요.

```
var isZoom = false

protocol EditDelegate {
   func didMessageEditDone(_ controller: EditViewController, message: String)
   func didImageOnOffDone(_ controller: EditViewController, isOn: Bool)
   func didImageZoomDone(_ controller: EditViewController, isZoom: Bool)
}
```

:: 완성 소스 [11장] 폴더 / [미션] 폴더 / Navigation.xcodeproj

12 테이블 뷰 컨트롤러 이용해 할 일 목록 만들기

난이도 ★★☆☆☆

알람 앱, 메모장 앱 등 아이폰 앱에서 자주 보고 익숙하게 사용하고 있는 '목록' 기능은 테이블 뷰 컨트롤러(Table View Controller)를 이용해서 구현할 수 있습니다. 이 장에서는 이 테이블 뷰 컨트롤러에 대해 살펴보겠습니다.

목록 기능은 항목을 추가할 수 있는 추가 버튼 기능뿐만 아니라 항목을 삭제하거나 이동할 수 있는 기능, 항목을 선택하면 내용을 볼 수 있는 기능을 구현합니다.

처음에 세 개의 목록이 나타나고 [+] 버튼을 클릭하면 'Add View' 화면으로 이동합니다. 여기에 새로운 내용을 입력하면 목록에 새로운 아이템이 추가됩니다. 또한 아이템을 왼쪽으로 밀면 [삭제] 버튼이 나타나 삭제할 수도 있습니다.

12-1 테이블 뷰 컨트롤러란?

데이터를 목록 형태로 보여 주기 위한 가장 좋은 방법은 테이블 뷰 컨트롤러(Table View Controller)를 이용하는 것입니다. 테이블 뷰 컨트롤러는 사용자에게 목록 형태의 정보를 제공해 줄 뿐만 아니라 목록의 특정 항목을 선택하여 세부 사항을 표시할 때 유용합니다. 이런 테이블 뷰 컨트롤러를 잘 설명해 줄 대표적인 앱으로 알람, 메일, 연락처 등이 있습니다.

연락처 앱을 살펴보면 메인화면에 이름 목록이 나타나고 이 목록 중에서 특정 사람을 클릭하면 그 사람의 세부 정보가 나타납니다. 그리고 메인화면에서 [+] 버튼을 클릭하면 새 연락처를 추가할 수 있습니다. 이처럼 데이터를 목록 형태로 보여 주고 관리하는 앱을 테이블 뷰 컨트롤러를 이용하여 쉽게 만들 수 있습니다.

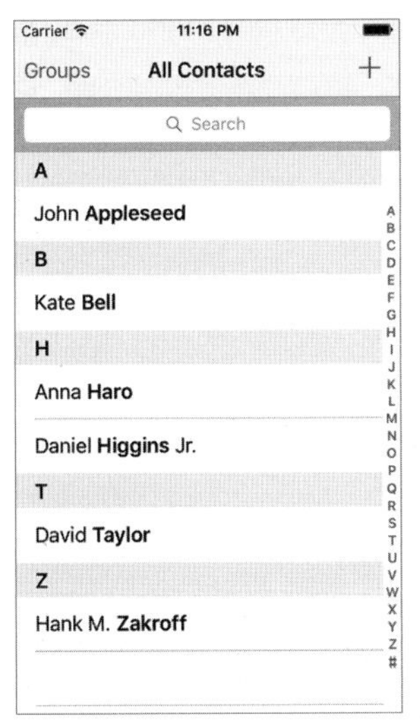

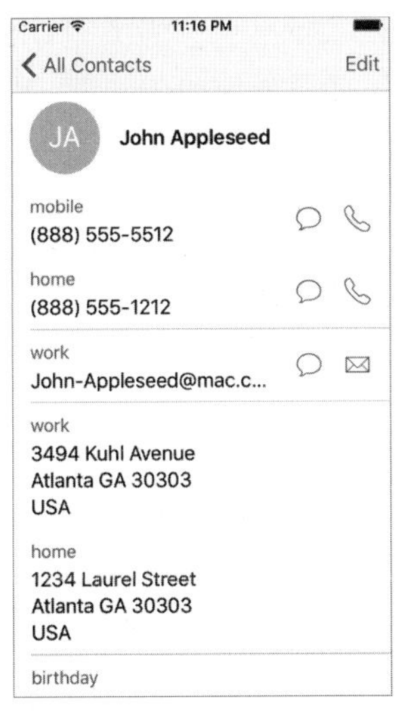

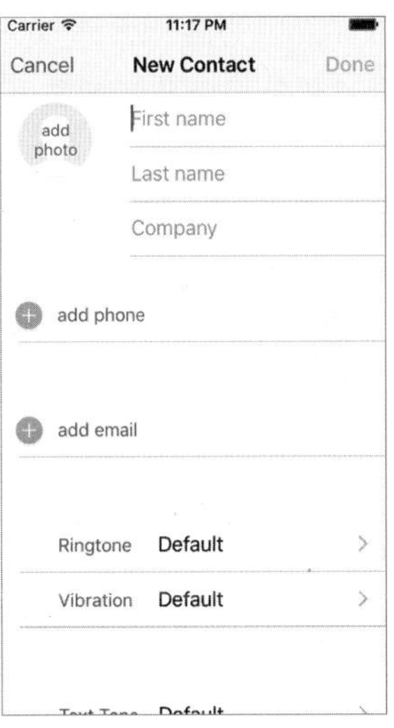

연락처 앱

12-2 할 일 목록 앱을 위한 기본 환경 구성하기

할 일 목록 앱을 만들기 위해서는 테이블 뷰 컨트롤러를 사용해야 합니다. 이를 위해 스토리보드에서 기존에 있는 뷰 컨트롤러를 삭제하고 스위프트 파일도 삭제하겠습니다.

기존의 뷰 컨트롤러 삭제하기

1. Xcode를 실행한 후 'Table'이라는 이름으로 프로젝트를 만듭니다.

▶ 프로젝트를 만드는 방법은 02장을 참고하세요.

2. 기본 뷰 컨트롤러 삭제하기

테이블 뷰 컨트롤러를 사용해야 하므로 기존의 뷰 컨트롤러를 삭제하겠습니다. 아이폰 모양의 스토리보드의 상단을 드래그한 후 delete 를 눌러 삭제합니다.

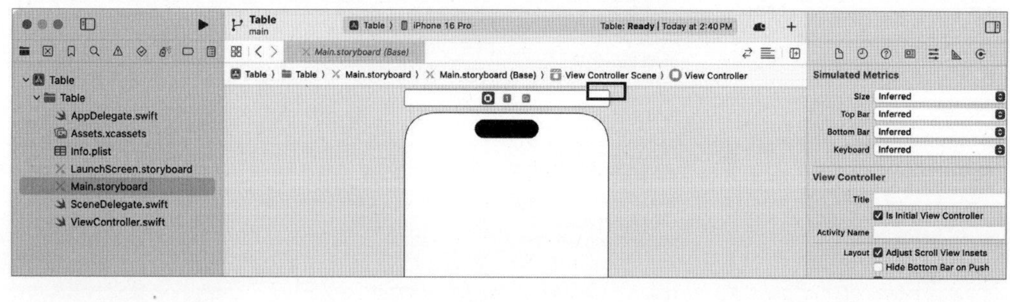

▼

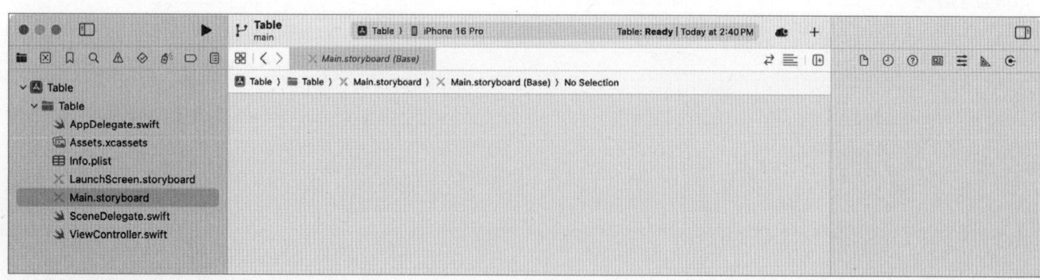

기존의 뷰 컨트롤러가 삭제되었습니다.

3. 스토리보드에서 뷰 컨트롤러를 삭제하더라도 연결되어 있는 스위프트 파일은 삭제되지 않습니다. 따라서 왼쪽의 내비게이터 영역의 [ViewController.swift]를 마우스 오른쪽 버튼으로 클릭한 후 [Delete]를 선택합니다.

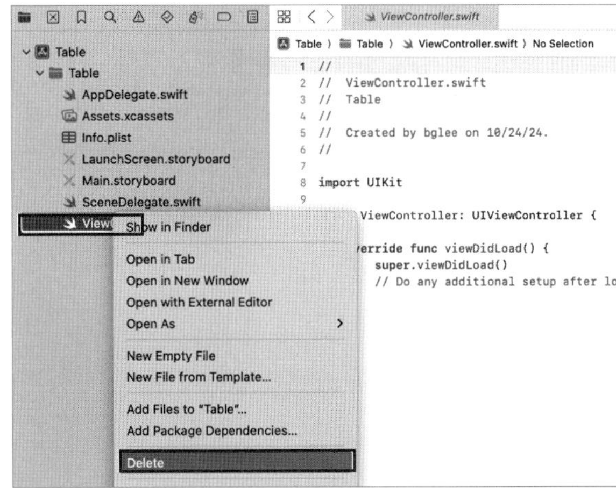

4. 그러면 스위프트 파일을 삭제할 것인지, 파일은 남겨두고 프로젝트에서 없앨 것인지를 묻는 경고 창이 나타납니다. 이 예제에서는 파일이 필요 없기 때문에 [Move to Trash]를 클릭하여 삭제합니다.

5. 임의의 swift 파일을 클릭 후 Main.storyboard를 클릭하면 'ViewController.swift'가 사라지고 텅 빈 스토리보드만 보입니다.

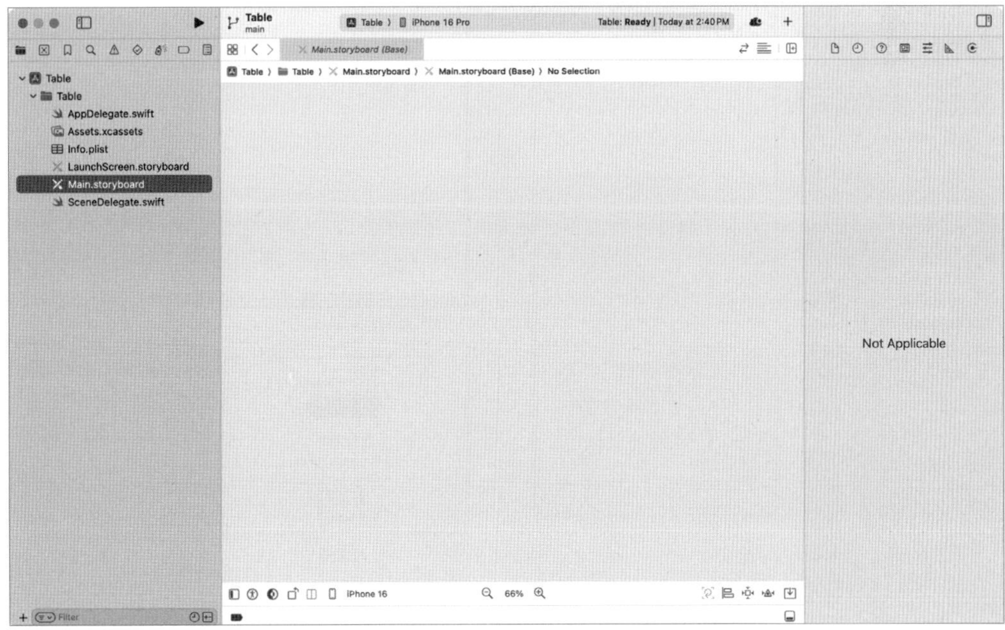

12-3 스토리보드 꾸미기

할 일 목록을 보여 주는 화면과 할 일을 추가하는 화면 그리고 목록 중 한 가지 할 일을 보여 주는 화면, 이렇게 세 개의 화면을 만들어 보겠습니다. 할 일 추가 화면에서는 텍스트 필드를 이용하여 할 일을 추가하고, 할 일을 보여 주는 화면에서는 레이블을 추가하겠습니다.

이제 텅 빈 화면에 할 일 목록을 보여 주는 테이블 뷰 컨트롤러(Table View Controller)와 두 개의 뷰 컨트롤러(View Controller)를 추가하고, 추가 화면으로 이동하기 위한 바 버튼 아이템(Bar Button Item), 추가할 일을 입력하기 위한 텍스트 필드(Text Field), 버튼(Button)을 추가하고 할 일을 보여 줄 레이블(Label)을 추가하여 스토리보드를 꾸며 보겠습니다.

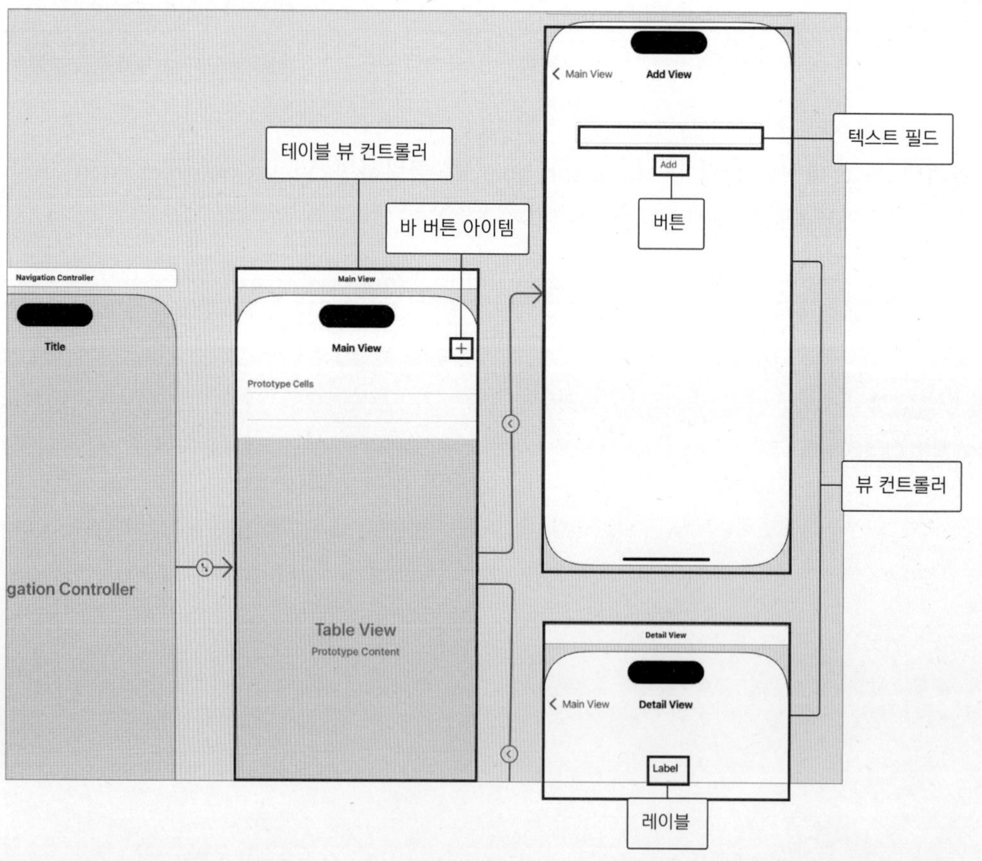

필요한 뷰 컨트롤러 추가하고 스토리보드 꾸미기

1. 테이블 뷰 컨트롤러 추가하기

[Library] 버튼을 클릭한 후 팝업 창에 'tab'을 입력하여 검색한 후 [테이블 뷰 컨트롤러(Table View Controller)]를 찾아 스토리보드에 끌어다 놓습니다.

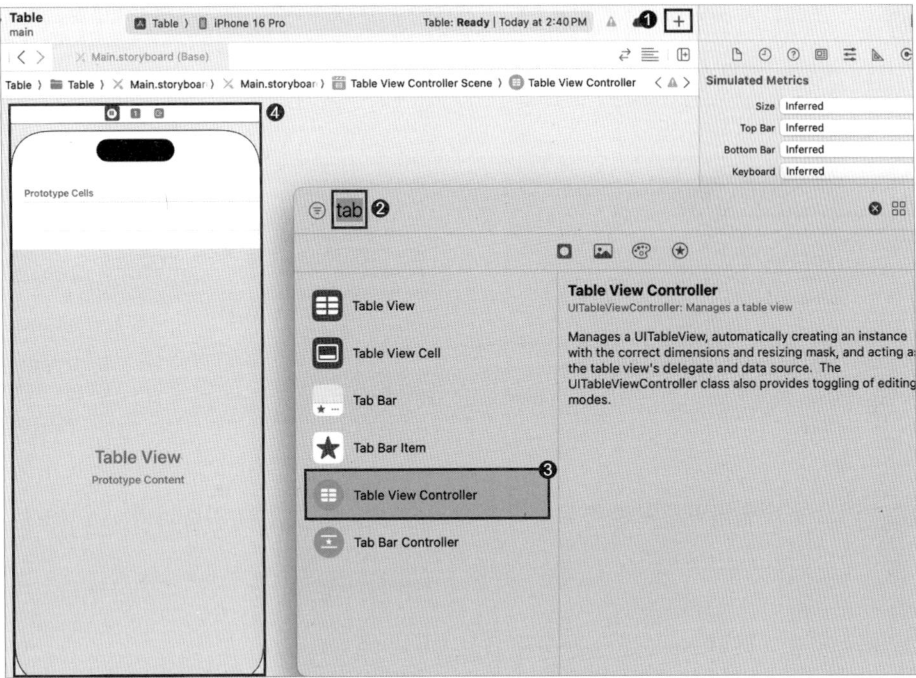

2. 스토리보드 상의 아이폰을 [iPhone 16 Pro]로 수정합니다.

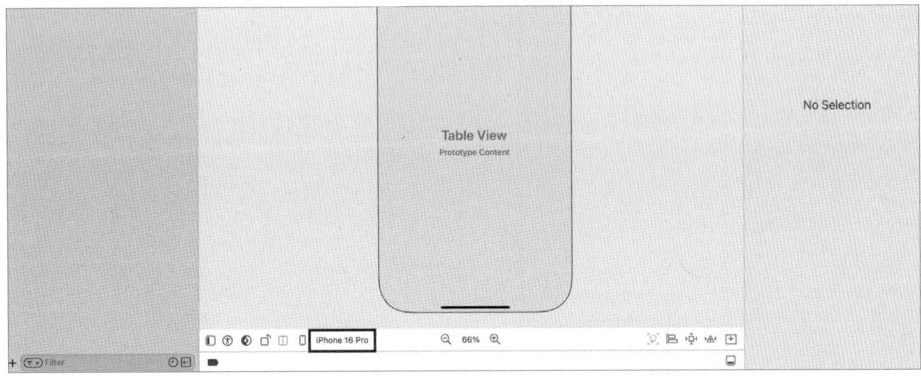

3. 내비게이션 컨트롤러 추가하기

테이블에 들어갈 새로운 리스트를 추가하고 리스트를 편집하려면 두 개의 뷰 컨트롤러가 필요합니다. 이 두 개의 뷰로 화면을 전환하기 위해 내비게이션 컨트롤러를 추가하겠습니다. 다음과 같이 셀을 선택하지 않으면 메뉴가 활성화되지 않습니다. 메뉴에서 [Editor → Embed In → Navigation Controller]를 선택합니다.

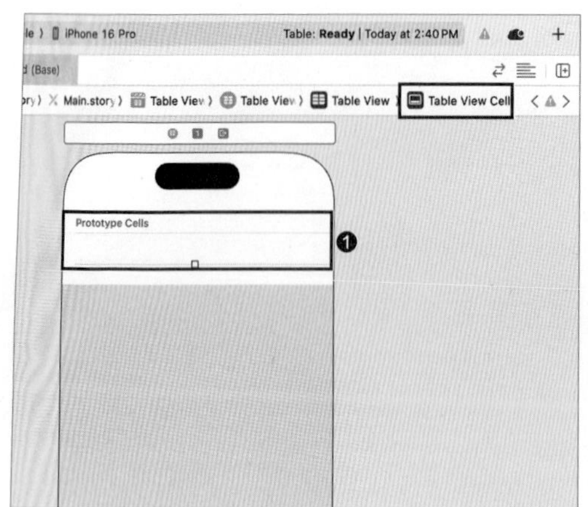

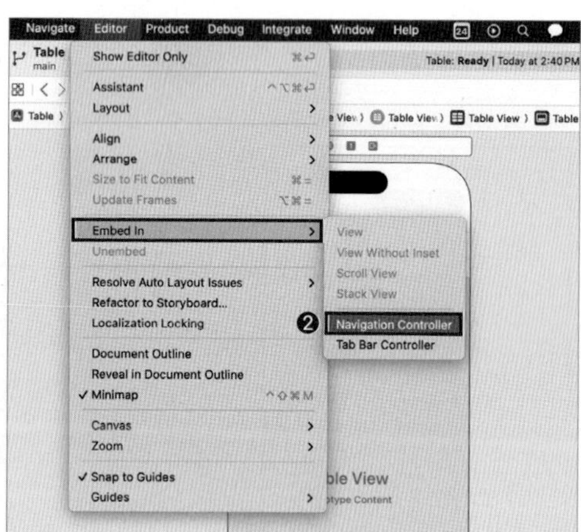

4. 테이블 뷰 컨트롤러에 내비게이션 컨트롤러가 추가된 것을 확인할 수 있습니다.

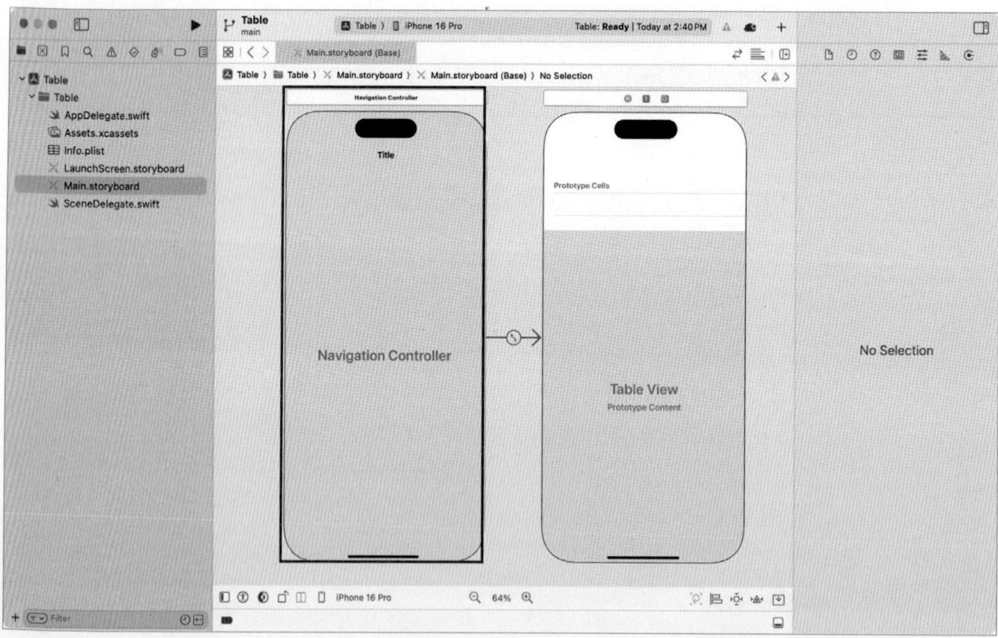

5. 내비게이션 컨트롤러 상단을 드래그하여 선택하고 오른쪽 인스펙터 영역의 [Attributes inspector]에서 [Is Initial View Controller] 항목에 체크합니다. 이것은 앱이 실행될 때 처음으로 가야 할 뷰 컨트롤러를 내비게이션 컨트롤러로 선택한 것입니다.

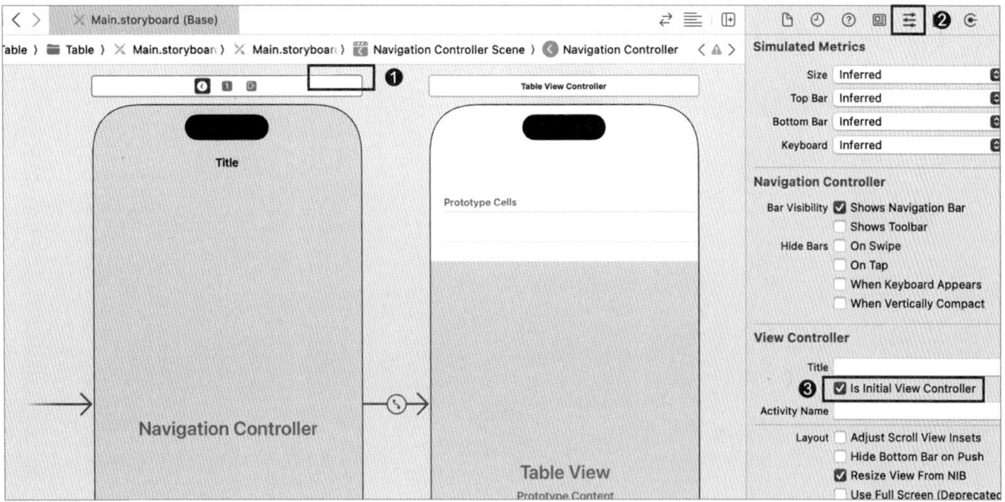

6. 뷰 컨트롤러 추가하기

[Library] 버튼을 클릭한 후 팝업 창에서 [뷰 컨트롤러(View Controller)]를 찾아 테이블 뷰 컨트롤러의 오른쪽에 위, 아래로 두 개를 추가합니다.

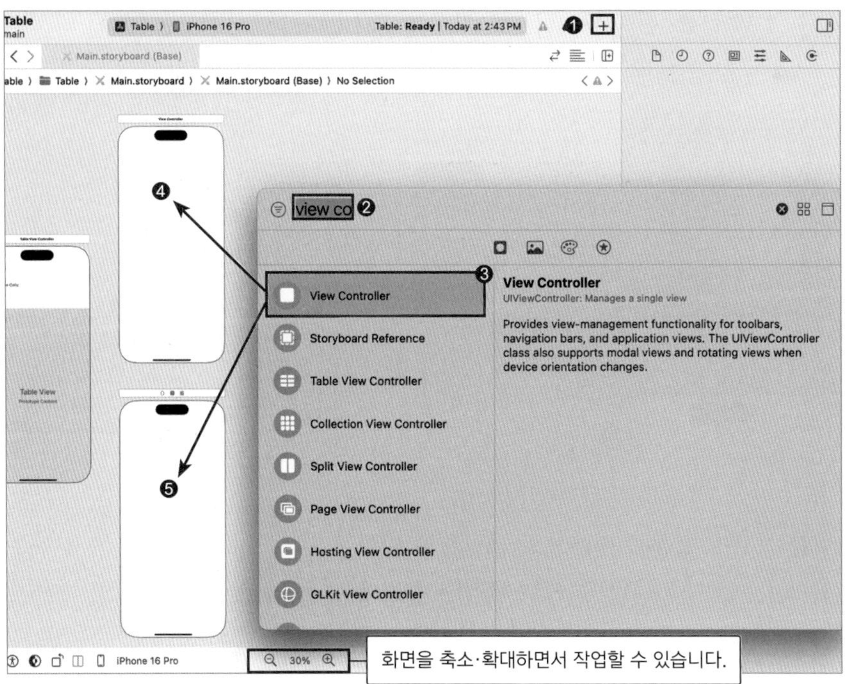

7. 뷰 전환 추가하기

다시 [Library] 버튼을 클릭한 후 팝업 창에서 [바 버튼 아이템(Bar Button Item)]을 찾아 테이블 뷰 컨트롤러의 오른쪽 윗부분에 끌어다 놓습니다.

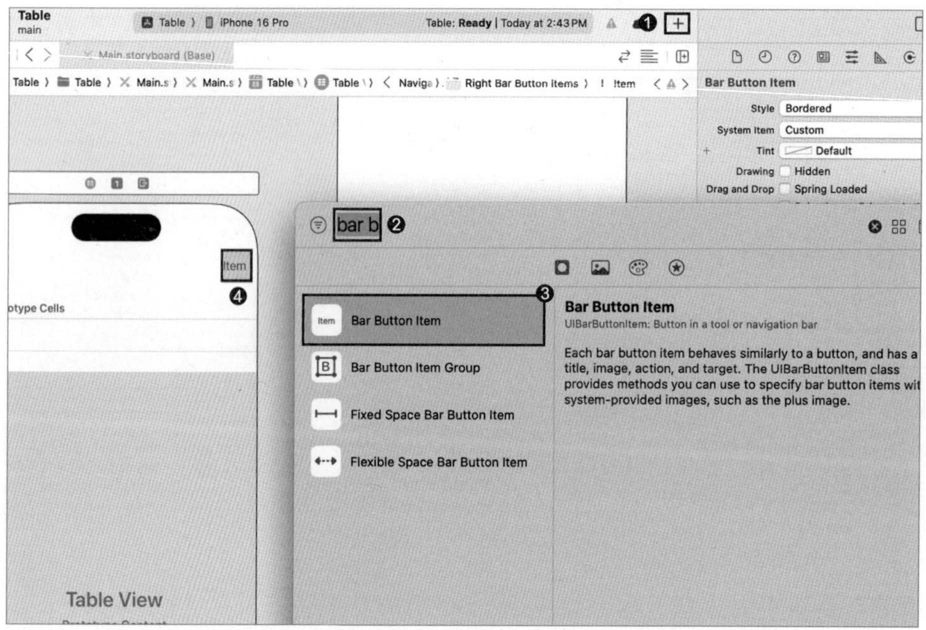

8. 이제 바 버튼 아이템의 아이콘 모양을 수정하겠습니다. 먼저 조금 전에 추가한 바 버튼 아이템을 선택합니다. 그런 다음 오른쪽의 인스펙터 영역에서 [Attributes inspector] 버튼을 클릭한 후 System Item을 [Add]로 수정합니다.

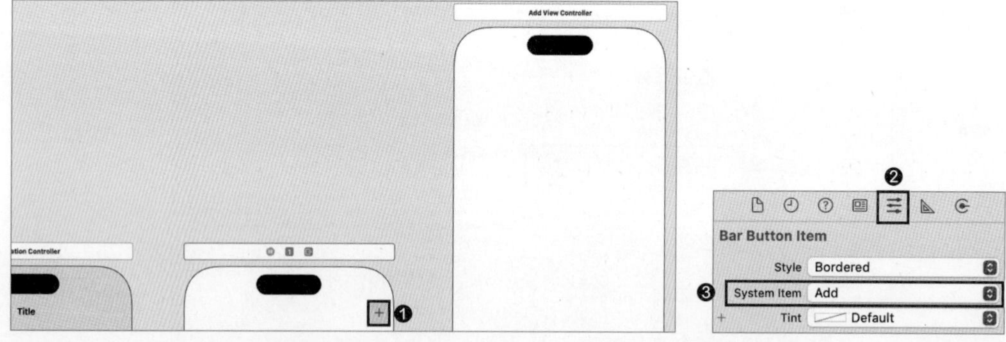

9. 바 버튼 아이템을 마우스 오른쪽 버튼으로 클릭하여 테이블 뷰 컨트롤러의 오른쪽 윗부분에 있는 뷰 컨트롤러로 드래그합니다. 그리고 뷰 컨트롤러가 전체적으로 파랗게 되면 마우스 버튼에서 손을 뗍니다.

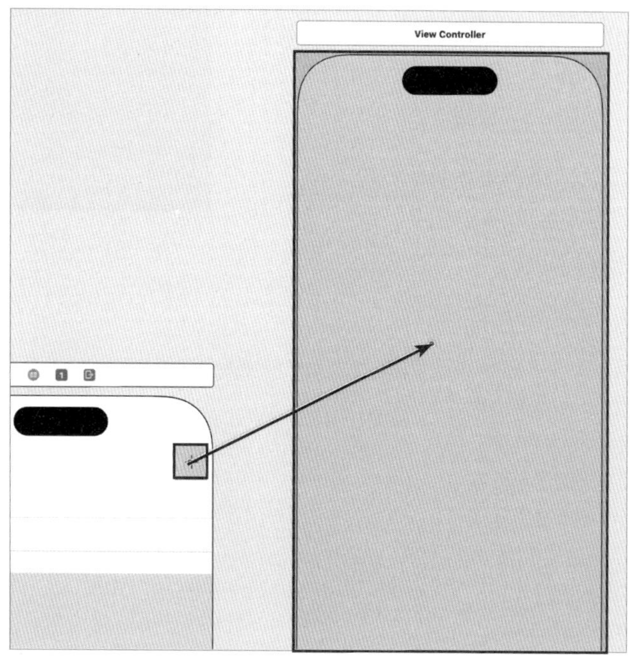

10. 버튼에서 손을 떼면 나타나는 검은색 설정 창의 [액션 세그웨이(Action Segue)]에서 [Show]를 선택합니다.

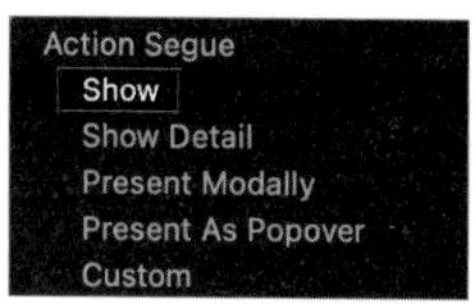

11. 같은 방법으로 테이블 뷰 컨트롤러 위쪽의 [Prototype Cells]를 선택한 후 마우스 오른쪽 버튼으로 클릭한 채 이번엔 아래쪽의 뷰 컨트롤러로 드래그하여 연결합니다. 뷰 컨트롤러가 전체적으로 파랗게 되면 마우스의 버튼에서 손을 뗍니다.

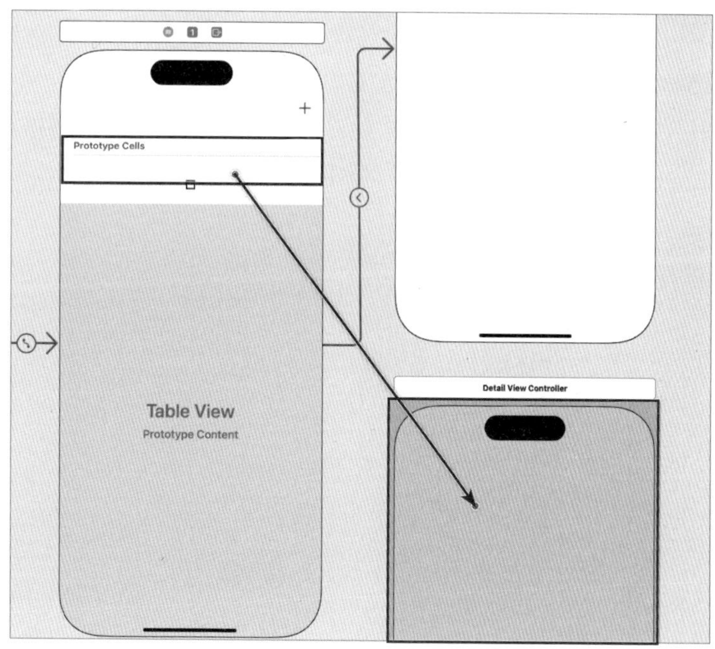

12. 앞에서와 마찬가지로 [액션 세그웨이(Action Segue)]에서 [Show]를 선택합니다.

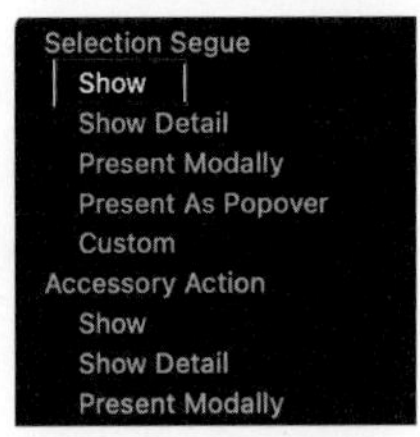

알아 두면 좋아요! 세그웨이 지정 방법

세그웨이는 다음의 다섯 가지 방법으로 지정할 수 있습니다.

① **Show:** Swift 2.X에서의 [push]와 유사합니다. 기본 뷰 컨트롤러에 새로운 뷰 컨트롤러를 불러올 때 새로운 뷰 컨트롤러가 스택(stack)에 푸시(push)하면서 활성화됩니다. 다시 이전 화면으로 돌아갈 때는 새로운 뷰 컨트롤러가 팝(pop)이 되면서 밑에 있던 기존의 뷰 컨트롤러는 활성화되는 형태입니다. 이때 가장 위에 있는 뷰 컨트롤러가 활성화됩니다.

▶ 푸시, 팝은 메모리를 관리하는 기법 중의 하나로, 옛날 택시의 동전함처럼 동전을 넣으면 안으로 들어갔다가 하나씩 빼면 밑에 있던 동전이 올라오는 방식을 떠올리면 쉽습니다.

② **Show Detail:** [Show]와 매우 비슷하지만 푸시(push)가 아니라 교체(replace)된다는 점이 다릅니다. 현재 뷰 컨트롤러 스택(stack)의 최상단 뷰를 교체합니다.

③ **Present Modally:** 새로운 뷰 컨트롤러를 보여 주는 스타일과 화면 전환 스타일을 결정하여 뷰를 모달(modal) 형태로 보여 줍니다.

④ **Present As Popover:** 현재 보이는 뷰 컨트롤러 위에 앵커를 가진 팝업 형태로 콘텐츠 뷰를 표시합니다.

⑤ **Custom:** 개발자가 임의로 지정한 동작을 수행합니다.

13. 이번에는 아래쪽 세그웨이를 선택합니다. 그런 다음 오른쪽의 인스펙터 영역에서 [Attributes inspector] 버튼을 클릭한 후 Identifier에 'sgDetail'을 입력합니다. 뷰가 전환될 때 전달할 데이터가 있다면 여기서 지정한 세그웨이의 이름을 활용합니다. 이 책에서는 12-10절의 prepare 함수에서 이 이름을 사용합니다.

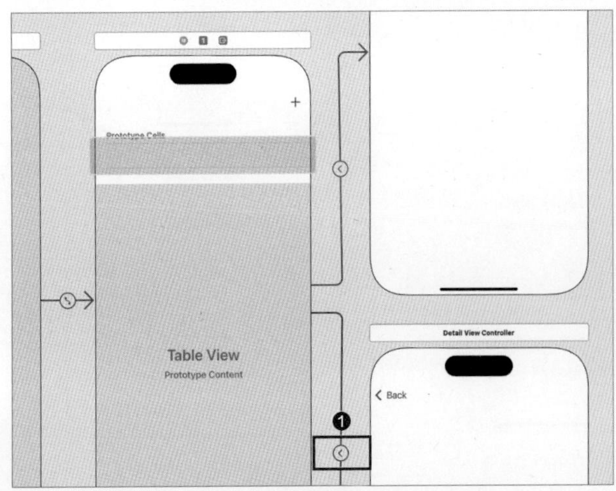

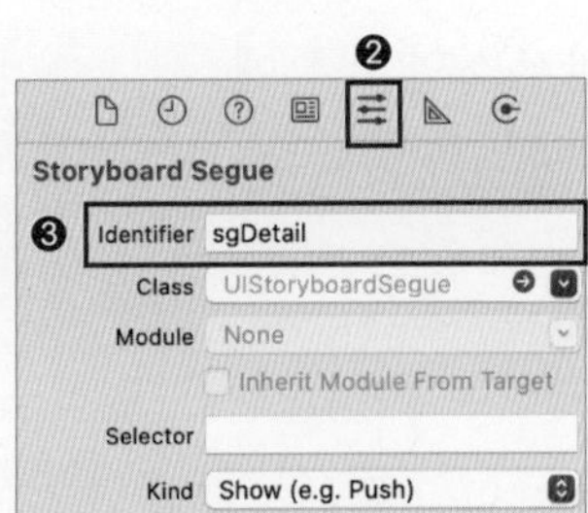

14. 뷰 컨트롤러마다 제목을 추가하겠습니다. 제목이 들어갈 부분을 클릭한 후 오른쪽의 인스펙터 영역에서 [Attributes inspector] 버튼을 클릭합니다.

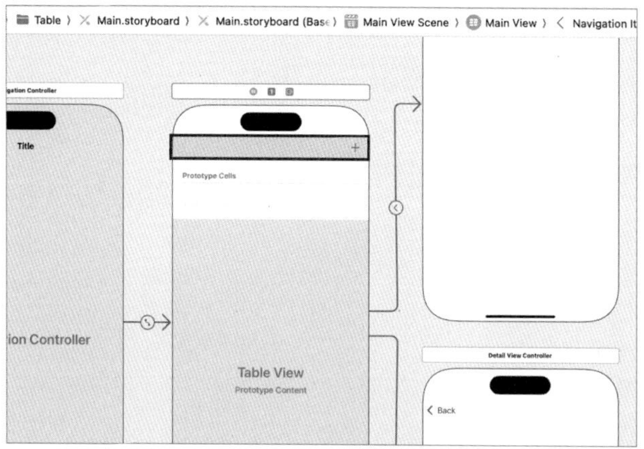

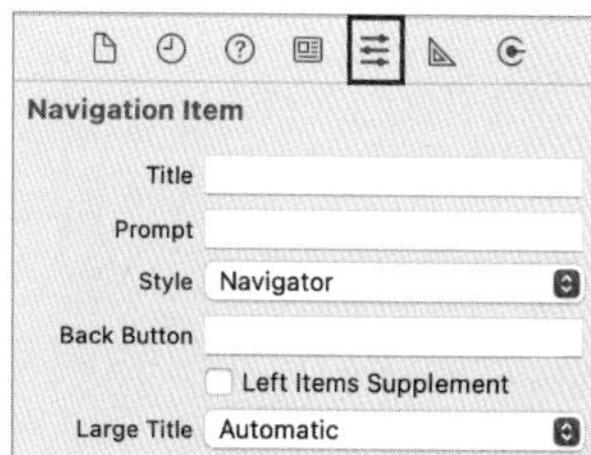

15. 테이블 뷰 컨트롤러에는 전체 리스트들을 보여 줄 것이므로 Title에 'Main View'를 입력한 후 [return]을 누릅니다.

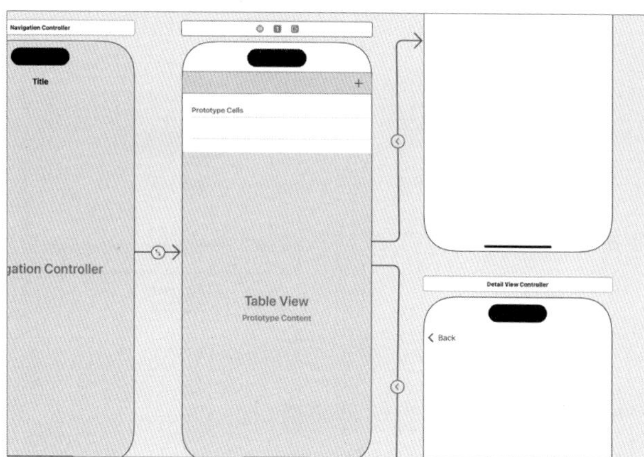

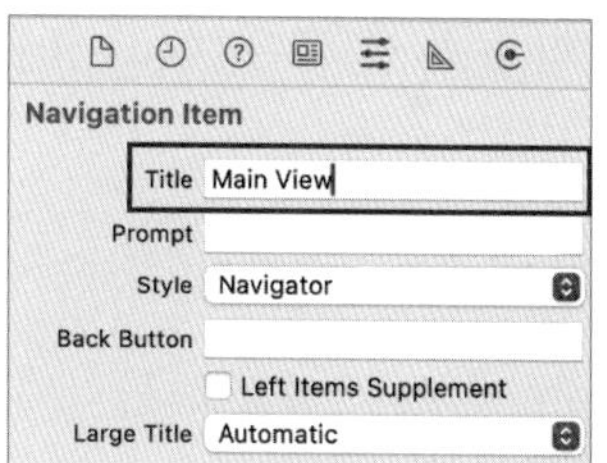

다음과 같이 타이틀이 적용된 것을 확인할 수 있습니다.

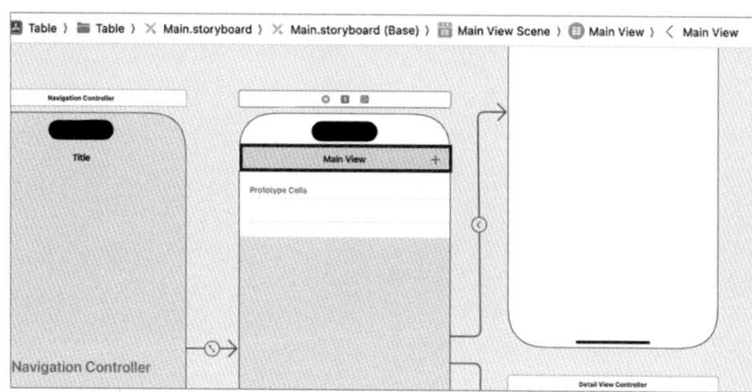

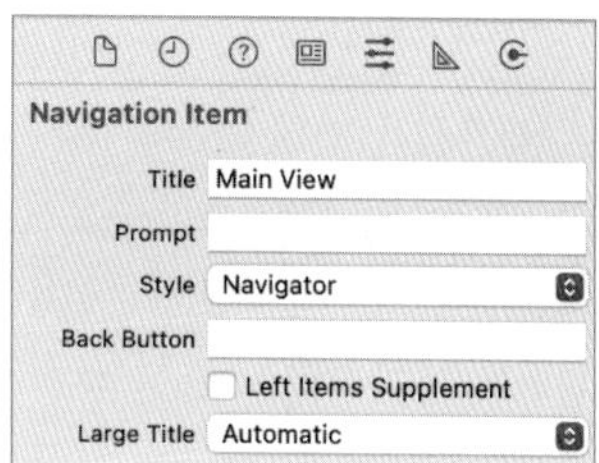

16. 이번에는 위쪽 뷰 컨트롤러의 상단을 클릭하여 선택합니다. 그런 다음 오른쪽의 인스펙터 영역에서 [Attributes inspector] 버튼을 클릭한 후 Title에 'Add View'를 입력합니다.

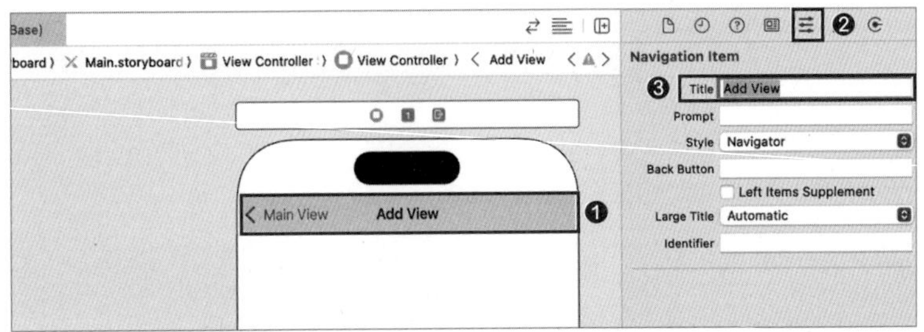

17. 같은 방법으로 아래쪽 뷰 컨트롤러의 Title에 'Detail View'를 추가합니다.

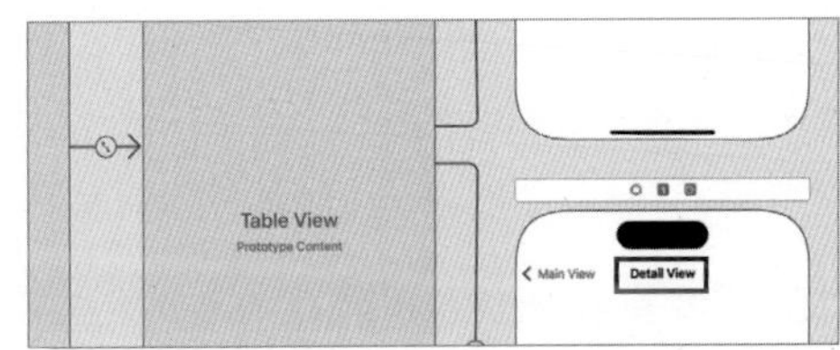

18. 뷰 컨트롤러에 컴포넌트 추가하기

'Add View' 뷰 컨트롤러에 텍스트 필드(Text Field)와 버튼을 오른쪽 그림과 같이 추가합니다. 그리고 버튼을 더블 클릭하여 'Add'로 수정합니다. 버튼 추가 시 인스펙터 영역에서 스타일(Style) 항목을 [Default]로 변경합니다

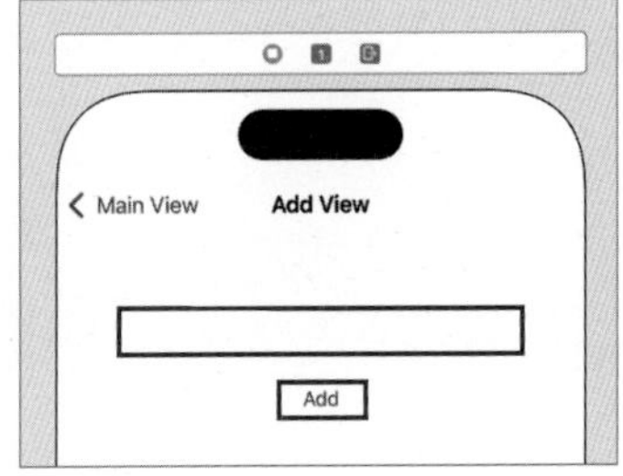

19. 'Detail View' 뷰 컨트롤러에 레이블을 다음 그림과 같이 추가합니다. 그리고 오른쪽 위쪽의 [Attributes inspector] 버튼을 클릭한 후 Alignment의 두 번째 항목을 클릭합니다. 이렇게 하면 레이블이 가운데 정렬로 바뀝니다.

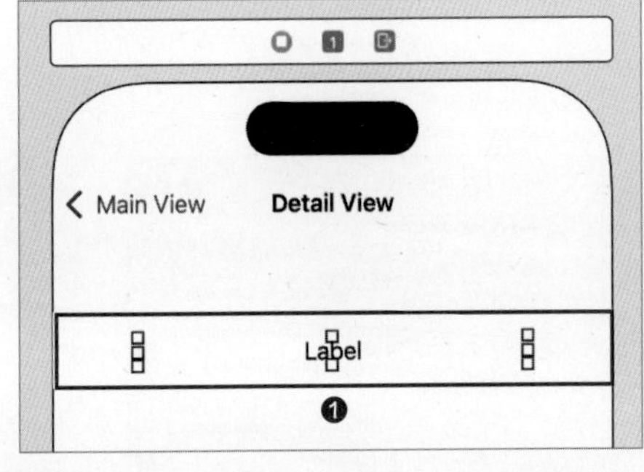

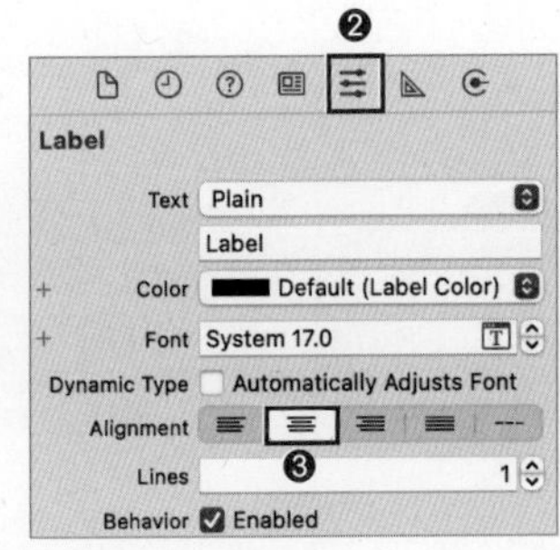

20. 스토리보드를 축소하면 다음 그림처럼 배치됩니다.

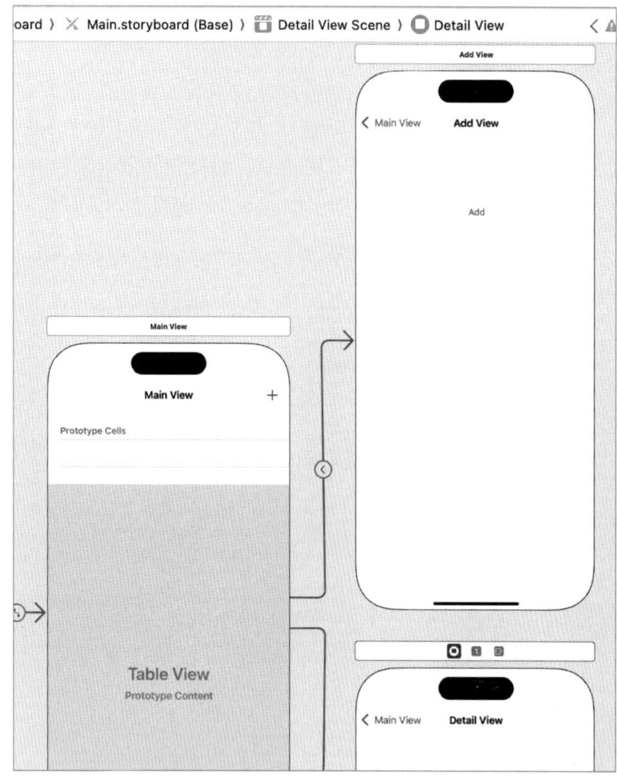

21. 테이블 뷰에 셀 추가하기

마지막으로 'Main View' 뷰 컨트롤러에서 [Prototype Cells]를 선택하고 오른쪽의 인스펙터 영역에서 [Attributes inspector] 버튼을 클릭한 후 Identifier에 'myCell'을 입력합니다. 이것은 테이블 뷰 컨트롤러의 셀 이름을 'myCell'로 지정한 것입니다.

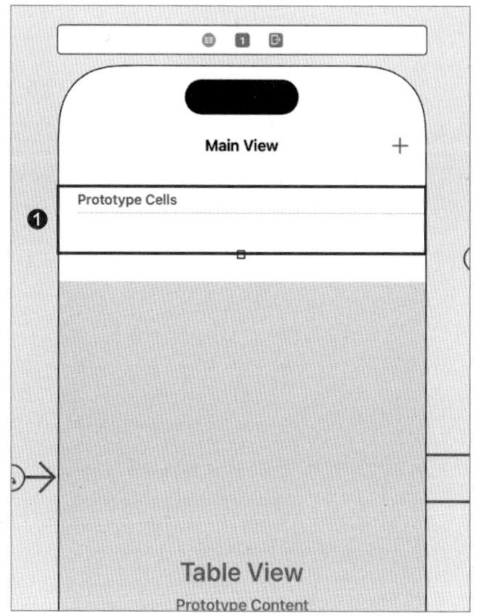

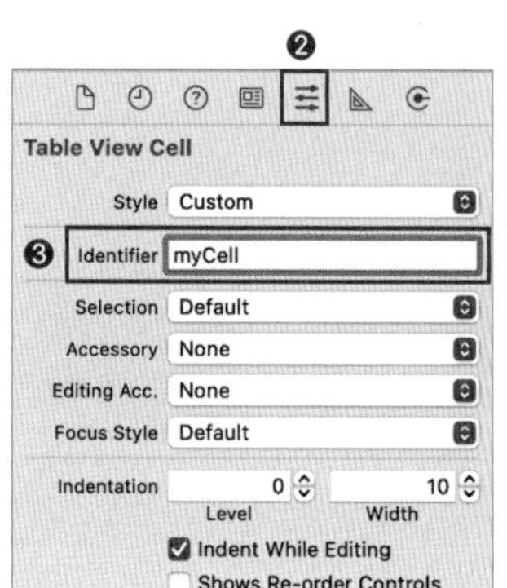

알아 두면 좋아요! 'Document Outline' 이용해 객체 선택하기

'Document Outline'을 열어 보면 [Table View Cell]이 선택된 것을 확인할 수 있습니다. 이렇게 스토리보드에서 어떤 것을 선택했는지 알고 싶을 때는 [Document Outline]을 열어 보면 확인할 수 있습니다. 또한 스토리보드에서 객체 선택이 쉽지 않을 경우에도 이 [Document Outline]에서 [myCell]을 선택하면 스토리보드에서 [Prototype Cells]를 쉽게 선택할 수 있습니다.

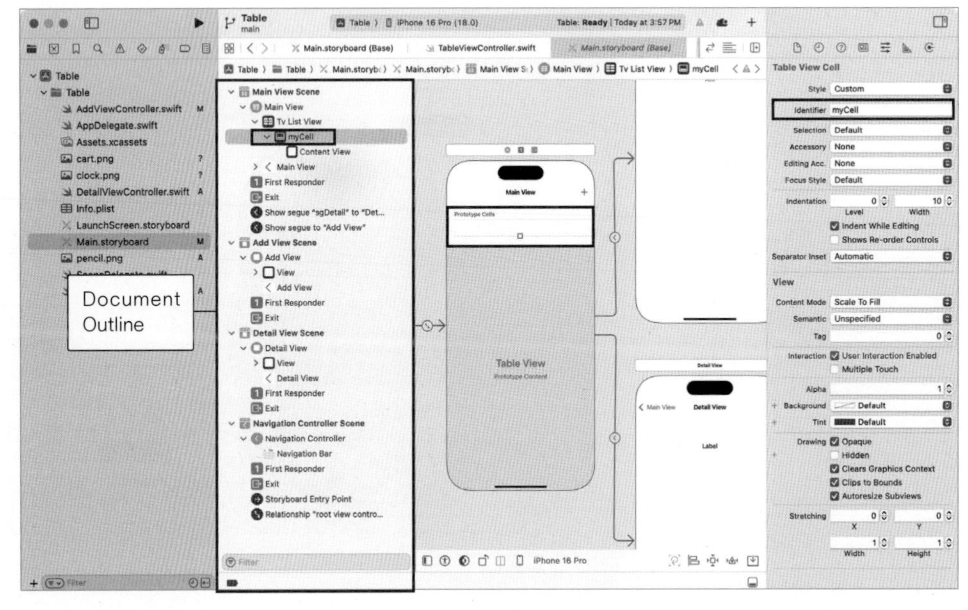

스위프트 파일 추가하기

1. 스위프트 파일 추가하기

스토리보드는 완성되었는데 스위프트(swift) 소스 파일이 없으므로 여기에서 추가하겠습니다. 왼쪽의 내비게이터 영역에서 마우스 오른쪽 버튼을 클릭한 후 [New File from Template...]을 선택합니다.

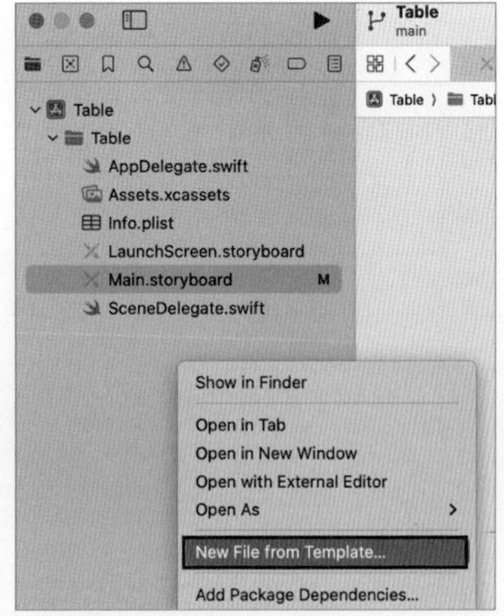

2. 다음 화면에서 [Swift File]이 아니라 [Cocoa Touch Class]를 선택합니다.

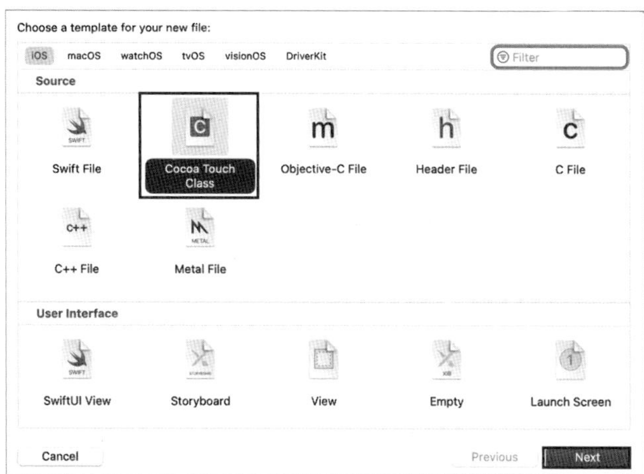

3. 서브 클래스를 [UITableViewController]로 선택하면 클래스명이 자동으로 'TableViewController'로 바뀝니다. [Next] 버튼을 클릭하고 저장할 폴더를 클릭하면 파일이 생성됩니다.

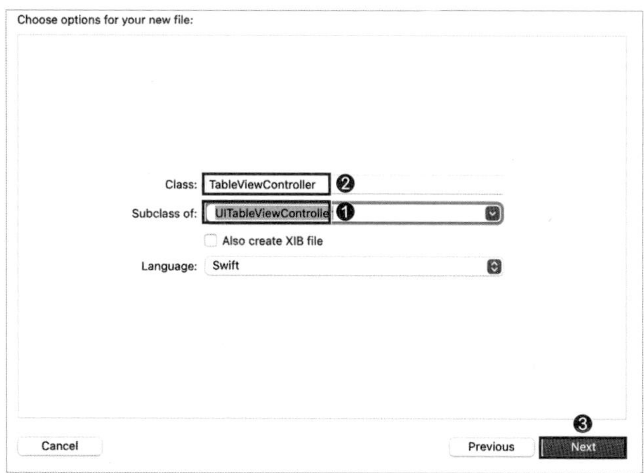

알아 두면 좋아요! } XIB 파일이란?

XIB 파일이란 인터페이스의 저장 포맷으로, Xcode 3.0 버전부터 도입되었습니다. 지금은 XIB 파일을 스토리보드가 대체하고 있습니다. 이전 버전의 경우에는 뷰 컨트롤러 클래스 파일과 XIB 파일이 일대일로 존재했고, 스토리보드에서 버튼이나 텍스트 필드 등을 추가하는 과정을 XIB 파일을 이용해 작업하고 저장하였습니다. 하지만 Xcode 4.2 버전부터 스토리보드 기능이 생겼고, 지금은 XIB 파일을 거의 사용하지 않습니다. 따라서 'TableViewController'를 생성할 때는 XIB 파일을 생성할 필요가 없습니다.

4. 같은 방법으로 클래스명이 'AddViewController'이고 서브 클래스는 [UIView Controller]인 파일을 생성하고, 클래스명은 'DetailViewController'이고 서브 클래스는 [UIViewController]인 파일도 생성합니다. 이렇게 해서 세 개의 스위프트 파일이 생성되었습니다.

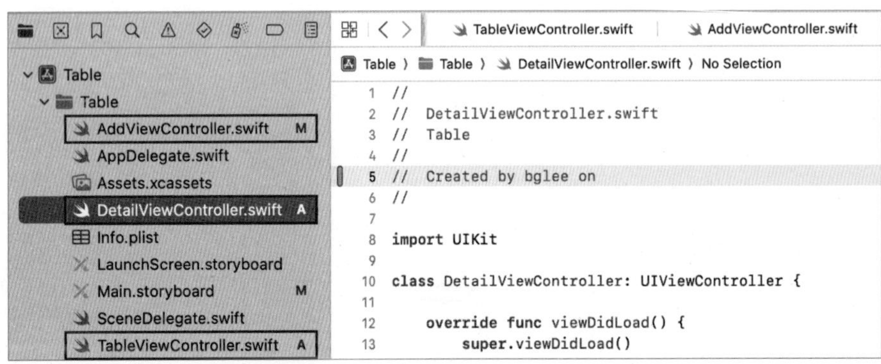

5. 다시 스토리보드로 돌아가서 'Main View' 컨트롤러를 선택하고 [Identity inspector] 버튼을 클릭한 후 클래스(Class)를 [TableViewController]로 선택합니다. 그러면 테이블 뷰 컨트롤러와 'TableViewController.swift' 파일이 연결됩니다.

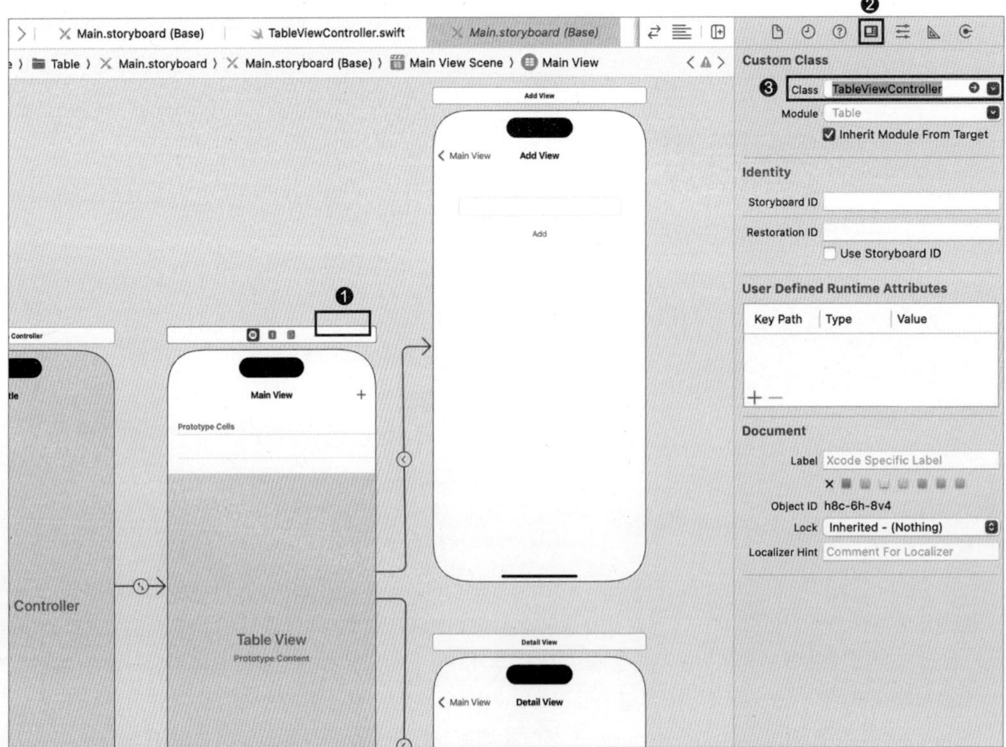

6. 앞에서와 마찬가지로 'Add View' 컨트롤러를 선택하고 [Identity inspector] 버튼을 클릭한 후 클래스(Class)를 [AddViewController]로 선택합니다. 그러면 뷰 컨트롤러와 'AddViewController.swift' 파일이 연결됩니다.

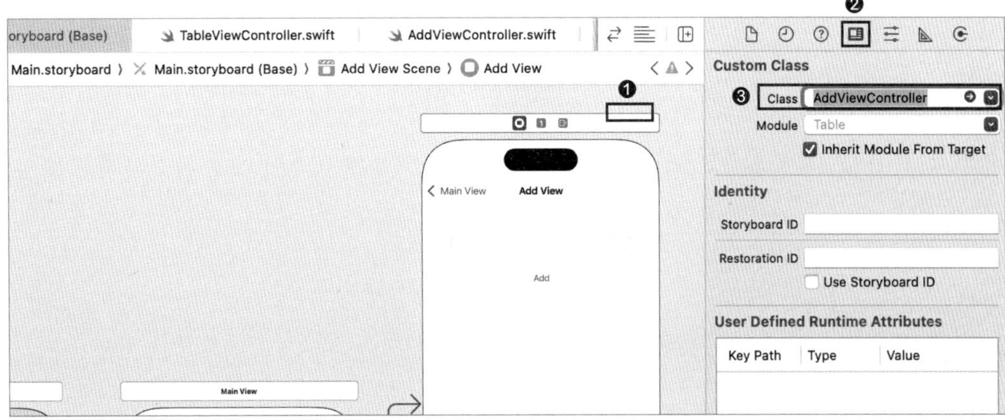

7. 마지막으로 'Detail View' 컨트롤러를 선택하고 [Identity inspector] 버튼을 클릭한 후 클래스(Class)를 [DetailViewController]로 선택합니다. 그러면 뷰 컨트롤러와 'DetailViewController.swift' 파일이 연결됩니다.

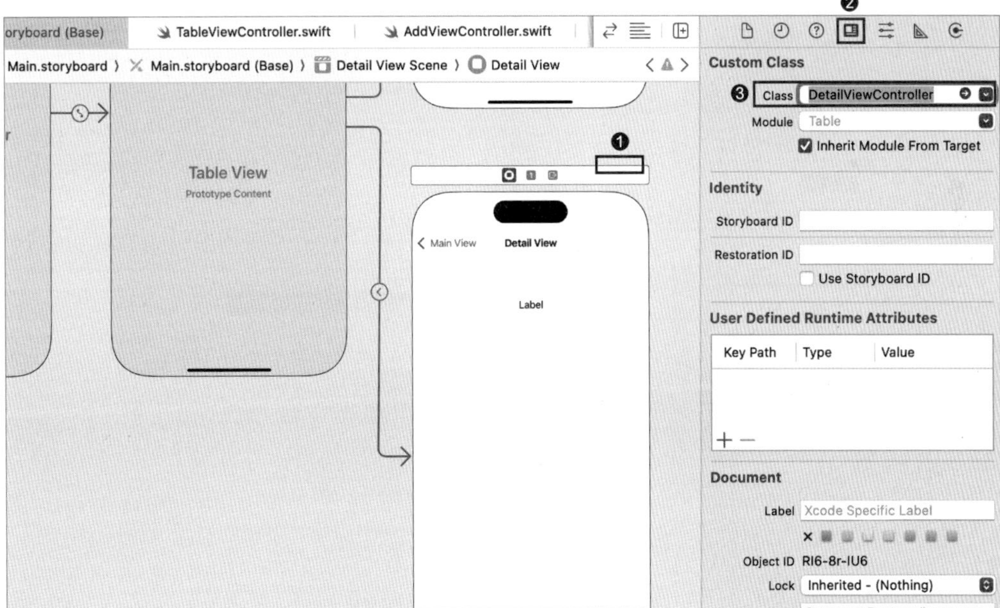

12-4

아웃렛 변수와 액션 함수 추가하기

이제 프로그램을 구현하기 위해 프로그램에서 사용할 아웃렛 변수와 액션 함수를 추가해 보겠습니다.

직접
해보세요!

세 개의 뷰에 있는 오브젝트에 아웃렛 변수와 액션 함수 추가하기

1. 아웃렛 변수와 액션 함수를 추가하기 위해 오른쪽 윗부분의 [Adjust Editor Options] 버튼을 클릭한 후 [Assistant] 메뉴를 선택하여 보조 편집기 영역을 엽니다. 왼쪽 창에서 'Main View' 뷰 컨트롤러를 선택한 후 오른쪽 보조 편집기 영역의 클래스명을 보고 파일이 'TableViewController.swft'인지 확인합니다. 그리고 [테이블 뷰(Table View)]를 마우스 오른쪽 버튼으로 선택한 후 드래그해서 오른쪽 보조 편집기 영역의 클래스 선언문 바로 아래에 갖다 놓습니다.

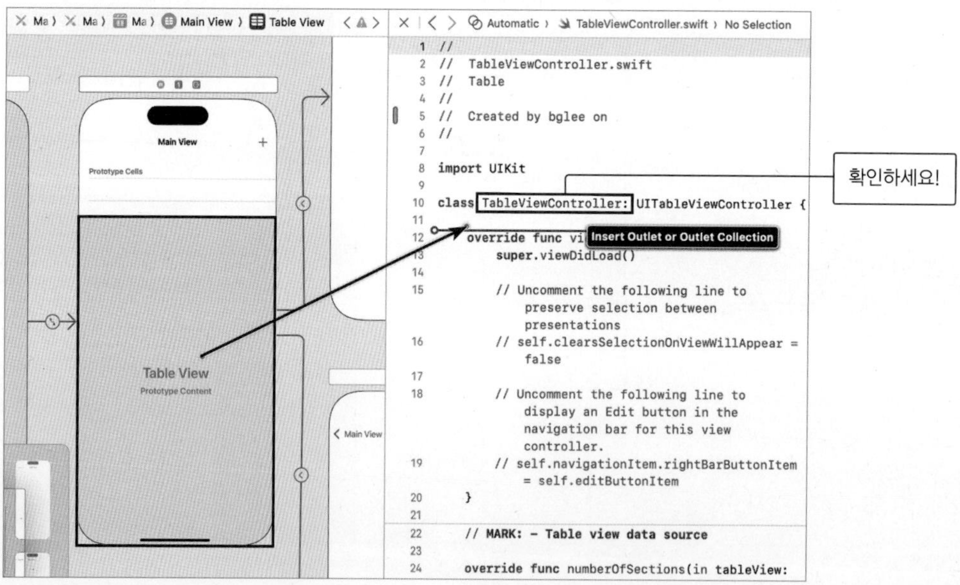
Main View
Table View
Automatic
TableViewController.swift
No Selection
Prototype Cells
Table View
Prototype Content
// TableViewController.swift
// Table
// Created by bglee on
import UIKit
class TableViewController: UITableViewController {
Insert Outlet or Outlet Collection
super.viewDidLoad()
// Uncomment the following line to preserve selection between presentations
// self.clearsSelectionOnViewWillAppear = false
// Uncomment the following line to display an Edit button in the navigation bar for this view controller.
// self.navigationItem.rightBarButtonItem = self.editButtonItem
// MARK: - Table view data source
override func numberOfSections(in tableView:
확인하세요!

2. 아래 표를 참고하여 아웃렛 변수의 이름과 타입을 설정합니다.

위치	테이블 뷰 컨트롤러의 클래스 선언문 바로 아래
연결(Connection)	Outlet
이름(Name)	tvListView
타입(Type)	UITableView

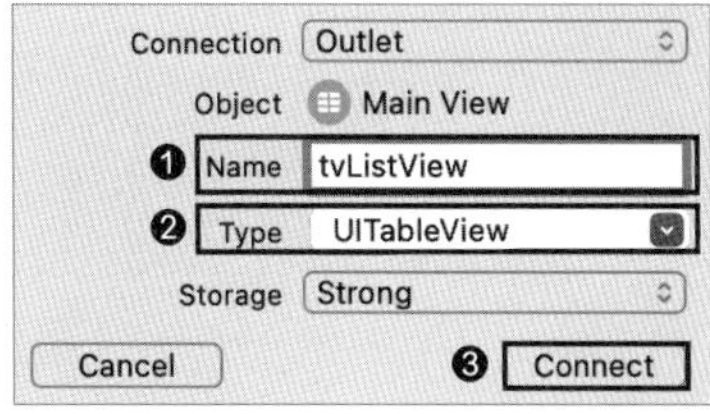


```
@IBOutlet var tvListView: UITableView!
```

3. 같은 방법으로 왼쪽 창에서 'Add View' 뷰 컨트롤러를 선택한 후 오른쪽 보조 편집기 영역의 클래스명을 보고 파일이 'AddViewController.swft'인지 확인합니다. 그리고 [텍스트 필드]를 마우스 오른쪽 버튼으로 선택한 후 드래그해서 오른쪽 보조 편집기 영역의 클래스 선언문 바로 아래에 갖다 놓습니다.

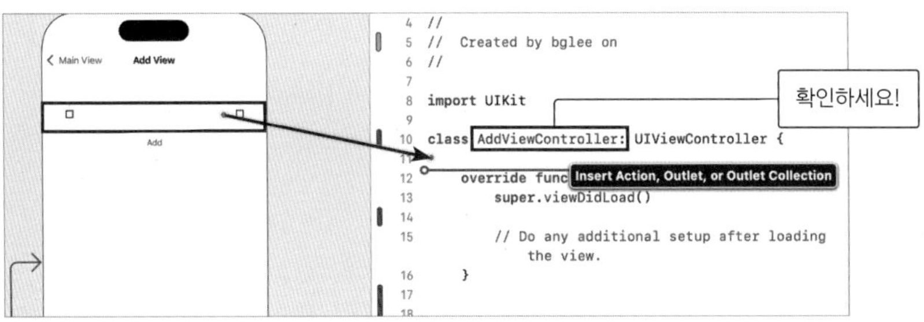

4. 아래 표를 참고하여 아웃렛 변수의 이름과 타입을 설정합니다.

위치	애드 뷰 컨트롤러의 클래스 선언문 바로 아래
연결(Connection)	Outlet
이름(Name)	tfAddItem
타입(Type)	UITextField

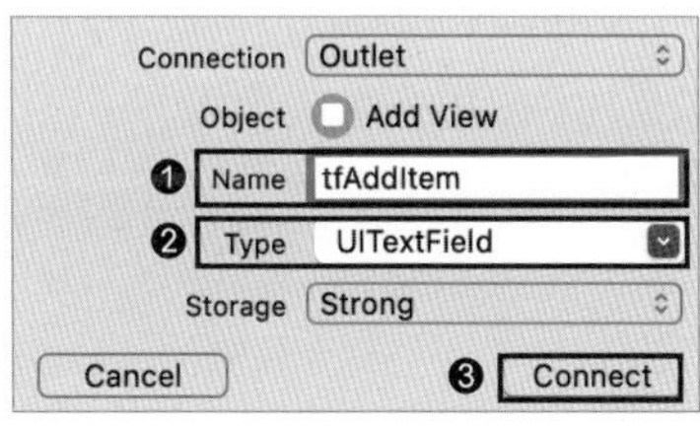


```
@IBOutlet var tfAddItem: UITextField!
```

5. 그런 다음 [Add] 버튼을 마우스 오른쪽 버튼으로 선택한 후 드래그해서 오른쪽 보조 편집기 영역의 viewDidLoad 함수 아래에 갖다 놓습니다.

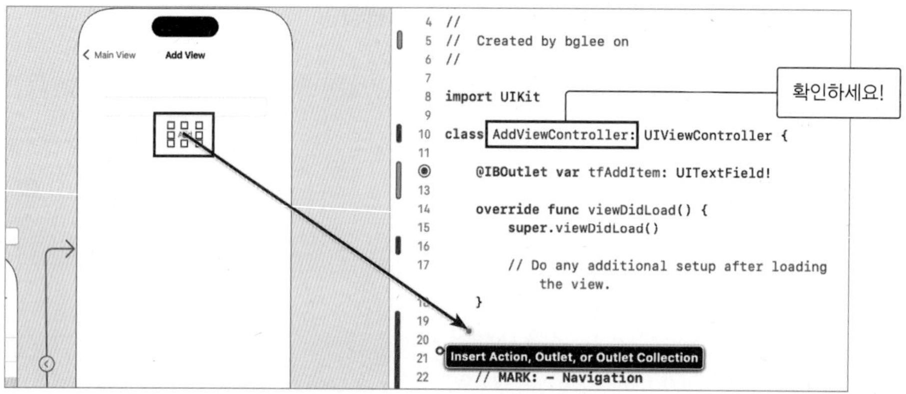

6. 아래 표를 참고하여 이름과 타입을 설정합니다. 이번엔 버튼에 액션을 추가할 것이므로 [Action]을 선택합니다.

위치	viewDidLoad 함수 아래
연결(Connection)	Action
이름(Name)	btnAddItem
타입(Type)	UIButton

```
@IBAction func btnAddItem(_ sender: UIButton) {
}
```

7. 마지막으로 왼쪽 창에서 'Detail View' 뷰 컨트롤러를 선택한 후 오른쪽 보조 편집기 영역의 클래스명을 보고 파일이 'DetailViewController.swift'인지 확인합니다. 그리고 [레이블(Label)]을 마우스 오른쪽 버튼으로 선택한 후 드래그해서 오른쪽 보조 편집기 영역의 디테일 뷰 컨트롤러 클래스 선언문 바로 아래에 갖다 놓습니다.

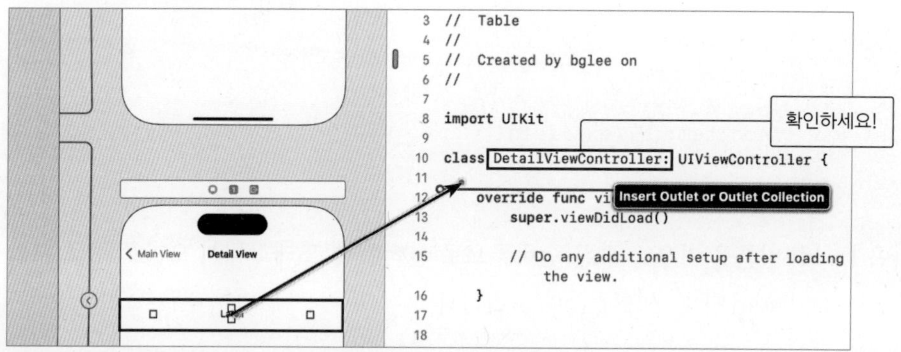

8. 아래 표를 참고하여 아웃렛 변수의 이름과 타입을 설정합니다.

위치	디테일 뷰 컨트롤러의 클래스 선언문 바로 아래
연결(Connection)	Outlet
이름(Name)	lblItem
타입(Type)	UILabel

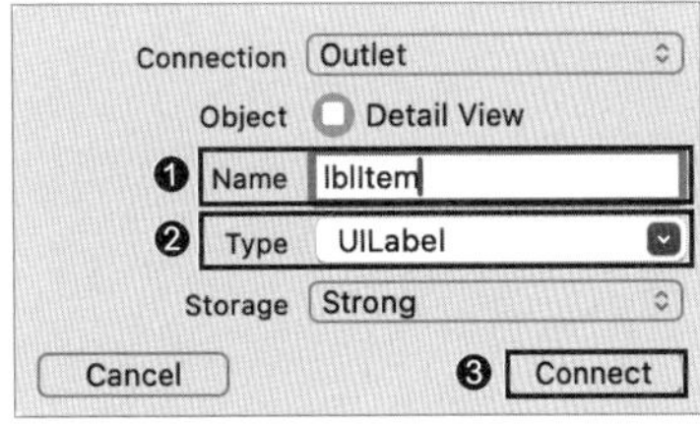


```
@IBOutlet var lblItem: UILabel!
```

12-5

테이블 목록 보여 주기

앱을 실행했을 때 기본적으로 아이콘이 포함된 세 개의 목록이 나타나게 하려고 합니다. 목록과 함께 아이콘으로 사용될 이미지를 추가하고 목록을 보여 주는 코드를 작성해 보겠습니다.

테이블 목록 보여 주기 동작 코딩하기

1. 왼쪽 내비게이터 영역에서 [TableViewController.swift]를 선택합니다.

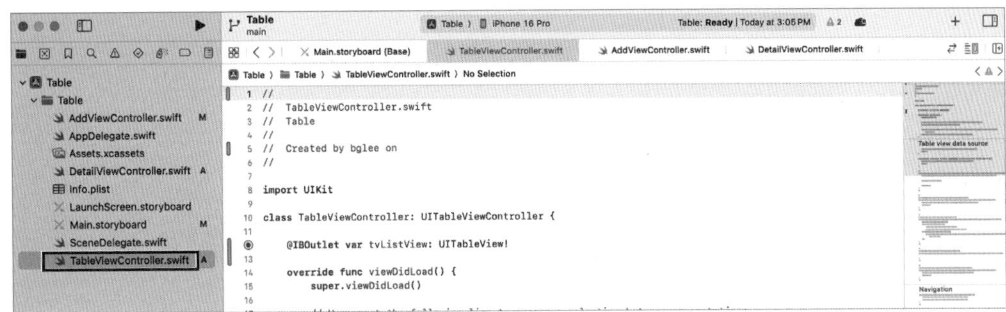

2. 목록 앱을 만들 때 사용할 이미지 파일인 'cart.png', 'clock.png' 그리고 'pencil.png' 파일을 추가합니다.

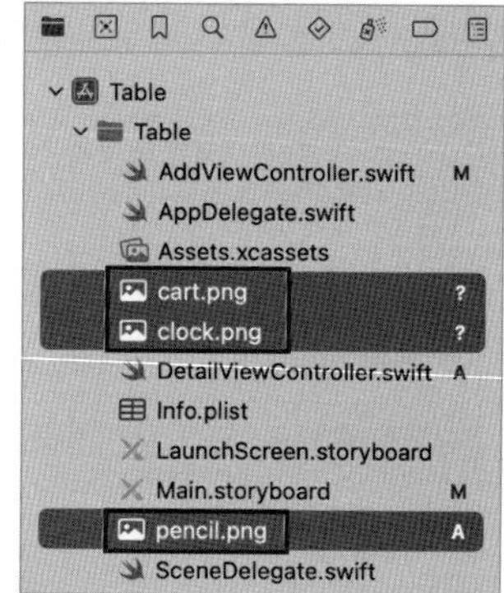

3. 왼쪽의 내비게이터 영역에서 [TableViewController.swift]를 선택합니다. 그리고 아래의 소스를 입력하여 앞에서 추가한 이미지 파일을 외부 변수인 'items'와 'itemsImageFile'로 선언합니다. 이렇게 하면 모든 클래스에서 이미지를 사용할 수 있습니다.

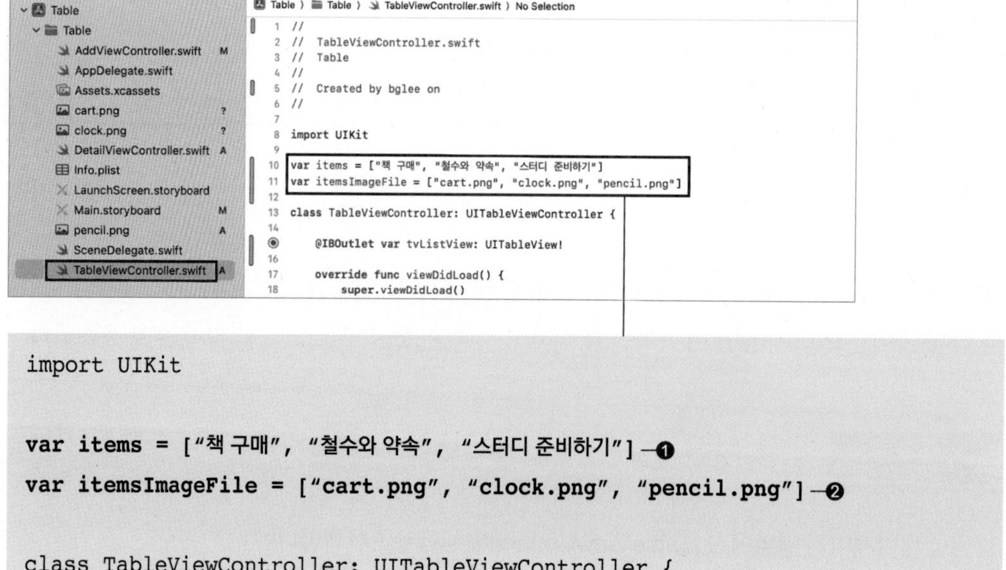


```
import UIKit

var items = ["책 구매", "철수와 약속", "스터디 준비하기"] —❶
var itemsImageFile = ["cart.png", "clock.png", "pencil.png"] —❷

class TableViewController: UITableViewController {
```

❶ 외부 변수인 items의 내용을 각각 "책 구매", "철수와 약속", "스터디 준비하기"로 지정합니다.

❷ 외부 변수인 이미지 파일은 각각 "cart.png", "clock.png", "pencil.png" 입니다.

4. 소스의 아래쪽에 있는 두 개의 함수를 조금씩 바꿔 보겠습니다. 각 소스의 의미는 다음과 같습니다.

```
    @IBOutlet var tvListView: UITableView!

    override func viewDidLoad() {
        super.viewDidLoad()

        // Uncomment the following line to preserve selection between presentations
        // self.clearsSelectionOnViewWillAppear = false

        // Uncomment the following line to display an Edit button in the navigation bar for this view
            controller.
        // self.navigationItem.rightBarButtonItem = self.editButtonItem
    }

    // MARK: - Table view data source

    override func numberOfSections(in tableView: UITableView) -> Int {
        // #warning Incomplete implementation, return the number of sections
        return 1
    }

    override func tableView(_ tableView: UITableView, numberOfRowsInSection section: Int) -> Int {
        // #warning Incomplete implementation, return the number of rows
        return items.count
    }

    /*
    override func tableView(_ tableView: UITableView, cellForRowAt indexPath: IndexPath) -> UITableViewCell {
        let cell = tableView.dequeueReusableCell(withIdentifier: "reuseIdentifier", for: indexPath)

        // Configure the cell...
```

```
override func numberOfSections(in tableView: UITableView) -> Int {
    // #warning Incomplete implementation, return the number of sections
    return 1 —❶
}

override func tableView(_ tableView: UITableView, numberOfRowsInSection
    section: Int) -> Int {
    // #warning Incomplete implementation, return the number of rows
    return items.count —❷
}
```

❶ 보통은 테이블 안에 섹션이 한 개이므로 numberOfSections의 리턴 값을 1로 합니다.

❷ 섹션당 열의 개수는 Items의 개수이므로 tableView(_ tableView: UITableView, numberOfRowsInSection section: Int) -> Int 함수의 리턴 값을 items.count로 합니다.

5. 이번엔 tableView(_tableView: UITableView, cellForRowAt indexPath: IndexPath) -> UITableViewCell 함수를 수정하겠습니다. 이 함수는 앞에서 선언한 변수의 내용을 셀에 적용하는 함수로, 이후에도 이렇게 주석 처리된 함수를 계속 사용할 것입니다.

```
        return 1
    }

    override func tableView(_ tableView: UITableView, numberOfRowsInSection section: Int) -> Int {
        // #warning Incomplete implementation, return the number of rows
        return items.count
    }

    /*
    override func tableView(_ tableView: UITableView, cellForRowAt indexPath: IndexPath) -> UITableViewCell {
        let cell = tableView.dequeueReusableCell(withIdentifier: "reuseIdentifier", for: indexPath)

        // Configure the cell...

        return cell
    }
    */

    /*
    // Override to support conditional editing of the table view.
    override func tableView(_ tableView: UITableView, canEditRowAt indexPath: IndexPath) -> Bool {
        // Return false if you do not want the specified item to be editable.
        return true
    }
    */

    /*
    // Override to support editing the table view.
    override func tableView(_ tableView: UITableView, commit editingStyle: UITableViewCell.EditingStyle,
        forRowAt indexPath: IndexPath) {
```

알아 두면 좋아요! 테이블 뷰 컨트롤러는 주석 처리된 함수를 왜 제공하나요?

Xcode는 UI 테이블 뷰 컨트롤러를 상속받은 컨트롤러가 자주 사용하는 함수를 주석 처리하여 미리 제공합니다. 이전의 Xcode에서는 한두 개만 제공하고 나머지는 프로그래머가 찾아서 추가해야 했지만 7.x에 들어서는 기존보다 많은 주석 처리된 함수를 제공하고 있습니다.

테이블 뷰 컨트롤러를 사용하면 어느 정도는 비슷한 동작을 추구하기 때문에 Xcode에서 프로그래머가 사용할 것으로 예상되는 함수를 주석 처리하여 제공합니다. 덧붙이면 일반적인 뷰 컨트롤러에서는 너무 다양한 동작을 하므로 주석 처리한 함수는 제공하지 않고 몇몇 특정 컨트롤러에서만 제공합니다.

6. 이 함수의 앞뒤에 있는 '/*'과 '*/'을 지워서 주석문을 제거합니다. 이렇게 하면 주석이었던 글이 함수로 활성화됩니다.

```
    // MARK: - Table view data source

    override func numberOfSections(in tableView: UITableView) -> Int {
        // #warning Incomplete implementation, return the number of sections
        return 1
    }

    override func tableView(_ tableView: UITableView, numberOfRowsInSection section: Int) -> Int {
        // #warning Incomplete implementation, return the number of rows
        return items.count
    }


    override func tableView(_ tableView: UITableView, cellForRowAt indexPath: IndexPath) -> UITableViewCell {
        let cell = tableView.dequeueReusableCell(withIdentifier: "reuseIdentifier", for: indexPath)

        // Configure the cell...

        return cell
    }


    /*
    // Override to support conditional editing of the table view.
    override func tableView(_ tableView: UITableView, canEditRowAt indexPath: IndexPath) -> Bool {
        // Return false if you do not want the specified item to be editable.
        return true
    }
    */
```

7. 셀의 레이블과 이미지에 앞에서 선언한 변수가 적용되도록 수정합니다.

```
    // MARK: - Table view data source

    override func numberOfSections(in tableView: UITableView) -> Int {
        // #warning Incomplete implementation, return the number of sections
        return 1
    }

    override func tableView(_ tableView: UITableView, numberOfRowsInSection section: Int) -> Int {
        // #warning Incomplete implementation, return the number of rows
        return items.count
    }


    override func tableView(_ tableView: UITableView, cellForRowAt indexPath: IndexPath) -> UITableViewCell {
        let cell = tableView.dequeueReusableCell(withIdentifier: "myCell", for: indexPath)

        cell.textLabel?.text = items[(indexPath as NSIndexPath).row]
        cell.imageView?.image = UIImage(named: itemsImageFile[(indexPath as NSIndexPath).row])

        return cell
    }

```

잊지 말고 수정해 주세요!

```
override func tableView(_ tableView: UITableView, cellForRowAt
    indexPath: IndexPath) -> UITableViewCell {
    let cell = tableView.dequeueReusableCell(withIdentifier: "myCell",
        for: indexPath)

    cell.textLabel?.text = items[(indexPath as NSIndexPath).row] —❶
    cell.imageView?.image = UIImage(named: itemsImageFile[(indexPath as
        NSIndexPath).row]) —❷

    return cell
}
```

❶ 셀의 텍스트 레이블에 앞에서 선언한 items를 대입합니다. 그 내용은 "책 구매", "철수와 약속", "스터디 준비하기"입니다.

❷ 셀의 이미지 뷰에 앞에서 선언한 itemsImageFile("cart.png", "clock.png", "pencil.png")을 대입합니다.

8. 결과 보기

시뮬레이터를 [iPhone 16 Pro]로 수정 후 [실행] 버튼을 클릭하면 변수로 초기화했던 내용들을 볼 수 있습니다. 아직 'Detail View'와 'Add View'는 아무런 동작도 하지 않습니다.

12-6 목록 삭제하기

테이블 뷰 컨트롤러를 이용한 앱에서는 특정 항목을 선택해 옆으로 밀면 삭제할 수 있습니다. 이번에는 이처럼 목록을 삭제하는 동작을 코딩해 보겠습니다.

목록 삭제 동작 코딩하기

1. 계속해서 [TableViewController.swift]를 선택한 후 함수를 수정하겠습니다. 주석문으로 되어 있는 tableView(_ tableView: UITableView, commit editingStyle: UITableViewCell.EditingStyle, forRowAt indexPath: IndexPath) 함수를 찾으세요. 이 함수가 바로 셀의 내용을 삭제하는 함수입니다.

```
class TableViewController: UITableViewController {

    /*
    // Override to support conditional editing of the table view.
    override func tableView(_ tableView: UITableView, canEditRowAt indexPath: IndexPath) -> Bool {
        // Return false if you do not want the specified item to be editable.
        return true
    }
    */

    /*
    // Override to support editing the table view.
    override func tableView(_ tableView: UITableView, commit editingStyle: UITableViewCell.EditingStyle,
        forRowAt indexPath: IndexPath) {
        if editingStyle == .delete {
            // Delete the row from the data source
            tableView.deleteRows(at: [indexPath], with: .fade)
        } else if editingStyle == .insert {
            // Create a new instance of the appropriate class, insert it into the array, and add a new row to
               the table view
        }
    }
    */

    /*
```

2. 이 함수의 앞뒤에 있는 '/*'과 '*/'을 지워서 주석문을 활성화합니다.

```
    // Override to support editing the table view.
    override func tableView(_ tableView: UITableView, commit editingStyle: UITableViewCell.EditingStyle,
        forRowAt indexPath: IndexPath) {
        if editingStyle == .delete {
            // Delete the row from the data source
            tableView.deleteRows(at: [indexPath], with: .fade)
        } else if editingStyle == .insert {
            // Create a new instance of the appropriate class, insert it into the array, and add a new row to
               the table view
        }
    }
```

3. 이 함수 안에 다음과 같이 선택한 셀을 삭제하는 코드를 삽입합니다.

```
        return true
    }
    */


    // Override to supp
    override func table
        forRowAt indexPath: IndexPath) {
        if editingStyle == .delete {
            // Delete the row from the data source
            items.remove(at: (indexPath as NSIndexPath).row)
            itemsImageFile.remove(at: (indexPath as NSIndexPath).row)
            tableView.deleteRows(at: [indexPath], with: .fade)
        } else if editingStyle == .insert {
            // Create a new instance of the appropriate class, insert it into the array, and add a new row to
                the table view
        }
```

```
items.remove(at: (indexPath as NSIndexPath).row)
itemsImageFile.remove(at: (indexPath as NSIndexPath).row)
```

4. '목록 삭제' 결과 보기

다시 [실행] 버튼을 클릭합니다. 한 셀을 왼쪽으로 밀면 [Delete] 버튼이 나타나고 이를 클릭하면 항목이 사라집니다.

5. 'Delete'를 한글로 수정하기

한 발 더 나아가 영문으로 사용된 'Delete'를 한글인 '삭제'로 바꿔 보겠습니다. 앞에서 계속 작업해 온 [TableViewController.swift]를 선택한 후 다음 함수를 추가합니다.

```
        } else if editingStyle == .insert {
            // Create a new instance of the appropriate class, insert it into the array, and add a new row to
                the table view
        }
    }

    override func tableView(_ tableView: UITableView, titleForDeleteConfirmationButtonForRowAt indexPath:
        IndexPath) -> String? {
        return "삭제"
    }


    /*
    // Override to support rearranging the table view.
    override func tableView(_ tableView: UITableView, moveRowAt fromIndexPath: IndexPath, to: IndexPath) {

    }
    */

    /*
```

```
override func tableView(_ tableView: UITableView,
        titleForDeleteConfirmationButtonForRowAt indexPath:
        IndexPath) -> String? {
    return "삭제"
}
```

알아 두면 좋아요! Xcode의 함수 자동 완성

함수를 추가할 때는 함수의 이름을 모두 입력하지 않아도 쉽게 함수를 찾을 수 있습니다. 함수 이름의 앞부분 몇 글자만 입력하면 함수 목록이 나오고 여기서 원하는 함수를 선택하면 자동으로 생성됩니다. 함수 안의 요소를 클릭하면 내용도 쉽게 바꿀 수 있습니다.

```
Main.storyboard (Base)   TableViewController.swift   AddViewController.swift   DetailViewController.swift
Table ⟩ Table ⟩ TableViewController.swift ⟩ TableViewController
class TableViewController: UITableViewController {
    override func tableView(_ tableView: UITableView, commit editingStyle: UITableViewCell.EditingStyle, forR
            // Create a new instance of the appropriate class, insert it into the array, and add a new row to
                the table view
        }
    }


        tablet → override func tableView(_ tableView: UITableView, didSelectRowAt indexPath: IndexPath) { •••
          tableView(_ tableView:moveRowAt:to:)
          tableView(_ tableView:titleForFooterInSection:)
          tableView(_ tableView:titleForHeaderInSection:)
          tableView(_ tableView:accessoryButtonTappedForRowWith:)                    , to: IndexPath) {
          tableView(_ tableView:sectionForSectionIndexTitle:at:)
          tableView(_ tableView:trailingSwipeActionsConfigurationForRowAt:)
          tableView(_ tableView:titleForDeleteConfirmationButtonForRowAt:)
          tableView(_ tableView:targetIndexPathForMoveFromRowAt:toProposedIndexPath:)

          tableView(_ tableView: UITableView, titleForDeleteConfirmationButtonForRowAt:   -> Bool {
          IndexPath) -> String?
          Changes the default title of the delete-confirmation button.
    }
    */

    /*
    // MARK: - Navigation

    // In a storyboard-based application, you will often want to do a little preparation before navigation
    override func prepare(for segue: UIStoryboardSegue, sender: Any?) {
        // Get the new view controller using segue.destination.
        // Pass the selected object to the new view controller.
    }
    */
```

6. 버튼 이름 수정 후 다시 '목록 삭제 동작' 결과 보기

다시 [실행] 버튼을 클릭합니다. 그런 다음 한 셀을 왼쪽으로 밀면 [Delete] 대신 [삭제] 버튼이 나타나고 이를 클릭하면 항목이 사라집니다.

12-7

바 버튼으로 목록 삭제하기

목록을 밀어서 삭제하는 방법 외에 바 버튼을 이용하는 방법도 있습니다. 이번에는 [Edit] 바 버튼을 만들고 다시 목록을 삭제해 보겠습니다.

바 버튼으로 목록 삭제 동작 코딩하기

1. 계속해서 [TableViewController.swift]를 선택한 후 수정하겠습니다. viewDidLoad 함수에서 self.navigationItem.rightBarButtonItem = self.editButtonItem 앞의 '//'를 지웁니다.

```
var items = ["책 구매", "철수와 약속", "스터디 준비하기"]
var itemsImageFile = ["cart.png", "clock.png", "pencil.png"]

class TableViewController: UITableViewController {

    @IBOutlet var tvListView: UITableView!

    override func viewDidLoad() {
        super.viewDidLoad()

        // Uncomment the following line to preserve selection between presentations
        // self.clearsSelectionOnViewWillAppear = false

        // Uncomment the following line to display an Edit button in the navigation bar for this view controller.
        self.navigationItem.rightBarButtonItem = self.editButtonItem
    }

    // MARK: - Table view data source

    override func numberOfSections(in tableView: UITableView) -> Int {
        // #warning Incomplete implementation, return the number of sections
        return 1
    }

    override func tableView(_ tableView: UITableView, numberOfRowsInSection section: Int) -> Int {
        // #warning Incomplete implementation, return the number of rows
```

```
override func viewDidLoad() {
    super.viewDidLoad()

    // Uncomment the following line to preserve selection between presentations
    // self.clearsSelectionOnViewWillAppear = false

    // Uncomment the following line to display an Edit button in the ...
    self.navigationItem.rightBarButtonItem = self.editButtonItem
}
```

2. 오른쪽 화면에는 이미 [Add] 버튼이 있으니 [edit] 버튼은 왼쪽에 추가하겠습니다. 'right'를 'left'로 수정합니다.

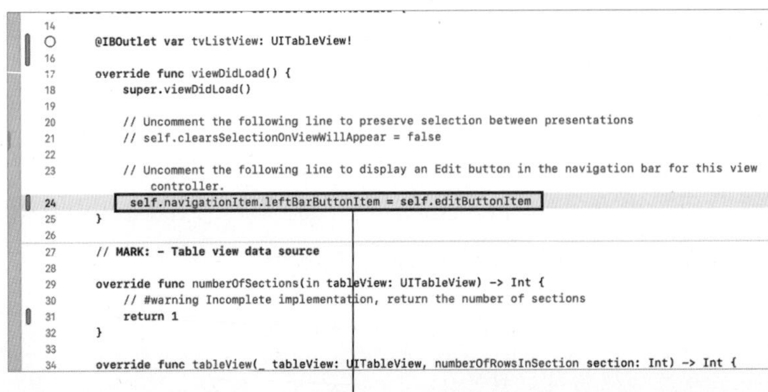

```
self.navigationItem.leftBarButtonItem = self.editButtonItem
```

3. 결과 보기

[실행] 버튼을 클릭합니다. 그런 다음 왼쪽에 생성된 [Edit] 버튼을 클릭하면 왼쪽에 붉은 원이 나타납니다. 그 붉은 원 모양의 버튼을 클릭하면 [삭제] 버튼이 나타나고 이를 클릭하면 삭제됩니다.

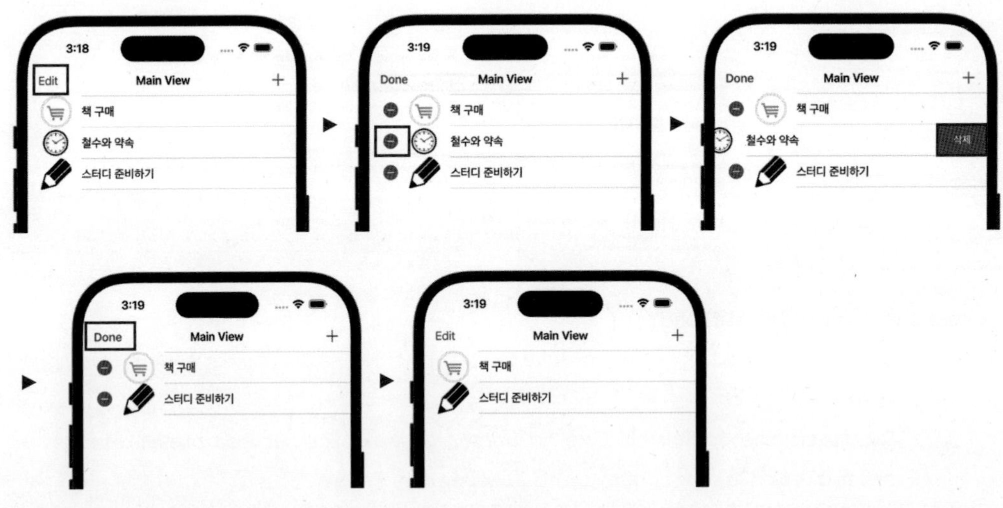

12-8

목록 순서 바꾸기

목록을 적다 보면 우선순위대로 중요한 목록을 위로 올리고 싶어질 때가 있습니다. 이를 위해서는 목록의 순서를 바꾸는 기능이 필요합니다. 앞에서 만든 [Edit] 버튼을 활용해 이번엔 목록을 바꿔 보겠습니다.

목록 순서 바꾸기 동작 코딩하기

1. 계속해서 [TableViewController.swift]를 선택한 후 수정하겠습니다. tableView(_ tableView: UITableView, moveRowAt fromIndexPath: IndexPath, to: IndexPath) 함수 앞뒤의 '/*'과 '*/'를 지워서 주석을 제거합니다. 이 함수를 사용하면 목록을 옮길 수 있습니다.

```
Assets.xcassets
cart.png                        ?
clock.png                       ?
DetailViewController.swift      A
Info.plist
LaunchScreen.storyboard
Main.storyboard                 M
pencil.png                      A
SceneDelegate.swift
TableViewController.swift       A
```

```
        } else if editingStyle == .insert {
            // Create a new instance of the appropriate class, insert it into the array, and add a new row to
                the table view
        }
    }


    override func tableView(_ tableView: UITableView, titleForDeleteConfirmationButtonForRowAt indexPath:
        IndexPath) -> String? {
        return "삭제"
    }


    // Override to support rearranging the table view.
    override func tableView(_ tableView: UITableView, moveRowAt fromIndexPath: IndexPath, to: IndexPath) {

    }

```

2. 이 함수 안에 하나의 목록을 선택하여 다른 곳으로 이동하는 소스를 추가합니다. 먼저 변수를 만들어서 이동할 변수를 기억한 후 이동할 목록을 삭제하고 변수에 저장된 내용을 이동한 곳으로 삽입합니다.

```
    // Override to support rearranging the table view.
    override func tableView(_ tableView: UITableView, moveRowAt fromIndexPath: IndexPath, to: IndexPath) {
        let itemToMove = items[(fromIndexPath as NSIndexPath).row]
        let itemImageToMove = itemsImageFile[(fromIndexPath as NSIndexPath).row]
        items.remove(at: (fromIndexPath as NSIndexPath).row)
        itemsImageFile.remove(at: (fromIndexPath as NSIndexPath).row)
        items.insert(itemToMove, at: (to as NSIndexPath).row)
        itemsImageFile.insert(itemImageToMove, at: (to as NSIndexPath).row)
    }


    /*
    // Override to support conditional rearranging of the table view.
    override func tableView(_ tableView: UITableView, canMoveRowAt indexPath: IndexPath) -> Bool {
```

```
override func tableView(_ tableView: UITableView, moveRowAt
    fromIndexPath: IndexPath, to: IndexPath) {
    let itemToMove = items[(fromIndexPath as NSIndexPath).row] —❶
    let itemImageToMove = itemsImageFile[(fromIndexPath as NSIndexPath).row] —❷
    items.remove(at: (fromIndexPath as NSIndexPath).row) —❸
    itemsImageFile.remove(at: (fromIndexPath as NSIndexPath).row) —❹
    items.insert(itemToMove, at: (to as NSIndexPath).row) —❺
    itemsImageFile.insert(itemImageToMove, at: (to as NSIndexPath).row) —❻
}
```

❶ 이동할 아이템의 위치를 itemToMove에 저장합니다.

❷ 이동할 아이템의 이미지를 itemImageToMove에 저장합니다.

❸ 이동할 아이템을 삭제합니다. 이때 삭제한 아이템 뒤의 아이템들의 인덱스가 재정렬됩니다.

❹ 이동할 아이템의 이미지를 삭제합니다. 이때 삭제한 아이템 이미지 뒤의 아이템 이미지들의 인덱스가 재정렬됩니다.

❺ 삭제된 아이템을 이동할 위치로 삽입합니다. 또한 삽입한 아이템 뒤의 아이템들의 인덱스가 재정렬됩니다.

❻ 삭제된 아이템의 이미지를 이동할 위치로 삽입합니다. 또한 삽입한 아이템 이미지 뒤의 아이템 이미지들의 인덱스가 재정렬됩니다.

3. 결과 보기

이제 앱을 실행해서 [Edit] 버튼을 클릭해 보세요. 목록 오른쪽에 있던 버튼이 '순서 바꾸기' 버튼으로 바뀌어 있는 것을 확인할 수 있습니다. 옮기고 싶은 목록을 끌어다 놓고 [Done] 버튼을 클릭해 저장하면 됩니다.

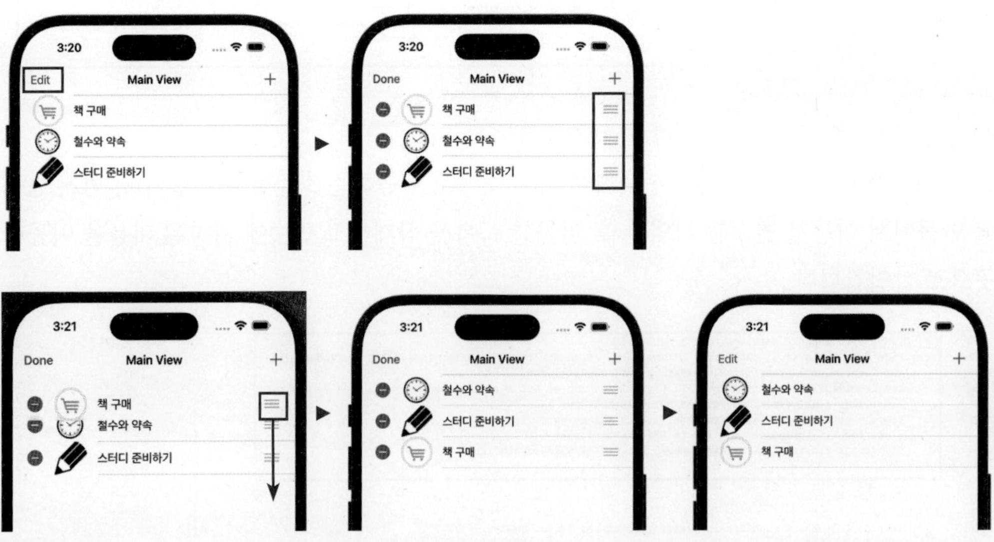

12-9 새 목록 추가하기

이제 처음에 만든 'Add View'와 [+] 버튼을 활용하여 새 목록을 추가하는 기능을 구현해 보겠습니다.

새 목록 추가 동작 코딩하기

1. 새 목록을 추가하는 코드를 작성해 보겠습니다. [AddViewController.swift]를 선택한 후 btnAddItem(_ sender: UIButton) 함수를 수정합니다.

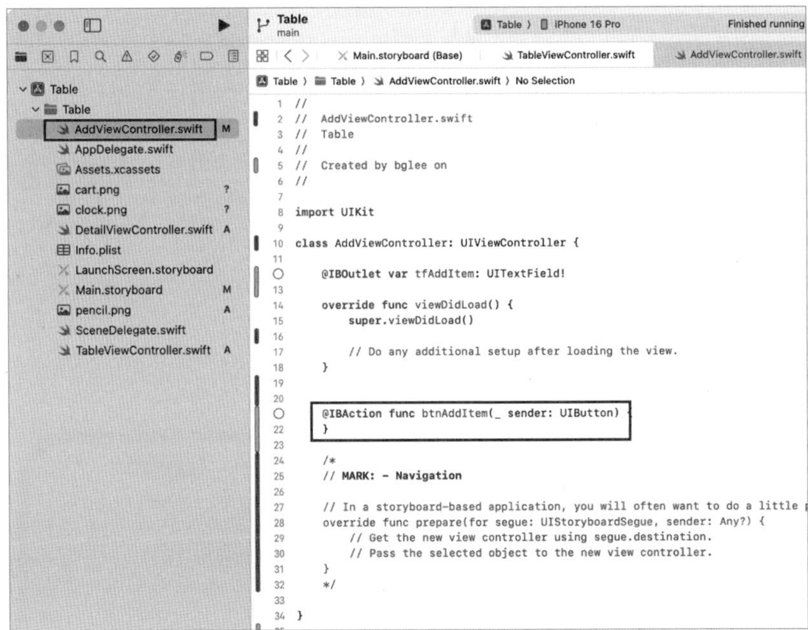

2. 다음 소스를 btnAddItem 함수 안에 입력합니다. 각 소스의 의미는 다음과 같습니다.

```
        super.viewDidLoad()

        // Do any additional setup after loading the view.
    }


    @IBAction func btnAddItem(_ sender: UIButton) {
        items.append(tfAddItem.text!)
        itemsImageFile.append("clock.png")
        tfAddItem.text=""
        _ = navigationController?.popViewController(animated: true)
    }

    /*
```

```
@IBAction func btnAddItem(_ sender: UIButton) {
    items.append(tfAddItem.text!) —❶
    itemsImageFile.append("clock.png") —❷
    tfAddItem.text="" —❸
    _ = navigationController?.popViewController(animated: true) —❹
}
```

❶ items에 텍스트 필드의 텍스트 값을 추가합니다.

❷ itemsImageFile에는 무조건 'clock.png' 파일을 추가합니다.

❸ 텍스트 필드의 내용을 지웁니다.

❹ 루트 뷰 컨트롤러, 즉 테이블 뷰로 돌아갑니다.

3. '새 목록 추가' 결과 보기

다시 앱을 실행합니다. 화면 오른쪽에 있는 [+] 버튼을 클릭하면 'Add View'로 이동하고, 텍스트 필드에 내용을 입력한 후 [Add] 버튼을 클릭하면 다시 'Main View'로 돌아오는 것까지는 잘 구현되었으나 아직 내용이 추가되지 않는 것을 확인할 수 있습니다.

4. 새 목록 추가 동작 코딩하기

3번의 결과 보기에서와 같이 내용이 추가되지 않았는데 이것이 제대로 작동되도록 수정해 보겠습니다. [TableViewController.swift]를 선택한 후 아래쪽 박스로 표시된 부분에 viewWillAppear(_ animated: Bool) 함수를 추가합니다. 이 함수는 뷰가 전환될 때 호출되는 함수로, 리스트가 추가되어 'Main View'로 돌아올 때 호출되며 추가된 내용을 리스트에 보여 줍니다.

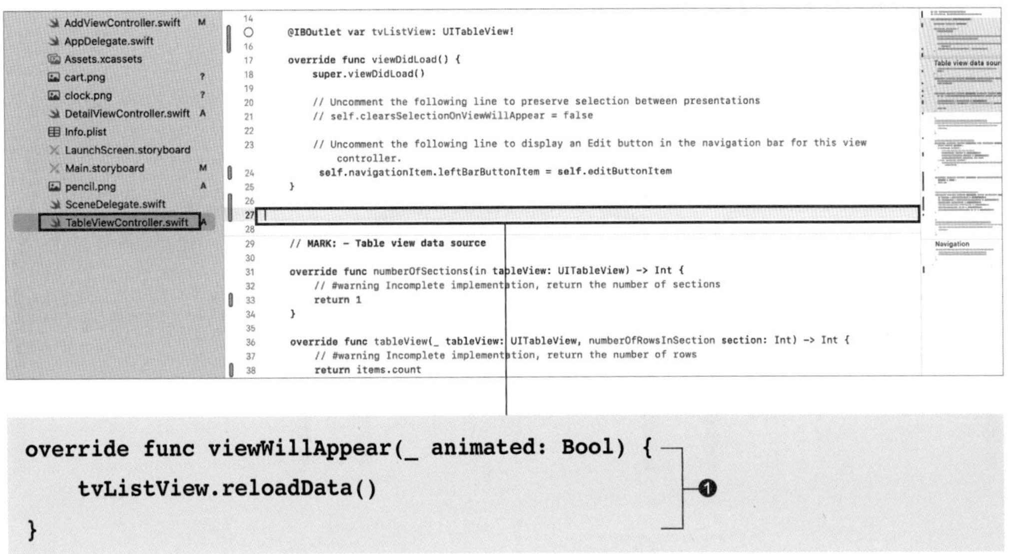

```
override func viewWillAppear(_ animated: Bool) {
    tvListView.reloadData()
}
```

❶ tvListView.reloadData 함수를 추가하여 테이블 뷰를 다시 불러옵니다. 다시 말해 추가된 내용을 목록으로 불러들입니다.

알아 두면 좋아요! | 뷰가 보일 때 호출되는 함수들

뷰가 처음 보일 때 한 개의 함수로만 호출해 보여 주는 것이 아니라 여러 개의 함수가 호출되는데, 호출되는 함수의 순서는 ViewDidLoad → ViewWillAppear → ViewDidAppear 순입니다. 하지만 뷰가 전환되어 올 때는 ViewWillAppear와 ViewDidAppear만 호출됩니다.

ViewDidLoad	뷰가 로드되었을 때 호출되는 함수로, 뷰가 생성될 때 한 번만 호출됩니다.
ViewWillAppear	뷰가 노출될 준비가 끝났을 때 호출되는 함수로, 뷰가 노출될 때마다 호출됩니다.
ViewDidAppear	뷰가 완전히 보인 후 호출되는 함수로, 뷰가 완전히 보인 후 호출됩니다.

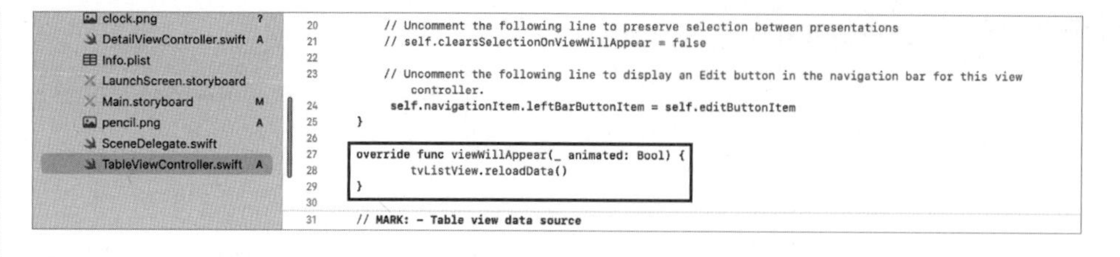

clock.png
DetailViewController.swift
Info.plist
LaunchScreen.storyboard
Main.storyboard
pencil.png
SceneDelegate.swift
TableViewController.swift
// Uncomment the following line to preserve selection between presentations
// self.clearsSelectionOnViewWillAppear = false
// Uncomment the following line to display an Edit button in the navigation bar for this view controller.
self.navigationItem.leftBarButtonItem = self.editButtonItem
}
override func viewWillAppear(_ animated: Bool) {
tvListView.reloadData()
}
// MARK: - Table view data source

5. '새 목록 추가 동작' 결과 보기

이제 다시 앱을 실행합니다. 화면 오른쪽에 있는 [+] 버튼을 클릭하면 'Add View'로 이동하고, 텍스트 필드에 내용을 입력한 후 [Add] 버튼을 클릭하면 'Main View'로 돌아옵니다. 이제는 내용이 제대로 추가된 것을 확인할 수 있습니다.

12-10 목록의 세부 내용 보기

마지막으로 목록의 아이템을 선택하면 'Detail View'로 이동하고 그 내용을 보여 주도록 코드를 작성해 보겠습니다.

직접 해보세요! 목록을 클릭할 때 동작 코딩하기

1. [DetailViewController.swift]를 선택한 후 다음 소스를 추가합니다. 소스의 의미는 다음과 같습니다.

```
clock.png
DetailViewController.swift A
Info.plist
LaunchScreen.storyboard
Main.storyboard M
pencil.png A
SceneDelegate.swift
TableViewController.swift A
```

```
import UIKit

class DetailViewController: UIViewController {

    var receiveItem = ""

    @IBOutlet var lblItem: UILabel!
    override func viewDidLoad() {
        super.viewDidLoad()

        // Do any additional setup after loading the view.
        lblItem.text = receiveItem
    }

    func reciveItem(_ item: String)
    {
        receiveItem = item
    }

    /*
    // MARK: - Navigation

    // In a storyboard-based application, you will often want to do a little prep
```

```
class DetailViewController: UIViewController {

    var receiveItem = "" —❶

    @IBOutlet var lblItem: UILabel!
    override func viewDidLoad() {
        super.viewDidLoad()

        // Do any additional setup after loading the view.
        lblItem.text = receiveItem —❷
    }

    func receiveItem(_ item: String) —❸
    {
        receiveItem = item
    }
```

❶ Main View에서 받을 텍스트를 위해 변수 receiveItem을 선언합니다.

❷ 뷰가 노출될 때마다 이 내용을 레이블의 텍스트로 표시합니다.

❸ Main View에서 변수를 받기 위한 함수를 추가합니다.

2. [TableViewController.swift]를 선택한 후 수정하겠습니다. prepare(for segue: UIStoryboardSegue, sender: Any?) 함수 앞뒤의 '/*'와 '*/'를 삭제하여 주석을 제거합니다. 이 함수는 세그웨이를 이용하여 뷰를 이동하는 함수입니다.

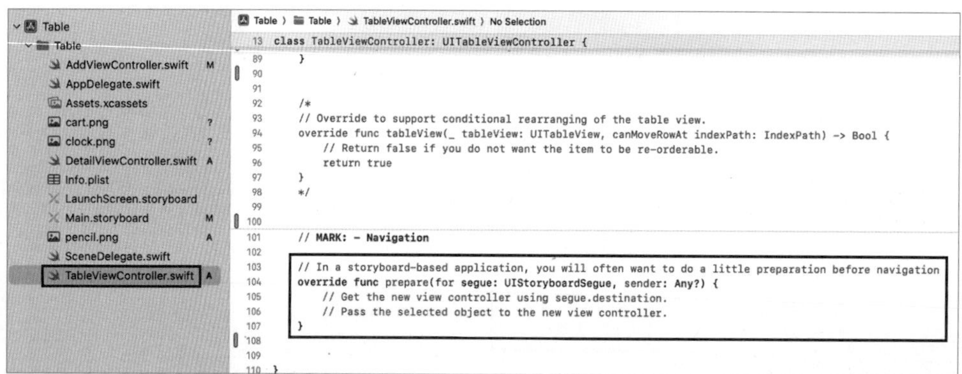

3. 앞 장에서 배운 세그웨이를 이용하여 뷰를 전환하는 것과 같은 방법을 사용합니다. 다만 TableViewCell의 indexPath를 구하는 부분이 추가되었습니다.

> ▶ 자세한 설명이 필요하면 11-5절을 참고하세요.

```
class TableViewController: UITableViewController {

    /*
    // Override to support conditional rearranging of the table view.
    override func tableView(_ tableView: UITableView, canMoveRowAt indexPath: IndexPath) -> Bool {
        // Return false if you do not want the item to be re-orderable.
        return true
    }
    */

    // MARK: - Navigation

    // In a storyboard-based application, you will often want to do a little preparation before navigation
    override func prepare(for segue: UIStoryboardSegue, sender: Any?) {
        // Get the new view controller using segue.destination.
        // Pass the selected object to the new view controller.
        if segue.identifier == "sgDetail" {
            let cell = sender as! UITableViewCell
            let indexPath = self.tvListView.indexPath(for: cell)
            let detailView = segue.destination as! DetailViewController
            detailView.reciveItem(items[((indexPath! as NSIndexPath).row)])
        }
    }
```

```
override func prepare(for segue: UIStoryboardSegue, sender: Any?) {
    // Get the new view controller using segue.destinationViewController.
    // Pass the selected object to the new view controller.
    if segue.identifier == "sgDetail" {
        let cell = sender as! UITableViewCell
        let indexPath = self.tvListView.indexPath(for: cell)
        let detailView = segue.destination as! DetailViewController
        detailView.receiveItem(items[((indexPath! as NSIndexPath).row)])
    }
}
```

알아 두면 좋아요! } 사소한 문법 에러를 자동으로 수정하기

코드를 지문처럼 완벽하게 입력하지 않아도 자동으로 수정할 수 있습니다.
한번 의도적으로 틀리게 입력해 보겠습니다. let detailView = segue.destination as DetailViewController를 입력하면 에러가 발생합니다.

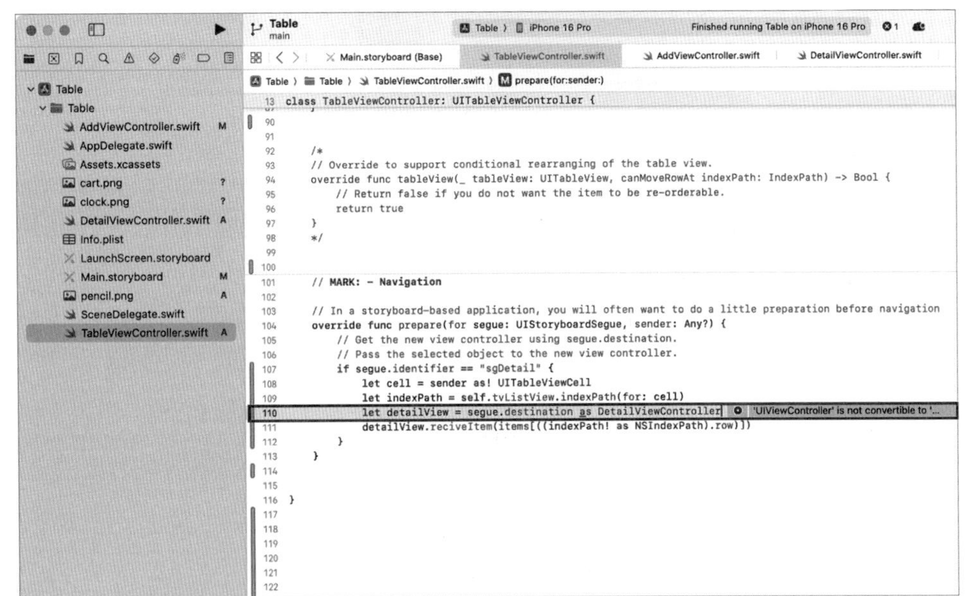

사소한 에러의 경우 빨간색 경고를 클릭하면 수정 내용을 알려 주고, [Fix]를 클릭하면 자동으로 수정됩니다.

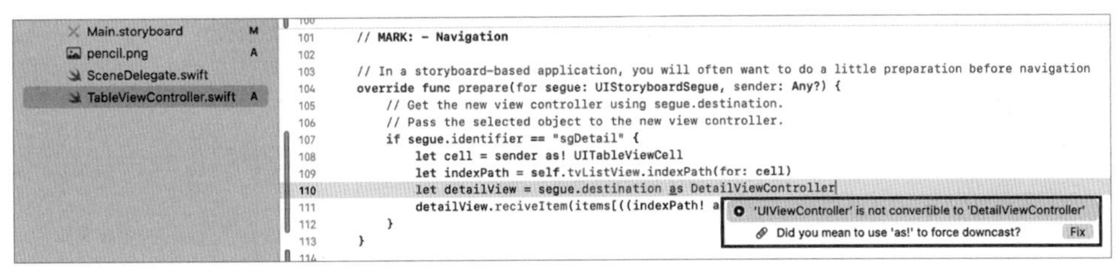

4. 결과 보기

다시 [실행] 버튼을 클릭합니다. 목록 중에서 하나를 클릭하면 'Detail View'로 전환되며 내용이 출력됩니다.

12-11

할 일 목록 앱, 전체 소스 보기

완성된 앱의 전체 소스를 확인해 보세요.

TableViewController.swift

```
import UIKit

// 앱 시작 시 기본적으로 나타낼 목록
var items = ["책 구매", "철수와 약속", "스터디 준비하기"]
var itemsImageFile = ["cart.png", "clock.png", "pencil.png"]

class TableViewController: UITableViewController {

    @IBOutlet var tvListView: UITableView!

    override func viewDidLoad() {
        super.viewDidLoad()

        // Uncomment the following line to preserve selection between presentations
        // self.clearsSelectionOnViewWillAppear = false

        // Uncomment the following line to display an Edit button in the
        navigation bar for this view controller.
        self.navigationItem.leftBarButtonItem = self.editButtonItem
    }

    // 뷰가 노출될 때마다 리스트의 데이터를 다시 불러옴
    override func viewWillAppear(_ animated: Bool) {
        tvListView.reloadData()
    }

    // MARK: - Table view data source
    // 테이블 안의 섹션 개수를 1로 설정함
    override func numberOfSections(in tableView: UITableView) -> Int {
      // #warning Incomplete implementation, return the number of sections
        return 1
    }
```

```
 // 섹션당 열의 개수를 전달
override func tableView(_ tableView: UITableView, numberOfRowsInSection
    section: Int) → Int {
    // #warning Incomplete implementation, return the number of rows
    return items.count
}

// items와 itemsImageFile의 값을 셀에 삽입함
override func tableView(_ tableView: UITableView, cellForRowAt
    indexPath: IndexPath) → UITableViewCell {
    let cell = tableView.dequeueReusableCell(withIdentifier: "myCell",
        for: indexPath)

    cell.textLabel?.text = items[(indexPath as NSIndexPath).row]
    cell.imageView?.image = UIImage(named: itemsImageFile[(indexPath as
    NSIndexPath).row])

    return cell
}


/*
// Override to support conditional editing of the table view.
override func tableView(tableView: UITableView, canEditRowAtIndexPath
    indexPath: NSIndexPath) → Bool {
// Return false if you do not want the specified item to be editable.
return true
}
*/

// Override to support editing the table view.
// 목록 삭제 함수
override func tableView(_ tableView: UITableView, commitEditingStyle
      editingStyle: UITableViewCell.EditingStyle, forRowAtIndexPath indexPath:
      IndexPath) {
    if editingStyle == .delete {

        // items와 itemsImageFile에서 해당 리스트를 삭제함
        items.remove(at: (indexPath as NSIndexPath).row)
        itemsImageFile.remove(at: (indexPath as NSIndexPath).row)
        tableView.deleteRows(at: [indexPath], with: .fade)
    } else if editingStyle == .insert {
```

```
        // Create a new instance of the appropriate class, insert it into
        the array, and add a new row to the table view
    }
}

// 삭제 시 "Delete" 대신 "삭제"로 표시
override func tableView(_ tableView: UITableView, titleForDeleteConfirmation
        ButtonForRowAt indexPath: IndexPath)
            -> String? {
        return "삭제"
}

// Override to support rearranging the table view.
// 목록 순서 바꾸기
override func tableView(_ tableView: UITableView, moveRowAt
        fromIndexPath: IndexPath, to: IndexPath) {

    let itemToMove = items[(fromIndexPath as NSIndexPath).row]
    let itemImageToMove = itemsImageFile[(fromIndexPath as NSIndexPath).row]
    items.remove(at: (fromIndexPath as NSIndexPath).row)
    itemsImageFile.remove(at: (fromIndexPath as NSIndexPath).row)
    items.insert(itemToMove, at: (to as NSIndexPath).row)
    itemsImageFile.insert(itemImageToMove, at: (to as NSIndexPath).row)
}

/*
// Override to support conditional rearranging of the table view.
override func tableView(tableView: UITableView, canMoveRowAtIndexPath
    indexPath: NSIndexPath) -> Bool {
    // Return false if you do not want the item to be re-orderable.
    return true
}
*/


// MARK: - Navigation

// In a storyboard-based application, you will often want to do a little
preparation before navigation
// 세그웨이를 이용하여 디테일 뷰로 전환하기
```

```
    override func prepare(for segue: UIStoryboardSegue, sender: Any?) {
        // Get the new view controller using segue.destinationViewController.
        // Pass the selected object to the new view controller.
        if segue.identifier == "sgDetail" {
            let cell = sender as! UITableViewCell
            let indexPath = self.tvListView.indexPath(for: cell)
            let detailView = segue.destination as!
                DetailViewController
            detailView.receiveItem(items[((indexPath! as NSIndexPath).row)])
        }
    }


}
```

AddViewController.swift

```
import UIKit

class AddViewController: UIViewController {

    @IBOutlet var tfAddItem: UITextField!

    override func viewDidLoad() {
        super.viewDidLoad()

        // Do any additional setup after loading the view.
    }

    // 새 목록 추가하기
    @IBAction func btnAddItem(_ sender: UIButton) {
        items.append(tfAddItem.text!)
        itemsImageFile.append("clock.png")
        tfAddItem.text=""
        _ = navigationController?.popViewController(animated: true)
    }


    /*
    // MARK: - Navigation
```

```
    // In a storyboard-based application, you will often want to do a
          little preparation before navigation
    override func prepareForSegue(segue: UIStoryboardSegue, sender:
         AnyObject?) {
    // Get the new view controller using segue.destinationViewController.
    // Pass the selected object to the new view controller.
    }
    */

}
```

DetailViewController.swift

```
import UIKit

class DetailViewController: UIViewController {

    var receiveItem = ""

    @IBOutlet var lblItem: UILabel!
    override func viewDidLoad() {
        super.viewDidLoad()

        // Do any additional setup after loading the view.
        lblItem.text = receiveItem
    }

    // Main View에서 변수를 받아오기 위한 함수
    func reciveItem(_ item: String)
    {
        receiveItem = item
    }

    /*
    // MARK: - Navigation

    // In a storyboard-based application, you will often want to do a
          little preparation before navigation
    override func prepareForSegue(segue: UIStoryboardSegue, sender: AnyObject?) {
    // Get the new view controller using segue.destinationViewController.
```

```
        // Pass the selected object to the new view controller.
    }
    */

}
```

아이콘 선택 기능 추가하기

목표 새로운 아이템을 추가할 때 아이콘을 선택할 수 있도록 추가해 보세요. 12장의 실습 예제에서는 아이템을 추가할 때 무조건 시계 모양이 됩니다. 하지만 미션에서는 아이템 추가 화면에서 아이콘을 선택할 수 있도록 피커 뷰를 이용하여 작성해 보세요.

힌트 05장의 피커 뷰 예제를 참고하세요.

:: 완성 소스 [12장] 폴더 / [미션] 폴더 / Table.xcodeproj

문법 05 프로토콜, 자료형의 최댓값/최솟값 알아보기

1. 프로토콜이란 무엇인가요?

프로토콜(Protocol)이란 특정 객체가 갖추어야 할 기능이나 속성에 대한 설계도라고 할 수 있습니다. 협업하여 프로그램을 개발할 때 다른 프로그래머에게 일정 부분의 개발을 맡길 경우 무작정 맡기지 않고 '이러 이러한 것들이 필요하다'라는 설계도를 넘겨줄 때 사용하죠. 이렇게 프로토콜을 사용해야만 추후 프로그램을 합치는 과정에서 문제가 생기지 않습니다.
예를 들어 다른 프로그래머에게 클래스가 필요한데 이러 이러한 기능을 하는 함수여야 한다며 프로토콜로 만들어 전달하면 프로그래머는 그 프로토콜을 상속받아 코딩하면 되는 것이죠. 이때 프로토콜에서 정의된 내용이 빠지면 에러가 발생하므로 누락되는 경우가 생기지 않습니다. 또한 협업 시 프로그램을 여러 사람이 동시에 개발하기 때문에 어느 함수에 대해서 어떤 동작을 하는지를 정하고 함수명, 파라미터, 반환값을 어떻게 할 것인지 설정한 후에 작업을 같이 해나가야 그 함수를 사용하게 될 프로그래머가 함수를 믿고 사용할 수 있습니다.
프로토콜은 실질적으로는 아무런 내용이 없습니다. 다만, 단순한 선언 형태만을 취합니다. 실질적인 내용은 이 프로토콜을 이용하는 객체에서 정의합니다. 예를 들어 계산기를 만든다고 합시다. 그런데 이 계산기에 덧셈과 뺄셈이 꼭 있어야만 한다면 프로토콜로 만들 수 있습니다.

```
protocol CalculatorProtocal {
    func add(op1 : Int, op2 : Int) -> Int
    func sub(op1 : Int, op2 : Int) -> Int
}
```

이렇게 계산기 프로토콜을 만들었다면 이 계산기 프로토콜을 상속받은 클래스는 반드시 add 함수와 sub 함수를 만들어야 합니다. 그렇지 않으면 에러가 발생합니다.

```
class SimpleCalculator : CalculatorProtocal {
    func add(op1 : Int, op2 : Int) -> Int {
        return op1+op2
    }
    func sub(op1 : Int, op2 : Int) -> Int {
        return op1-op2
    }
}
```

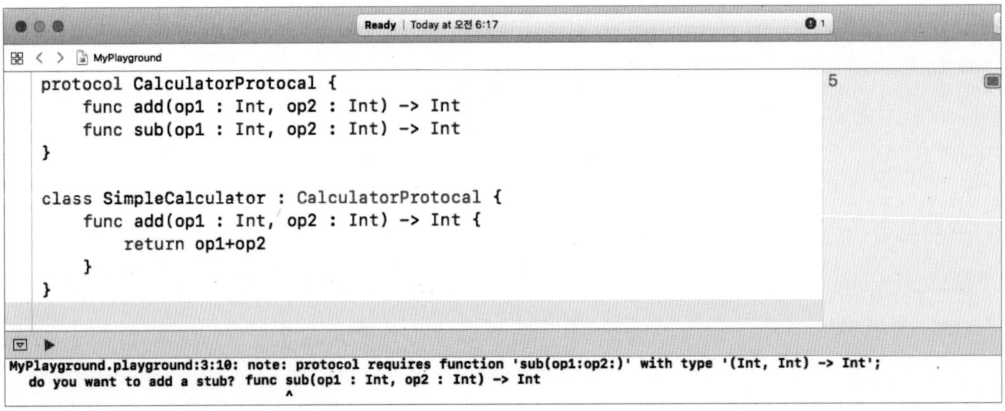

```
protocol CalculatorProtocal {
    func add(op1 : Int, op2 : Int) -> Int
    func sub(op1 : Int, op2 : Int) -> Int
}

class SimpleCalculator : CalculatorProtocal {
    func add(op1 : Int, op2 : Int) -> Int {
        return op1+op2
    }
}
```

```
MyPlayground.playground:3:10: note: protocol requires function 'sub(op1:op2:)' with type '(Int, Int) -> Int';
  do you want to add a stub? func sub(op1 : Int, op2 : Int) -> Int
                              ^
```

sub 함수를 추가하지 않아 에러가 발생한 모습

다음은 프로토콜을 상속받아 생성한 SimpleCalculator 클래스를 이용해 덧셈과 뺄셈을 수행한 결과입니다.

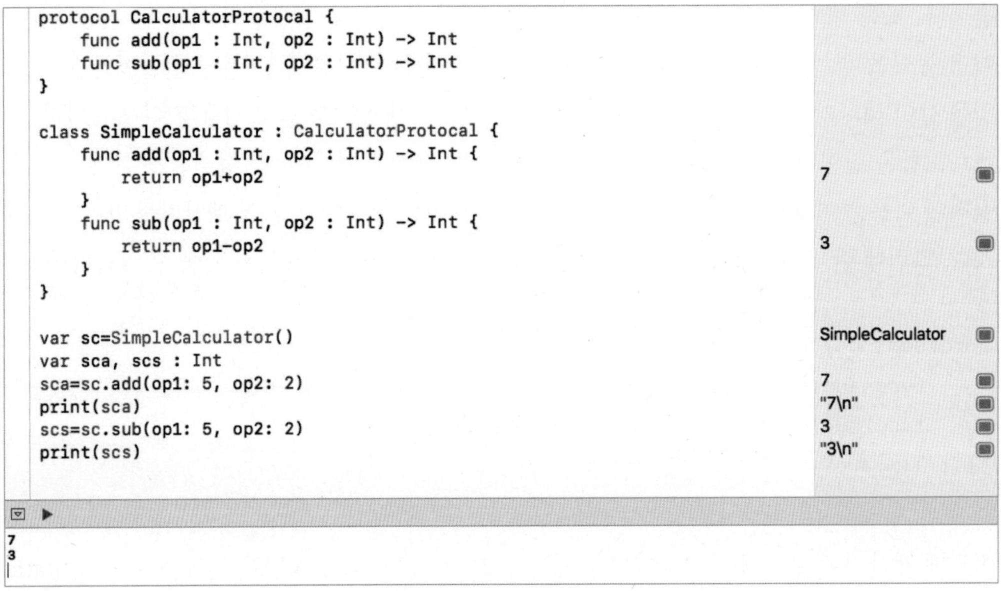

```
protocol CalculatorProtocal {
    func add(op1 : Int, op2 : Int) -> Int
    func sub(op1 : Int, op2 : Int) -> Int
}

class SimpleCalculator : CalculatorProtocal {
    func add(op1 : Int, op2 : Int) -> Int {
        return op1+op2                              7
    }
    func sub(op1 : Int, op2 : Int) -> Int {
        return op1-op2                              3
    }
}

var sc=SimpleCalculator()                           SimpleCalculator
var sca, scs : Int
sca=sc.add(op1: 5, op2: 2)                          7
print(sca)                                          "7\n"
scs=sc.sub(op1: 5, op2: 2)                          3
print(scs)                                          "3\n"
```

```
7
3
```

2. 자료형마다 가지는 최댓값/최솟값은 어떻게 되나요?

스위프트에서 사용하는 자료형은 다음과 같습니다.

타 입	특 징	예 제
Bool	참 또는 거짓 중 하나를 표현하는 이진법	True, False
Int, Int32, Int64	큰 수(분수 제외)를 표현하는 데 32 또는 64비트 음수나 양수의 정수 값 사용	4, 543, -674837, 5745
Int8, Int16	작은 수(분수 제외)를 표현하는 데 8 또는 16비트 음수나 양수의 정수 값 사용	-23, 58, 145

UInt, UInt32, UInt64	큰 수(분수 제외)를 표현하는 데 32 또는 64비트 양수 값 사용	5, 132, 70, 10023
UInt8, UInt16	작은 수(분수 제외)를 표현하는 데 8 또는 16비트 양수 값 사용	35, 86, 254
Float, Double	음수 또는 양수의 부동 소수점 또는 분수를 포함할 수도 있다	11.542, -3002.5899, 17.0
Character	단일 글자나 숫자 또는 다른 부호를 큰따옴표로 묶어서 표현	"T", "K", "*", "3"
String	일련의 문자를 큰따옴표로 묶어서 표현	"Fish", "Pigs", "New York"

① Int 자료형의 최댓값/최솟값

Int 자료형의 최댓값/최솟값부터 살펴보면 Int8은 8비트를 사용하여 2의 8승의 수를 나타낼 수 있습니다. 이 256개의 수 중 반으로 나누어 양수와 음수를 구분하여 사용하므로 -128 ~ 127까지의 수를 나타낼 수 있습니다. 같은 방법으로 Int16은 16비트를 사용하여 -32,768 ~ 32,767까지의 수를 나타낼 수 있으며, Int32와 Int64도 각각 32비트와 64비트를 사용하여 최댓값/최솟값을 찾을 수 있습니다.

▶ Int 자료형은 해당 OS의 비트 크기에 맞춰 그 크기가 자동으로 변합니다. macOS는 64비트 머신이므로 Int는 Int64와 동일한 크기입니다.

다음 예제는 Int 자료형의 최댓값/최솟값의 범위를 확인하는 예제입니다. 각 자료형이 가질 수 있는 최댓값과 최솟값을 max, min 속성을 사용하여 확인할 수 있습니다.

```
print("Int.min = \(Int.min)")
print("Int.max = \(Int.max)")
print("Int8.min = \(Int8.min)")
print("Int8.max = \(Int8.max)")
print("Int16.min = \(Int16.min)")
print("Int16.max = \(Int16.max)")
print("Int32.min = \(Int32.min)")
print("Int32.max = \(Int32.max)")
print("Int64.min = \(Int64.min)")
print("Int64.max = \(Int64.max)")
```

결과

```
Int.min = -9223372036854775808
Int.max = 9223372036854775807
Int8.min = -128
Int8.max = 127
```

```
Int16.min = -32768
Int16.max = 32767
Int32.min = -2147483648
Int32.max = 2147483647
Int64.min = -9223372036854775808
Int64.max = 9223372036854775807
```

② UInt 자료형의 최댓값/최솟값

다음 예제는 UInt 자료형의 최댓값/최솟값의 범위를 확인하는 예제입니다. UInt 자료형은 Int 자료형과는 달리 부호를 사용하지 않기 때문에 각 자료형이 가질 수 있는 경우의 수를 모두 양수로 사용할 수 있습니다. 예를 들어 UInt8 자료형의 최솟값은 0이고 최댓값은 8비트를 사용하여 나타낼 수 있는 최댓값인 255입니다.

```
print("UInt.min = \(UInt.min)")
print("UInt.max = \(UInt.max)")
print("UInt8.min = \(UInt8.min)")
print("UInt8.max = \(UInt8.max)")
print("UInt16.min = \(UInt16.min)")
print("UInt16.max = \(UInt16.max)")
print("UInt32.min = \(UInt32.min)")
print("UInt32.max = \(UInt32.max)")
print("UInt64.min = \(UInt64.min)")
print("UInt64.max = \(UInt64.max)")
```

결과

```
UInt.min = 0
UInt.max = 18446744073709551615
UInt8.min = 0
UInt8.max = 255
UInt16.min = 0
UInt16.max = 65535
UInt32.min = 0
UInt32.max = 4294967295
UInt64.min = 0
UInt64.max = 18446744073709551615
```

③ Float 자료형의 최댓값/최솟값

다음 예제는 Float 자료형의 정확도를 확인하는 예제입니다. Float 자료형은 소수점 아래 7~8자리의 값을 정확하게 저장할 수 있고, Double 자료형은 소수점 아래 15~16자리의 값을 정확하게 저장할 수 있습니다. 또한 Float32와 Float64는 실제로 존재하는 자료형이 아니라 재정의된 자료형으로, Float32는 Float와 동일하고 Float64는 Double과 동일한 자료형입니다.

```
var fnum: Float
fnum = 0.123456789123456789

var fnum32: Float32
fnum32 = 0.123456789123456789

var fnum64: Float64
fnum64 = 0.123456789123456789

var dbnum: Double
dbnum = 0.123456789123456789

print("fnum = \(fnum)")
print("fnum32 = \(fnum32)")
print("fnum64 = \(fnum64)")
print("dbnum = \(dbnum)")
```

결과

```
fnum = 0.123457
fnum32 = 0.123457
fnum64 = 0.123456789123457
dbnum = 0.123456789123457
```

④ Bool, Character, String 살펴보기

다음은 Bool, Character, String에 대한 예제입니다. Bool 자료형은 true 또는 false 값만 가질 수 있으며, Character 자료형은 한 개의 문자만을 저장할 수 있고, String 자료형은 여러 개의 문자를 저장할 수 있습니다.

```
var flag: Bool
flag = true

var ch: Character
ch = "s"

var str: String
str = "Swift"

print("flag = \(flag)")
print("ch = \(ch)")
print("str = \(str)")
```

결과

```
flag = true
ch = s
str = Swift
```

13~19장을
공부하기 위한
선행학습

자동 레이아웃 정의 및 설정 방법

자동 레이아웃이란?

자동 레이아웃(Auto Layout)은 기기의 디스플레이 크기와 관계없이 동일한 레이아웃을 구현하는 기능입니다. 예를 들어 자동 레이아웃 기능을 사용하지 않을 경우에는 다음 그림처럼 스토리보드에서 작업한 아이폰(아이폰 16 Pro)은 크기가 딱 맞지만 아이폰 16 Pro보다 디스플레이 크기가 큰 아이폰 16 Pro Max는 오른쪽과 아랫부분에 여백이 남습니다. 또한 아이폰 16 Pro보다 디스플레이 크기가 작은 아이폰 SE에서는 그림이 넘쳐 잘립니다. 하지만 자동 레이아웃 기능을 사용하면 이미지 뷰의 위, 오른쪽, 아래, 왼쪽 여백이 알맞게 설정되어 디바이스가 바뀌어도 해당 디바이스의 여백에 맞게 배치됩니다.

아이폰 16 Pro

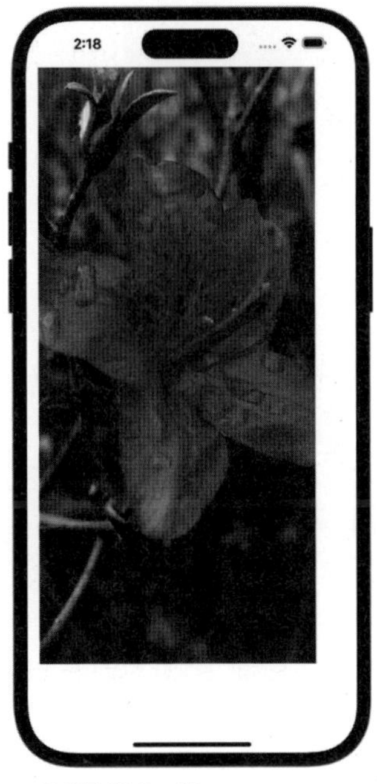

아이폰 16 Pro Max

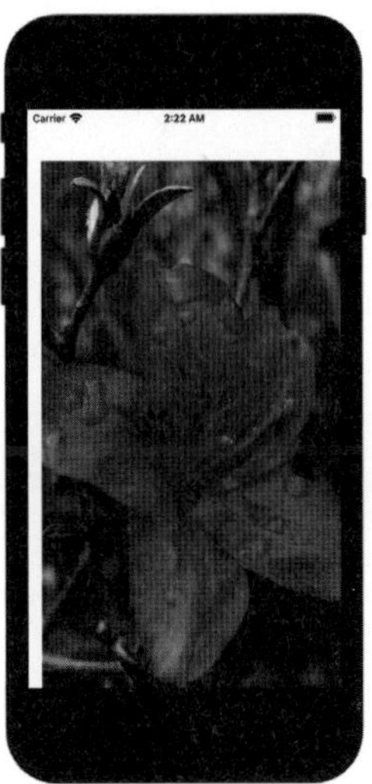

아이폰 SE

디바이스별 화면 결과 보기

자동 레이아웃을 사용하기 전에 사이즈가 서로 다른 디바이스에서 화면이 어떻게 나오는지 확인해 보도록 하겠습니다.

1. 다음과 같은 프로젝트를 하나 만듭니다.

- 프로젝트명 : AutoLayout
- 프로젝트에 이미지 추가 : 01.png
- 스토리보드 : iPhone 16 Pro 선택(Aspect Fill)
- 스토리보드에 이미지 뷰 추가 : 화면에 꽉 차게 크기를 조정
- 추가한 이미지 뷰에 이미지(01.png) 할당

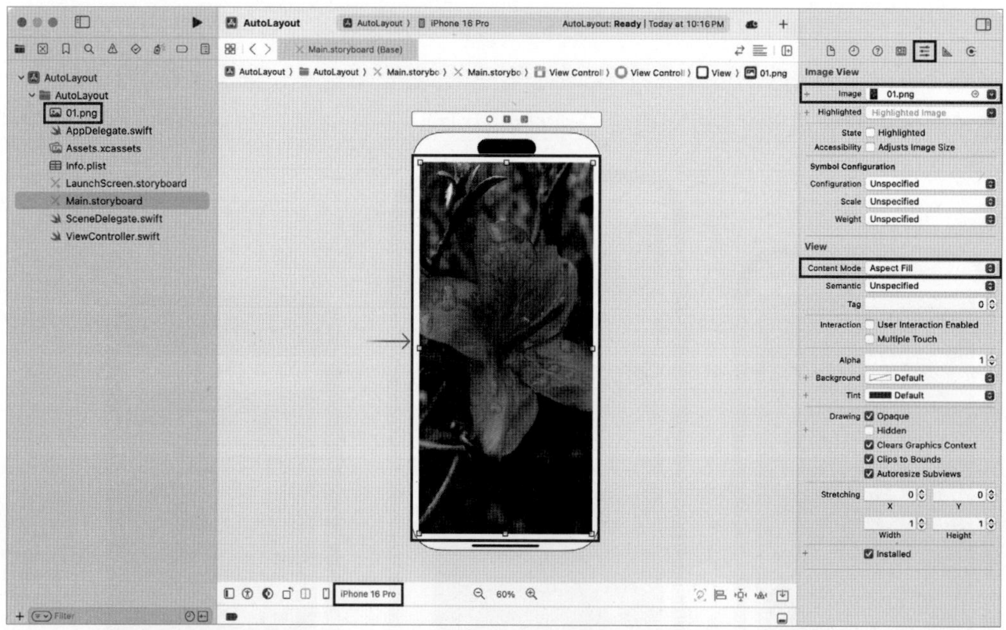

2. 이제 디바이스를 변경하면서 화면을 확인해 보겠습니다. 왼쪽 하단의 [iPhone 16 Pro]를 클릭하여 다른 디바이스로 변경합니다. 여기서는 iPhone 16 Pro Max와 iPhone SE(3rd generation)를 선택합니다.

iPhone 16 Pro　iPhone 16 Pro Max　iPhone SE(3rd generation)

3. 디바이스를 변경하면서 확인한 결과가 앞서 살펴봤던 시뮬레이터로 확인한 결과(여백이 남거나 잘리는)와 같은 것을 확인할 수 있습니다.

그럼 어떻게 하면 다양한 사이즈의 아이폰에서 동일한 결과를 나타낼 수 있을까요? 바로 자동 레이아웃 기능을 사용하면 됩니다. 이어서 살펴보겠습니다.

자동 레이아웃 설정하기

자동 레이아웃은 각 객체마다 제약 조건(constraints)을 설정하여 사용합니다. 제약 조건이란 각 객체가 가질 수 있는 여백, 정렬 방법, 다른 객체와의 간격 등을 의미하며 제약 조건은 스토리보드 하단의 [정렬 조건(▤)] 아이콘 및 [제약 조건(⊡)] 아이콘을 클릭하여 설정할 수 있습니다.

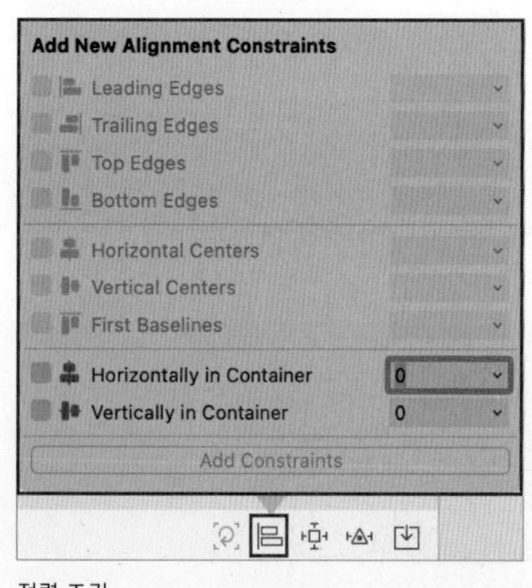

정렬 조건

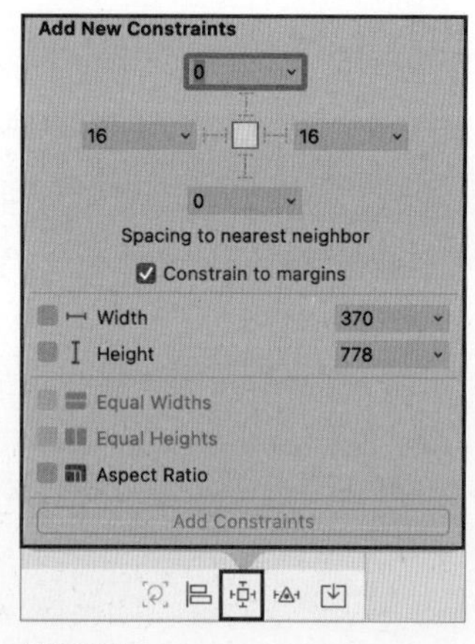

제약 조건

그럼 이제부터 자동 레이아웃을 설정하는 방법을 알아볼까요?

1. 이미지 뷰를 선택하고 오른쪽 하단의 [Add New Constraints] 아이콘을 클릭하면 창이 나타납니다. 창에서 이미지 뷰 객체의 좌, 우, 위, 아래의 여백에 대한 제약 조건을 설정하고 [Add 4 Constraints] 버튼을 클릭합니다. 여기서는 좌:16, 우:16, 위:0, 아래:0 으로 설정하였습니다.

▶ 간격 핀이 빨간 실선으로 표시되어야 설정값이 제대로 반영된 것입니다.

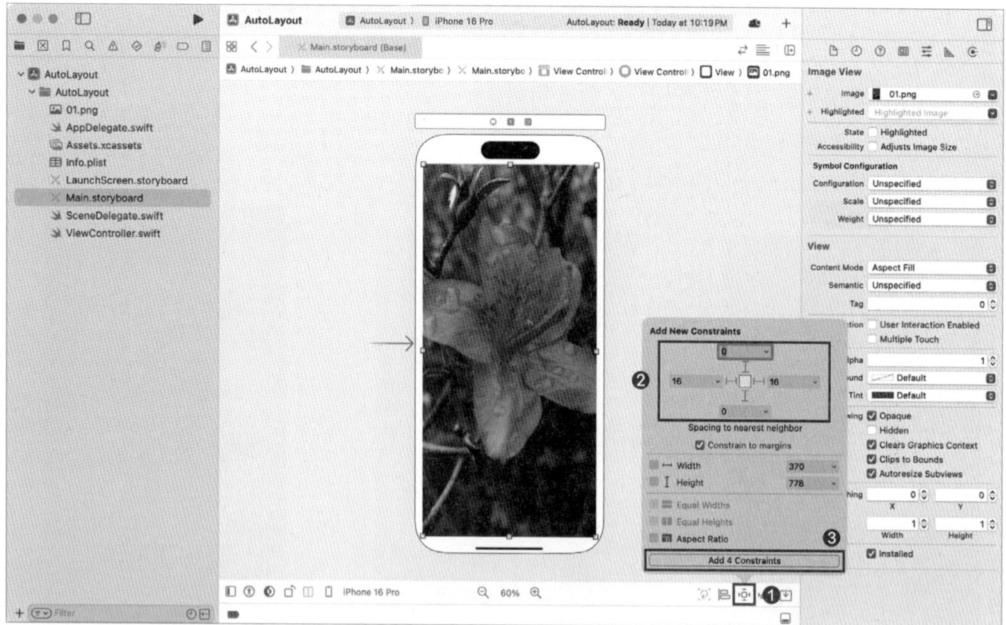

2. 설정한 제약 조건은 도큐먼트 아웃라인 영역 또는 오른쪽 인스펙터 영역의 [Size inspector] 버튼을 클릭한 후 확인할 수 있습니다.

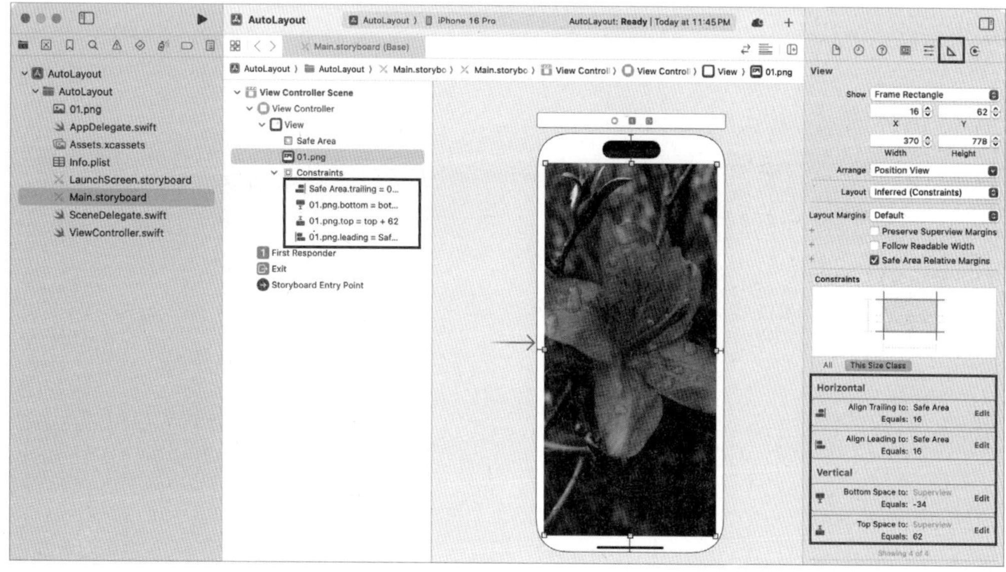

자동 레이아웃 내용 확인하기

이제 디바이스를 변경해 보면서 자동 레이아웃이 정상적으로 설정되었는지를 확인해 보겠습니다.

액정 크기가 많이 다른 아이폰 16 Pro Max 및 아이폰 SE도 아이폰 16 Pro와 유사한 모양으로 이미지가 표시되는 것을 확인할 수 있습니다.

iPhone 16 Pro

iPhone 16 Pro Max

iPhone SE(3rd generation)

SafeArea 영역 조절하기

그런데 위의 디바이스별 결과를 보면 아이폰 Pro와 아이폰 SE의 위, 아래 여백이 다르게 나타납니다. 이것은 다음 그림과 같이 아이폰 기종마다 SafeArea라는 영역이 서로 다르기 때문에 발생하는 문제입니다.

iPhone 16 Pro

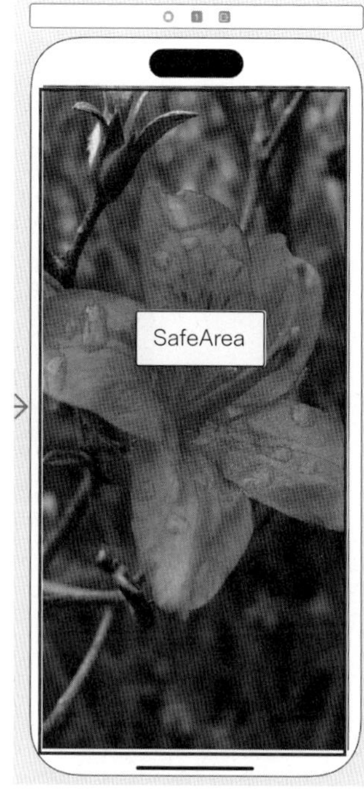

iPhone 16 Pro Max

iPhone SE(3rd generation)

이 문제를 해결하는 방법 중 가장 간단한 방법을 사용하여 해결해 보겠습니다.

1. 이미지 뷰 추가 설정하기

우선 아래 여백을 조정해 보겠습니다. 인스펙터 영역을 열고 이미지 뷰를 선택합니다. 인스펙터 영역의 [Size inspector] 버튼을 클릭한 후 [Align bottom to: Safe Area]를 더블클릭합니다.

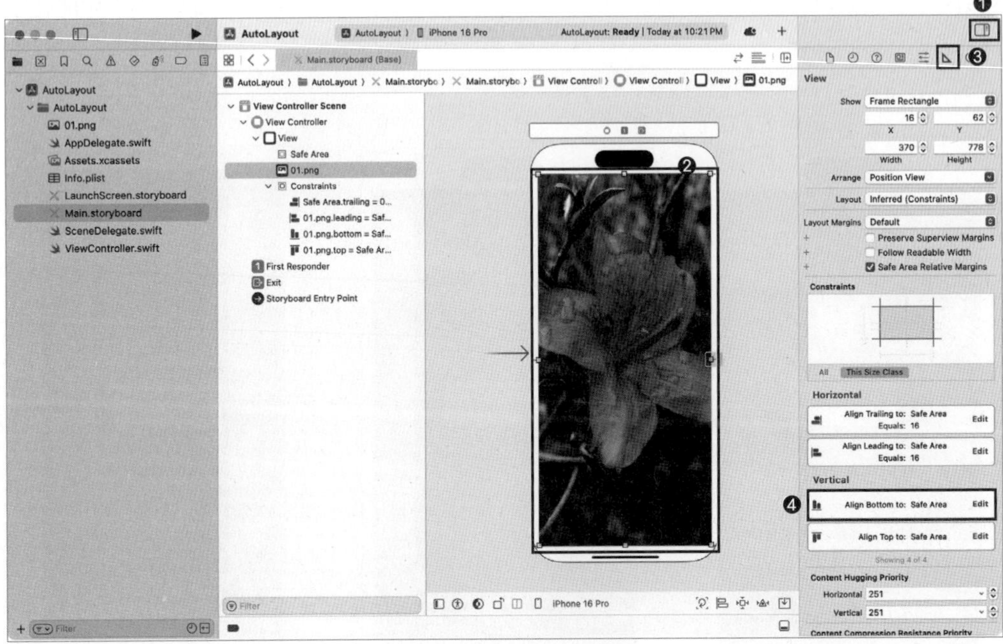

제약 조건 상세 설정 창이 나옵니다. 여기서 잠깐 설정 창의 의미를 살펴보겠습니다.

```
(First Item) = 비율(Multiplier) * (Second Item) + Constant
```

여기서는 01.png.Bottom = 1 * SafeArea.Bottom + 0으로 01.png.Bottom과 SafeArea.Bottom이 같다는 의미입니다.

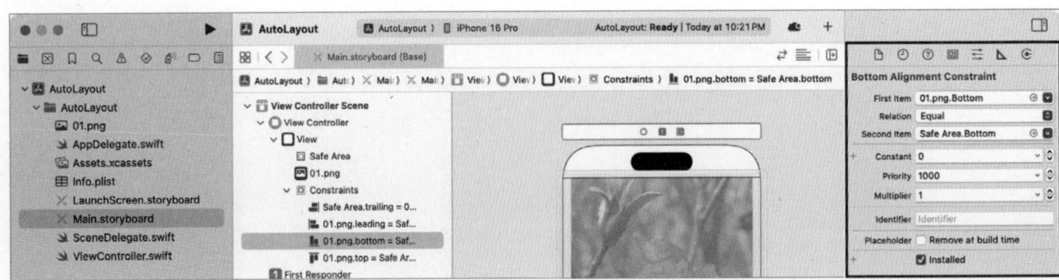

2. 디바이스 간의 SafeArea가 서로 맞지 않아 문제가 발생하였으므로 Bottom 기준을 SafeArea에서 SuperView로 변경하겠습니다.

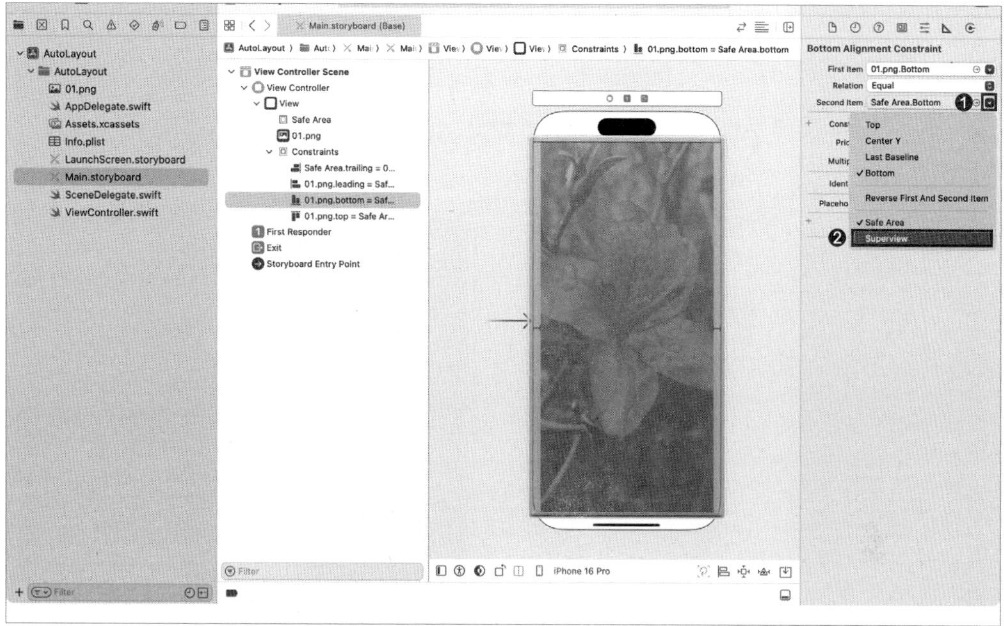

3. Constants 값을 '-34'로 수정합니다. 즉, 01.png.Bottom = 1 * SuperView.Bottom - 34을 의미합니다.

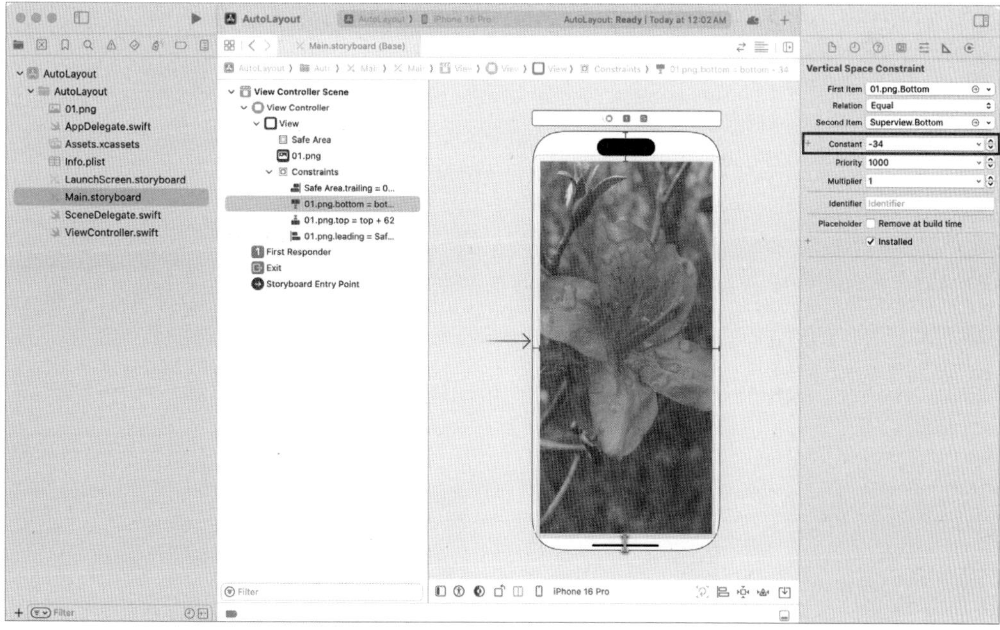

4. 다음으로 위 여백을 조정해 보겠습니다.

같은 방법으로 인스펙터 영역의 [Size inspector] 버튼을 클릭한 후 [Align top to: Safe Area]를 더블클릭합니다.

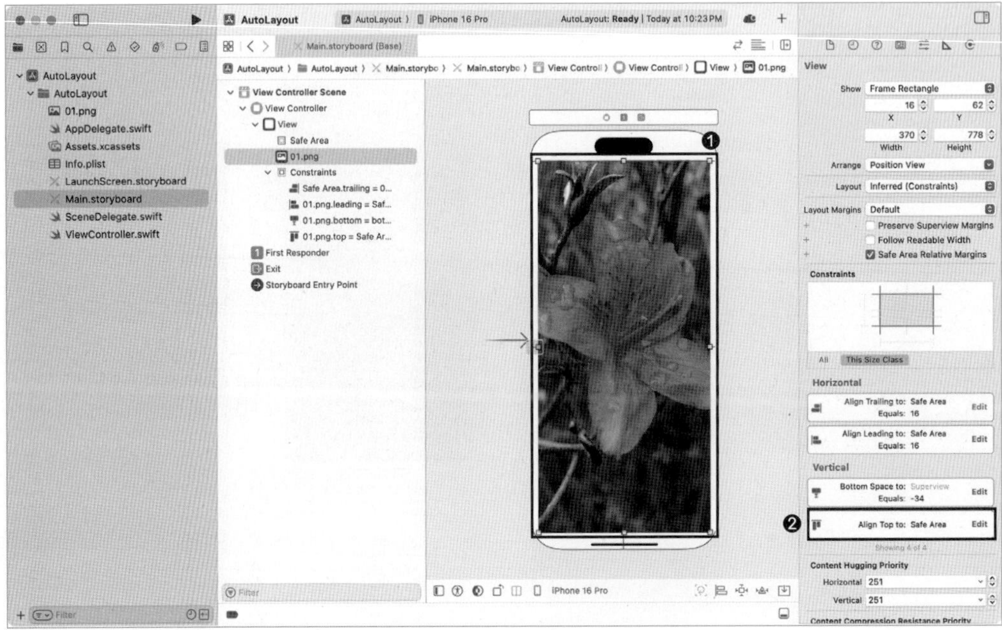

5. Top 기준을 SafeArea에서 SuperView로 변경하겠습니다.

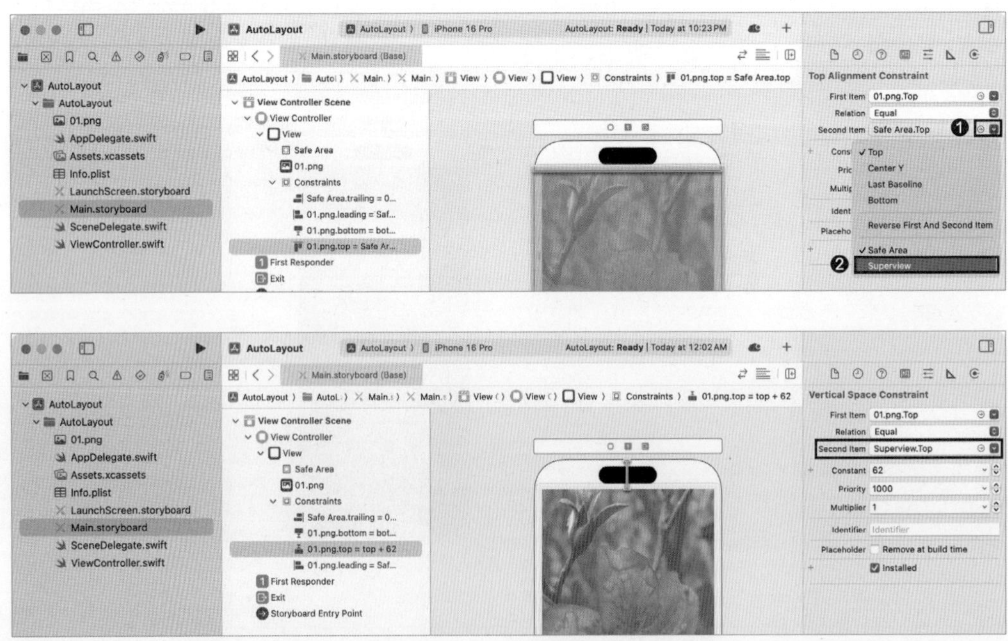

6. 이제 모든 디바이스에서 이미지가 동일한 모양으로 보이는 것을 확인할 수 있습니다.

iPhone 16 Pro

iPhone 16 Pro Max

iPhone SE(3rd generation)

스택 뷰(Stack View)란?

자동 레이아웃 기능을 사용하다 보면 객체가 몇 개 없는 간단한 레이아웃은 쉽게 설정할 수 있지만 객체가 많은 레이아웃은 쉽게 설정하기 힘듭니다. 어떤 객체를 맞추면 다른 하나가 틀어지고, 디바이스를 변경하면 이상해지기도 합니다.

이럴 때 쉽게 사용할 수 있는 객체가 바로 스택 뷰입니다. 스택 뷰는 객체를 모아서 관리할 수 있는 뷰 컨테이너로, 별다른 제약 조건을 사용하지 않아도 내부 객체들을 원하는 모양으로 정렬할 수 있습니다. 스택 뷰는 다른 객체들과 같은 방법으로 라이브러리(Library)에서 가져올 수 있으며, [가로 스택 뷰]와 [세로 스택 뷰]가 있습니다.

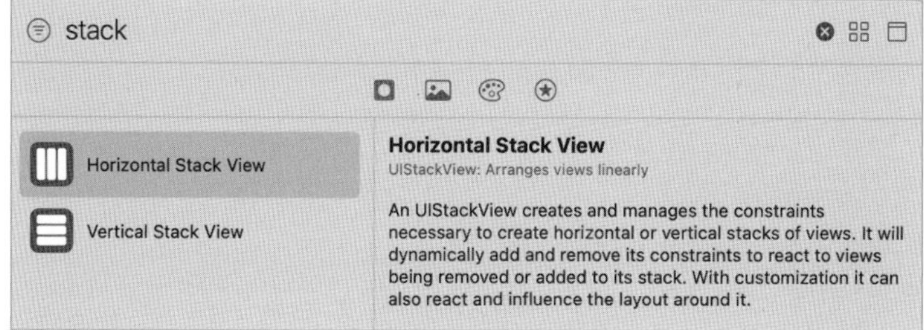

[세로 스택 뷰]와 [가로 스택 뷰]를 사용하여 다음과 같이 객체를 배치할 수 있습니다.

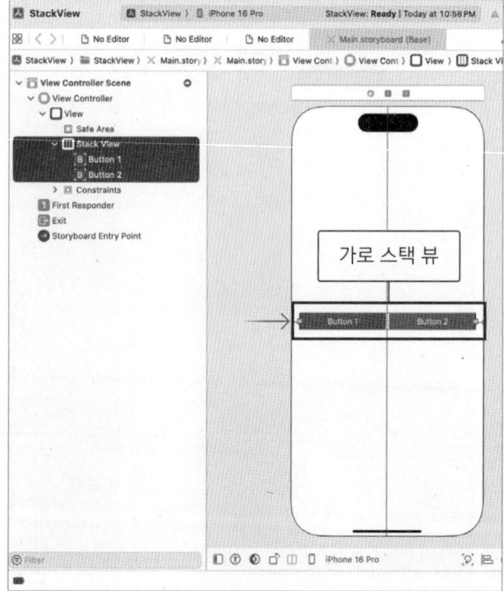

스택 뷰는 중첩해서 사용할 수 있습니다. 즉, 스택 뷰 내의 객체로서 다른 스택 뷰가 들어갈 수 있어 다음과 같은 표 모양의 레이아웃을 만들 수 있습니다.

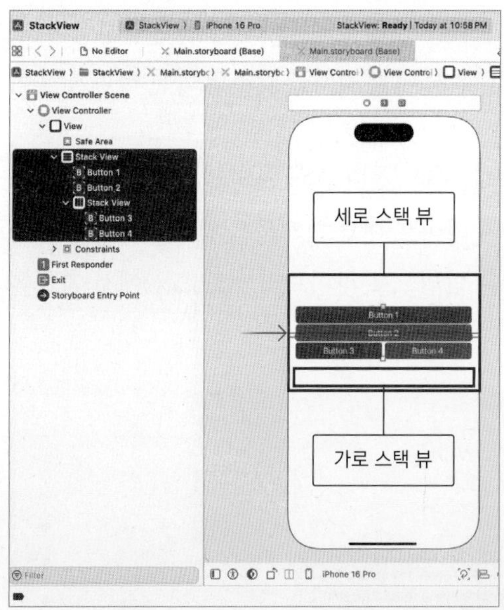

또한 스택 뷰를 사용하여 다음과 같이 복잡한 레이아웃도 간단하게 처리할 수 있습니다.

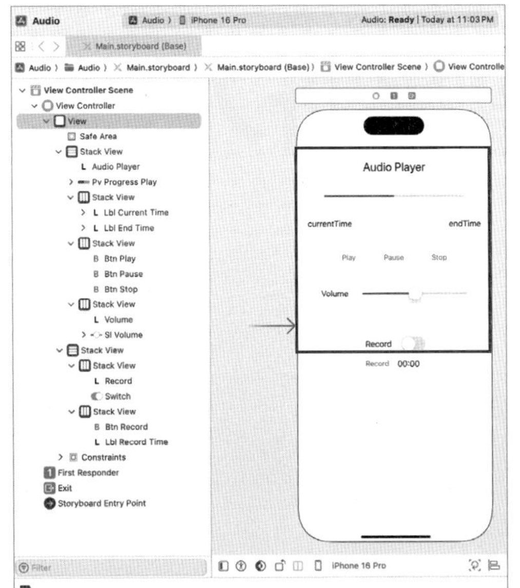

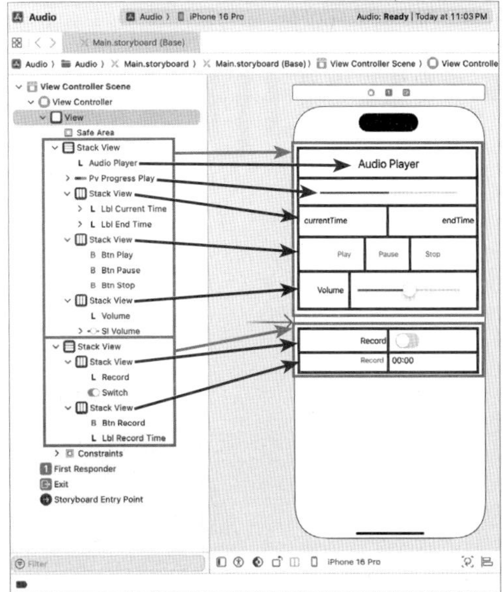

13장부터는 자동 레이아웃을 적용하여 앱을 만들겠습니다.
자, 바로 시작해 볼까요?

넷째마당

멀티미디어 활용하기

셋째마당에서는 이미지 뷰, 데이트 피커, 얼럿, 웹 뷰 및 맵 뷰와 같이 뷰와 관련된 내용과 페이지 컨트롤, 탭 바 컨트롤러, 내비게이션 컨트롤러, 테이블 뷰 컨트롤러와 같은 다양한 컨트롤러에 대해서 살펴보았습니다. 이번 넷째마당부터는 음악의 재생과 녹음, 비디오의 재생에 대해 살펴보고 카메라와 갤러리에 대해서도 살펴보겠습니다. 그리고 마지막으로 코어 그래픽스에 대해서도 알아보겠습니다.

난이도 ★★☆☆☆

13 음악 재생하고 녹음하기

이 장에서는 AVAudioPlayer를 이용하여 오디오 파일을 재생, 일시 정지 및 정지하는 방법과 볼륨을 조절하는 방법 그리고 녹음하는 방법을 알아보겠습니다.

완성된 모습

완성 소스 [13장] 폴더 / [본문 실습] 폴더 / Audio.xcodeproj

여기에서 만들 앱은 기본적으로 '재생 모드'와 '녹음 모드'를 스위치로 전환할 수 있는 앱입니다. 재생 모드에서는 재생, 일시 정지, 정지를 할 수 있으며 음악이 재생되는 동안 재생 정도가 프로그레스 뷰(Progress View)와 시간으로 표시됩니다. 또한 볼륨 조절도 가능합니다. 녹음 모드에서는 녹음을 할 수 있고 녹음이 되는 시간도 표시할 수 있습니다. 녹음이 종료되면 녹음 파일을 재생, 일시 정지, 정지할 수 있습니다. 그리고 이 두 가지 모드를 스위치로 전환하여 반복적으로 사용할 수도 있습니다.

13-1 AVAudioPlayer란?

아이폰에서는 대부분의 정보를 화면을 통해 제공하지만 간혹 소리를 이용해 정보를 제공하기도 합니다. 예를 들어 운전 중일 때 화면을 통한 정보 제공은 위험합니다. 이때는 소리를 이용한 정보 전달이 가장 효과적인 방법일 것입니다.
iOS에서는 기본적으로 음악 재생 앱과 녹음 앱을 제공합니다. 오디오 파일을 재생할 수 있다면 벨소리나 알람과 같이 각종 소리와 관련된 다양한 작업을 할 수 있습니다. 또한 일정 관리 앱에 녹음 기능을 추가해 목소리로 메모를 하는 등 메인 기능이 아닌 서브 기능으로도 사용할 수 있습니다. 오디오를 재생하는 방법 중 가장 쉬운 방법은 AVAudioPlayer를 사용하는 것입니다.

AVAudioPlayer는 다음과 같이 다양한 오디오 포맷 및 코덱을 지원합니다.

오디오 포맷 / 코덱	
AAC(MPEG-4 Advanced Audio Coding)	ALAC(Apple Lossless Audio Codec)
HE-AAC(MPEG-4 High Efficiency AAC)	AMR(Adaptive Mulit-rate)
Linear PCM(Linear Pluse Code Modulation)	iLBC(internet Low Bit Rate Codec)
	MP3(MPEG-1 audio layer3)

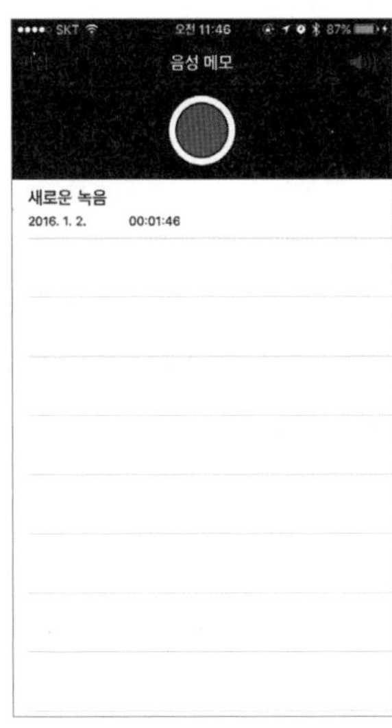

음성 메모 앱

음악 앱

포켓 인포먼트(Pocket Informant) 앱

13-2

오디오 재생 및 녹음 앱을 위한 기본 환경 구성하기

오디오 재생 앱은 다양한 형태로 만들 수 있습니다. 하지만 이 장에서는 가장 기본적인 기능을 수행하는 형태의 앱을 만들 것입니다. 앞에서 사용했던 버튼과 레이블 외에 프로그레스 뷰(Progress View), 슬라이더(Slider)도 만들어 보겠습니다.

이제 각종 타이틀을 쓰기 위한 레이블(Label), 오디오 재생 및 녹음을 위한 버튼(Button), 오디오 재생 정도를 보여 줄 프로그레스 뷰(Progress View), 볼륨 조절을 위한 슬라이더(Slider) 그리고 재생 모드와 녹음 모드를 선택할 스위치(Switch)를 추가하고 스택 뷰를 추가하여 스토리보드를 꾸며 보겠습니다.

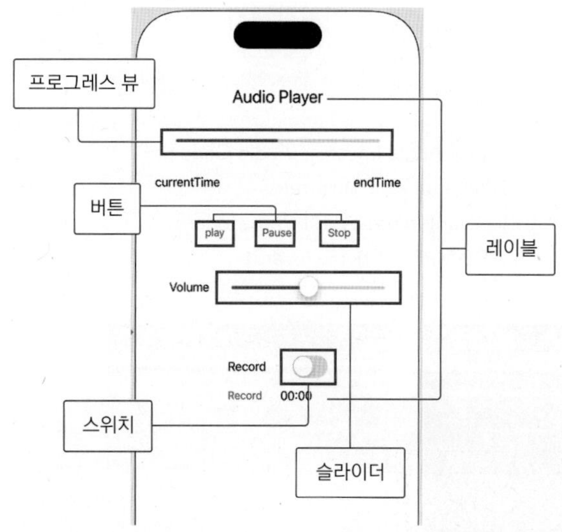

오디오 재생 및 녹음 앱을 만들기 위한 준비

1. Xcode를 실행한 후 'Audio'라는 이름으로 프로젝트를 만듭니다.

▶ 프로젝트를 만드는 방법은 02장을 참고하세요.

2. 뷰 컨트롤러 크기 조절하기

스토리보드의 디바이스를 [iPhone 16 Pro]로 수정합니다.

오디오 재생을 위한 스토리보드 꾸미기 및 자동 레이아웃 설정

1. 스토리보드 꾸미기

[Library] 버튼을 클릭한 후 팝업 창에 'la'를 입력하여 검색한 후 [레이블(Label)]을 찾아 스토리보드에 끌어다 놓고 'Audio Player'로 수정한 후 글씨 크기(Font)를 [System 24.0]으로 수정합니다.

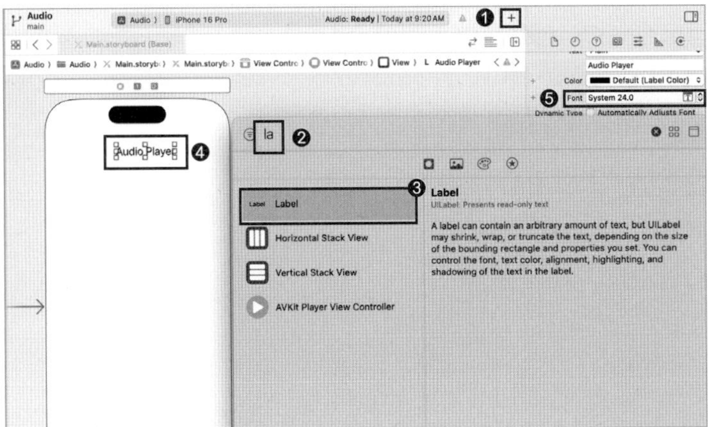

2. 이번엔 [Library] 버튼을 클릭한 후 팝업 창에 'pr'을 입력하여 검색한 후 [프로그레스 뷰(Progress View)]를 찾아 스토리보드의 레이블(Audio Player) 아래에 배치합니다.

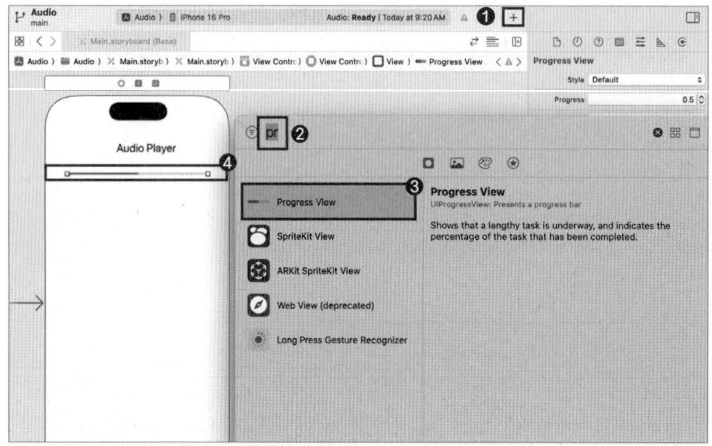

3. 앞에서와 같은 방법으로 프로그레스 뷰(Progress View) 아래쪽에 [레이블(Label)] 두 개를 추가합니다. 그리고 내용을 'currentTime'과 'endTime'으로 수정합니다. 이때 endTime은 오른쪽 정렬합니다.

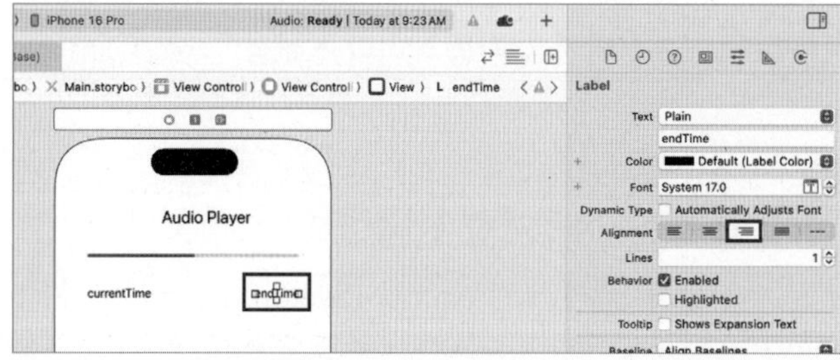

4. 오른쪽 그림과 같이 currentTime과 endTime 아래에 [버튼(Button)] 세 개를 배치한 후 내용을 'Play', 'Pause', 'Stop'으로 변경합니다. 버튼 추가 시 화면 오른쪽 인스펙터 영역에서 스타일(Style) 항목을 [Default]로 변경합니다. 그리고 그 버튼들 아래에는 레이블을 왼쪽에 놓고 'Volume'으로 수정합니다.

5. [Library] 버튼을 클릭한 후 팝업 창에 'sl'을 입력하여 검색한 후 [슬라이더(Slider)]를 레이블(Volume)의 오른쪽에 배치합니다.

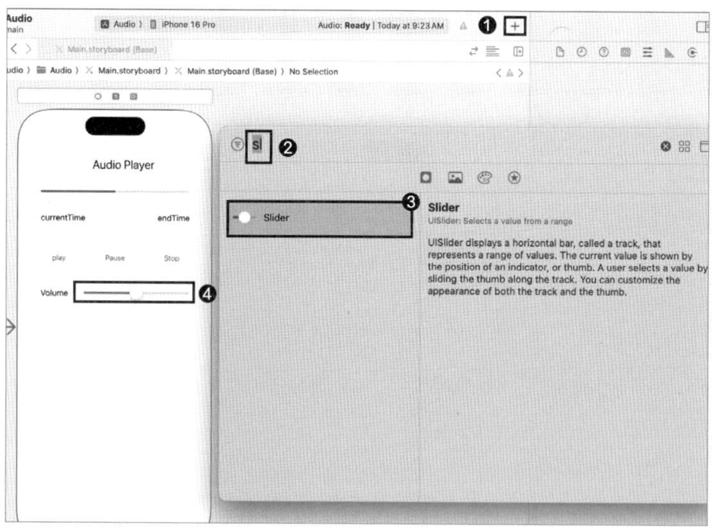

6. [Show Document Outline] 버튼을 클릭하여 도큐먼트 아웃라인 영역이 나타나게 합니다. 아래 화면은 버튼 클릭 후의 화면입니다.

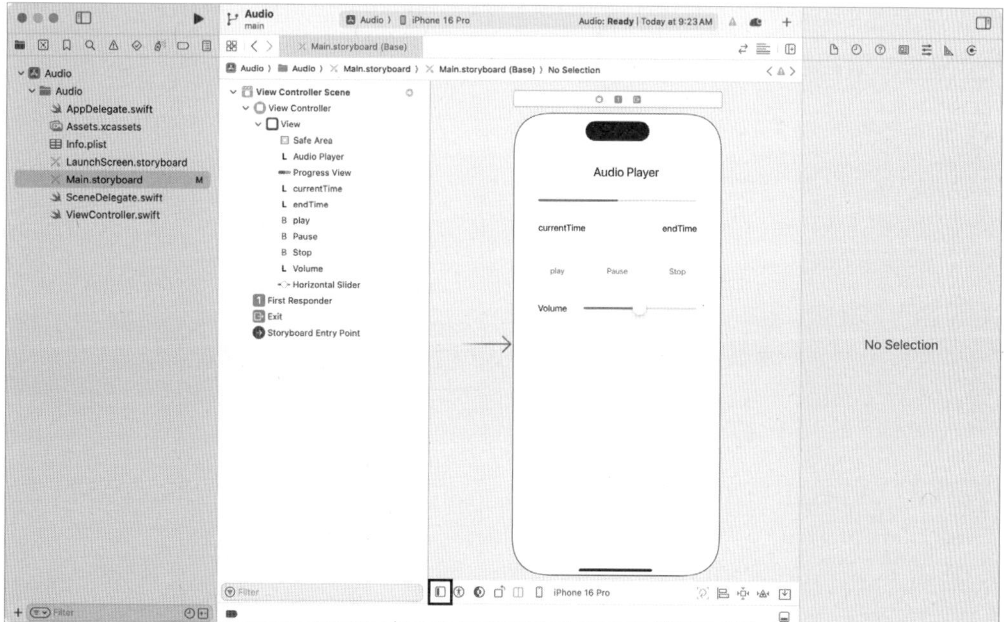

7. 두 개의 레이블을 command ⌘ 버튼을 누른 채 선택한 후 [Embed In → Stack View]를 선택합니다. 이런 방법으로 두 개의 레이블을 스택 뷰로 묶을 수 있습니다.

◐ 작업을 되돌리는 단축키는 command ⌘ + Z 입니다.

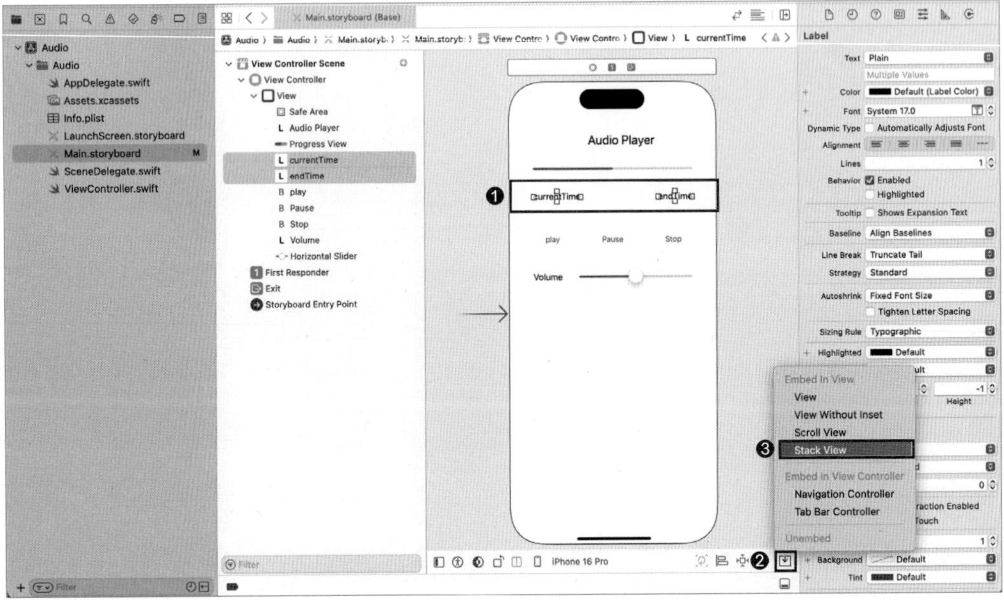

8. 같은 방법으로 버튼들을 선택한 후 [Embed In → Stack View]를 선택하여 스택 뷰로 묶고 가운데로 오도록 키보드 방향키를 이용하여 이동합니다.

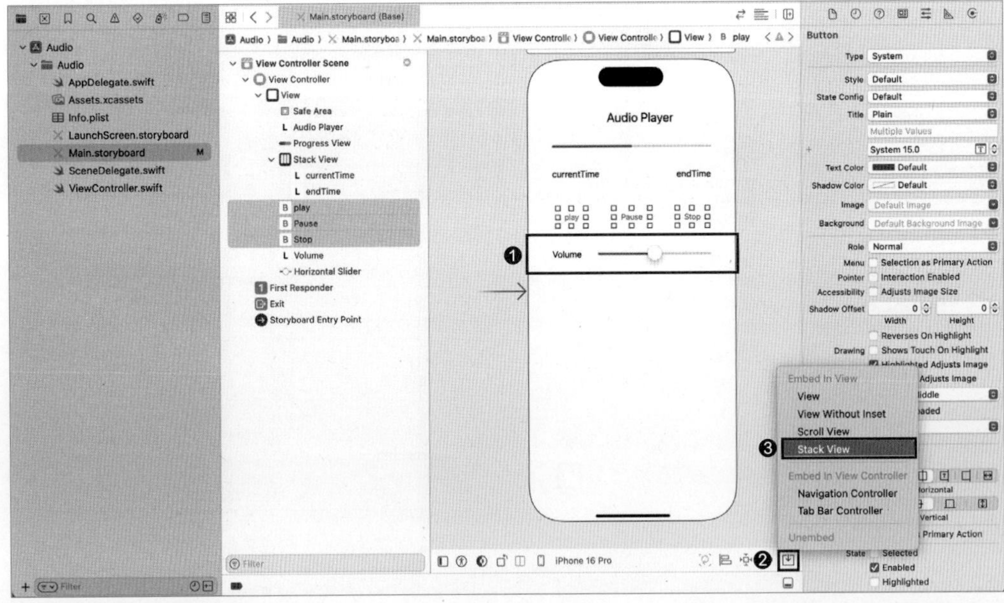

9. 같은 방법으로 레이블과 슬라이더를 선택한 후 [Embed In → Stack View]를 선택하여 스택 뷰로 묶습니다.

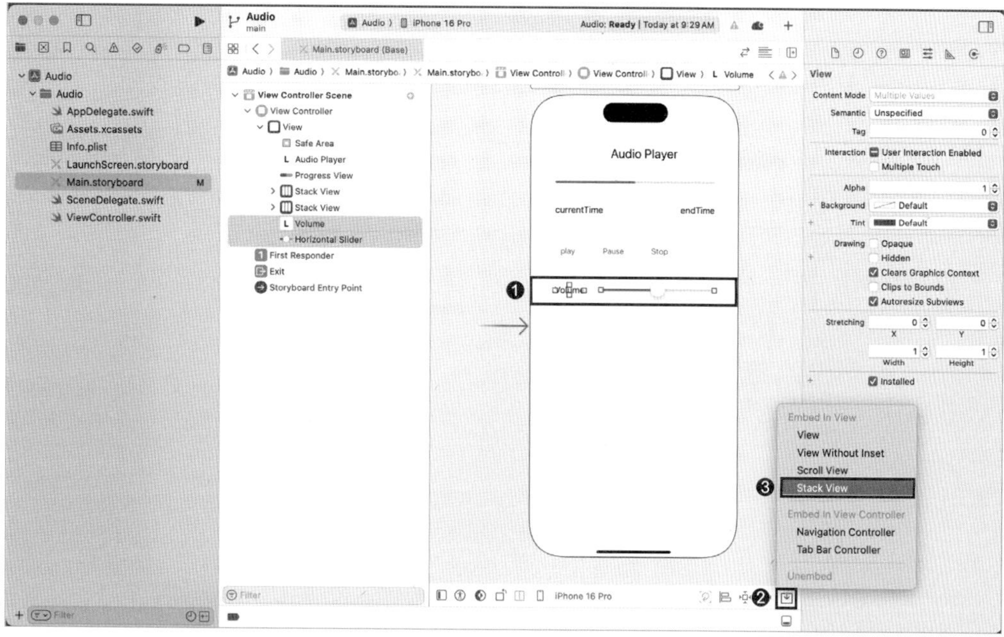

10. 앞에서는 가로로 배치된 컴포넌트를 [가로 스택 뷰]로 묶었는데, 이젠 모든 컴포넌트를 [세로 스택 뷰]로 묶겠습니다. 배치된 모든 컴포넌트를 선택한 후 [Embed In → Stack View]를 선택하여 스택 뷰로 묶습니다. 이때는 자동으로 [세로 스택 뷰]로 묶입니다.

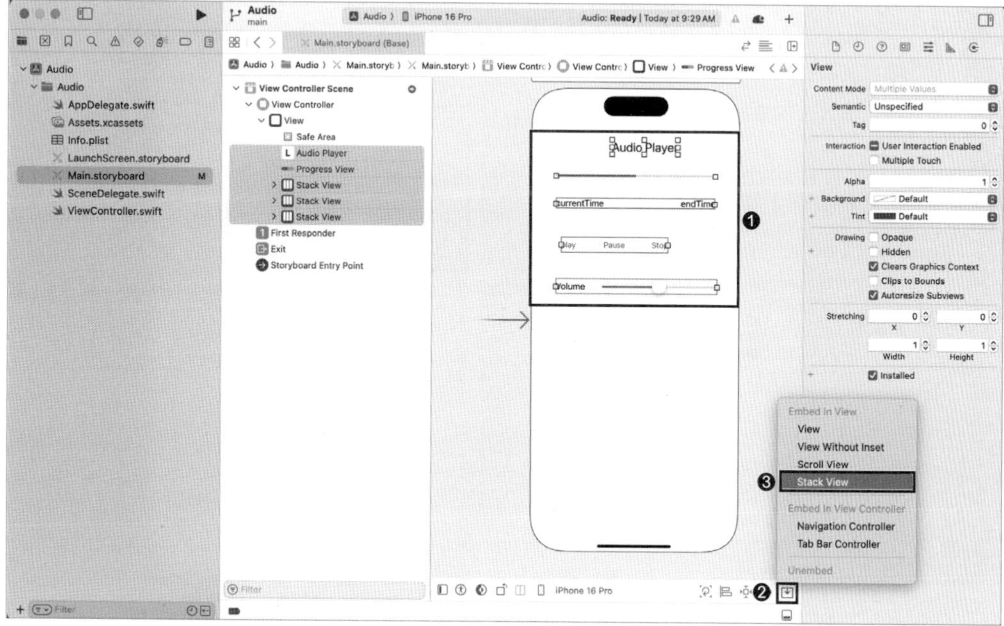

11. 도큐먼트 아웃라인 영역을 펼쳐 보면 각각의 컴포넌트들이 [가로 스택 뷰]와 [세로 스택 뷰]로 묶인 것을 확인할 수 있습니다.

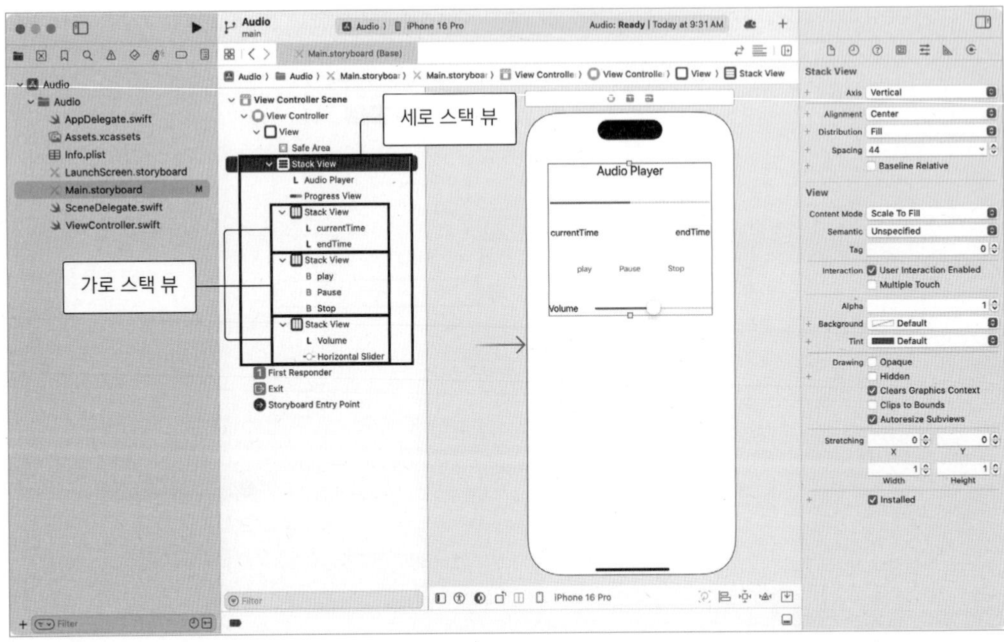

12. [세로 스택 뷰]를 선택하고 하단의 [정렬 조건] 아이콘을 클릭한 후 [Horizontally in Container]에 체크하여 수평을 가운데 정렬로 적용합니다.

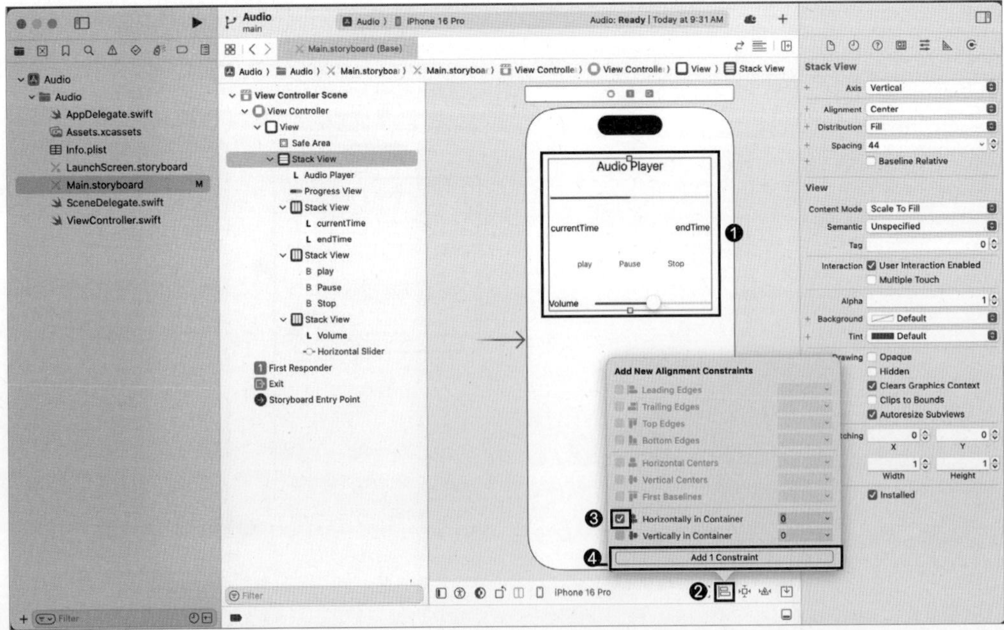

13. 하단의 [제약 조건] 아이콘을 클릭하여 제약 조건(위:40)을 입력하고 [Add 1 Constraint] 버튼을 클릭합니다.

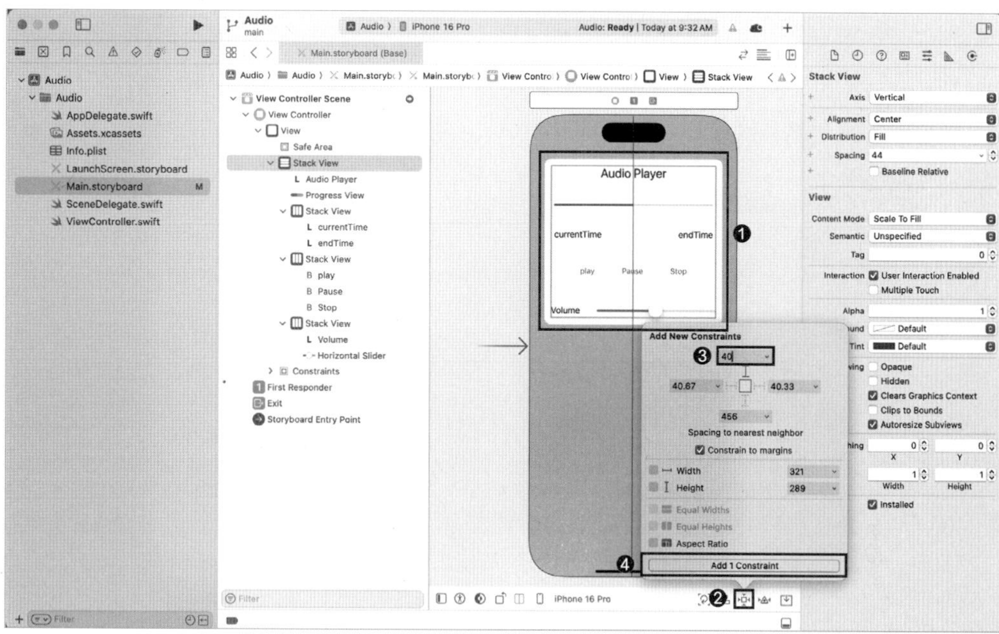

14. 수평 가운데 정렬과 수직 여백이 적용되었습니다.

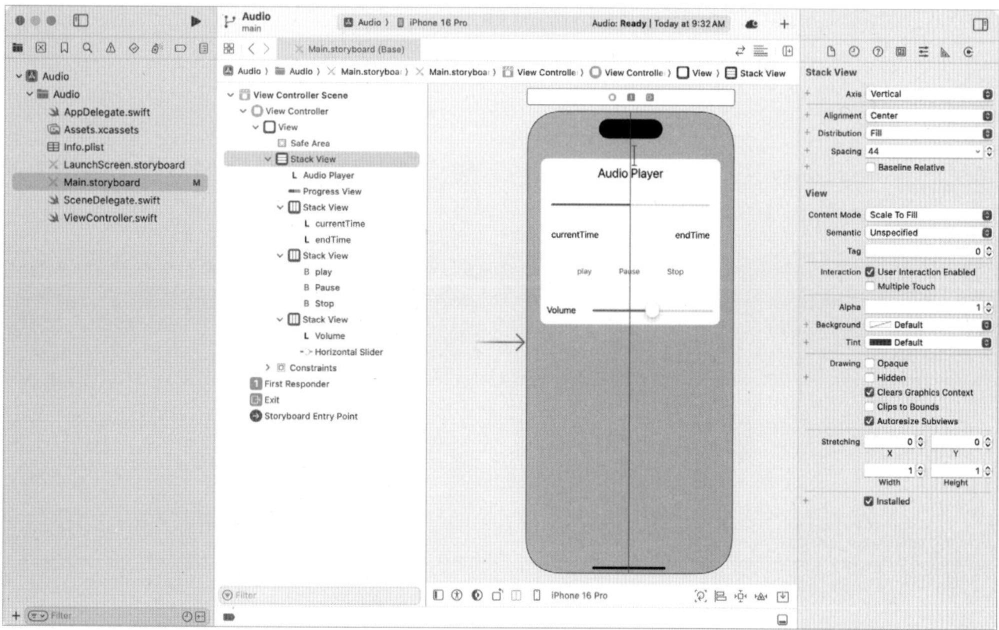

15. 프로그레스 뷰를 선택하고 하단의 [제약 조건] 아이콘을 클릭하여 제약 조건(너비 : 290)을 입력하고 [Add 1 Constraint] 버튼을 클릭합니다.

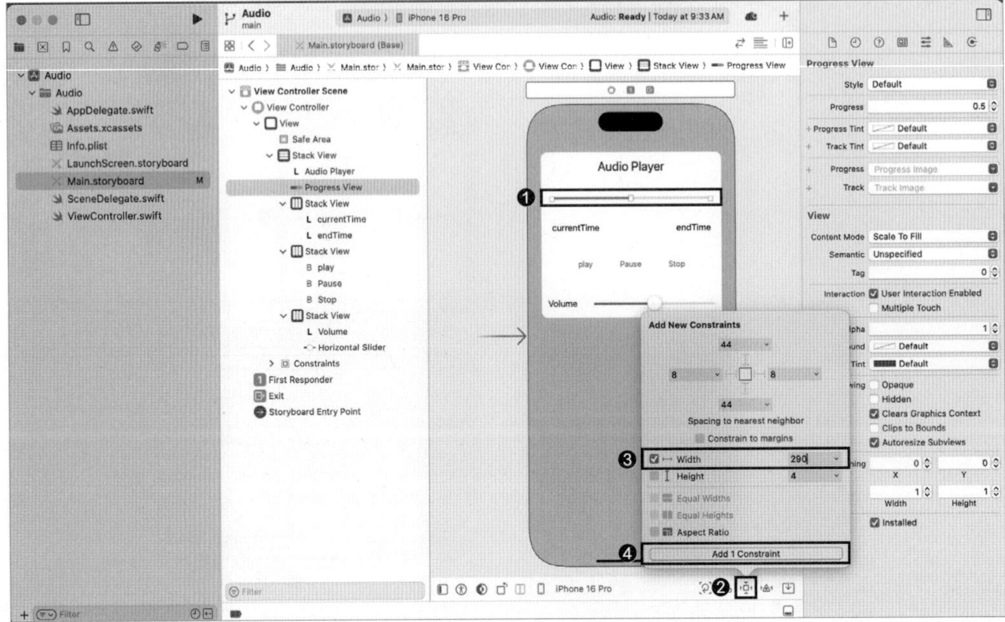

16. 두 레이블을 선택하고 하단의 [제약 조건] 아이콘을 클릭하여 제약 조건(너비 : 100)을 입력하고 [Add 2 Constraints] 버튼을 클릭합니다.

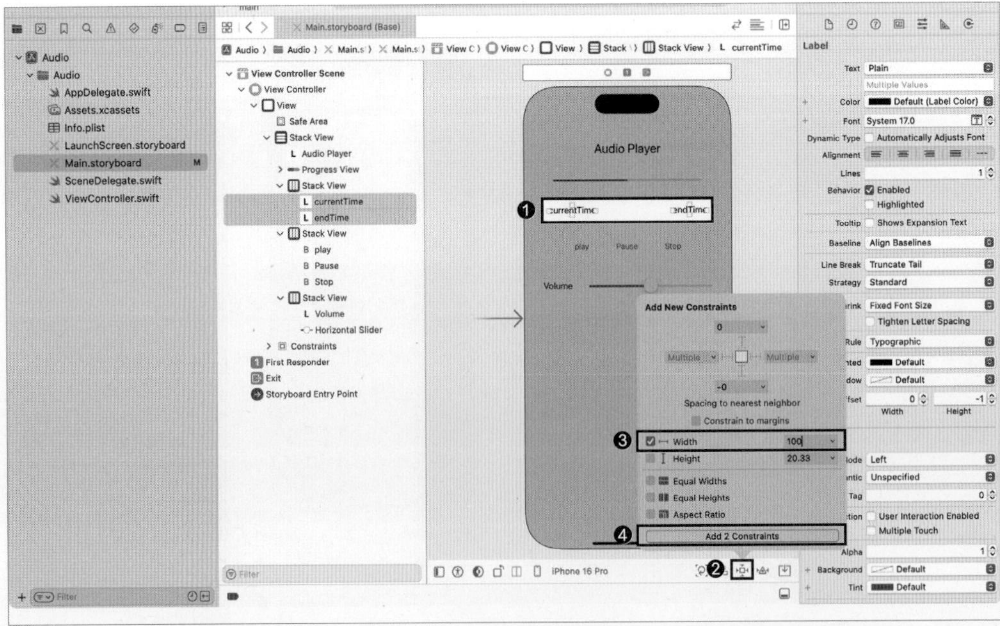

17. currentTime을 선택한 후 오른쪽의 [Size inspector] 버튼을 클릭한 후, Width를 [Edit]로 선택한 후 [=]를 [≥]로 변경합니다.

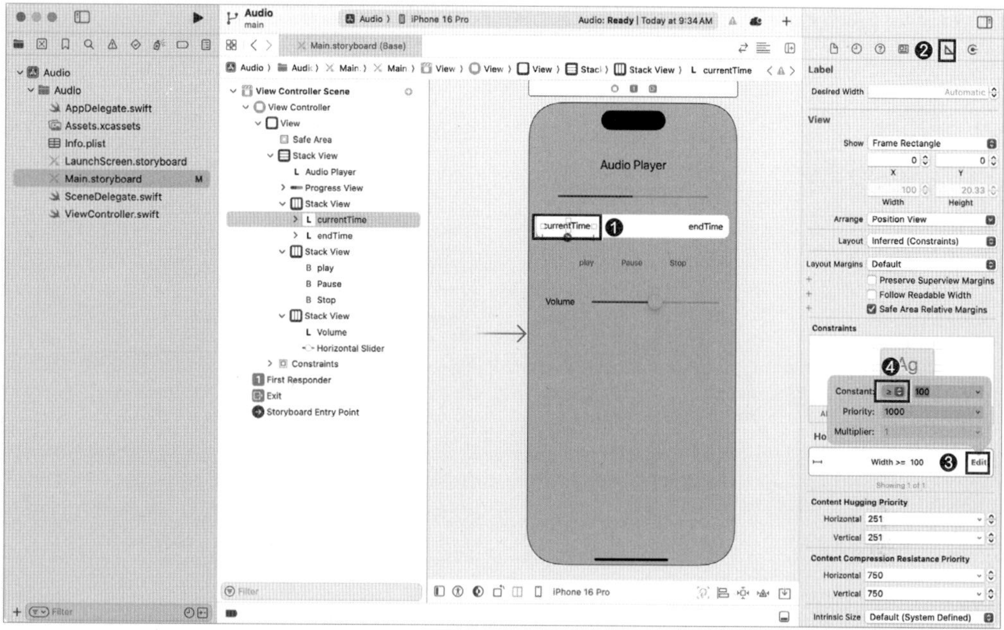

18. 같은 방법으로 endTime을 선택한 후 오른쪽의 [Size inspector] 버튼을 클릭한 후, Width를 [Edit]로 선택한 후 [=]를 [≥]로 변경합니다.

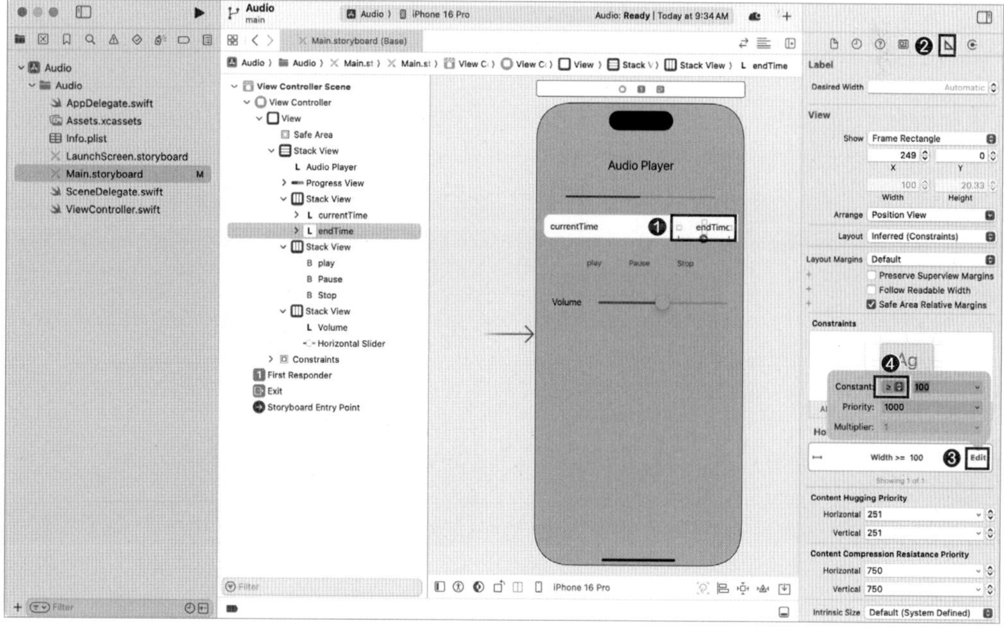

19. 슬라이더를 선택하고 하단의 [제약 조건] 아이콘을 클릭하여 제약 조건(너비 : 220)을 입력하고 [Add 1 Constraint] 버튼을 클릭합니다.

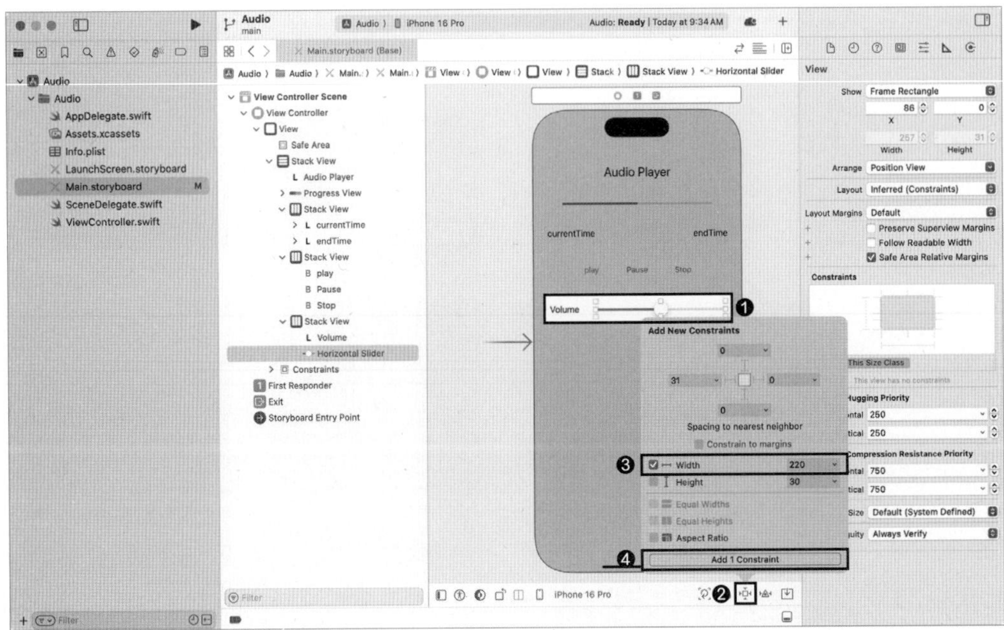

20. 도큐먼트 아웃라인 영역에서 적용된 제약 조건들을 확인할 수 있습니다.

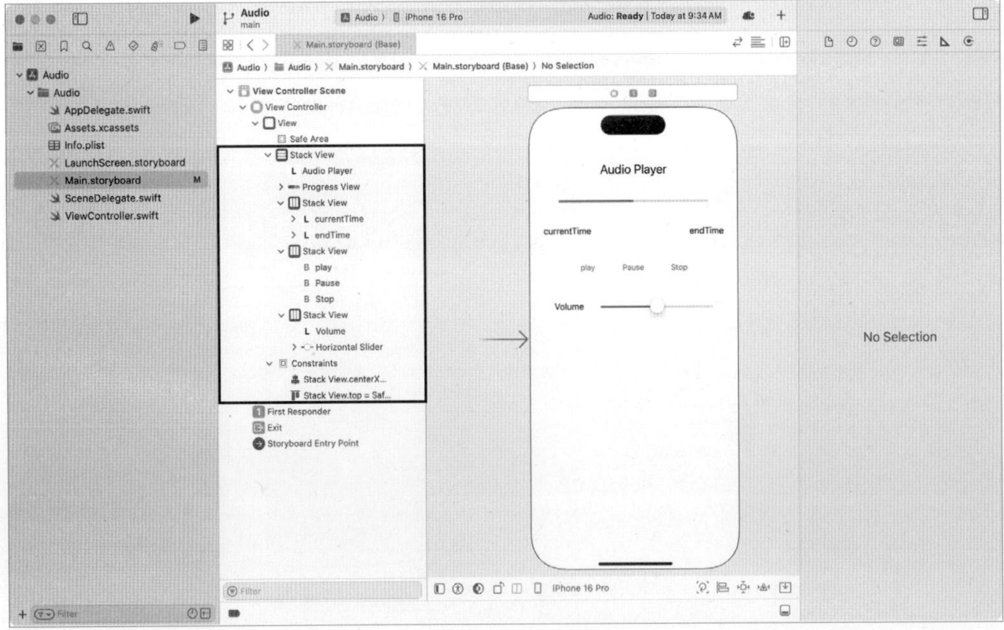

다음은 아이폰 16 Pro와 가장 작은 사이즈의 아이폰 SE (3세대)를 실행한 결과입니다.

아이폰 16 Pro　　아이폰 SE (3세대)

13-3 오디오 재생을 위한 아웃렛 변수와 액션 함수 추가하기

이제 프로그램에서 사용할 아웃렛 변수와 액션 함수를 추가해 보겠습니다.

객체의 아웃렛 변수와 액션 함수 구하기

1. 아웃렛 변수와 액션 함수를 추가하기 위해 오른쪽 윗부분의 [Adjust Editor Options] 버튼을 클릭한 후 [Assistant] 메뉴를 선택하여 보조 편집기 영역을 엽니다.

2. 프로그레스 뷰(Progress View)를 마우스 오른쪽 버튼으로 클릭한 후 드래그해서 오른쪽 보조 편집기 영역의 확보한 공간에 갖다 놓습니다.

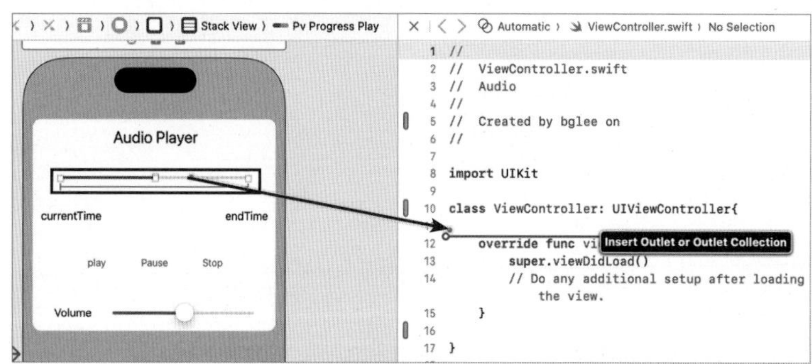

3. 연결 설정 창에서 아웃렛 변수의 이름(Name)을 'pvProgressPlay'로 입력하고 타입(Type)을 확인한 후 아웃렛 변수를 추가합니다.

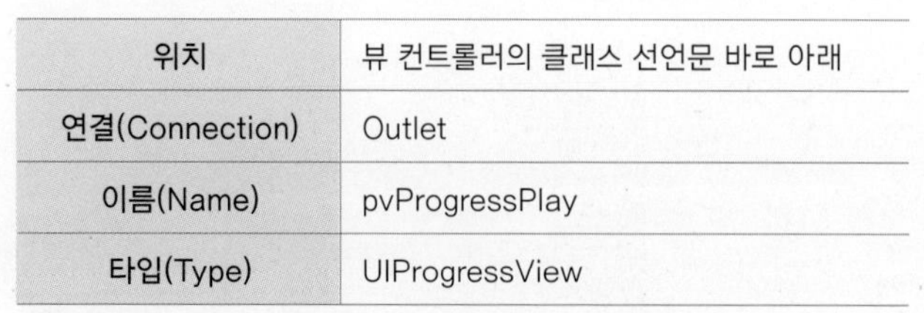

위치	뷰 컨트롤러의 클래스 선언문 바로 아래
연결(Connection)	Outlet
이름(Name)	pvProgressPlay
타입(Type)	UIProgressView

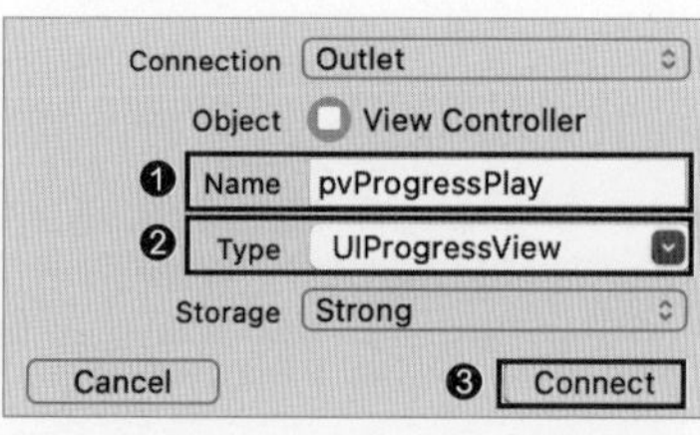


```
@IBOutlet var pvProgressPlay: UIProgressView!
```

4. 3번과 같은 방법으로 왼쪽 창에서 currentTime과 endTime을 선택한 후 오른쪽 보조 편집기 영역에서 생성한 아웃렛 변수 바로 아래에 끌어다 놓습니다. 연결 설정 창에서 아웃렛 변수의 이름은 각각 'lblCurrentTime', 'lblEndTime'으로 입력하고 타입(Type)을 확인합니다.

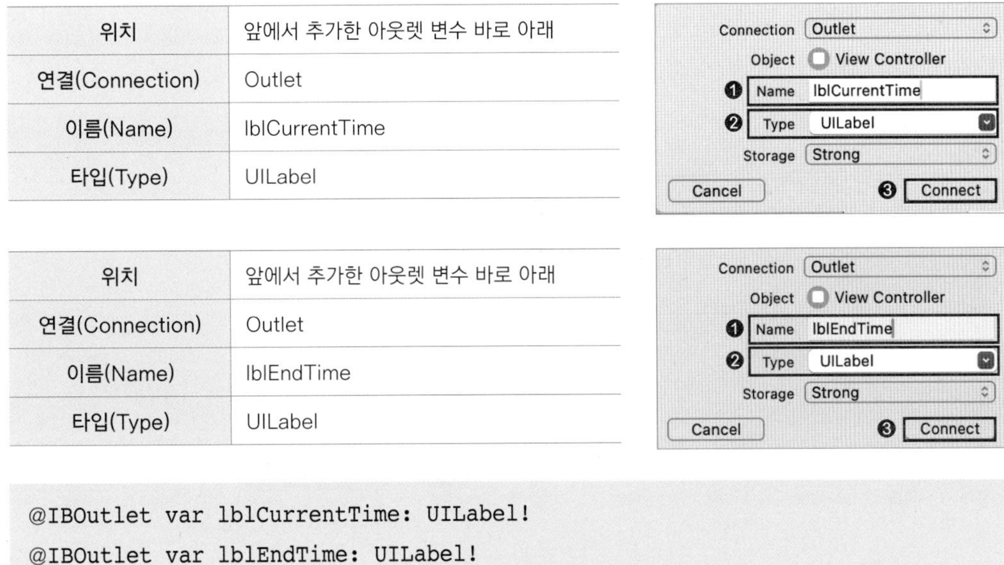

위치	앞에서 추가한 아웃렛 변수 바로 아래
연결(Connection)	Outlet
이름(Name)	lblCurrentTime
타입(Type)	UILabel

위치	앞에서 추가한 아웃렛 변수 바로 아래
연결(Connection)	Outlet
이름(Name)	lblEndTime
타입(Type)	UILabel


```
@IBOutlet var lblCurrentTime: UILabel!
@IBOutlet var lblEndTime: UILabel!
```

5. 이번엔 버튼 세 개의 아웃렛 변수를 추가하겠습니다. 추가하는 방법은 앞에서 한 것과 동일합니다. 마우스 오른쪽 버튼으로 버튼 세 개를 각각 끌어다 편집기 영역에 갖다 놓습니다. 위치와 설정은 다음 표를 참고하세요.

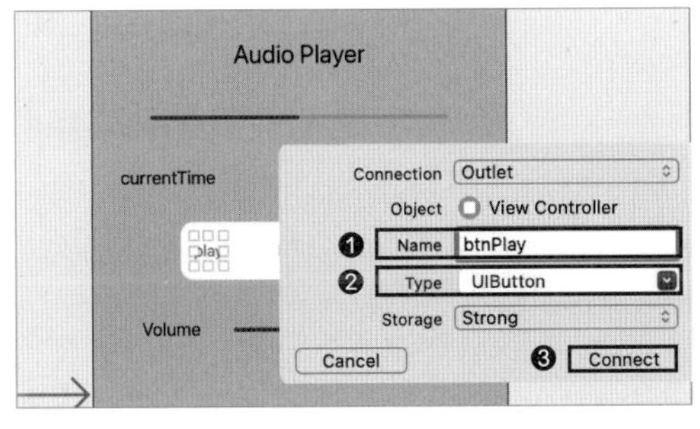

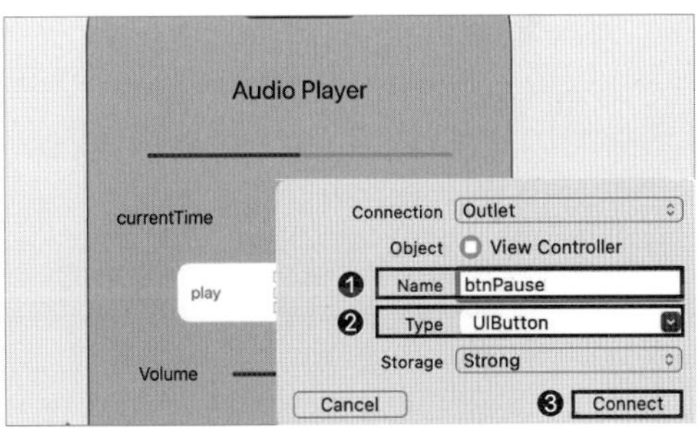

위치	앞에서 추가한 아웃렛 변수 바로 아래
연결(Connection)	Outlet
이름(Name)	- Play 버튼: btnPlay - Pause 버튼: btnPause - Stop 버튼: btnStop
타입(Type)	UIButton

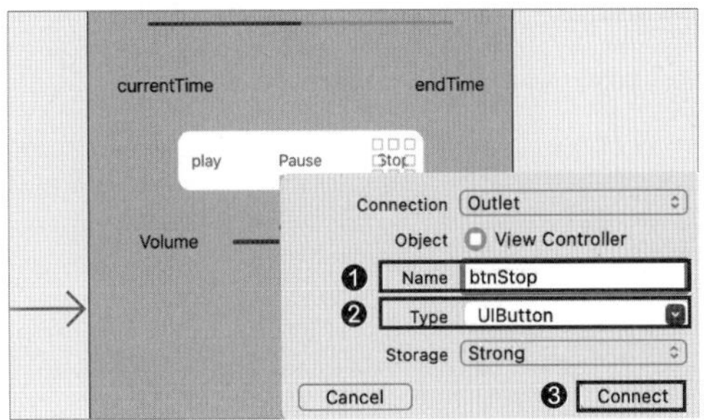

```
@IBOutlet var btnPlay: UIButton!
@IBOutlet var btnPause: UIButton!
@IBOutlet var btnStop: UIButton!
```

6. 계속해서 슬라이더를 마우스 오른쪽 버튼으로 클릭한 후 앞에서 추가한 아웃렛 변수의 바로 아래에 끌어다 놓습니다.

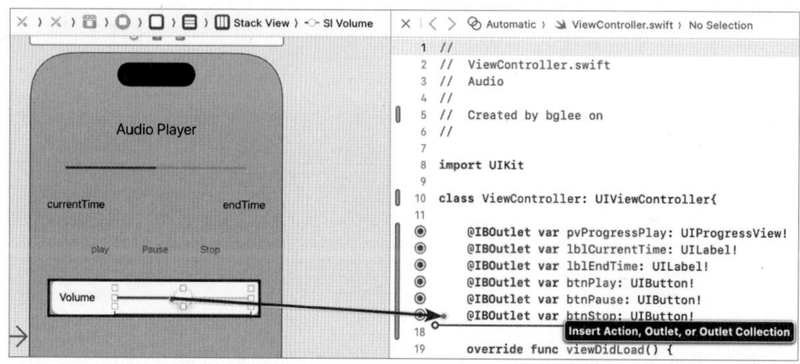

7. 연결 설정 창에서 아웃렛 변수의 이름(Name)을 'slVolume'으로 입력하고 타입(Type)을 확인한 후 [Connect] 버튼을 클릭합니다.

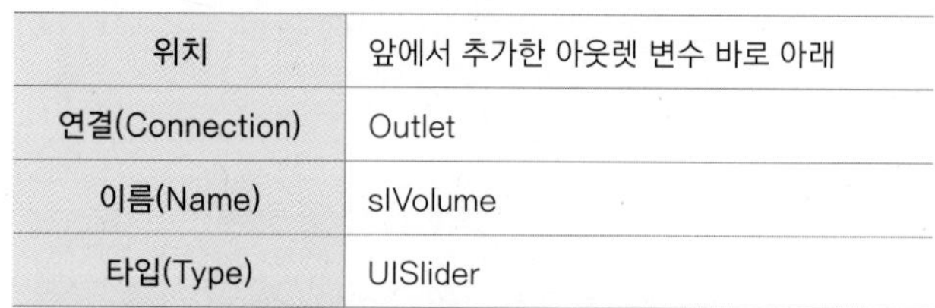

위치	앞에서 추가한 아웃렛 변수 바로 아래
연결(Connection)	Outlet
이름(Name)	slVolume
타입(Type)	UISlider

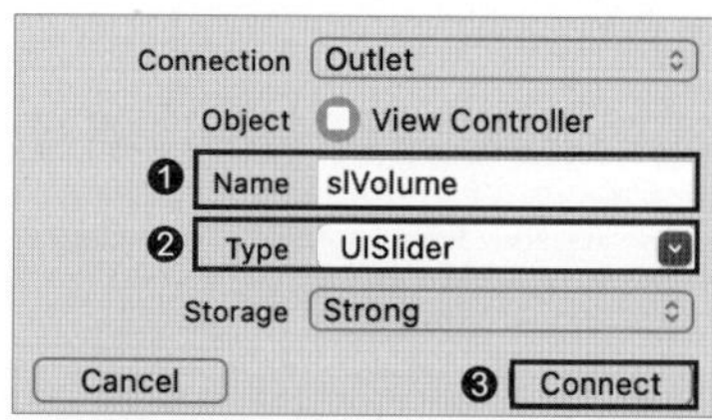


```
@IBOutlet var slVolume: UISlider!
```

8. 아웃렛 변수는 모두 추가했으니 이제 액션 함수를 추가하겠습니다. 왼쪽 창에서 [Play] 버튼을 마우스 오른쪽 버튼으로 클릭한 후 드래그해서 소스의 가장 아래쪽 '}' 바로 위에 갖다 놓습니다.

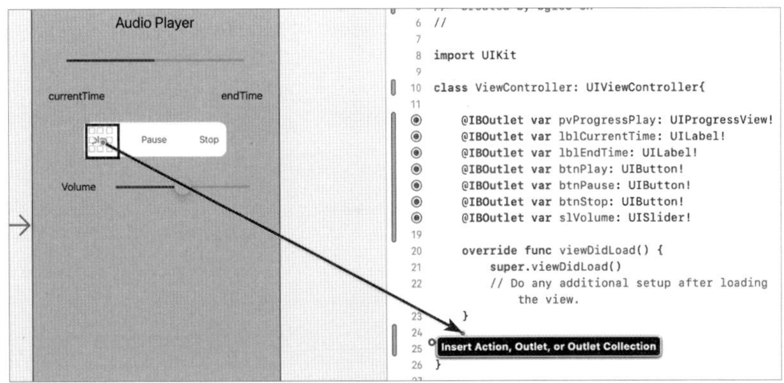

9. 연결 설정 창에서 이름(Name)을 'btnPlayAudio'로 입력하고, 타입(Type)은 기기의 액션을 추가하는 것이므로 [UIButton]으로 변경합니다. 변경을 완료한 후 [Connect] 버튼을 클릭하여 추가합니다.

위치	소스의 가장 아래쪽 '}' 바로 위
연결(Connection)	Action
이름(Name)	btnPlayAudio
타입(Type)	UIButton

```
@IBAction func btnPlayAudio(_ sender: UIButton) {
}
```

10. 나머지 버튼 [Pause]와 [Stop]의 액션 함수도 같은 방법으로 추가합니다. 액션 함수의 위치와 설정은 다음 표를 참고하세요.

위치	앞에서 추가한 액션 함수 바로 아래
연결(Connection)	Action
이름(Name)	btnPauseAudio
타입(Type)	UIButton

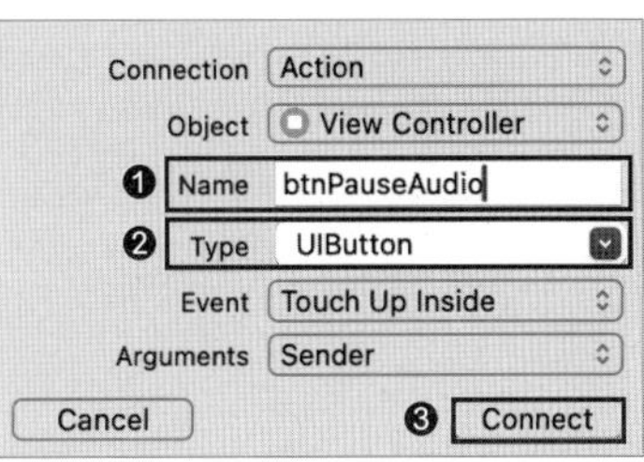


```
@IBAction func btnPauseAudio(_ sender: UIButton) {
}
```

위치	앞에서 추가한 액션 함수 바로 아래
연결(Connection)	Action
이름(Name)	btnStopAudio
타입(Type)	UIButton

```
@IBAction func btnStopAudio(_ sender: UIButton) {
}
```

11. 마지막으로 왼쪽 창에서 슬라이더를 마우스 오른쪽 버튼으로 클릭한 후 드래그해서 좀 전에 추가한 액션 함수 아래에 갖다 놓습니다.

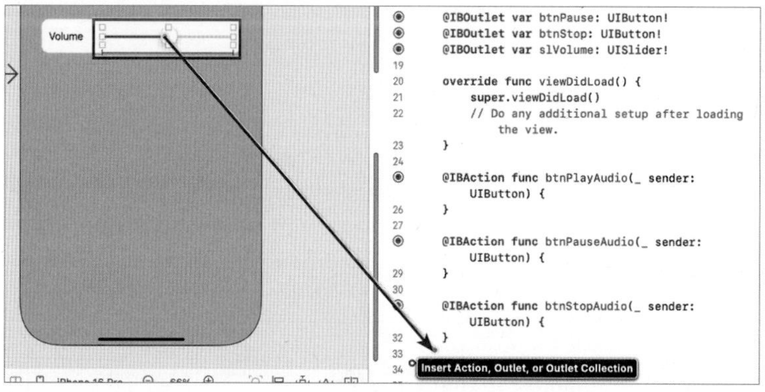

12. 연결 설정 창에서 이름(Name)을 'slChangeVolume'으로 입력하고, 타입(Type)은 슬라이더의 액션을 추가하는 것이므로 [UISlider]를 선택합니다. 변경을 완료한 후 [Connect] 버튼을 클릭하여 추가합니다.

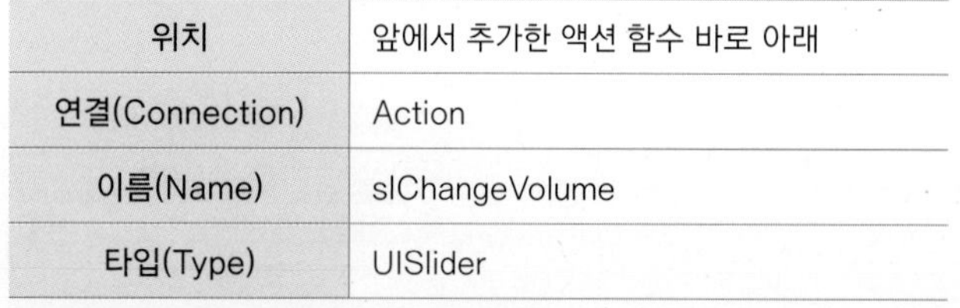

위치	앞에서 추가한 액션 함수 바로 아래
연결(Connection)	Action
이름(Name)	slChangeVolume
타입(Type)	UISlider

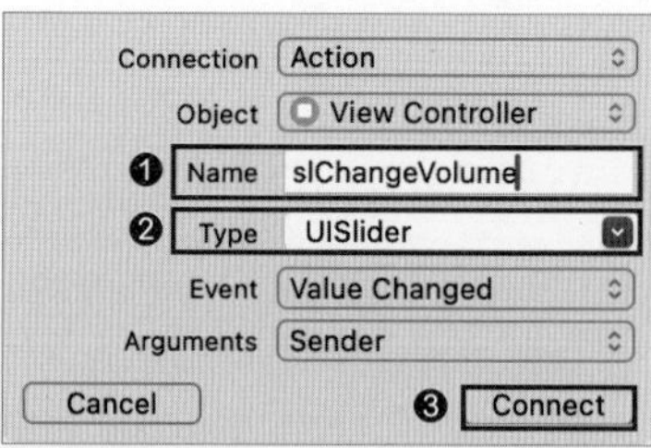


```
@IBAction func slChangeVolume(_ sender: UISlider) {
}
```

13-4 오디오 재생을 위한 초기화하기

실제로 오디오를 재생하려면 오디오 파일을 불러오고 추가 설정도 해야 합니다. 추가 설정이 필요한 부분은 소리의 크기를 조절하기 위한 볼륨, 볼륨을 표시할 슬라이더, 재생 시간을 표시하기 위한 타이머, 재생 정도를 표시할 프로그레스 뷰 등입니다. 또한 오디오를 재생하려면 '초기화'라는 중요한 단계를 거쳐야 합니다. 여기서 초기화란 오디오를 재생하기 위한 준비 과정뿐만 아니라 재생 시간을 맨 처음으로 돌리고 버튼의 활성화 또는 비활성화를 설정하는 과정까지를 말합니다. 이 초기화는 재생뿐만 아니라 녹음할 때도 필요하므로 개념을 잘 이해해 두기 바랍니다.

오디오 재생을 위한 초기화하기

1. 오디오 재생을 위한 상수와 변수 추가하기

왼쪽 내비게이터 영역에서 [ViewController.swift]를 선택합니다. 오디오를 재생하려면 헤더 파일과 델리게이트가 필요하므로 'AVFoundation'을 불러오고, 'AVAudioPlayerDelegate' 선언을 추가합니다.

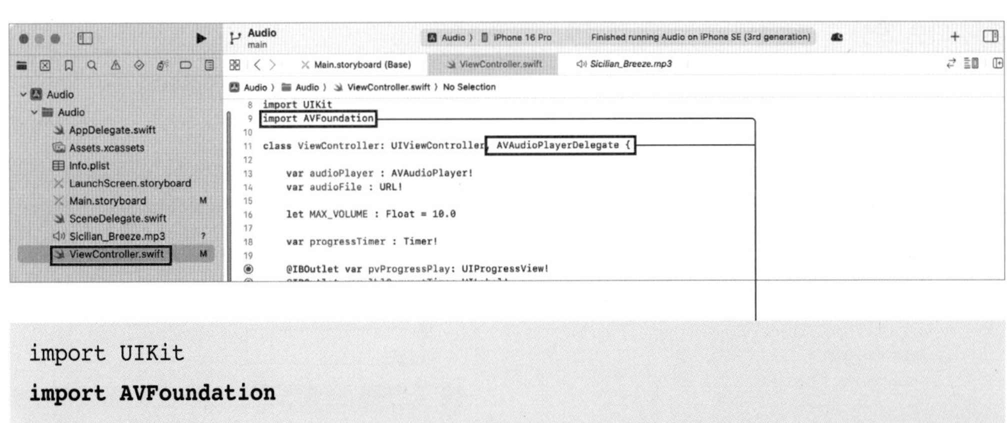

```
import UIKit
import AVFoundation

class ViewController: UIViewController, AVAudioPlayerDelegate {
```

2. 클래스에서 사용할 변수와 상수를 선언하겠습니다. 여기서 사용된 변수와 상수의 의미는 다음과 같습니다.

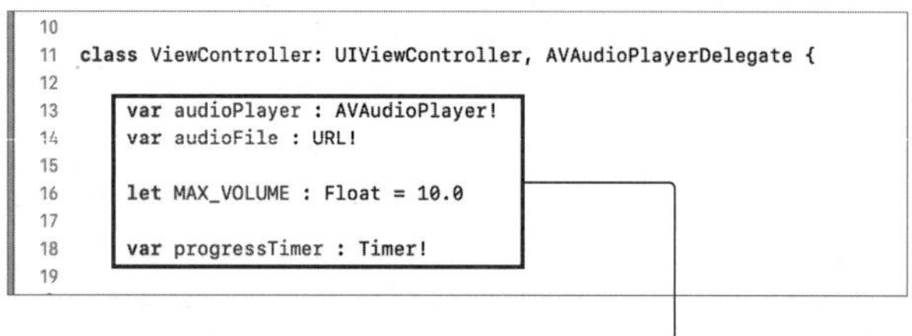


```
import UIKit
import AVFoundation
class ViewController: UIViewController, AVAudioPlayerDelegate {

    var audioPlayer : AVAudioPlayer!
```
AVAudioPlayer 인스턴스 변수

```
    var audioFile : URL!
```
재생할 오디오의 파일명 변수

```
    let MAX_VOLUME : Float = 10.0
```
최대 볼륨, 실수형 상수

```
    var progressTimer : Timer!
```
타이머를 위한 변수

```
    @IBOutlet var pvProgressPlay: UIProgressView!
    @IBOutlet var lblCurrentTime: UILabel!
```

3. 오디오 파일 추가하기

재생할 음악인 'Sicilian_Breeze.mp3'를 내비게이터 영역에 끌어다 추가합니다.

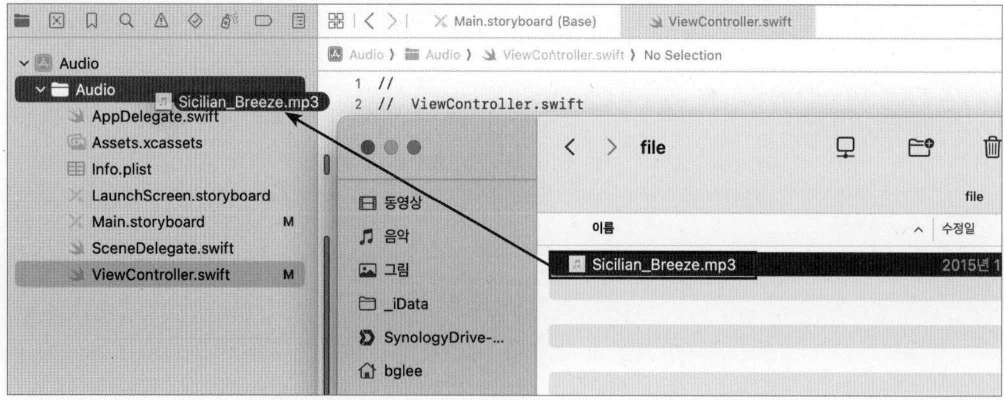

4. viewDidLoad 함수의 audioFile 변수를 방금 추가한 'Sicilian_Breeze.mp3'로 설정합니다.

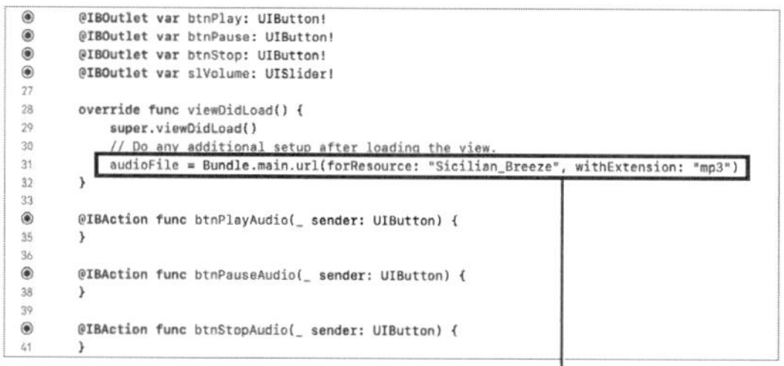

```
    @IBOutlet var btnPlay: UIButton!
    @IBOutlet var btnPause: UIButton!
    @IBOutlet var btnStop: UIButton!
    @IBOutlet var slVolume: UISlider!

    override func viewDidLoad() {
        super.viewDidLoad()
        // Do any additional setup after loading the view.
        audioFile = Bundle.main.url(forResource: "Sicilian_Breeze", withExtension: "mp3")
    }

    @IBAction func btnPlayAudio(_ sender: UIButton) {
    }

    @IBAction func btnPauseAudio(_ sender: UIButton) {
    }

    @IBAction func btnStopAudio(_ sender: UIButton) {
    }
```

```
override func viewDidLoad() {
    super.viewDidLoad()
    audioFile = Bundle.main.url(forResource: "Sicilian_Breeze",
        withExtension: "mp3")
}
```

5. 오디오 재생을 위한 초기화하기

오디오 재생을 초기화하는 과정을 따로 함수로 만들겠습니다. viewDidLoad 함수에 작성해도 좋지만 뒤에서 '재생 모드'와 '녹음 모드'로 변경할 때에 대비해서 '오디오 재생 초기화 과정'과 '녹음 초기화 과정'을 분리해 놓아야 편리합니다. 따라서 이 함수를 viewDidLoad 함수 아래에 따로 추가합니다.

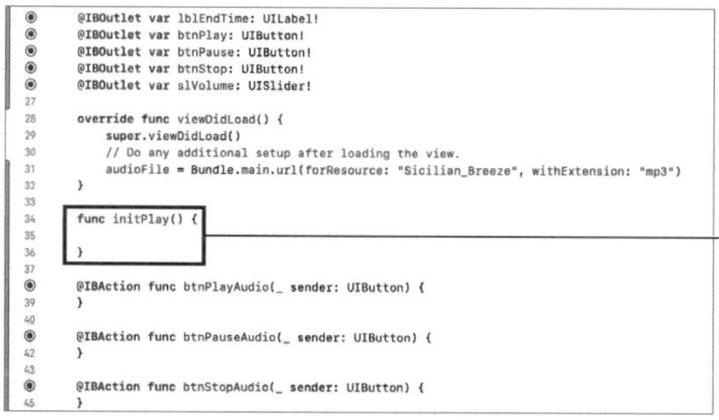

```
    @IBOutlet var lblEndTime: UILabel!
    @IBOutlet var btnPlay: UIButton!
    @IBOutlet var btnPause: UIButton!
    @IBOutlet var btnStop: UIButton!
    @IBOutlet var slVolume: UISlider!

    override func viewDidLoad() {
        super.viewDidLoad()
        // Do any additional setup after loading the view.
        audioFile = Bundle.main.url(forResource: "Sicilian_Breeze", withExtension: "mp3")
    }

    func initPlay() {

    }

    @IBAction func btnPlayAudio(_ sender: UIButton) {
    }

    @IBAction func btnPauseAudio(_ sender: UIButton) {
    }

    @IBAction func btnStopAudio(_ sender: UIButton) {
    }
```

```
func initPlay() {

}
```

6. viewDidLoad 함수에 방금 작성한 initPlay 함수를 추가합니다. 추가할 위치는 **4**번에서 추가한 audioFile 변수 아래입니다.

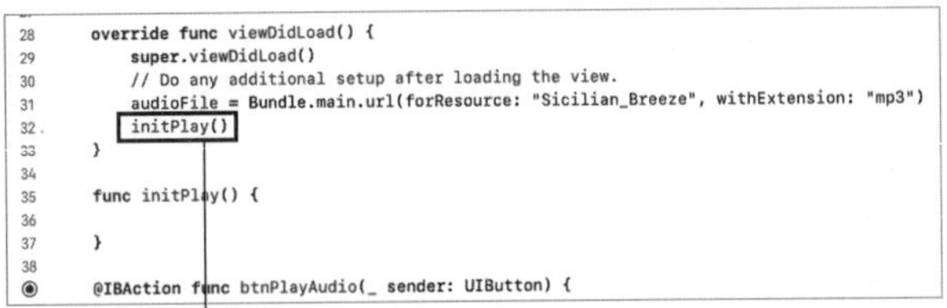

```
override func viewDidLoad() {
    super.viewDidLoad()
    // Do any additional setup after loading the view.
    audioFile = Bundle.main.url(forResource: "Sicilian_Breeze", withExtension: "mp3")
    initPlay()
}

func initPlay() {

}

@IBAction func btnPlayAudio(_ sender: UIButton) {
```

```
override func viewDidLoad() {
    super.viewDidLoad()
    audioFile = Bundle.main.url(forResource: "Sicilian_Breeze",
        withExtension: "mp3")
    initPlay()
}
```

7. initPlay 함수 안에서 앞서 초기화한 audioFile을 URL로 하는 audioPlayer 인스턴스를 생성합니다. 이때 AVAudioPlayer 함수는 입력 파라미터인 오디오 파일이 없을 때에 대비하여 do-try-catch문을 사용합니다.

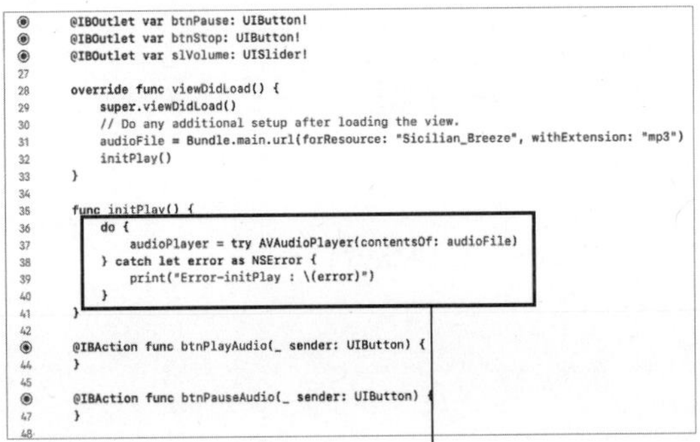

```
@IBOutlet var btnPause: UIButton!
@IBOutlet var btnStop: UIButton!
@IBOutlet var slVolume: UISlider!

override func viewDidLoad() {
    super.viewDidLoad()
    // Do any additional setup after loading the view.
    audioFile = Bundle.main.url(forResource: "Sicilian_Breeze", withExtension: "mp3")
    initPlay()
}

func initPlay() {
    do {
        audioPlayer = try AVAudioPlayer(contentsOf: audioFile)
    } catch let error as NSError {
        print("Error-initPlay : \(error)")
    }
}

@IBAction func btnPlayAudio(_ sender: UIButton) {
}

@IBAction func btnPauseAudio(_ sender: UIButton) {
}
```

```
func initPlay() {
    do {
        audioPlayer = try AVAudioPlayer(contentsOf: audioFile)
    } catch let error as NSError {
        print("Error-initPlay : \(error)")
    }
}
```

스위프트 문법 } do-try-catch문이란?

오류가 발생할 수 있는 함수를 호출할 때는 do-try-catch문을 사용합니다. 이 구문이 오류를 잡아 처리해 주기 때문이죠. 사용 형식은 다음과 같습니다.

```
do {
    try 오류 발생 가능 코드
    오류가 발생하지 않으면 실행할 코드
} catch 오류 패턴 1 {
    처리 구문
} catch 오류 패턴 2 where 추가 조건 {
    처리 구문
} catch {
    처리 구문
}
```

오류 타입은 한 개 또는 그 이상도 가능합니다. 예를 들어 나누기 함수의 경우 0으로 나누는 오류가 발생할 수 있습니다. 이를 적절히 처리해야 하는데, 이때 do-try-catch문을 사용해 예외로 처리할 수 있습니다. 오류가 발생할 수 있는 함수는 "func 함수명(입력 파라미터) throws -> 리턴 파라미터" 형태를 가지며, 이 함수를 호출할 때는 do-try-catch문을 사용해야 합니다. 앞의 예제에서 사용한 AVAudioPlayer 함수도 AVAudioPlayer(contentsOf: URL) throws의 형태를 가지는 오류가 발생할 수 있는 함수입니다.

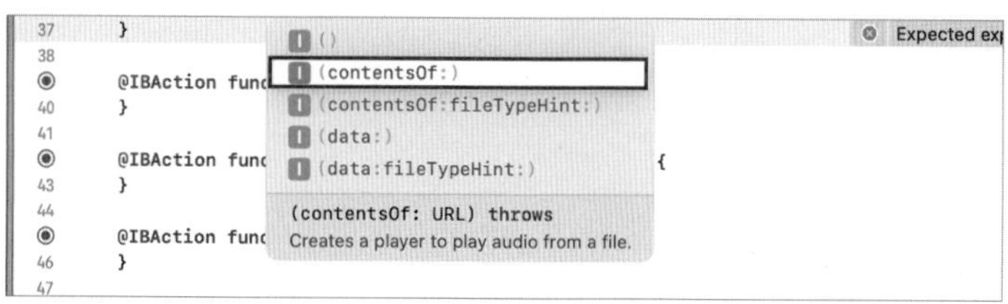

따라서 AVAudioPlayer(contentsOf: audioFile) 함수는 입력 파라미터인 오디오 파일이 없을 때의 예외 처리를 위해 do-try-catch문을 사용합니다. 사용하지 않을 경우 아래와 같은 오류가 발생합니다.

```
        super.viewDidLoad()
        // Do any additional setup after loading the view.
        audioFile = Bundle.main.url(forResource: "Sicilian_Breeze", withExtension: "mp3")
        initPlay()
    }

    func initPlay() {
        AVAudioPlayer(contentsOf: URL)      2 ⚠ ⊗ Call can throw, but it is not marked with 'try' and the error is not handled
    }

    @IBAction func btnPlayAudio(_ sender: UIButton) {
    }

    @IBAction func btnPauseAudio(_ sender: UIButton) {
    }

    @IBAction func btnStopAudio(_ sender: UIButton) {
    }
```

8. 이제 오디오를 재생할 때 필요한 모든 값을 초기화하겠습니다.

```
    func initPlay() {
        do {
            audioPlayer = try AVAudioPlayer(contentsOf: audioFile)
        } catch let error as NSError {
            print("Error-initPlay : \(error)")
        }
        slVolume.maximumValue = MAX_VOLUME
        slVolume.value = 1.0
        pvProgressPlay.progress = 0

        audioPlayer.delegate = self
        audioPlayer.prepareToPlay()
        audioPlayer.volume = slVolume.value
    }

    @IBAction func btnPlayAudio(_ sender: UIButton) {
```

```
func initPlay() {
    do {
        audioPlayer = try AVAudioPlayer(contentsOf: audioFile)
    } catch let error as NSError {
        print("Error-initPlay : \(error)")
    }
    slVolume.maximumValue = MAX_VOLUME—❶
    slVolume.value = 1.0—❷
    pvProgressPlay.progress = 0—❸

    audioPlayer.delegate = self—❹
    audioPlayer.prepareToPlay()—❺
    audioPlayer.volume = slVolume.value—❻
}
```

❶ 슬라이더(slVolume)의 최대 볼륨을 상수 MAX_VOLUME인 10.0으로 초기화합니다.

❷ 슬라이더(slVolume)의 볼륨을 1.0으로 초기화합니다.

❸ 프로그레스 뷰(pvProgressPlay)의 진행을 0으로 초기화합니다.

❹ audioPlayer의 델리게이트를 self로 합니다.

❺ prepareToPlay()를 실행합니다.

❻ audioPlayer의 볼륨을 방금 앞에서 초기화한 슬라이더(slVolume)의 볼륨 값 1.0으로 초기화합니다.

13-5 재생 시간 초기화하기

앞에서 말했듯이 오디오 재생을 위한 초기화에 관여하는 것은 '재생 시간'과 '버튼'입니다. 먼저 재생 시간을 초기화해 보겠습니다.

재생 시간 초기화하기

1. 'endTime' 레이블인 lblEndTime에 총 재생 시간(오디오 곡 길이)을 나타내기 위해 lblEndTime을 초기화하겠습니다. 이때 오디오의 총 재생 시간인 audioPlayer.duration을 직접 사용하고 싶지만 시간 형태가 초 단위 실수 값이므로 "00:00" 형태로 바꾸는 함수를 만들어야 합니다. 다음 코드는 아직 완성되지 않았기 때문에 왼쪽에 빨간색 경고등이 켜지는데, 이것은 코드를 완성하고 나면 사라집니다.

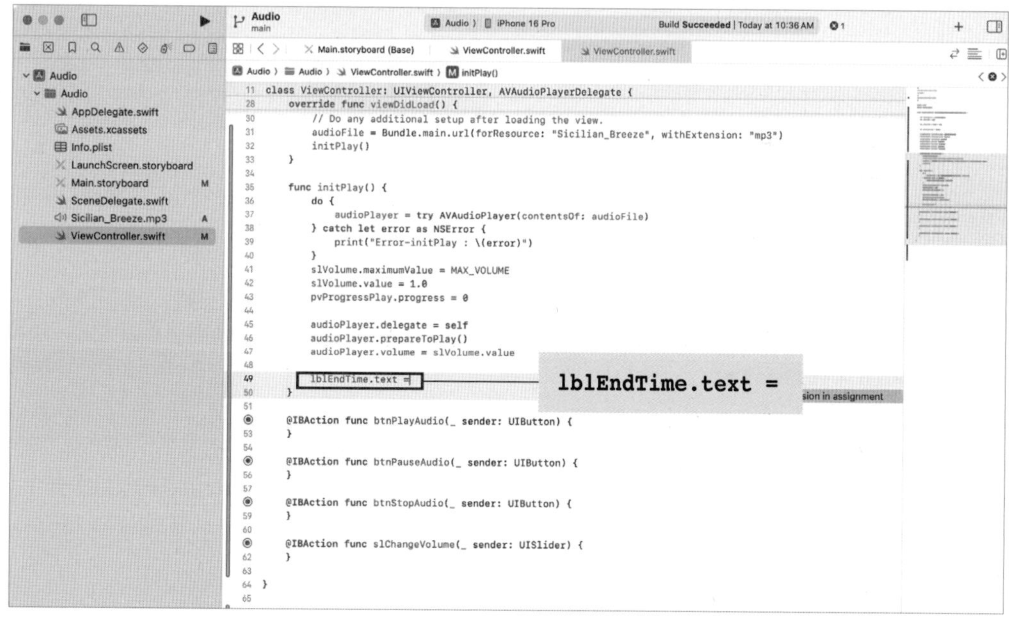

2. "00:00" 형태로 바꾸기 위해 TimeInterval 값을 받아 문자열(String)로 돌려보내는 함수 convertNSTimeInterval2String를 생성합니다.

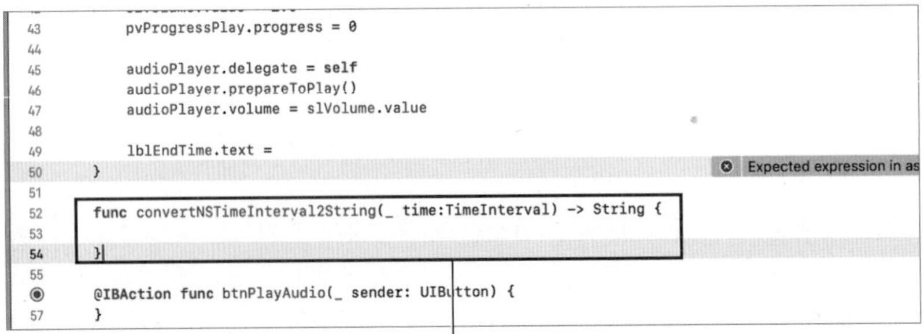

```
        pvProgressPlay.progress = 0

        audioPlayer.delegate = self
        audioPlayer.prepareToPlay()
        audioPlayer.volume = slVolume.value

        lblEndTime.text =
    }                                                    ⊗ Expected expression in as

    func convertNSTimeInterval2String(_ time:TimeInterval) -> String {

    }

    @IBAction func btnPlayAudio(_ sender: UIButton) {
    }
```

```
func convertNSTimeInterval2String(_ time:TimeInterval) -> String {
}
```

3. convertNSTimeInterval2String 함수 안에 구체적인 코드를 입력하겠습니다.

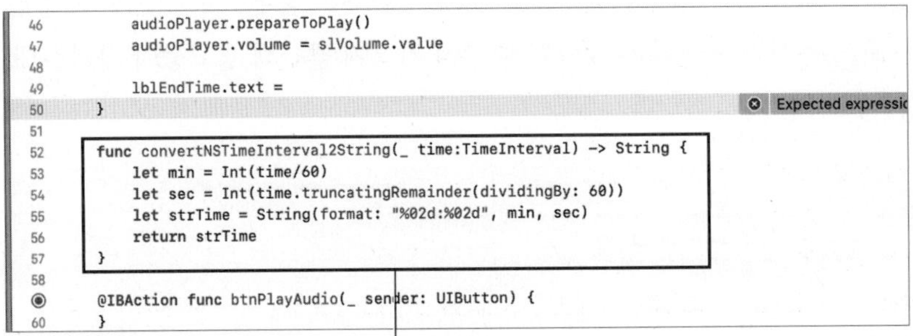

```
        audioPlayer.prepareToPlay()
        audioPlayer.volume = slVolume.value

        lblEndTime.text =
    }                                                    ⊗ Expected expressic

    func convertNSTimeInterval2String(_ time:TimeInterval) -> String {
        let min = Int(time/60)
        let sec = Int(time.truncatingRemainder(dividingBy: 60))
        let strTime = String(format: "%02d:%02d", min, sec)
        return strTime
    }

    @IBAction func btnPlayAudio(_ sender: UIButton) {
    }
```

```
func convertNSTimeInterval2String(_ time:TimeInterval) -> String {
    let min = Int(time/60) —❶
    let sec = Int(time.truncatingRemainder(dividingBy: 60)) —❷
    let strTime = String(format: "%02d:%02d", min, sec) —❸
    return strTime —❹
}
```

❶ 재생 시간의 매개변수인 time 값을 60으로 나눈 '몫'을 정수 값으로 변환하여 상수 min 값에 초기화합니다.

❷ time 값을 60으로 나눈 '나머지' 값을 정수 값으로 변환하여 상수 sec 값에 초기화합니다.

❸ 이 두 값을 활용해 "%02d:%02d" 형태의 문자열(String)로 변환하여 상수 strTime에 초기화합니다.

❹ 이 값을 호출한 함수로 돌려보냅니다.

스위프트 문법 } /와 %의 차이는 무엇인가요?

/ 연산자는 나누었을 때 '몫'이고, %는 나누었을 때 '나머지'입니다.
예를 들어 5/2는 나눈 몫이기 때문에 2이고, 5%2는 나눈 나머지이기 때문에 1입니다.

▶ /와 %의 차이에 대한 자세한 설명은 [문법 06]을 참고하세요.

4. 초기화한 값을 'endTime' 레이블인 lblEndTime에 나타내겠습니다.

```
        } catch let error as NSError {
            print("Error-initPlay : \(error)")
        }
        slVolume.maximumValue = MAX_VOLUME
        slVolume.value = 1.0
        pvProgressPlay.progress = 0

        audioPlayer.delegate = self
        audioPlayer.prepareToPlay()
        audioPlayer.volume = slVolume.value

        lblEndTime.text = convertNSTimeInterval2String(audioPlayer.duration)
        lblCurrentTime.text = convertNSTimeInterval2String(0)
    }

```

```
func initPlay() {
    ⋮
    audioPlayer.delegate = self
    audioPlayer.prepareToPlay()
    audioPlayer.volume = slVolume.value
    lblEndTime.text = convertNSTimeInterval2String(audioPlayer.duration) —❶
    lblCurrentTime.text = convertNSTimeInterval2String(0) —❷
}
```

❶ 오디오 파일의 재생 시간인 audioPlayer.duration 값을 convertNSTimeInterval2String 함수를 이용해 lblEndTime의 텍스트에 출력합니다.

❷ lblCurrentTime의 텍스트에는 convertNSTimeInterval2String 함수를 이용해 00:00가 출력되도록 0의 값을 입력합니다.

13-6 [재생], [일시 정지], [정지] 버튼 제어하기

재생 시간을 초기화했으니 이제는 버튼을 제어해 보겠습니다. 오디오를 재생, 일시 정지, 정지했을 때 각 버튼의 활성화 및 비활성화를 어떻게 구현해야 할까요?

오디오의 [재생], [일시 정지] 및 [정지] 버튼 제어하기

1. [Play] 버튼은 오디오를 재생하는 역할을 하고 다른 두 버튼은 오디오를 멈추게 합니다. 그러므로 재생에 관한 함수인 initPlay 함수에 [Play] 버튼은 활성화, 나머지 두 버튼은 비활성화하도록 코드를 추가합니다.

```
Audio
  AppDelegate.swift
  Assets.xcassets
  Info.plist
  LaunchScreen.storyboard
  Main.storyboard          M
  SceneDelegate.swift
  Sicilian_Breeze.mp3      A
  ViewController.swift     M
```

```
class ViewController: UIViewController, AVAudioPlayerDelegate {
    func initPlay() {
        } catch let error as NSError {
            print("Error-initPlay : \(error)")
        }
        slVolume.maximumValue = MAX_VOLUME
        slVolume.value = 1.0
        pvProgressPlay.progress = 0

        audioPlayer.delegate = self
        audioPlayer.prepareToPlay()
        audioPlayer.volume = slVolume.value

        lblEndTime.text = convertNSTimeInterval2String(audioPlayer.duration)
        lblCurrentTime.text = convertNSTimeInterval2String(0)
        btnPlay.isEnabled = true
        btnPause.isEnabled = false
        btnStop.isEnabled = false
    }
```

```
func initPlay() {
    ...
    audioPlayer.delegate = self
    audioPlayer.prepareToPlay()
    audioPlayer.volume = slVolume.value
    lblEndTime.text = convertNSTimeInterval2String(audioPlayer.duration)
    lblCurrentTime.text = convertNSTimeInterval2String(0)
    btnPlay.isEnabled = true
    btnPause.isEnabled = false
    btnStop.isEnabled = false
}
```

2. [Play], [Pause] 그리고 [Stop] 버튼의 동작 여부를 설정하는 부분은 앞으로도 계속 사용해야 하므로 함수를 따로 만들겠습니다. 이렇게 만든 함수에 '재생(Play)', '일시 정지(Pause)' 그리고 '정지(Stop)'의 순으로 true, false 값을 주면서 각각 설정할 것입니다.

```
        audioPlayer.volume = slVolume.value

        lblEndTime.text = convertNSTimeInterval2String(audioPlayer.duration)
        lblCurrentTime.text = convertNSTimeInterval2String(0)
        btnPlay.isEnabled = true
        btnPause.isEnabled = false
        btnStop.isEnabled = false
    }

    func setPlayButtons(_ play:Bool, pause:Bool, stop:Bool) {
        btnPlay.isEnabled = play
        btnPause.isEnabled = pause
        btnStop.isEnabled = stop
    }

    func convertNSTimeInterval2String(_ time:TimeInterval) -> String {
```

```
func setPlayButtons(_ play:Bool, pause:Bool, stop:Bool) {
    btnPlay.isEnabled = play
    btnPause.isEnabled = pause
    btnStop.isEnabled = stop
}
```

3. 1번에서 추가한 코드인 btnPlay.isEnabled = true, btnPause.isEnabled = false 그리고 btnStop.isEnabled = false를 삭제하고 setPlayButtons 함수를 사용하여 다음과 같이 대체합니다. 이렇게 하면 의미는 같지만 소스가 간략해집니다.

```
        slVolume.maximumValue = MAX_VOLUME
        slVolume.value = 1.0
        pvProgressPlay.progress = 0

        audioPlayer.delegate = self
        audioPlayer.prepareToPlay()
        audioPlayer.volume = slVolume.value

        lblEndTime.text = convertNSTimeInterval2String(audioPlayer.duration)
        lblCurrentTime.text = convertNSTimeInterval2String(0)
        setPlayButtons(true, pause: false, stop: false)
    }

    func setPlayButtons(_ play:Bool, pause:Bool, stop:Bool) {
        btnPlay.isEnabled = play
        btnPause.isEnabled = pause
```

```
func initPlay() {
    ⋮
    audioPlayer.delegate = self
    audioPlayer.prepareToPlay()
    audioPlayer.volume = slVolume.value
    lblEndTime.text = convertNSTimeInterval2String(audioPlayer.duration)
    lblCurrentTime.text = convertNSTimeInterval2String(0)
    setPlayButtons(true, pause: false, stop: false)
}
```

4. 오디오 재생하기

오디오가 재생 중일 때의 모습을 상상해 봅시다. [Play] 버튼을 눌러 정상적으로 재생된다면 [Play] 버튼은 비활성화되고 나머지 두 버튼은 활성화되어야 합니다. 이 모습을 구현하겠습니다. 음악을 재생해야 하므로 btnPlayAudio 함수를 수정합니다.

```
    func convertNSTimeInterval2String(_ time:TimeInterval) -> String {
        let min = Int(time/60)
        let sec = Int(time.truncatingRemainder(dividingBy: 60))
        let strTime = String(format: "%02d:%02d", min, sec)
        return strTime
    }

    @IBAction func btnPlayAudio(_ sender: UIButton) {
        audioPlayer.play()
        setPlayButtons(false, pause: true, stop: true)
    }

    @IBAction func btnPauseAudio(_ sender: UIButton) {
    }

    @IBAction func btnStopAudio(_ sender: UIButton) {
    }

    @IBAction func slChangeVolume(_ sender: UISlider) {
    }

}
```

```
@IBAction func btnPlayAudio(_ sender: UIButton) {
    audioPlayer.play() —❶
    setPlayButtons(false, pause: true, stop: true) —❷
}
```

❶ audioPlayer.play 함수를 실행해 오디오를 재생합니다.

❷ [Play] 버튼은 비활성화, 나머지 두 버튼은 활성화합니다.

5. 오디오 일시 정지하기

'재생'을 구현한 것과 비슷한 방식으로 '일시 정지'를 구현해 보겠습니다. 오디오를 잠시 멈추도록(일시 정지하도록) btnPauseAudio 함수를 수정합니다. 일시 정지 중이므로 audioPlayer.pause 함수를 실행하고 [Pause] 버튼은 비활성화, 나머지 두 버튼은 활성화합니다.

```
        let min = Int(time/60)
        let sec = Int(time.tru
        let strTime = String(f
        return strTime
    }

    @IBAction func btnPlayAudi
        audioPlayer.play()
        setPlayButtons(false,
    }

    @IBAction func btnPauseAudio(_ sender: UIButton) {
        audioPlayer.pause()
        setPlayButtons(true, pause: false, stop: true)
    }

    @IBAction func btnStopAudio(_ sender: UIButton) {
    }
```

```
@IBAction func btnPauseAudio(_ sender: UIButton) {
    audioPlayer.pause()
    setPlayButtons(true, pause: false, stop: true)
}
```

6. 오디오 정지하기

마지막으로 같은 방식으로 '정지'를 구현해 보겠습니다. 오디오를 멈추도록 btnStopAudio 함수를 수정합니다. 정지 상태이므로 audioPlayer.stop 함수를 실행하고 [Play] 버튼은 활성화, 나머지 두 버튼은 비활성화합니다.

```
        audioPlayer.pause()
        setPlayButtons(true, pause: false, stop: true)
    }

    @IBAction func btnStopAudio(_ sender: UIButton) {
        audioPlayer.stop()
        setPlayButtons(true, pause: false, stop: false)
    }

    @IBAction func slChangeVolume(_ sender: UISlider) {
```

```
@IBAction func btnStopAudio(_ sender: UIButton) {
    audioPlayer.stop()
    setPlayButtons(true, pause: false, stop: false)
}
```

7. 결과 보기

이제 [실행] 버튼을 클릭합니다. 총 재생 시간은 01:55초로 표시되고, 재생 시간은 00:00로 표시됩니다. [Play] 버튼을 클릭하면 오디오가 재생되고 [Play] 버튼은 비활성화, 나머지 버튼은 활성화됩니다. 이는 앞에서 설정한 결과입니다. [Pause]와 [Stop] 버튼도 잘 동작합니다. 하지만 재생 시간은 00:00으로 변화가 없습니다.

[iPhone SE]에서도 동일하게 동작하는 것을 확인할 수 있습니다.

13-7 재생 시간 표시하고 볼륨 제어하기

앞의 결과를 보면 재생 시간은 00:00으로 변화가 없었습니다. 타이머(NSTimer)를 이용하여 재생 시간이 제대로 작동되도록 구현해 보겠습니다.

타이머 이용해 재생 시간 표시하기

1. 우선 btnPlayAudio 함수를 수정하겠습니다. 프로그레스 타이머(ProgressTimer)에 Timer.scheduledTimer 함수를 사용하여 0.1초 간격으로 타이머를 생성하도록 구현하겠습니다. 셀렉터(Selector)는 앞에서 선언한 상수 timePlayerSelector를 사용합니다. 상수 사용 시 에러가 발생하지만 바로 셀렉터 상수를 선언하여 해결할 수 있습니다.

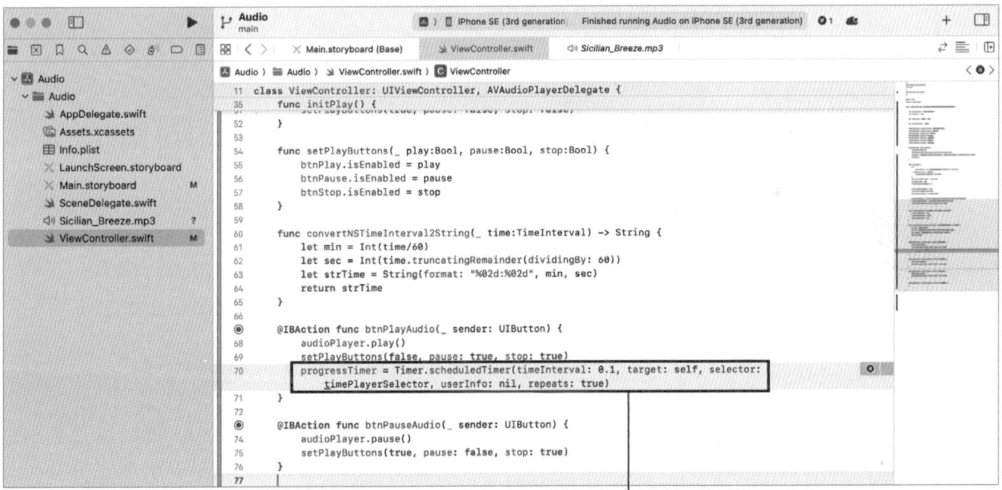

```
@IBAction func btnPlayAudio(_ sender: UIButton) {
    audioPlayer.play()
    setPlayButtons(false, pause: true, stop: true)
    progressTimer = Timer.scheduledTimer(timeInterval: 0.1, target: self,
        selector: timePlayerSelector, userInfo: nil, repeats: true)
}
```

2. 아웃렛 변수를 선언한 위치 바로 위에 재생 타이머를 위한 상수를 추가합니다.

```
var audioPlayer : AVAudioPlayer!
var audioFile : URL!

let MAX_VOLUME : Float = 10.0

var progressTimer : Timer!

let timePlayerSelector:Selector = #selector(ViewController.updatePlayTime)    Type 'ViewController' has no...

@IBOutlet var pvProgressPlay: UIProgressView!
@IBOutlet var lblCurrentTime: UILabel!
@IBOutlet var lblEndTime: UILabel!
@IBOutlet var btnPlay: UIButton!
@IBOutlet var btnPause: UIButton!
```

```
let timePlayerSelector:Selector = #selector(ViewController.updatePlayTime)
```

3. updatePlayTime 함수를 생성합니다. 앞에서 만든 타이머에 의해 0.1초 간격으로 이 함수가 실행되는데, 그때마다 audioPlayer.currentTime, 즉 재생 시간을 레이블 'lblCurrent Time'과 프로그레스 뷰에 나타냅니다.

```
        setPlayButtons(false, pause: true, stop: true)
        progressTimer = Timer.scheduledTimer(timeInterval: 0.1, target: self, selector: timePlayerSelector,
            userInfo: nil, repeats: true)
    }

    @objc func updatePlayTime() {
        lblCurrentTime.text = convertNSTimeInterval2String(audioPlayer.currentTime)
        pvProgressPlay.progress = Float(audioPlayer.currentTime/audioPlayer.duration)
    }

    @IBAction func btnPauseAudio(_ sender: UIButton) {
        audioPlayer.pause()
        setPlayButtons(true, pause: false, stop: true)
    }
```

```
@objc func updatePlayTime() {
    lblCurrentTime.text = convertNSTimeInterval2String(audioPlayer.currentTime) ─❶
    pvProgressPlay.progress = Float(audioPlayer.currentTime/audioPlayer.duration) ─❷
}
```

❶ 재생 시간인 audioPlayer.currentTime을 레이블 'lblCurrentTime'에 나타냅니다.

❷ 프로그레스 뷰인 pvProgress Play의 진행 상황에 audioPlayer.currentTime을 audioPlayer.duration으로 나눈 값으로 표시합니다.

4. 재생 중일 때 시간이 표시되도록 만들었으니 이번에는 정지했을 때 시간이 00:00이 되도록 만들겠습니다. '정지'했을 때의 상황이므로 btnStopAudio 함수를 수정합니다.

```
    @IBAction func btnPauseAudio(_ sender: UIButton) {
        audioPlayer.pause()
        setPlayButtons(true, pause: false, stop: true)
    }

    @IBAction func btnStopAudio(_ sender: UIButton) {
        audioPlayer.stop()
        audioPlayer.currentTime = 0
        lblCurrentTime.text = convertNSTimeInterval2String(0)
        setPlayButtons(true, pause: false, stop: false)
        progressTimer.invalidate()
    }

    @IBAction func slChangeVolume(_ sender: UISlider) {
    }
```

```
@IBAction func btnStopAudio(_ sender: UIButton) {
    audioPlayer.stop()
    audioPlayer.currentTime = 0 ❶
    lblCurrentTime.text = convertNSTimeInterval2String(0) ❷
    setPlayButtons(true, pause: false, stop: false)
    progressTimer.invalidate() ❸
}
```

❶ 오디오를 정지하고 다시 재생하면 처음부터 재생해야 하므로 audioPlayer.currentTime을 0으로 합니다.

❷ 재생 시간도 00:00로 초기화하기 위해 convertNSTimeInterval2String(0)을 활용합니다.

❸ 타이머도 무효화합니다.

5. 볼륨 조절하기

이제는 볼륨을 조절하기 위해 slChangeVolume 함수를 수정하겠습니다. 화면의 슬라이더를 터치해 좌우로 움직이면 볼륨이 조절되도록 할 것입니다. 이 동작을 구현하기 위해 슬라이더인 slVolume의 값을 오디오 플레이어(audioPlayer)의 volume 값에 대입합니다.

```
    @IBAction func btnStopAudio(_ sender: UIButton) {
        audioPlayer.stop()
        audioPlayer.currentTime = 0
        lblCurrentTime.text = convertNSTimeInterval2String(0)
        setPlayButtons(true, pause: false, stop: false)
        progressTimer.invalidate()
    }

    @IBAction func slChangeVolume(_ sender: UISlider) {
        audioPlayer.volume = slVolume.value
    }

}
```

```
@IBAction func slChangeVolume(_ sender: UISlider) {
    audioPlayer.volume = slVolume.value
}
```

6. 마지막으로 오디오 재생이 끝나면 맨 처음 상태로 돌아가도록 함수를 추가하겠습니다. 타이머도 무효화하고 버튼도 다시 정의해야 합니다. 재생이 끝났으므로 [Play] 버튼은 활성화, 나머지 버튼은 비활성화합니다.

```
        progressTimer.invalidate()
    }

    @IBAction func slChangeVolume(_ sender: UISlider) {
        audioPlayer.volume = slVolume.value
    }

    func audioPlayerDidFinishPlaying(_ player: AVAudioPlayer, successfully flag: Bool) {
        progressTimer.invalidate()
        setPlayButtons(true, pause: false, stop: false)
    }

}
```

```
func audioPlayerDidFinishPlaying(_ player: AVAudioPlayer, successfully flag: Bool) {
    progressTimer.invalidate() —❶
    setPlayButtons(true, pause: false, stop: false) —❷
}
```

❶ 타이머를 무효화합니다.

❷ [Play] 버튼은 활성화하고 나머지 버튼은 비활성화합니다.

7. 결과 보기

다시 [실행] 버튼을 클릭합니다. 이제 재생 시간도 제대로 표시되고 볼륨 조절도 가능합니다. 그리고 오디오가 종료되면 [Play], [Pause], [Stop] 버튼이 새로 설정됩니다.

13-8
녹음을 위한 스토리보드 꾸미기

앞에서는 오디오 '재생 모드'에 관해 살펴보았습니다. 이젠 '녹음 모드'를 위한 작업을 시작해 보겠습니다.

녹음 모드를 위한 스토리보드 꾸미기 및 자동 레이아웃 설정

1. 먼저 앞에서 만든 스토리보드에 추가 작업을 진행하겠습니다. 왼쪽의 내비게이터 영역에서 스토리보드를 클릭합니다. 그리고 [Library] 버튼을 클릭한 후 팝업 창에 'la'를 입력하여 검색한 후 [레이블(Label)]을 찾아 앞에서 만든 레이블(Volume) 아래쪽에 끌어다 놓습니다. 내용은 'Record'로 수정합니다.

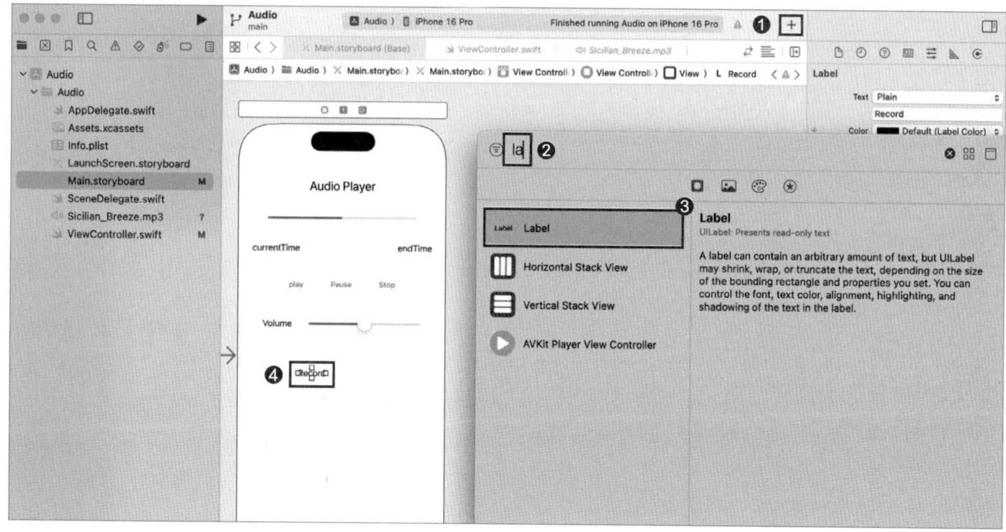

2. 또한 [Library] 버튼을 클릭한 후 팝업 창에 'sw'를 입력하여 검색한 후 [스위치(Switch)]를 찾아 Record의 오른쪽에 끌어다 놓습니다. 그리고 스위치의 상태를 [Off]로 설정합니다. 앱의 기본 화면은 '재생 모드', 스위치를 켰을 때는 '녹음 모드'가 됩니다.

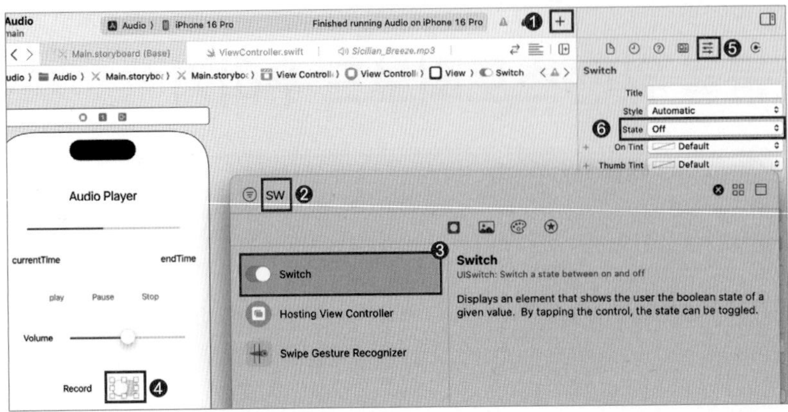

3. 이번에는 [Library] 버튼을 클릭한 후 팝업 창에서 [버튼(Button)]을 찾아 스위치의 아래쪽에 끌어다 놓습니다. 그리고 이름을 'Record'로 바꿉니다. 또한 화면 오른쪽 인스펙터 영역에서 스타일 (Style) 항목을 [Default]로 변경합니다.

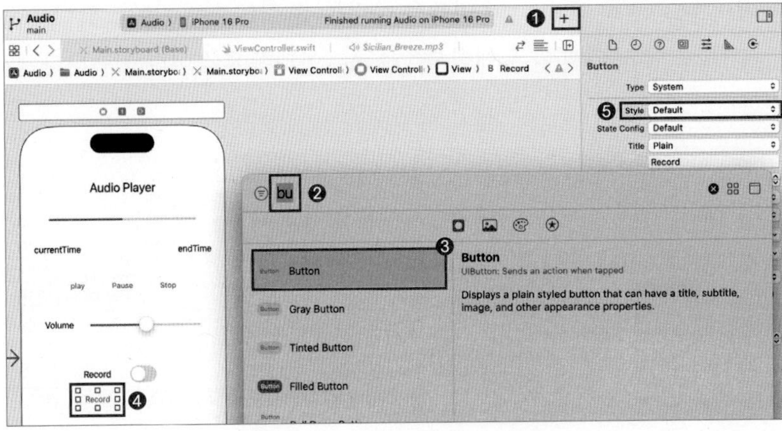

4. 마지막으로 녹음 시간을 표시할 레이블을 추가합니다. [Library] 버튼을 클릭한 후 팝업창에서 [레이블(Label)]을 찾아 [Record] 버튼 오른쪽에 끌어다 놓고 '00:00'으로 수정합니다. 그리고 크기를 조금 키워 여유있게 만듭니다.

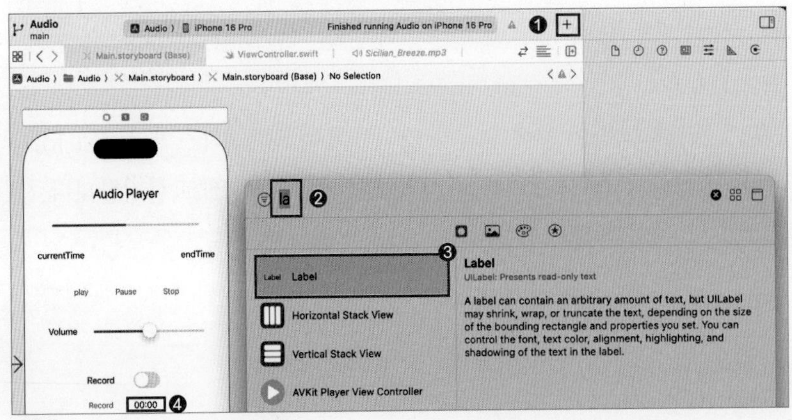

5. 레이블과 스위치를 선택한 후 [Embed In → Stack View]를 선택하여 스택 뷰로 묶습니다.

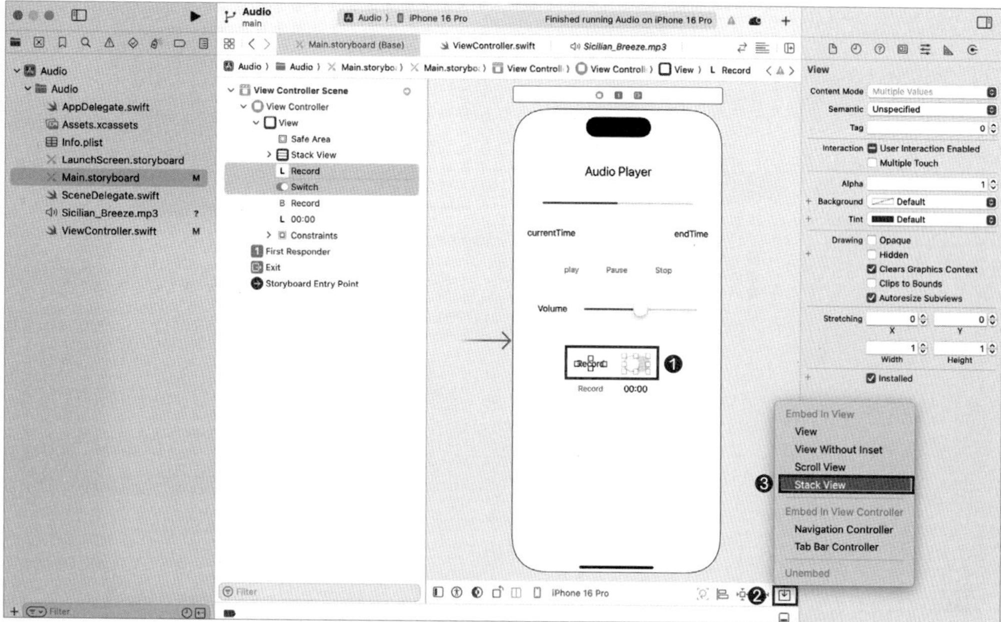

6. 또한 버튼과 레이블을 선택한 후 [Embed In → Stack View]를 선택하여 스택 뷰로 묶습니다.

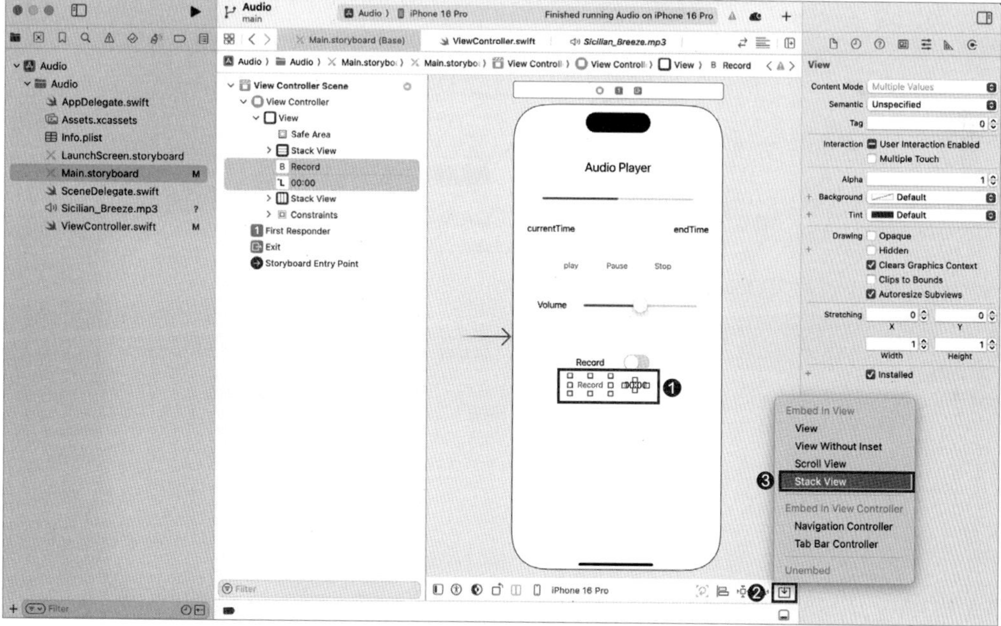

7. 두 스택 뷰를 선택한 후 [Embed In → Stack View]를 선택하여 스택 뷰로 묶습니다

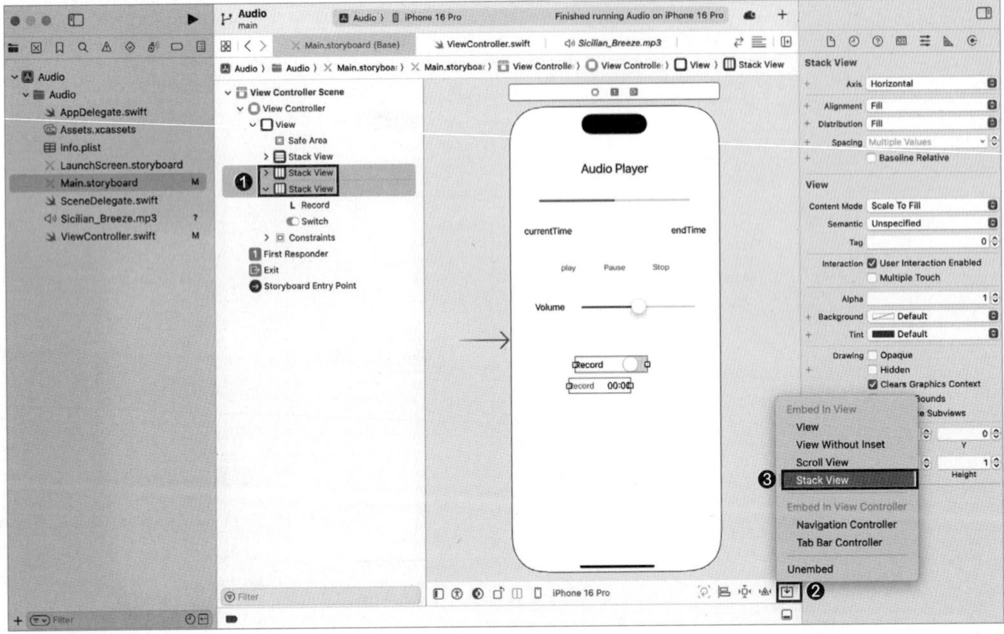

8. 그리고 묶은 [세로 스택 뷰]를 선택하고 하단의 [정렬 조건] 아이콘을 클릭한 후 [Horizontally in Container]에 체크하여 수평을 가운데 정렬로 적용합니다.

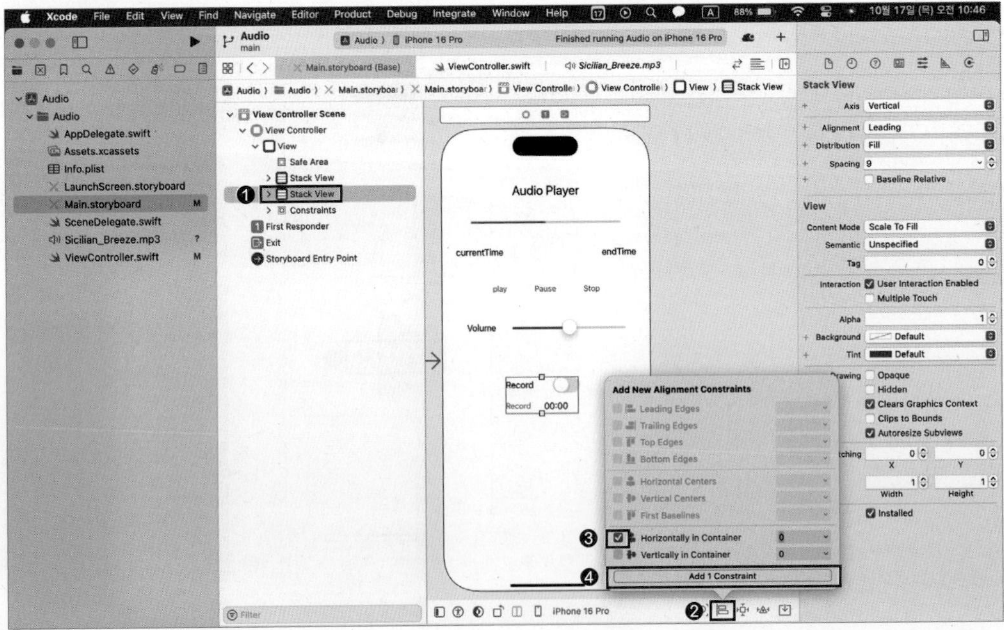

9. 그런 다음 마우스 오른쪽 버튼으로 묶은 [세로 스택 뷰]를 클릭한 채 드래그하여 상단의 [세로 스택 뷰] 위로 이동한 후 드롭합니다.

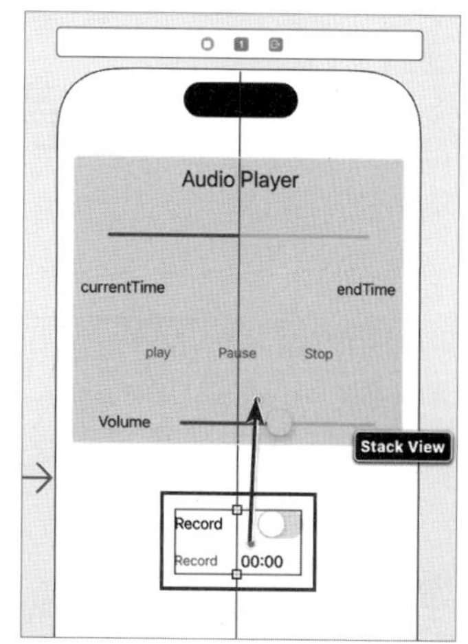

10. 팝업 메뉴에서 [Vertical Spacing]을 클릭하여 상단 [세로 스택 뷰]와의 거리를 세팅합니다. 거리는 자동으로 셋팅됩니다.

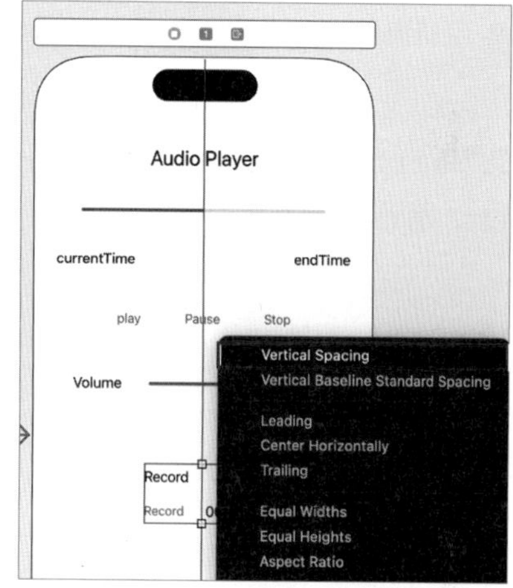

11. 오른쪽 그림과 같이 스토리보드가 완성되었습니다.

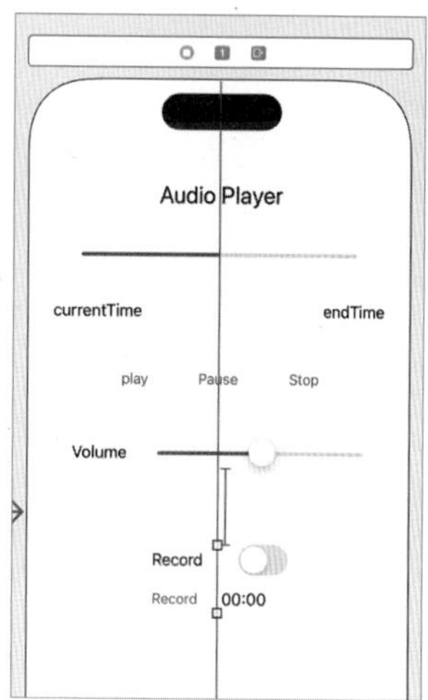

13-9 녹음을 위한 아웃렛 변수와 액션 함수 추가하기

이제 스토리보드에서 새로 추가한 객체에 아웃렛 변수와 액션 함수를 추가해 보겠습니다.

추가한 객체에 아웃렛 변수와 액션 함수 추가하기

1. 아웃렛 변수와 액션 함수를 추가하기 위해 오른쪽 윗부분의 [Adjust Editor Options] 버튼을 클릭한 후 [Assistant] 메뉴를 선택합니다.

2. [Record] 버튼과 녹음 시간 레이블을 이전에 만들었던 아웃렛 변수 아래쪽에 배치하겠습니다. 하나씩 따라해 보세요.

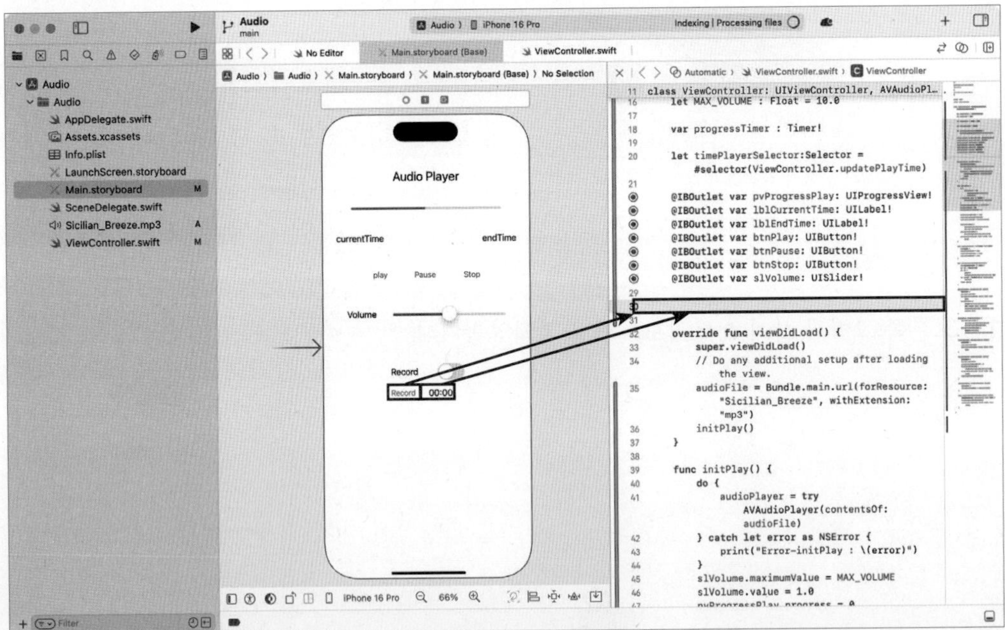

3. 왼쪽 창에서 [Record] 버튼을 마우스 오른쪽 버튼으로 클릭하여 오른쪽 보조 편집기 영역에서 아웃렛 변수를 생성한 곳 바로 아래로 끌어다 놓습니다. 연결 설정 창에서 아웃렛 변수의 이름(Name)을 'btnRecord'로 입력하고 타입(Type)을 확인한 후 [Connect] 버튼을 클릭하여 버튼과 아웃렛 변수를 연결합니다.

위치	앞에서 추가한 아웃렛 변수 바로 아래
연결(Connection)	Outlet
이름(Name)	btnRecord
타입(Type)	UIButton

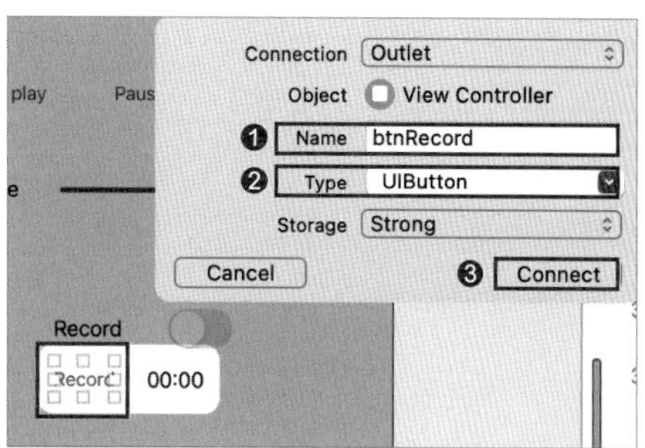


```
@IBOutlet var btnRecord: UIButton!
```

4. 3번과 같은 방법으로 왼쪽 창에서 녹음 시간 레이블을 마우스 오른쪽 버튼으로 클릭하여 아웃렛 변수를 연결합니다. 여기서는 이름(Name)을 'lblRecordTime'으로 입력합니다.

위치	앞에서 추가한 아웃렛 변수 바로 아래
연결(Connection)	Outlet
이름(Name)	lblRecordTime
타입(Type)	UILabel

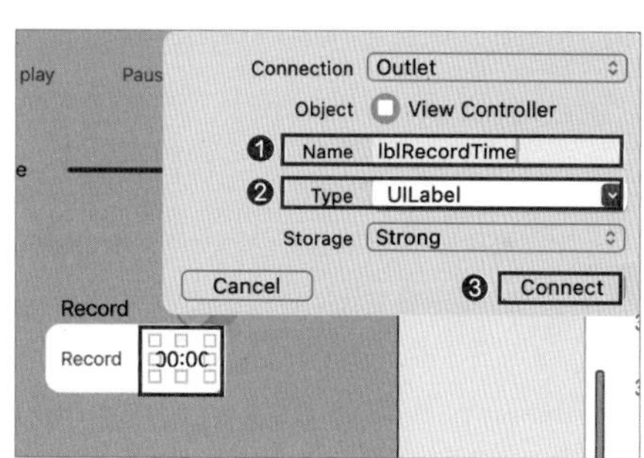


```
@IBOutlet var lblRecordTime: UILabel!
```

5. [스위치]와 [Record] 버튼의 액션 함수를 추가하기 위해 이전에 생성했던 클래스의 마지막 아래쪽에 끌어다 놓겠습니다. 하나씩 따라해 보세요.

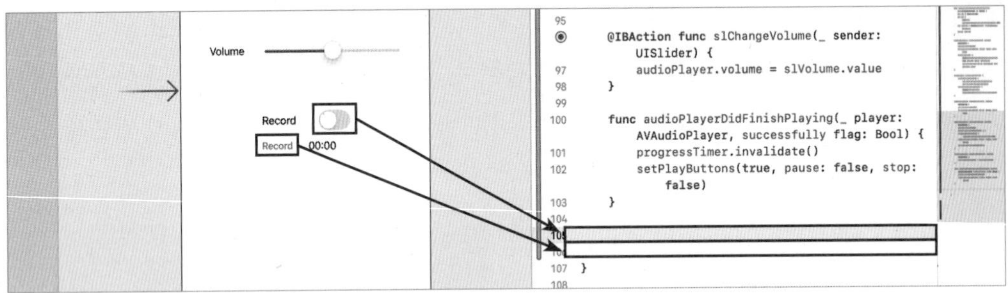

6. 아웃렛 변수를 추가한 것과 같은 방법으로 액션 함수를 추가합니다. 스위치를 마우스 오른쪽 버튼으로 클릭한 후 드래그해서 클래스 아래쪽에 갖다 놓습니다. 그리고 이름(Name)을 'swRecordMode'로 입력하고, 타입(Type)은 스위치에 액션을 추가하는 것이므로 [UISwitch]를 선택합니다. 변경을 완료한 후 [Connect] 버튼을 클릭하여 추가합니다.

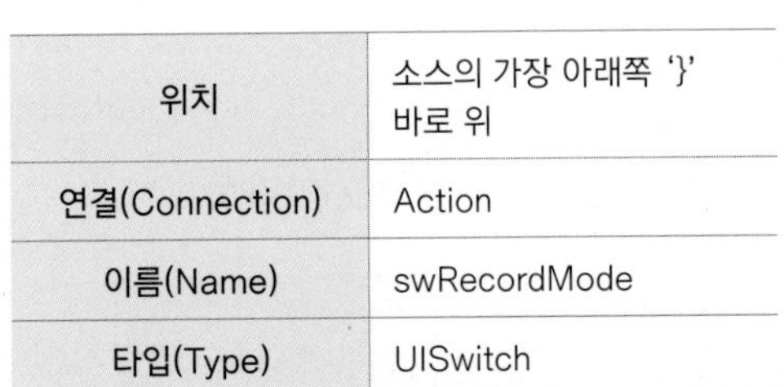

위치	소스의 가장 아래쪽 '}' 바로 위
연결(Connection)	Action
이름(Name)	swRecordMode
타입(Type)	UISwitch

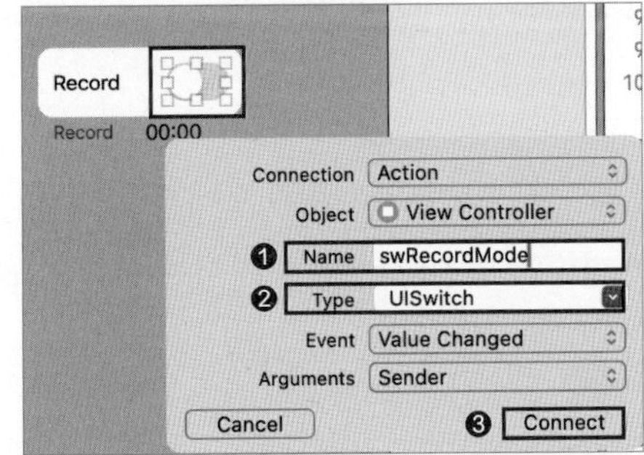


```
@IBAction func swRecordMode(_ sender: UISwitch) {
}
```

7. 마찬가지로 [Record] 버튼의 액션 함수를 추가합니다. 자세한 설정은 아래 표를 참고하세요.

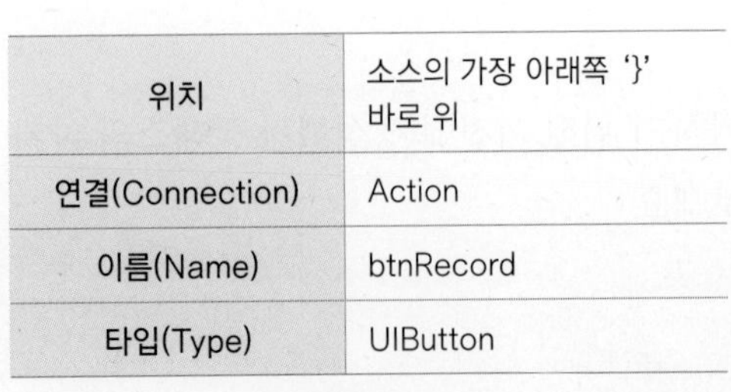

위치	소스의 가장 아래쪽 '}' 바로 위
연결(Connection)	Action
이름(Name)	btnRecord
타입(Type)	UIButton

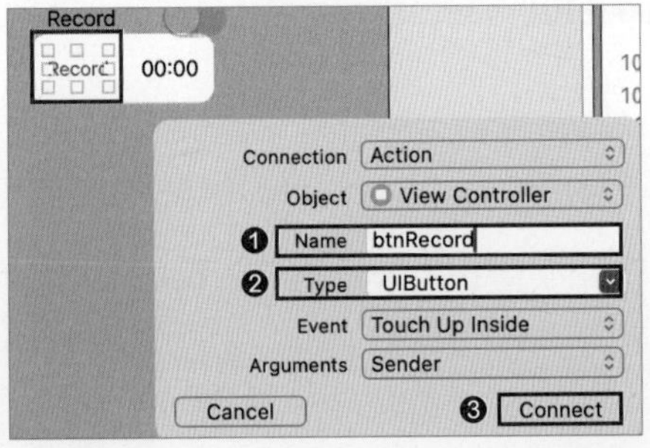


```
@IBAction func btnRecord(_ sender: UIButton) {
}
```

13-10 녹음을 위한 초기화하기

앞에서 아웃렛 변수와 액션 함수를 추가해 보았습니다. 이제는 녹음을 구현해 보겠습니다. 녹음할 때 새로운 파일에 녹음이 입혀져야 하고, 녹음 시간과 버튼도 새로 설정해야 합니다. 앞에서 '재생 모드'를 만들기 위해 초기화를 한 것처럼 '녹음 모드'를 만들기 위한 초기화도 진행해 보겠습니다.

녹음이 입혀질 파일을 비롯한 설정 초기화하기

1. 녹음을 위한 상수와 변수 선언하기

우선 녹음에 관련된 상수와 변수를 추가하겠습니다. 클래스의 위쪽에 있는 기존 코드에 다음 소스를 추가합니다. 추가할 위치는 크게 중요하지 않습니다.

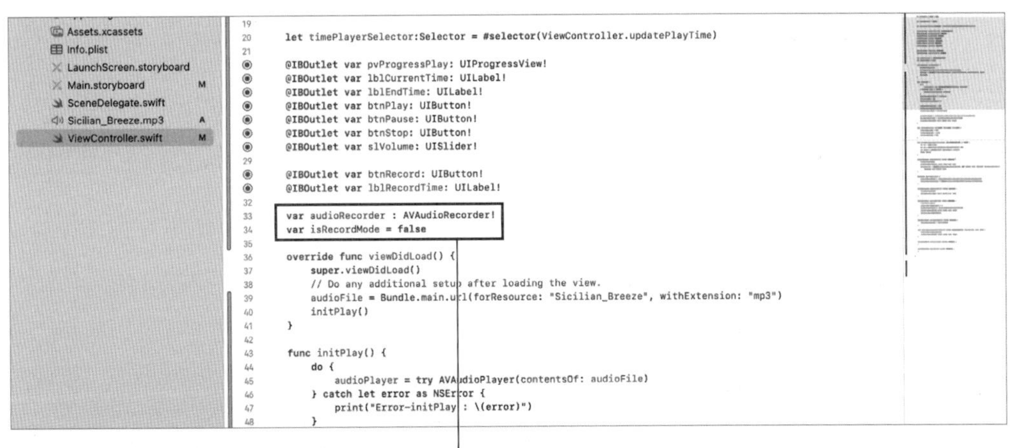


```
var audioRecorder : AVAudioRecorder! —❶
var isRecordMode = false —❷
```

❶ audioRecorder 인스턴스를 추가합니다.

❷ 현재 '녹음 모드'라는 것을 나타낼 isRecordMode를 추가합니다. 기본값은 false로 하여 처음 앱을 실행했을 때 '녹음 모드'가 아닌 '재생 모드'가 나타나게 합니다.

2. 녹음 파일 생성하기

녹음을 했는데 재생 파일에 겹쳐서 저장되면 안 되겠죠. 이렇게 모드에 따라 다른 파일을 선택하기 위해서는 새로운 함수가 필요합니다. viewDidLoad 함수 아래에 selectAudioFile 함수를 추가합니다.

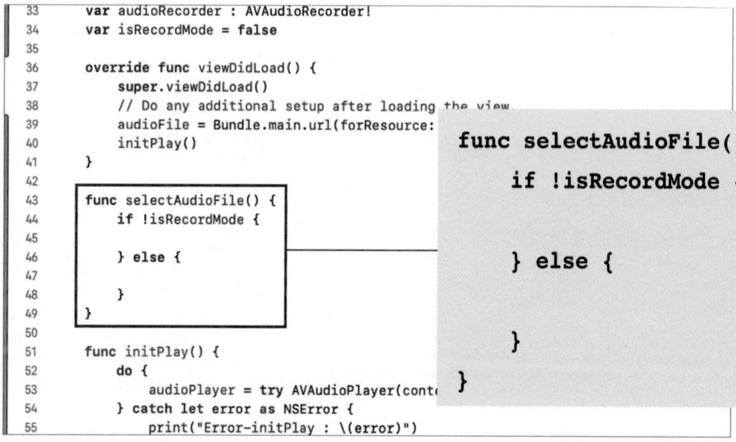

```
var audioRecorder : AVAudioRecorder!
var isRecordMode = false

override func viewDidLoad() {
    super.viewDidLoad()
    // Do any additional setup after loading the view.
    audioFile = Bundle.main.url(forResource:
    initPlay()
}

func selectAudioFile() {
    if !isRecordMode {

    } else {

    }
}

func initPlay() {
    do {
        audioPlayer = try AVAudioPlayer(cont
    } catch let error as NSError {
        print("Error-initPlay : \(error)")
```

```
func selectAudioFile() {
    if !isRecordMode {

    } else {

    }
}
```

3. viewDidLoad 함수에서 audioFile에 관한 코드 한 줄을 command ⌘ + X를 눌러 잘라냅니다.

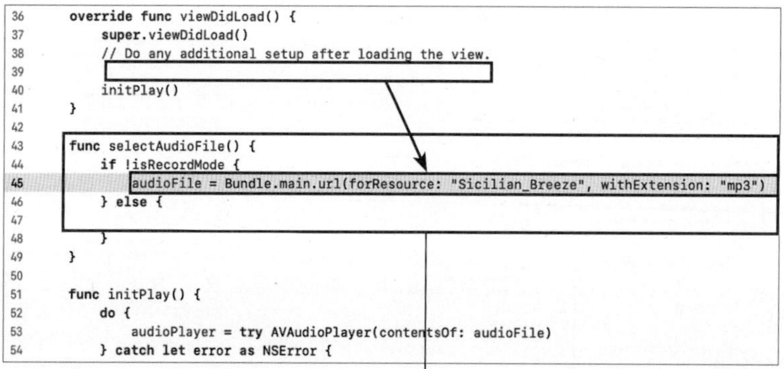

```
override func viewDidLoad() {
    super.viewDidLoad()
    // Do any additional setup after loading the view.

    initPlay()
}

func selectAudioFile() {
    if !isRecordMode {
        audioFile = Bundle.main.url(forResource: "Sicilian_Breeze", withExtension: "mp3")
    } else {

    }
}

func initPlay() {
    do {
        audioPlayer = try AVAudioPlayer(contentsOf: audioFile)
    } catch let error as NSError {
```

```
override func viewDidLoad() {
    super.viewDidLoad()
    // Do any additional setup after loading the view, typically from a nib.
    audioFile = Bundle.main.url(forResource: "Sicilian_Breeze",
        withExtension: "mp3")
    initPlay()
}
func selectAudioFile() {
    if !isRecordMode {
```

command ⌘ + X를 눌러 잘라냅니다.

4. 그런 다음 방금 생성한 selectAudioFile 함수에 command ⌘ + V를 눌러 붙여 넣습니다. 이 audioFile은 재생할 때, 즉 녹음 모드가 아닐 때 사용하므로 if문에 넣습니다.

```
func selectAudioFile() {
    if !isRecordMode {
        audioFile = Bundle.main.url(forResource: "Sicilian_Breeze",
            withExtension: "mp3")
    } else {

    }
}
```

5. viewDidLoad 함수에서 audioFile이 위치하던 곳에 방금 생성한 selectAudioFile 함수를 호출하는 코드를 추가합니다.

```

var audioRecorder : AVAudioRecorder!
var isRecordMode = false

override func viewDidLoad() {
    super.viewDidLoad()
    // Do any additional setup after loading the view.
    selectAudioFile()
    initPlay()
}

func selectAudioFile() {
    if !isRecordMode {
        audioFile = Bundle.main.url(forResource: "Sicilian_Breeze", withExtension
    } else {

    }
```

```
override func viewDidLoad() {
    super.viewDidLoad()
    // Do any additional setup after loading the view, typically from a nib.
    selectAudioFile()
    initPlay()
}
```

6. selectAudioFile 함수를 마무리하겠습니다. 녹음 모드일 때는 도큐먼트 디렉터리에 'recordFile.m4a'를 생성하여 사용합니다. 이렇게 하면 재생 모드일 때는 오디오 파일인 재생 파일이 재생되고, 녹음 모드일 때는 새 파일이 생성됩니다.

```

    override func viewDidLoad() {
        super.viewDidLoad()
        // Do any additional setup after loading the view.
        selectAudioFile()
        initPlay()
    }

    func selectAudioFile() {
        if !isRecordMode {
            audioFile = Bundle.main.url(forResource: "Sicilian_Breeze", withExtension: "mp3")
        } else {
            let documentDirectory = FileManager.default.urls(for: .documentDirectory, in: .userDomainMask)[0]
            audioFile = documentDirectory.appendingPathComponent("recordFile.m4a")
        }
    }

    func initPlay() {
        do {
            audioPlayer = try AVAudioPlayer(contentsOf: audioFile)
        } catch let error as NSError {
            print("Error-initPlay : \(error)")
```

```
func selectAudioFile() {
    if !isRecordMode {
        audioFile = Bundle.main.url(forResource: "Sicilian_Breeze",    ❶
          withExtension: "mp3")
    } else {
        let documentDirectory = FileManager.default.urls
          (for: .documentDirectory, in: .userDomainMask)[0]
        audioFile = documentDirectory.appendingPathComponent           ❷
          ("recordFile.m4a")
    }
}
```

❶ 재생 모드일 때는 오디오 파일인 "Sicilian_Breeze.mp3"가 선택됩니다.

❷ 녹음 모드일 때는 새 파일인 "recordFile.m4a"가 생성됩니다.

7. 녹음을 위한 초기화하기

[Record] 버튼을 클릭해 녹음을 시작하면 재생 중이던 오디오는 멈추고 재생 모드에 관한 모든 것들이 초기화되어야 합니다. 이렇게 녹음과 관련하여 오디오의 포맷, 음질, 비트율, 채널 및 샘플률을 초기화하기 위한 함수인 initRecord를 생성합니다.

```
            audioFile = documentDirectory.appendingPathComponent("recordFile.m4a")
        }
    }

    func initRecord() {

    }

    func initPlay() {
        do {
            audioPlayer = try AVAudioPlayer(contentsOf: audioFile)
        } catch let error as NSError {
            print("Error-initPlay : \(error)")
```

```
func initRecord() {
}
```

8. viewDidLoad 함수에서 모드에 따라 재생 또는 녹음에 관한 초기화를 따로 해야 하므로 if 문을 사용합니다.

```
    var audioRecorder : AVAudioRecorder!
    var isRecordMode = false

    override func viewDidLoad() {
        super.viewDidLoad()
        // Do any additional setup after loading the view.
        selectAudioFile()
        if !isRecordMode {
            initPlay()
            btnRecord.isEnabled = false
            lblRecordTime.isEnabled = false
        } else {
            initRecord()
        }
    }

    func selectAudioFile() {
        if !isRecordMode {
            audioFile = Bundle.main.url(forResource: "Sicilian_Breeze", withExtension: "mp3")
```

```
override func viewDidLoad() {
    super.viewDidLoad()
    // Do any additional setup after loading the view, typically from a nib.
    selectAudioFile()
    if !isRecordMode {      ─┐
        initPlay()          ─┘❶
        btnRecord.isEnabled = false         ─┐
        lblRecordTime.isEnabled = false     ─┘❷
    } else {
        initRecord() ─❸
    }
}
```

❶ if문의 조건이 '!isRecordMode'입니다. 이는 '녹음 모드가 아니라면'이므로 재생 모드를 말합니다. 따라서 initPlay 함수를 호출합니다.

❷ 조건에 해당하는 것이 재생 모드이므로 [Record] 버튼과 재생 시간은 비활성화로 설정합니다.

❸ 조건에 해당하지 않는 경우, 이는 '녹음 모드라면'이므로 initRecord 함수를 호출합니다.

9. 이번에는 initRecord 함수에 코드를 추가합니다. 이는 녹음에 대한 설정이며 포맷은 'Apple Lossless', 음질은 '최대', 비트율은 '320,000bps(320kbps)', 오디오 채널은 '2'로 하고 샘플률은 '44,100Hz'로 설정합니다.

```
        } else {
            let documentDirectory = FileManager.default.urls(for: .documentDirectory, in: .userDomainMask)[0]
            audioFile = documentDirectory.appendingPathComponent("recordFile.m4a")
        }
    }

    func initRecord() {
        let recordSettings = [
        AVFormatIDKey : NSNumber(value: kAudioFormatAppleLossless as UInt32),
        AVEncoderAudioQualityKey : AVAudioQuality.max.rawValue,
        AVEncoderBitRateKey : 320000,
        AVNumberOfChannelsKey : 2,
        AVSampleRateKey : 44100.0] as [String : Any]
    }

    func initPlay() {
        do {
            audioPlayer = try AVAudioPlayer(contentsOf: audioFile)
        } catch let error as NSError {
            print("Error-initPlay : \(error)")
        }
        slVolume.maximumValue = MAX_VOLUME
```

```
func initRecord() {
    let recordSettings = [
       AVFormatIDKey : NSNumber(value: kAudioFormatAppleLossless as UInt32),
       AVEncoderAudioQualityKey : AVAudioQuality.max.rawValue,
       AVEncoderBitRateKey : 320000,
       AVNumberOfChannelsKey : 2,
       AVSampleRateKey : 44100.0] as [String : Any]
}
```

10. initRecord 함수에 코드를 추가합니다. selectAudioFile 함수에서 정한 audioFile을 URL로 하는 audioRecorder 인스턴스를 생성합니다. 이때 do-try-catch문을 사용합니다. 마지막에 audioRecorder의 델리게이트(delegate)를 설정하는데 AVAudioRecorderDelegate를 상속받지 않아 에러가 발생합니다.

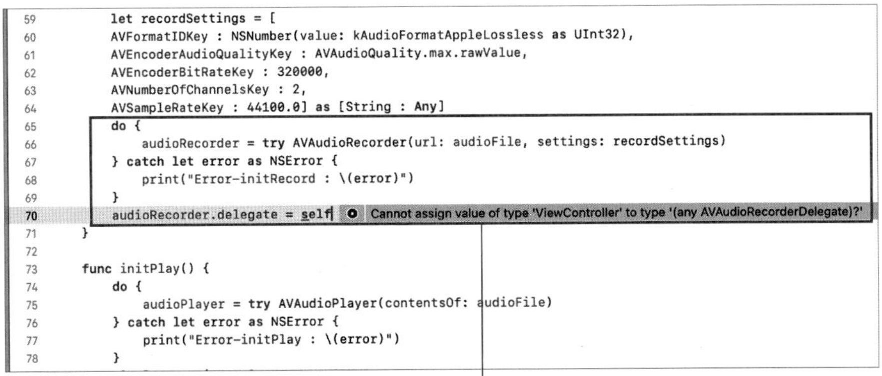

```
        let recordSettings = [
        AVFormatIDKey : NSNumber(value: kAudioFormatAppleLossless as UInt32),
        AVEncoderAudioQualityKey : AVAudioQuality.max.rawValue,
        AVEncoderBitRateKey : 320000,
        AVNumberOfChannelsKey : 2,
        AVSampleRateKey : 44100.0] as [String : Any]
        do {
            audioRecorder = try AVAudioRecorder(url: audioFile, settings: recordSettings)
        } catch let error as NSError {
            print("Error-initRecord : \(error)")
        }
        audioRecorder.delegate = self   ● Cannot assign value of type 'ViewController' to type '(any AVAudioRecorderDelegate)?'
    }

    func initPlay() {
        do {
            audioPlayer = try AVAudioPlayer(contentsOf: audioFile)
        } catch let error as NSError {
            print("Error-initPlay : \(error)")
        }
```

```
func initRecord() {
    ⋮

        AVSampleRateKey : 44100.0] as [String : Any]
    do {
        audioRecorder = try AVAudioRecorder(url: audioFile, settings:
             recordSettings)
    } catch let error as NSError {
        print("Error-initRecord : \(error)")
    }

    audioRecorder.delegate = self
}
```

11. 에러를 없애기 위해 뷰 컨트롤러의 클래스 선언문에 AVAudioRecorderDelegate의 선언을 추가합니다. 추가한 후 다시 아래로 내려가 확인하면 에러가 사라진 것을 알 수 있습니다.

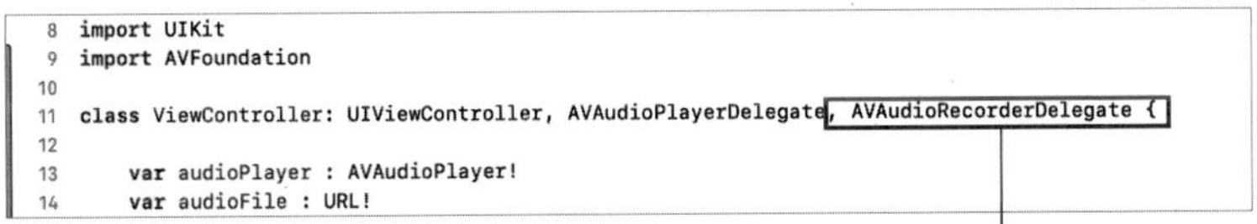

```
import UIKit
import AVFoundation

class ViewController: UIViewController, AVAudioPlayerDelegate, AVAudioRecorderDelegate {

    var audioPlayer : AVAudioPlayer!
    var audioFile : URL!
```

```
class ViewController: UIViewController, AVAudioPlayerDelegate,
     AVAudioRecorderDelegate {
```

12. 앞의 initPlay 함수에서와 마찬가지로 initRecord 함수에 코드를 추가합니다.

```
    func initRecord() {
        let recordSettings = [
        AVFormatIDKey : NSNumber(value: kAudioFormatAppleLossless as UInt32),
        AVEncoderAudioQualityKey : AVAudioQuality.max.rawValue,
        AVEncoderBitRateKey : 320000,
        AVNumberOfChannelsKey : 2,
        AVSampleRateKey : 44100.0] as [String : Any]
        do {
            audioRecorder = try AVAudioRecorder(url: audioFile, settings: recordSettings)
        } catch let error as NSError {
            print("Error-initRecord : \(error)")
        }
        audioRecorder.delegate = self
        slVolume.value = 1.0
        audioPlayer.volume = slVolume.value
        lblEndTime.text = convertNSTimeInterval2String(0)
        lblCurrentTime.text = convertNSTimeInterval2String(0)
        setPlayButtons(false, pause: false, stop: false)
    }

```

```
func initRecord() {
    ⋮
        print("Error-initRecord : \(error)")
    }

    audioRecorder.delegate = self —❶

    slVolume.value = 1.0 —❷
    audioPlayer.volume = slVolume.value —❸
    lblEndTime.text = convertNSTimeInterval2String(0) —❹
    lblCurrentTime.text = convertNSTimeInterval2String(0) —❺
    setPlayButtons(false, pause: false, stop: false) —❻
}
```

❶ AudioRecorder의 델리게이트(Delegate)를 self로 설정합니다.

❷ 볼륨 슬라이더 값을 1.0으로 설정합니다.

❸ audioPlayer의 볼륨도 슬라이더 값과 동일한 1.0으로 설정합니다.

❹ 총 재생 시간을 0으로 바꿉니다.

❺ 현재 재생 시간을 0으로 바꿉니다.

❻ [Play], [Pause] 및 [Stop] 버튼을 비활성화로 설정합니다.

13. 마찬가지로 initRecord 함수에 코드를 추가합니다. AVAudioSession의 인스턴스 session을 생성하고 do-try-catch문을 사용해 카테고리를 설정한 다음 액티브를 설정합니다.

```
        audioRecorder.delegate = self
        slVolume.value = 1.0
        audioPlayer.volume = slVolume.value
        lblEndTime.text = convertNSTimeInterval2String(0)
        lblCurrentTime.text = convertNSTimeInterval2String(0)
        setPlayButtons(false, pause: false, stop: false)
        let session = AVAudioSession.sharedInstance()
        do {
            try session.setCategory(.playAndRecord, mode: .default)
        } catch let error as NSError {
            print(" Error-setCategory : \(error)")
        }
        do {
            try session.setActive(true)
        } catch let error as NSError {
            print(" Error-setActive : \(error)")
        }
    }

```

```
func initRecord() {
    ⋮
    slVolume.value = 1.0
    audioPlayer.volume = slVolume.value
    lblEndTime.text = convertNSTimeInterval2String(0)
    lblCurrentTime.text = convertNSTimeInterval2String(0)
    setPlayButtons(false, pause: false, stop: false)

    let session = AVAudioSession.sharedInstance()
    do {
       try session.setCategory(.playAndRecord, mode: .default)
    } catch let error as NSError {
       print(" Error-setCategory : \(error)")
    }
    do {
       try session.setActive(true)
    } catch let error as NSError {
       print(" Error-setActive : \(error)")
    }
}
```

13-11 녹음 및 재생 모드 변경하기

스토리보드에서 만든 스위치로 '녹음 모드'와 '재생 모드'를 변경할 수 있게 만들어 보겠습니다.

직접 해보세요! **재생 및 녹음 모드일 때 설정 초기화하기**

1. 스위치를 [On]으로 하면 '녹음 모드'가 되고, [Off]로 하면 '재생 모드'가 되어야 합니다. 이를 구현하기 위해 swRecordMode 함수에 다음 코드를 추가합니다.

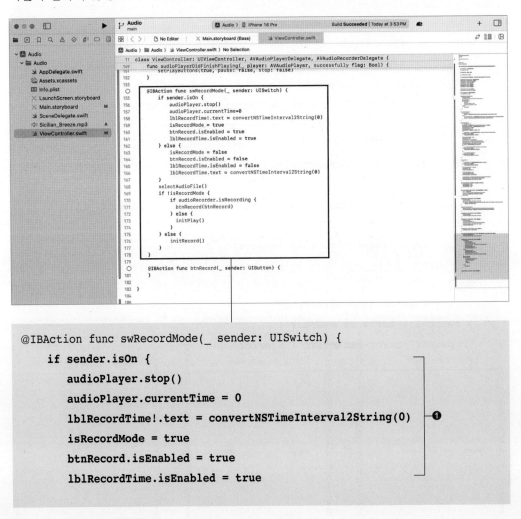

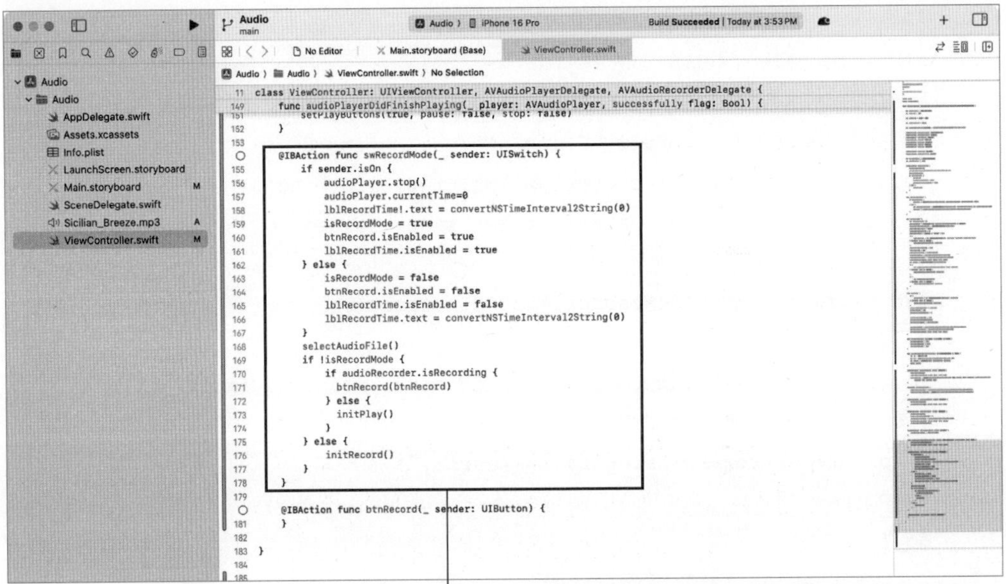

```
@IBAction func swRecordMode(_ sender: UISwitch) {
    if sender.isOn {
        audioPlayer.stop()
        audioPlayer.currentTime = 0
        lblRecordTime!.text = convertNSTimeInterval2String(0)      ❶
        isRecordMode = true
        btnRecord.isEnabled = true
        lblRecordTime.isEnabled = true
```

```
    } else {
        isRecordMode = false
        btnRecord.isEnabled = false
        lblRecordTime.isEnabled = false
        lblRecordTime.text = convertNSTimeInterval2String(0)
    }
    selectAudioFile()
    if !isRecordMode {
        if audioRecorder.isRecording {
            btnRecord(btnRecord)
        } else {
            initPlay()
        }
    } else {
            initRecord()
    }
}
```
(❷: isRecordMode = false 부터 lblRecordTime.text 줄까지, ❸: selectAudioFile() 부터 끝까지)

❶ 스위치가 [On]이 되었을 때는 '녹음 모드'이므로 오디오 재생을 중지하고, 현재 재생 시간을 00:00으로 만들고, isRecordMode의 값을 참(true)으로 설정하고, [Record] 버튼과 녹음 시간을 활성화로 설정합니다.

❷ 스위치가 [On]이 아닐 때, 즉 '재생 모드'일 때는 isRecordMode의 값을 거짓(false)으로 설정하고, [Record] 버튼과 녹음 시간을 비활성화하며, 녹음 시간은 0으로 초기화합니다.

❸ selectAudioFile 함수를 호출하여 오디오 파일을 선택하고, 모드에 따라 초기화할 함수를 호출합니다.

2. 결과 보기

다시 [실행] 버튼을 클릭합니다. 재생은 문제 없이 진행되며 스위치가 [On]이 되었을 때 [Play], [Pause] 및 [Stop] 버튼이 비활성화되고 현재 재생 시간과 총 재생 시간이 모두 '00:00'으로 초기화되어 [Record] 버튼과 녹음 시간이 활성화되는 것을 볼 수 있습니다.

13-12 녹음하기

앞에서 '녹음 모드'를 위한 기본 설정을 완료했으니 이제는 실제로 녹음이 가능하도록 만들어 보겠습니다.

직접 해보세요! **녹음 및 정지 제어하기**

1. 녹음을 위해 btnRecord 함수를 수정합니다. [Record] 버튼은 'Record'와 'Stop'으로 버튼 이름이 바뀝니다.

```
            initRecord()
        }
    }

    @IBAction func btnRecord(_ sender: UIButton) {
        if (sender as AnyObject).titleLabel?.text == "Record" {
            audioRecorder.record()
            (sender as AnyObject).setTitle("Stop", for: UIControl.State())
        } else {
            audioRecorder.stop()
            (sender as AnyObject).setTitle("Record", for: UIControl.State())
            btnPlay.isEnabled = true
            initPlay()
        }
    }
```

```
@IBAction func btnRecord(_ sender: UIButton) {
    if (sender as AnyObject).titleLabel?.text == "Record" {          ┐
        audioRecorder.record()                                        ├ ❶
        (sender as AnyObject).setTitle("Stop", for: UIControl.State()) ┘
    } else {                                                          ┐
        audioRecorder.stop()                                          │
        (sender as AnyObject).setTitle("Record", for: UIControl.State()) ├ ❷
        btnPlay.isEnabled = true                                      │
        initPlay()                                                    │
    }                                                                 ┘
}
```

❶ 만약에 버튼 이름이 'Record'이면 녹음을 하고 버튼 이름을 'Stop'으로 변경합니다.

❷ 그렇지 않으면 현재 녹음 중이므로 녹음을 중단하고 버튼 이름을 'Record'로 변경합니다. 그리고 [Play] 버튼을 활성화하고 방금 녹음한 파일로 재생을 초기화합니다.

2. 결과 보기

다시 [실행] 버튼을 클릭합니다. 재생은 문제 없이 진행됩니다. 스위치가 [On]이 되면 총 재생 시간이 '00:00'으로 초기화되고 [Record] 버튼을 클릭하면 녹음이 시작됩니다. 하지만 아무런 변화가 없으며 [Record] 버튼의 이름이 'Stop'으로 변경됩니다.

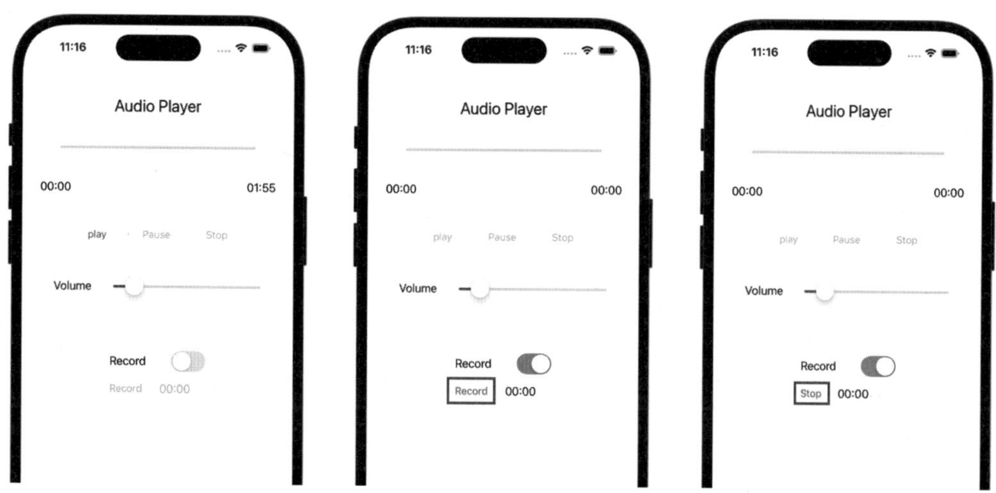

[Stop] 버튼을 클릭하면 버튼 이름이 'Record'로 변경되고 총 재생 시간도 변경되는 것을 확인할 수 있습니다. 그리고 [Play], [Pause] 및 [Stop] 버튼도 제대로 작동합니다.

13-13

녹음 시간 표시하기

앞의 단계까지 진행했을 때 녹음은 되지만 아래의 녹음 시간은 변하지 않았습니다. 이번에는 녹음할 때 아래에 녹음 시간이 표시되도록 만들어 보겠습니다. 시간이 표시되도록 하기 위해서는 앞에서 '재생 시간'을 표시한 것처럼 타이머를 사용해야 합니다.

직접 해보세요!

녹음 시간을 표시하기 위한 타이머 설정하기

1. 다시 btnRecord 함수를 수정하겠습니다.

```
            audioRecorder.record()
            (sender as AnyObject).setTitle("Stop", for: UIControl.State())
            progressTimer = Timer.scheduledTimer(timeInterval: 0.1, target: self, selector:
                timeRecordSelector, userInfo: nil, repeats: true)
        } else {
            audioRecorder.stop()
            progressTimer.invalidate()
            (sender as AnyObject).setTitle("Record", for: UIControl.State())
            btnPlay.isEnabled = true
            initPlay()
        }
    }
```

```
@IBAction func btnRecord(_ sender: UIButton) {
    if (sender as AnyObject).titleLabel?.text == "Record" {
        audioRecorder.record()
        (sender as AnyObject).setTitle("Stop", for: UIControlState())
        progressTimer = Timer.scheduledTimer(timeInterval: 0.1, target: self,
            selector: timeRecordSelector, userInfo: nil, repeats: true)  ─❶
    } else {
        audioRecorder.stop()
        progressTimer.invalidate() ─❷
        (sender as AnyObject).setTitle("Record", for: UIControlState())
        btnPlay.isEnabled = true
        initPlay()
    }
}
```

❶ 녹음할 때 타이머가 작동하도록 progressTimer에 Timer.scheduledTimer 함수를 사용하는데, 0.1초 간격으로 타이머를 생성합니다.

❷ 녹음이 중지되면 타이머를 무효화합니다.

2. 먼저 녹음 타이머를 위한 상수를 추가합니다.

```
var progressTimer : Timer!

let timePlayerSelector:Selector = #selector(ViewController.updatePlayTime)
let timeRecordSelector:Selector = #selector(ViewController.updateRecordTime)  Type 'ViewController' has n...

@IBOutlet var pvProgressPlay: UIProgressView!
@IBOutlet var lblCurrentTime: UILabel!
@IBOutlet var lblEndTime: UILabel!
@IBOutlet var btnPlay: UIButton!
@IBOutlet var btnPause: UIButton!
@IBOutlet var btnStop: UIButton!
@IBOutlet var slVolume: UISlider!
```

```
let timeRecordSelector:Selector = #selector(ViewController.updateRecordTime)
```

3. updateRecordTime 함수를 생성합니다. 타이머에 의해 0.1초 간격으로 이 함수를 실행하는데, 그때마다 녹음 시간이 표시됩니다.

```
        if (sender as AnyObject).titleLabel?.text == "Record" {
            audioRecorder.record()
            (sender as AnyObject).setTitle("Stop", for: UIControl.State())
            progressTimer = Timer.scheduledTimer(timeInterval: 0.1, target: self, selector:
                timeRecordSelector, userInfo: nil, repeats: true)
        } else {
            audioRecorder.stop()
            progressTimer.invalidate()
            (sender as AnyObject).setTitle("Record", for: UIControl.State())
            btnPlay.isEnabled = true
            initPlay()
        }
    }

    @objc func updateRecordTime() {
        lblRecordTime.text = convertNSTimeInterval2String(audioRecorder.currentTime)
    }

}
```

```
@objc func updateRecordTime() {
    lblRecordTime.text = convertNSTimeInterval2String(audioRecorder.currentTime)
}
```

4. 결과 보기

다시 [실행] 버튼을 클릭합니다. 재생은 문제 없이 진행됩니다. 스위치가 [On]이 되면 총 재생 시간이 '00:00'으로 초기화되고 [Record] 버튼을 클릭하면 녹음이 시작됩니다. 녹음이 진행되는 동안 녹음 시간도 변경됩니다. [Stop] 버튼을 클릭하면 버튼 이름이 'Record'로 변경되고 재생 시간도 변경되는 것을 확인할 수 있습니다. 그리고 녹음된 파일로 [Play], [Pause] 및 [Stop] 버튼도 제대로 작동합니다. 스위치가 [Off]가 되면 재생 시간이 원래 음악의 전체 시간인 '01:55'로 바뀌면서 원래 음악이 선택됩니다. 그리고 이 파일로 [Play], [Pause] 및 [Stop] 버튼도 제대로 작동합니다.

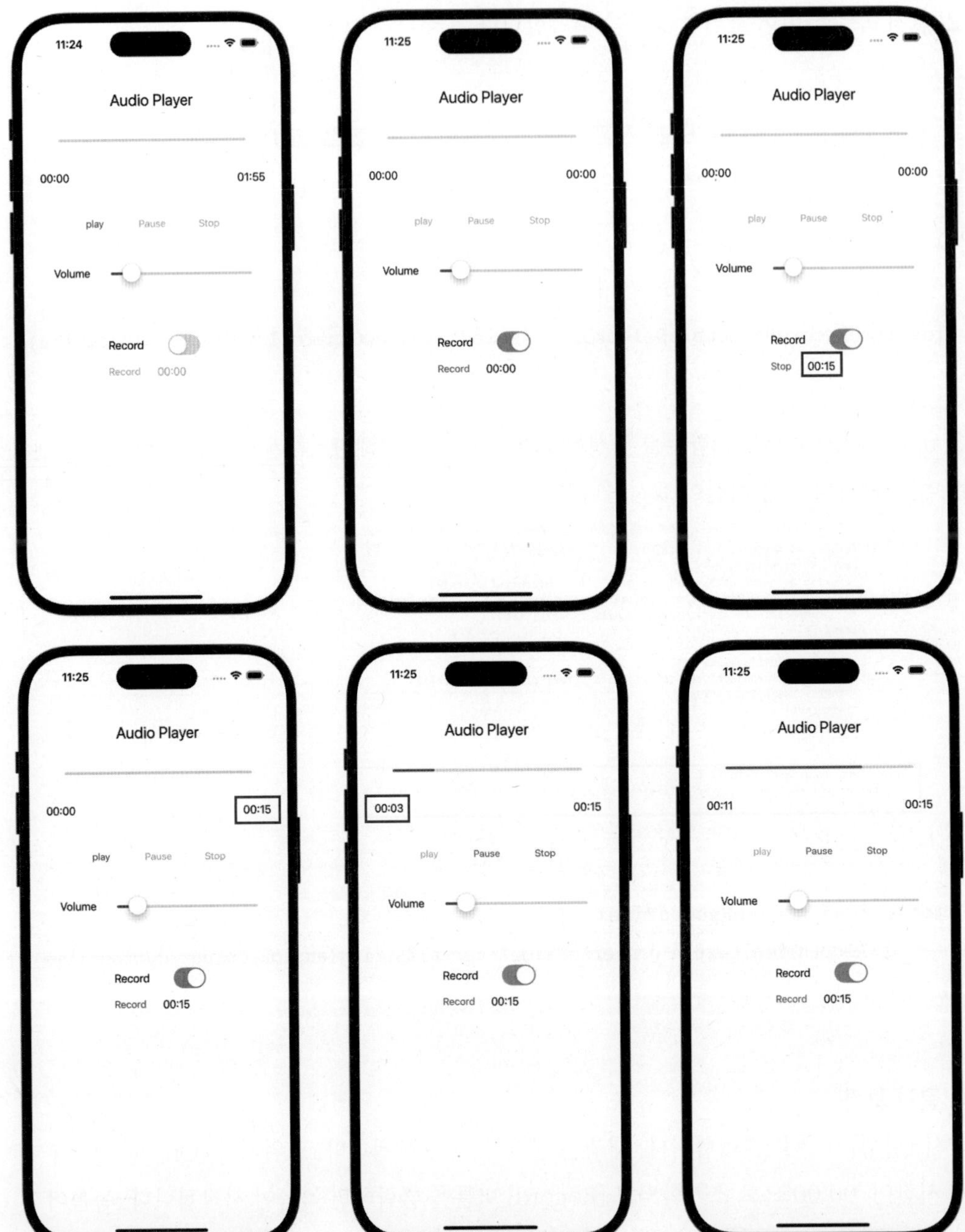
11:24
Audio Player
00:00
01:55
play
Pause
Stop
Volume
Record
Record
00:00
11:25
Audio Player
00:00
00:00
play
Pause
Stop
Volume
Record
Record
00:00
11:25
Audio Player
00:00
00:00
play
Pause
Stop
Volume
Record
Stop
00:15
11:25
Audio Player
00:00
00:15
play
Pause
Stop
Volume
Record
Record
00:15
11:25
Audio Player
00:03
00:15
play
Pause
Stop
Volume
Record
Record
00:15
11:25
Audio Player
00:11
00:15
play
Pause
Stop
Volume
Record
Record
00:15

13-14

오디오 앱, 전체 소스 보기

완성된 앱의 전체 소스를 확인해 보세요.

ViewController.swift

```
import UIKit
import AVFoundation

class ViewController: UIViewController, AVAudioPlayerDelegate,
        AVAudioRecorderDelegate {

    var audioPlayer : AVAudioPlayer!
    var audioFile : URL!

    let MAX_Volume : Float = 10.0

    var progressTimer : Timer!
    let timePlayerSelector:Selector = #selector(ViewController.updatePlayTime)
    let timeRecordSelector:Selector = #selector(ViewController.updateRecordTime)

    @IBOutlet var pvProgressPlay: UIProgressView!
    @IBOutlet var lblCurrentTime: UILabel!
    @IBOutlet var lblEndTime: UILabel!
    @IBOutlet var btnPlay: UIButton!
    @IBOutlet var btnPause: UIButton!
    @IBOutlet var btnStop: UIButton!
    @IBOutlet var slVolume: UISlider!

    @IBOutlet var btnRecord: UIButton!
    @IBOutlet var lblRecordTime: UILabel!
    var audioRecorder : AVAudioRecorder!
    var isRecordMode = false
```

```
override func viewDidLoad() {
    super.viewDidLoad()
     // Do any additional setup after loading the view.

    selectAudioFile()
    if !isRecordMode { // 재생 모드일 때
        initPlay()
        btnRecord.isEnabled = false
        lblRecordTime.isEnabled = false
    } else { // 녹음 모드일 때
        initRecord()
    }

}

// 재생 모드와 녹음 모드에 따라 다른 파일을 선택함
func selectAudioFile() {
    if !isRecordMode {
        audioFile = Bundle.main.url(forResource: "Sicilian_Breeze",
           withExtension: "mp3")
    } else {
        let documentDirectory = FileManager.default.urls
              (for: .documentDirectory, in: .userDomainMask)[0]
        audioFile = documentDirectory.appendingPathComponent
           ("recordFile.m4a")
    }
}

// 녹음 모드의 초기화
func initRecord() {
    let recordSettings = [
       AVFormatIDKey : NSNumber(value: kAudioFormatAppleLossless as UInt32),
       AVEncoderAudioQualityKey : AVAudioQuality.max.rawValue,
       AVEncoderBitRateKey : 320000,
       AVNumberOfChannelsKey : 2,
       AVSampleRateKey : 44100.0] as [String : Any]
    do {
        audioRecorder = try AVAudioRecorder(url: audioFile, settings:
             recordSettings)
    } catch let error as NSError {
        print("Error-initRecord : \(error)")
    }
```

```
    audioRecorder.delegate = self
    slVolume.value = 1.0
    audioPlayer.volume = slVolume.value
    lblEndTime.text = convertNSTimeInterval2String(0)
    lblCurrentTime.text = convertNSTimeInterval2String(0)
    setPlayButtons(false, pause: false, stop: false)

    let session = AVAudioSession.sharedInstance()
    do {
        try session.setCategory(.playAndRecord, mode: .default)
    } catch let error as NSError {
        print(" Error-setCategory : \(error)")
    }
    do {
        try session.setActive(true)
    } catch let error as NSError {
        print(" Error-setActive : \(error)")
    }
}

// 재생 모드의 초기화
func initPlay() {
    do {
        audioPlayer = try AVAudioPlayer(contentsOf: audioFile)
    } catch let error as NSError {
        print("Error-initPlay : \(error)")
    }
    slVolume.maximumValue = MAX_VOLUME
    slVolume.value = 1.0
    pvProgressPlay.progress = 0

    audioPlayer.delegate = self
    audioPlayer.prepareToPlay()
    audioPlayer.volume = slVolume.value

    lblEndTime.text = convertNSTimeInterval2String(audioPlayer.duration)
    lblCurrentTime.text = convertNSTimeInterval2String(0)
    setPlayButtons(true, pause: false, stop: false)
}

// [재생], [일시 정지], [정지] 버튼을 활성화 또는 비활성화하는 함수
func setPlayButtons(_ play:Bool, pause:Bool, stop:Bool) {
```

```
    btnPlay.isEnabled = play
    btnPause.isEnabled = pause
    btnStop.isEnabled = stop
}

// 00:00 형태의 문자열로 변환함
func convertNSTimeInterval2String(_ time:TimeInterval) -> String {
    let min = Int(time/60)
    let sec = Int(time.truncatingRemainder(dividingBy: 60))
    let strTime = String(format: "%02d:%02d", min, sec)
    return strTime
}

// [재생] 버튼을 클릭하였을 때
@IBAction func btnPlayAudio(_ sender: UIButton) {
    audioPlayer.play()
    setPlayButtons(false, pause: true, stop: true)
    progressTimer = Timer.scheduledTimer(timeInterval: 0.1, target:
        self, selector: timePlayerSelector, userInfo: nil, repeats: true)
}

// 0.1초마다 호출되며 재생 시간을 표시함
@objc func updatePlayTime() {
    lblCurrentTime.text = convertNSTimeInterval2String(audioPlayer.
       currentTime)
    pvProgressPlay.progress = Float(audioPlayer.currentTime/audioPlayer.
       duration)
}

// [일시 정지] 버튼을 클릭하였을 때
@IBAction func btnPauseAudio(_ sender: UIButton) {
    audioPlayer.pause()
    setPlayButtons(true, pause: false, stop: true)
}

// [정지] 버튼을 클릭하였을 때
@IBAction func btnStopAudio(_ sender: UIButton) {
    audioPlayer.stop()
    audioPlayer.currentTime = 0
    lblCurrentTime.text = convertNSTimeInterval2String(0)
    setPlayButtons(true, pause: false, stop: false)
    progressTimer.invalidate()
}
```

```
// 볼륨 슬라이더 값을 audioplayer.volume에 대입함
@IBAction func slChangeVolume(_ sender: UISlider) {
    audioPlayer.volume = slVolume.value
}

// 재생이 종료되었을 때 호출됨
func audioPlayerDidFinishPlaying(_ player: AVAudioPlayer, successfully flag:
    Bool) {
    progressTimer.invalidate()
    setPlayButtons(true, pause: false, stop: false)
}

// 스위치를 On/Off하여 녹음 모드인지 재생 모드인지를 결정함
@IBAction func swRecordMode(_ sender: UISwitch) {
    if sender.isOn { // 녹음 모드일 때
        audioPlayer.stop()
        audioPlayer.currentTime = 0
        lblRecordTime!.text = convertNSTimeInterval2String(0)
        isRecordMode = true
        btnRecord.isEnabled = true
        lblRecordTime.isEnabled = true
    } else { // 재생 모드일 때
        isRecordMode = false
        btnRecord.isEnabled = false
        lblRecordTime.isEnabled = false
        lblRecordTime.text = convertNSTimeInterval2String(0)
    }
    selectAudioFile()       // 모드에 따라 오디오 파일을 선택함
    // 모드에 따라 재생 초기화 또는 녹음 초기화를 수행함
    if !isRecordMode {      // 녹음 모드가 아닐 때, 즉 재생 모드일 때
        if audioRecorder.isRecording {
          btnRecord(btnRecord)
        } else {
          initPlay()
        }
    } else {       // 녹음 모드일 때
        initRecord()
    }
}

@IBAction func btnRecord(_ sender: UIButton) {
    if (sender as AnyObject).titleLabel?.text == "Record" {
    // 버튼이 "Record"일 때 녹음을 중지함
        audioRecorder.record()
```

```
            (sender as AnyObject).setTitle("Stop", for: UIControl.State())
            progressTimer = Timer.scheduledTimer(timeInterval: 0.1, target:
              self, selector: timeRecordSelector, userInfo: nil, repeats: true)
        } else { // 버튼이 "Stop"일 때 녹음을 위한 초기화를 수행함
            audioRecorder.stop()
            progressTimer.invalidate()
            (sender as AnyObject).setTitle("Record", for: UIControl.State())
            btnPlay.isEnabled = true
            initPlay()
        }
    }

    // 0.1초마다 호출되며 녹음 시간을 표시함
    @objc func updateRecordTime() {
        lblRecordTime.text = convertNSTimeInterval2String(audioRecorder.currentTime)
    }

}
```

오디오 앱에 재생 상태 이미지 추가하기

목표 앱을 실행하는 동안 재생, 녹음, 일시 정지 및 정지 상태를 나타내는 이미지를 추가해 보세요. '재생중'은 play.png, '녹음중'은 record.png, '일시 정지'는 pause.png 그리고 '정지'는 stop.png 이미지를 사용하세요.

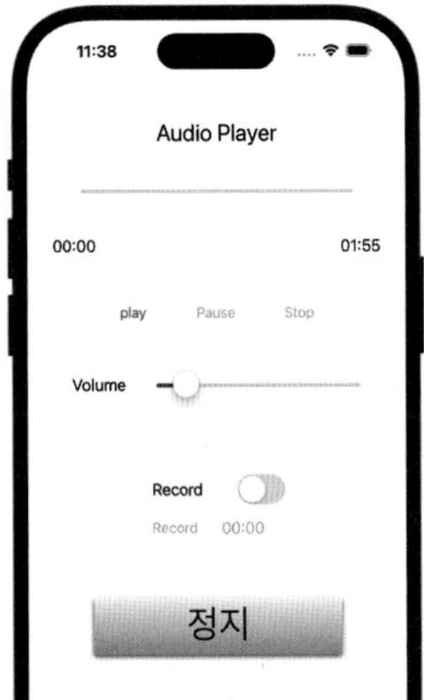

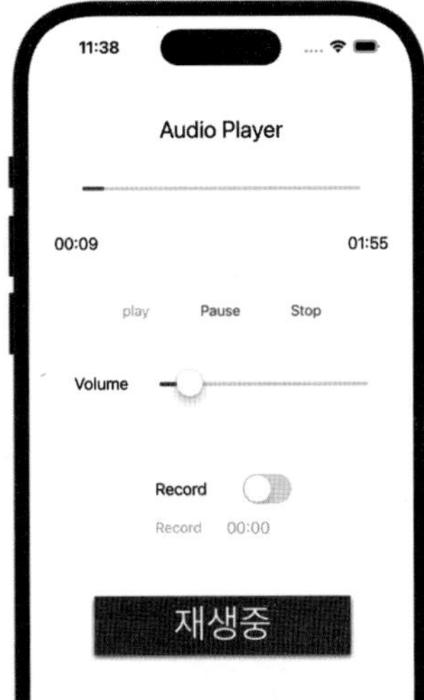

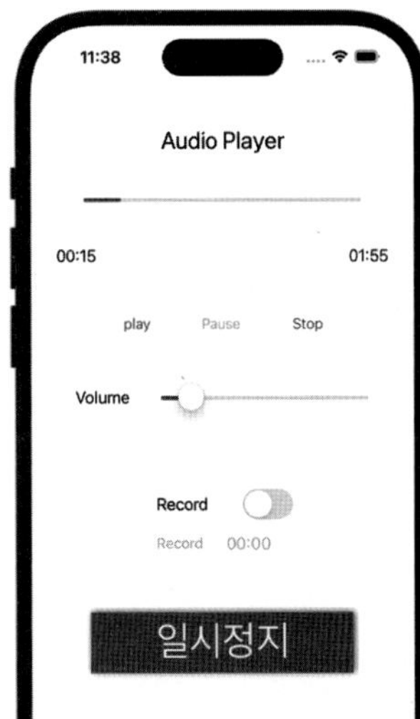

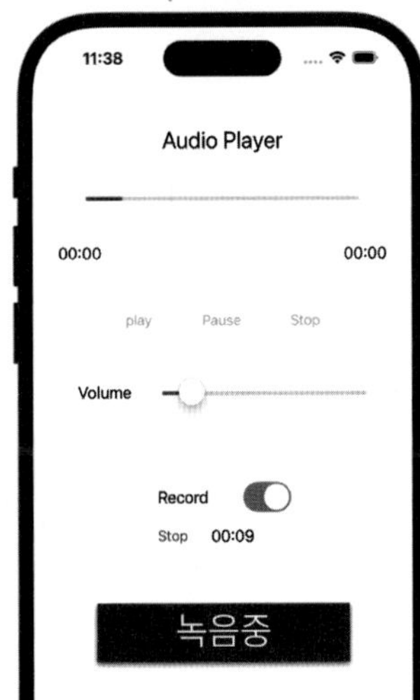

힌트 03장의 이미지 뷰 예제를 참고하면 쉽게 해결할 수 있습니다.

:: 완성 소스 [13장] 폴더 / [미션] 폴더 / Audio.xcodeproj

난이도 ★★☆☆☆

14 비디오 재생 앱 만들기

이 장에서는 아이폰 앱에서 비디오 파일을 재생하는 방법에 대해 알아보겠습니다. 애플 iOS에서 제공하는 AVPlayerViewController를 사용하면 앱 내부에 저장되어 있는 비디오 파일뿐만 아니라 외부에 링크된 비디오 파일도 간단하게 재생할 수 있습니다.

완성된 모습

완성 소스 [14장] 폴더 / [본문 실습] 폴더 / MoviePlayer.xcodeproj

1:39
앱 내부 비디오 재생
외부 링크 비디오 재생
이 버튼을 누르면 앱 내부에 저장되어 있는 비디오 파일이 바로 재생됩니다.
이 버튼을 누르면 외부의 링크 영상을 재생할 수 있습니다.

14-1 비디오 재생 앱이란?

비디오 플레이어는 아이폰 사용자들이 가장 많이 사용하는 앱 중의 하나입니다. 등하굣길이나 출퇴근길에 영화를 감상하거나 동영상 강좌를 듣는 사용자들을 쉽게 볼 수 있습니다. 아이폰에서의 비디오 재생 방법을 잘 활용하면 다음과 같은 비디오 재생 앱도 만들 수 있습니다.

AVPlayer 앱

HPlayer 앱

14-2 비디오 재생 앱을 위한 기본 환경 구성하기

비디오 재생 앱을 만들기 위한 기본 작업을 진행하겠습니다. 앱을 만들 때 필요한 파일을 추가하고 스토리보드를 꾸민 다음 버튼을 이미지로 만듭니다.

비디오 재생 앱을 만들기 위한 준비

1. Xcode를 실행한 후 'MoviePlayer'라는 이름으로 프로젝트를 만듭니다.

> 프로젝트를 만드는 방법은 02장을 참고하세요.

2. 디바이스 선택 및 뷰 컨트롤러 크기 조절하기

스토리보드의 디바이스로 [iPhone 16 Pro]를 선택하겠습니다. 또한 아이폰 모양의 뷰 컨트롤러 크기를 상황에 맞게 조절합니다. 자동 레이아웃을 설정하면서 배치되는 위치나 제약 조건 등을 확인하기 위하여 도큐먼트 아웃라인 영역(❷)은 닫지 않고 그냥 둡니다.

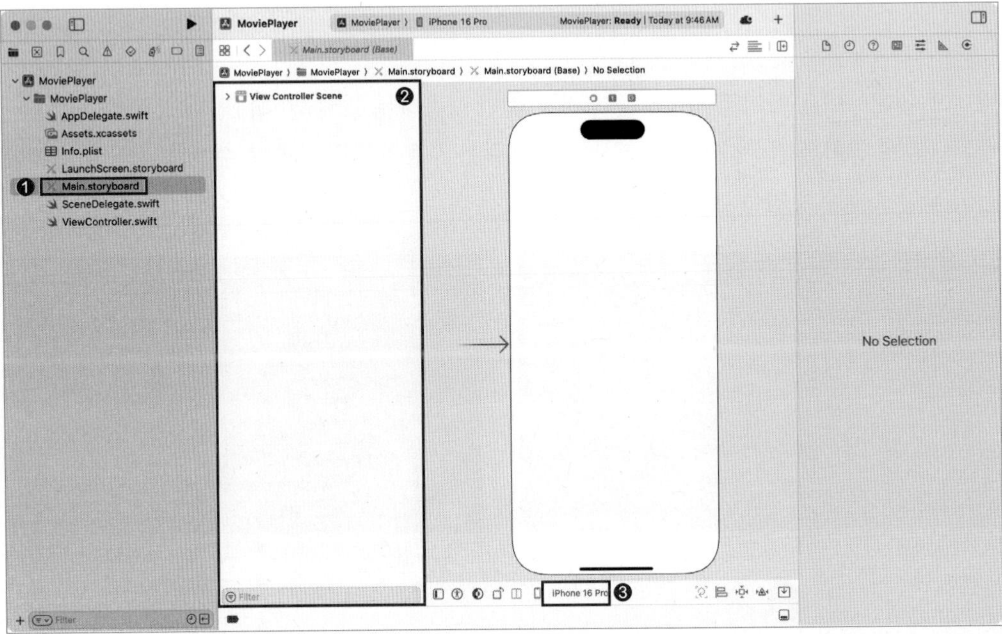

3. 미디어 파일 추가하기

비디오 재생 앱에 필요한 미디어 파일(비디오 파일 한 개, 이미지 파일 두 개)을 추가해 보겠습니다. 왼쪽의 내비게이터 영역에 'Resources'라는 이름의 새 그룹을 만들고, 오른쪽과 같이 그 안에 파일을 드래그 앤 드롭하여 추가합니다.

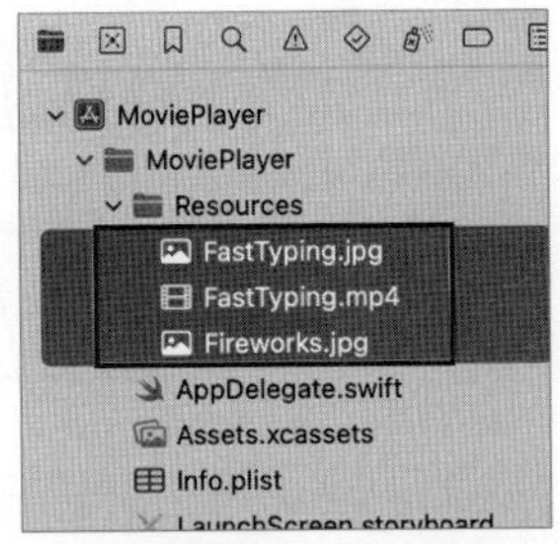

스토리보드 꾸미기 및 자동 레이아웃 설정

1. 스토리보드 꾸미기

앞으로 우리가 만들 스토리보드는 오른쪽 그림과 같이 스택 뷰(Stack View)와 레이블, 버튼을 사용하여 배치할 것입니다.

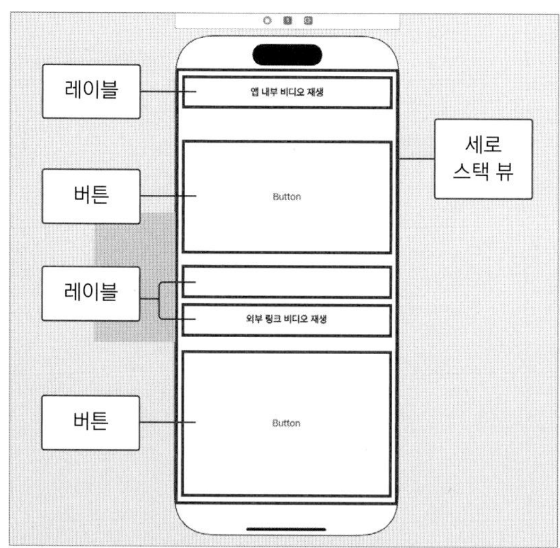

2. 우선 상단의 [Library] 버튼을 클릭한 후 팝업 창에서 [스택 뷰(stack view)]를 검색합니다.

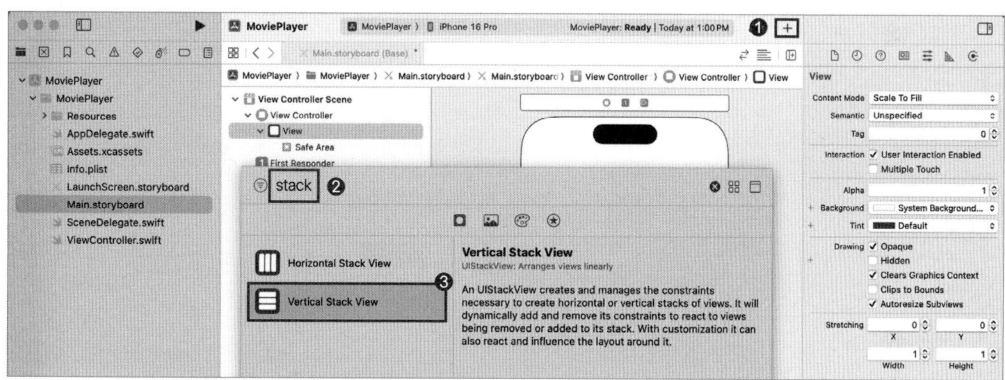

3. [세로 스택 뷰]를 선택하여 다음과 같이 스토리보드 위에 배치하고, 그런 다음 하단의 [제약 조건] 아이콘을 클릭하여 제약 조건(위:20, 왼쪽:16, 오른쪽:16)을 입력하고 [Add 3 Constraints] 버튼을 클릭합니다.

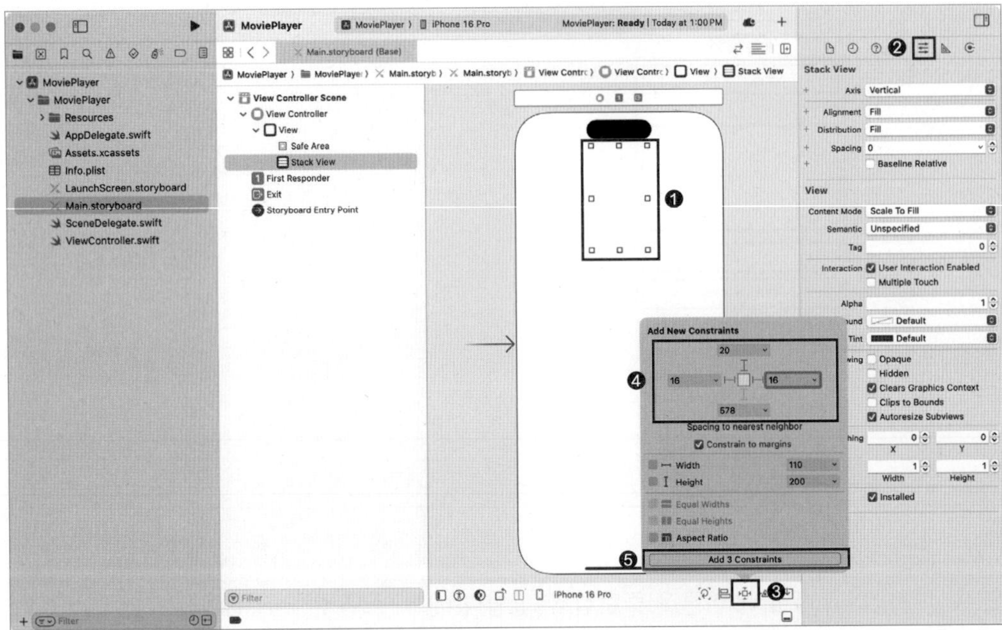

다음과 같이 스택 뷰의 설정이 완료되었습니다.

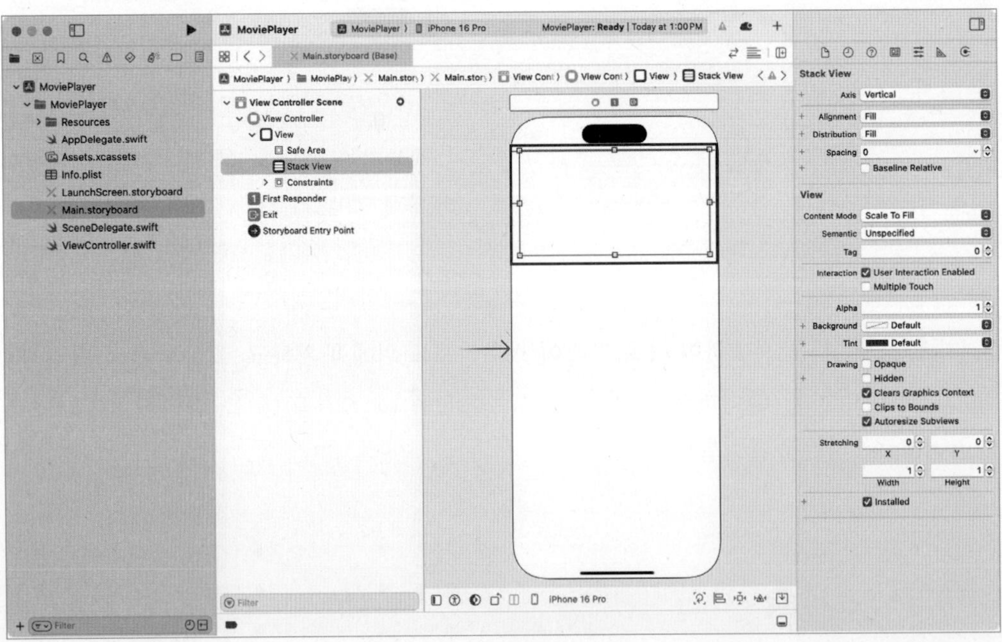

4. 이제 필요한 객체들을 스택 뷰 안에 넣겠습니다. 먼저 상단의 [Library] 버튼을 클릭한 후 팝업 창에서 [레이블(Label)]을 끌어다 놓습니다. 객체를 잡아 스택 뷰 안으로 들어가게 되면 다음 그림처럼 스택 뷰가 짙은 색으로 변합니다. 이때 레이블을 놓으면 됩니다.

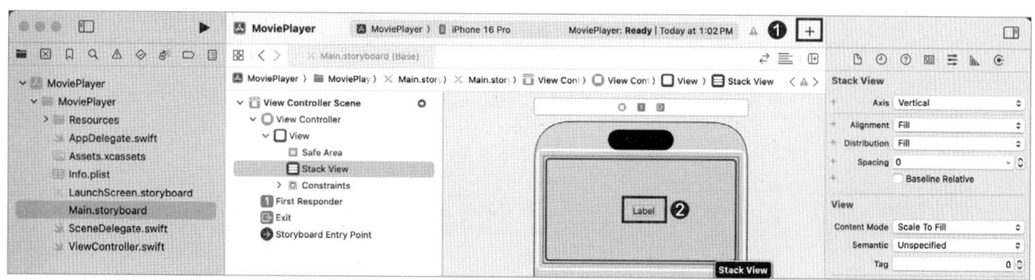

5. 레이블이 스택 뷰 안에 추가되었습니다. 스택 뷰의 높이가 작아졌죠? 아래 여백 조건을 지정해주지 않아 그렇습니다. 추후 이미지가 표시되는 버튼의 높이를 디바이스에 맞게 자동으로 조절해주기 위해서 아래의 여백은 지정하지 않았습니다. 현재 스택 안에는 레이블만 있으므로 레이블의 높이만큼만 화면에 표시됩니다.

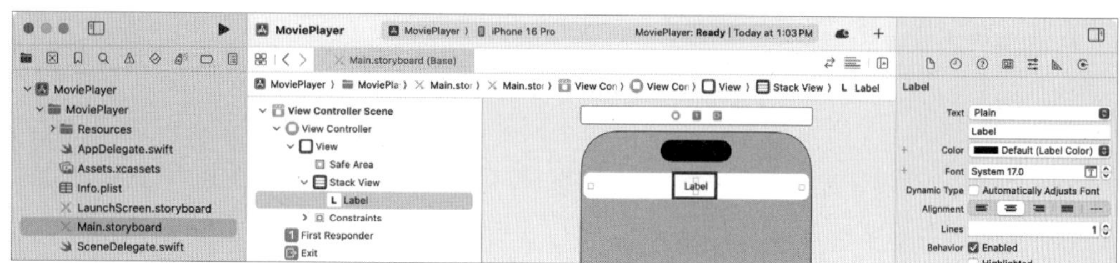

6. 이제 두 번째로 버튼을 추가하겠습니다. 상단의 [Library] 버튼을 클릭한 후 팝업 창에서 [버튼(Button)]을 검색해 가져다 놓습니다. 객체를 잡아 스택 뷰 안으로 들어가게 되면 다음 그림처럼 스택 뷰가 짙은 색으로 변합니다. 이때 레이블의 위 또는 아래에 짙은 색의 선이 표시되는데, 이 선이 버튼 객체가 들어갈 위치입니다. 레이블의 아래 위치에 버튼을 추가하면 됩니다.

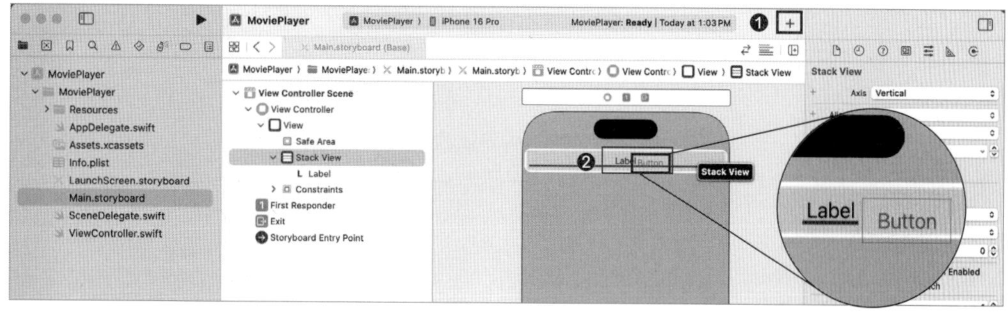

다음과 같이 버튼도 스택 뷰 안에 추가되었습니다. 버튼을 선택한 후 오른쪽 인스펙터 영역의 [Style]을 'default'로 변경합니다.

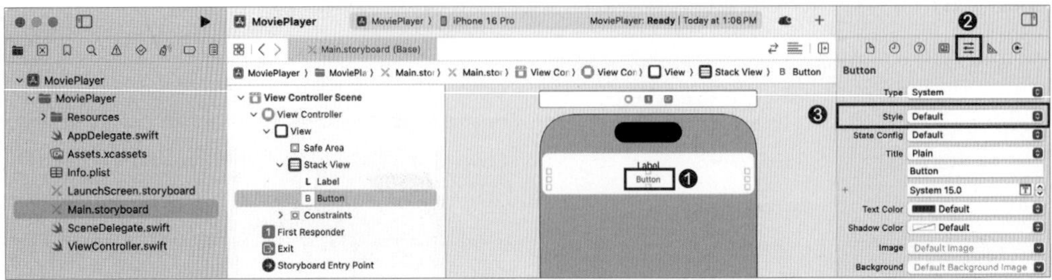

7. 같은 방법으로 레이블 두 개와 버튼 한 개를 추가합니다.

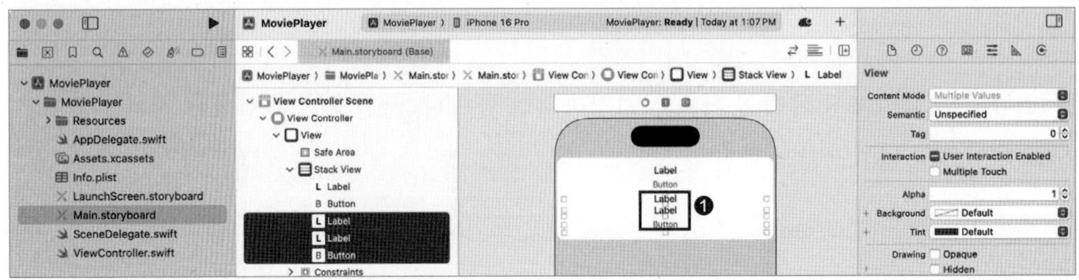

8. 이제 첫 번째 레이블을 더블클릭하여 내용을 '앱 내부 비디오 재생'으로 변경합니다. 그리고 다시 레이블을 선택하고 [제약 조건] 아이콘을 클릭한 후에 높이를 '32'로 설정합니다.

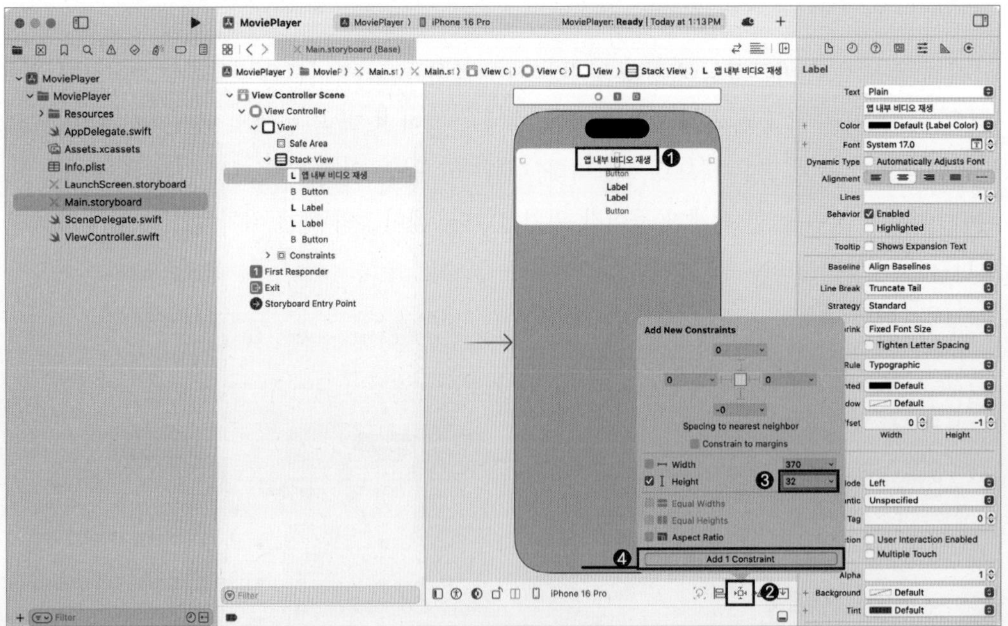

다음과 같이 레이블의 높이가 변경되었습니다.

9. 8번과 같은 방법으로 두 번째 레이블의 내용은 삭제(공백으로 남김)하고 세 번째 레이블의 내용을 '외부 링크 비디오 재생'으로 변경합니다. 또한 두 번째와 세 번째 레이블의 높이를 모두 32로 설정합니다.

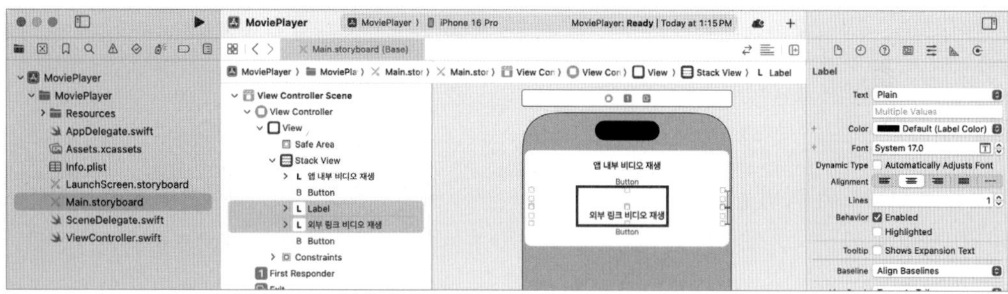

10. 이제 버튼에 이미지를 추가해 보겠습니다. 위쪽 버튼을 선택한 후 오른쪽 인스펙터 영역의 Image 항목에서 'FastTyping.jpg'를 선택합니다.

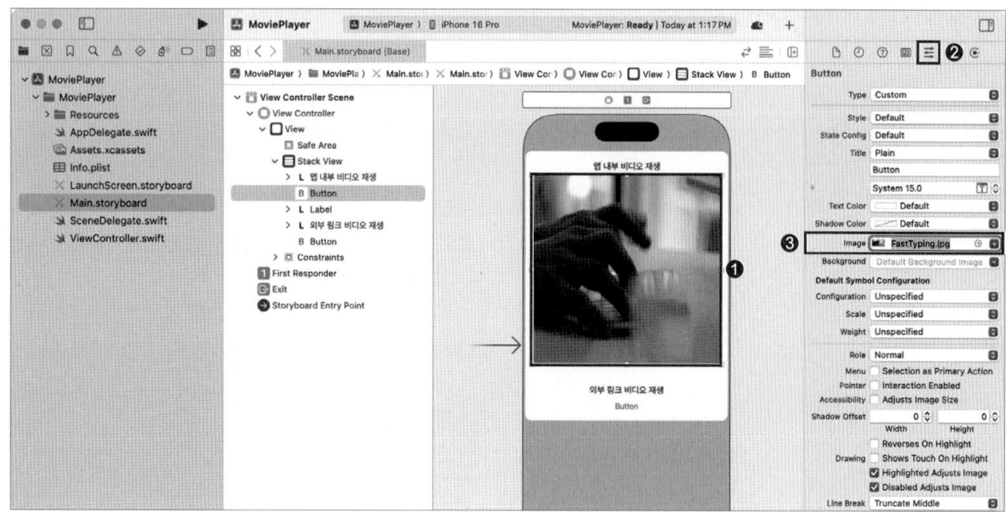

11. 아래쪽 버튼도 같은 방법으로 'Fireworks.jpg'를 선택합니다.

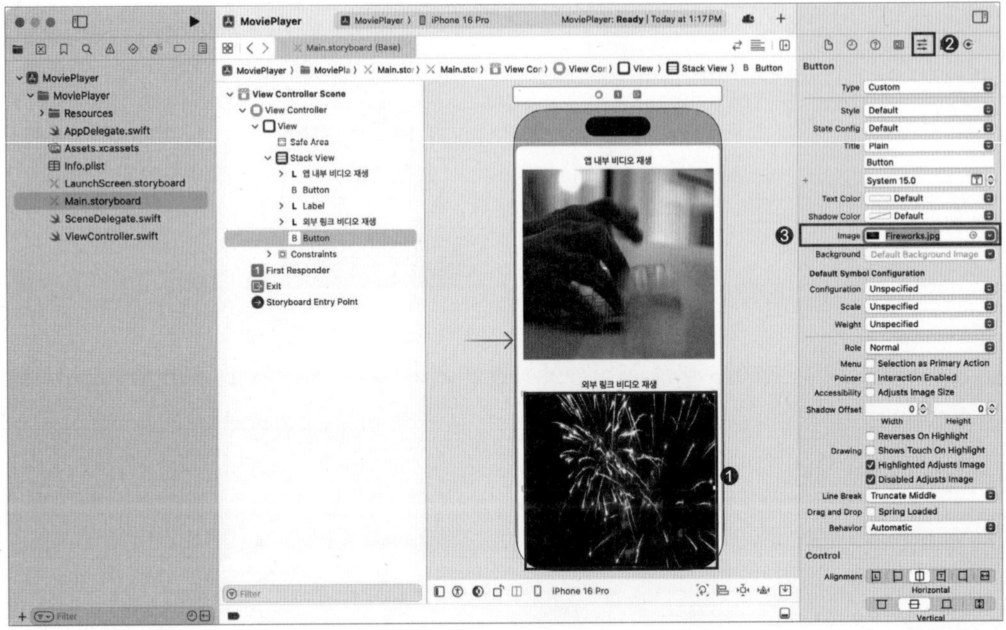

12. 스토리보드의 화면을 보면 아래 이미지가 약간 아래쪽으로 치우친 것을 확인할 수 있습니다. 이것은 앞의 3번에서 스택 뷰의 아래 제약조건을 지정하지 않았기 때문입니다. 그러므로 이미지의 크기나 디바이스의 크기에 따라 여백이 많이 남거나 넘칠 수 있습니다.

그럼 이제 스택 뷰의 아래 제약조건을 지정하도록 하겠습니다. 왼쪽 [도큐먼트 뷰]에서 스택 뷰를 선택하고 하단의 [제약 조건] 아이콘을 클릭하여 제약 조건(아래:30)을 입력하고 [Add 1 Constraint] 버튼을 클릭합니다.여기서 스토리보드에서 스택 뷰를 선택하지 않고 [도큐먼트 뷰]에서 스택 뷰를 선택한 이유는 스택 뷰 안에 객체가 들어있으면 잘 선택되지 않기 때문입니다.

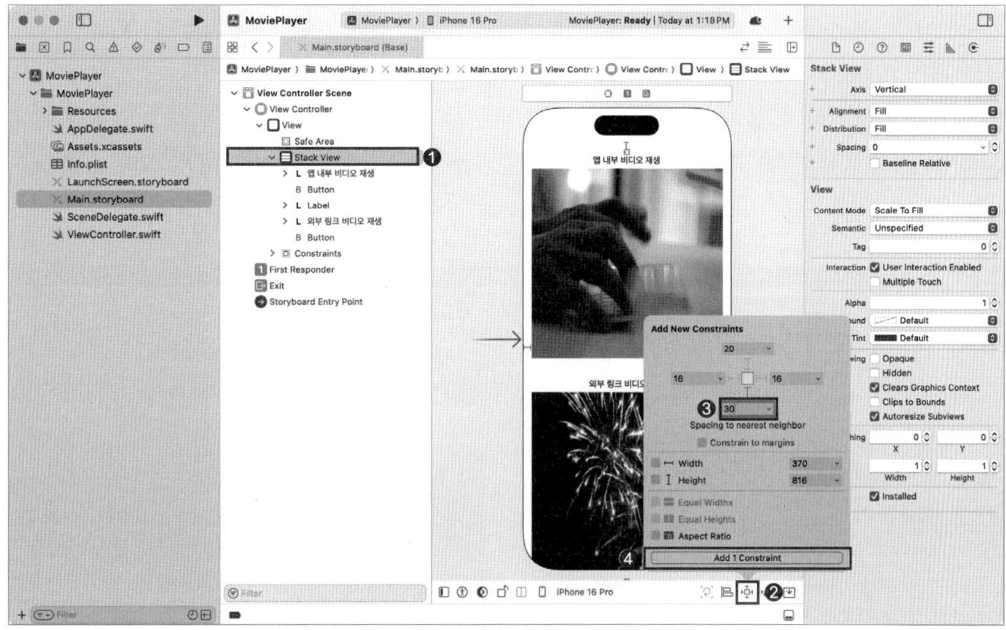

이제 아래쪽에 설정한 여백이 생겼습니다. 처음부터 네 방향의 제약조건을 모두 지정해도 되겠지만 객체들의 크기가 원치 않는 크기로 나타날 수 있기 때문에 우선은 아래 제약조건은 지정하지 않고 레이아웃을 한 후 마지막에 지정하는 것입니다. 차후 자동 레이아웃이 익숙해지면 네 방향 모두 제약조건을 지정하고 작업해도 관계없습니다.

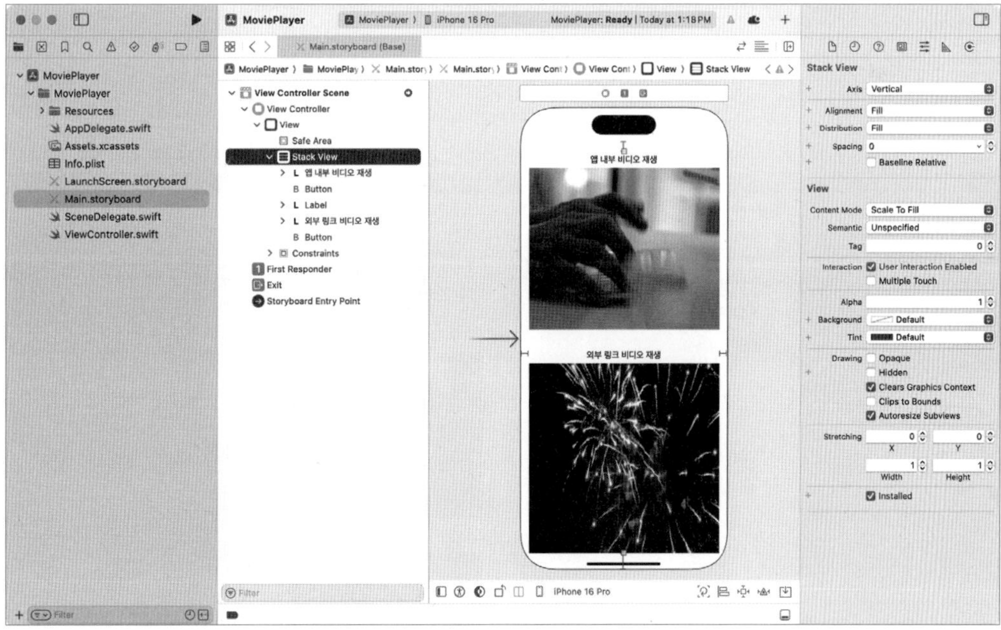

13. 그런데, 위, 아래 이미지의 높이가 다르게 보입니다. 이미지의 높이를 정해주지 않았기 때문에 임의의 높이로 표시되어서 나타나는 현상입니다. 그러므로 위, 아래 버튼의 높이를 같게 하도록 제약조건을 설정하겠습니다. 아래쪽 버튼(이미지)을 선택한 후에 마우스 오른쪽 버튼을 누른 채(또는 control + 마우스 왼쪽버튼을 누르고) 위로 드래그하여 위쪽 버튼 위에서 마우스 버튼을 놓습니다.

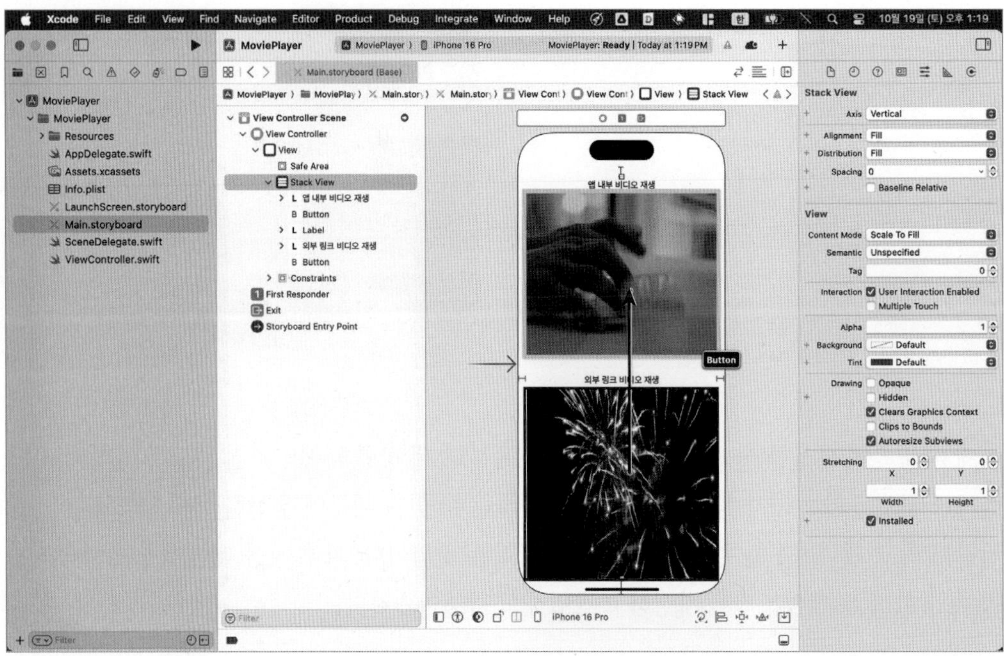

14. 마우스 버튼을 놓으면 다음과 같은 메뉴가 표시됩니다. 여기서 'Equal Heights'를 선택합니다

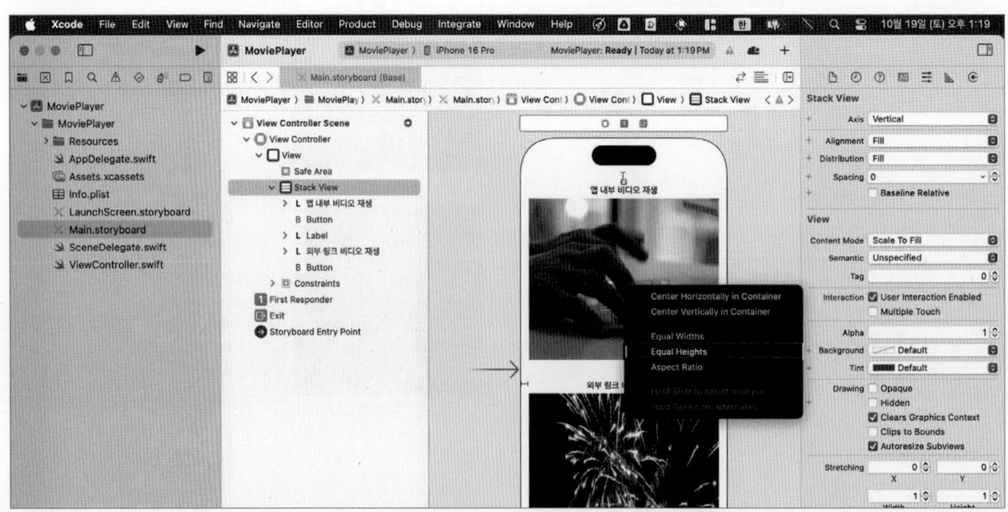

15. 두 버튼의 높이를 같게 설정하였습니다. 하지만 별 다른 변화가 없어 보입니다. [Size inspector] 버튼을 클릭한 후, 앞에서 설정한 제약 조건인 [Proportional Height to Button]을 더블클릭합니다.

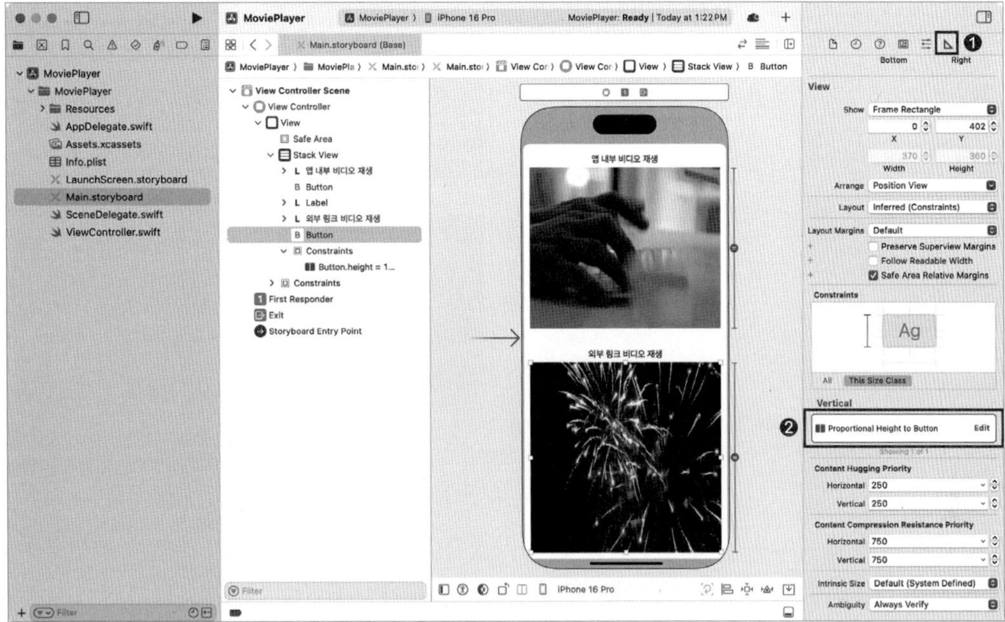

16. Multiplier 값을 확인해 보니 '1.17'로 되어 있습니다. 이 Multiplier 값으로 '1'을 입력합니다. 앞에서 알아본 제약 조건 설정 값의 의미를 기억하시나요?

▶ 자세한 내용은 [선행학습]을 확인하세요.

(First Item) = 비율(Multiplier) * (Second Item) + Constant

여기서 Multiplier 값이 1.17인 것을 1로 변경하여 Button.Height = 1 * Button.Height + 0으로 1.17이던 버튼의 높이 비율을 1로 설정하여 같게 한다는 의미입니다. 위와 같은 설정으로 다음 그림과 같이 두 버튼의 높이가 같게 설정되었습니다.

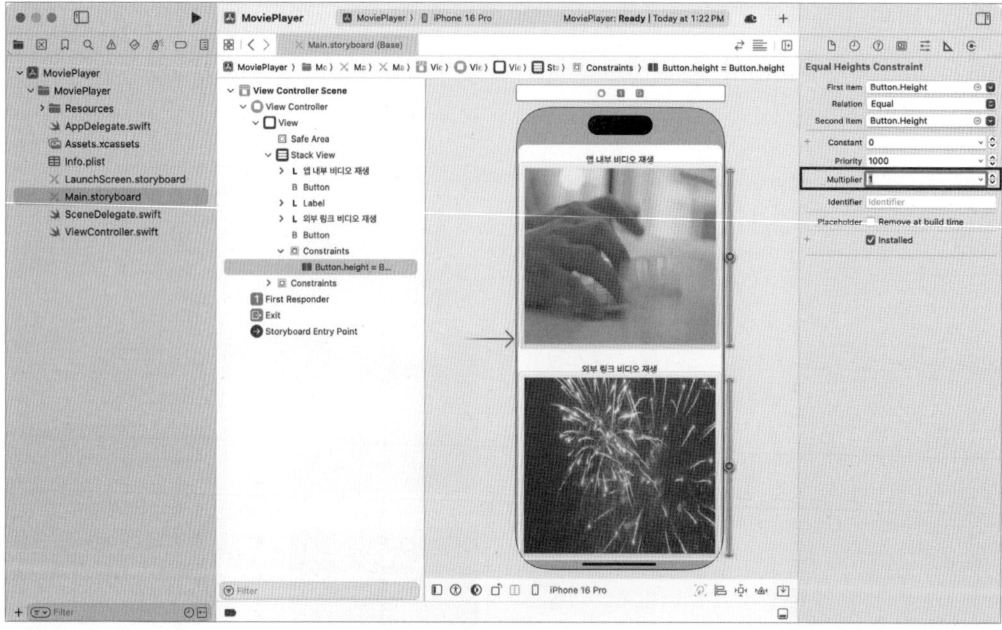

17. 이제 자동 레이아웃을 위한 설정을 모두 마쳤습니다. 디바이스를 변경하면서 화면을 비교해 보면 비슷한 결과를 확인할 수 있습니다.

iPhone 16 Pro

iPhone 16 Pro Max

iPhone SE(3rd generation)

14-3 액션 함수 추가하기

이제 버튼을 클릭했을 때 동작할 액션 함수를 추가하겠습니다.

버튼 두 개에 액션 함수 추가하기

1. 액션 함수를 추가하기 위해 오른쪽 윗부분의 [Adjust Editor Options] 버튼을 클릭한 후 [Assistant] 메뉴를 선택하여 보조 편집기 영역을 엽니다. 보조 편집기 영역 때문에 화면이 좁기 때문에 도큐먼트 아웃라인 영역은 닫습니다.

2. 이미지로 만든 첫 번째 버튼을 마우스 오른쪽 버튼으로 클릭하여 보조 편집기 영역에 끌어다 놓습니다. 연결 설정 창에서의 자세한 위치와 설정은 아래 표를 참고합니다. 같은 방법으로 두 번째 버튼의 액션 함수도 추가합니다.

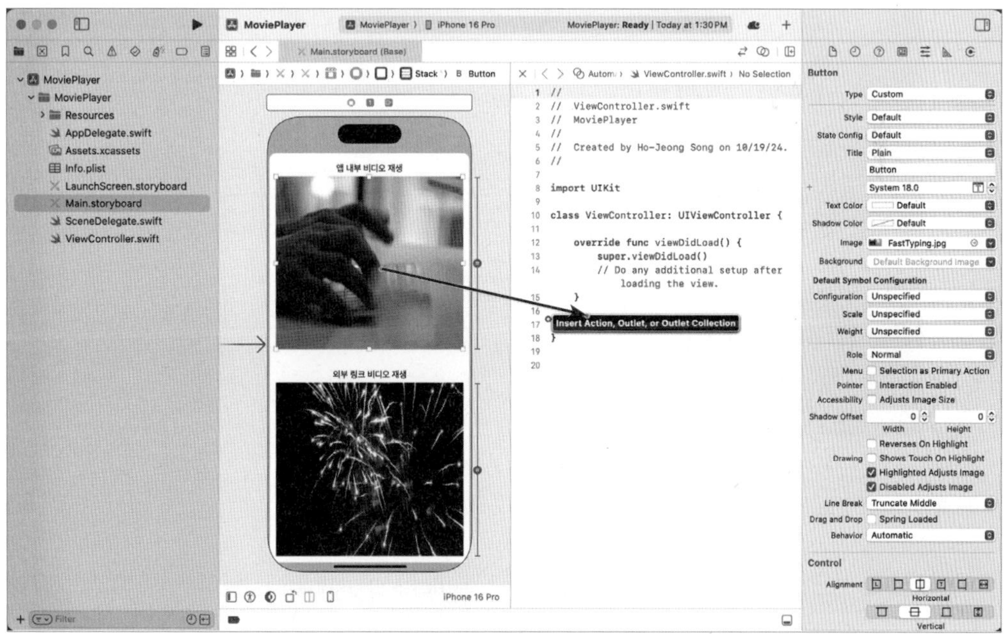

위치	소스의 가장 아래쪽 '}' 바로 위
연결(Connection)	Action
이름(Name)	btnPlayInternalMovie
타입(Type)	UIButton

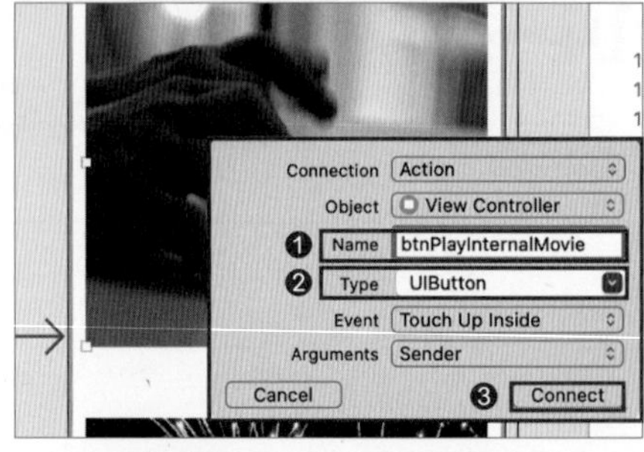

위치	소스의 가장 아래쪽 '}' 바로 위
연결(Connection)	Action
이름(Name)	btnPlayExternalMovie
타입(Type)	UIButton

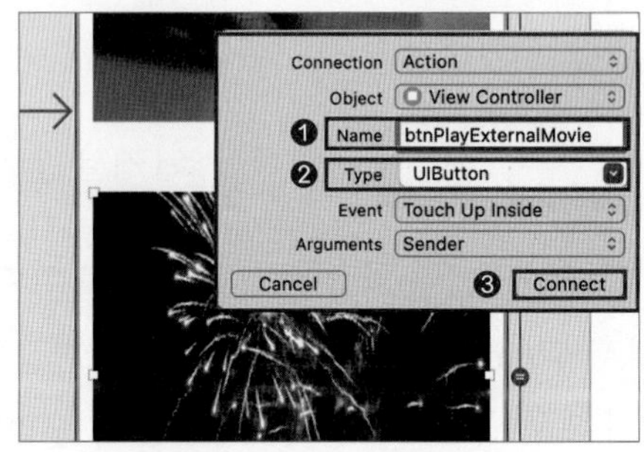

3. 액션 함수가 모두 추가되었습니다.

```
@IBAction func btnPlayInternalMovie(_ sender: UIButton) {
}
@IBAction func btnPlayExternalMovie(_ sender: UIButton) {
}
```

14-4 비디오 재생 앱 기능 구현하기

이제 두 개의 버튼에 각각 '내부 비디오'와 '외부 링크 비디오'를 재생하는 코드를 작성해 보겠습니다. 그리고 두 코드에서 동일하게 입력한 부분을 새로운 함수로 정의하겠습니다.

두 개의 버튼에 비디오 재생 기능 구현하기

1. 헤더 파일 추가하기

왼쪽 내비게이터 영역에서 [ViewController.swift]를 선택하여 소스 파일을 열고 비디오 관련 헤더 파일을 추가하겠습니다.

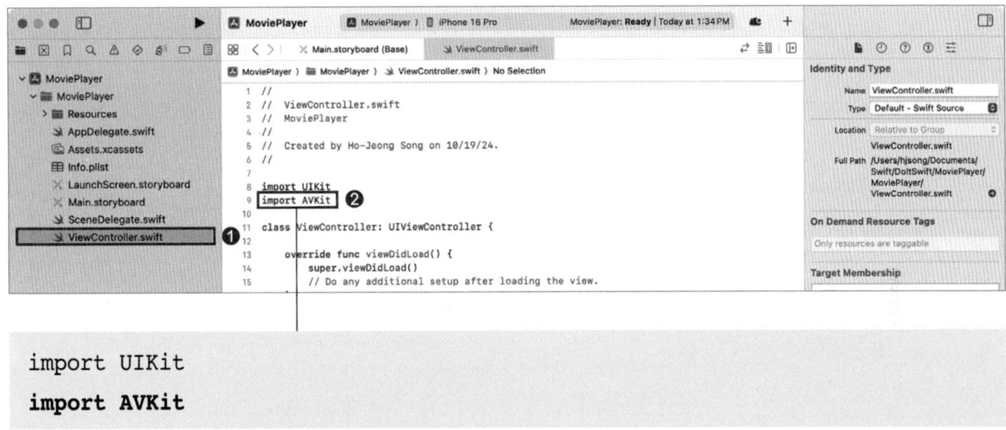

```
import UIKit
import AVKit
```

2. '앱 내부 비디오 재생' 코드 작성하기

먼저 앱 내부에 복사해 놓은 비디오를 재생하는 코드를 작성하겠습니다. 앞에서 추가한 액션 함수 btnPlayInternalMovie 안에 다음 코드를 입력합니다.

```
import UIKit
import AVKit

class ViewController: UIViewController {

    override func viewDidLoad() {
        super.viewDidLoad()
        // Do any additional setup after loading the view.
    }

    @IBAction func btnPlayInternalMovie(_ sender: UIButton) {
        // 내부 파일 mp4
        let filePath:String? = Bundle.main.path(forResource: "FastTyping", ofType: "mp4")
        let url = NSURL(fileURLWithPath: filePath!)

        let playerController = AVPlayerViewController()

        let player = AVPlayer(url: url as URL)
        playerController.player = player

        self.present(playerController, animated: true) {
            player.play()
        }
    }

```

```
@IBAction func btnPlayInternalMovie(_ sender: UIButton) {
    // 내부 파일 mp4
    let filePath:String? = Bundle.main.path(forResource: "FastTyping",
        ofType: "mp4") —❶
    let url = NSURL(fileURLWithPath: filePath!) —❷

    let playerController = AVPlayerViewController() —❸

    let player = AVPlayer(url: url as URL) —❹
    playerController.player = player —❺

    self.present(playerController, animated: true) {
        player.play() —❻
    }
}
```

❶ 우선 비디오 파일명을 사용하여 비디오가 저장된 앱 내부의 파일 경로를 받아옵니다.

❷ 앱 내부의 파일명을 NSURL 형식으로 변경합니다.

❸ AVPlayerViewController의 인스턴스를 생성합니다.

❹ 앞에서 얻은 비디오 URL로 초기화된 AVPlayer의 인스턴스를 생성합니다.

❺ AVPlayerViewController의 player 속성에 ❹에서 생성한 AVPlayer 인스턴스를 할당합니다.

❻ 비디오를 재생합니다.

3. '외부 링크 비디오 재생' 코드 작성하기

이번에는 외부에 링크된 비디오를 재생하는 코드를 작성하겠습니다. 외부에 링크된 비디오를 재생하는 방법은 앞의 앱 내부 비디오를 재생하는 방법에서 url을 얻는 방법만 다르고 그 외의 비디오를 재생하는 방법은 모두 동일합니다. NSURL 형식의 url을 얻는 방법은 다음과 같습니다.

```
        let player = AVPlayer(url: url as URL)
        playerController.player = player

        self.present(playerController, animated: true) {
            player.play()
        }
    }

    @IBAction func btnPlayExternalMovie(_ sender: UIButton) {
        // 외부 파일 mp4
        let url = NSURL(string:
            "https://dl.dropboxusercontent.com/s/e38auz050w2mvud/Fireworks.mp4")!

        let playerController = AVPlayerViewController()

        let player = AVPlayer(url: url as URL)
        playerController.player = player

        self.present(playerController, animated: true) {
            player.play()
        }
    }
}
```

```
@IBAction func btnPlayExternalMovie(_ sender: UIButton) {
    // 외부 파일 mp4
    let url = NSURL(string: "https://dl.dropboxusercontent.com/s/
        e38auz050w2mvud/Fireworks.mp4")!

    let playerController = AVPlayerViewController()

    let player = AVPlayer(url: url as URL)
    playerController.player = player

    self.present(playerController, animated: true) {
        player.play()
    }
}
```

4. 비디오 재생 함수 만들기

앞의 두 액션 함수를 보면 url을 만드는 내용만 다르고 그 외의 내용은 동일합니다. 이렇게 동일한 내용은 함수로 만들어 놓고 사용하는 것이 편리할 때가 많습니다. 따라서 이 코드를 '비디오 재생 함수'로 만들어 보겠습니다. url을 사용하여 비디오를 재생하는 코드는 앞의 내용과 동일합니다. 그러므로 url을 인수로 받는 playVideo라는 함수를 만듭니다.

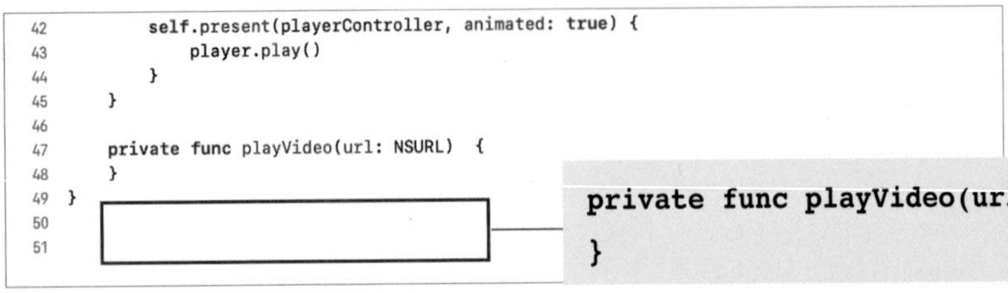

```
        self.present(playerController, animated: true) {
            player.play()
        }
    }

    private func playVideo(url: NSURL)  {
    }
}
```

```
private func playVideo(url: NSURL)  {
}
```

5. 그런 다음 두 액션 함수에서 동일한 내용을 복사해 붙여 넣습니다.

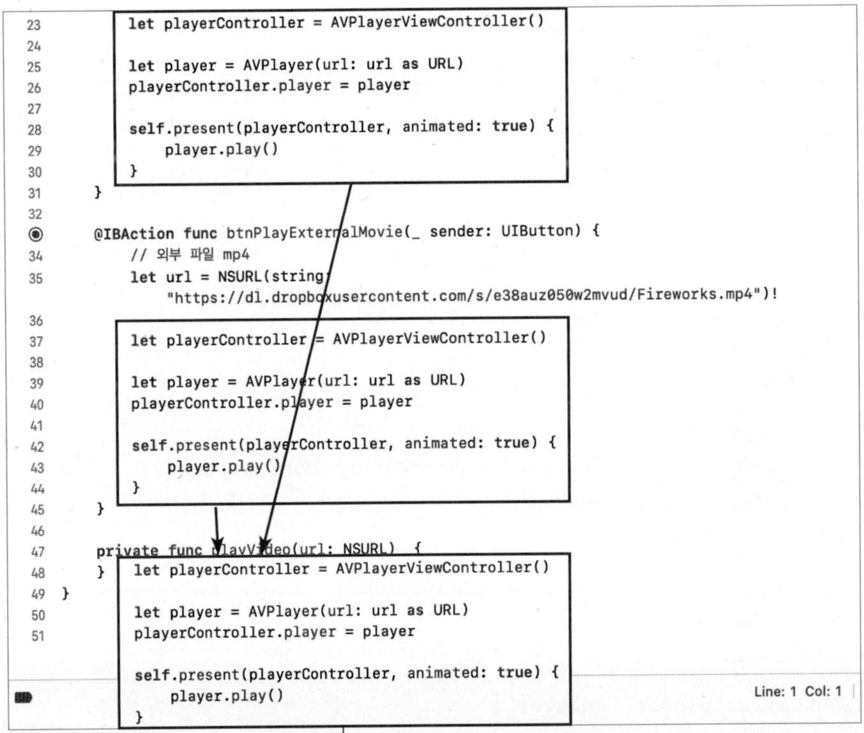

```
        let playerController = AVPlayerViewController()

        let player = AVPlayer(url: url as URL)
        playerController.player = player

        self.present(playerController, animated: true) {
            player.play()
        }
    }

    @IBAction func btnPlayExternalMovie(_ sender: UIButton) {
        // 외부 파일 mp4
        let url = NSURL(string:
            "https://dl.dropboxusercontent.com/s/e38auz050w2mvud/Fireworks.mp4")!

        let playerController = AVPlayerViewController()

        let player = AVPlayer(url: url as URL)
        playerController.player = player

        self.present(playerController, animated: true) {
            player.play()
        }
    }

    private func playVideo(url: NSURL)  {
    }
}
```

```
let playerController = AVPlayerViewController()

let player = AVPlayer(url: url as URL)
playerController.player = player

self.present(playerController, animated: true) {
    player.play()
}
```

Line: 1 Col: 1

```
private func playVideo(url: NSURL)  {
    let playerController = AVPlayerViewController()

    let player = AVPlayer(url: url as URL)
    playerController.player = player

    self.present(playerController, animated: true) {
        player.play()
    }
}
```

6. 이제 마지막으로 두 액션 함수에서 동일하게 입력된 부분을 다음 코드로 대체합니다. 이 코드는 url을 얻은 후 playVideo 함수를 호출합니다. 이렇게 하면 전체 소스가 훨씬 간략해지고 수정하기도 편리해집니다.

```
@IBAction func btnPlayInternalMovie(_ sender: UIButton) {
    // 내부 파일 mp4
    let filePath:String? = Bundle.main.path(forResource: "FastTyping", ofType: "mp4")
    let url = NSURL(fileURLWithPath: filePath!)

    playVideo(url: url)
}

@IBAction func btnPlayExternalMovie(_ sender: UIButton) {
    // 외부 파일 mp4
    let url = NSURL(string:
        "https://dl.dropboxusercontent.com/s/e38auz050w2mvud/Fireworks.mp4")!

    playVideo(url: url)
}

private func playVideo(url: NSURL)  {
    let playerController = AVPlayerViewController()

    let player = AVPlayer(url: url as URL)
    playerController.player = player

    self.present(playerController, animated: true) {
        player.play()
    }
```

```
@IBAction func btnPlayInternalMovie(_ sender: UIButton) {
    // 내부 파일 mp4
    let filePath:String? = Bundle.main.path(forResource: "FastTyping",
       ofType: "mp4")
    let url = NSURL(fileURLWithPath: filePath!)

    playVideo(url: url)
}

@IBAction func btnPlayExternalMovie(_ sender: UIButton) {
    // 외부 파일 mp4
    let url = NSURL(string: "https://dl.dropboxusercontent.com/s/
       e38auz050w2mvud/Fireworks.mp4")!

    playVideo(url: url)
}
```

7. 결과 보기

이제 [실행] 버튼을 클릭하여 앱을 실행해 보겠습니다. 프로그램을 실행한 후 버튼을 클릭하면 비디오를 재생할 수 있습니다. [앱 내부 비디오 재생]은 앱 내부에 복사해 놓은 비디오 파일을 직접 재생하고, [외부 링크 비디오 재생]은 외부의 링크를 불러와 재생합니다.

14-5 비디오 재생 앱, 전체 소스 보기

완성된 앱의 전체 소스를 확인해 보세요.

ViewController.swift

```
import UIKit
import AVKit

class ViewController: UIViewController {

    override func viewDidLoad() {
        super.viewDidLoad()
        // Do any additional setup after loading the view.
    }

    @IBAction func btnPlayInternalMovie(_ sender: UIButton) {
        // 비디오 파일명을 사용하여 비디오가 저장된 앱 내부의 파일 경로를 받아옴
        let filePath:String? = Bundle.main.path(forResource: "FastTyping",
           ofType: "mp4")
        // 앱 내부의 파일명을 NSURL 형식으로 변경
        let url = NSURL(fileURLWithPath: filePath!)

        playVideo(url: url)     // 앞에서 얻은 url을 사용하여 비디오를 재생
    }

    @IBAction func btnPlayExternalMovie(_ sender: UIButton) {
        // 외부에 링크된 주소를 NSURL 형식으로 변경
        let url = NSURL(string: "https://dl.dropboxusercontent.com/s/
            e38auz050w2mvud/Fireworks.mp4")!

        playVideo(url: url)     // 앞에서 얻은 url을 사용하여 비디오를 재생
    }

    private func playVideo(url: NSURL)  {
        // AVPlayerViewController의 인스턴스를 생성
        let playerController = AVPlayerViewController()
```

```
        // 비디오 URL로 초기화된 AVPlayer의 인스턴스를 생성
        let player = AVPlayer(url: url as URL)
        // AVPlayerViewController의 player 속성에 위에서 생성한 AVPlayer 인스턴스를 할당
        playerController.player = player

        self.present(playerController, animated: true) {
            player.play()    // 비디오 재생
        }
    }
}
```

다른 포맷의 비디오 추가하기

목표 mp4, mov, m4v 등 다른 포맷의 비디오를 추가한 비디오 재생 앱을 만들어 보세요.

힌트 외부 링크 비디오 파일 중 mov 파일 주소는 다음과 같습니다.
https://dl.dropboxusercontent.com/s/ijybpprsmx0bgre/Seascape.mov

:: 완성 소스 [14장] 폴더 / [미션] 폴더 / MoviePlayer.xcodeproj

15 카메라와 포토 라이브러리에서 미디어 가져오기

난이도 ★★☆☆☆

아이폰 사용자가 전화 기능 다음으로 가장 많이 사용하는 기능이 바로 사진(비디오) 촬영일 것입니다. 이때 사용하는 카메라와 포토 라이브러리는 iOS에서 제공하는 UIImagePickerController 클래스를 이용해 구현합니다. 이 장에서는 카메라를 사용하여 사진이나 비디오를 촬영하고 포토 라이브러리에 저장하는 방법을 알아보겠습니다.

완성된 모습

완성 소스 [15장] 폴더 / [본문 실습] 폴더 / CameraPhotoLibrary.xcodeproj

사진 촬영

사진 불러오기

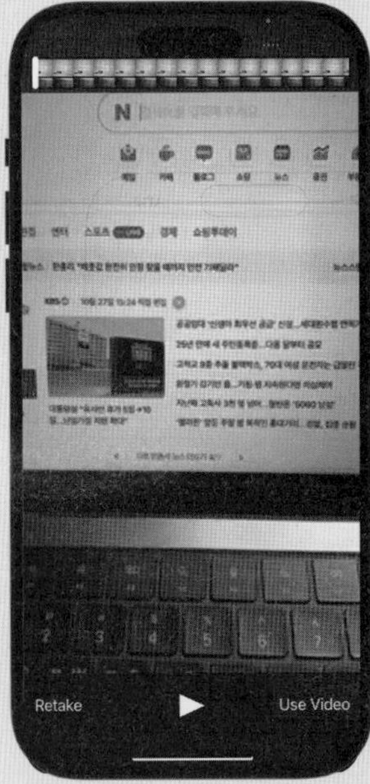

비디오 불러오기

버튼 클릭만으로 사진이나 비디오를 촬영할 수 있으며 포토 라이브러리에 저장된 사진을 확인하거나 비디오를 재생할 수 있습니다.

15-1 카메라와 포토 라이브러리란?

카메라(Camera)를 사용해서 찍은 사진이나 비디오는 포토 라이브러리(Photo Library)에 저장되고, 이렇게 저장된 사진이나 비디오를 포토 라이브러리에서 불러올 수 있습니다. 또한 사진을 편집한 후 포토 라이브러리에 저장할 수도 있습니다. 참고로 포토 라이브러리는 사진 앱의 앨범을 의미하므로 사진이나 비디오를 찍은 후 사진 앱의 앨범에서 확인할 수 있습니다.
이렇게 카메라 기능과 포토 라이브러리 기능을 사용하면 다음과 같은 멋진 앱을 만들 수 있습니다.

카메라 앱

인스타그램(Instagram) 앱

15-2

카메라와 포토 라이브러리 앱을 위한 기본 환경 구성하기

이번에는 카메라와 포토 라이브러리 앱을 만들기 위한 프로젝트를 만들고 '이미지 뷰'와 '버튼'으로 스토리보드를 꾸며 보겠습니다.

카메라와 포토 라이브러리 앱을 만들기 위한 준비

1. Xcode를 실행한 후 'CameraPhotoLibrary'라는 이름으로 프로젝트를 만듭니다.

> 프로젝트를 만드는 방법은 02장을 참고하세요.

2. 디바이스 선택 및 뷰 컨트롤러 크기 조절하기

스토리보드의 디바이스로 [iPhone 16 Pro]를 선택하고 아이폰 모양의 뷰 컨트롤러 크기를 상황에 맞게 조절합니다. 자동 레이아웃을 설정하면서 배치되는 위치나 제약 조건 등을 확인하기 위하여 도큐먼트 아웃라인 영역(❷)은 닫지 않고 그냥 둡니다.

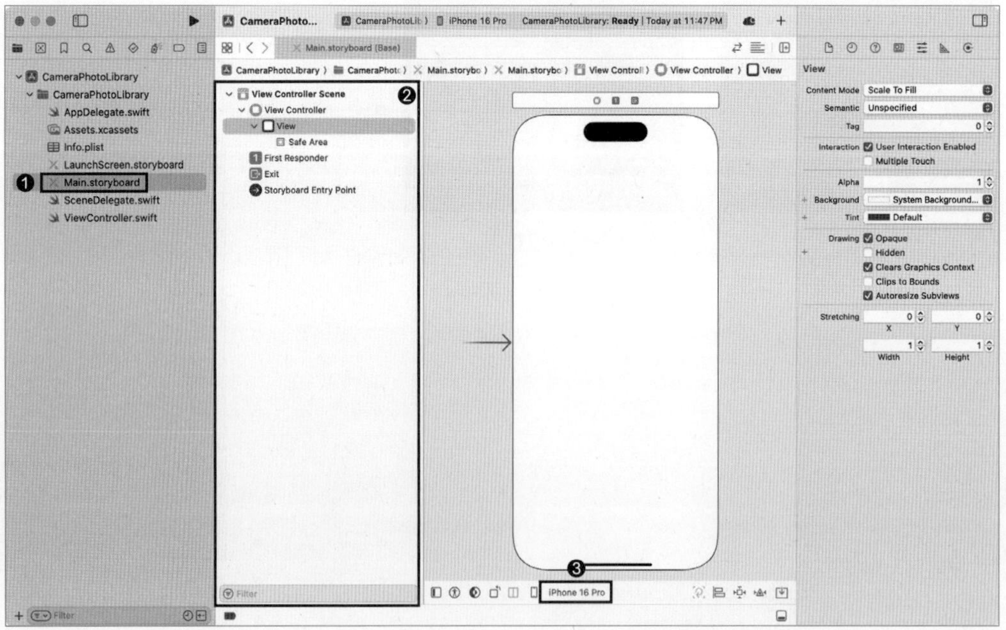

스토리보드 꾸미기 및 자동 레이아웃 설정

1. 스토리보드 꾸미기

다음 그림과 같이 스택 뷰(Stack View)와 이미지 뷰, 버튼을 사용하여 배치를 할 것입니다.

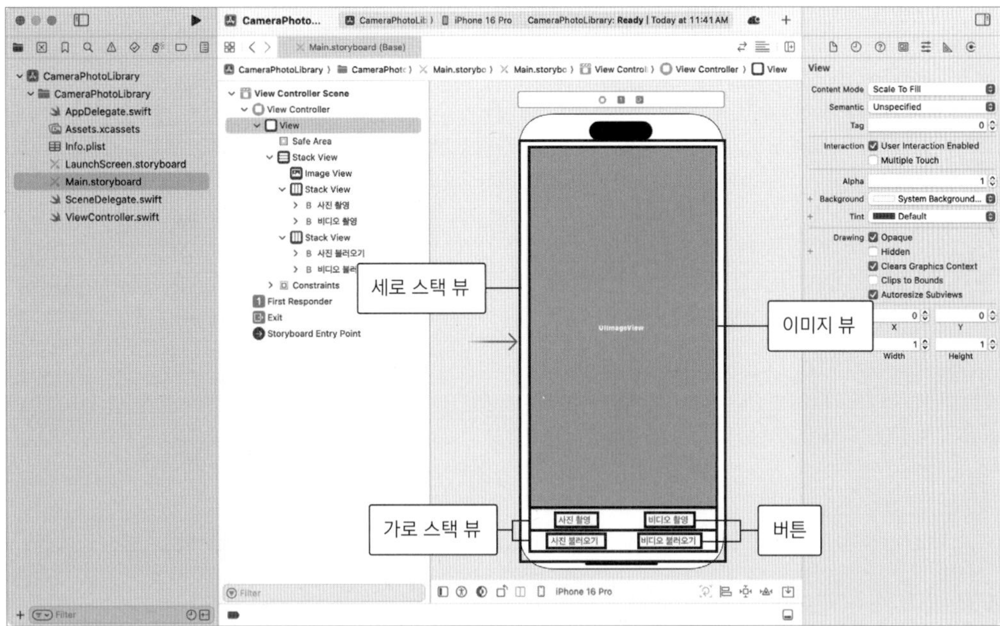

2. 먼저 상단의 [Library] 버튼을 클릭한 후 팝업 창에서 [스택 뷰(Stack View)]를 검색해 [세로 스택 뷰]를 끌어다 놓습니다.

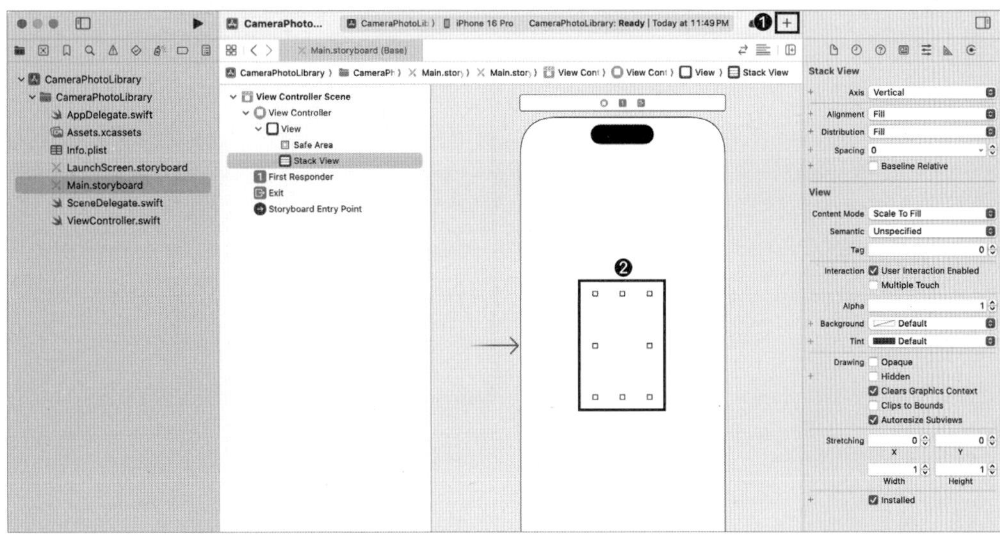

3. 스택 뷰를 선택하고 하단의 [제약 조건] 아이콘을 클릭하여 제약 조건(위:0, 왼쪽:16, 오른쪽:16, 아래:0)을 입력하고 [Add 4 Constraints] 버튼을 클릭합니다.

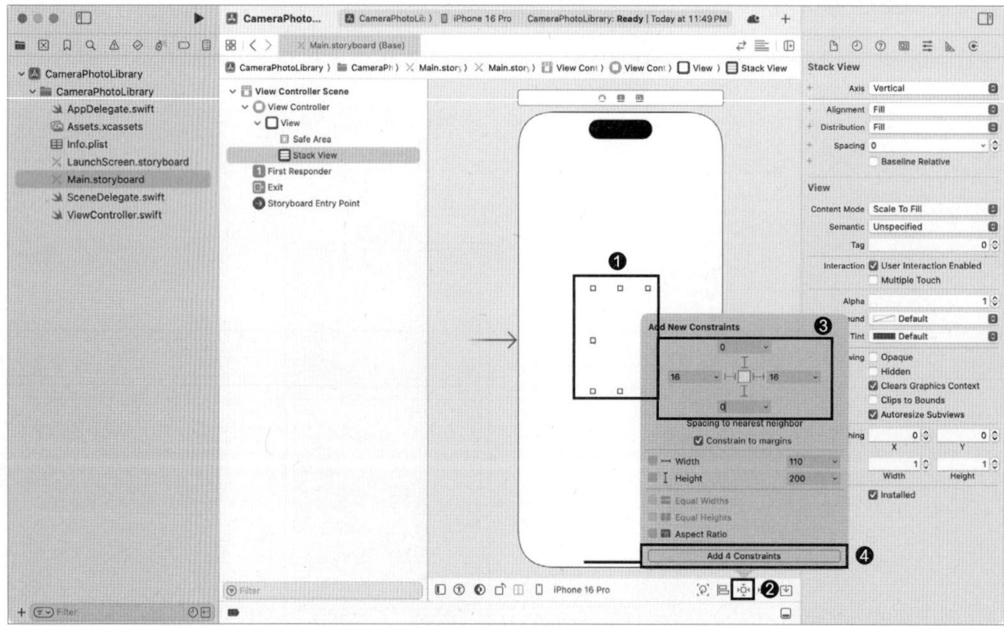

4. 스택 뷰가 전체화면에 꽉 차게 배치되었습니다.

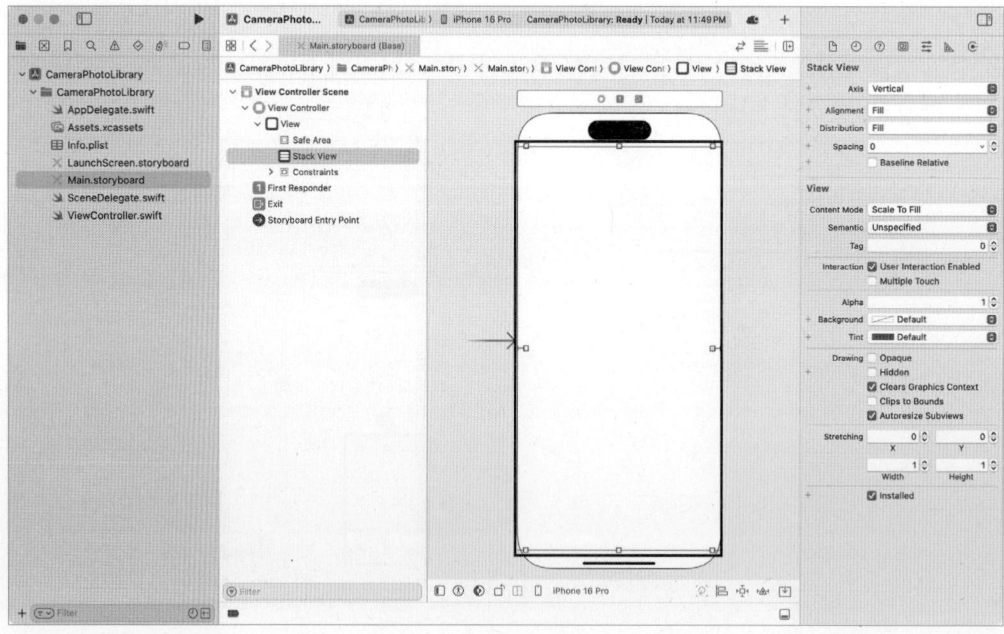

5. 상단의 [Library] 버튼을 클릭한 후 팝업 창에서 [이미지 뷰(Image View)]를 검색해 이미지 뷰를 끌어다 스택 뷰 안에 넣습니다. 이미지 뷰를 선택한 후 오른쪽 인스펙터 영역에서 Content Mode를 [Aspect Fit]으로 설정하고, Back ground를 [System Grouped Background Color]로 설정합니다.

◘ 'Aspect Fit'으로 설정하면 사진이 찌그러지는 것을 막기 위해 비율에 맞게 표시할 수 있고, 'Background'으로 색상을 설정하면 이미지가 비율에 맞게 보일 때 남는 여백을 표시할 수 있습니다.

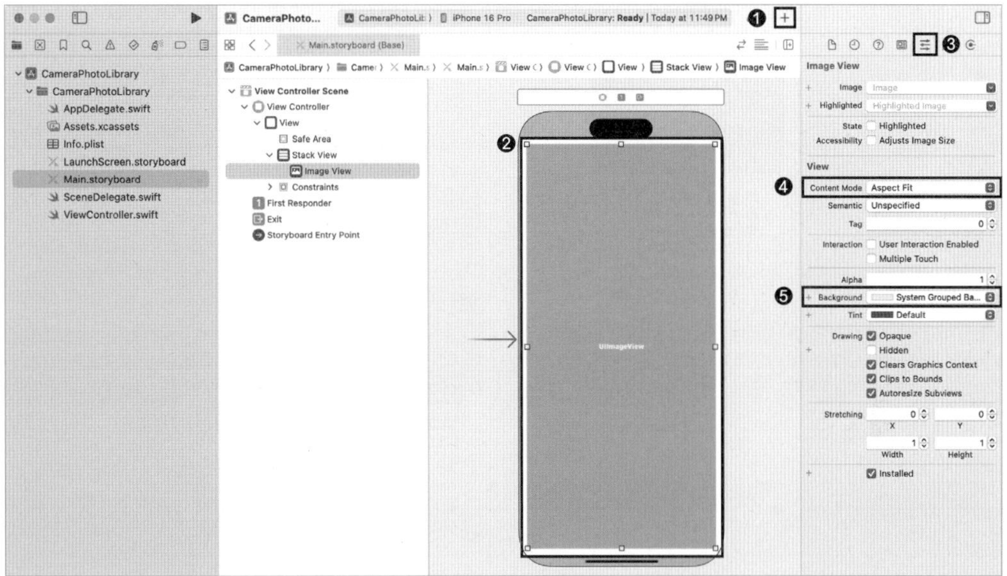

6. 상단의 [Library] 버튼을 클릭한 후 팝업 창에서 [스택 뷰(Stack View)]를 검색해 [가로 스택 뷰] 두 개를 끌어다 이미지 뷰 아래에 차례로 놓습니다.

◘ 가로 스택 뷰의 크기는 뒤에서 조정하겠습니다.

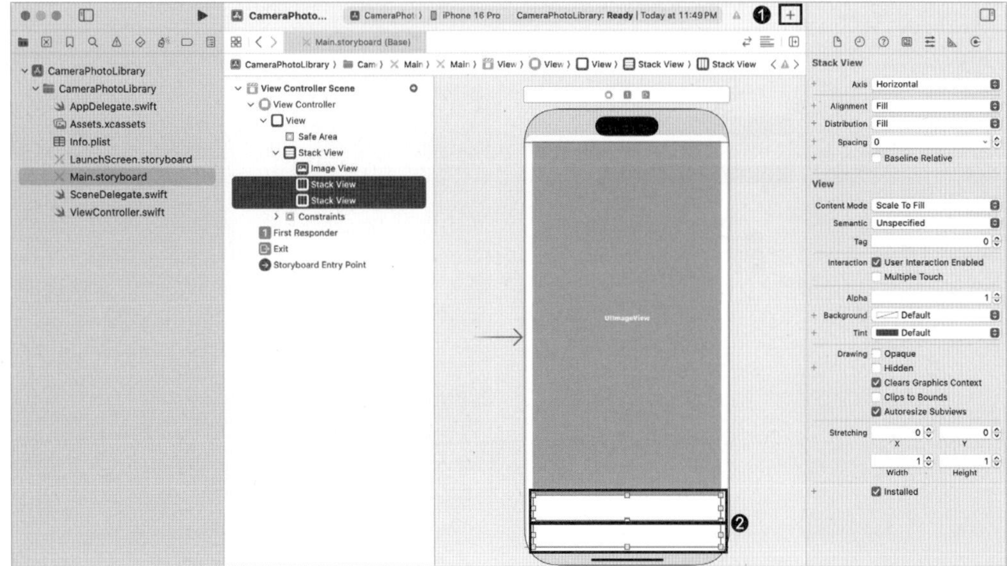

7. 상단의 [Library] 버튼을 클릭한 후 팝업 창에서 [버튼(Button)]을 검색해 [가로 스택 뷰] 안에 각각 두 개씩 넣습니다.

◐ 스택 뷰 안에 스택 뷰와 버튼을 추가하는 과정에서 모양이 틀어지더라도 걱정하지 마세요. 뒤에서 다시 조정할 것입니다.

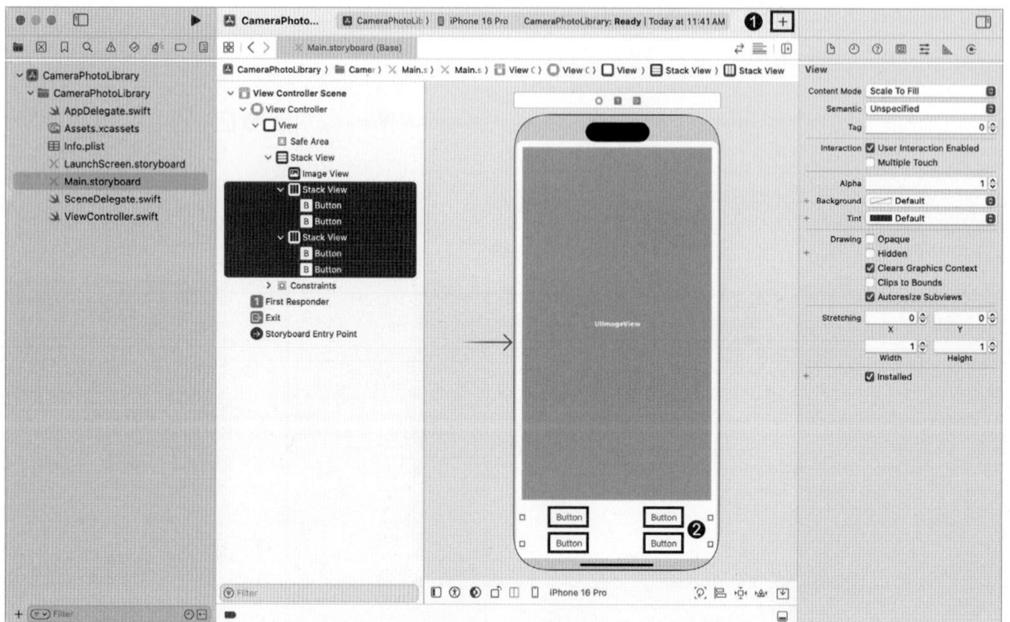

8. [가로 스택 뷰] 두 개를 모두 선택하고(command ⌘ 를 누른 채 두 개의 스택 뷰를 선택) 오른쪽 인스펙터 영역에서 Distribution을 [Fill Equally]로 설정합니다.

◐ 스토리보드에서 스택 뷰를 선택하려면 잘 선택이 안 될 수 있습니다. 이럴 때는 도큐먼트 아웃라인 영역에서 선택하면 쉽게 선택할 수 있습니다.

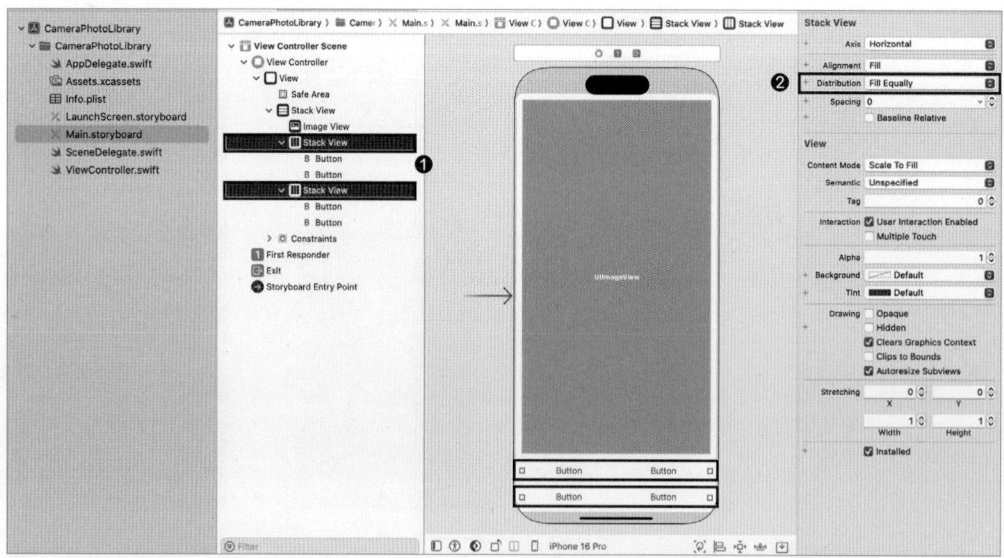

9. 버튼 네 개를 모두 선택하고(command ⌘ 를 누른 채 선택) 하단의 [제약 조건] 아이콘을 클릭하여 Height값을 '40'으로 입력하고 [Add 4 Constraints] 버튼을 클릭합니다.

> 스토리보드에서는 각기 다른 스택 뷰 안에 들어있는 객체들은 동시에 선택할 수 없습니다. 이럴 때는 도큐먼트 아웃라인 영역에서 선택하면 동시에 선택이 가능합니다.

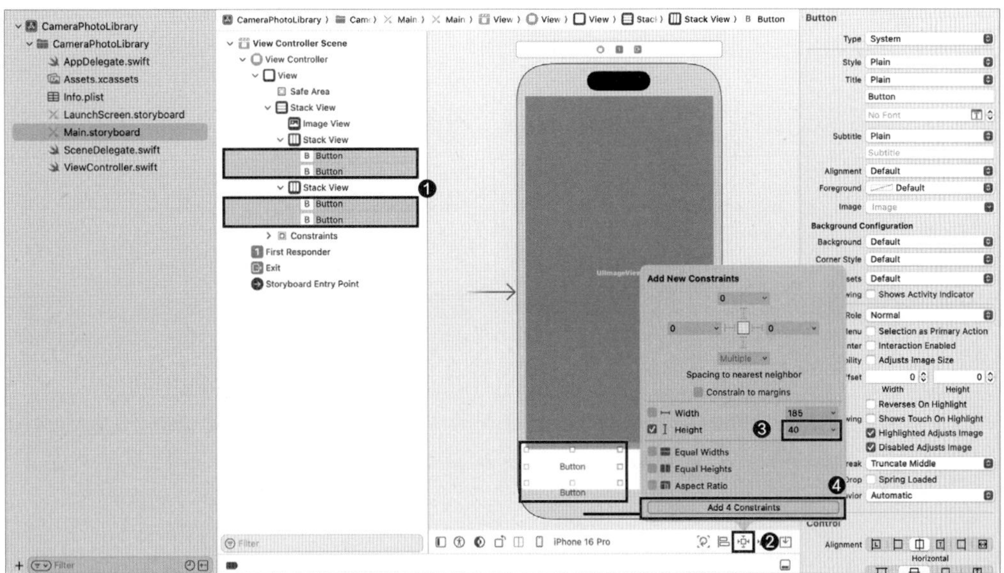

10. 각 버튼을 더블클릭하여 내용을 '사진 촬영', '비디오 촬영', '사진 불러오기', '비디오 불러오기'로 변경합니다.

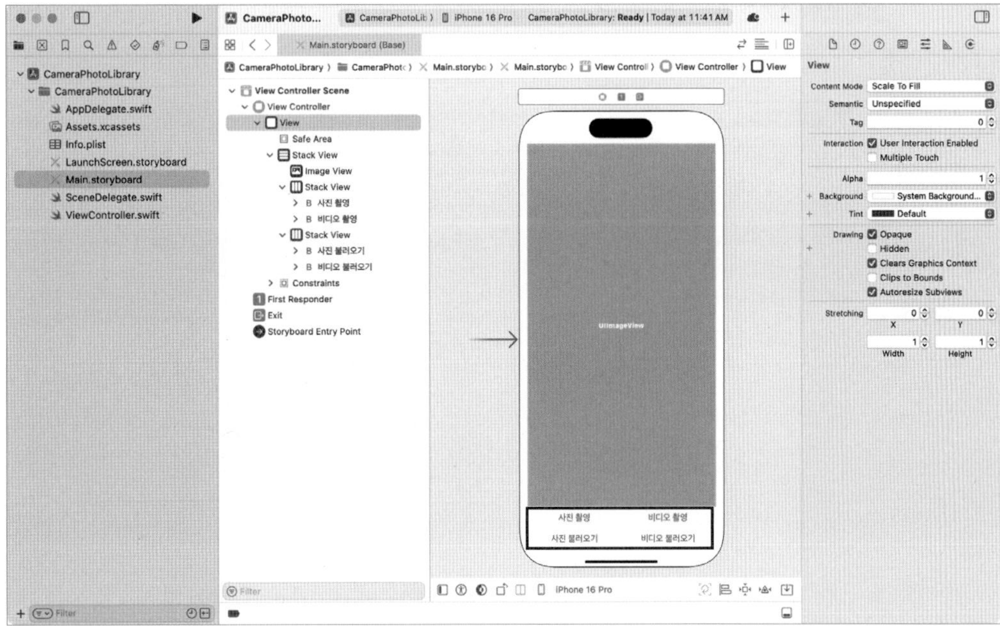

15-3 아웃렛 변수와 액션 함수 추가하기

이제 프로그램을 구현하기 위하여 프로그램에서 사용할 객체의 아웃렛 변수와 액션 함수를 추가해 보겠습니다.

이미지 뷰와 버튼의 아웃렛 변수와 액션 함수 추가하기

1. 아웃렛 변수와 액션 함수를 추가하기 위해 우선 오른쪽 윗부분의 [Adjust Editor Options] 버튼을 클릭한 후 [Assistant] 메뉴를 선택하여 보조 편집기 영역을 엽니다. 보조 편집기 영역을 열면 화면이 좁기 때문에 도큐먼트 아웃라인 영역을 닫습니다.

2. 이미지 뷰의 아웃렛 변수를 추가하겠습니다. 이미지 뷰를 마우스 오른쪽 버튼으로 클릭한 후 드래그 앤 드롭하여 보조 편집기 영역에 끌어다 놓습니다. 연결 설정 창에서 다음 그림과 표를 참고하여 아웃렛 변수를 추가합니다.

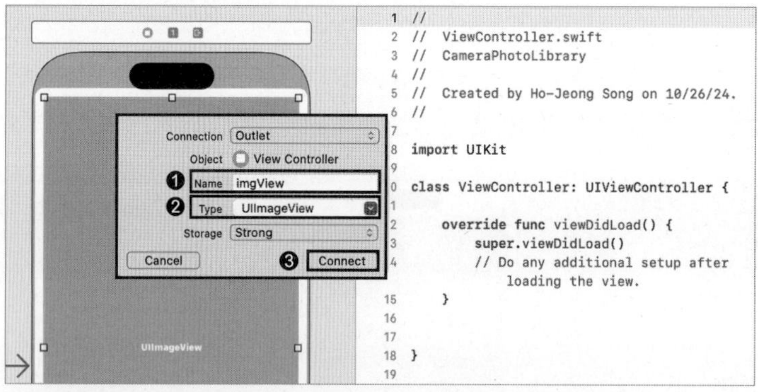

위치	뷰 컨트롤러의 클래스 선언문 바로 아래
연결(Connection)	Outlet
이름(Name)	imgView
타입(Type)	UIImageView

3. 이제는 버튼을 클릭했을 때 동작할 액션 함수를 추가하겠습니다. 아웃렛 변수와 같은 방법으로 보조 편집기 영역에 드래그 앤 드롭합니다. 먼저 [사진 촬영] 버튼과 [사진 불러오기] 버튼의 액션 함수를 만듭니다.

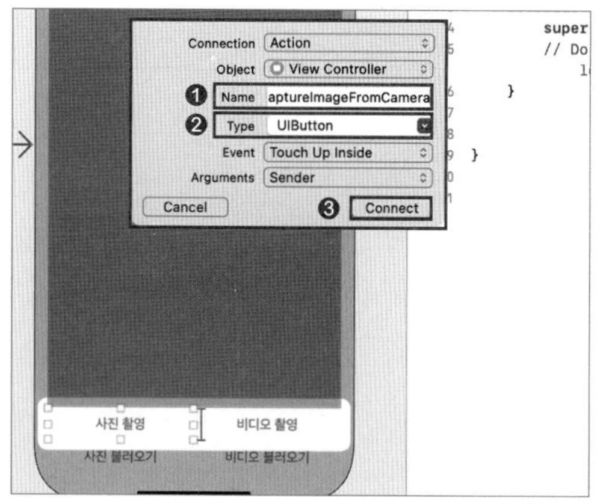

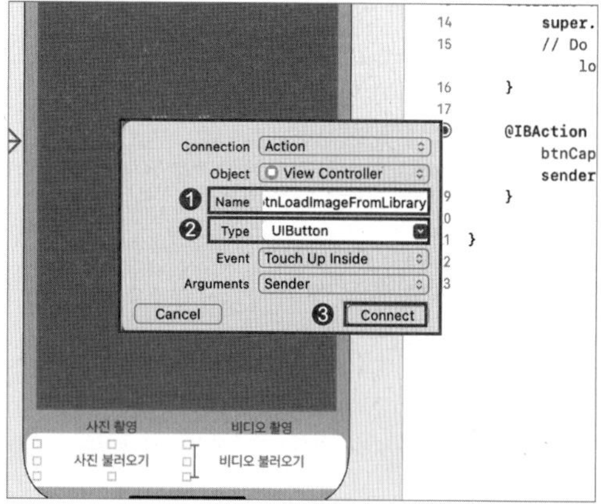

위치	소스의 가장 아래쪽 '}' 바로 위
연결(Connection)	Action
이름(Name)	- [사진 촬영] 버튼: btnCaptureImageFromCamera - [사진 불러오기] 버튼: btnLoadImageFromLibrary
타입(Type)	UIButton

4. 같은 방법으로 [비디오 촬영] 버튼과 [비디오 불러오기] 버튼의 액션 함수를 추가합니다.

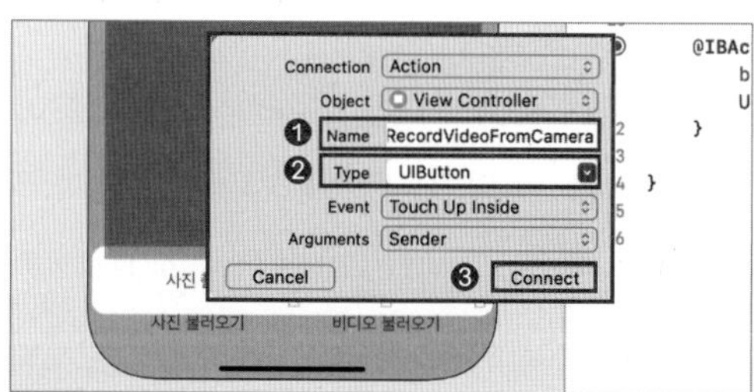

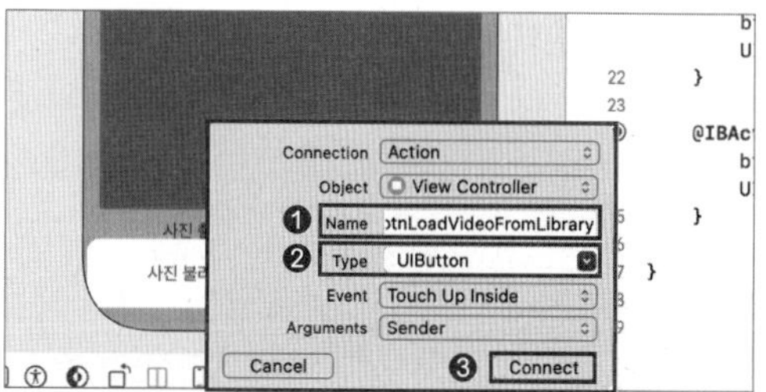

위치	소스의 가장 아래쪽 '}' 바로 위
연결(Connection)	Action
이름(Name)	- [비디오 촬영] 버튼: btnRecordVideoFromCamera - [비디오 불러오기] 버튼: btnLoadVideoFromLibrary
타입(Type)	UIButton

이것으로 아웃렛 변수와 액션 함수가 추가되었습니다.

15-4 카메라와 포토 라이브러리 앱 기능 구현하기

앞에서 추가한 아웃렛 변수와 액션 함수에 구체적인 기능을 구현해 보겠습니다. 버튼의 이름에 맞게 '사진 촬영', '사진 불러오기', '비디오 촬영', '비디오 불러오기' 기능이 제대로 작동할 수 있도록 만들어 보겠습니다.

각 버튼에 필요한 기능 구현하기

1. 왼쪽 내비게이터 영역에서 [ViewController.swift]를 선택합니다.

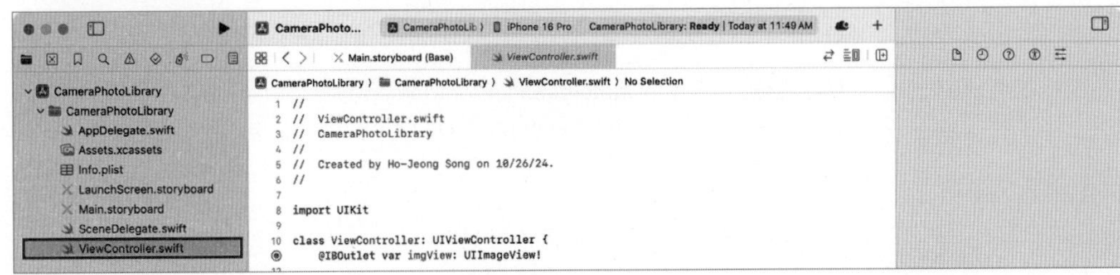

2. 헤더 파일과 델리게이트 프로토콜 추가하기

카메라와 포토 라이브러리를 사용하기 위해서는 ImagePickerController와 이 컨트롤러를 사용하기 위한 델리게이트 프로토콜이 필요합니다. 그리고 미디어 타입이 정의된 헤더 파일이 있어야 합니다. 먼저 다음과 같이 소스 창에 있는 헤더 파일 import UIKit 아래에 MobileCoreServices 헤더 파일을 추가합니다.

```
//  CameraPhotoLibrary
//
//  Created by Ho-Jeong Song on 10/26/24.
//

import UIKit
import MobileCoreServices

class ViewController: UIViewController {
    @IBOutlet var imgView: UIImageView!

    override func viewDidLoad() {
        super.viewDidLoad()
        // Do any additional setup after loading the view.
    }
```

import MobileCoreServices—다양한 타입들을 정의해 놓은 헤더 파일

 스위프트 문법 } import는 왜 있나요?

예제를 진행하면서 프로젝트를 만들었을 때 맨 첫 줄의 import UIKit를 항상 보았을 것입니다. 지금까지는 무심코 넘겼다면 이제는 그 의미를 제대로 알아두세요.

먼저 알아두어야 할 것이 있습니다. 우리가 객체를 끌어와서 사용할 때 화면에는 아이콘만 보이지만 실제로는 미리 정의된 클래스를 사용하는 것입니다. 예를 들어 버튼 객체를 사용하는 것은 미리 정의된 버튼 클래스를 사용하는 것이죠. 그러므로 버튼 클래스를 불러와 소스에 추가해야만 합니다. 이때 필요한 것이 import입니다. import는 다른 파일이나 클래스를 추가하는 역할을 합니다.

import UIKit는 'User Interface와 관련한 클래스를 모아 놓은 파일을 추가한다'는 의미입니다. UIKit에는 우리가 오브젝트 라이브러리에서 추가하는 모든 객체의 클래스가 모여 있습니다. 그러므로 이러한 객체를 사용하기 위해서는 UIKit를 꼭 추가해야만 합니다. 이것이 자동으로 UIKit가 항상 추가되어 있는 이유입니다. 그 외에 import를 사용해 필요한 파일이나 클래스를 직접 추가할 수도 있습니다. 예를 들어 앞에서 사용한 MobileCoreServices에는 iOS에서 사용할 모든 데이터 타입들이 정의되어 있는 헤더 파일이 모여 있습니다. 그러므로 미디어 타입을 사용하기 위해서는 import를 사용해서 이 MobileCoreServices를 추가해야 합니다.

3. 또한 ImagePickerController를 사용하기 위한 델리게이트 프로토콜 선언을 추가합니다. 뷰 컨트롤러의 클래스 선언문에 다음 코드를 추가합니다.

```
//

import UIKit
import MobileCoreServices

class ViewController: UIViewController, UINavigationControllerDelegate,
    UIImagePickerControllerDelegate {
    @IBOutlet var imgView: UIImageView!

    override func viewDidLoad() {
        super.viewDidLoad()
```

```
class ViewController: UIViewController, UINavigationControllerDelegate,
      UIImagePickerControllerDelegate {
```

4. 변수 추가하기

이제 코딩에 필요한 변수들을 추가하겠습니다. 이미지 뷰의 아웃렛 변수 아래에 다음 소스를 추가합니다.

```
class ViewController: UIViewController, UINavigationControllerDelegate,
    UIImagePickerControllerDelegate {
    @IBOutlet var imgView: UIImageView!

    let imagePicker: UIImagePickerController! = UIImagePickerController()
    var captureImage: UIImage!
    var videoURL: URL!
    var flagImageSave = false

    override func viewDidLoad() {
        super.viewDidLoad()
        // Do any additional setup after loading the view.
    }
```

```
let imagePicker: UIImagePickerController! = UIImagePickerController() —❶
var captureImage: UIImage! —❷
var videoURL: URL! —❸
var flagImageSave = false —❹
```

❶ UIImagePickerController의 인스턴스 변수 생성

❷ 촬영을 하거나 포토 라이브러리에서 불러온 사진(Image)을 저장할 변수

❸ 녹화한 비디오의 URL을 저장할 변수

❹ 이미지 저장 여부를 나타낼 변수

5. 경고 표시용 메서드 작성하기

문제가 생겼을 때 화면에 표시해 줄 경고 표시용 메서드를 작성하겠습니다. 다음 코드는 타이틀과 메시지를 받아 경고 창을 표시해 주는 메서드입니다.

▶ 경고 창을 만드는 방법은 06장 얼럿을 참고하세요.

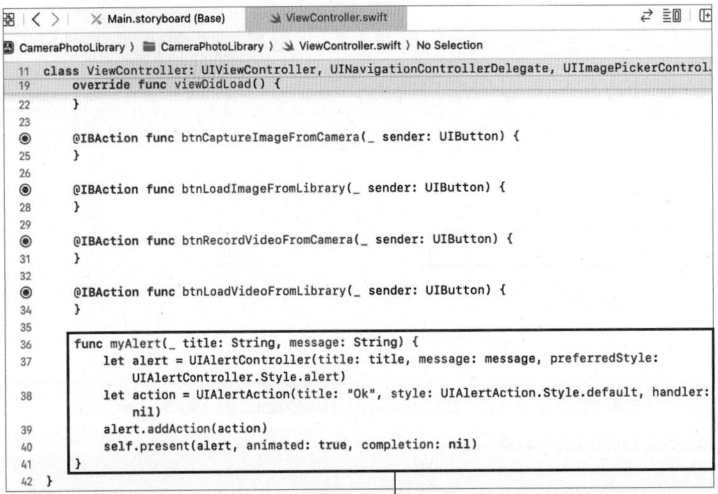

```
class ViewController: UIViewController, UINavigationControllerDelegate, UIImagePickerControl…
    override func viewDidLoad() {
    }

    @IBAction func btnCaptureImageFromCamera(_ sender: UIButton) {
    }

    @IBAction func btnLoadImageFromLibrary(_ sender: UIButton) {
    }

    @IBAction func btnRecordVideoFromCamera(_ sender: UIButton) {
    }

    @IBAction func btnLoadVideoFromLibrary(_ sender: UIButton) {
    }

    func myAlert(_ title: String, message: String) {
        let alert = UIAlertController(title: title, message: message, preferredStyle:
            UIAlertController.Style.alert)
        let action = UIAlertAction(title: "Ok", style: UIAlertAction.Style.default, handler:
            nil)
        alert.addAction(action)
        self.present(alert, animated: true, completion: nil)
    }
}
```

```
func myAlert(_ title: String, message: String) {
    let alert = UIAlertController(title: title, message: message,
                preferredStyle: UIAlertController.Style.alert)
    let action = UIAlertAction(title: "Ok", style:
                UIAlertAction.Style.default, handler: nil)
    alert.addAction(action)
    self.present(alert, animated: true, completion: nil)
}
```

6. '사진 촬영' 코드 작성하기

카메라를 사용해 사진을 촬영하고 포토 라이브러리에 저장하는 코드를 작성하겠습니다. 사진 촬영 기능을 추가하기 위해 btnCaptureImageFromCamera 액션 함수에 다음 코드를 입력합니다.

```
    let imagePicker: UIImagePickerController! = UIImagePickerController()
    var captureImage: UIImage!
    var videoURL: URL!
    var flagImageSave = false

    override func viewDidLoad() {
        super.viewDidLoad()
        // Do any additional setup after loading the view.
    }

    @IBAction func btnCaptureImageFromCamera(_ sender: UIButton) {
        if (UIImagePickerController.isSourceTypeAvailable(.camera)) {
            flagImageSave = true

            imagePicker.delegate = self
            imagePicker.sourceType = .camera
            imagePicker.mediaTypes = ["public.image"]
            imagePicker.allowsEditing = false

            present(imagePicker, animated: true, completion: nil)
        }
        else {
            myAlert("Camera inaccessable", message: "Application cannot access the camera.")
        }
    }
```

```
@IBAction func btnCaptureImageFromCamera(_ sender: UIButton) {
    if (UIImagePickerController.isSourceTypeAvailable(.camera)) { —❶
        flagImageSave = true —❷

        imagePicker.delegate = self —❸
        imagePicker.sourceType = .camera —❹
        imagePicker.mediaTypes = ["public.image"] —❺
        imagePicker.allowsEditing = false —❻

        present(imagePicker, animated: true, completion: nil) —❼
    }
    else {
        myAlert("Camera inaccessable", message: "Application cannot access
                the camera.") —❽
    }
}
```

❶ 카메라의 사용 가능 여부를 확인합니다. 사용할 수 있는 경우에만 아래 내용을 수행합니다.

❷ 카메라 촬영 후 저장할 것이기 때문에 이미지 저장을 허용합니다.

❸ 이미지 피커의 델리게이트를 self로 설정합니다.

❹ 이미지 피커의 소스 타입을 camera로 설정합니다.

❺ 미디어 타입은 "public.image"로 설정합니다.

❻ 편집은 허용하지 않습니다.

❼ 현재 뷰 컨트롤러를 imagePicker로 대체합니다. 즉, 뷰에 imagePicker가 보이게 합니다.

❽ 카메라를 사용할 수 없을 때는 경고 창을 나타냅니다.

7. '사진 불러오기' 코드 작성하기

이제 사진 불러오기 기능을 추가하기 위해 btnLoadImageFromLibrary 액션 함수에 다음 코드를 작성합니다. 각 소스의 설명은 [사진 촬영] 버튼에서 작성한 코드와 유사하므로 생략합니다. 다른 점은 이번에는 포토 라이브러리(PhotoLibrary)의 사용 가능 여부를 확인한 후 소스 타입은 [photoLibrary], 미디어 타입은 ["public.image"]로 설정하고 편집은 허용한다는 점입니다.

```
            imagePicker.mediaTypes = ["public.image"]
            imagePicker.allowsEditing = false

            present(imagePicker, animated: true, completion: nil)
        }
        else {
            myAlert("Camera inaccessable", message: "Application cannot access the camera.")
        }
    }

    @IBAction func btnLoadImageFromLibrary(_ sender: UIButton) {
        if (UIImagePickerController.isSourceTypeAvailable(.photoLibrary)) {
            flagImageSave = false

            imagePicker.delegate = self
            imagePicker.sourceType = .photoLibrary
            imagePicker.mediaTypes = ["public.image"]
            imagePicker.allowsEditing = true

            present(imagePicker, animated: true, completion: nil)
        }
        else {
            myAlert("Photo album inaccessable", message: "Application cannot access the
                photo album.")
        }
    }

    @IBAction func btnRecordVideoFromCamera(_ sender: UIButton) {
    }
```

Line: 1 Col: 1

```
@IBAction func btnLoadImageFromLibrary(_ sender: UIButton) {
    if (UIImagePickerController.isSourceTypeAvailable(.photoLibrary)) {
        flagImageSave = false

        imagePicker.delegate = self
        imagePicker.sourceType = .photoLibrary
        imagePicker.mediaTypes = ["public.image"]
        imagePicker.allowsEditing = true

        present(imagePicker, animated: true, completion: nil)
    }
    else {
        myAlert("Photo album inaccessable", message: "Application cannot
                access the photo album.")
    }
}
```

8. '비디오 촬영' 코드 작성하기

카메라를 사용해 비디오를 촬영하고 포토 라이브러리에 저장하는 코드를 작성하겠습니다. 이번에도 앞에서 입력한 소스와 유사합니다. 다만 '비디오 촬영' 코드에서는 카메라 사용 여부를 확인한 후 소스 타입은 [camera], 미디어 타입은 ["public.movie"]로 설정하고 편집은 허용하지 않습니다.

```

            present(imagePicker, animated: true, completion: nil)
        }
        else {
            myAlert("Photo album inaccessable", message: "Application cannot access the
                photo album.")
        }
    }

    @IBAction func btnRecordVideoFromCamera(_ sender: UIButton) {
        if (UIImagePickerController.isSourceTypeAvailable(.camera)) {
            flagImageSave = true

            imagePicker.delegate = self
            imagePicker.sourceType = .camera
            imagePicker.mediaTypes = ["public.movie"]
            imagePicker.allowsEditing = false

            present(imagePicker, animated: true, completion: nil)
        }
        else {
            myAlert("Camera inaccessable", message: "Application cannot access the camera.")
        }
    }

    @IBAction func btnLoadVideoFromLibrary(_ sender: UIButton) {
    }

    func myAlert(_ title: String, message: String) {
        let alert = UIAlertController(title: title, message: message, preferredStyle:
            UIAlertController.Style.alert)
        let action = UIAlertAction(title: "Ok", style: UIAlertAction.Style.default, handler:
            nil)
        alert.addAction(action)
```

```
@IBAction func btnRecordVideoFromCamera(_ sender: UIButton) {
    if (UIImagePickerController.isSourceTypeAvailable(.camera)) {
        flagImageSave = true

        imagePicker.delegate = self
        imagePicker.sourceType = .camera
        imagePicker.mediaTypes = ["public.movie"]
        imagePicker.allowsEditing = false

        present(imagePicker, animated: true, completion: nil)
    }
    else {
        myAlert("Camera inaccessable", message: "Application cannot access
                the camera.")
    }
}
```

9. '비디오 불러오기' 코드 작성하기

마지막으로 포토 라이브러리에서 비디오를 불러오는 코드를 작성하겠습니다. 앞에서 입력한 소스를 조금 변형하면 됩니다. 포토 라이브러리(PhotoLibrary) 사용 여부를 확인한 후 소스 타입은 [photoLibrary], 미디어 타입은 ["public.movie"]로 설정하고 편집은 허용하지 않습니다.

```
        }
        else {
            myAlert("Camera inaccessable", message: "Application cannot access the camera.")
        }
    }

    @IBAction func btnLoadVideoFromLibrary(_ sender: UIButton) {
        if (UIImagePickerController.isSourceTypeAvailable(.photoLibrary)) {
            flagImageSave = false

            imagePicker.delegate = self
            imagePicker.sourceType = .photoLibrary
            imagePicker.mediaTypes = ["public.movie"]
            imagePicker.allowsEditing = false

            present(imagePicker, animated: true, completion: nil)
        }
        else {
            myAlert("Photo album inaccessable", message: "Application cannot access the
                photo album.")
        }
    }

    func myAlert(_ title: String, message: String) {
        let alert = UIAlertController(title: title, message: message, preferredStyle:
            UIAlertController.Style.alert)
        let action = UIAlertAction(title: "Ok", style: UIAlertAction.Style.default, handler:
            nil)
        alert.addAction(action)
        self.present(alert, animated: true, completion: nil)
    }
}
```

```
@IBAction func btnLoadVideoFromLibrary(_ sender: UIButton) {
    if (UIImagePickerController.isSourceTypeAvailable(.photoLibrary)) {
        flagImageSave = false

        imagePicker.delegate = self
        imagePicker.sourceType = .photoLibrary
        imagePicker.mediaTypes = ["public.movie"]
        imagePicker.allowsEditing = false

        present(imagePicker, animated: true, completion: nil)
    }
    else {
        myAlert("Photo album inaccessable", message: "Application cannot
                access the photo album.")
    }
}
```

10. 델리게이트 메서드 구현하기

이제 앞에서 구현한 기능들이 경우에 따라 매끄럽게 작동하도록 만들어 보겠습니다. 첫 번째로, 사용자가 사진이나 비디오를 촬영하거나 포토 라이브러리에서 선택이 끝났을 때 호출되는 didFinishPickingMediaWithInfo 메서드를 구현하겠습니다.

```
    }

    func imagePickerController(_ picker: UIImagePickerController,
        didFinishPickingMediaWithInfo info: [UIImagePickerController.InfoKey : Any]) {
        let mediaType = info[UIImagePickerController.InfoKey.mediaType] as! NSString

        if mediaType.isEqual(to: "public.image" as String) {
            captureImage = info[UIImagePickerController.InfoKey.originalImage] as? UIImage

            if flagImageSave {
                UIImageWriteToSavedPhotosAlbum(captureImage, self, nil, nil)
            }

            imgView.image = captureImage
        }
        else if mediaType.isEqual(to: "public.movie" as String) {
            if flagImageSave {
                videoURL = (info[UIImagePickerController.InfoKey.mediaURL] as! URL)

                UISaveVideoAtPathToSavedPhotosAlbum(videoURL.relativePath, self, nil, nil)
            }
        }

        self.dismiss(animated: true, completion: nil)
    }

    func myAlert(_ title: String, message: String) {
        let alert = UIAlertController(title: title, message: message, preferredStyle:
            UIAlertController.Style.alert)
        let action = UIAlertAction(title: "Ok", style: UIAlertAction.Style.default, handler:
            nil)
```

Line: 1 Col: 1

```
func imagePickerController(_ picker: UIImagePickerController,
        didFinishPickingMediaWithInfo info: [UIImagePickerController.InfoKey : Any]) {
    let mediaType = info[UIImagePickerController.InfoKey.mediaType]
        as! NSString ─❶

    if mediaType.isEqual(to: "public.image" as String) { ─❷
        captureImage = info[UIImagePickerController.InfoKey.originalImage]
            as? UIImage ─❸

        if flagImageSave {
            UIImageWriteToSavedPhotosAlbum(captureImage, self, nil, nil) ─❹
        }

        imgView.image = captureImage
    }
```

```
    else if mediaType.isEqual(to: "public.movie" as String) { —❺
        if flagImageSave {                                              ┐
            videoURL = (info[UIImagePickerController.InfoKey.mediaURL]  │
                as! URL)                                                │
                                                                        ├❻
            UISaveVideoAtPathToSavedPhotosAlbum(videoURL.relativePath,  │
                self, nil, nil)                                         ┘
        }
    }

    self.dismiss(animated: true, completion: nil)—❼
}
```

❶ 미디어 종류를 확인합니다.

❷ 미디어 종류가 사진(Image)일 경우

❸ 사진을 가져와 captureImage에 저장합니다.

❹ flagImageSave가 true이면 가져온 사진을 포토 라이브러리에 저장합니다.

❺ 미디어 종류가 비디오(Movie)일 경우

❻ flagImageSave가 true이면 촬영한 비디오를 가져와 포토 라이브러리에 저장합니다.

❼ 현재의 뷰 컨트롤러를 제거합니다. 즉, 뷰에서 이미지 피커 화면을 제거하여 초기 뷰를 보여 줍니다.

11. 두 번째로 사용자가 사진이나 비디오를 찍지 않고 취소하거나 선택하지 않고 취소를 하는 경우에 호출되는 imagePickerControllerDidCancel 메서드를 구현하겠습니다. 이 경우는 다시 처음의 뷰 상태로 돌아가야 하므로 현재의 뷰 컨트롤러에 보이는 이미지 피커를 제거하여 초기 뷰를 보여 줘야 합니다.

```
                UISaveVideoAtPathToSavedPhotosAlbum(videoURL.relativePath, self, nil, nil)
            }
        }

        self.dismiss(animated: true, completion: nil)
    }

    func imagePickerControllerDidCancel(_ picker: UIImagePickerController) {
        self.dismiss(animated: true, completion: nil)
    }

    func myAlert(_ title: String, message: String) {
        let alert = UIAlertController(title: title, message: message, preferredStyle:
            UIAlertController.Style.alert)
        let action = UIAlertAction(title: "Ok", style: UIAlertAction.Style.default, handler:
            nil)
        alert.addAction(action)
        self.present(alert, animated: true, completion: nil)
    }
}
```

```
func imagePickerControllerDidCancel(_ picker: UIImagePickerController) {
    self.dismiss(animated: true, completion: nil)
}
```

12. 결과 보기

이제 [실행] 버튼을 클릭하여 앱을 실행한 후 [사진 촬영]과 [비디오 촬영] 버튼을 클릭하면 사진 및 비디오를 촬영할 수 있고, [비디오 불러오기] 버튼을 클릭하면 비디오를 재생할 수 있습니다.

> 카메라 기능은 시뮬레이터에서 실행되지 않습니다. 기기를 직접 연결해서 실행해야 합니다.

초기 화면

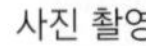

사진 촬영

사진 불러오기

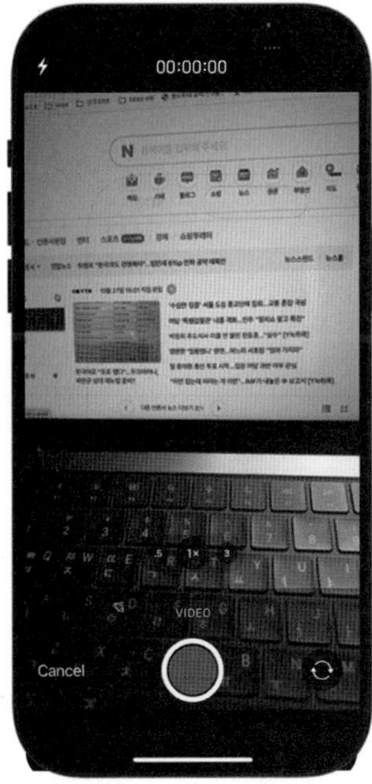

비디오 촬영

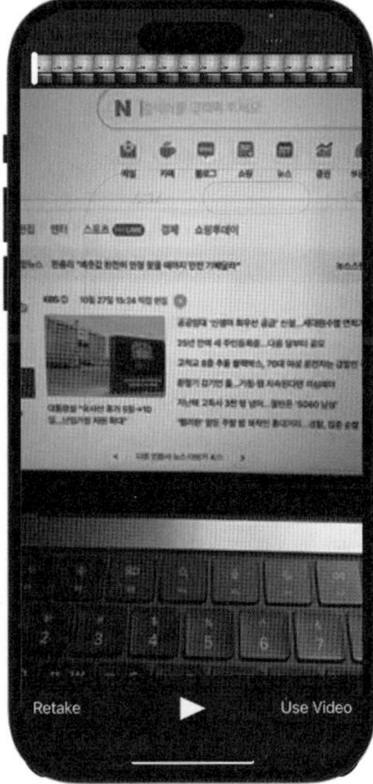

비디오 불러오기

알아 두면 좋아요! 시뮬레이터에서 카메라를 사용할 수 없다는 경고 창이 나올 경우

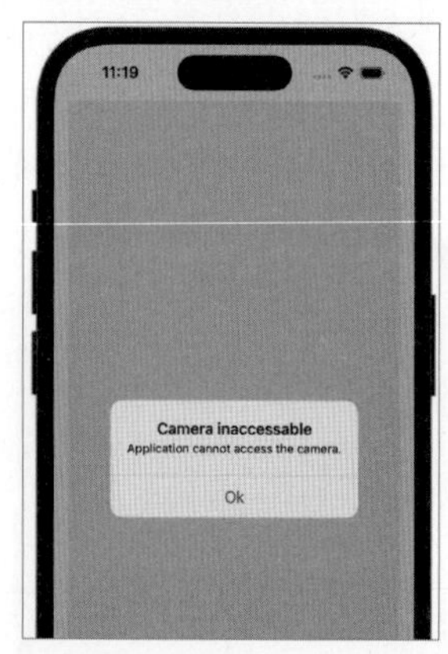

iOS 시뮬레이터에서 앱을 실행한 후 [사진 촬영]이나 [비디오 촬영] 버튼을 클릭하면 오른쪽 그림과 같이 카메라를 사용할 수 없다는 경고 창이 나옵니다. 이런 경우 어떻게 해야 할까요? 지금까지 살펴본 이 책의 모든 기능들은 iOS 시뮬레이터에서 사용 가능한 기능들이었습니다. 하지만 카메라 기능은 시뮬레이터에서 사용할 수 없으므로 기기에서 직접 작동해야 합니다. 카메라뿐만 아니라 이 책에서 다루지 않는 GPS, 자이로 센서, 조도 센서, 블루투스 등의 동작을 확인하려면 기기에서 직접 작동해야 합니다. 이를 위해서는 개발자 프로그램에 등록을 해야 합니다. 1년 등록 비용인 99달러를 지불하고 개발자 프로그램에 가입하면 앱을 본인의 기기에 설치하고 실행할 수 있습니다.

하지만 배우는 입장에서 개발자 프로그램에 결제하고 가입하는 것은 가격 면에서 부담스러울 수 있습니다. 그러니 좋은 앱 아이디어가 떠올라서 앱을 개발하다가 최종적으로 테스트를 해야 할 때 개발자 프로그램에 가입하는 것을 권장합니다.

▶ 개발자 프로그램 가입 방법 및 인증서 설치 방법에 대해서는 이지스퍼블리싱 홈페이지의 [자료실]에서 내려 받으세요.

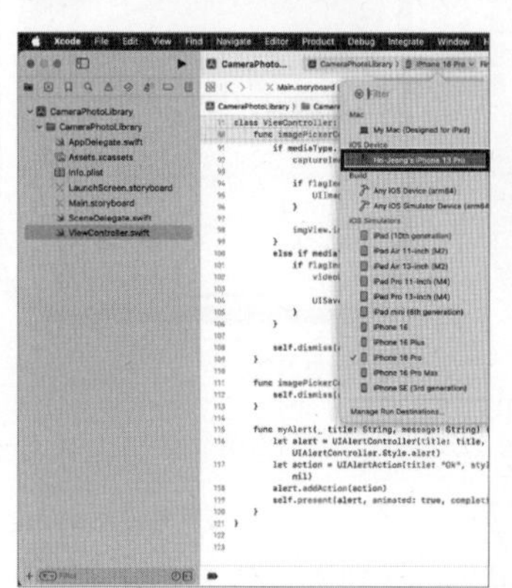

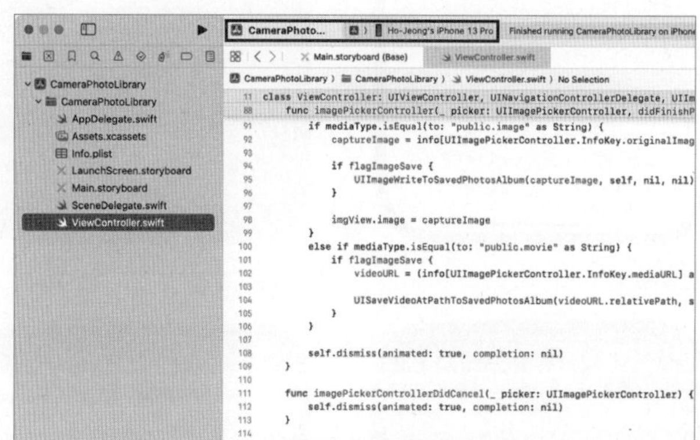

개발자 프로그램에 가입한 후 기기를 등록하고 인증서를 설치하고 기기를 맥에 연결하면 위 그림과 같이 기기(Device) 선택 창에 내 기기가 나타납니다. 여기에서 내 기기를 선택한 후 실행하면 앱이 내 기기에서 작동하는 것을 확인할 수 있습니다.

알아 두면 좋아요! } 내 아이폰에서 카메라를 사용할 때 에러가 발생합니다

개발자 프로그램에 등록한 다음 앱을 시뮬레이터가 아닌 내 아이폰에서 실행해 [사진 촬영] 버튼을 클릭하면 다음과 같이 에러가 발생합니다. 이는 카메라의 사용 권한에 대한 키를 입력하지 않았기 때문입니다.

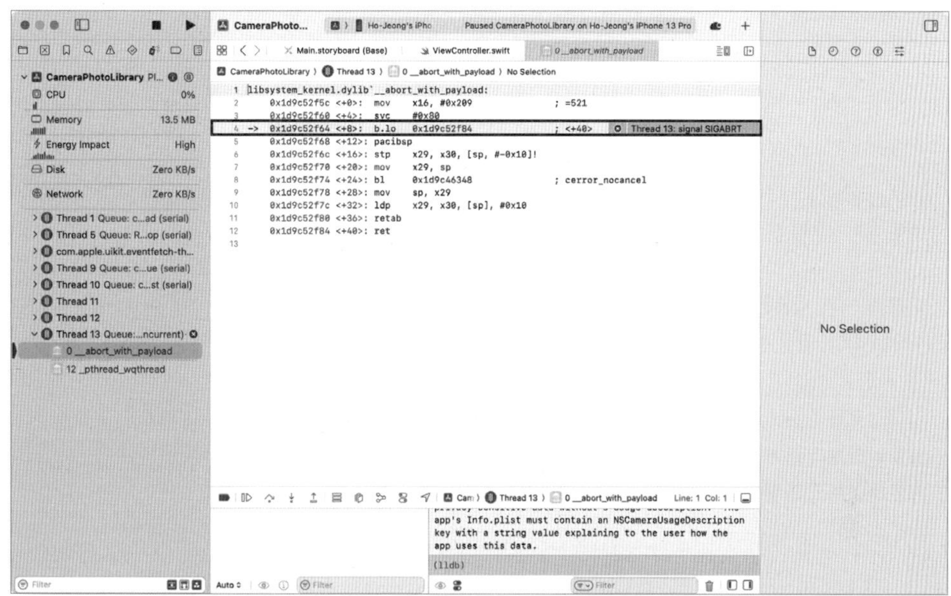

그럼 카메라 사용 권한에 대한 키를 입력하는 방법을 알아보겠습니다.

왼쪽 프로젝트 내비게이터 영역에서 [info.plist]를 클릭합니다. [Key] 항목 중에서 [Application Scene Manifest]에 마우스 커서를 대면 [+], [-] 표시가 나타납니다. 여기서 [+]를 클릭합니다.

◐ iOS 10부터는 앱에서 아이폰의 정보를 가져올 때 info.plist에서 해당 키를 입력해야 합니다.

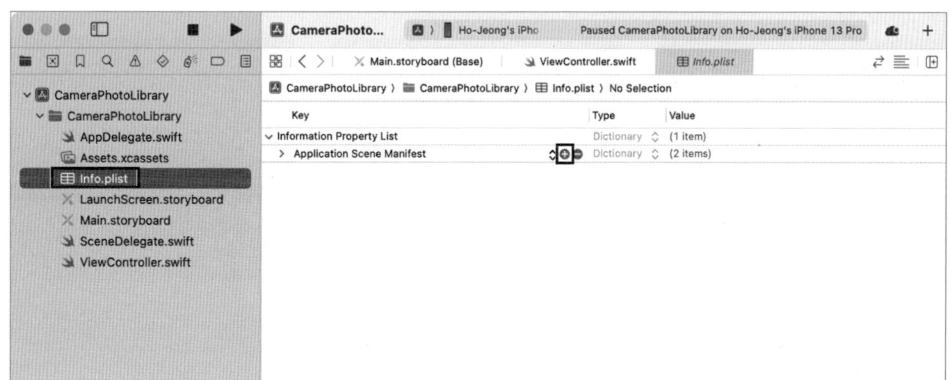

다음 그림과 같이 아래에 새로운 항목이 생성되고 다양한 목록이 나타납니다.

'Privacy'를 입력하면 해당 키의 목록이 나타납니다. 여기서 [Privacy - Camera Usage Description]을 선택합니다.

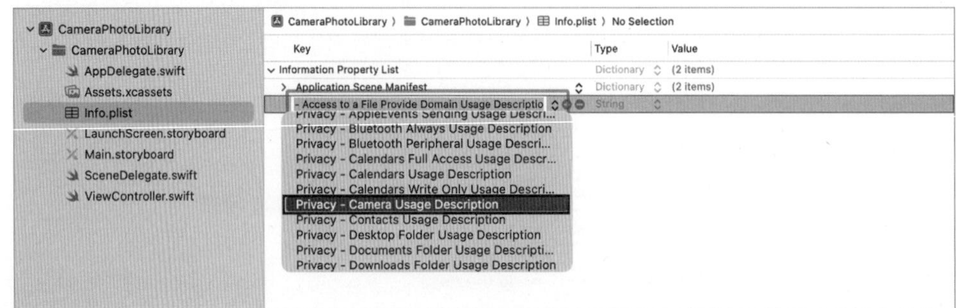

더 정확하게는 사용하려면 권한 확인에 대한 설명을 키 값인 [Value]에 넣어야 하지만 빈 칸으로 두어도 상관없습니다. 같은 방법으로 포토라이브러리 접근에 대한 키와 마이크로폰 접근에 대한 키를 추가합니다.

- 마이크로폰 접근키 : Privacy - Microphone Usage Description
- 포토라이브러리 저장키 : Privacy - Photo Library Additions Usage Description
- 포토라이브러리 접근키 : Privacy - Photo Library Usage Description

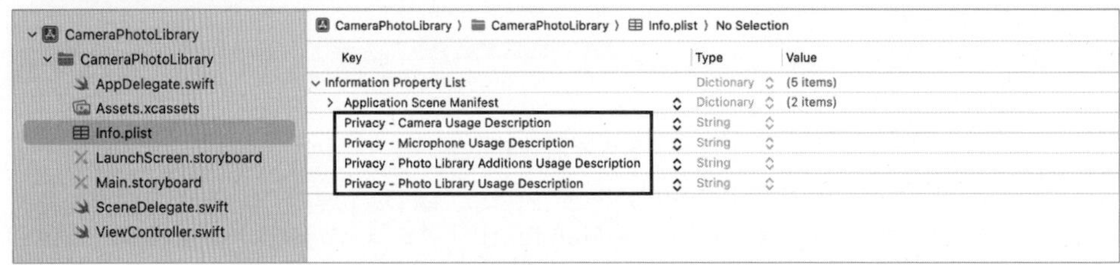

이제 아이폰에서 앱을 실행시켜 다음과 같이 권한 승인 여부를 확인합니다.

15-5 카메라와 포토 라이브러리 앱, 전체 소스 보기

완성된 앱의 전체 소스를 확인해 보세요.

ViewController.swift

```
import UIKit
import MobileCoreServices   // 다양한 타입들을 정의해 놓은 헤더 파일 추가

class ViewController: UIViewController, UINavigationControllerDelegate,
        UIImagePickerControllerDelegate {   // 델리게이트 프로토콜 추가
    @IBOutlet var imgView: UIImageView!

    // UIImagePickerController 인스턴스 변수 생성
    let imagePicker: UIImagePickerController! = UIImagePickerController()
    var captureImage: UIImage!   // 사진을 저장할 변수
    var videoURL: URL!   // 녹화한 비디오의 URL을 저장할 변수
    var flagImageSave = false   // 사진 저장 여부를 나타낼 변수

    override func viewDidLoad() {
        super.viewDidLoad()
        // Do any additional setup after loading the view.
    }

    // 사진 촬영하기
    @IBAction func btnCaptureImageFromCamera(_ sender: UIButton) {
        // 만일 카메라를 사용할 수 있다면
        if (UIImagePickerController.isSourceTypeAvailable(.camera)) {
            flagImageSave = true   // 사진 저장 플래그를 true로 설정

            imagePicker.delegate = self   // 이미지 피커의 델리게이트를 self로 설정
            imagePicker.sourceType = .camera   // 이미지 피커의 소스 타입을 Camera로 설정
            // 미디어 타입을 kUTTypeImage로 설정
            imagePicker.mediaTypes = ["public.image"]

            imagePicker.allowsEditing = false   // 편집을 허용하지 않음
```

```
        // 뷰 컨트롤러를 imagePicker로 대체
        present(imagePicker, animated: true, completion: nil)
    }
    else {
        // 카메라를 사용할 수 없을 때 경고 창 출력
        myAlert("Camera inaccessable", message: "Application cannot
                access the camera.")
    }
}

// 사진 불러오기
@IBAction func btnLoadImageFromLibrary(_ sender: UIButton) {
   if (UIImagePickerController.isSourceTypeAvailable(.photoLibrary)) {
        flagImageSave = false

        imagePicker.delegate = self
        // 이미지 피커의 소스 타입을 PhotoLibrary로 설정
        imagePicker.sourceType = .photoLibrary

        imagePicker.mediaTypes = ["public.image"]
        imagePicker.allowsEditing = true  // 편집을 허용

        present(imagePicker, animated: true, completion: nil)
    }
    else {
       myAlert("Photo album inaccessable", message: "Application cannot
               access the photo album.")
    }
}

// 비디오 촬영하기
@IBAction func btnRecordVideoFromCamera(_ sender: UIButton) {
    if (UIImagePickerController.isSourceTypeAvailable(.camera)) {
        flagImageSave = true

        imagePicker.delegate = self
        imagePicker.sourceType = .camera
        // 미디어 타입을 kUTTypeMovie로 설정
        imagePicker.mediaTypes = ["public.movie"]
        imagePicker.allowsEditing = false

        present(imagePicker, animated: true, completion: nil)
    }
    else {
```

```
            myAlert("Camera inaccessable", message: "Application cannot
                    access the camera.")
        }
    }

    // 비디오 불러오기
    @IBAction func btnLoadVideoFromLibrary(_ sender: UIButton) {
        if (UIImagePickerController.isSourceTypeAvailable(.photoLibrary)) {
            flagImageSave = false

            imagePicker.delegate = self
            imagePicker.sourceType = .photoLibrary
            imagePicker.mediaTypes = ["public.movie"]
            imagePicker.allowsEditing = false

            present(imagePicker, animated: true, completion: nil)
        }
        else {
            myAlert("Photo album inaccessable", message: "Application cannot
                    access the photo album.")
        }
    }

    // 사진, 비디오 촬영이나 선택이 끝났을 때 호출되는 델리게이트 메서드
    func imagePickerController(_ picker: UIImagePickerController,
            didFinishPickingMediaWithInfo info: [UIImagePickerController.
                            InfoKey : Any]) {
        // 미디어 종류 확인
        let mediaType = info[UIImagePickerController.InfoKey.mediaType]
              as! NSString

        // 미디어가 사진이면
        if mediaType.isEqual(to: "public.image" as String) {

            // 사진을 가져옴
            captureImage = info[UIImagePickerController.InfoKey.originalImage]
                        as? UIImage

            if flagImageSave {  // flagImageSave가 true일 때
                // 사진을 포토 라이브러리에 저장
                UIImageWriteToSavedPhotosAlbum(captureImage, self, nil, nil)
            }

            imgView.image = captureImage  // 가져온 사진을 이미지 뷰에 출력
```

```
    }
    else if mediaType.isEqual(to: "public.movie" as
                String) {   // 미디어가 비디오일 때
        if flagImageSave {   // flagImageSave가 true일 때
            // 비디오를 가져옴
            videoURL = (info[UIImagePickerController.InfoKey.mediaURL]
                as! URL)
            // 비디오를 포토 라이브러리에 저장
            UISaveVideoAtPathToSavedPhotosAlbum(videoURL.relativePath,
                self, nil, nil)
        }
    }

    // 현재의 뷰(이미지 피커) 제거
    self.dismiss(animated: true, completion: nil)
}

// 사진, 비디오 촬영이나 선택을 취소했을 때 호출되는 델리게이트 메서드
func imagePickerControllerDidCancel(_ picker: UIImagePickerController) {
    // 현재의 뷰(이미지 피커) 제거
    self.dismiss(animated: true, completion: nil)
}

// 경고 창 출력 함수
func myAlert(_ title: String, message: String) {
    let alert = UIAlertController(title: title, message: message,
        preferredStyle: UIAlertController.Style.alert)
    let action = UIAlertAction(title: "Ok", style: UIAlertAction.Style.
        default, handler: nil)
    alert.addAction(action)
    self.present(alert, animated: true, completion: nil)
}
}
```

콜라주 사진 만들기

목표 카메라로 촬영하거나 포토 라이브러리에서 불러온 사진을 이용해 콜라주 사진을 만들어 보세요.

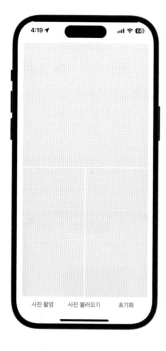

힌트

1. 오른쪽 그림과 같이 스토리보드에 이미지 뷰와 버튼을 배치하세요.
2. 이미지 뷰를 가리키기 위한 변수 numImage를 선언하고 0으로 초기화하세요.
3. [사진 촬영]이나 [사진 불러오기] 버튼을 클릭하면 1씩 증가합니다.
4. 사진 촬영이나 사진 불러오기를 수행하려다 취소하면 1 감소합니다.
5. 사진 촬영이나 사진 불러오기를 수행하면 numImage 번호에 맞는 이미지 뷰에 가져온 사진을 입력합니다(if문 사용).
6. [초기화] 버튼을 클릭하면 각 이미지 뷰에 nil을 입력하여 초기화합니다.
7. Stack View의 Spacing 속성값을 변경하면 이미지 사이의 간격이 나타납니다. Spacing 값을 2로 설정하세요.

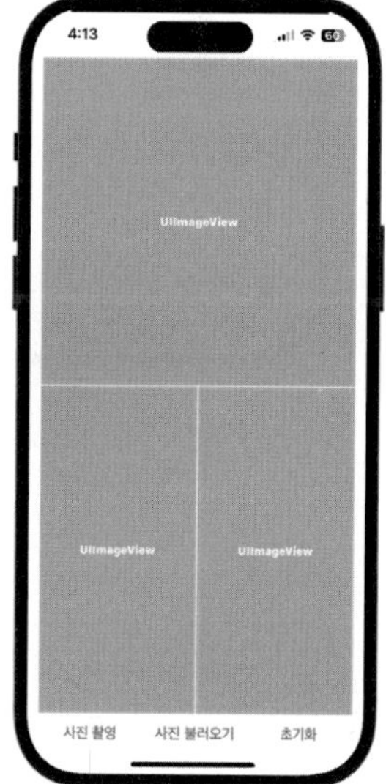

:: 완성 소스 [15장] 폴더 / [미션] 폴더 / CameraPhotoLibrary.xcodeproj

16 코어 그래픽스로 화면에 그림 그리기

난이도 ★★☆☆☆

iOS에서는 코어 그래픽스라는 그래픽 라이브러리를 사용하여 뷰에 그림을 그릴 수 있습니다. 코어 그래픽스는 선, 사각형, 원 같은 도형을 그리거나 도형에 색을 채우는 등 다양한 기능들에 활용할 수 있습니다.
이 장에서는 코어 그래픽스의 다양한 라이브러리들을 사용하여 간단한 도형을 그리고 도형 내부를 특정 색으로 채우는 방법을 알아보겠습니다.

16-1 코어 그래픽스란?

코어 그래픽스(Core Graphics)란 아이폰과 아이패드에서 2차원 그래픽을 그릴 수 있도록 제공하는 그래픽 라이브러리입니다. 코어 그래픽스는 애플이 제공하는 '쿼츠(Quartz)'라는 그래픽 라이브러리 안에 포함되어 있습니다.

이러한 코어 그래픽스의 사용법을 익히고 나면 아이폰에 그림을 그릴 수 있습니다.

▶ 쿼츠는 하나의 라이브러리가 아니라 코어 그래픽스(Core Graphics)와 코어 애니메이션(Core Animation)으로 구성되어 있습니다.

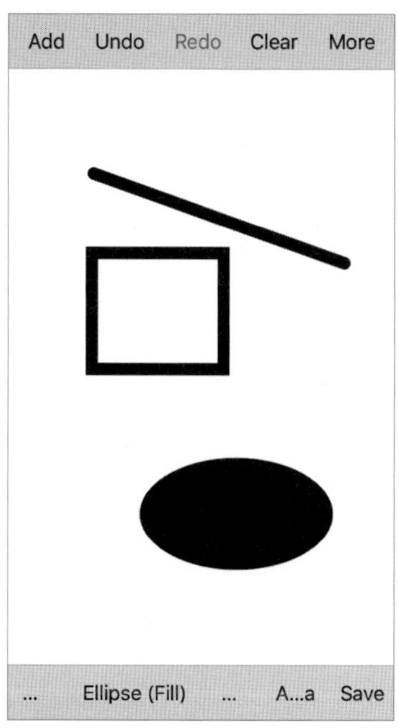

드로우 데스크(Draw Desk) 앱

16-2 코어 그래픽스를 위한 기본 환경 구성하기

코어 그래픽스 앱을 만들기 위해 새 프로젝트를 만든 다음 앞의 '완성된 모습'에서 본 것처럼 그림의 종류를 선택할 5개의 버튼과 그림을 그려줄 이미지 뷰 객체를 추가하겠습니다.

코어 그래픽스 앱을 만들기 위한 준비

1. Xcode를 실행한 후 'DrawGraphics'라는 이름으로 프로젝트를 만듭니다.

> ▶ 프로젝트를 만드는 방법은 02장을 참고하세요.

2. 디바이스 선택 및 뷰 컨트롤러 크기 조절하기

스토리보드의 디바이스로 [iPhone 16 Pro]를 선택하겠습니다. 또한 아이폰 모양의 뷰 컨트롤러 크기를 상황에 맞게 조절합니다. 자동 레이아웃을 설정하면서 배치되는 위치나 제약 조건 등을 확인하기 위하여 도큐먼트 아웃라인 영역(❷)은 닫지 않고 그냥 둡니다.

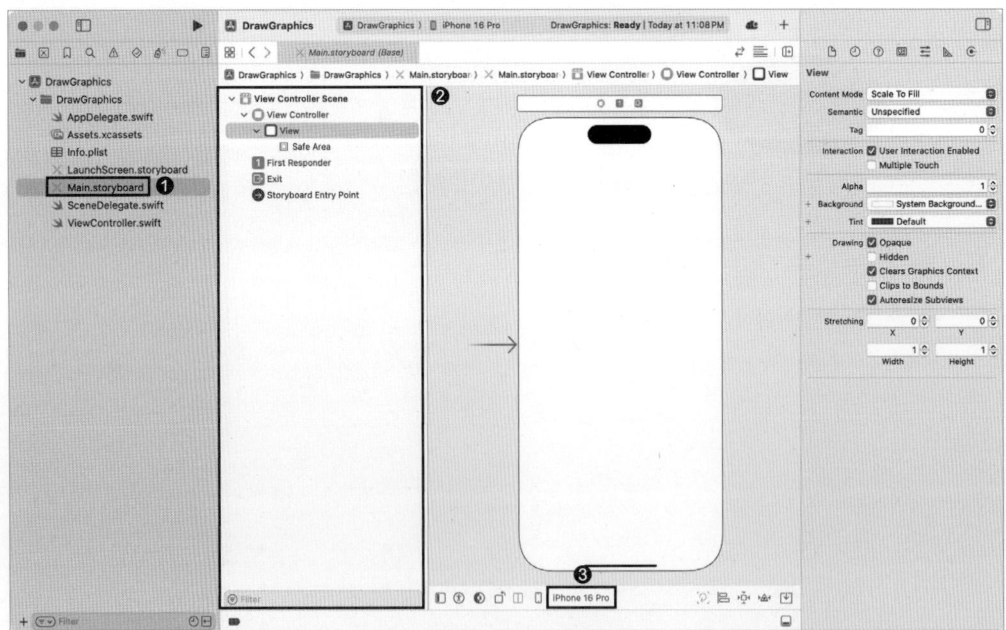

스토리보드 꾸미기 및 자동 레이아웃 설정

1. 스토리보드 꾸미기

다음 그림과 같이 스택 뷰와 버튼, 이미지 뷰를 사용하여 배치할 것입니다.

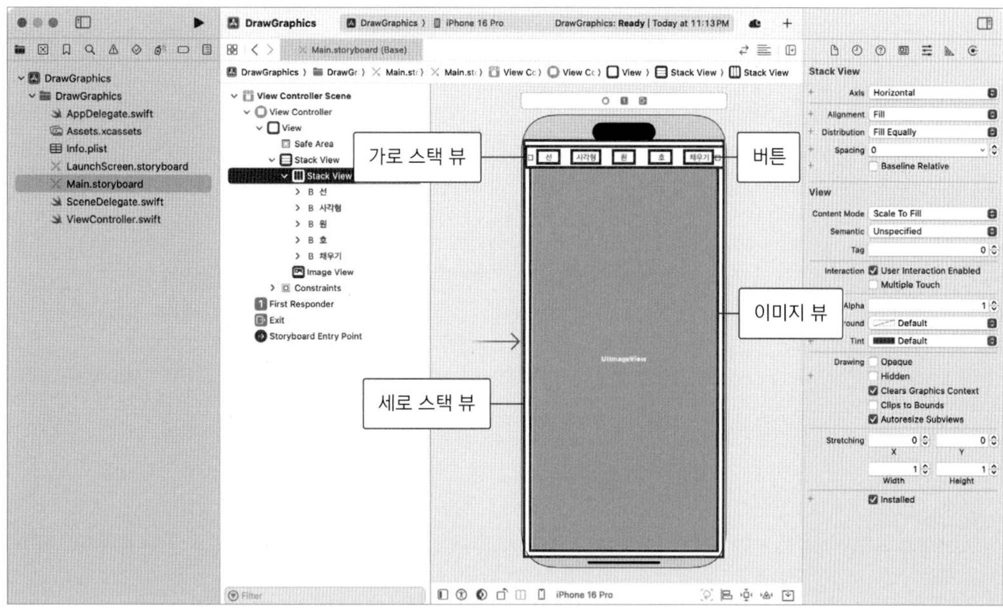

2. 먼저 상단의 [Library] 버튼을 클릭한 후 팝업 창에서 [스택 뷰(Stack View)]를 검색해 [세로 스택 뷰]를 끌어다 놓습니다.

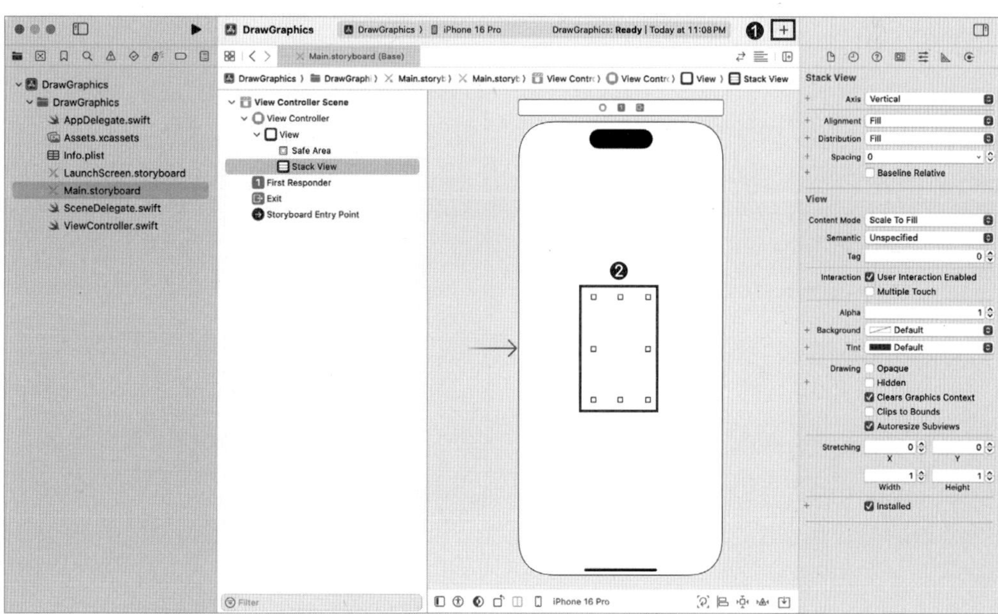

3. 스택 뷰를 선택하고 하단의 [제약 조건] 아이콘을 클릭하여 제약 조건(위:0, 왼쪽:16, 오른쪽:16, 아래:0)을 입력하고 [Add 4 Constraints] 버튼을 클릭합니다.

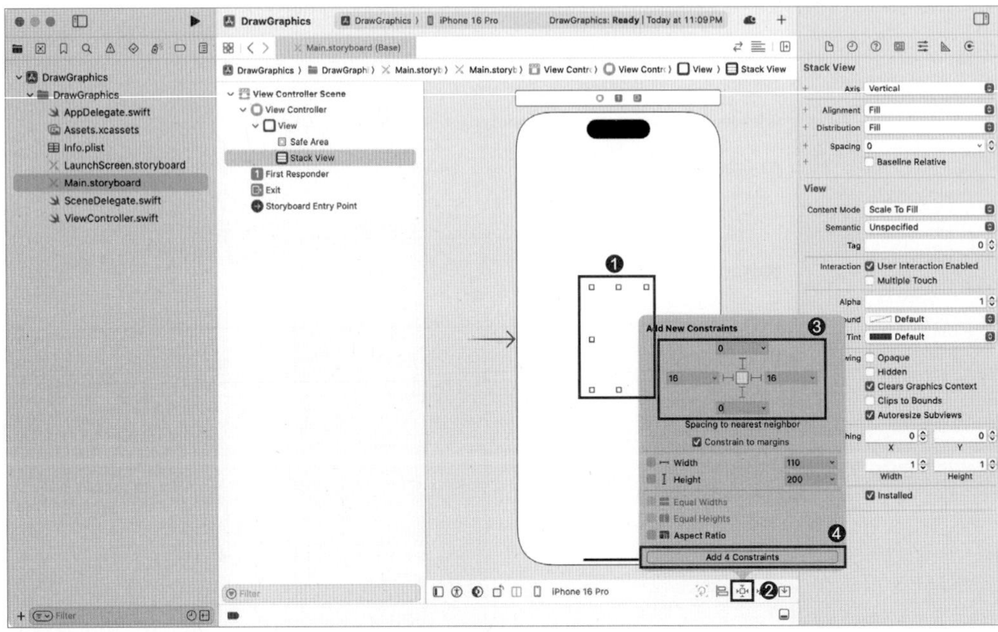

4. 상단의 [Library] 버튼을 클릭한 후 팝업 창에서 [이미지 뷰(Image View)]를 검색해 이미지 뷰를 끌어다 스택 뷰 안에 넣습니다.

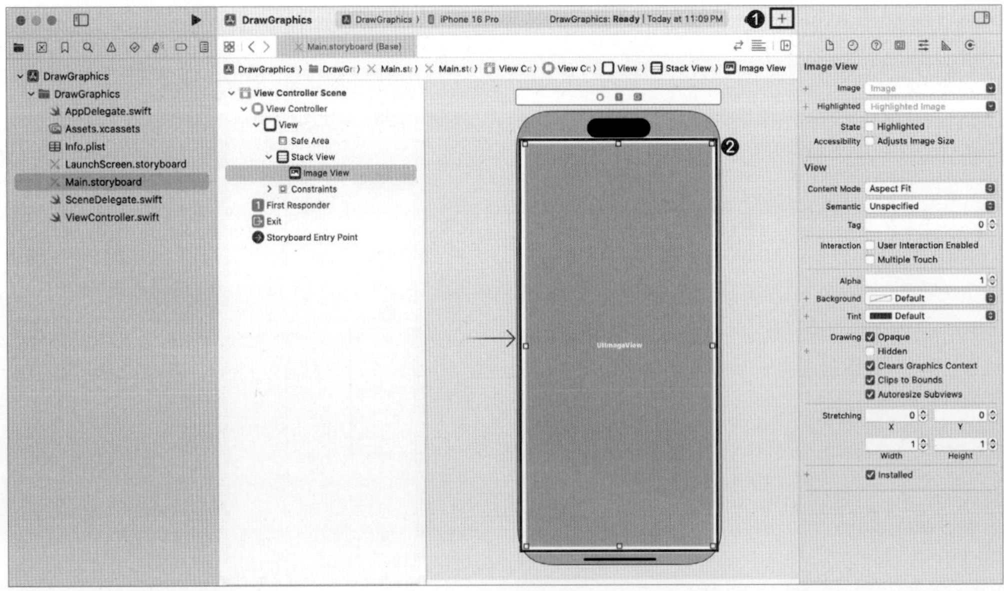

5. 상단의 [Library] 버튼을 클릭한 후 팝업 창에서 [스택 뷰(Stack View)]를 검색해 [가로 스택 뷰]를 끌어다 이미지 뷰 위에 놓습니다.

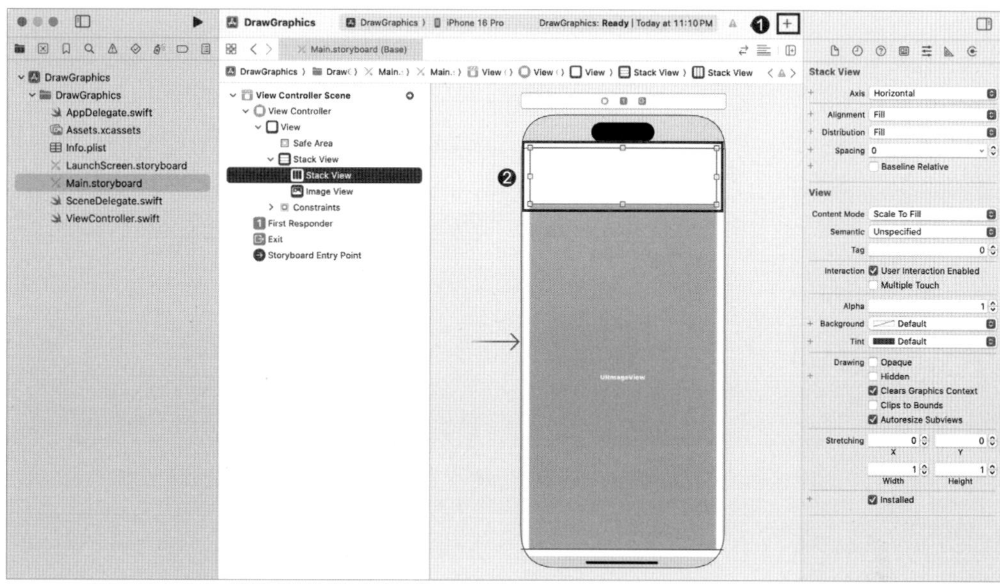

6. 상단의 [Library] 버튼을 클릭한 후 팝업 창에서 [버튼(Button)]을 검색해 버튼 다섯 개를 끌어다 상단의 스택 뷰 안에 넣습니다. 다섯 개의 버튼을 모두 선택 후 [Attributes Inspector] 버튼을 클릭한 후 [Button] 항목의 [style]을 'default'로 변경합니다.

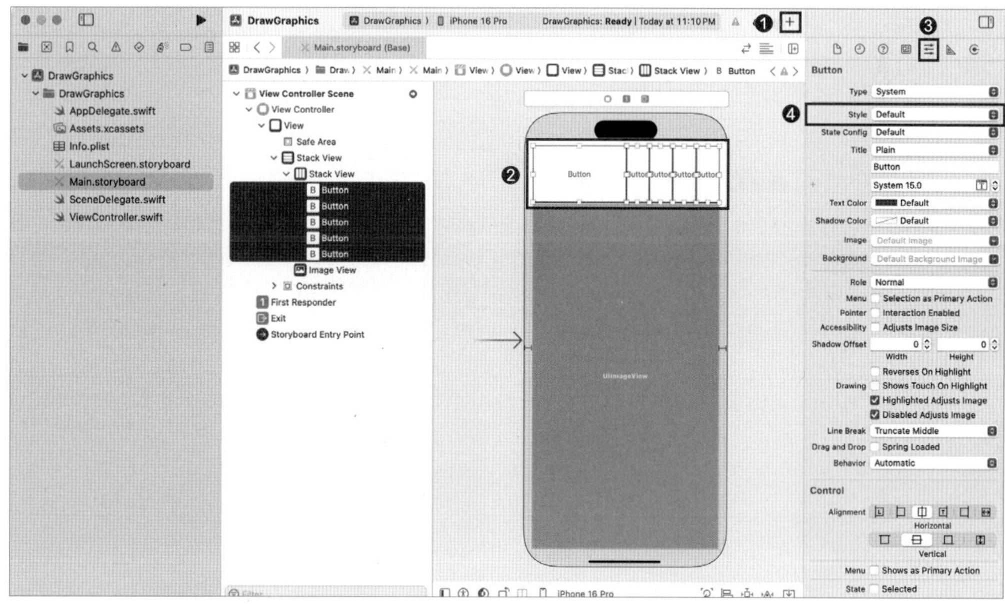

7. 버튼 다섯 개를 모두 선택하고 하단의 [제약 조건] 아이콘을 클릭하여 Height 값을 '40'으로 입력하고 [Add 5 Constraints] 버튼을 클릭합니다.

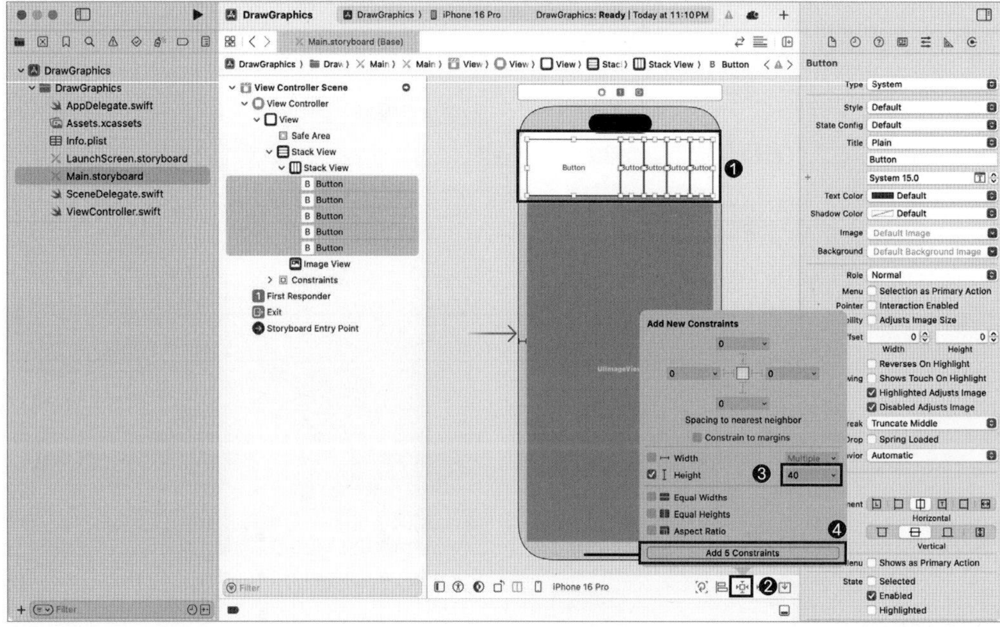

8. 상단의 스택 뷰를 선택한 후 오른쪽 인스펙터 영역에서 Distribution을 [Fill Equally]로 설정한 후 각 버튼을 더블클릭하여 내용을 '선', '사각형', '원', '호', '채우기'로 변경합니다.

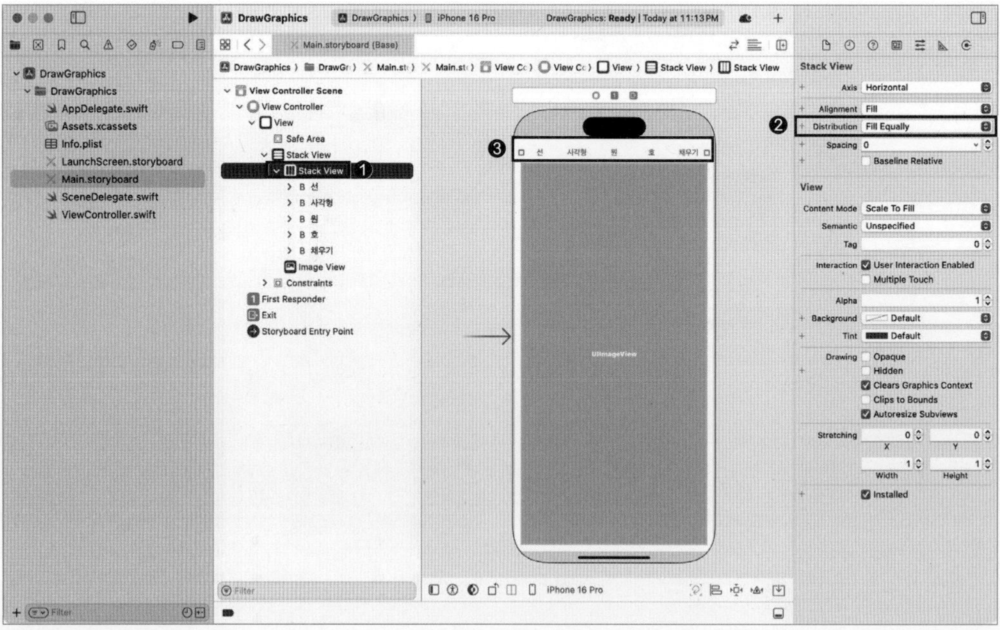

16-3 아웃렛 변수와 액션 함수 추가하기

이제 프로그램에서 사용할 아웃렛 변수와 액션 함수를 추가해 보겠습니다.

이미지 뷰와 버튼의 아웃렛 변수 및 액션 함수 추가하기

1. 아웃렛 변수와 액션 함수를 추가하기 위해 오른쪽 윗부분의 [Adjust Editor Options] 버튼을 클릭한 후 [Assistant] 메뉴를 선택하여 보조 편집기 영역을 엽니다. 보조 편집기 영역을 열면 화면이 좁기 때문에 도큐먼트 아웃라인 영역을 닫습니다.

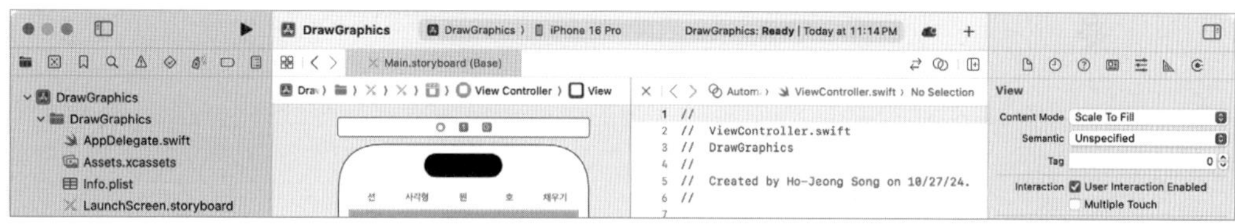

2. 이미지 뷰에 대한 아웃렛 변수 추가하기

우선, 이미지 뷰 객체에 대한 아웃렛 변수를 추가하겠습니다. 스토리보드의 [이미지 뷰(Image View)]를 마우스 오른쪽 버튼으로 클릭한 후 오른쪽 보조 편집기 영역으로 드래그하면 다음 그림과 같이 연결선이 나타납니다. 연결선을 뷰 컨트롤러의 선언문 바로 아래쪽에 갖다 놓은 후 마우스 버튼에서 손을 뗍니다.

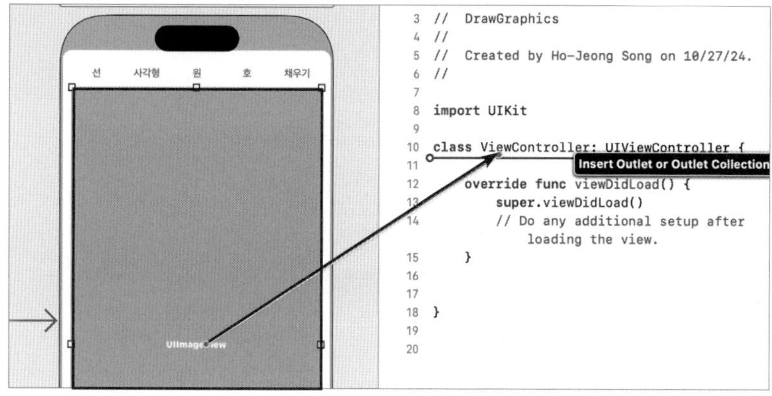

3. 연결 설정 창에서 다음 표를 참고하여 아웃렛 변수를 연결합니다.

위치	뷰 컨트롤러의 클래스 선언문 바로 아래
연결(Connection)	Outlet
이름(Name)	imgView
타입(Type)	UIImageView

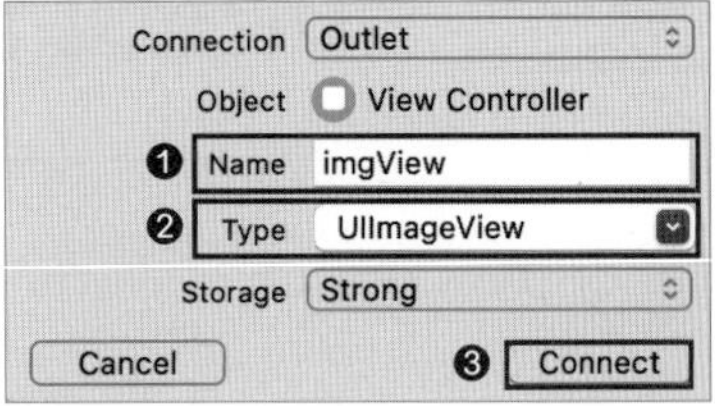

4. 다음과 같이 이미지 뷰 객체에 대한 아웃렛 변수가 추가됩니다.

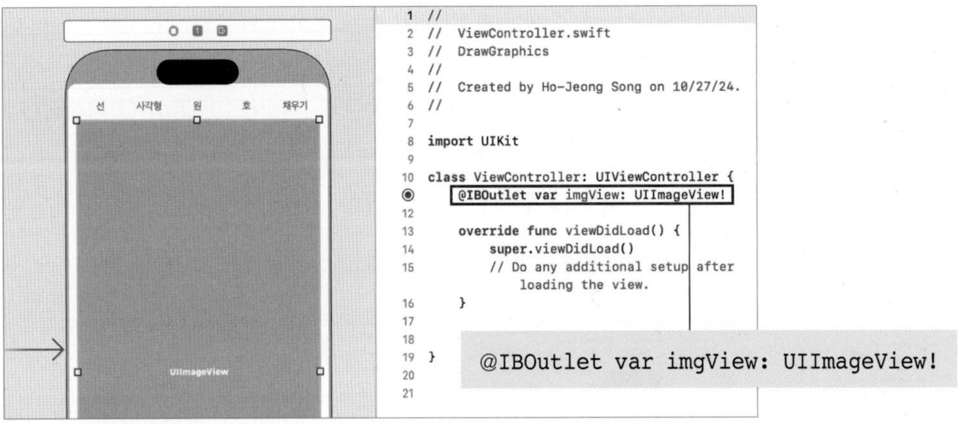

5. 버튼에 대한 액션 함수 추가하기

두 번째로 버튼들에 대한 액션 함수를 추가하겠습니다. 마우스 오른쪽 버튼으로 첫 번째 버튼을 클릭한 후 드래그해서 오른쪽 소스의 가장 아래쪽에 있는 닫힘 괄호 '}'의 바로 위에 갖다 놓습니다.

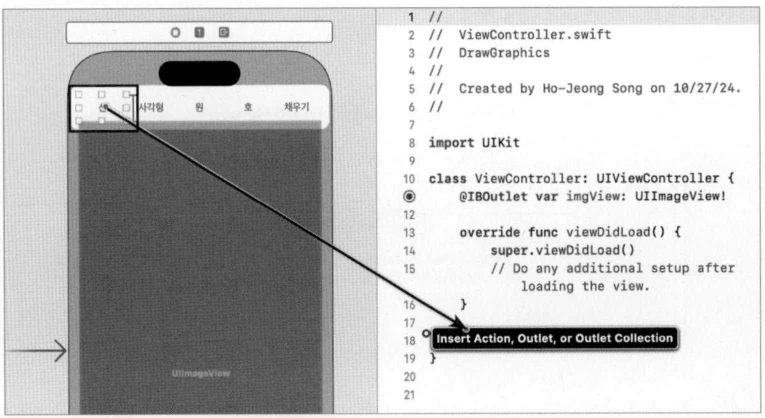

6. 연결 설정 창에서 다음 표를 참고하여 액션 함수를 추가합니다.

위치	뷰 컨트롤러의 클래스 닫힘 괄호 '}' 바로 위
연결(Connection)	Action
이름(Name)	btnDrawLine
타입(Type)	UIButton

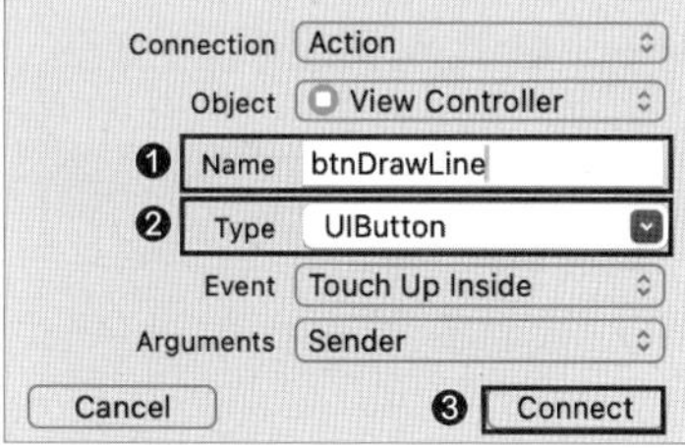

7. 첫 번째 버튼에 대한 액션 함수가 추가되었습니다.

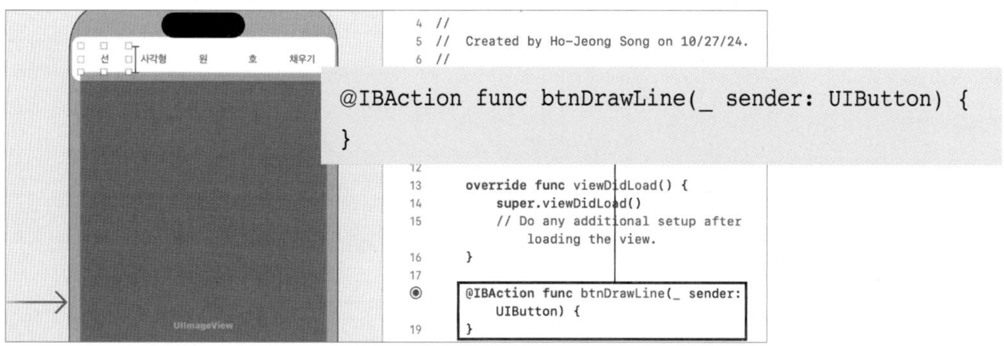

8. 이제 나머지 네 개의 버튼에 대한 액션 함수를 추가합니다. 각 버튼에 대한 액션 함수의 이름과 타입(Type)은 다음과 같습니다(사각형 : btnDrawRectangle | 원 : btnDrawCircle | 호 : btnDrawArc | 채우기 : btnDrawFill).

위치	뷰 컨트롤러의 클래스 닫힘 괄호 '}' 바로 위
연결(Connection)	Action
이름(Name)	- [사각형] 버튼: btnDrawRectangle - [원] 버튼: btnDrawCircle - [호] 버튼: btnDrawArc - [채우기] 버튼: btnDrawFill
타입(Type)	UIButton

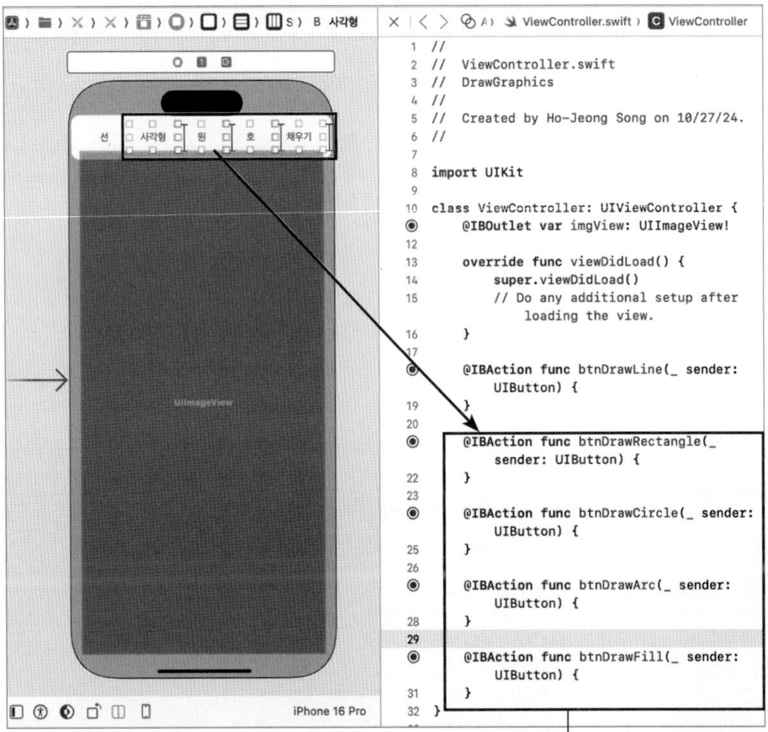

```
@IBAction func btnDrawRectangle(_ sender: UIButton) {
}
@IBAction func btnDrawCircle(_ sender: UIButton) {
}
@IBAction func btnDrawArc(_ sender: UIButton) {
}
@IBAction func btnDrawFill(_ sender: UIButton) {
}
```

16-4 화면에 그림 그리기 기능 구현하기

[선], [사각형], [원], [호] 버튼을 클릭하면 해당 그림이 그려지는 것을 앞의 '완성된 모습'에서 보았을 것입니다. 이번에는 이 기능들을 구현해 보겠습니다.

선, 사각형, 원, 호 그리기 기능 구현하기

1. 왼쪽 내비게이터 영역에서 [ViewController.swift]를 선택합니다.

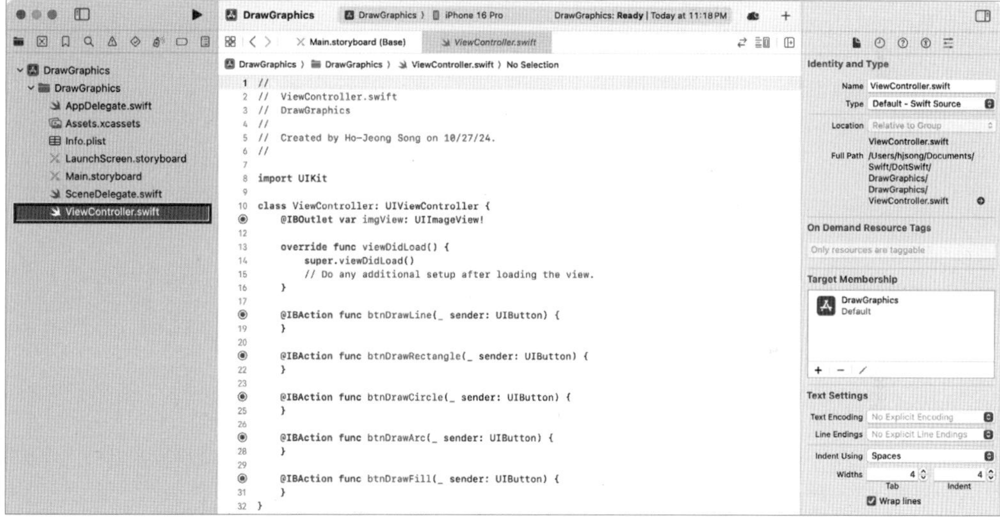

2. 선 그리기 기능 구현하기

우선 그림을 그리기 위하여 콘텍스트(context)를 생성합니다. 이때 콘텍스트는 그림을 그리는 도화지라고 생각하면 됩니다. 다음 소스를 btnDrawLine 함수 안에 입력합니다.

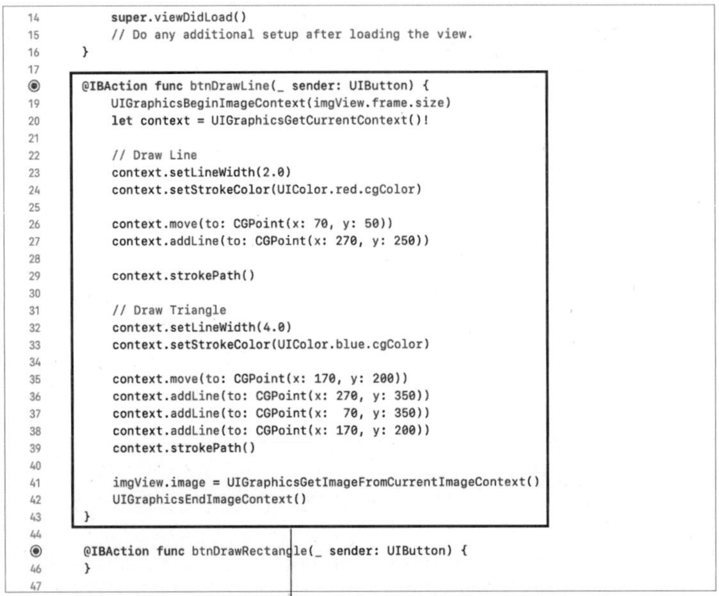

```
        super.viewDidLoad()
        // Do any additional setup after loading the view.
    }

    @IBAction func btnDrawLine(_ sender: UIButton) {
        UIGraphicsBeginImageContext(imgView.frame.size)
        let context = UIGraphicsGetCurrentContext()!

        // Draw Line
        context.setLineWidth(2.0)
        context.setStrokeColor(UIColor.red.cgColor)

        context.move(to: CGPoint(x: 70, y: 50))
        context.addLine(to: CGPoint(x: 270, y: 250))

        context.strokePath()

        // Draw Triangle
        context.setLineWidth(4.0)
        context.setStrokeColor(UIColor.blue.cgColor)

        context.move(to: CGPoint(x: 170, y: 200))
        context.addLine(to: CGPoint(x: 270, y: 350))
        context.addLine(to: CGPoint(x:  70, y: 350))
        context.addLine(to: CGPoint(x: 170, y: 200))
        context.strokePath()

        imgView.image = UIGraphicsGetImageFromCurrentImageContext()
        UIGraphicsEndImageContext()
    }

    @IBAction func btnDrawRectangle(_ sender: UIButton) {
    }

```

```
@IBAction func btnDrawLine(_ sender: UIButton) {
    UIGraphicsBeginImageContext(imgView.frame.size) ―❶
    let context = UIGraphicsGetCurrentContext()! ―❷

    // Draw Line
    context.setLineWidth(2.0) ―❸
    context.setStrokeColor(UIColor.red.cgColor) ―❹

    context.move(to: CGPoint(x: 70, y: 50)) ―❺
    context.addLine(to: CGPoint(x: 270, y: 250)) ―❻

    context.strokePath() ―❼

    // Draw Triangle                                    ┐
    context.setLineWidth(4.0)                           │
    context.setStrokeColor(UIColor.blue.cgColor)        │
                                                        │
    context.move(to: CGPoint(x: 170, y: 200))           ├❽
    context.addLine(to: CGPoint(x: 270, y: 350))        │
    context.addLine(to: CGPoint(x: 70, y: 350))         │
    context.addLine(to: CGPoint(x: 170, y: 200))        │
    context.strokePath()                                ┘
```

```
        imgView.image = UIGraphicsGetImageFromCurrentImageContext() —❾
        UIGraphicsEndImageContext() —❿
    }
```

❶ 콘텍스트를 이미지 뷰의 크기와 같게 생성합니다.

❷ 생성한 콘텍스트의 정보를 가져옵니다.

❸ 이제 콘텍스트에 대한 여러 가지 설정을 합니다. 가장 먼저 선의 굵기를 설정합니다. 여기서는 2.0으로 입력했지만 원하는 값으로 설정해도 됩니다.

❹ 해당 콘텍스트의 선 색상을 설정합니다. 여기서는 빨간색으로 설정합니다.

❺ 이제 그림을 그리기 위하여 시작 위치로 커서를 이동합니다. (0,0)은 화면의 왼쪽 윗부분의 지표이며, 여기서는 시작 위치를 (70,50)으로 지정합니다.

❻ 현재 위치에서 지정한 위치까지 선을 추가합니다. 그리고 싶은 선은 계속 이어서 추가할 수 있습니다. 여기서는 임의로 (270,250)을 입력합니다.

❼ 추가한 경로를 콘텍스트에 그립니다.

❽ Draw Line에서 사용한 방법으로 삼각형을 그립니다. 색상은 파란색으로 설정하고, 삼각형의 꼭지점이 세 개이므로 context.addLine 좌표를 다르게 하여 세 번 입력합니다.

❾ 현재 콘텍스트에 그려진 이미지를 가지고 와서 이미지 뷰에 나타냅니다.

❿ 그림 그리기를 끝냅니다.

3. 사각형 그리기 기능 구현하기

이번에는 화면에 사각형을 그리는 방법을 알아보겠습니다. 앞에서 배운 소스를 응용해 임의로 입력한 좌표에서 시작하고 폭과 높이를 갖는 사각형을 추가합니다. 다음 소스를 btnDrawRectangle 함수 안에 입력합니다.

```
        imgView.image = UIGraphicsGetImageFromCurrentImageContext()
        UIGraphicsEndImageContext()
    }

    @IBAction func btnDrawRectangle(_ sender: UIButton) {
        UIGraphicsBeginImageContext(imgView.frame.size)
        let context = UIGraphicsGetCurrentContext()!

        // Draw Rectangle
        context.setLineWidth(2.0)
        context.setStrokeColor(UIColor.red.cgColor)

        context.addRect(CGRect(x: 70, y: 100, width: 200, height: 200))
        context.strokePath()

        imgView.image = UIGraphicsGetImageFromCurrentImageContext()
        UIGraphicsEndImageContext()
    }

    @IBAction func btnDrawCircle(_ sender: UIButton) {
    }

    @IBAction func btnDrawArc(_ sender: UIButton) {
    }
```

```
@IBAction func btnDrawRectangle(_ sender: UIButton) {
    UIGraphicsBeginImageContext(imgView.frame.size)
    let context = UIGraphicsGetCurrentContext()!

    // Draw Rectangle
    context.setLineWidth(2.0)
```

```
    context.setStrokeColor(UIColor.red.cgColor)

    context.addRect(CGRect(x: 70, y: 100, width: 200, height: 200)) —❶
    context.strokePath()

    imgView.image = UIGraphicsGetImageFromCurrentImageContext()
    UIGraphicsEndImageContext()
}
```

❶ XY 좌표(70,100)에서 시작하고 폭이 200픽셀(px), 높이가 200픽셀(px)인 사각형을 그립니다. 이때 시작하는 좌표인 (70,100)은 완성된 사각형에서 왼쪽 위의 꼭지점을 말합니다.

4. 원 및 타원 그리기 기능 구현하기

이번에는 화면에 원 및 타원을 그리는 방법을 알아보겠습니다. 입력한 좌표에서 시작하고 폭과 높이를 갖는 직사각형에 내접한 타원을 추가합니다. 원은 폭과 높이를 같게 하여 그리면 됩니다. 다음 소스를 btnDrawCircle 함수 안에 입력합니다.

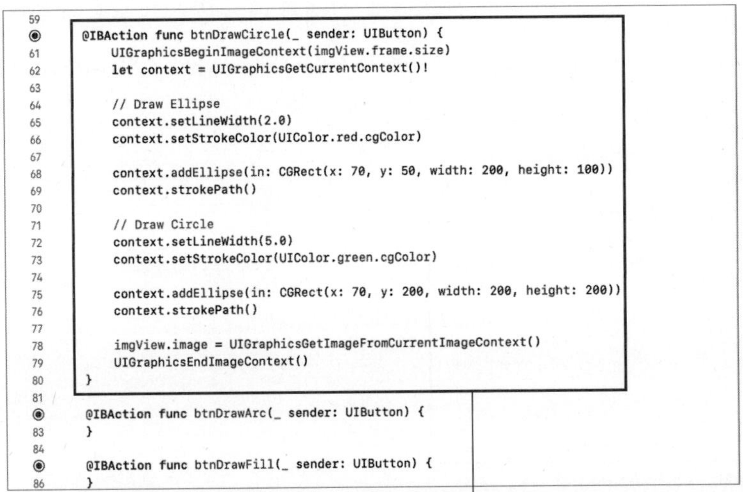

```
@IBAction func btnDrawCircle(_ sender: UIButton) {
    UIGraphicsBeginImageContext(imgView.frame.size)
    let context = UIGraphicsGetCurrentContext()!

    // Draw Ellipse
    context.setLineWidth(2.0)
    context.setStrokeColor(UIColor.red.cgColor)

    context.addEllipse(in: CGRect(x: 70, y: 50, width: 200, height: 100))
    context.strokePath()

    // Draw Circle
    context.setLineWidth(5.0)
    context.setStrokeColor(UIColor.green.cgColor)

    context.addEllipse(in: CGRect(x: 70, y: 200, width: 200, height: 200))
    context.strokePath()

    imgView.image = UIGraphicsGetImageFromCurrentImageContext()
    UIGraphicsEndImageContext()
}

@IBAction func btnDrawArc(_ sender: UIButton) {
}

@IBAction func btnDrawFill(_ sender: UIButton) {
}
```

```
@IBAction func btnDrawCircle(_ sender: UIButton) {
    UIGraphicsBeginImageContext(imgView.frame.size)
    let context = UIGraphicsGetCurrentContext()!

    // Draw Ellipse
    context.setLineWidth(2.0)
    context.setStrokeColor(UIColor.red.cgColor)
```

```
    context.addEllipse(in: CGRect(x: 70, y: 50, width: 200,
        height: 100)) —❶
    context.strokePath()

    // Draw Circle
    context.setLineWidth(5.0)
    context.setStrokeColor(UIColor.green.cgColor)

    context.addEllipse(in: CGRect(x: 70, y: 200, width: 200,
        height: 200)) —❷
    context.strokePath()

    imgView.image = UIGraphicsGetImageFromCurrentImageContext()
    UIGraphicsEndImageContext()
}
```

❶ XY 좌표(70,50)에서 시작하고 폭이 200픽셀, 높이가 100픽셀인 사각형 안에 내접하는 타원을 그립니다.

❷ XY 좌표(70,200)에서 시작하고 폭이 200픽셀, 높이가 200픽셀인 사각형 안에 내접하는 원을 그립니다. 폭과 높이를 같게 설정하면 원을 그릴 수 있습니다.

5. 호 그리기 기능 구현하기

이번에는 화면에 호를 그리는 방법에 대하여 알아보겠습니다. 호는 양 끝점과 반지름을 이용해 그릴 수 있습니다. 다음 소스를 btnDrawArc 함수 안에 입력합니다.

```
        UIGraphicsEndImageContext()
    }

    @IBAction func btnDrawArc(_ sender: UIButton) {
        UIGraphicsBeginImageContext(imgView.frame.size)
        let context = UIGraphicsGetCurrentContext()!

        // Draw Arc
        context.setLineWidth(5.0)
        context.setStrokeColor(UIColor.red.cgColor)

        context.move(to: CGPoint(x: 100, y: 50))
        context.addArc(tangent1End: CGPoint(x: 250, y:50), tangent2End: CGPoint(x:250,
            y:200), radius: CGFloat(50))
        context.addLine(to: CGPoint(x: 250, y: 200))

        context.move(to: CGPoint(x: 100, y: 250))
        context.addArc(tangent1End: CGPoint(x: 270, y:250), tangent2End: CGPoint(x:100,
            y:400), radius: CGFloat(20))
        context.addLine(to: CGPoint(x: 100, y: 400))

        context.strokePath()

        imgView.image = UIGraphicsGetImageFromCurrentImageContext()
        UIGraphicsEndImageContext()
    }

    @IBAction func btnDrawFill(_ sender: UIButton) {
    }
}
```

```
@IBAction func btnDrawArc(_ sender: UIButton) {
    UIGraphicsBeginImageContext(imgView.frame.size)
    let context = UIGraphicsGetCurrentContext()!

    // Draw Arc
    context.setLineWidth(5.0)
    context.setStrokeColor(UIColor.red.cgColor)

    context.move(to: CGPoint(x: 100, y: 50))
    context.addArc(tangent1End: CGPoint(x: 250, y: 50), tangent2End:
                CGPoint(x: 250, y: 200), radius: CGFloat(50))      ❶
    context.addLine(to: CGPoint(x: 250, y: 200))

    context.move(to: CGPoint(x: 100, y: 250))
    context.addArc(tangent1End: CGPoint(x: 270, y: 250), tangent2End:
                CGPoint(x:100, y: 400), radius: CGFloat(20))
    context.addLine(to: CGPoint(x: 100, y: 400))

    context.strokePath()

    imgView.image = UIGraphicsGetImageFromCurrentImageContext()
    UIGraphicsEndImageContext()
}
```

❶ 현재 위치에서 두 개의 접점 (250,50), (250,200) 사이에 내접한 반지름이 50인 호를 그리겠다는 뜻입니다. 자세한 설명은 다음에 소개하는 [알아 두면 좋아요]를 참고하세요.

알아 두면 좋아요! 호 그리기

호는 두 개의 접점과 반지름을 사용하여 그릴 수 있습니다. 어떤 원리로 호를 그리는지 좀 더 자세히 알아보겠습니다.

우선 호를 그리기 위한 함수는 다음과 같습니다.

```
addArc(tangent1End: CGPoint, tangent2End: CGPoint, radius: CGFloat)
```

인수로는 그림을 그릴 콘텍스트 c와 첫 번째 접점 좌표인 tangent1End(x1, y1), 두 번째 접점 좌표인 tangent2End(x2, y2) 그리고 반지름 radius가 있습니다.

호를 그리는 방법은 다음과 같습니다. 우선, 첫 번째 접점(x1, y1)을 기준으로 현재 위치(x0, y0)와 두 번째 접점(x2, y2)까지 가상의 선을 그린 후 그려진 선 안에 들어가는 반지름이 radius인 가상의 원을 그립니다. 그런 다음 현재 위치(x0, y0)에서 원의 첫 번째 접선을 지나 두 번째 접선까지 그리면 됩니다.

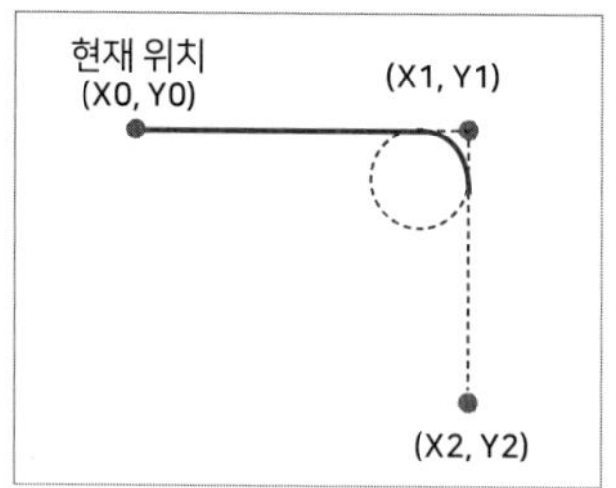

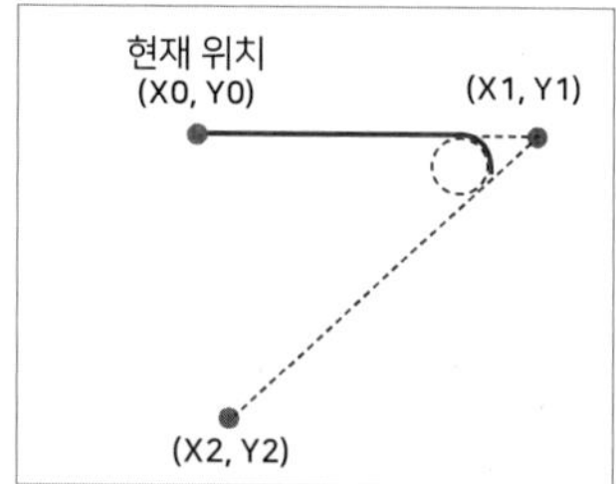

만약 그리는 원의 반지름이 너무 크면 다음과 같이 그려지므로 주의하기 바랍니다.

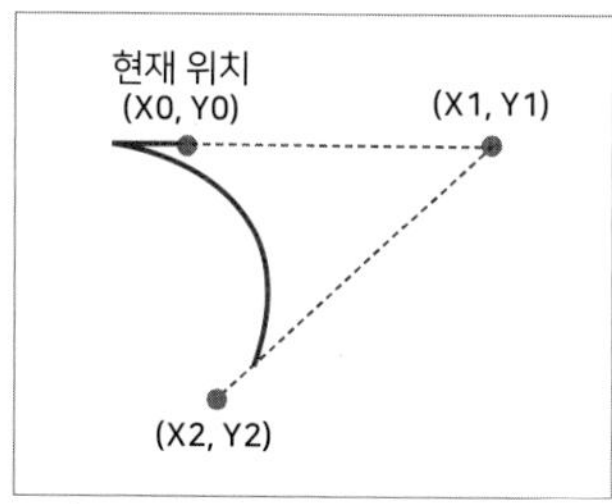

6. 채우기 기능 구현하기

이제 그려진 도형 내부를 특정 색상으로 채워 보겠습니다. 해당 콘텍스트의 채우기 색상을 설정합니다. 이때 사용하는 소스는 다음과 같습니다. 아래의 전체 소스를 보며 각각의 위치를 찾아서 입력하세요.

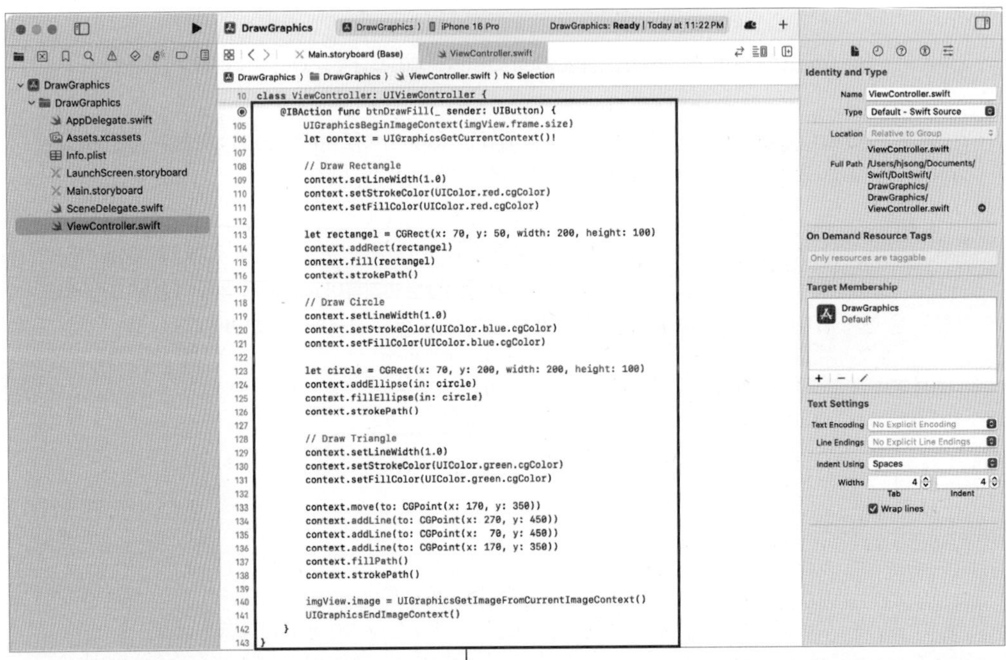

```
@IBAction func btnDrawFill(_ sender: UIButton) {
    UIGraphicsBeginImageContext(imgView.frame.size)
    let context = UIGraphicsGetCurrentContext()!

    // Draw Rectangle
    context.setLineWidth(1.0)
    context.setStrokeColor(UIColor.red.cgColor)
    context.setFillColor(UIColor.red.cgColor) —❶

    let rectangle = CGRect(x: 70, y: 50, width: 200, height: 100)
    context.addRect(rectangle)
    context.fill(rectangle) —❷
    context.strokePath()

    // Draw Circle
    context.setLineWidth(1.0)
```

```
    context.setStrokeColor(UIColor.blue.cgColor)
    context.setFillColor(UIColor.blue.cgColor) —❶

    let circle = CGRect(x: 70, y: 200, width: 200, height: 100)
    context.addEllipse(in: circle)
    context.fillEllipse(in: circle)—❸
    context.strokePath()

    // Draw Triangle
    context.setLineWidth(1.0)
    context.setStrokeColor(UIColor.green.cgColor)
    context.setFillColor(UIColor.green.cgColor) —❶

    context.move(to: CGPoint(x: 170, y: 350))
    context.addLine(to: CGPoint(x: 270, y: 450))
    context.addLine(to: CGPoint(x: 70, y: 450))
    context.addLine(to: CGPoint(x: 170, y: 350))
    context.fillPath()—❹
    context.strokePath()

    imgView.image = UIGraphicsGetImageFromCurrentImageContext()
    UIGraphicsEndImageContext()
}
```

❶ 도형의 내부를 채울 색상을 설정합니다. red 자리에 blue, green 등의 다른 색상 값이 들어갈 수 있습니다.

❷ 사각형의 내부를 색상으로 채웁니다.

❸ 원, 타원의 내부를 색상으로 채웁니다.

❹ 선의 내부를 색상으로 채웁니다.

7. 결과 보기

이제 [실행] 버튼을 클릭하여 iOS 시뮬레이터로 앱을 실행합니다. 각 버튼을 클릭하면 버튼에 해당하는 그림이 그려진 것을 확인할 수 있습니다.

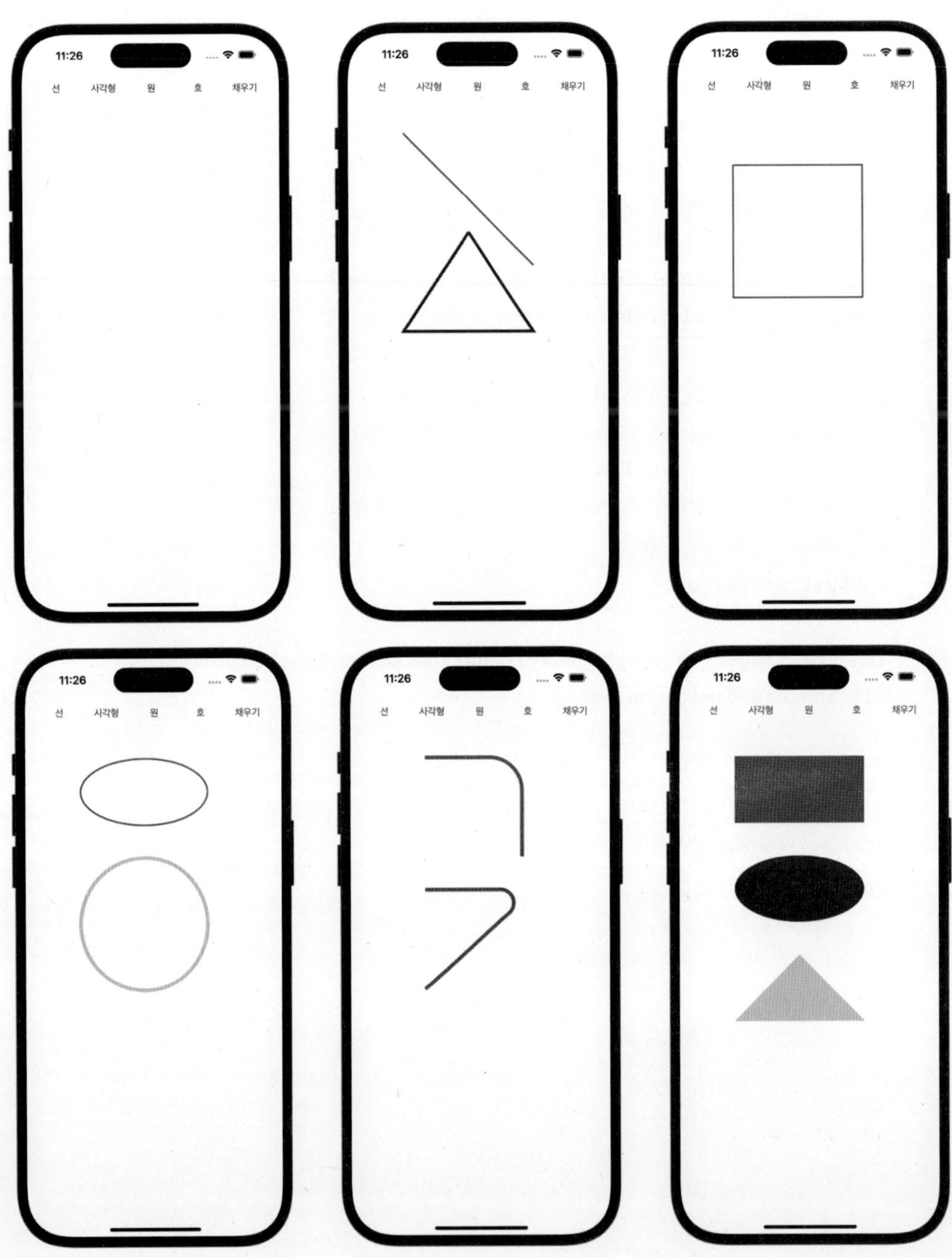

16-5 그림 그리기 앱, 전체 소스 보기

완성된 앱의 전체 소스를 확인해 보세요.

ViewController.swift

```
import UIKit

class ViewController: UIViewController {
    @IBOutlet var imgView: UIImageView!

    override func viewDidLoad() {
        super.viewDidLoad()
        // Do any additional setup after loading the view.
    }

    // 선 그리기 함수
    @IBAction func btnDrawLine(_ sender: UIButton) {
        // 그림을 그리기 위한 콘텍스트 생성
        UIGraphicsBeginImageContext(imgView.frame.size)
        let context = UIGraphicsGetCurrentContext()!  // 생성된 콘텍스트 정보 획득

        // 선 그리기
        context.setLineWidth(2.0)  // 선 굵기를 2.0으로 설정
        // 선 색상을 빨간색으로 설정
        context.setStrokeColor(UIColor.red.cgColor)

        context.move(to: CGPoint(x: 70, y: 50))  // 커서의 위치를 (70, 50)으로 이동
        // 시작 위치에서 (270, 250)까지 선 추가
        context.addLine(to: CGPoint(x: 270, y: 250))
        context.strokePath()  // 추가한 선을 콘텍스트에 그림

        // 선으로 삼각형 그리기
        context.setLineWidth(4.0)  // 선 굵기를 4.0으로 설정
        // 선 색상을 파란색으로 설정
        context.setStrokeColor(UIColor.blue.cgColor)
```

```
    context.move(to: CGPoint(x: 170, y: 200))  // 커서의 위치를 (170, 200)으로 이동
    // 시작 위치에서 (270, 350)까지 선 추가
    context.addLine(to: CGPoint(x: 270, y: 350))
    // 이전 위치에서 (70, 350)까지 선 추가
    context.addLine(to: CGPoint(x: 70, y: 350))
    // 이전 위치에서 (170, 200)까지 선 추가
    context.addLine(to: CGPoint(x: 170, y: 200))
    context.strokePath()  // 추가한 선을 콘텍스트에 그림

    // 현재 콘텍스트에 그려진 이미지를 가지고 와서 이미지 뷰에 할당
    imgView.image = UIGraphicsGetImageFromCurrentImageContext()
    UIGraphicsEndImageContext()  // 그림 그리기를 끝냄
}

// 사각형 그리기 함수
@IBAction func btnDrawRectangle(_ sender: UIButton) {
    UIGraphicsBeginImageContext(imgView.frame.size)
    let context = UIGraphicsGetCurrentContext()!

    // 사각형 그리기
    context.setLineWidth(2.0)
    context.setStrokeColor(UIColor.red.cgColor)

    // (70, 100) 위치에서 가로 200, 세로 200 크기의 사각형 추가
    context.addRect(CGRect(x: 70, y: 100, width: 200, height: 200))
    context.strokePath()

    imgView.image = UIGraphicsGetImageFromCurrentImageContext()
    UIGraphicsEndImageContext()
}

// 원 그리기 함수
@IBAction func btnDrawCircle(_ sender: UIButton) {
    UIGraphicsBeginImageContext(imgView.frame.size)
    let context = UIGraphicsGetCurrentContext()!

    // 타원 그리기
    context.setLineWidth(2.0)
    context.setStrokeColor(UIColor.red.cgColor)

    // (70, 50) 위치에서 가로 200, 세로 100 크기의 타원 추가
    context.addEllipse(in: CGRect(x: 70, y: 50, width: 200,
      height: 100))
    context.strokePath()
```

```
    // 원 그리기
    context.setLineWidth(5.0)
    context.setStrokeColor(UIColor.green.cgColor)

    // (70, 200) 위치에서 가로 200, 세로 200 크기의 타원 추가. 즉 원을 추가
    context.addEllipse(in: CGRect(x: 70, y: 200, width: 200,
      height: 200))
    context.strokePath()

    imgView.image = UIGraphicsGetImageFromCurrentImageContext()
    UIGraphicsEndImageContext()
}

// 호 그리기 함수
@IBAction func btnDrawArc(_ sender: UIButton) {
    UIGraphicsBeginImageContext(imgView.frame.size)
    let context = UIGraphicsGetCurrentContext()!

    // 호 그리기
    context.setLineWidth(5.0)
    context.setStrokeColor(UIColor.red.cgColor)

    context.move(to: CGPoint(x: 100, y: 50))
    context.addArc(tangent1End: CGPoint(x: 250, y: 50), tangent2End: CGPoint
      (x: 250, y: 200), radius: CGFloat(50))  // 호 그리기
    context.addLine(to: CGPoint(x: 250, y: 200))

    context.move(to: CGPoint(x: 100, y: 250))
    context.addArc(tangent1End: CGPoint(x: 270, y: 250), tangent2End: CGPoint
      (x: 100, y: 400), radius: CGFloat(20))  // 호 그리기
    context.addLine(to: CGPoint(x: 100, y: 400))

    context.strokePath()

    imgView.image = UIGraphicsGetImageFromCurrentImageContext()
    UIGraphicsEndImageContext()
}
// 색상 채우기 함수
@IBAction func btnDrawFill(_ sender: UIButton) {
    UIGraphicsBeginImageContext(imgView.frame.size)
    let context = UIGraphicsGetCurrentContext()!

    // 사각형 그리기
    context.setLineWidth(1.0)
```

```
        context.setStrokeColor(UIColor.red.cgColor)
        // 채우기 색상 설정
        context.setFillColor(UIColor.red.cgColor)

        let rectangle = CGRect(x: 70, y: 50, width: 200, height: 100)
        context.addRect(rectangle)
        context.fill(rectangle)  // 사각형 채우기
        context.strokePath()

        // 타원 그리기
        context.setLineWidth(1.0)
        context.setStrokeColor(UIColor.blue.cgColor)
        context.setFillColor(UIColor.blue.cgColor)

        let circle = CGRect(x: 70, y: 200, width: 200, height: 100)
        context.addEllipse(in: circle)
        context.fillEllipse(in: circle) // 타원 채우기
        context.strokePath()

        // 삼각형 그리기
        context.setLineWidth(1.0)
        context.setStrokeColor(UIColor.green.cgColor)
        context.setFillColor(UIColor.green.cgColor)

        context.move(to: CGPoint(x: 170, y: 350))
        context.addLine(to: CGPoint(x: 270, y: 450))
        context.addLine(to: CGPoint(x: 70, y: 450))
        context.addLine(to: CGPoint(x: 170, y: 350))
        context.fillPath()        // 선 채우기
        context.strokePath()      // 선으로 그려진 삼각형의 내부 채우기

        imgView.image = UIGraphicsGetImageFromCurrentImageContext()
        UIGraphicsEndImageContext()
    }

}
```

꽃 모양 그리기

목표 아래 표를 참고하여 다음과 같은 꽃 모양의 그림을 그리는 앱을 만들어 보세요.

삼각형의 좌표	원의 좌표, 폭, 높이
(170, 200), (200, 450), (140, 450)	(120, 150), 100, 100 (120+50, 150), 100, 100 (120-50, 150), 100, 100 (120, 150-50), 100, 100 (120, 150+50), 100, 100

:: 완성 소스 [16장] 폴더 / [미션] 폴더 / DrawGraphics.xcodeproj

문법 06 /와 %의 차이 알아보기

/ 연산자는 나누었을 때 '몫'이고, %는 나누었을 때 '나머지'입니다.
예를 들어 5/2는 나눈 몫이기 때문에 2이고, 5%2는 나눈 나머지이기 때문에 1입니다. 숫자 5와 2를 이용한 사칙연산의 결과를 확인해 보면 5/2의 결괏값은 2이고, 5%2의 결괏값은 1임을 확인할 수 있습니다.

```
var x=5
var y=2

print("\(x)+\(y)=\(x+y)")
print("\(x)-\(y)=\(x-y)")
print("\(x)*\(y)=\(x*y)")
print("\(x)/\(y)=\(x/y)")
print("\(x)%\(y)=\(x%y)")
```

결과

```
5+2=7
5-2=3
5*2=10
5/2=2
5%2=1
```

% 연산자는 단독으로 사용하기보다는 배수를 판별하거나 짝·홀수 판별 등을 위해 if문과 같이 사용하는 경우가 많습니다. 상수 a가 짝수인지 홀수인지 확인해 보겠습니다. 상수 a에 5를 할당합니다. 상수이므로 변할 수 없습니다. if문의 조건을 a%2 == 1로 했는데, 먼저 a%2를 살펴보면 a를 2로 나눈 나머지를 나타냅니다. 그리고 ==는 '같다'를 나타냅니다. 즉, a%2 == 1은 a를 2로 나눈 나머지 값과 1이 같은지를 묻습니다. 여기서 a는 5이므로 a%2는 1과 일치하므로 if문의 조건은 참이 됩니다. 그래서 "5는 홀수입니다."를 출력합니다. 마지막으로 2 == 1의 값을 출력하면 참인 것을 확인할 수 있습니다.

```
let a = 5

if a%2 == 1 {
    print("\(a)는 홀수입니다.")
} else {
    print("\(a)는 짝수입니다.")
}

print(a%2 == 1)
```

결과

```
5는 홀수입니다.
true
```

다섯째마당

이벤트와 제스처

아이폰을 사용하는 동작 하나하나에는 모두 이벤트가 발생합니다.
아이폰에서 버튼을 누르기 위해 터치하는 동작, 화면을 확대하거나
축소하기 위해 톡톡 두드리는 탭 동작, 옆 페이지로 이동하기 위한
스와이프 제스처, 사진 등의 화면을 확대/축소하기 위한 핀치 제스
처 등의 동작을 할 때마다 다양한 이벤트가 발생합니다.
이 마당에서는 이러한 다양한 이벤트와 제스처를 알아보고 사용하
는 방법을 살펴보겠습니다.

17 탭과 터치 사용해 스케치 앱 만들기

난이도 ★★☆☆☆

iOS에서는 사용자의 터치로 대부분의 동작을 수행합니다. 이처럼 iOS에서 수행하는 동작의 대부분이 '터치'라고 해도 과언이 아닙니다. 다시 말해 화면을 터치하고, 드래그하고, 릴리즈하고, 더블 터치하는 등의 행동으로 대부분의 앱을 사용합니다.

이 장에서는 이렇게 iOS의 핵심이 되는 탭과 터치를 사용하는 방법을 알아보고, 이를 응용한 스케치 앱도 만들어 보겠습니다.

완성된 모습

완성 소스 [17장] 폴더 / [본문 실습] 폴더 / TapTouch.xcodeproj

화면을 탭(Tap)하면 탭의 횟수와 터치된 손가락의 숫자가 표시됩니다. 이때 탭 카운트(Tap Count)는 연속으로 몇 번 탭했는지를 나타내고 터치 카운트(Touch Count)는 몇 개의 손가락으로 터치했는지를 나타냅니다.

프로그램을 실행한 후 손가락으로 터치하여 그림을 그릴 수 있습니다. [Clear] 버튼을 클릭하거나 핸드폰을 흔들면 화면이 지워집니다. iOS 시뮬레이터에서는 마우스 왼쪽 버튼으로 클릭하여 드래그해도 그림을 그릴 수 있습니다.

17-1

탭과 터치란?

아이폰과 아이패드에서 사용자의 입력을 받아들이는 장치는 두 개의 버튼과 한 개의 스위치 그리고 터치 스크린입니다. 이 중에서 사용자가 가장 많이 사용하는 입력 장치는 단연 '터치 스크린'입니다. 사용자는 매일, 매 순간 터치 스크린을 탭하고 터치하는 등의 동작의 연속으로 아이폰이나 아이패드를 사용하고 있습니다.

'터치(Touch)'가 화면을 만지는 모든 행위를 말한다면, '탭(Tap)'은 화면을 톡톡 두드리는 행위를 말합니다. 아이폰이나 아이패드에서는 보통 화면을 확대하거나 축소할 때 탭을 사용합니다. 이 터치와 탭은 화면을 만지는 순간 즉각적으로 반응합니다. 마우스로 무언가를 '클릭'하는 것처럼 말이죠. 이렇듯 직관적이고 당연해 보이는 탭과 터치도 사실은 프로그래밍으로 만들어낸 결과물입니다. 이러한 탭과 터치의 사용법을 익히고 나면 여러분도 다음과 같은 멋진 앱을 만들 수 있습니다.

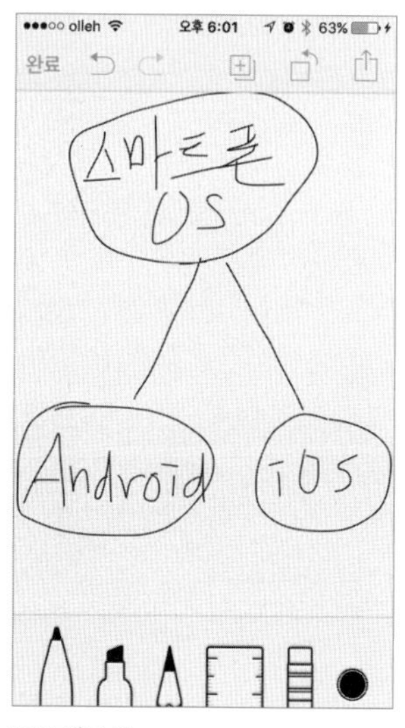

iOS 메모 앱

페이퍼(Paper) 앱

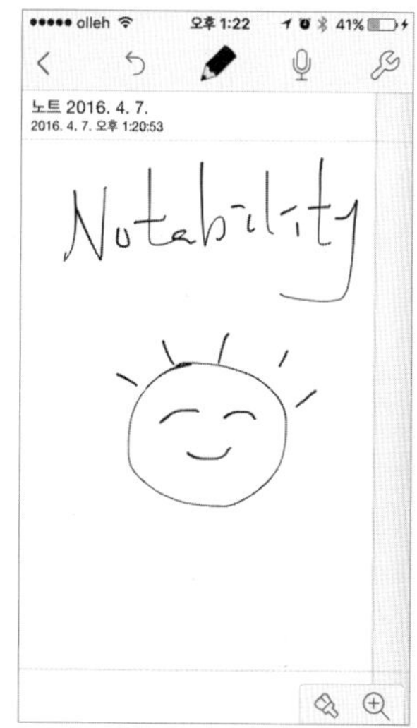

노타빌러티(Notability) 앱

17-2 탭과 터치 연습 앱을 위한 기본 환경 구성하기

이 장에서는 탭과 터치를 구현하기 위한 기본 환경을 설정하겠습니다. 앞에서 배웠던 내용과 비슷하므로 빠르게 진행하겠습니다. 우선 탭과 터치 이벤트를 확인하는 간단한 앱을 만든 후 이를 응용하여 스케치 앱을 만들어 봅니다.

탭과 터치 연습 앱을 만들기 위한 준비

1. Xcode를 실행한 후 'TapTouch'라는 이름으로 프로젝트를 만듭니다.

> 프로젝트를 만드는 방법은 02장을 참고하세요.

2. 디바이스 선택 및 뷰 컨트롤러 크기 조절하기

스토리보드의 디바이스로 [iPhone 16 Pro]를 선택하겠습니다. 또한 아이폰 모양의 뷰 컨트롤러 크기를 상황에 맞게 조절합니다. 자동 레이아웃을 설정하면서 배치되는 위치나 제약 조건 등을 확인하기 위하여 도큐먼트 아웃라인 영역(❷)은 닫지 않고 그냥 둡니다.

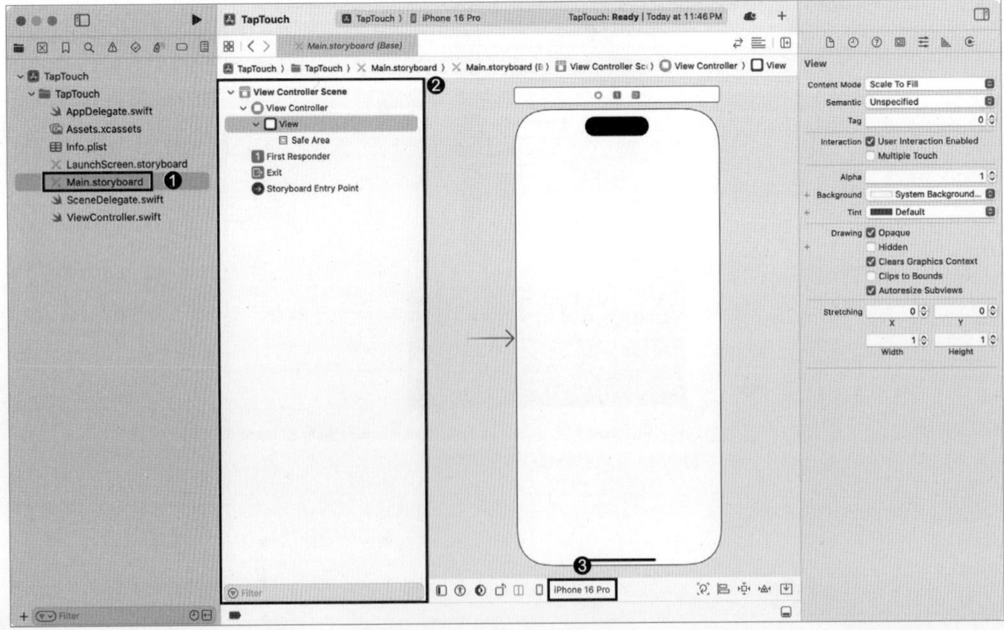

3. 멀티 터치 활성화하기

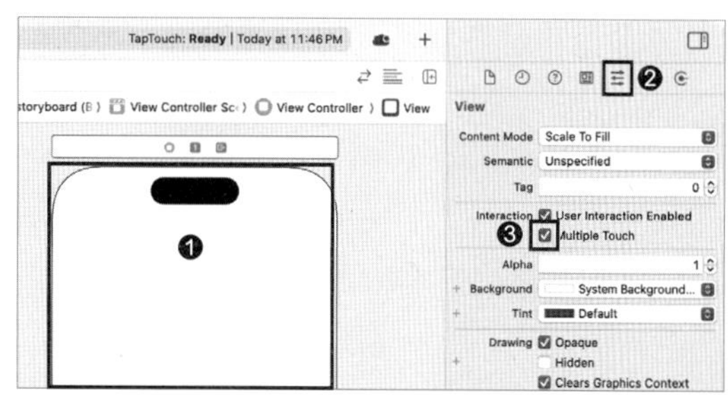

기본적으로 터치 이벤트는 하나의 터치에 대해서만 동작하도록 설정되어 있습니다. 하지만 대부분의 아이폰 앱에서는 '멀티 터치(Multiple Touch)'를 지원하기 때문에 이 예제에서는 멀티 터치를 활성화하겠습니다. 스토리보드에서 아이폰 모양의 화면인 뷰를 선택한 후 [Attributes inspector] 버튼을 클릭하고 [Multiple Touch] 항목에 체크하여 멀티 터치를 활성화합니다.

직접 해보세요! 스토리보드 꾸미기 및 자동 레이아웃 설정

1. 탭과 터치 결과를 보여 줄 레이블 추가하기

오른쪽 그림과 같이 스택 뷰(Stack View)와 레이블을 사용하여 배치할 것입니다.

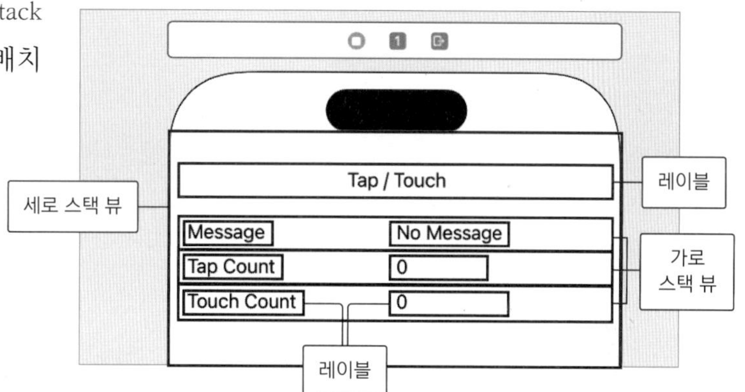

2. 우선 상단의 [Library] 버튼을 클릭한 후 팝업 창에서 [스택 뷰(Stack View)]를 검색해 [세로 스택 뷰]를 끌어다 놓습니다.

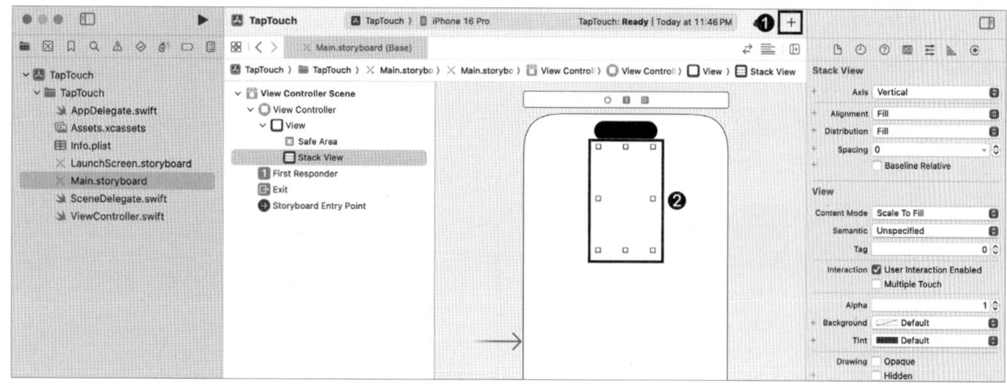

3. 스택 뷰를 선택하고 하단의 [제약 조건] 아이콘을 클릭하여 제약 조건(위: 0, 왼쪽:16, 오른쪽:16)을 입력하고 [Add 3 Constraints] 버튼을 클릭합니다.

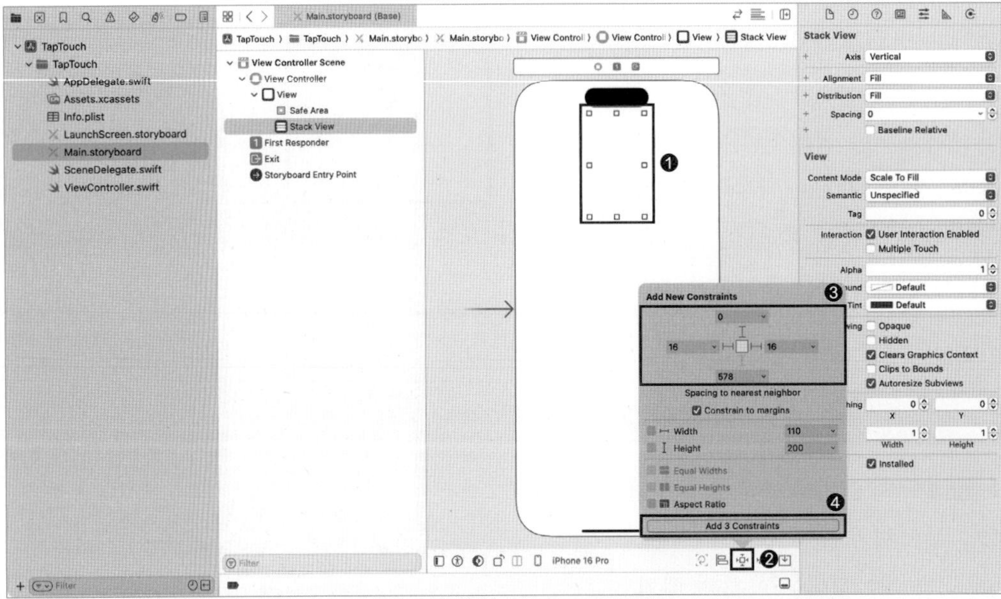

4. 스택 뷰가 상, 좌, 우로 화면에 꽉 차게 배치되었습니다.

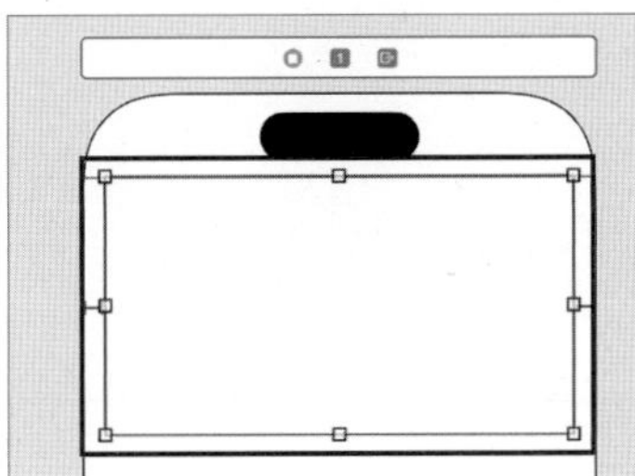

5. 상단의 [Library] 버튼을 클릭한 후 팝업 창에서 [레이블(Lable)]과 [스택 뷰(Stack View)]를 검색해 스택 뷰 안에다 [레이블] 한 개와 [가로 스택 뷰] 세 개를 차례로 끌어다 놓습니다.

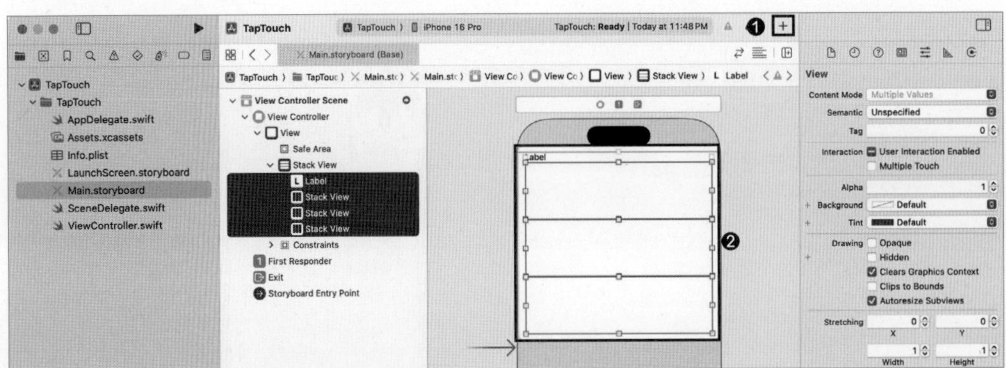

6. 세 개의 [가로 스택 뷰] 안에 각각 레이블을 두 개씩 끌어다 놓습니다.

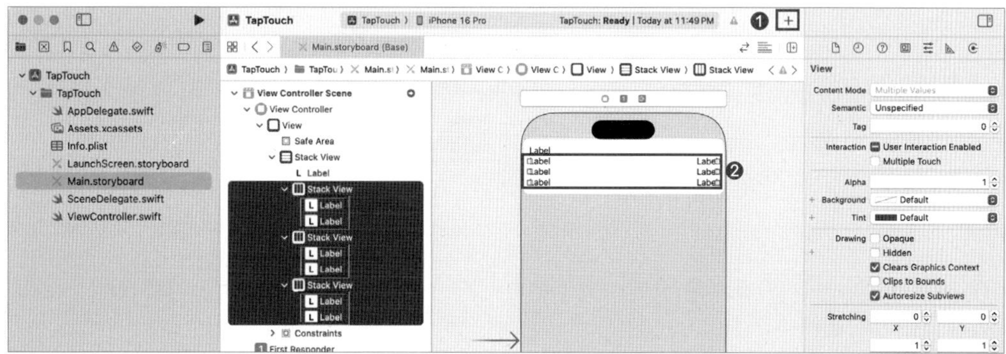

7. 맨 위의 레이블을 선택한 후 오른쪽 인스펙터 영역의 Alignment 항목에서 '가운데정렬'을 선택합니다.

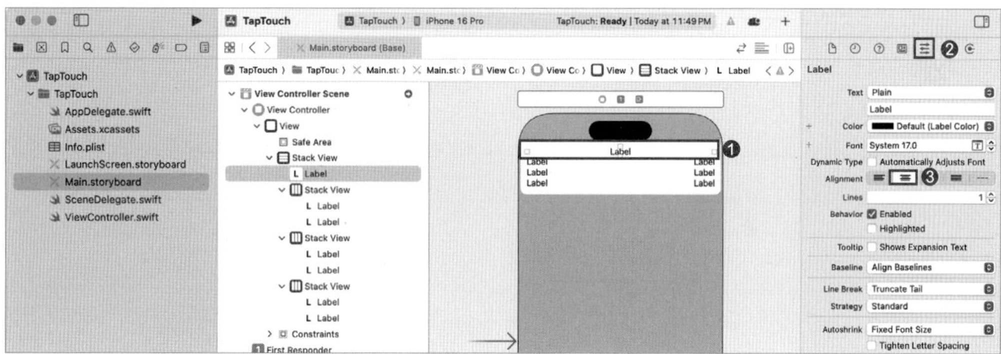

8. 스택 뷰 세 개를 선택하고 오른쪽 인스펙터 영역의 Distribution 항목에서 [Fill Equally]를 선택합니다.

▶ 스토리보드에서 잘 선택되지 않으면 도큐먼트 아웃라인 영역에서 선택하세요. 떨어져 있는 항목을 선택할 때는 command ⌘ 버튼을 누르고 선택합니다.

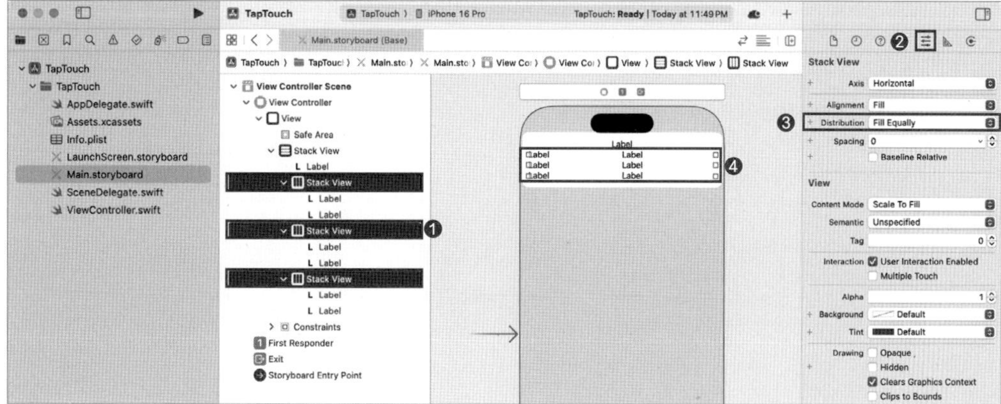

9. 각 레이블 객체에 다음과 같이 입력합니다.

Tap / Touch	
Message	No Message
Tap Count	0
Touch Count	0

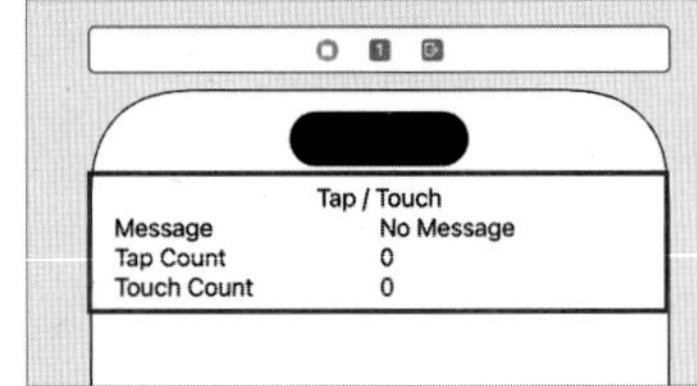

10. 이제 맨 위 레이블 객체를 선택하고 [제약 조건] 아이콘을 클릭한 후 높이를 '60'으로 설정합니다.

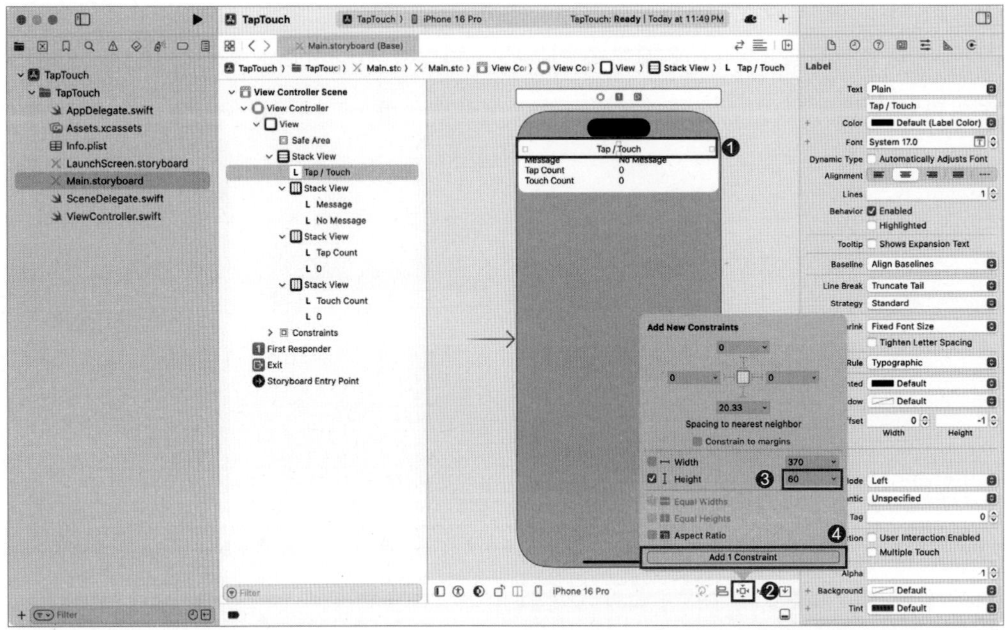

11. 다음은 나머지 레이블 객체를 모두 선택하고 [제약 조건] 아이콘을 클릭한 후 높이를 '30'으로 설정합니다(앞에서와 마찬가지로 도큐먼트 아웃라인 영역에서 command ⌘ 버튼을 누르고 모든 레이블 객체를 선택하면 됩니다).

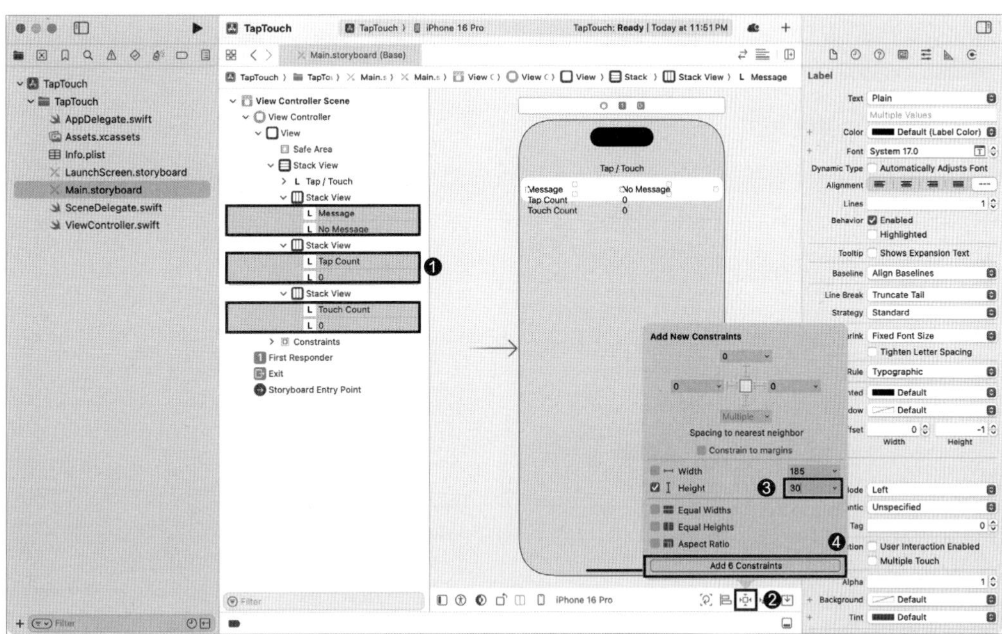

모든 레이아웃이 완성되었습니다.

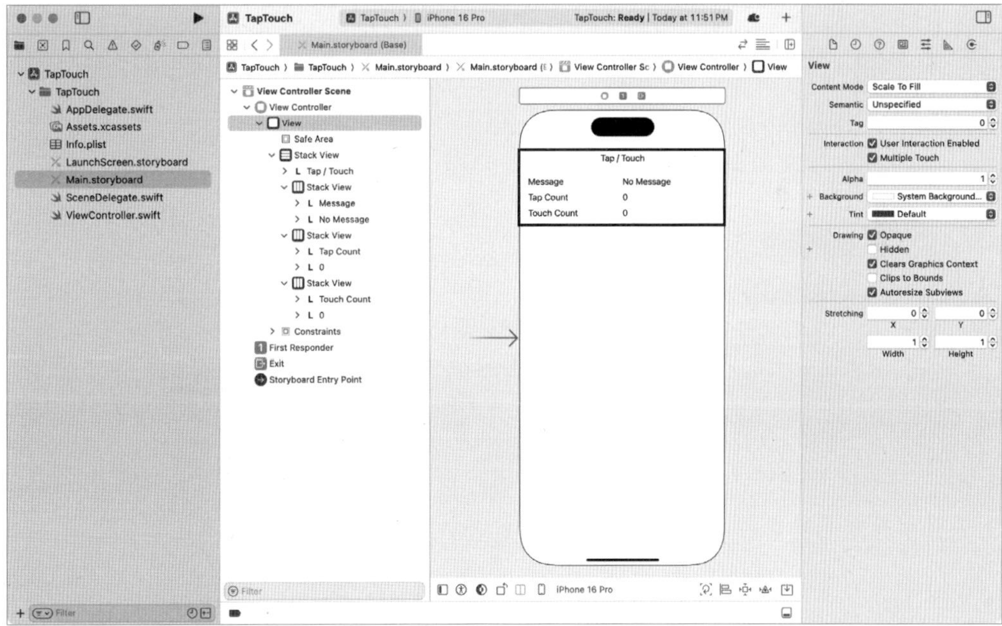

아웃렛 변수와 액션 함수 추가하기

1. 보조 편집기 영역 열기

아웃렛 변수와 액션 함수를 추가하기 위해 오른쪽 윗부분의 [Adjust Editor Options] 버튼을 클릭한 후 [Assistant] 메뉴를 선택하여 보조 편집기 영역을 엽니다. 보조 편집기 영역은 좁기 때문에 도큐먼트 영역은 닫습니다.

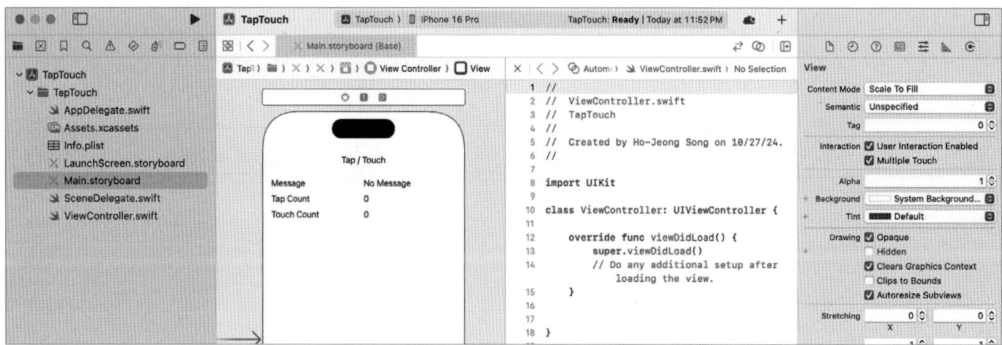

2. 레이블에 대한 아웃렛 변수 추가하기

결과 출력용으로 추가한 세 레이블의 아웃렛 변수를 추가하겠습니다. 'Message'에 대한 출력용 레이블을 마우스 오른쪽 버튼으로 클릭한 후 오른쪽 보조 편집기 영역으로 드래그하여 연결합니다.

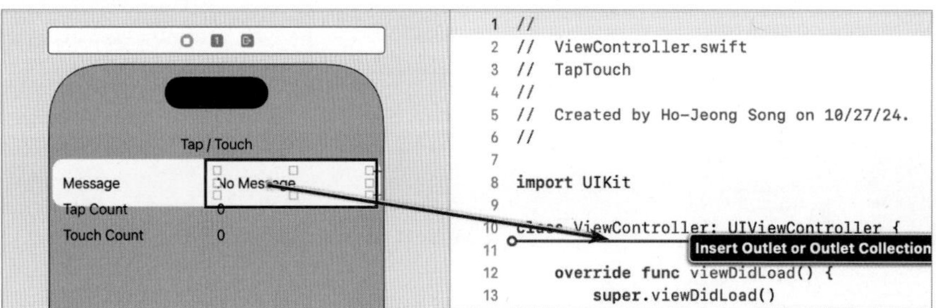

3. 연결 설정 창에서 다음 표를 참고하여 아웃렛 변수를 추가합니다.

위치	뷰 컨트롤러 클래스 선언문 바로 아래
연결(Connection)	Outlet
이름(Name)	txtMessage
타입(Type)	UILabel

4. 레이블에 대한 아웃렛 변수가 추가되었습니다.

5. 같은 방법으로 두 개의 출력용 레이블에 대한 아웃렛 변수를 추가합니다. 각 아웃렛 변수의 이름은 'txtTapCount과 'txtTouchCount'로 입력합니다.

위치	txtMessage 아웃렛 변수 바로 아래
연결(Connection)	Outlet
이름(Name)	txtTapCount
타입(Type)	UILabel

위치	txtTapsLevel 아웃렛 변수 바로 아래
연결(Connection)	Outlet
이름(Name)	txtTouchCount
타입(Type)	UILabel


```
@IBOutlet var txtTapCount: UILabel!
@IBOutlet var txtTouchCount: UILabel!
```

17-3 탭과 터치 기능 구현하기

이제 탭과 터치 기능을 구현하기 위한 코드를 작성해 보겠습니다. 탭과 터치 기능을 사용하기 위해서는 탭과 터치 이벤트 메서드를 작성해야 합니다.

탭 기능 구현하고 카운트하기

1. 왼쪽 내비게이터 영역에서 [ViewController.swift]를 선택합니다.

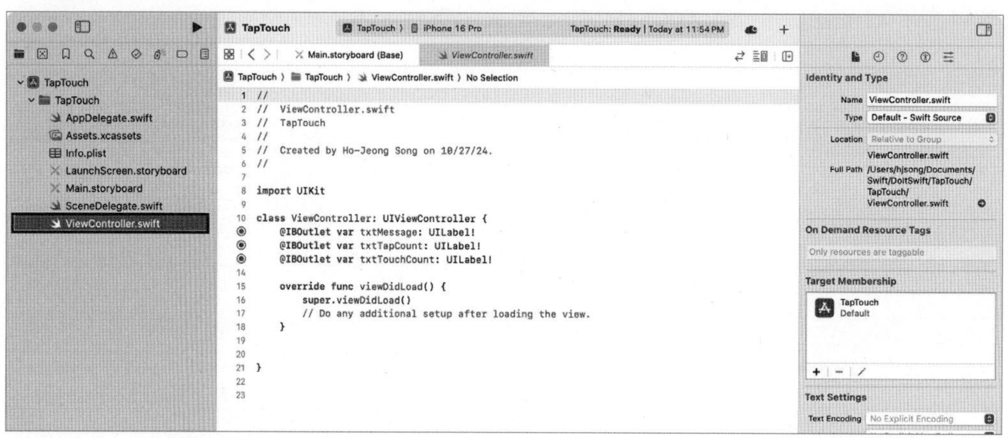

2. 터치 이벤트 메서드 구현하기

터치 이벤트를 사용하기 위해서는 터치 이벤트가 발생했을 때 호출되는 메서드를 사용자가 재정의해야 합니다. 재정의란 부모 클래스에서 생성해 놓은 메서드에게 할 일을 새로 부여한다는 의미입니다. 즉, 터치 이벤트가 발생했을 때 호출되는 메서드가 정해져 있는데, 해당 메서드가 무슨 일을 할지 정의한다는 의미입니다.

재정의해야 할 터치 이벤트 메서드는 다음과 같습니다. 다음 소스를 가장 아래쪽 '}' 위에 추가합니다.

```
    @IBOutlet var txtTouchCount: UILabel!

    override func viewDidLoad() {
        super.viewDidLoad()
        // Do any additional setup after loading the view.
    }

    override func touchesBegan(_ touches: Set<UITouch>, with event: UIEvent?) {
        code
    }

    override func touchesMoved(_ touches: Set<UITouch>, with event: UIEvent?) {
        code
    }

    override func touchesEnded(_ touches: Set<UITouch>, with event: UIEvent?) {
        code
    }
}
```

```
override func touchesBegan(_ touches: Set<UITouch>, with event: UIEvent?) { ─❶
}
override func touchesMoved(_ touches: Set<UITouch>, with event: UIEvent?) { ─❷
}
override func touchesEnded(_ touches: Set<UITouch>, with event: UIEvent?) { ─❸
}
```

❶ 터치가 시작될 때 호출됩니다.

❷ 터치된 손가락이 움직였을 때 호출됩니다.

❸ 화면에서 손가락을 떼었을 때 호출됩니다.

3. 이제 각 메서드들을 구현해 보겠습니다. 다음의 소스를 위에서 추가한 메서드에 각각 추가합니다. 각 소스의 의미는 다음과 같습니다.

```
        super.viewDidLoad()
        // Do any additional setup after loading the view.
    }

    override func touchesBegan(_ touches: Set<UITouch>, with event: UIEvent?) {
        let touch = touches.first! as UITouch

        txtMessage.text = "Touches Began"
        txtTapCount.text = String(touch.tapCount)
        txtTouchCount.text = String(touches.count)
    }

    override func touchesMoved(_ touches: Set<UITouch>, with event: UIEvent?) {
        let touch = touches.first! as UITouch

        txtMessage.text = "Touches Moved"
        txtTapCount.text = String(touch.tapCount)
        txtTouchCount.text = String(touches.count)
    }

    override func touchesEnded(_ touches: Set<UITouch>, with event: UIEvent?) {
        let touch = touches.first! as UITouch

        txtMessage.text = "Touches Ended"
        txtTapCount.text = String(touch.tapCount)
        txtTouchCount.text = String(touches.count)
    }
}
```

```
override func touchesBegan(_ touches: Set<UITouch>, with event: UIEvent?) {
    let touch = touches.first! as UITouch ─❶
```

```
        txtMessage.text = "Touches Began" —❷
        txtTapCount.text = String(touch.tapCount) —❸
        txtTouchCount.text = String(touches.count) —❹
    }

    override func touchesMoved(_ touches: Set<UITouch>, with event: UIEvent?) {
        let touch = touches.first! as UITouch —❶

        txtMessage.text = "Touches Moved" —❷
        txtTapCount.text = String(touch.tapCount)—❸
        txtTouchCount.text = String(touches.count)—❹
    }

    override func touchesEnded(_ touches: Set<UITouch>, with event: UIEvent?) {
        let touch = touches.first! as UITouch —❶

        txtMessage.text = "Touches Ended" —❷
        txtTapCount.text = String(touch.tapCount)—❸
        txtTouchCount.text = String(touches.count)—❹
    }
```

❶ 현재 발생한 터치 이벤트를 가지고 옵니다.

❷ 메서드에서 현재 발생한 이벤트의 종류를 출력합니다. 메서드마다 내용이 조금씩 다르니 주의하세요.

❸ touches 세트 안에 포함된 터치의 개수를 출력합니다.

❹ 터치 객체들 중 첫 번째 객체에서 탭의 개수를 가져와 출력합니다.

4. 결과 보기

앱을 실행한 후 화면을 탭하면 탭의 횟수와 터치된 손가락의 숫자가 표시됩니다. '탭 카운트(Tap Count)'는 연속으로 몇 번 탭했는지를 나타내고, '터치 카운트(Touch Count)'는 몇 개의 손가락으로 터치했는지를 나타냅니다.

iOS 시뮬레이터에서는 option 을 누르면 손가락 두 개로 누른 효과를 낼 수 있습니다.

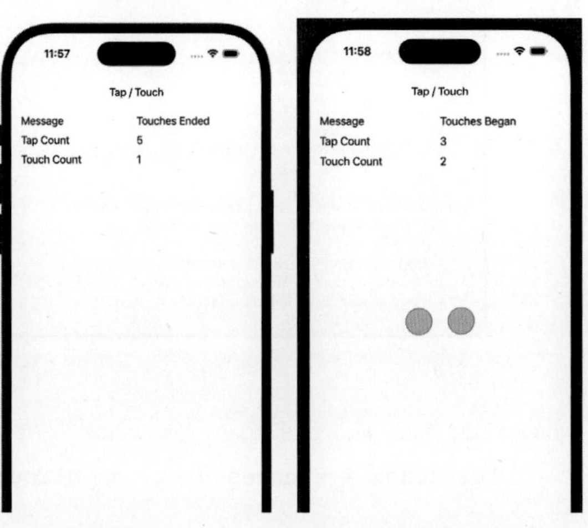

17-4 스케치 앱 만들기

이번에는 탭과 터치 제스처 그리고 앞 장에서 배운 그림 그리기 기능을 이용하여 스케치 앱을 만들어 보겠습니다. 그림을 그리기 위해 이미지 뷰(Image View) 객체를 추가하고 화면 삭제를 위하여 버튼(Button) 객체를 추가합니다. 즉, 이미지 뷰 위에 그림을 그리고 버튼을 클릭하면 지금까지 그렸던 화면이 지워지는 앱을 만들어 보겠습니다.

오른쪽 그림과 같이 스택 뷰(Stack View)와 이미지, 버튼을 사용하여 배치를 할 것입니다.

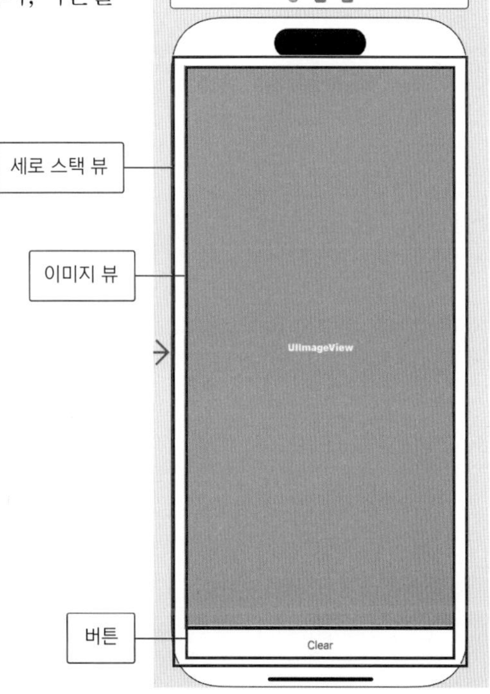

스케치 앱을 만들기 위한 준비

1. 스케치 앱을 만들기 위해 Xcode를 실행한 후 'Sketch'라는 이름으로 새 프로젝트를 만듭니다. 그런 다음 스토리보드를 아이폰 크기 [iPhone 16 Pro]로 바꿉니다.

스토리보드 꾸미기 및 자동 레이아웃 설정

1. 우선 상단의 [Library] 버튼을 클릭한 후 팝업 창에서 [스택 뷰(Stack View)]를 검색해 [세로 스택 뷰]를 끌어다 놓습니다.

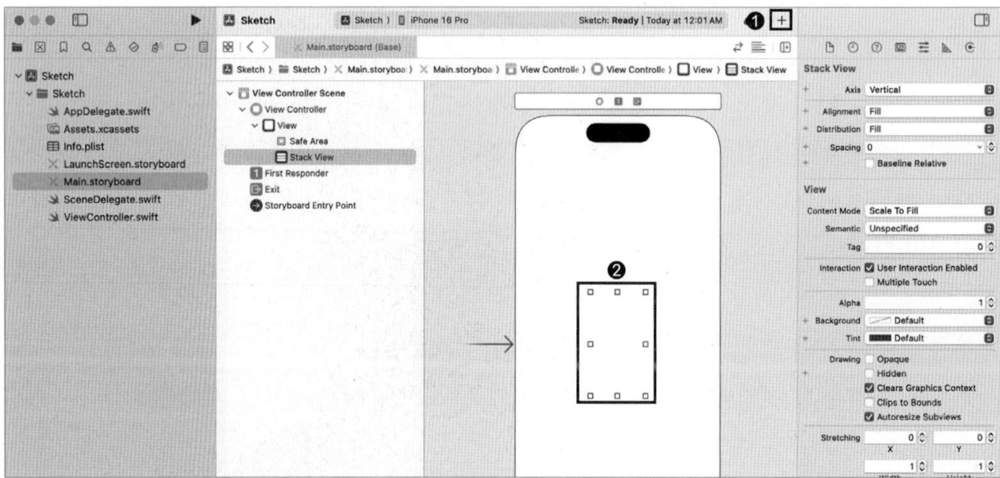

2. 스택 뷰를 선택하고 하단의 [제약 조건] 아이콘을 클릭하여 제약 조건(위: 0, 왼쪽:16, 오른쪽:16, 아래:0)을 입력하고 [Add 4 Constraints] 버튼을 클릭합니다.

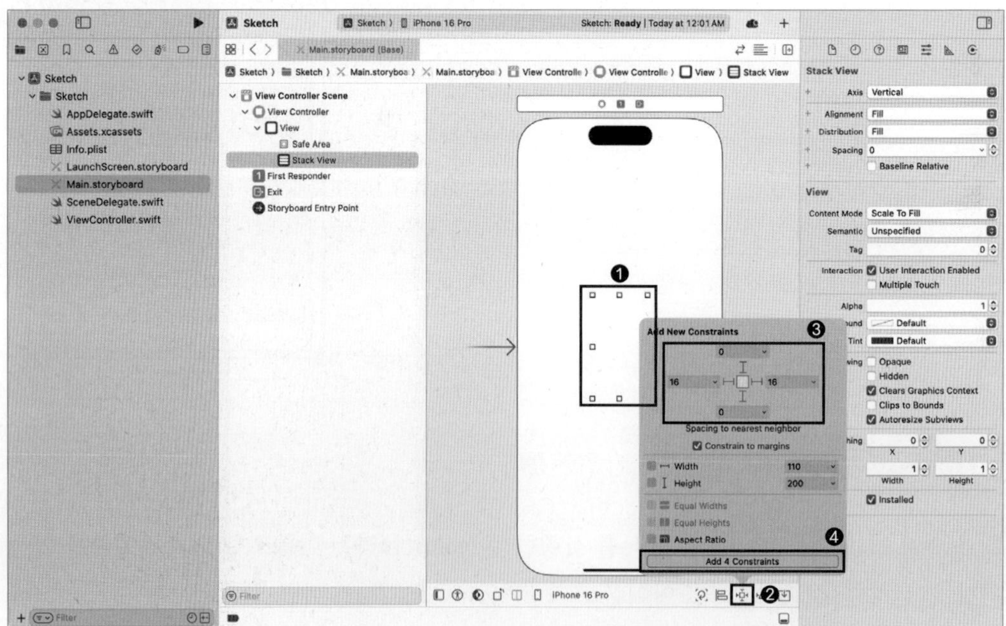

3. 스택 뷰가 전체에 꽉 차게 배치되었습니다.

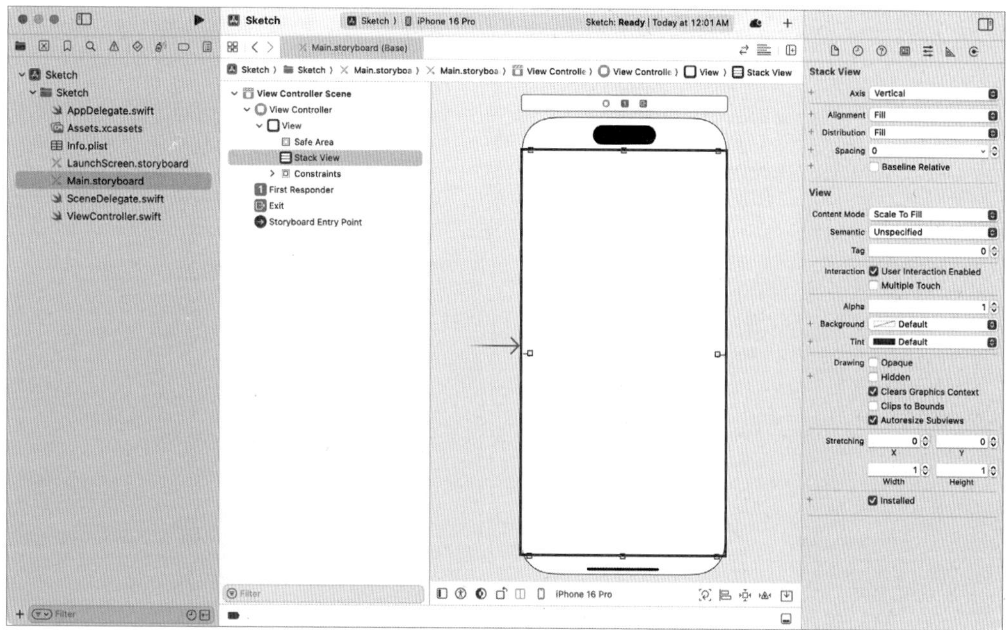

4. 상단의 [Library] 버튼을 클릭한 후 팝업 창에서 [이미지 뷰(Image View)]를 검색해 스택 뷰 안에 이미지 뷰를 끌어다 넣습니다.

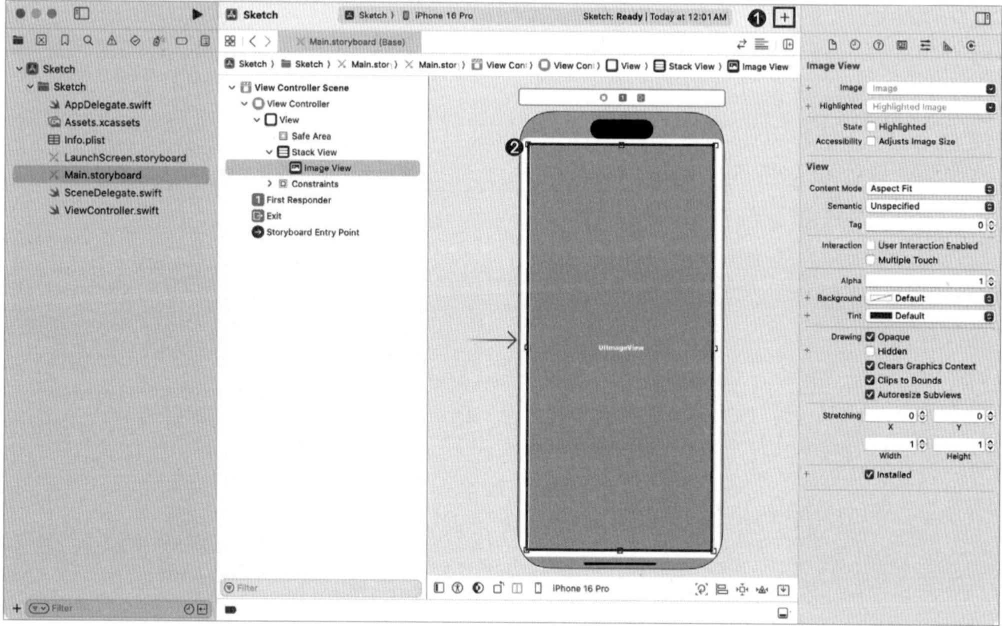

5. 이미지 뷰 객체 아래에 버튼 객체를 추가하고 [Attributes Inspector] 버튼을 클릭한 후 [Button] 항목의 [style]을 'default'로 변경합니다. 그리고 버튼 객체를 더블클릭한 후 'Clear'라고 입력합니다.

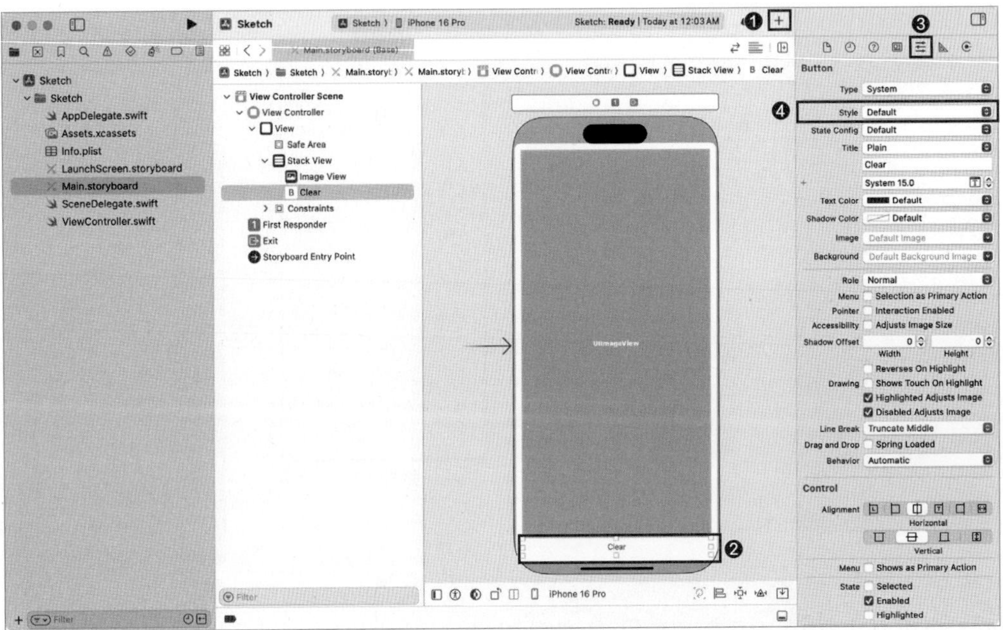

6. 버튼 객체를 선택하고 [제약 조건] 아이콘을 클릭한 후 높이를 '40'으로 설정합니다.

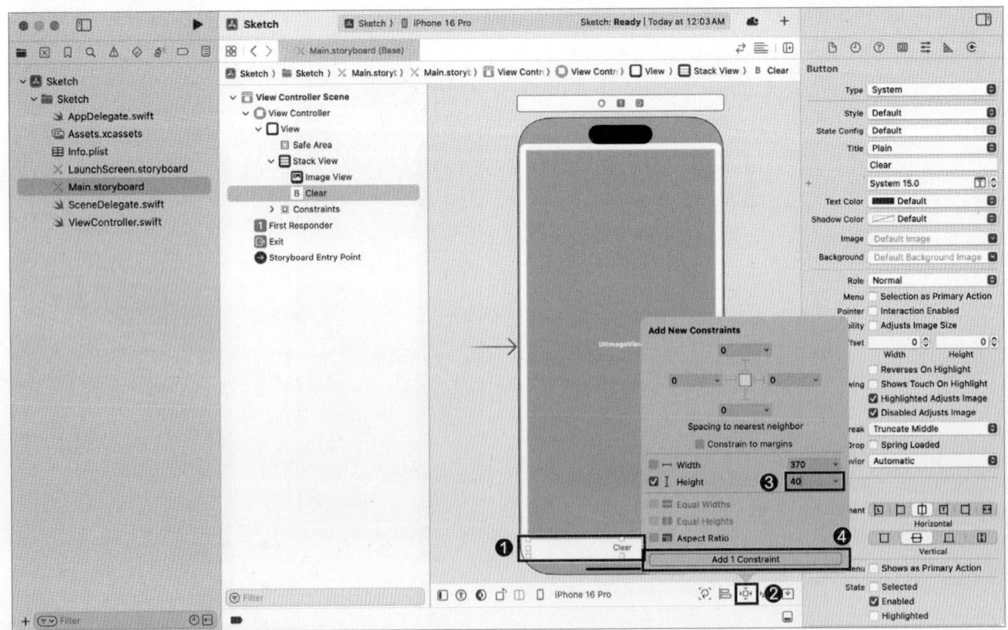

이제 모든 레이아웃이 완료되었습니다.

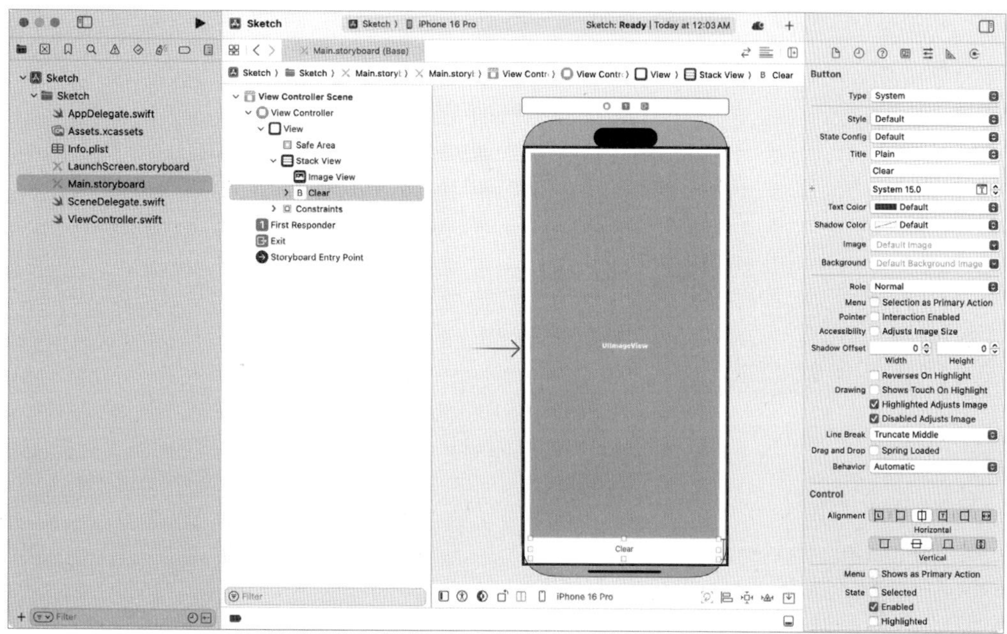

아웃렛 변수와 액션 함수 추가하기

1. 이제 프로그램에서 사용할 아웃렛 변수와 액션 함수를 추가하겠습니다. 아웃렛 변수와 액션 함수를 추가하기 위해 보조 편집기 영역을 엽니다.

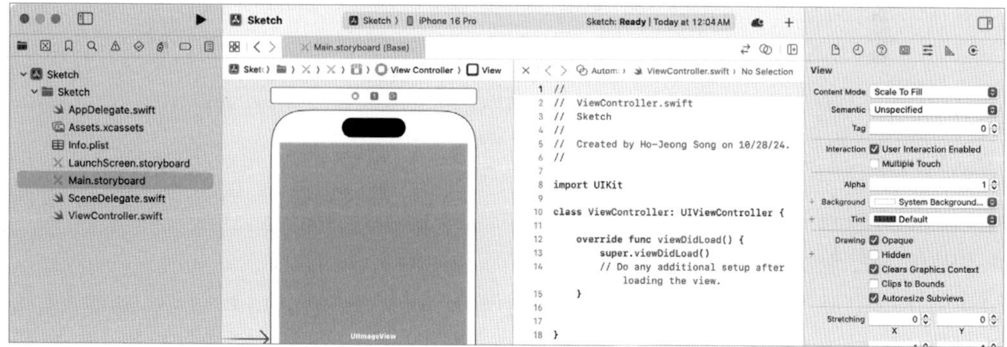

2. 이미지 뷰에 대한 아웃렛 변수 추가하기

그림을 그릴 이미지 뷰에 대한 아웃렛 변수를 추가하겠습니다. 연결 설정 창에서 다음 그림과 표를 참고하여 아웃렛 변수를 연결합니다.

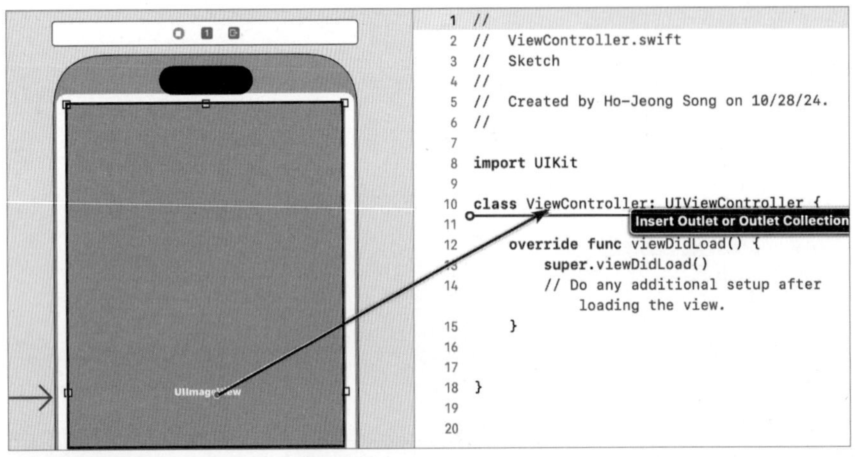

위치	뷰 컨트롤러의 클래스 선언문 바로 아래
연결(Connection)	Outlet
이름(Name)	imgView
타입(Type)	UIImageView

3. 이미지 뷰에 대한 아웃렛 변수가 추가되었습니다.

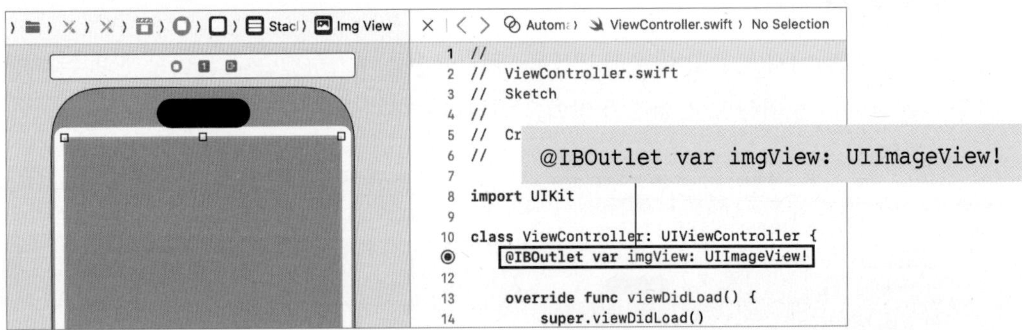

4. 버튼에 대한 액션 함수 추가하기

이제는 [Clear] 버튼의 액션 함수를 추가하겠습니다. 같은 방법으로 마우스 오른쪽 버튼으로 버튼 객체를 선택한 후 드래그해서 오른쪽 보조 편집기 영역에 갖다 놓습니다. 위치와 설정은 다음 그림과 표를 참고하세요.

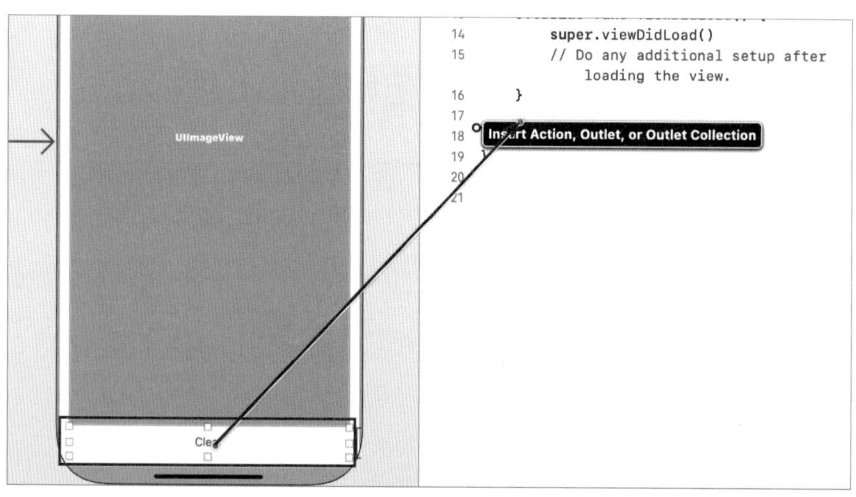

위치	뷰 컨트롤러 클래스의 닫힘 괄호 '}' 바로 위
연결(Connection)	Action
이름(Name)	btnClearImageView
타입(Type)	UIButton

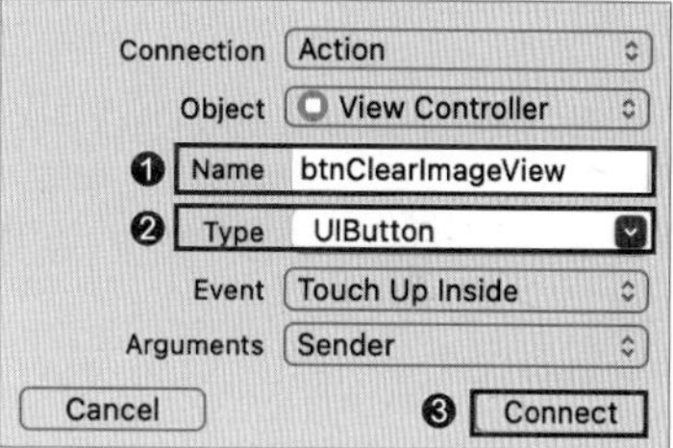

5. 다음과 같이 버튼에 대한 액션 함수가 추가되었습니다.

```
@IBAction func btnClearImageView(_ sender: UIButton) {
}
```

17-5 스케치 앱 기능 구현하기

앞에서는 스케치 앱을 만들기 위한 기본 작업을 진행했습니다. 이제는 본격적으로 기능을 구현하기 위한 코딩을 시작하겠습니다.

스케치 앱 완성하기

1. 왼쪽 내비게이터 영역에서 [ViewController.swift]를 선택합니다.

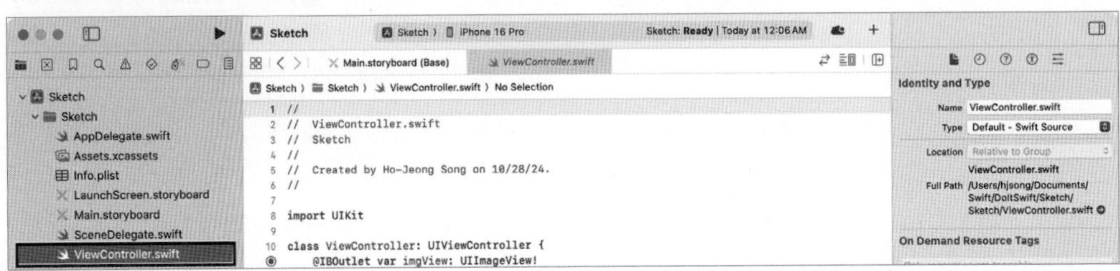

2. 변수 추가하기

코딩에 필요한 변수들을 이미지 뷰의 아웃렛 변수 아래에 추가하겠습니다. 위치는 아래 그림을 참고하세요.

```
import UIKit

class ViewController: UIViewController {
    @IBOutlet var imgView: UIImageView!

    var lastPoint: CGPoint!
    var lineSize:CGFloat = 2.0
    var lineColor = UIColor.red.cgColor

    override func viewDidLoad() {
```

```
var lastPoint: CGPoint! —❶
var lineSize:CGFloat = 2.0 —❷
var lineColor = UIColor.red.cgColor —❸
```

❶ 바로 전에 터치하거나 이동한 위치

❷ 선의 두께

❸ 선의 색상

3. 버튼 동작 함수 코딩하기

[Clear] 버튼을 클릭했을 때 그렸던 스케치를 지우기 위한 btnClearImageView 함수를 코딩하겠습니다. 앞에서 추가한 버튼의 액션 함수 안에 아래의 소스를 입력합니다.

```
    override func viewDidLoad() {
        super.viewDidLoad()
        // Do any additional setup after loading the view.
    }

    @IBAction func btnClearImageView(_ sender: UIButtc
        imgView.image = nil
    }

}
```

```
imgView.image = nil ❶
```

❶ imgView에 nil을 넣습니다. nil은 아무것도 없다는 의미입니다. 즉, 이미지 뷰의 이미지를 없애는 것입니다.

4. 터치 이벤트 메서드 재정의하기

터치 이벤트를 사용하기 위해서는 터치 이벤트가 발생했을 때 호출되는 메서드를 재정의해야 합니다. 우선 다음 소스를 가장 아래에 있는 뷰 컨트롤러 클래스 닫음 괄호 '}' 위에 입력합니다.

```

    override func touchesBegan(_ touches: Set<UITouch>, with event: UIEvent?) {
        code
    }

    override func touchesMoved(_ touches: Set<UITouch>, with event: UIEvent?) {
        code
    }

    override func touchesEnded(_ touches: Set<UITouch>, with event: UIEvent?) {
        code
    }
}
```

```
override func touchesBegan(_ touches: Set<UITouch>, with event: UIEvent?) {
}
override func touchesMoved(_ touches: Set<UITouch>, with event: UIEvent?) {
}
override func touchesEnded(_ touches: Set<UITouch>, with event: UIEvent?) {
}
```

5. touchesBegan 메서드 구현하기

앞에서 재정의한 메서드를 차례로 구현해 보겠습니다. 첫 번째로 사용자가 화면을 터치하면 스케치를 시작하도록 touchesBegan 메서드를 구현해 보겠습니다. 각 소스의 의미는 다음과 같습니다.

```
@IBAction func btnClearImageView(_ sender: UIButton) {
    imgView.image = nil
}

override func touchesBegan(_ touches: Set<UITouch>, with event: UIEvent?) {
    let touch = touches.first! as UITouch

    lastPoint = touch.location(in: imgView)
}
```

```
override func touchesBegan(_ touches: Set<UITouch>, with event: UIEvent?) {
    let touch = touches.first! as UITouch —❶

    lastPoint = touch.location(in: imgView) —❷
}
```

❶ 현재 발생한 터치 이벤트를 가지고 옵니다.

❷ 터치된 위치를 lastPoint라는 변수에 저장합니다.

6. touchesMoved 메서드 구현하기

두 번째로 사용자가 터치한 손가락을 움직이면 스케치도 따라서 움직이도록 touches Moved 메서드를 구현해 보겠습니다. 마찬가지로 앞에서 입력한 소스 안에 추가하며, 각 소스의 의미는 다음과 같습니다.

▶ 16장에서 사용한 함수를 참고하세요.

```
        let touch = touches.first! as UITouch

        lastPoint = touch.location(in: imgView)
    }

    override func touchesMoved(_ touches: Set<UITouch>, with event: UIEvent?) {
        UIGraphicsBeginImageContext(imgView.frame.size)
        UIGraphicsGetCurrentContext()?.setStrokeColor(lineColor)
        UIGraphicsGetCurrentContext()?.setLineCap(CGLineCap.round)
        UIGraphicsGetCurrentContext()?.setLineWidth(lineSize)

        let touch = touches.first! as UITouch
        let currPoint = touch.location(in: imgView)

        imgView.image?.draw(in: CGRect(x: 0, y: 0, width: imgView.frame.size.width, height:
            imgView.frame.size.height))

        UIGraphicsGetCurrentContext()?.move(to: CGPoint(x: lastPoint.x, y: lastPoint.y))
        UIGraphicsGetCurrentContext()?.addLine(to: CGPoint(x: currPoint.x, y: currPoint.y))
        UIGraphicsGetCurrentContext()?.strokePath()

        imgView.image = UIGraphicsGetImageFromCurrentImageContext()
        UIGraphicsEndImageContext()

        lastPoint = currPoint
    }

    override func touchesEnded(_ touches: Set<UITouch>, with event: UIEvent?) {
        code
```

```
override func touchesMoved(_ touches: Set<UITouch>, with event: UIEvent?) {
    UIGraphicsBeginImageContext(imgView.frame.size)
    UIGraphicsGetCurrentContext()?.setStrokeColor(lineColor)
    UIGraphicsGetCurrentContext()?.setLineCap(CGLineCap.round) —❶
    UIGraphicsGetCurrentContext()?.setLineWidth(lineSize)
```

```
    let touch = touches.first! as UITouch —❷
    let currPoint = touch.location(in: imgView) —❸

    imgView.image?.draw(in: CGRect(x: 0, y: 0, width: imgView.frame.size.width,
            height: imgView.frame.size.height)) —❹

    UIGraphicsGetCurrentContext()?.move(to: CGPoint(x: lastPoint.x,
            y: lastPoint.y)) —❺
    UIGraphicsGetCurrentContext()?.addLine(to: CGPoint(x: currPoint.x,
            y: currPoint.y)) —❻
    UIGraphicsGetCurrentContext()?.strokePath()

    imgView.image = UIGraphicsGetImageFromCurrentImageContext()
    UIGraphicsEndImageContext()

    lastPoint = currPoint —❼
}
```

❶ 라인의 끝 모양을 라운드로 설정합니다.

❷ 현재 발생한 터치 이벤트를 가지고 옵니다.

❸ 터치된 위치를 currPoint로 가지고 옵니다.

❹ 현재 이미지 뷰(Image View)에 있는 이미지를 이미지 뷰(Image View)의 크기로 그립니다.

❺ 이전에 이동된 위치인 lastPoint로 시작 위치를 이동시킵니다.

❻ lastPoint에서 현재 위치인 currPoint까지 선을 추가합니다.

❼ 현재 터치된 위치를 lastPoint라는 변수에 할당합니다.

7. touchesEnded 메서드 구현하기

세 번째로 사용자가 화면에서 손가락을 떼었을 때 스케치도 끝나도록 touchesEnded 메서드를 구현해 보겠습니다. 코딩은 touchesMoved와 거의 똑같고 맨 마지막 currPoint 값을 lastPoint에 할당하는 구문만 빠졌습니다. 이때, ❻번 소스의 내용이 조금 다르니 유의하세요.

```
        lastPoint = currPoint
    }

    override func touchesEnded(_ touches: Set<UITouch>, with event: UIEvent?) {
        UIGraphicsBeginImageContext(imgView.frame.size)
        UIGraphicsGetCurrentContext()?.setStrokeColor(lineColor)
        UIGraphicsGetCurrentContext()?.setLineCap(CGLineCap.round)
        UIGraphicsGetCurrentContext()?.setLineWidth(lineSize)

        imgView.image?.draw(in: CGRect(x: 0, y: 0, width: imgView.frame.size.width, height:
            imgView.frame.size.height))

        UIGraphicsGetCurrentContext()?.move(to: CGPoint(x: lastPoint.x, y: lastPoint.y))
        UIGraphicsGetCurrentContext()?.addLine(to: CGPoint(x: lastPoint.x, y: lastPoint.y))
        UIGraphicsGetCurrentContext()?.strokePath()

        imgView.image = UIGraphicsGetImageFromCurrentImageContext()
        UIGraphicsEndImageContext()
    }
}
```

```
override func touchesEnded(_ touches: Set<UITouch>, with event: UIEvent?) {
  UIGraphicsBeginImageContext(imgView.frame.size)
  UIGraphicsGetCurrentContext()?.setStrokeColor(lineColor)
  UIGraphicsGetCurrentContext()?.setLineCap(CGLineCap.round)
  UIGraphicsGetCurrentContext()?.setLineWidth(lineSize)

  imgView.image?.draw(in: CGRect(x: 0, y: 0, width: imgView.frame.size.width,
        height: imgView.frame.size.height))

  UIGraphicsGetCurrentContext()?.move(to: CGPoint(x: lastPoint.x,
        y: lastPoint.y))
  UIGraphicsGetCurrentContext()?.addLine(to: CGPoint(x: lastPoint.x,
        y: lastPoint.y))—❻
  UIGraphicsGetCurrentContext()?.strokePath()

  imgView.image = UIGraphicsGetImageFromCurrentImageContext()
  UIGraphicsEndImageContext()
}
```

8. motionEnded 메서드 구현하기

이제 사용자가 iOS 기기를 흔들었을 때 이미지 뷰 위에 그렸던 스케치가 지워지도록 motion Ended 메서드를 구현해 보겠습니다.

```
        imgView.image = UIGraphicsGetImageFromCurrentImageContext()
        UIGraphicsEndImageContext()
    }

    override func motionEnded(_ motion: UIEvent.EventSubtype, with event: UIEvent?) {
        if motion == .motionShake {
            imgView.image = nil
        }
    }
}
```

```
override func motionEnded(_ motion: UIEvent.EventSubtype, with event: UIEvent?) {
    if motion == .motionShake { —❶
        imgView.image = nil —❷
    }
}
```

❶ '셰이크(Shake)' 라는 모션 이벤트가 발생할 경우

❷ 이미지 뷰의 이미지를 nil로 대체하여 이미지를 삭제합니다.

9. 결과 보기

이제 [실행] 버튼을 클릭하여 앱을 실행합니다. 프로그램이 실행되면 손가락으로 터치하고 이동하며 그림을 그릴 수 있습니다. 또한 기기를 흔들거나 [Clear] 버튼을 클릭해 화면을 지울 수도 있습니다.

알아 두면 좋아요! } iOS 시뮬레이터에서 셰이크 이벤트 만들기

iOS 시뮬레이터에서도 셰이크(Shake) 이벤트를 만들 수 있습니다. 메뉴의 [Device → Shake]를 선택하면 셰이크 이벤트가 만들어집니다. 또한 control + command ⌘ + Z 를 눌러도 됩니다.

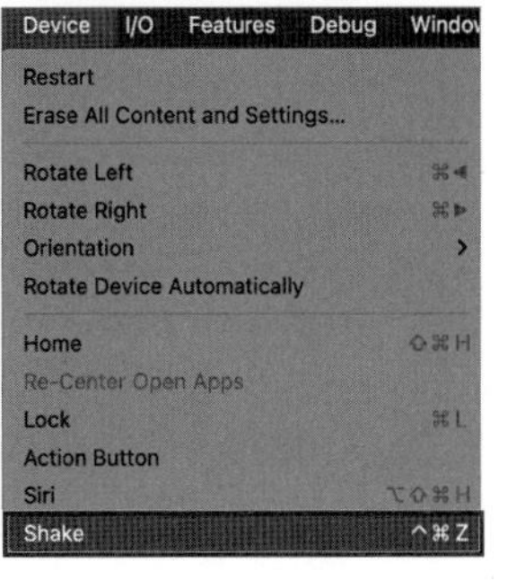

17-6 스케치 앱, 전체 소스 보기

완성된 앱의 전체 소스를 확인해 보세요.

ViewController.swift

```
import UIKit

class ViewController: UIViewController {
    @IBOutlet var imgView: UIImageView!

    var lastPoint: CGPoint!    // 바로 전에 터치하거나 이동한 위치
    var lineSize:CGFloat = 2.0   // 선의 두께를 2.0으로 설정
    var lineColor = UIColor.red.cgColor   // 선 색상을 빨간색으로 설정

    override func viewDidLoad() {
        super.viewDidLoad()
         // Do any additional setup after loading the view.
    }

    @IBAction func btnClearImageView(_ sender: UIButton) {
        imgView.image = nil    // 이미지 뷰의 이미지를 삭제함
    }

    override func touchesBegan(_ touches: Set<UITouch>, with event: UIEvent?) {
      let touch = touches.first! as UITouch   // 현재 발생한 터치 이벤트를 가지고 옴

      lastPoint = touch.location(in: imgView)   // 터치된 위치를 lastPoint에 할당
    }

    override func touchesMoved(_ touches: Set<UITouch>, with event: UIEvent?) {
      // 그림을 그리기 위한 콘텍스트 생성
      UIGraphicsBeginImageContext(imgView.frame.size)
      // 선 색상을 설정
      UIGraphicsGetCurrentContext()?.setStrokeColor(lineColor)
      // 선 끝 모양을 라운드로 설정
      UIGraphicsGetCurrentContext()?.setLineCap(CGLineCap.round)
```

```
    // 선 두께를 설정
    UIGraphicsGetCurrentContext()?.setLineWidth(lineSize)

    let touch = touches.first! as UITouch  // 현재 발생한 터치 이벤트를 가지고 옴
    // 터치된 좌표를 currPoint로 가지고 옴
    let currPoint = touch.location(in: imgView)

    // 현재 imgView에 있는 전체 이미지를 imgView의 크기로 그림
    imgView.image?.draw(in: CGRect(x: 0, y: 0, width: imgView.frame.size.width,
            height: imgView.frame.size.height))

    UIGraphicsGetCurrentContext()?.move(to: CGPoint(x: lastPoint.x,
            y: lastPoint.y)) // lastPoint 위치로 시작 위치를 이동
    UIGraphicsGetCurrentContext()?.addLine(to: CGPoint(x: currPoint.x,
            y: currPoint.y)) // lastPoint에서 currPoint까지 선을 추가
    // 추가한 선을 콘텍스트에 그림
    UIGraphicsGetCurrentContext()?.strokePath()

    // 현재 콘텍스트에 그려진 이미지를 가지고 와서 이미지 뷰에 할당
    imgView.image = UIGraphicsGetImageFromCurrentImageContext()
    UIGraphicsEndImageContext()  // 그림 그리기를 끝냄

    lastPoint = currPoint  // 현재 터치된 위치를 lastPoint라는 변수에 할당
}

override func touchesEnded(_ touches: Set<UITouch>, with event: UIEvent?) {
    UIGraphicsBeginImageContext(imgView.frame.size)
    UIGraphicsGetCurrentContext()?.setStrokeColor(lineColor)
    UIGraphicsGetCurrentContext()?.setLineCap(CGLineCap.round)
    UIGraphicsGetCurrentContext()?.setLineWidth(lineSize)

    imgView.image?.draw(in: CGRect(x: 0, y: 0, width: imgView.frame.size.
    width, height: imgView.frame.size.height))

    UIGraphicsGetCurrentContext()?.move(to: CGPoint(x: lastPoint.x,
          y: lastPoint.y))
    UIGraphicsGetCurrentContext()?.addLine(to: CGPoint(x: lastPoint.x,
          y: lastPoint.y))
    UIGraphicsGetCurrentContext()?.strokePath()

    imgView.image = UIGraphicsGetImageFromCurrentImageContext()
    UIGraphicsEndImageContext()
}
```

```
    override func motionEnded(_ motion: UIEvent.EventSubtype, with event:
            UIEvent?) {
        if motion == .motionShake {   // 폰을 흔드는 모션이 발생하면
            imgView.image = nil   // 이미지 뷰의 이미지를 삭제함
        }
    }

}
```

스케치 앱에 색상과 두께를 변경하는 기능 추가하기

목표 이 장에서 만든 스케치 앱에 그리기 색상과 두께를 변경할 수 있는 기능을 추가해 보세요.

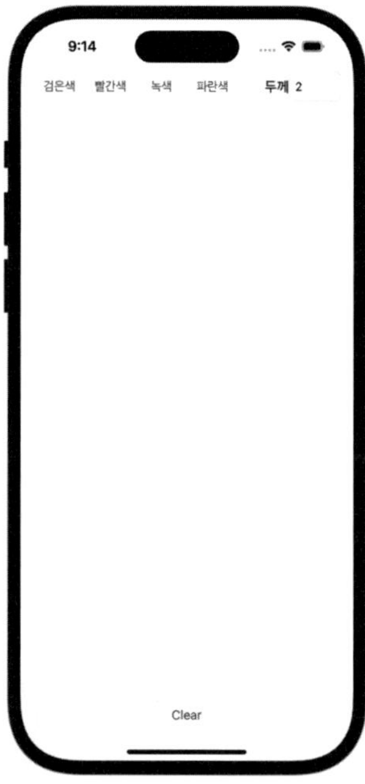

힌트 선의 굵기를 변경하려면 다음 함수를 사용합니다.

```
UIGraphicsGetCurrentContext()?.setLineWidth(lineSize)
```

선의 색상을 변경하려면 다음 함수를 사용합니다.

```
UIGraphicsGetCurrentContext()?.setStrokeColor(lineColor)
```

:: 완성 소스 [17장] 폴더 / [미션] 폴더 / DrawGraphics.xcodeproj

난이도 ★★☆☆☆

18 스와이프 제스처 사용하기

페이지를 넘길 때, 항목을 삭제할 때, 게임에서 캐릭터의 방향을 움직일 때 등 많은 작업이 스와이프 제스처를 통해 이루어지고 있습니다. 이 장에서는 스와이프 제스처를 등록하고 사용하는 방법과 한 손가락 및 두 손가락을 이용한 제스처 활용 방법에 대하여 알아보겠습니다.

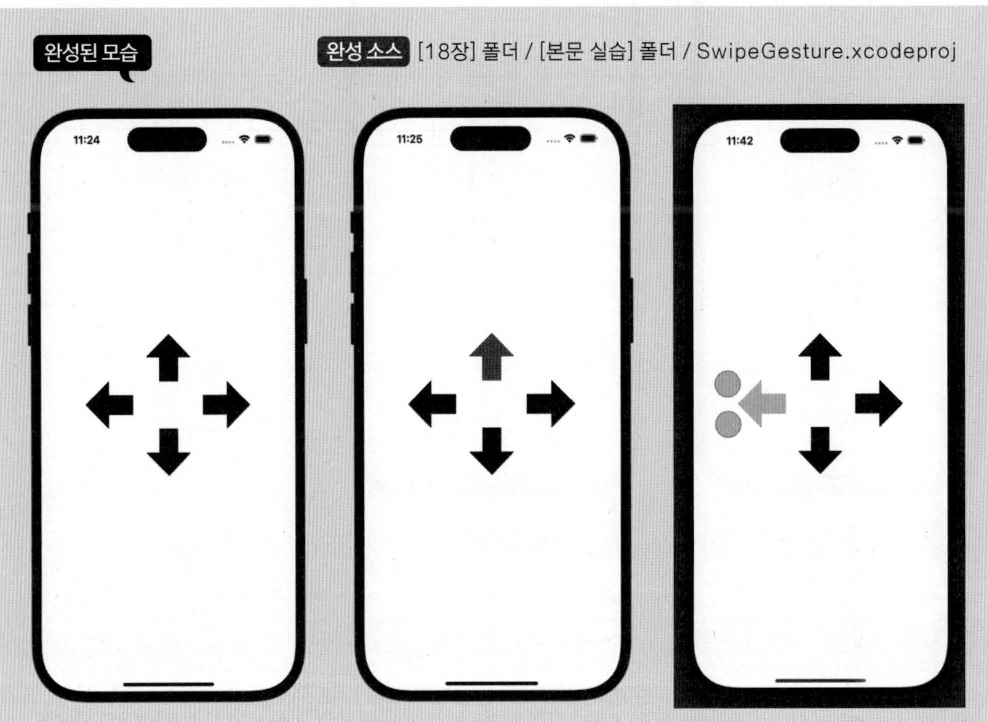

18-1 스와이프란?

손가락으로 화면을 상하좌우로 미는 동작이 바로 '스와이프' 제스처입니다. 이러한 스와이프 제스처(Swipe Gesture)는 간단한 갤러리 앱뿐만 아니라 PDF 뷰어, 키노트(Keynote)와 같은 문서 편집기 앱과 페이지를 넘기는 동작이 들어간 앱에서 많이 사용되고 있습니다.
한 손가락 스와이프뿐만 아니라 여러 손가락을 사용한 스와이프 제스처도 가능합니다. 예를 들어 PDF 앱은 한 손가락으로 스와이프하면 밑줄이 그어지고, 두 손가락을 사용하면 페이지가 넘어갑니다.

스와이프 제스처 기능을 활용한 다양한 앱을 구상해 보세요.

iOS 사진 앱

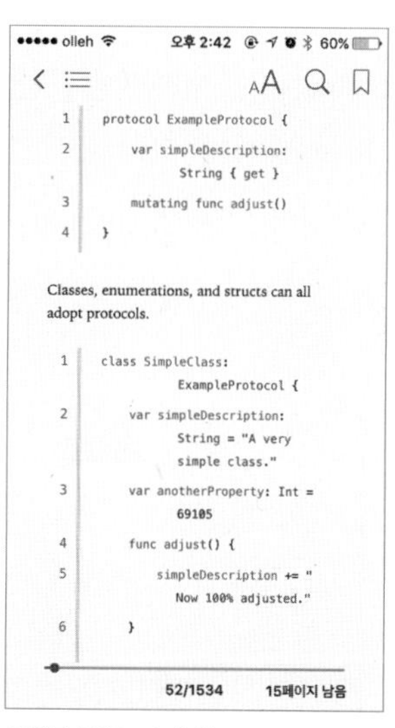

아이북스(iBooks) 앱

키노트(Keynote) 앱

18-2 스와이프 연습 앱을 위한 기본 환경 구성하기

이번에는 스와이프 연습 앱을 만들기 위해 새 프로젝트를 만들고 앞의 '완성된 모습'에서 본 것처럼 네 가지 방향의 화살표를 배치해 보겠습니다.

스와이프 연습 앱을 만들기 위한 준비

1. Xcode를 실행한 후 'SwipeGesture'라는 이름으로 프로젝트를 만듭니다.

▶ 프로젝트를 만드는 방법은 02장을 참고하세요.

2. 디바이스 선택 및 뷰 컨트롤러 크기 조절하기

스토리보드의 디바이스로 [iPhone 16 Pro]를 선택하겠습니다. 또한 아이폰 모양의 뷰 컨트롤러 크기를 상황에 맞게 조절합니다. 자동 레이아웃을 설정하면서 배치되는 위치나 제약 조건 등을 확인하기 위하여 도큐먼트 아웃라인 영역(❷)은 닫지 않고 그냥 둡니다.

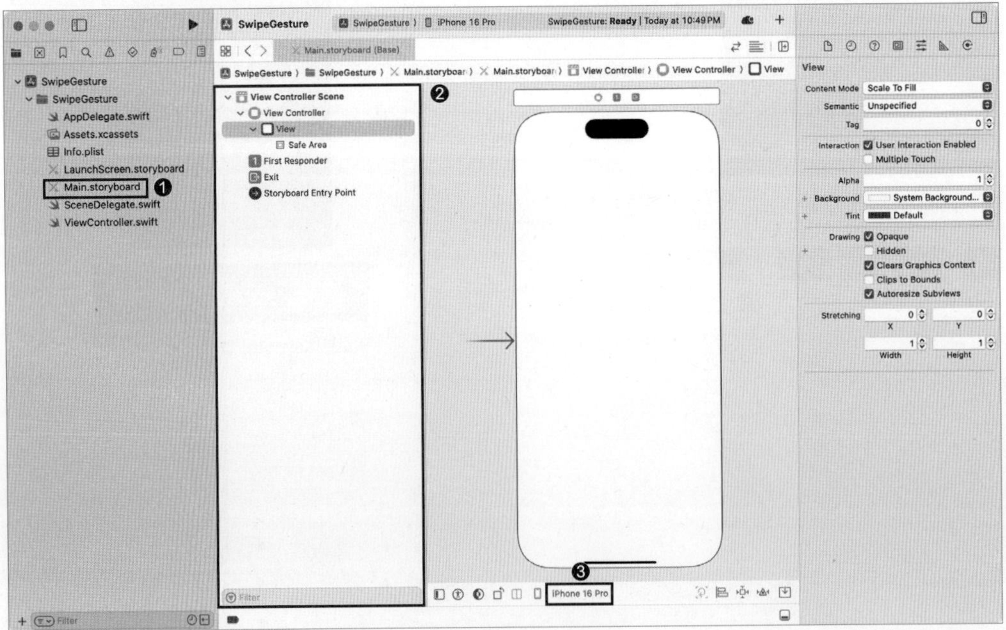

3. 이미지 추가하기

앱에서 사용할 이미지를 프로젝트에 추가하겠습니다. images라는 그룹을 추가한 후 파인더(Finder)에서 원하는 이미지를 선택해 내비게이터 영역으로 드래그 앤 드롭하여 추가합니다.

▶ 사용할 이미지 파일은 본문 실습 폴더 안에 있습니다.

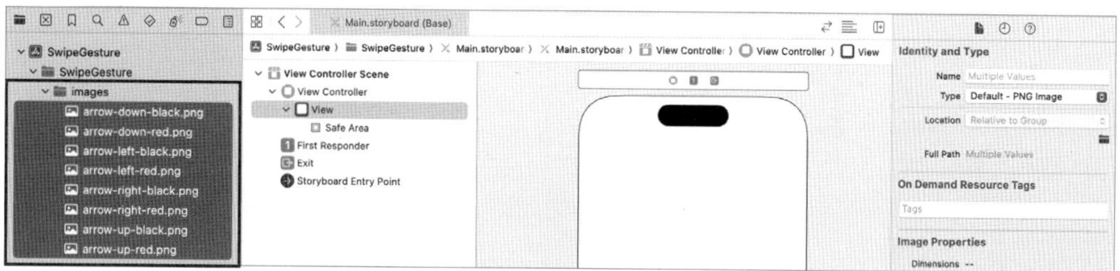

스토리보드 꾸미기 및 자동 레이아웃 설정

1. 스토리보드 꾸미기

오른쪽 그림과 같이 스택 뷰(Stack View)와 이미지를 사용하여 배치할 것입니다.

세로 스택 뷰

가로 스택 뷰

이미지

2. 우선 상단의 [Library] 버튼을 클릭한 후 팝업 창에서 [스택 뷰(Stack View)]를 검색해 [세로 스택 뷰] 객체를 가져와 스토리보드의 중앙에 놓습니다.

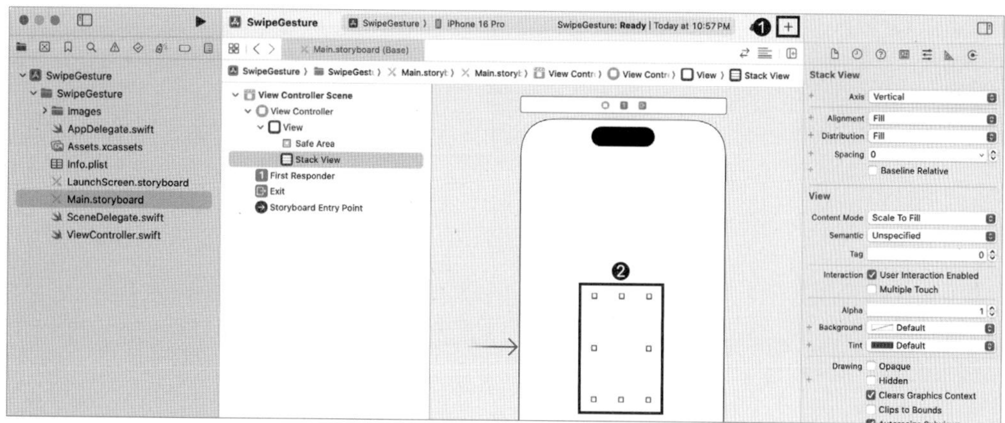

3. 방금 배치한 스택 뷰를 선택한 후, 하단의 [제약 조건] 아이콘을 클릭하여 제약 조건(왼쪽:16, 오른쪽:16)을 입력하고 [Add 2 Constraints] 버튼을 클릭합니다.

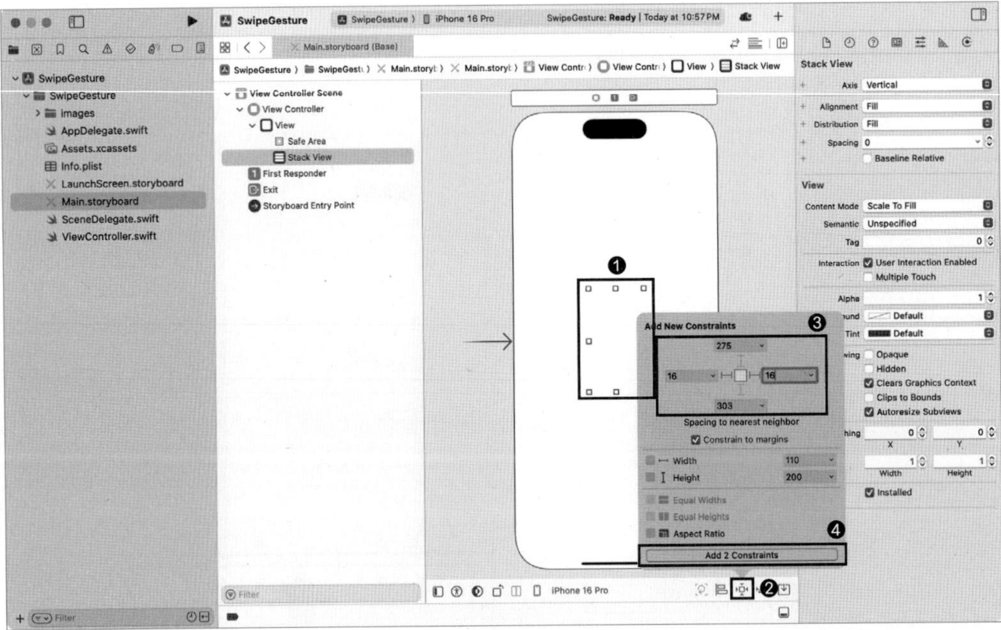

4. 스택 뷰가 좌, 우로 꽉 차게 변경되었습니다.

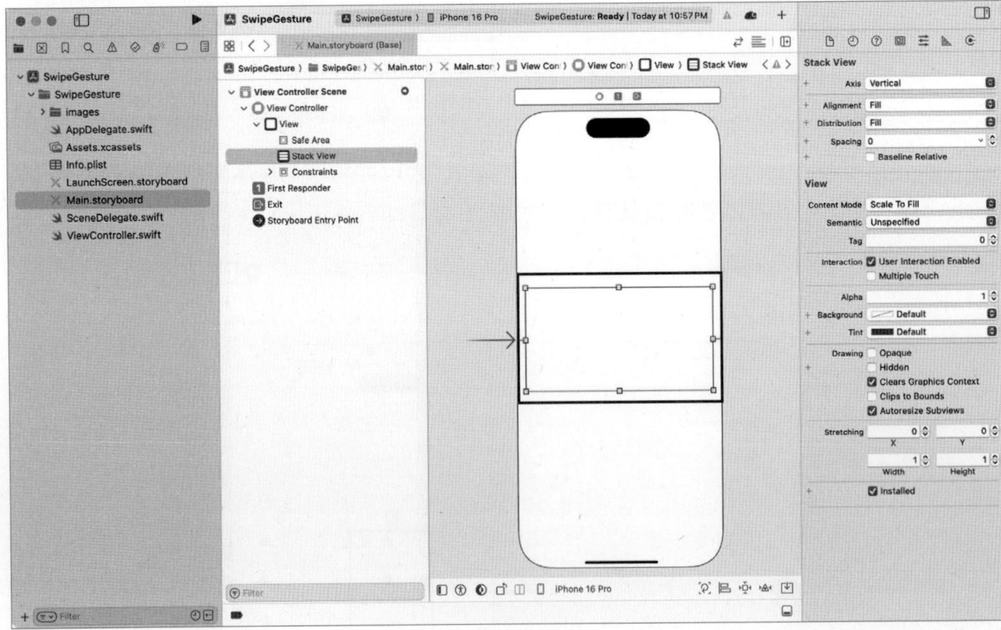

5. 이번에는 다시 스택 뷰를 선택하고 하단의 [정렬 조건] 아이콘을 클릭한 후 'Vertically in Container'에 체크하고 설정값을 '0'으로 설정합니다.

◐ 세로 중앙에서 설정값만큼 이동시킵니다. 여기서는 세로 중앙에 맞춘다는 의미입니다.

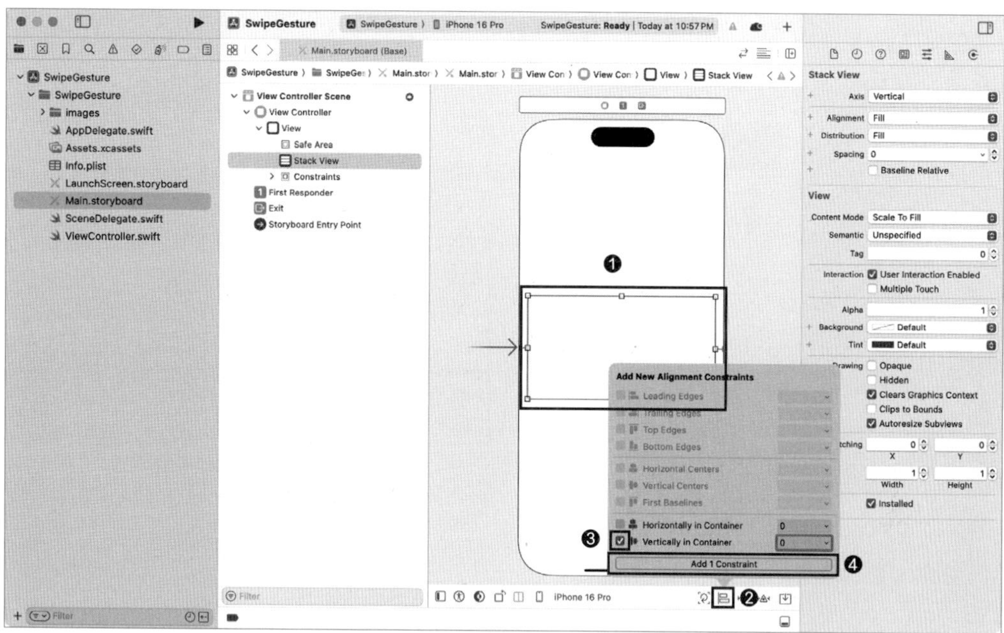

6. 스택 뷰가 화면의 세로 중앙에 정렬되었습니다.

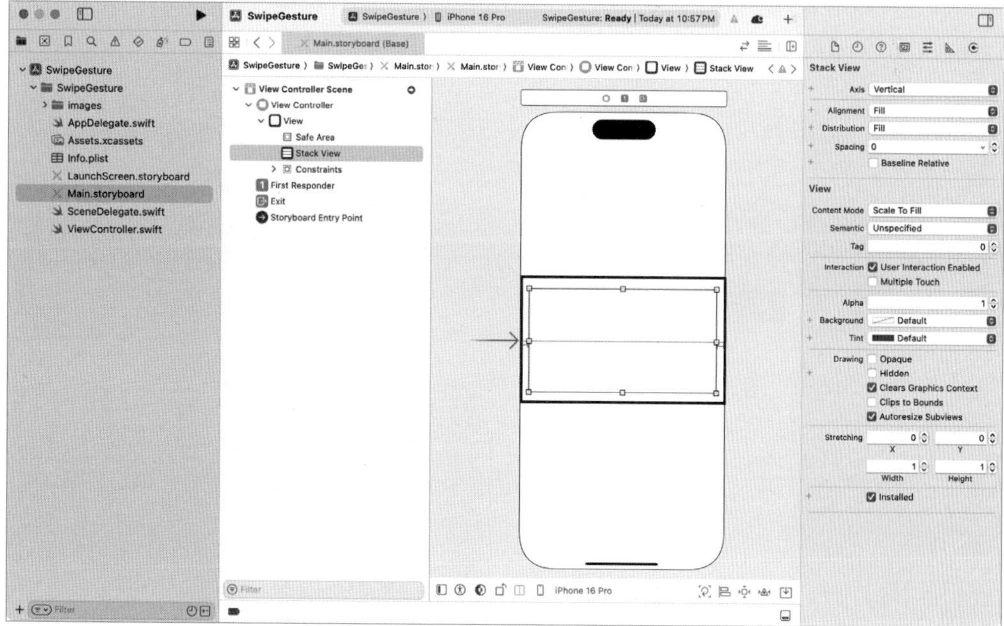

7. 계속해서 상단의 [Library] 버튼을 클릭한 후 팝업 창에서 [이미지 뷰], [가로 스택 뷰], [이미지 뷰]를 끌어다 [세로 스택 뷰] 안에 놓습니다.

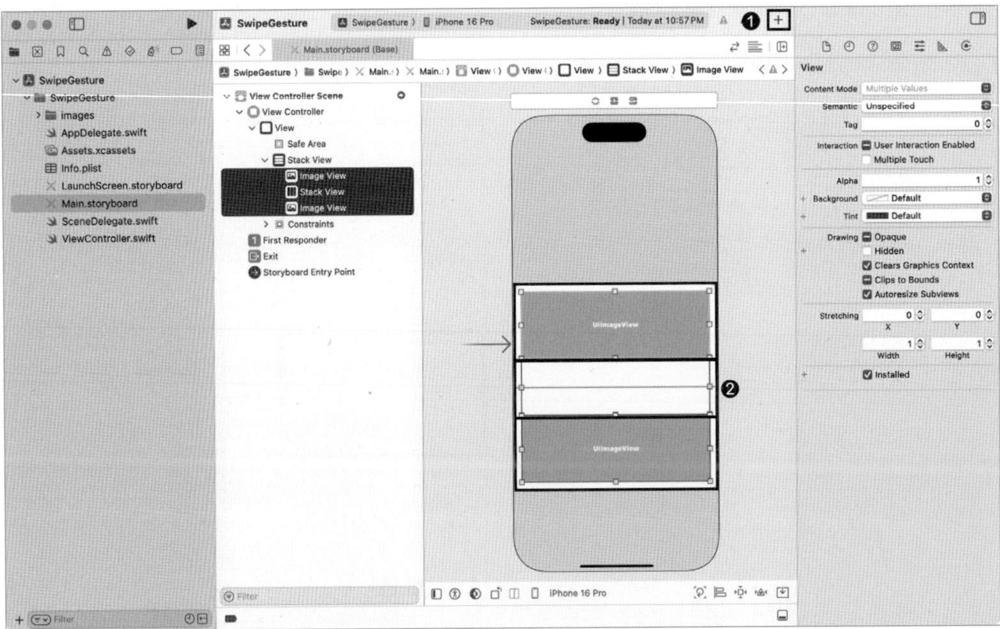

8. 마지막으로 [Library] 버튼을 클릭한 후 팝업 창에서 [이미지 뷰(Image View)]를 검색해 [가로 스택 뷰] 안에 이미지 뷰 두 개를 끌어와 배치합니다. 이미지 뷰를 스택 뷰 안에 여러개 배치할 때 한 개 이상은 화면에 표시되지 않을 수 있습니다. 이런 경우에는 왼쪽의 도큐먼트 아웃라인 영역에서 추가된 것을 확인할 수 있습니다.

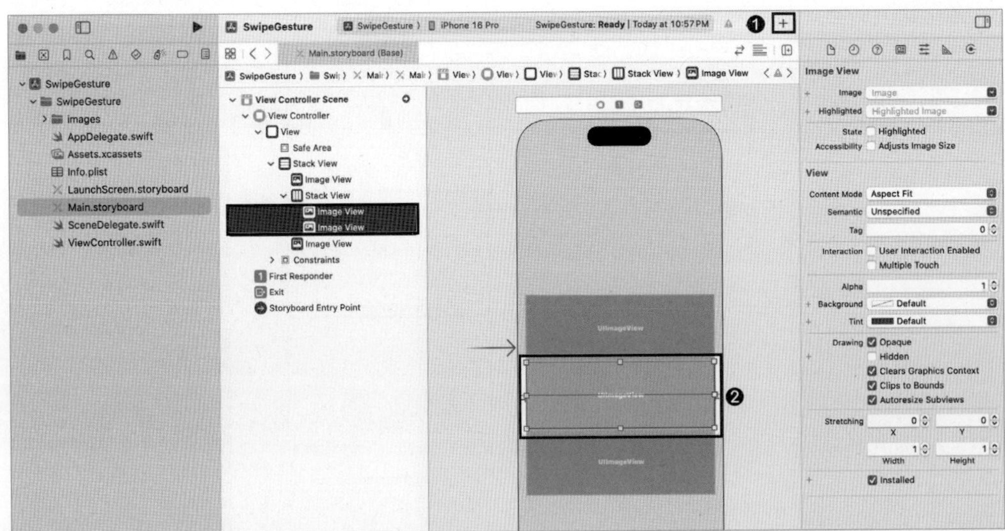

9. 표시가 안 된 이미지 뷰를 나타내 보겠습니다. [세로 스택 뷰] 안에 있는 [가로 스택 뷰]를 선택한 후, 오른쪽의 [Attributes inspector] 버튼을 클릭하여 Distribution 값을 [Fill Equally]로 설정합니다. 이제 두 개의 이미지 뷰가 같은 너비로 배치되었습니다.

▶ 스토리보드에서는 스택 뷰가 선택이 잘 안되므로 도큐먼트 아웃라인 영역에서 선택하면 쉽게 선택할 수 있습니다.

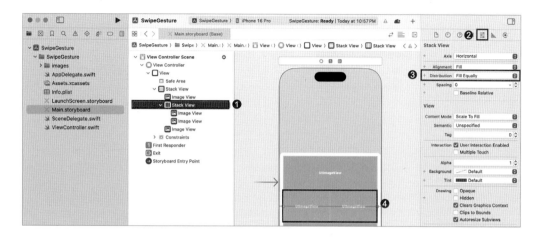

10. 이제 이미지 뷰의 높이를 설정하겠습니다. 지금 이 상태는 이미지 뷰의 높이가 설정되어 있지 않아 이미지의 크기에 따라 크기가 변하게 되므로 높이 설정이 필요합니다. command ⌘ 버튼을 누른 채 도큐먼트뷰 아웃라인 영역에서 네 개의 이미지를 모두 선택한 후 아래의 [제약 조건] 아이콘을 클릭하고 Height 값을 '72'로 설정합니다.

▶ 스토리보드에서는 스택 뷰로 분리된 객체는 동시에 선택할 수 없으니 도큐먼트 아웃라인 영역에서 선택합니다.

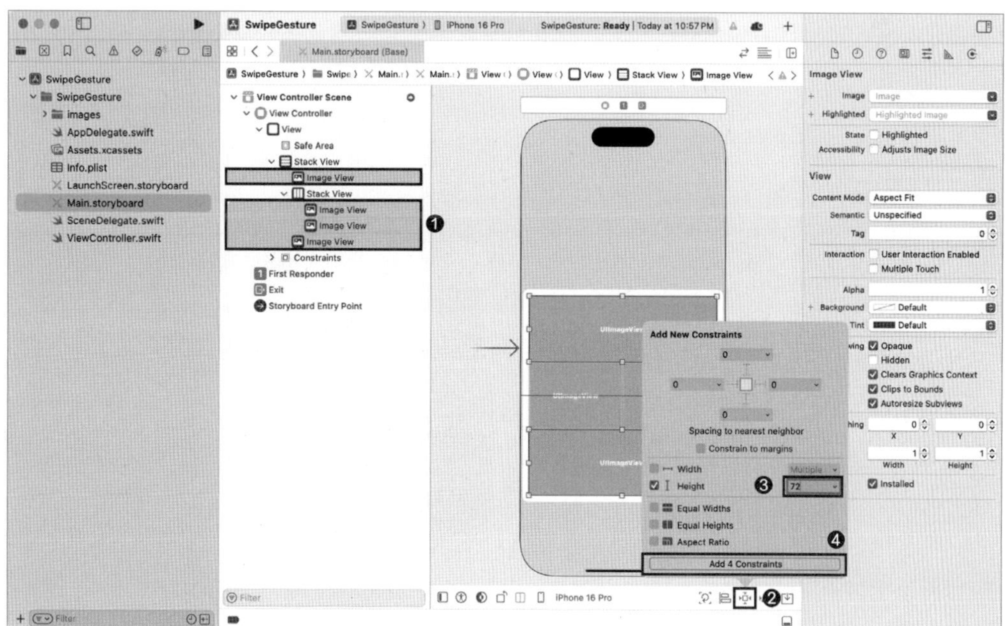

11. 높이가 설정되었습니다.

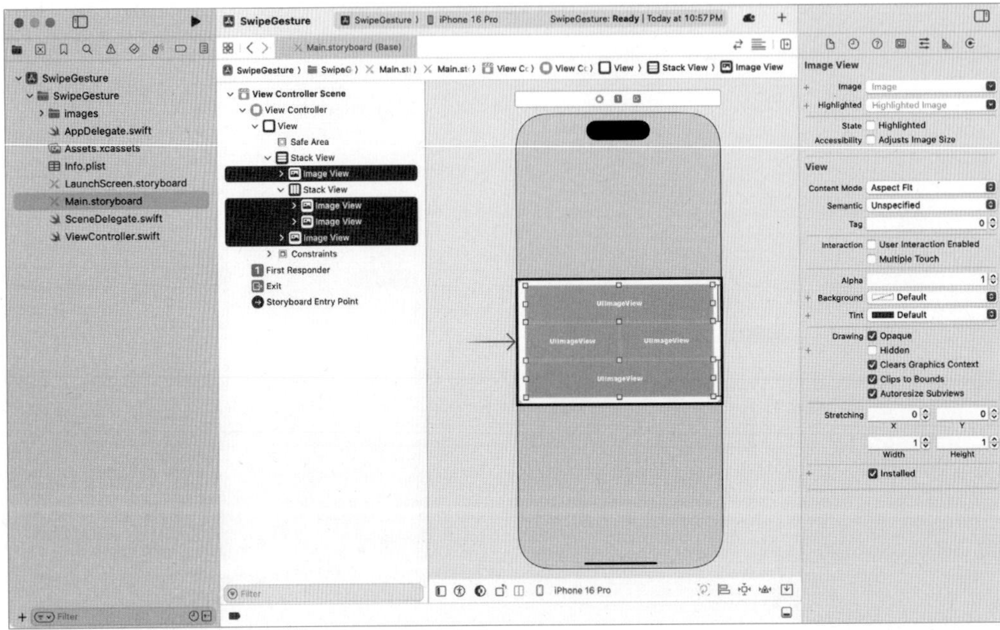

12. 이제 각 이미지 뷰에 실제 이미지를 설정하겠습니다. 먼저 첫 번째 이미지를 선택한 후 오른쪽 [Attributes inspector] 버튼을 클릭해 Image 값을 [arrow-up-black.png]로 설정하고, Content Mode를 [Aspect Fit]으로 설정합니다.

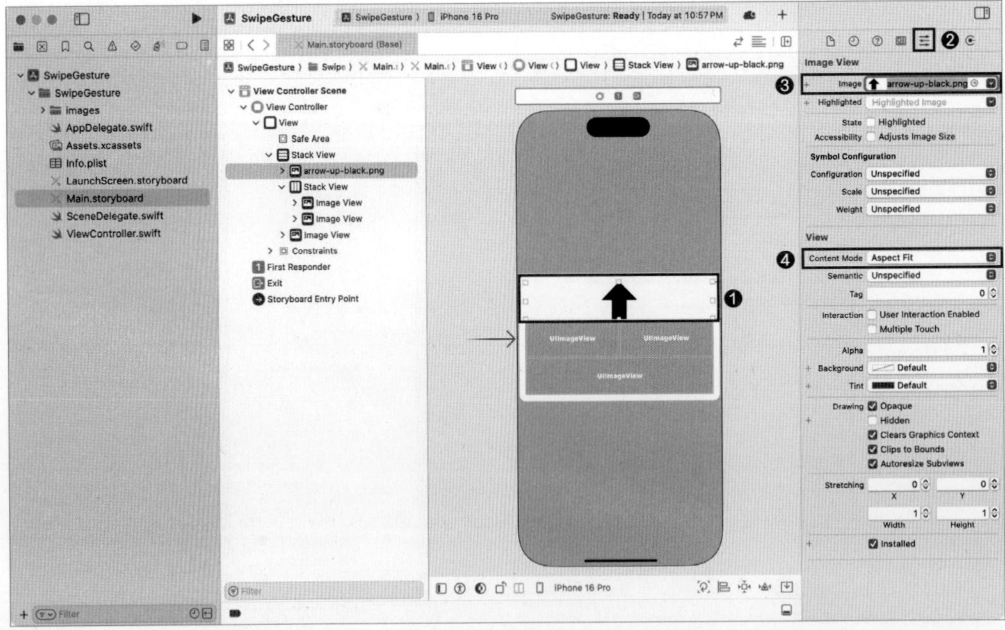

13. 나머지 이미지 뷰도 같은 방법으로 설정합니다.

위쪽 이미지 뷰	arrow-up-black.png
가운데 왼쪽 이미지 뷰	arrow-left-black.png
가운데 오른쪽 이미지 뷰	arrow-right-black.png
아래쪽 이미지 뷰	arrow-down-black.png

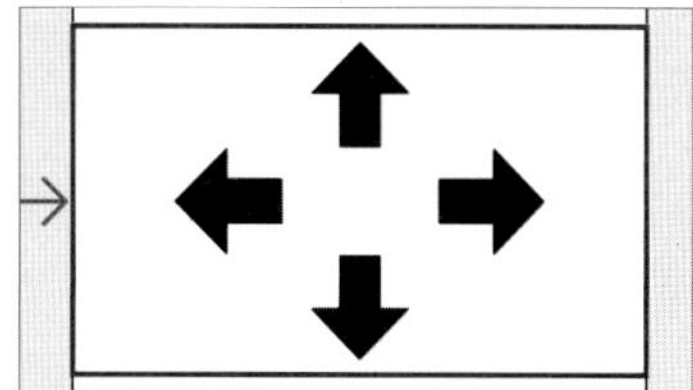

14. 스토리보드의 레이아웃이 완료되었습니다.

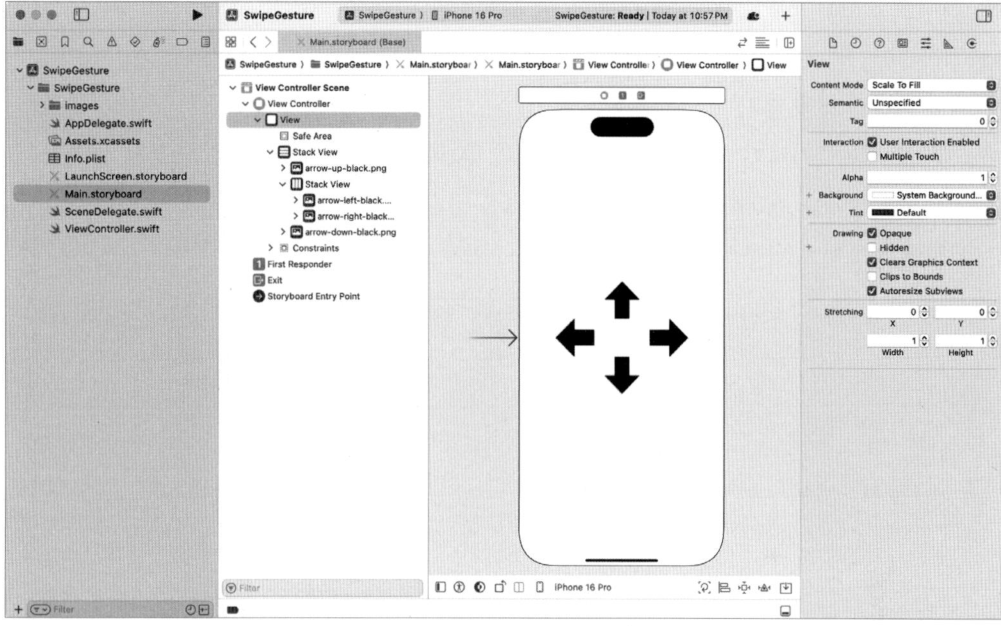

18-3 아웃렛 변수 추가하기

이제 프로그램에서 사용할 아웃렛 변수를 추가해 보겠습니다.

이미지 뷰에 대한 아웃렛 변수 추가하기

1. 보조 편집기 영역 열기

아웃렛 변수를 추가하기 위해 오른쪽 윗부분의 [Adjust Editor Options] 버튼을 클릭한 후 [Assistant] 메뉴를 선택하여 보조 편집기 영역을 엽니다. 보조 편집기 영역을 열면 화면이 좁기 때문에 도큐먼트 아웃라인 영역을 닫습니다.

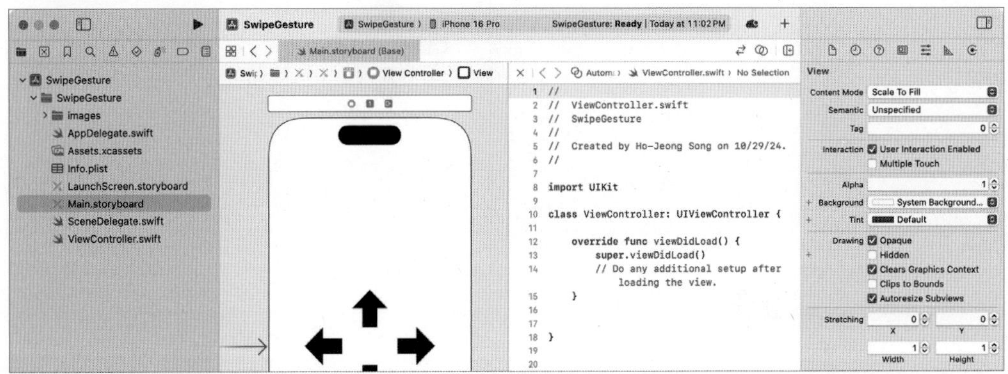

2. 이미지 뷰에 대한 아웃렛 변수 추가하기

앞에서 추가한 이미지 뷰에 대한 아웃렛 변수를 추가하겠습니다. 연결 설정 창에 입력하는 각각의 아웃렛 변수의 위치와 설정은 다음과 같습니다.

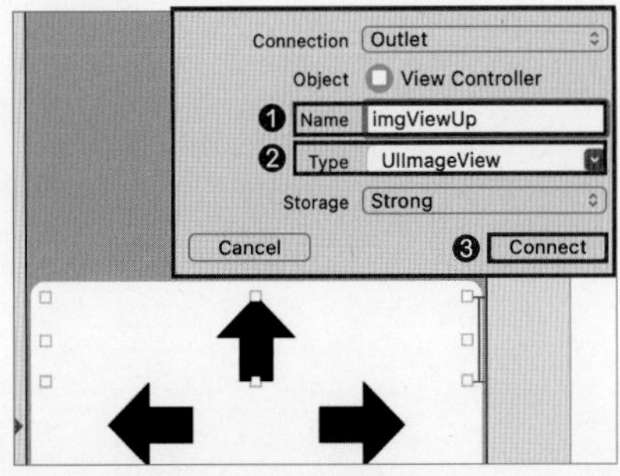

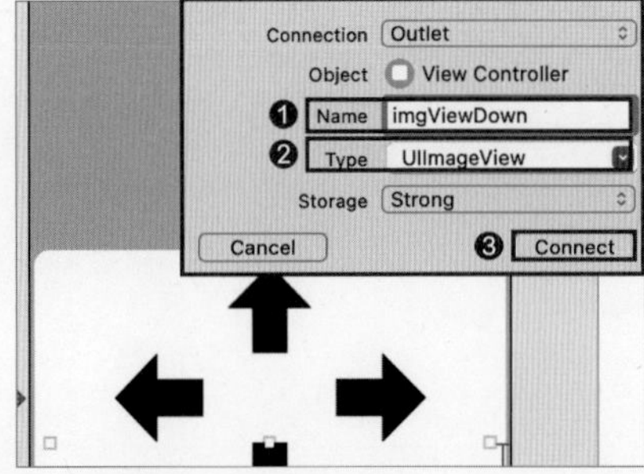

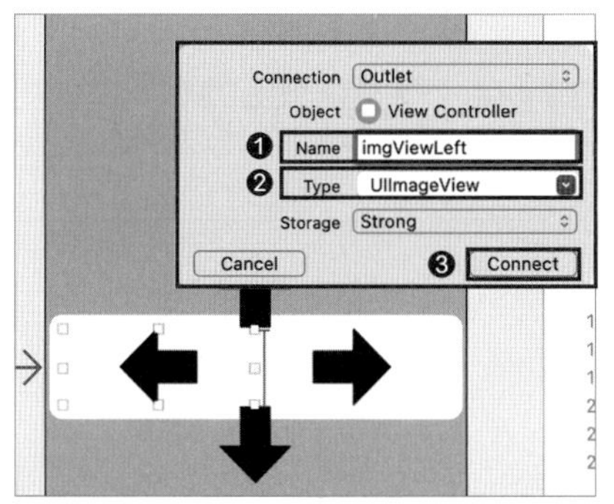

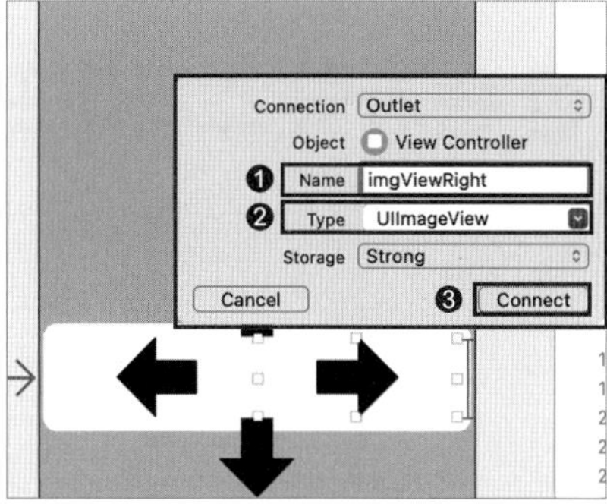

위치	뷰 컨트롤러의 클래스 선언문 바로 아래
연결(Connection)	Outlet
이름(Name)	- 위쪽 화살표: imgViewUp - 아래쪽 화살표: imgViewDown - 왼쪽 화살표: imgViewLeft - 오른쪽 화살표: imgViewRight
타입(Type)	UIImageView

3. 다음은 모든 아웃렛 변수가 추가된 화면입니다.

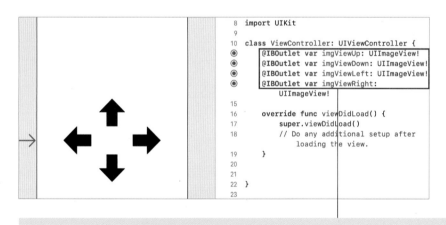

```
import UIKit

class ViewController: UIViewController {
    @IBOutlet var imgViewUp: UIImageView!
    @IBOutlet var imgViewDown: UIImageView!
    @IBOutlet var imgViewLeft: UIImageView!
    @IBOutlet var imgViewRight:
        UIImageView!

    override func viewDidLoad() {
        super.viewDidLoad()
        // Do any additional setup after
            loading the view.
    }



}
```

```
@IBOutlet var imgViewUp: UIImageView!
@IBOutlet var imgViewDown: UIImageView!
@IBOutlet var imgViewLeft: UIImageView!
@IBOutlet var imgViewRight: UIImageView!
```

18-4

한 손가락 스와이프 기능 구현하기

한 손가락으로 스와이프하면 해당하는 화살표가 빨간색이 되는 것을 앞의 '완성된 모습'에서 미리 만나봤는데, 이번에는 이 기능을 구현해 보겠습니다.

한 손가락으로 스와이프하면 화살표가 빨간색이 되도록 만들기

1. 왼쪽 내비게이터 영역에서 [ViewConroller.swift]를 선택합니다.

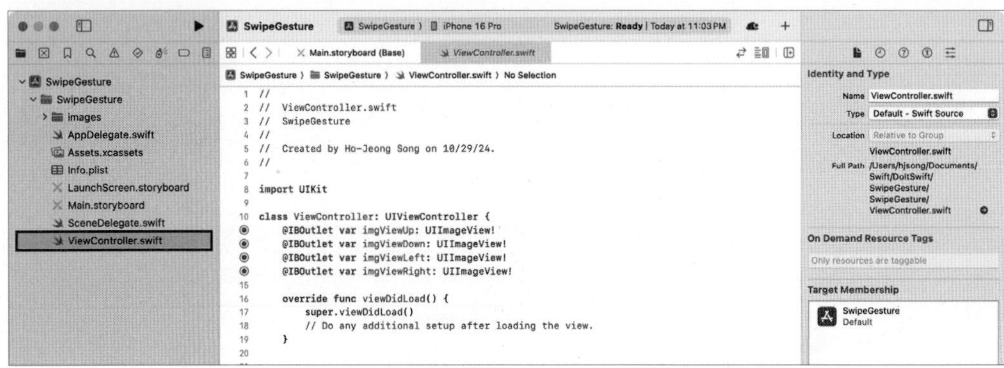

2. 이미지 배열 선언하기

각 방향별로 검은색과 빨간색 이미지를 저장하기 위해 다음과 같이 배열을 선언합니다.

```
import UIKit

class ViewController: UIViewController {
    @IBOutlet var imgViewUp: UIImageView!
    @IBOutlet var imgViewDown: UIImageView!
    @IBOutlet var imgViewLeft: UIImageView!
    @IBOutlet var imgViewRight: UIImageView!

    var imgLeft = [UIImage]()
    var imgRight = [UIImage]()
    var imgUp = [UIImage]()
    var imgDown = [UIImage]()

    override func viewDidLoad() {
        super.viewDidLoad()
        // Do any additional setup after loading the view.
    }
```

```
var imgLeft = [UIImage]()
var imgRight = [UIImage]()
var imgUp = [UIImage]()
var imgDown = [UIImage]()
```

3. 이미지 배열에 이미지 할당하기

앞에서 만든 이미지 배열에 이미지를 추가하기 위해 viewDidLoad 함수에 다음 소스를 입력합니다. 각 배열은 append 메서드를 사용하여 값을 추가할 수 있습니다.

```
    @IBOutlet var imgViewRight: UIImageView!

    var imgLeft = [UIImage]()
    var imgRight = [UIImage]()
    var imgUp = [UIImage]()
    var imgDown = [UIImage]()

    override func viewDidLoad() {
        super.viewDidLoad()
        // Do any additional setup after loading the view.

        imgUp.append(UIImage(named: "arrow-up-black.png")!)
        imgUp.append(UIImage(named: "arrow-up-red.png")!)
        imgDown.append(UIImage(named: "arrow-down-black.png")!)
        imgDown.append(UIImage(named: "arrow-down-red.png")!)
        imgLeft.append(UIImage(named: "arrow-left-black.png")!)
        imgLeft.append(UIImage(named: "arrow-left-red.png")!)
        imgRight.append(UIImage(named: "arrow-right-black.png")!)
        imgRight.append(UIImage(named: "arrow-right-red.png")!)
    }
```

▶ 배열에 대한 자세한 내용은 05장을 참고하세요.

```
imgUp.append(UIImage(named: "arrow-up-black.png")!)
imgUp.append(UIImage(named: "arrow-up-red.png")!)
imgDown.append(UIImage(named: "arrow-down-black.png")!)
imgDown.append(UIImage(named: "arrow-down-red.png")!)
imgLeft.append(UIImage(named: "arrow-left-black.png")!)
imgLeft.append(UIImage(named: "arrow-left-red.png")!)
imgRight.append(UIImage(named: "arrow-right-black.png")!)
imgRight.append(UIImage(named: "arrow-right-red.png")!)
```
❶

❶ 배열을 UIImage형으로 만들었기 때문에 append의 인수로 UIImage형의 값을 입력합니다. 스와이프하면 검은색 화살표가 빨간색이 되도록 하기 위해 처음에는 검은색 화살표의 파일명, 그 뒤에는 빨간색 화살표의 파일명을 입력하는 식으로 입력합니다. 첫 번째로 추가한 이미지는 imgUp[0]에 저장되고, 두 번째로 추가한 이미지는 imgUp[1]에 저장됩니다.

4. 각 이미지 뷰에 이미지 할당하기

이제 위에서 할당한 각 이미지 배열의 첫 번째 인자를 이미지 뷰에 할당합니다.

```
        imgDown.append(UIImage(named: "arrow-down-red.png")!)
        imgLeft.append(UIImage(named: "arrow-left-black.pn
        imgLeft.append(UIImage(named: "arrow-left-red.png"
        imgRight.append(UIImage(named: "arrow-right-black.
        imgRight.append(UIImage(named: "arrow-right-red.pn

        imgViewUp.image = imgUp[0]
        imgViewDown.image = imgDown[0]
        imgViewLeft.image = imgLeft[0]
        imgViewRight.image = imgRight[0]
    }
```

```
imgViewUp.image = imgUp[0]
imgViewDown.image = imgDown[0]
imgViewLeft.image = imgLeft[0]
imgViewRight.image = imgRight[0]
```
❶

❶ 각 배열의 첫 번째 값은 검은색 화살표를 나타내며, 인자 값 [0]을 사용하여 참조할 수 있습니다. 또한 두 번째 값은 빨간색 화살표를 나타내며, 인자 값 [1]을 사용하여 참조할 수 있습니다.

5. 스와이프 제스처 인식하기

스와이프 제스처는 UISwipeGestureRecognizer 클래스에 의해 인식됩니다. 즉, UISwipeGestureRecognizer 클래스 상수의 direction 속성에 원하는 방향을 설정한 후 뷰 객체의 addGestureRecognizer 메서드를 사용해 원하는 방향의 스와이프 제스처를 등록하여 인식하게 됩니다.

> 이때 생기는 에러는 #Selector에서 사용되는 respondToSwlpeGesture 함수가 아직 결정되지 않아서 생기는 에러입니다. 뒤에서 함수를 정의할 것이므로 지금은 무시하셔도 됩니다.

```
        imgViewUp.image = imgUp[0]
        imgViewDown.image = imgDown[0]
        imgViewLeft.image = imgLeft[0]
        imgViewRight.image = imgRight[0]

        let swipeUp = UISwipeGestureRecognizer(target: self, action:
            #selector(ViewController.respondToSwipeGesture(_:)))
        swipeUp.direction = UISwipeGestureRecognizer.Direction.up
        self.view.addGestureRecognizer(swipeUp)

        let swipeDown = UISwipeGestureRecognizer(target: self, action:
            #selector(ViewController.respondToSwipeGesture(_:)))
        swipeDown.direction = UISwipeGestureRecognizer.Direction.down
        self.view.addGestureRecognizer(swipeDown)

        let swipeLeft = UISwipeGestureRecognizer(target: self, action:
            #selector(ViewController.respondToSwipeGesture(_:)))
        swipeLeft.direction = UISwipeGestureRecognizer.Direction.left
        self.view.addGestureRecognizer(swipeLeft)

        let swipeRight = UISwipeGestureRecognizer(target: self, action:
            #selector(ViewController.respondToSwipeGesture(_:)))
        swipeRight.direction = UISwipeGestureRecognizer.Direction.right
        self.view.addGestureRecognizer(swipeRight)
    }


}
```

먼저 위쪽 방향의 스와이프 제스처를 등록하겠습니다.

```
let swipeUp = UISwipeGestureRecognizer(target: self, action: #selector
    (ViewController.respondToSwipeGesture(_:))) —❶
swipeUp.direction = UISwipeGestureRecognizer.Direction.up —❷
self.view.addGestureRecognizer(swipeUp) —❸
```

❶ UISwipeGestureRecognizer 클래스 상수 swipeUp을 선언합니다. 액션(action) 인수는 해당 스와이프 제스처를 행했을 때 실행할 메서드를 의미합니다.

❷ 위에서 선언한 UISwipeGestureRecognizer 클래스 상수 swipeUp의 direction 속성을 설정합니다. 여기서는 up으로 설정합니다.

❸ 뷰 객체의 addGestureRecognizer 메서드를 사용하여 위쪽 방향의 스와이프 제스처를 등록합니다.

같은 방식으로 아래쪽, 왼쪽, 오른쪽 방향의 스와이프 제스처를 등록합니다. 앞에서 'up'을 입력했던 부분에 각각 'down', 'left', 'right'를 입력하면 됩니다.

```
let swipeDown = UISwipeGestureRecognizer(target: self, action: #selector
    (ViewController.respondToSwipeGesture(_:)))
swipeDown.direction = UISwipeGestureRecognizer.Direction.down
self.view.addGestureRecognizer(swipeDown)

let swipeLeft = UISwipeGestureRecognizer(target: self, action: #selector
    (ViewController.respondToSwipeGesture(_:)))
swipeLeft.direction = UISwipeGestureRecognizer.Direction.left
self.view.addGestureRecognizer(swipeLeft)

let swipeRight = UISwipeGestureRecognizer(target: self, action: #selector
    (ViewController.respondToSwipeGesture(_:)))
swipeRight.direction = UISwipeGestureRecognizer.Direction.right
self.view.addGestureRecognizer(swipeRight)
```

6. 액션 메서드 구현하기

스와이프 제스처를 등록할 때 입력한 액션(action) 인수는 스와이프 제스처를 행했을 때 실행할 메서드를 의미합니다. 그럼 스와이프 제스처를 행했을 때 실행할 액션 메서드를 구현해 보겠습니다. 작업하던 곳에서 조금 내려가 respondToSwipeGesture 함수에 다음 내용을 입력합니다.

```
    override func viewDidLoad() {
        let swipeRight = UISwipeGestureRecognizer(target: self, action:
            #selector(ViewController.respondToSwipeGesture(_:)))
        swipeRight.direction = UISwipeGestureRecognizer.Direction.right
        self.view.addGestureRecognizer(swipeRight)
    }

    @objc func respondToSwipeGesture(_ gesture: UIGestureRecognizer) {
        if let swipeGesture = gesture as? UISwipeGestureRecognizer {
            imgViewUp.image = imgUp[0]
            imgViewDown.image = imgDown[0]
            imgViewLeft.image = imgLeft[0]
            imgViewRight.image = imgRight[0]

            switch swipeGesture.direction {
            case UISwipeGestureRecognizer.Direction.up:
                imgViewUp.image = imgUp[1]
            case UISwipeGestureRecognizer.Direction.down:
                imgViewDown.image = imgDown[1]
            case UISwipeGestureRecognizer.Direction.left:
                imgViewLeft.image = imgLeft[1]
            case UISwipeGestureRecognizer.Direction.right:
                imgViewRight.image = imgRight[1]
            default:
                break
            }
        }
    }
}
```

```
@objc func respondToSwipeGesture(_ gesture: UIGestureRecognizer) {
    if let swipeGesture = gesture as? UISwipeGestureRecognizer { —❶
        imgViewUp.image = imgUp[0]           ┐
        imgViewDown.image = imgDown[0]       │
        imgViewLeft.image = imgLeft[0]       ├❷
        imgViewRight.image = imgRight[0]     ┘

        switch swipeGesture.direction {                          ┐
        case UISwipeGestureRecognizer.Direction.up:              │
            imgViewUp.image = imgUp[1]                           │
        case UISwipeGestureRecognizer.Direction.down:            │
            imgViewDown.image = imgDown[1]                       ├❸
        case UISwipeGestureRecognizer.Direction.left:            │
            imgViewLeft.image = imgLeft[1]                       │
        case UISwipeGestureRecognizer.Direction.right:           │
            imgViewRight.image = imgRight[1]                     │
        default:                                                 │
            break                                                ┘
        }
    }
}
```

❶ 만일 제스처가 있다면

❷ 우선 전체 이미지 뷰를 검은색 화살표로 초기화합니다(배열 인자 값 [0] 사용).

❸ switch문을 사용해 제스처의 방향에 따라 해당 방향의 이미지를 빨간색 이미지로 변경합니다(배열 인자 값 [1] 사용).

스위프트 문법 } switch문이란?

switch문은 if문과 유사한 조건문이지만 if문과는 달리 조건별로 처리가 가능합니다. 즉, switch문은 다양한 케이스(case)로 구성되는데 각 케이스에 해당될 경우 해당 문장을 수행하며, 여러 케이스 중 한 가지만 수행합니다.

switch문의 기본 구조는 오른쪽과 같습니다.

```
switch 표현식 {
case 값1 :
    값1일 경우 수행할 문장
case 값2 :
    값2일 경우 수행할 문장
case 값3 :
    값3일 경우 수행할 문장
default :
    위의 모든 조건에 해당되지 않을 경우 수행할 문장
}
```

switch문을 사용한 예제를 살펴보겠습니다. 이 예제는 케이스(case)로 비교하는 값이 하나의 값을 갖는 경우입니다.

```
switch (num%2) { —❶
case 0 : —❷
    lblNumber.text = "짝수"
case 1 : —❸
    lblNumber.text = "홀수"
default : —❹
    lblNumber.text = "숫자가 아닙니다"
}
```

❶ num이라는 숫자를 2로 나눈 나머지를 비교합니다.

❷ 2로 나눈 나머지가 0이면 레이블에 "짝수"라는 문자를 출력합니다.

❸ 반대로 2로 나눈 나머지가 1이면 레이블에 "홀수"라는 문자를 출력합니다.

❹ 2로 나눈 나머지가 0이나 1이 아니면(그럴 일은 거의 없지만 만일의 경우를 대비해서 사용합니다) "숫자가 아닙니다"라는 문자를 출력합니다.

이번에는 구간을 갖는 케이스 비교 값을 사용해 보겠습니다.

```
switch score —❶
case 91…100 —❷
    grade = 'A'
case 81…90
    grade = 'B'
case 71…80
    grade = 'C'
case 61…70
    grade = 'D'
default —❸
    grade = 'F'
}
```

❶ score라는 값을 비교합니다.

❷ score라는 값이 91~100 사이라면 grade에 'A'를 저장합니다.

❸ 모든 경우에 해당되지 않으면 'F'를 저장합니다.

▶ switch문에 대한 자세한 설명은 [문법 07]를 참고하세요.

7. 결과 보기

이제 [실행] 버튼을 클릭하여 앱을 실행합니다. 프로그램이 실행된 후 한 손가락으로 위쪽, 아래쪽, 왼쪽, 오른쪽으로 스와이프하면 해당 방향의 화살표가 빨간색으로 변합니다.

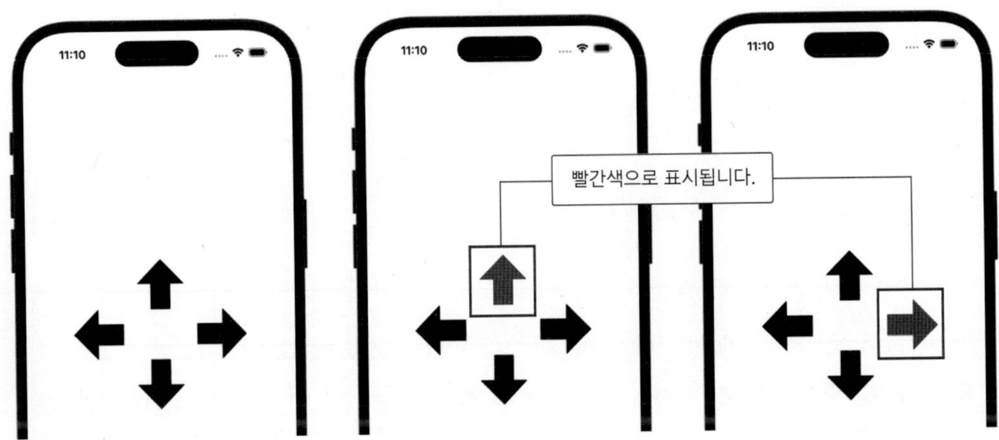

18-5 멀티 터치 스와이프 제스처 인식하기

이번에는 두 손가락 이상의 스와이프 제스처를 인식해 기능을 수행하는 방법을 알아보겠습니다.

두 손가락으로 스와이프하면 화살표가 빨간색이 되도록 만들기

1. 두 손가락을 사용한 스와이프 제스처를 인식해야 하므로 원하는 터치의 개수를 '2'로 설정합니다. 다음 소스를 뷰 컨트롤러의 클래스 선언문 바로 아래에 추가합니다.

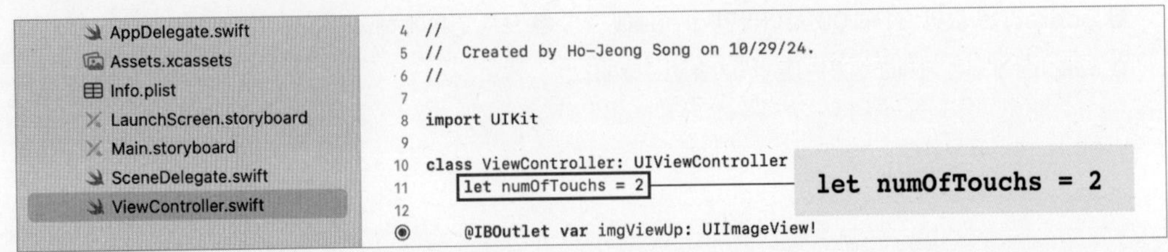


```
//
//  Created by Ho-Jeong Song on 10/29/24.
//

import UIKit

class ViewController: UIViewController
    let numOfTouchs = 2

    @IBOutlet var imgViewUp: UIImageView!
```

```
let numOfTouchs = 2
```

2. 이제 앞에서 각 방향마다 입력했던 코드에 다음과 같이 한 줄씩 추가하겠습니다. 멀티 터치 스와이프 제스처를 등록할 때는 numberOfTouchesRequired 속성이 필요합니다. 이 속성에는 앞에서 설정한 터치의 개수인 'numOfTouchs'를 입력합니다.

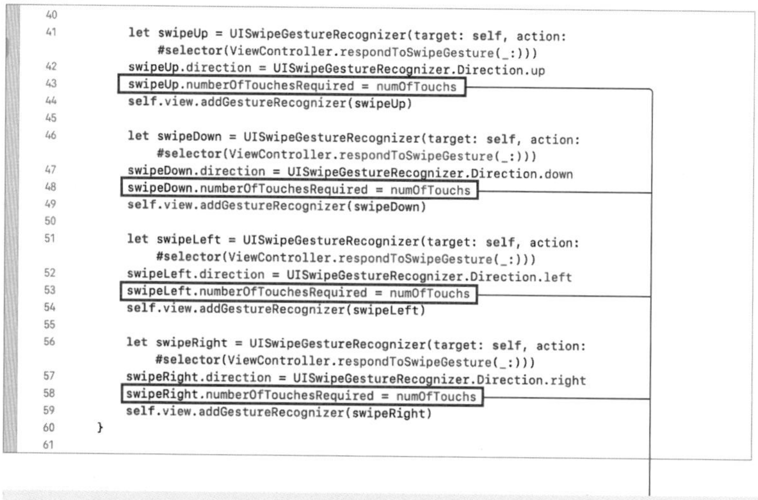

```
        let swipeUp = UISwipeGestureRecognizer(target: self, action:
            #selector(ViewController.respondToSwipeGesture(_:)))
        swipeUp.direction = UISwipeGestureRecognizer.Direction.up
        swipeUp.numberOfTouchesRequired = numOfTouchs
        self.view.addGestureRecognizer(swipeUp)

        let swipeDown = UISwipeGestureRecognizer(target: self, action:
            #selector(ViewController.respondToSwipeGesture(_:)))
        swipeDown.direction = UISwipeGestureRecognizer.Direction.down
        swipeDown.numberOfTouchesRequired = numOfTouchs
        self.view.addGestureRecognizer(swipeDown)

        let swipeLeft = UISwipeGestureRecognizer(target: self, action:
            #selector(ViewController.respondToSwipeGesture(_:)))
        swipeLeft.direction = UISwipeGestureRecognizer.Direction.left
        swipeLeft.numberOfTouchesRequired = numOfTouchs
        self.view.addGestureRecognizer(swipeLeft)

        let swipeRight = UISwipeGestureRecognizer(target: self, action:
            #selector(ViewController.respondToSwipeGesture(_:)))
        swipeRight.direction = UISwipeGestureRecognizer.Direction.right
        swipeRight.numberOfTouchesRequired = numOfTouchs
        self.view.addGestureRecognizer(swipeRight)
    }
```

```
let swipeUp = UISwipeGestureRecognizer(target: self, action: #selector
    (ViewController.respondToSwipeGesture(_:)))
swipeUp.direction = UISwipeGestureRecognizer.Direction.up
swipeUp.numberOfTouchesRequired = numOfTouchs
self.view.addGestureRecognizer(swipeUp)

let swipeDown = UISwipeGestureRecognizer(target: self, action: #selector
    (ViewController.respondToSwipeGesture(_:)))
swipeDown.direction = UISwipeGestureRecognizer.Direction.down
swipeDown.numberOfTouchesRequired = numOfTouchs
self.view.addGestureRecognizer(swipeDown)

let swipeLeft = UISwipeGestureRecognizer(target: self, action: #selector
    (ViewController.respondToSwipeGesture(_:)))
swipeLeft.direction = UISwipeGestureRecognizer.Direction.left
swipeLeft.numberOfTouchesRequired = numOfTouchs
self.view.addGestureRecognizer(swipeLeft)

let swipeRight = UISwipeGestureRecognizer(target: self, action: #selector
    (ViewController.respondToSwipeGesture(_:)))
swipeRight.direction = UISwipeGestureRecognizer.Direction.right
swipeRight.numberOfTouchesRequired = numOfTouchs
self.view.addGestureRecognizer(swipeRight)
```

3. 결과 보기

이제 [실행] 버튼을 클릭하여 앱을 실행합니다. 앞의 프로그램과는 다르게 두 손가락으로 스와이프해야 동작을 인식합니다.

17장에서도 사용했듯이 시뮬레이터에서 두 손가락을 사용하려면 option 을 눌러야 합니다. 하지만 스와이프하면 두 개의 동그라미가 서로 반대 방향으로 움직이므로 손가락을 같은 방향으로 스와이프하려면 option 과 shift 를 함께 누르고 움직이면 됩니다.

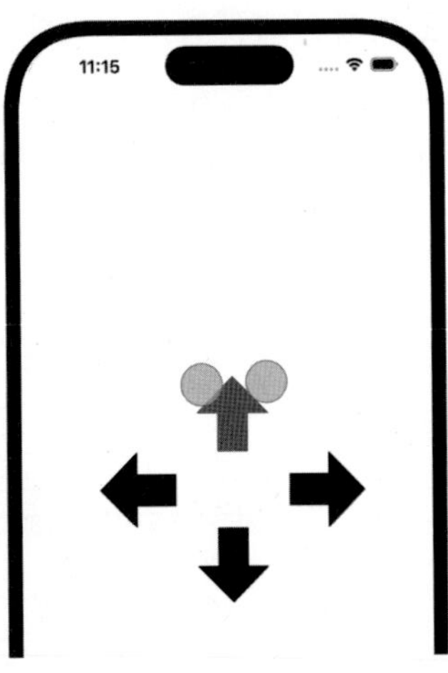

18-6 다중 스와이프 제스처 인식하기

이번에는 앞에서 만든 동작을 합쳐서 한 손가락과 두 손가락의 스와이프 제스처를 각각 인식하게 하는 방법을 알아보겠습니다.

한 손가락과 두 손가락 스와이프 각각 구현하기

1. 이미지 추가하기

두 손가락으로 스와이프할 때 표시할 초록색 화살표 이미지를 추가합니다.

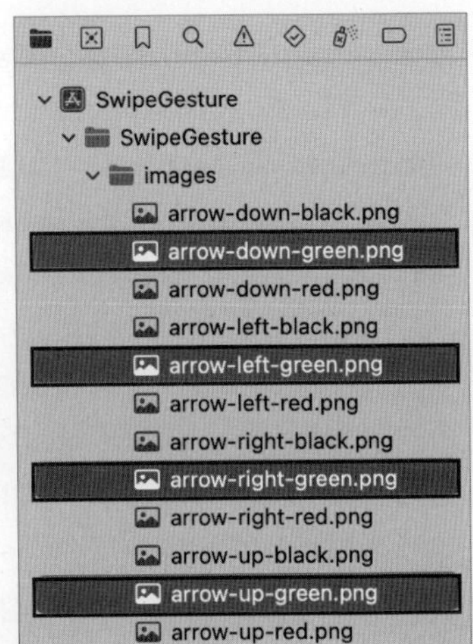

2. 이미지 배열에 초록색 화살표 추가하기

앞에서 검은색 화살표 파일명, 빨간색 화살표 파일명 순으로 입력했던 각 이미지 배열에 초록색 화살표 이미지를 각각 추가합니다.

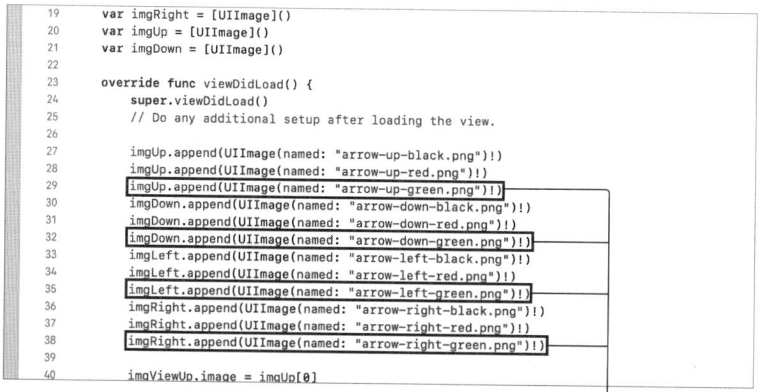

```
    var imgRight = [UIImage]()
    var imgUp = [UIImage]()
    var imgDown = [UIImage]()

    override func viewDidLoad() {
        super.viewDidLoad()
        // Do any additional setup after loading the view.

        imgUp.append(UIImage(named: "arrow-up-black.png")!)
        imgUp.append(UIImage(named: "arrow-up-red.png")!)
        imgUp.append(UIImage(named: "arrow-up-green.png")!)
        imgDown.append(UIImage(named: "arrow-down-black.png")!)
        imgDown.append(UIImage(named: "arrow-down-red.png")!)
        imgDown.append(UIImage(named: "arrow-down-green.png")!)
        imgLeft.append(UIImage(named: "arrow-left-black.png")!)
        imgLeft.append(UIImage(named: "arrow-left-red.png")!)
        imgLeft.append(UIImage(named: "arrow-left-green.png")!)
        imgRight.append(UIImage(named: "arrow-right-black.png")!)
        imgRight.append(UIImage(named: "arrow-right-red.png")!)
        imgRight.append(UIImage(named: "arrow-right-green.png")!)

        imgViewUp.image = imgUp[0]
```

```
override func viewDidLoad() {
    super.viewDidLoad()
    // Do any additional setup after loading the view, typically from a nib.

    imgUp.append(UIImage(named: “arrow-up-black.png”)!)
    imgUp.append(UIImage(named: “arrow-up-red.png”)!)
    imgUp.append(UIImage(named: “arrow-up-green.png”)!)
    imgDown.append(UIImage(named: “arrow-down-black.png”)!)
    imgDown.append(UIImage(named: “arrow-down-red.png”)!)
    imgDown.append(UIImage(named: “arrow-down-green.png”)!)
    imgLeft.append(UIImage(named: “arrow-left-black.png”)!)
    imgLeft.append(UIImage(named: “arrow-left-red.png”)!)
    imgLeft.append(UIImage(named: “arrow-left-green.png”)!)
    imgRight.append(UIImage(named: “arrow-right-black.png”)!)
    imgRight.append(UIImage(named: “arrow-right-red.png”)!)
    imgRight.append(UIImage(named: “arrow-right-green.png”)!)
```

3. 스와이프 제스처 등록하기

앞에서 한 손가락으로 스와이프했을 때 인식할 상수로 swipeUp을 선언하고, 액션 메서드로 'respondToSwipeGesture'를 입력했습니다. 이번에는 그 아래에 두 손가락으로 스와이프했을 때 인식할 상수를 선언하겠습니다. 이때 두 손가락으로 스와이프했을 때 인식할 swipeUp, swipeDown 등을 앞에서 이미 선언했으니 이 부분을 먼저 삭제합니다. 그리고 새롭게 swipeUpMulti 상수를 선언하고 액션 메서드는 'respondToSwipeGestureMulti'를 입력합니다. 또한 swipeUpMulti 상수의 numberOfTouchesRequired 속성에 numOfTouchs 값을 입력합니다.

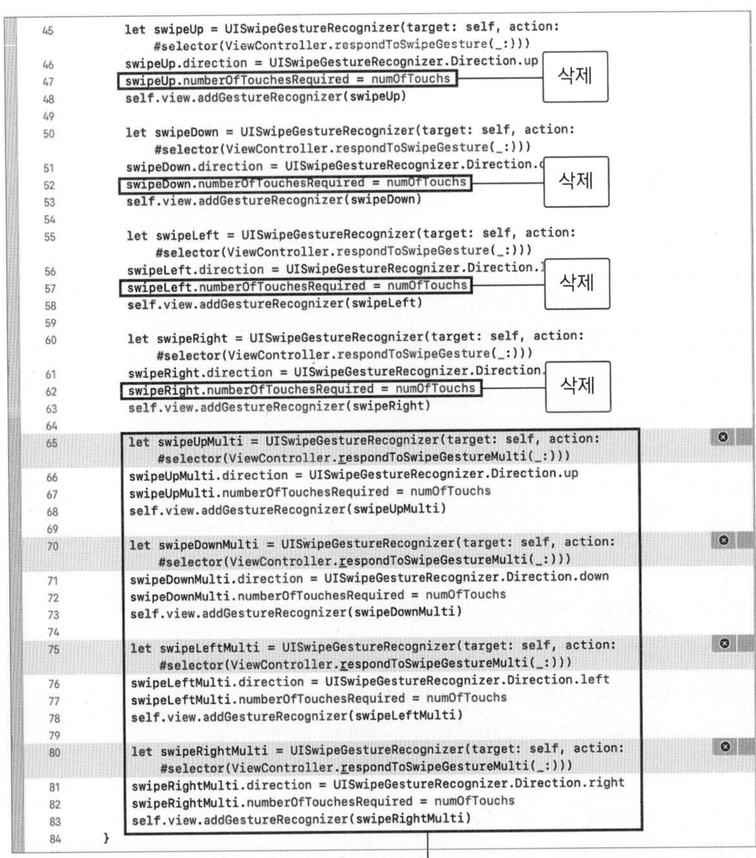


```
let swipeUpMulti = UISwipeGestureRecognizer(target: self, action:
    #selector(ViewController.respondToSwipeGestureMulti(_:)))
swipeUpMulti.direction = UISwipeGestureRecognizer.Direction.up
swipeUpMulti.numberOfTouchesRequired = numOfTouchs
self.view.addGestureRecognizer(swipeUpMulti)

let swipeDownMulti = UISwipeGestureRecognizer(target: self, action:
    #selector(ViewController.respondToSwipeGestureMulti(_:)))
swipeDownMulti.direction = UISwipeGestureRecognizer.Direction.down
swipeDownMulti.numberOfTouchesRequired = numOfTouchs
self.view.addGestureRecognizer(swipeDownMulti)
```

```
let swipeLeftMulti = UISwipeGestureRecognizer(target: self, action:
    #selector(ViewController.respondToSwipeGestureMulti(_:)))
swipeLeftMulti.direction = UISwipeGestureRecognizer.Direction.left
swipeLeftMulti.numberOfTouchesRequired = numOfTouchs
self.view.addGestureRecognizer(swipeLeftMulti)

let swipeRightMulti = UISwipeGestureRecognizer(target: self, action:
    #selector(ViewController.respondToSwipeGestureMulti(_:)))
swipeRightMulti.direction = UISwipeGestureRecognizer.Direction.right
swipeRightMulti.numberOfTouchesRequired = numOfTouchs
self.view.addGestureRecognizer(swipeRightMulti)
```

4. 액션 메서드 구현하기

두 손가락으로 스와이프했을 때 실행할 액션 메서드를 추가하겠습니다. 맨 아래로 내려가 다음 소스를 입력하면 이미지 뷰에 초록색 화살표 이미지가 할당됩니다. 각 배열의 세 번째 값은 초록색 화살표를 나타내며 인자 값 [2]를 사용하여 참조할 수 있습니다.

▶ 이 과정 역시 앞에서 실습했던 내용과 유사합니다. 자세한 소스의 의미를 알고 싶으면 18-4절을 참고하세요.

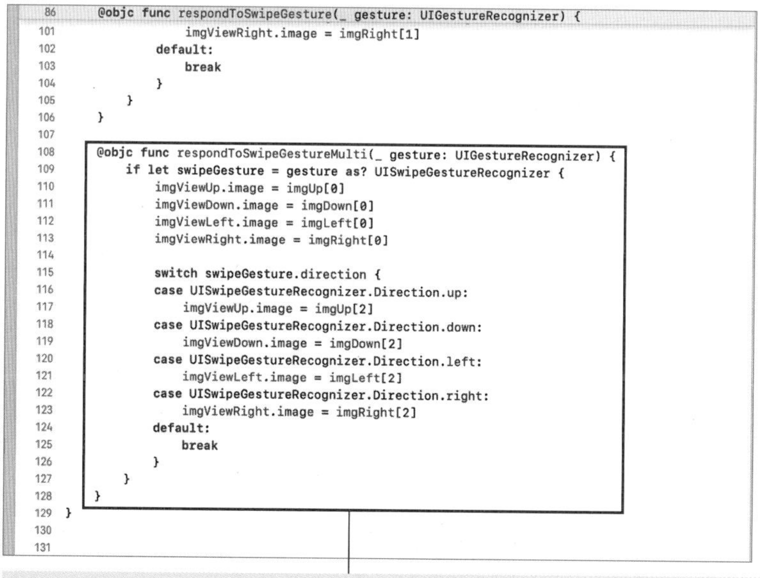

```
    @objc func respondToSwipeGesture(_ gesture: UIGestureRecognizer) {
                imgViewRight.image = imgRight[1]
            default:
                break
            }
        }
    }

    @objc func respondToSwipeGestureMulti(_ gesture: UIGestureRecognizer) {
        if let swipeGesture = gesture as? UISwipeGestureRecognizer {
            imgViewUp.image = imgUp[0]
            imgViewDown.image = imgDown[0]
            imgViewLeft.image = imgLeft[0]
            imgViewRight.image = imgRight[0]

            switch swipeGesture.direction {
            case UISwipeGestureRecognizer.Direction.up:
                imgViewUp.image = imgUp[2]
            case UISwipeGestureRecognizer.Direction.down:
                imgViewDown.image = imgDown[2]
            case UISwipeGestureRecognizer.Direction.left:
                imgViewLeft.image = imgLeft[2]
            case UISwipeGestureRecognizer.Direction.right:
                imgViewRight.image = imgRight[2]
            default:
                break
            }
        }
    }
}
```

```
@objc func respondToSwipeGestureMulti(_ gesture: UIGestureRecognizer) {
    if let swipeGesture = gesture as? UISwipeGestureRecognizer {
        imgViewUp.image = imgUp[0]
        imgViewDown.image = imgDown[0]
```

```
        imgViewLeft.image = imgLeft[0]
        imgViewRight.image = imgRight[0]

        switch swipeGesture.direction {
        case UISwipeGestureRecognizer.Direction.up:
            imgViewUp.image = imgUp[2]
        case UISwipeGestureRecognizer.Direction.down:
            imgViewDown.image = imgDown[2]
        case UISwipeGestureRecognizer.Direction.left:
            imgViewLeft.image = imgLeft[2]
        case UISwipeGestureRecognizer.Direction.right:
            imgViewRight.image = imgRight[2]
        default:
            break
        }
    }
}
```

5. 결과 보기

이제 [실행] 버튼을 클릭하여 앱을 실행합니다. 한 손가락으로 스와이프하면 스와이프한 방향의 화살표가 빨간색으로 표시되고, 두 손가락으로 스와이프하면 스와이프한 방향의 화살표가 초록색으로 표시됩니다.

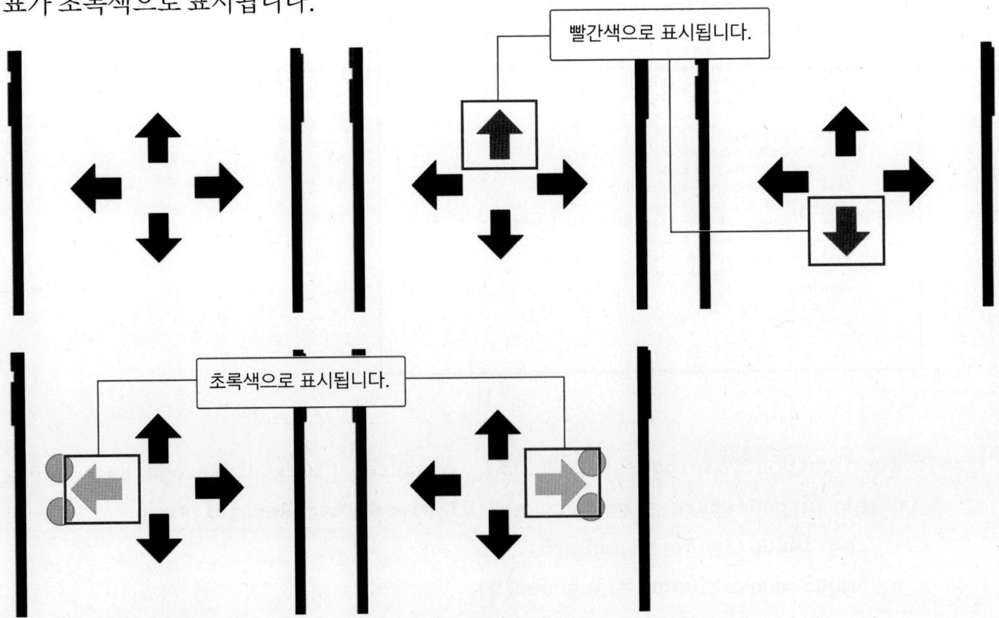
빨간색으로 표시됩니다.
초록색으로 표시됩니다.

18-7 스와이프 제스처 앱, 전체 소스 보기

완성된 앱의 전체 소스를 확인해 보세요.

ViewController.swift

```
import UIKit

class ViewController: UIViewController {
    let numOfTouchs = 2

    @IBOutlet var imgViewUp: UIImageView!
    @IBOutlet var imgViewDown: UIImageView!
    @IBOutlet var imgViewLeft: UIImageView!
    @IBOutlet var imgViewRight: UIImageView!

    // 이미지를 보관할 배열 선언
    var imgLeft = [UIImage]()
    var imgRight = [UIImage]()
    var imgUp = [UIImage]()
    var imgDown = [UIImage]()

    override func viewDidLoad() {
       super.viewDidLoad()
        // Do any additional setup after loading the view.

        // 각 배열에 이미지 추가
        imgUp.append(UIImage(named: "arrow-up-black.png")!)
        imgUp.append(UIImage(named: "arrow-up-red.png")!)
        imgUp.append(UIImage(named: "arrow-up-green.png")!)
        imgDown.append(UIImage(named: "arrow-down-black.png")!)
        imgDown.append(UIImage(named: "arrow-down-red.png")!)
        imgDown.append(UIImage(named: "arrow-down-green.png")!)
        imgLeft.append(UIImage(named: "arrow-left-black.png")!)
        imgLeft.append(UIImage(named: "arrow-left-red.png")!)
        imgLeft.append(UIImage(named: "arrow-left-green.png")!)
        imgRight.append(UIImage(named: "arrow-right-black.png")!)
```

```
imgRight.append(UIImage(named: "arrow-right-red.png")!)
imgRight.append(UIImage(named: "arrow-right-green.png")!)

// 네 개의 이미지 뷰에 초기 이미지(검은색) 저장
imgViewUp.image = imgUp[0]
imgViewDown.image = imgDown[0]
imgViewLeft.image = imgLeft[0]
imgViewRight.image = imgRight[0]

// 한 손가락 스와이프 제스처 등록(위, 아래, 왼쪽, 오른쪽)
let swipeUp = UISwipeGestureRecognizer(target: self, action:
      #selector(ViewController.respondToSwipeGesture(_:)))
swipeUp.direction = UISwipeGestureRecognizer.Direction.up
self.view.addGestureRecognizer(swipeUp)

let swipeDown = UISwipeGestureRecognizer(target: self, action:
      #selector(ViewController.respondToSwipeGesture(_:)))
swipeDown.direction = UISwipeGestureRecognizer.Direction.down
self.view.addGestureRecognizer(swipeDown)

let swipeLeft = UISwipeGestureRecognizer(target: self, action:
      #selector(ViewController.respondToSwipeGesture(_:)))
swipeLeft.direction = UISwipeGestureRecognizer.Direction.left
self.view.addGestureRecognizer(swipeLeft)

let swipeRight = UISwipeGestureRecognizer(target: self, action:
      #selector(ViewController.respondToSwipeGesture(_:)))
swipeRight.direction = UISwipeGestureRecognizer.Direction.right
self.view.addGestureRecognizer(swipeRight)

// 두 손가락 스와이프 제스처 등록(위, 아래, 왼쪽, 오른쪽)
let swipeUpMulti = UISwipeGestureRecognizer(target: self, action:
      #selector(ViewController.respondToSwipeGestureMulti(_:)))
swipeUpMulti.direction = UISwipeGestureRecognizer.Direction.up
swipeUpMulti.numberOfTouchesRequired = numOfTouchs
self.view.addGestureRecognizer(swipeUpMulti)

let swipeDownMulti = UISwipeGestureRecognizer(target: self, action:
      #selector(ViewController.respondToSwipeGestureMulti(_:)))
swipeDownMulti.direction = UISwipeGestureRecognizer.Direction.down
swipeDownMulti.numberOfTouchesRequired = numOfTouchs
self.view.addGestureRecognizer(swipeDownMulti)

let swipeLeftMulti = UISwipeGestureRecognizer(target: self, action:
```

```
            #selector(ViewController.respondToSwipeGestureMulti(_:)))
        swipeLeftMulti.direction = UISwipeGestureRecognizer.Direction.left
        swipeLeftMulti.numberOfTouchesRequired = numOfTouchs
        self.view.addGestureRecognizer(swipeLeftMulti)

        let swipeRightMulti = UISwipeGestureRecognizer(target: self, action:
            #selector(ViewController.respondToSwipeGestureMulti(_:)))
        swipeRightMulti.direction = UISwipeGestureRecognizer.Direction.right
        swipeRightMulti.numberOfTouchesRequired = numOfTouchs
        self.view.addGestureRecognizer(swipeRightMulti)
    }

    // 한 손가락 스와이프 제스처를 행했을 때 실행할 액션 메서드
    @objc func respondToSwipeGesture(_ gesture: UIGestureRecognizer) {

        // 만일 제스처가 있다면
        if let swipeGesture = gesture as? UISwipeGestureRecognizer {
            // 네 개의 이미지 뷰에 초기 이미지(검은색) 저장
            imgViewUp.image = imgUp[0]
            imgViewDown.image = imgDown[0]
            imgViewLeft.image = imgLeft[0]
            imgViewRight.image = imgRight[0]

            // 발생한 이벤트가 각 방향의 스와이프 이벤트라면 해당 이미지 뷰를 빨간색 이미지로 변경
            switch swipeGesture.direction {
                case UISwipeGestureRecognizer.Direction.up:
                    imgViewUp.image = imgUp[1]
                case UISwipeGestureRecognizer.Direction.down:
                    imgViewDown.image = imgDown[1]
                case UISwipeGestureRecognizer.Direction.left:
                    imgViewLeft.image = imgLeft[1]
                case UISwipeGestureRecognizer.Direction.right:
                    imgViewRight.image = imgRight[1]
                default:
                    break
            }
        }
    }

    // 두 손가락 스와이프 제스처를 행했을 때 실행할 액션 메서드
    @objc func respondToSwipeGestureMulti(_ gesture: UIGestureRecognizer) {
        if let swipeGesture = gesture as? UISwipeGestureRecognizer {
            imgViewUp.image = imgUp[0]
            imgViewDown.image = imgDown[0]
```

```
            imgViewLeft.image = imgLeft[0]
            imgViewRight.image = imgRight[0]

            // 발생한 이벤트가 각 방향의 스와이프 이벤트라면 해당 이미지 뷰를 초록색 이미지로 변경
            switch swipeGesture.direction {
            case UISwipeGestureRecognizer.Direction.up:
                imgViewUp.image = imgUp[2]
            case UISwipeGestureRecognizer.Direction.down:
                imgViewDown.image = imgDown[2]
            case UISwipeGestureRecognizer.Direction.left:
                imgViewLeft.image = imgLeft[2]
            case UISwipeGestureRecognizer.Direction.right:
                imgViewRight.image = imgRight[2]
            default:
                break
            }
        }
    }
}
```

갤러리 앱에 스와이프 기능 추가하기

목표 다음과 같이 09장에서 만든 갤러리 앱에 스와이프 기능을 추가해 보세요. 그래서 화면을 좌우로 스와이프했을 때 이전 사진이나 다음 사진을 보여 주는 갤러리 앱을 만들어 보세요.

:: 완성 소스 [18장] 폴더 / [미션] 폴더 / PageControl.xcodeproj

19 핀치 제스처 사용해 사진 확대/축소하기

난이도 ★★☆☆☆

핀치 제스처 또한 iOS에서 가장 많이 사용하는 동작 중의 하나로, 엄지와 검지 두 손가락을 화면에 터치한 후 손가락의 간격을 벌리고 좁히는 동작으로 화면을 확대/축소할 때 많이 사용합니다. 일반적으로 핀치 제스처는 갤러리의 사진을 확대/축소하거나 웹 페이지 또는 지도 등의 앱에서 화면을 볼 때 사용합니다. 이 장에서는 핀치 제스처를 등록하고 사용하는 방법을 알아보고 핀치 제스처를 사용해 텍스트와 이미지를 확대/축소해 보겠습니다.

완성된 모습
완성 소스 [19장] 폴더 / [본문 실습] 폴더 / PinchGesture.xcodeproj
8:21
8:22
8:21
화면을 두 손가락으로 터치한 후 손가락의 간격을 벌리거나 좁히면 이미지의 크기가 확대/축소됩니다.

19-1

핀치 제스처란?

핀치 제스처(Pinch Gesture)는 두 손가락으로 화면을 확대/축소할 때 사용하는 이벤트로, 화면 확대/축소 기능이 들어간 모든 앱에서 사용할 수 있습니다. 핀치 제스처를 사용하면 다음과 같은 유용한 앱을 만들 수 있습니다.

iOS 사진 앱

사파리(Safari) 앱

지도 앱

19-2 텍스트 핀치 앱을 위한 기본 환경 구성하기

핀치 제스처는 사진뿐만 아니라 텍스트에도 사용할 수 있습니다. 텍스트를 확대/축소할 수 있는 것이지요. 이 절에서는 이런 텍스트 핀치 연습 앱을 위한 기본 환경을 구성해 보겠습니다.

텍스트 핀치 앱을 위한 만들기 위한 준비

1. Xcode를 실행한 후 'PinchGesture'라는 이름으로 프로젝트를 만듭니다.

> ▶ 프로젝트를 만드는 방법은 02장을 참고하세요.

2. 디바이스 선택 및 뷰 컨트롤러 크기 조절하기

스토리보드의 디바이스로 [iPhone 16 Pro]를 선택하겠습니다. 또한 아이폰 모양의 뷰 컨트롤러 크기를 상황에 맞게 조절합니다. 자동 레이아웃을 설정하면서 배치되는 위치나 제약 조건 등을 확인하기 위하여 도큐먼트 아웃라인 영역(❷)은 닫지 않고 그냥 둡니다.

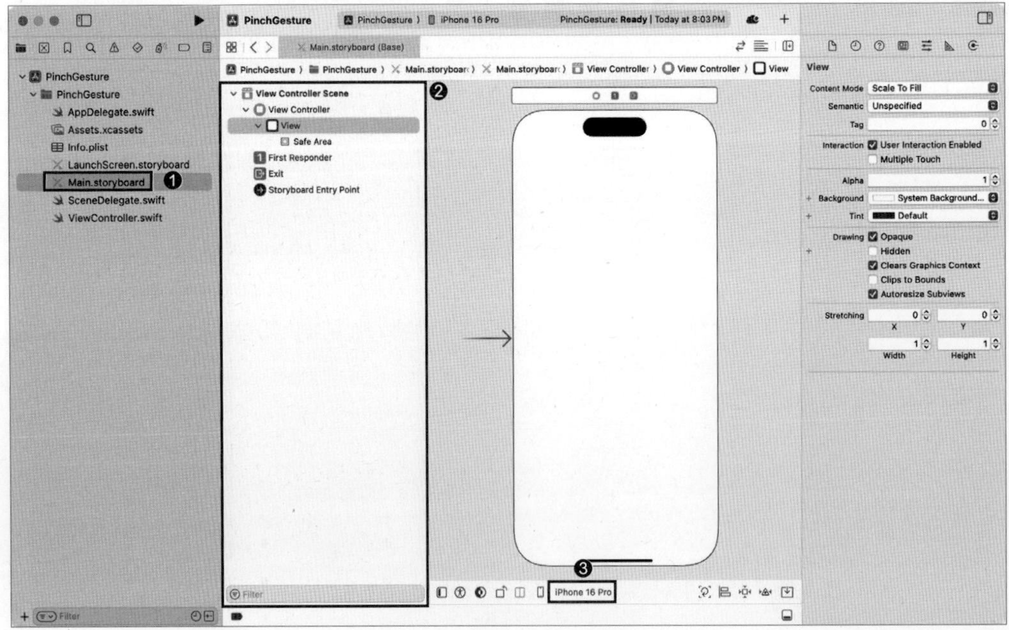

스토리보드 꾸미기 및 자동 레이아웃 설정

1. 스토리보드 꾸미기

이번 예제는 레이블 한 개만 있는 간단한 예제입니다. 상단의 [Library] 버튼을 클릭한 후 팝업 창에서 [레이블] 객체를 가져와 스토리보드의 중앙에 놓습니다. 방금 배치한 레이블을 선택하여 텍스트를 'Pinch'로 변경하고 인스펙터 영역의 Alignment를 가운데 맞춤으로 설정합니다.

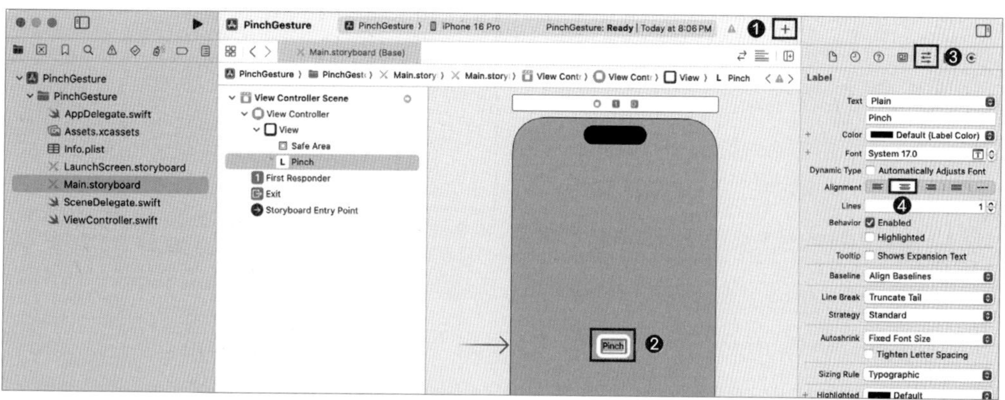

2. 레이블을 선택한 후 [제약 조건] 아이콘을 클릭하여 제약 조건(위:0, 왼쪽:16, 오른쪽:16, 아래:0)을 입력하고 [Add 4 Constraints] 버튼을 클릭합니다.

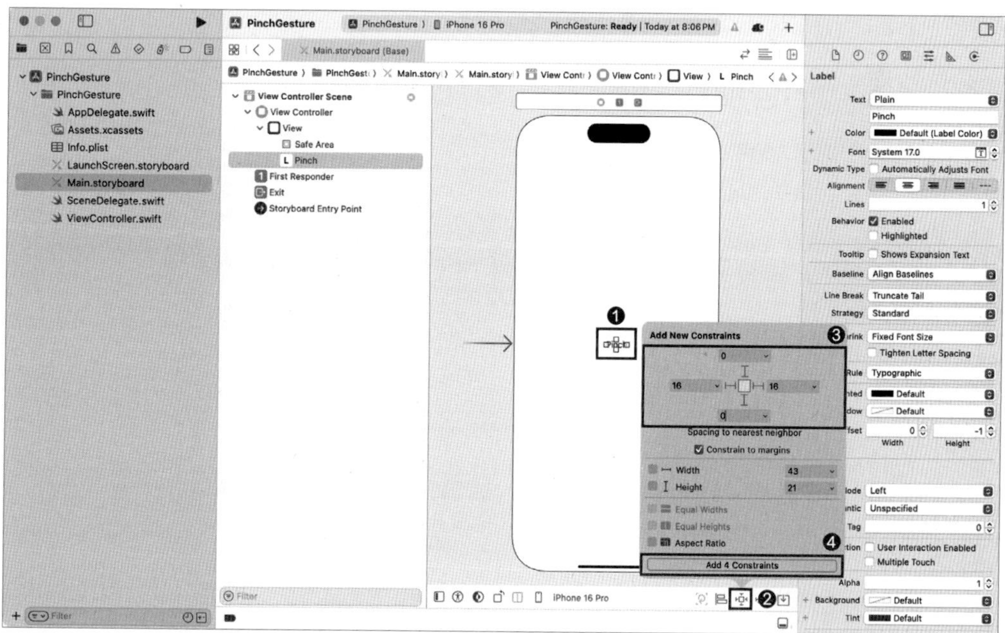

다음과 같이 [레이블] 객체가 화면에 꽉 차게 변경되었습니다.

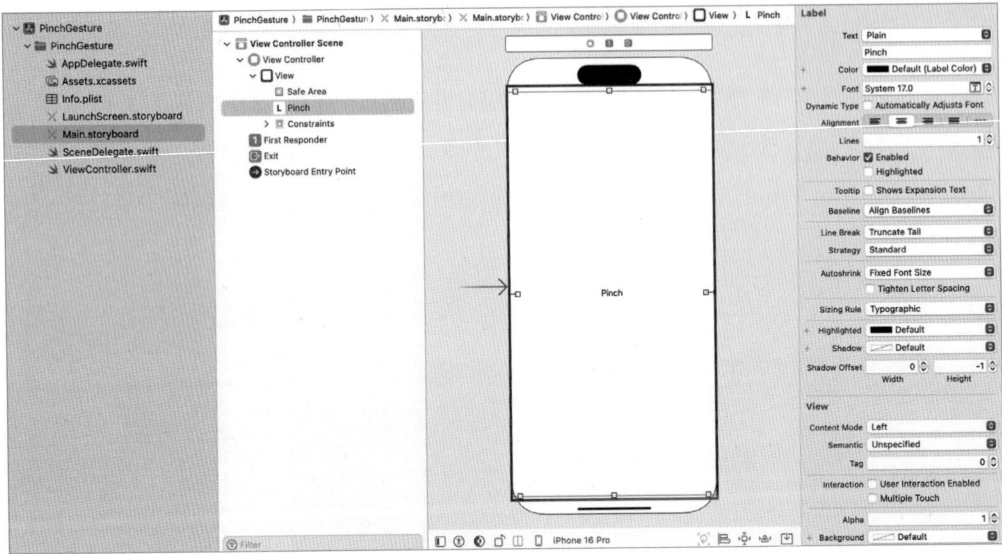

3. 아웃렛 변수를 추가하기 위해 오른쪽 윗부분의 [Adjust Editor Options] 버튼을 클릭한 후 [Assistant] 메뉴를 선택하여 보조 편집기 영역을 엽니다. 보조 편집기 영역을 열면 화면이 좁기 때문에 도큐먼트 아웃라인 영역을 닫습니다.

4. 앞에서 추가한 [레이블] 객체에 아웃렛 변수를 추가하겠습니다. 연결 설정 창에서 변수의 위치와 설정은 아래 표를 참고하세요.

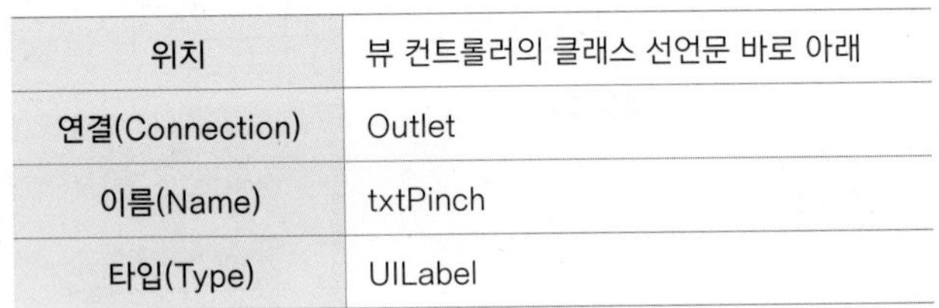

위치	뷰 컨트롤러의 클래스 선언문 바로 아래
연결(Connection)	Outlet
이름(Name)	txtPinch
타입(Type)	UILabel

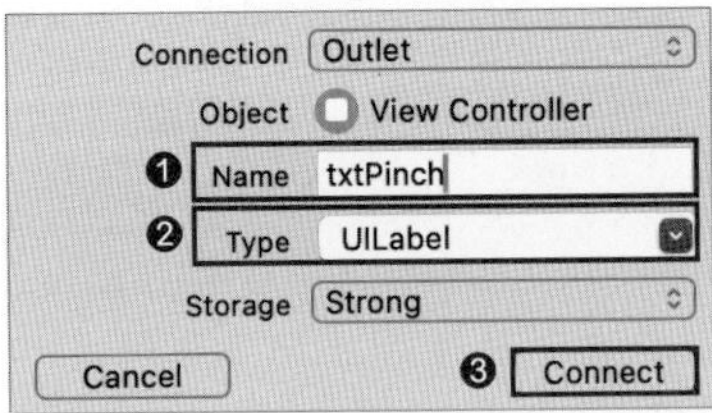

다음과 같이 아웃렛 변수가 추가되었습니다.

```
import UIKit

class ViewController: UIViewController {
    @IBOutlet var txtPinch: UILabel!

    override func viewDidLoad() {
        super.viewDidLoad()
        // Do any additional setup after
            loading the view.
    }
```

@IBOutlet var txtPinch: UILabel!

19-3 텍스트 핀치 앱 구현하기

기본 준비를 마쳤으니 본격적으로 핀치 제스처를 구현해 텍스트를 확대/축소해 보겠습니다.

핀치 제스처로 텍스트 확대/축소하기

1. 왼쪽 내비게이터 영역에서 [ViewController.swift]를 선택합니다.

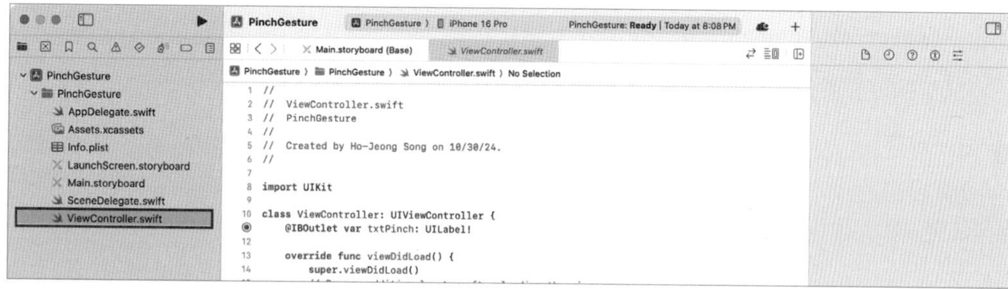

2. 글자 크기 변수 선언하기

핀치 제스처가 발생했을 때 현재 글자 크기를 저장해 보겠습니다. 이를 위해 글자 크기 변수를 선언합니다.

```
class ViewController: UIViewController {
    @IBOutlet var txtPinch: UILabel!

    var initialFontSize:CGFloat!

    override func viewDidLoad() {
        super.viewDidLoad()
        // Do any additional setup after loading the view.
    }

}
```

var initialFontSize:CGFloat!

3. 핀치 제스처 등록하기

핀치 제스처는 UIPinchGestureRecognizer 클래스에 의해 인식되므로 이 클래스를 선언하고 핀치 제스처를 등록해야 합니다. 다음 소스를 viewDidLoad 함수 안에 입력합니다.

```
import UIKit

class ViewController: UIViewController {
    @IBOutlet var txtPinch: UILabel!

    var initialFontSize:CGFloat!

    override func viewDidLoad() {
        super.viewDidLoad()
        // Do any additional setup after loading the view.

        let pinch = UIPinchGestureRecognizer(target: self, action:
            #selector(ViewController.doPinch(_:)))
        self.view.addGestureRecognizer(pinch)
    }


}
```

```
let pinch = UIPinchGestureRecognizer(target: self, action:
    #selector(ViewController.doPinch(_:))) —❶
self.view.addGestureRecognizer(pinch) —❷
```

❶ UIPinchGestureRecognizer 클래스 상수 pinch를 선언합니다. 액션 인수는 핀치 제스처가 인식되었을 때 실행할 메서드를 의미합니다.

❷ 뷰 객체의 addGestureRecognizer 메서드를 사용해 핀치 제스처를 등록합니다.

4. 액션 메서드 구현하기

이제 핀치 제스처가 인식되었을 때 실행할 액션 메서드를 구현해 보겠습니다. 핀치 제스처가 처음 시작하는 상태라면 현재 글자 크기를 저장하고, 핀치 제스처가 계속 진행 중이라면 저장된 글자 크기를 확대하거나 축소할 것이므로 if문을 사용합니다.

```
import UIKit

class ViewController: UIViewController {
    @IBOutlet var txtPinch: UILabel!

    var initialFontSize:CGFloat!

    override func viewDidLoad() {
        super.viewDidLoad()
        // Do any additional setup after loading the view.

        let pinch = UIPinchGestureRecognizer(target: self, action:
            #selector(ViewController.doPinch(_:)))
        self.view.addGestureRecognizer(pinch)
    }

    @objc func doPinch(_ pinch: UIPinchGestureRecognizer) {
        if (pinch.state == UIGestureRecognizer.State.began) {
            initialFontSize = txtPinch.font.pointSize
        } else {
            txtPinch.font = txtPinch.font.withSize(initialFontSize * pinch.scale)
        }
    }
}
```

```
@objc func doPinch(_ pinch: UIPinchGestureRecognizer) {
    if (pinch.state == UIGestureRecognizer.State.began) { —❶
        initialFontSize = txtPinch.font.pointSize —❷
    } else {
        txtPinch.font = txtPinch.font.withSize(initialFontSize *
                pinch.scale) —❸
    }
}
```

❶ 우선 핀치 제스처의 상태를 state 속성을 사용하여 확인합니다.

❷ 핀치 제스처의 상태가 시작이면 앞에서 선언한 initialFontSize 변수에 현재 텍스트의 글자 크기를 저장합니다.

❸ 만일 핀치 제스처의 상태가 시작이 아니라면 핀치 제스처가 계속 진행되고 있는 상태이므로 initialFontSize에 저장해 둔 글자 크기 값에 scale 속성을 곱하여 텍스트의 글자 크기에 반영합니다.

5. 결과 보기

이제 [실행] 버튼을 클릭하여 iOS 시뮬레이터를 실행합니다. 프로그램이 실행되면 화면을 두 손가락으로 터치한 후 손가락의 간격을 벌리거나 좁히면 텍스트의 크기가 확대/축소됩니다. 시뮬레이터에서는 option 을 누른 채 마우스로 드래그하면 됩니다.

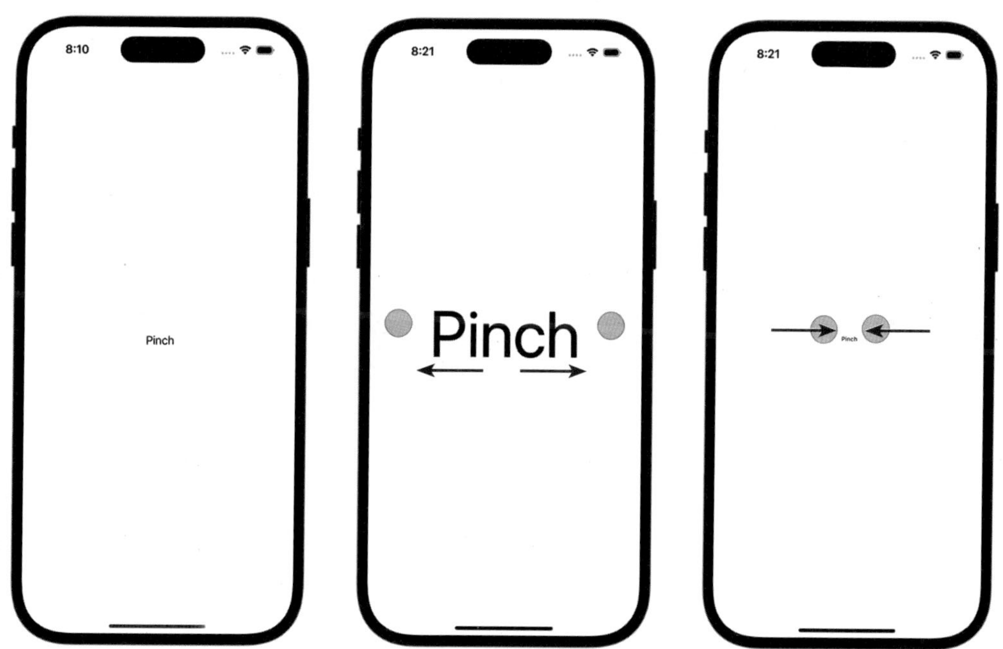

19-4 이미지 핀치 앱을 위한 기본 환경 구성하기

이번에는 핀치 제스처를 사용해 이미지를 확대/축소하는 앱을 만들어 보겠습니다.

이미지 핀치 앱을 위한 환경 구성하기

1. 이미지 추가하기

이미지를 확대/축소하기 위해 프로젝트에 [img-06.png] 이미지를 추가합니다.

2. 스토리보드 수정하기

스토리보드에서 앞의 예제에서 추가한 레이블을 삭제하고 상단의 [Library] 버튼을 클릭한 후 팝업 창에서 [이미지 뷰(Image View)]를 찾아 스토리보드로 끌어와 중앙에 배치합니다. 그리고 Content Mode를 [Aspect Fit]으로 설정합니다.

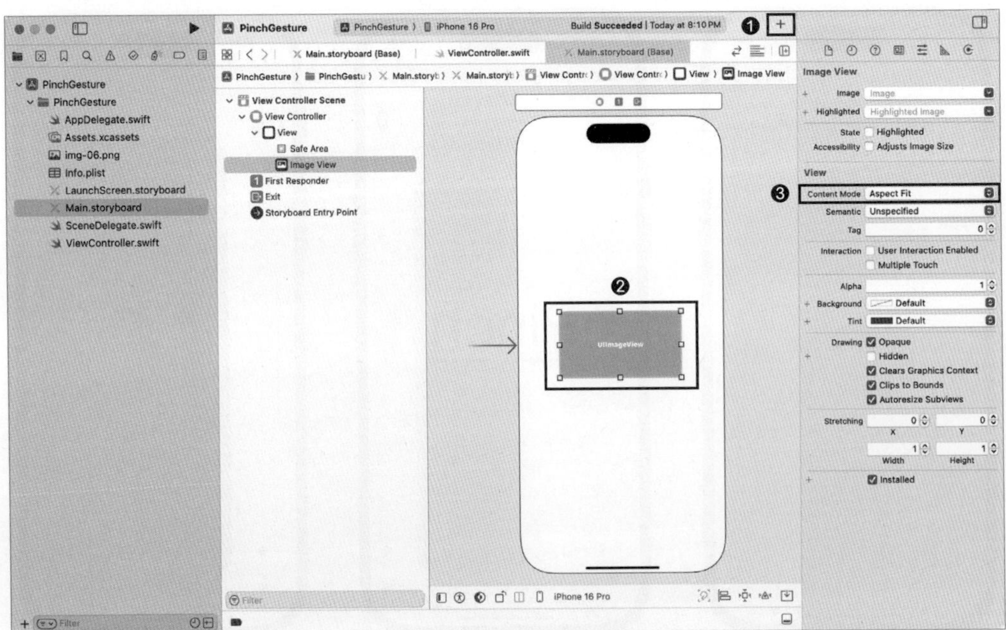

3. 자동 레이아웃 설정하기

추가한 이미지 뷰를 선택한 후 하단의 [제약 조건] 아이콘을 클릭하여 제약 조건(위:0, 왼쪽:16, 오른쪽:16, 아래:0)을 입력하고 [Add 4 Constraints] 버튼을 클릭합니다.

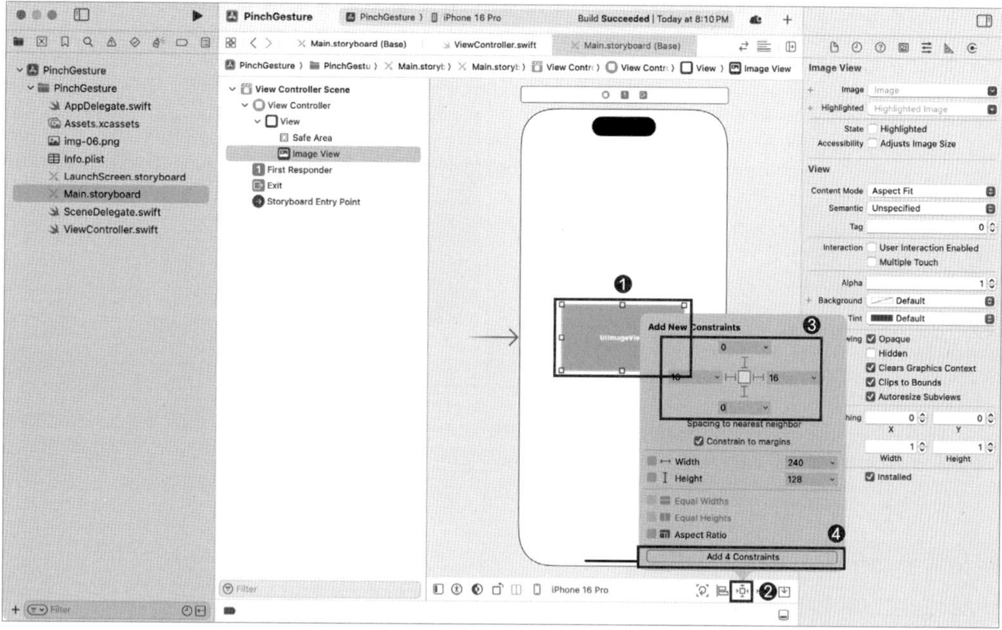

4. 이미지 뷰에 이미지 할당하기

다시 이미지 뷰를 선택한 후 오른쪽 윗부분의 [Attributes inspector] 버튼을 클릭하고 image에서 앞에서 추가한 이미지인 [img-06.png]를 선택합니다.

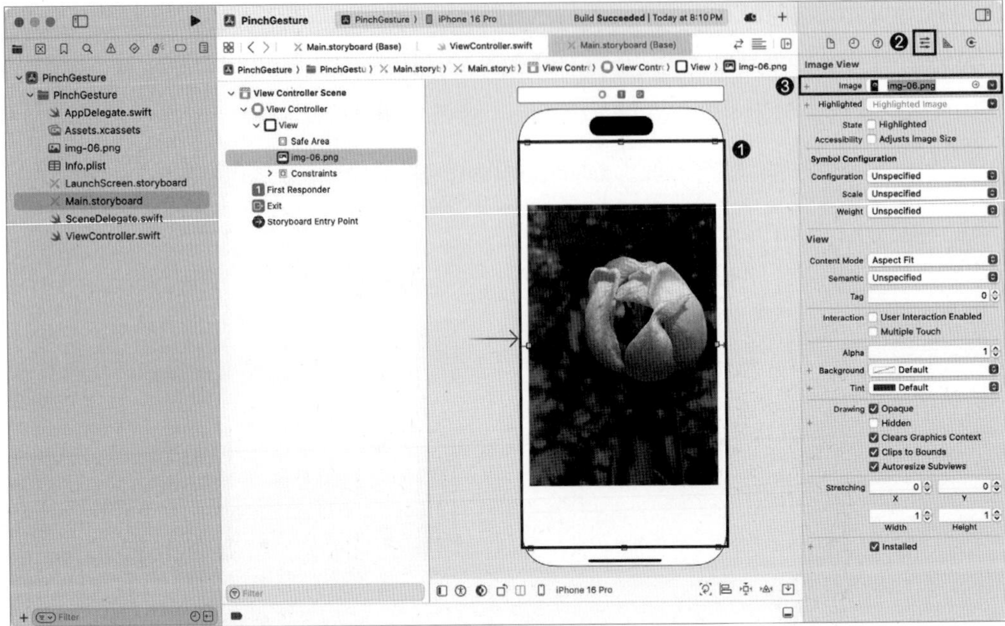

5. 아웃렛 변수 추가하기

이제 프로그램에서 사용할 아웃렛 변수를 추가하겠습니다. 아웃렛 변수와 액션 함수를 추가하기 위해 오른쪽 윗부분의 [Adjust Editor Options] 버튼을 클릭한 후 [Assistant] 메뉴를 선택하여 보조 편집기 영역을 엽니다.

6. 앞에서 추가한 이미지 뷰에 아웃렛 변수를 추가하겠습니다. 텍스트 핀치 앱을 만들 때 추가했던 레이블의 아웃렛 변수를 삭제한 후 이미지 뷰를 마우스 오른쪽 버튼으로 클릭하여 보조 편집기 영역에 갖다 놓습니다. 위치와 설정은 다음 표를 참고하세요.

▶ 아웃렛 변수를 삭제하는 자세한 방법은 02장을 참고하세요.

위치	뷰 컨트롤러의 클래스 선언문 바로 아래
연결(Connection)	Outlet
이름(Name)	imgPinch
타입(Type)	UIImageView

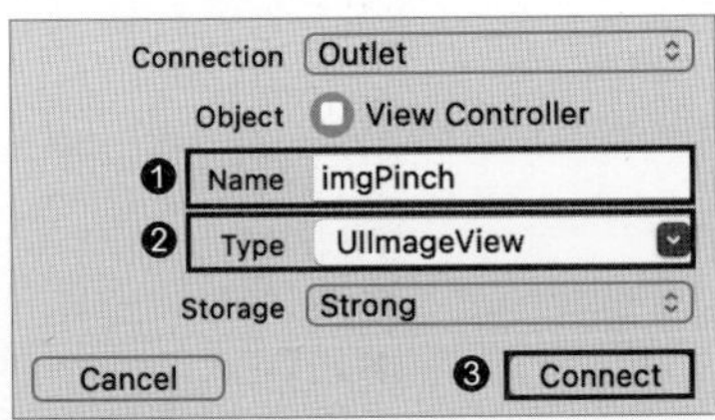

아웃렛 변수가 추가되었습니다.

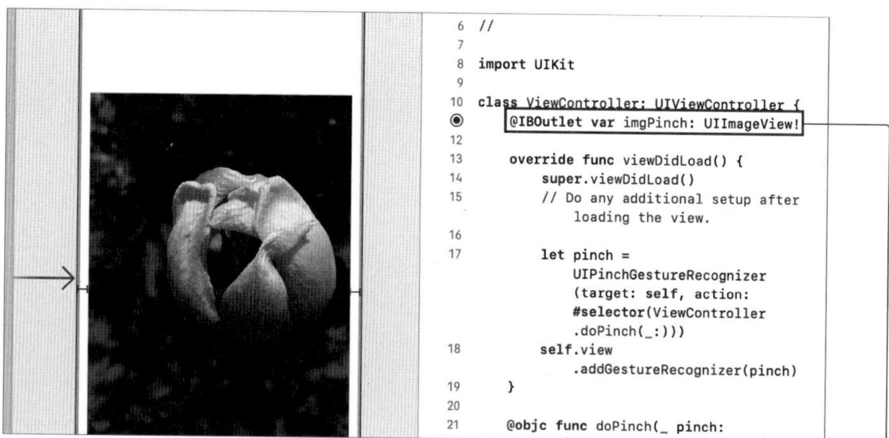
//
import UIKit
class ViewController: UIViewController {
@IBOutlet var imgPinch: UIImageView!
override func viewDidLoad() {
super.viewDidLoad()
// Do any additional setup after loading the view.
let pinch = UIPinchGestureRecognizer(target: self, action: #selector(ViewController.doPinch(_:)))
self.view.addGestureRecognizer(pinch)
}
@objc func doPinch(_ pinch:

```
@IBOutlet var imgPinch: UIImageView!
```

19-5 이미지 핀치 앱 구현하기

기본 준비를 마쳤으니 텍스트 핀치 앱처럼 이미지 핀치 앱을 구현해 보겠습니다.

직접
해보세요!

핀치 제스처로 이미지 확대/축소하기

1. 왼쪽 내비게이터 영역에서 [ViewController.swift]를 선택합니다.

2. 액션 메서드 구현하기

핀치 제스처를 등록할 때 입력한 액션 인수는 핀치 제스처가 인식되었을 때 실행할 메서드의 인수를 의미합니다. 그럼 핀치 제스처가 인식되었을 때 실행할 액션 메서드를 구현하겠습니다. doPinch 함수 안에 텍스트 핀치 앱을 만들 때 입력했던 부분을 지우고 다음 내용으로 대체합니다.

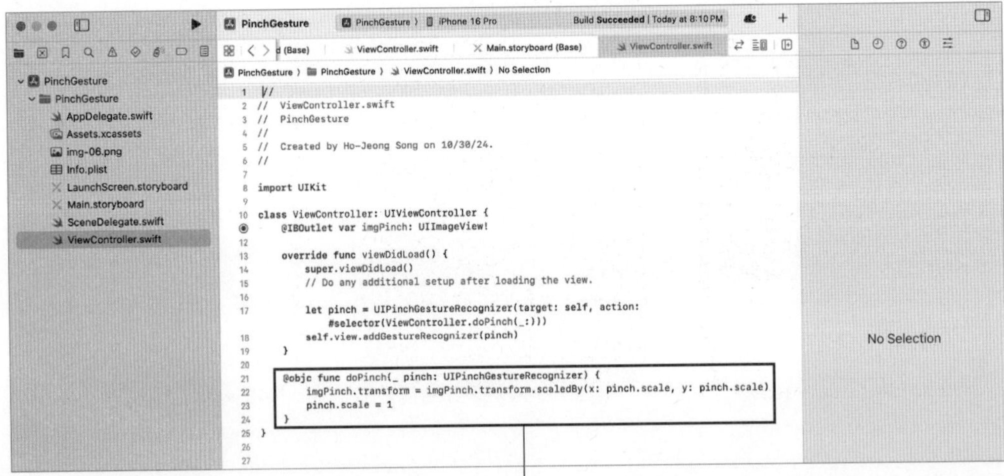
PinchGesture
PinchGesture 〉 iPhone 16 Pro
Build Succeeded | Today at 8:10 PM
PinchGesture
PinchGesture
AppDelegate.swift
Assets.xcassets
img-06.png
Info.plist
LaunchScreen.storyboard
Main.storyboard
SceneDelegate.swift
ViewController.swift
PinchGesture 〉 PinchGesture 〉 ViewController.swift 〉 No Selection
//
// ViewController.swift
// PinchGesture
//
// Created by Ho-Jeong Song on 10/30/24.
//
import UIKit
class ViewController: UIViewController {
@IBOutlet var imgPinch: UIImageView!
override func viewDidLoad() {
super.viewDidLoad()
// Do any additional setup after loading the view.
let pinch = UIPinchGestureRecognizer(target: self, action:
#selector(ViewController.doPinch(_:)))
self.view.addGestureRecognizer(pinch)
}
@objc func doPinch(_ pinch: UIPinchGestureRecognizer) {
imgPinch.transform = imgPinch.transform.scaledBy(x: pinch.scale, y: pinch.scale)
pinch.scale = 1
}
}
No Selection

```
@objc func doPinch(_ pinch: UIPinchGestureRecognizer) {
    imgPinch.transform = imgPinch.transform.scaledBy(x: pinch.scale,
            y: pinch.scale) —❶
    pinch.scale = 1—❷
}
```

❶ 이미지 imgPinch를 scale에 맞게 변환합니다.

❷ 다음 변환을 위하여 핀치(pinch)의 스케일(scale) 속성을 1로 설정합니다.

3. 결과 보기

이제 [실행] 버튼을 클릭하여 앱을 실행합니다. 화면을 두 손가락으로 터치한 후 손가락의 간격을 벌리거나 좁히면 이미지의 크기가 확대/축소됩니다. 앞에서와 마찬가지로 시뮬레이터에서는 option 을 누른 채 마우스로 드래그하면 됩니다.

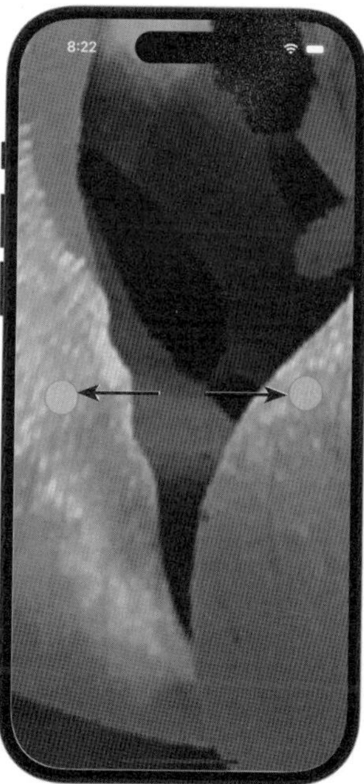

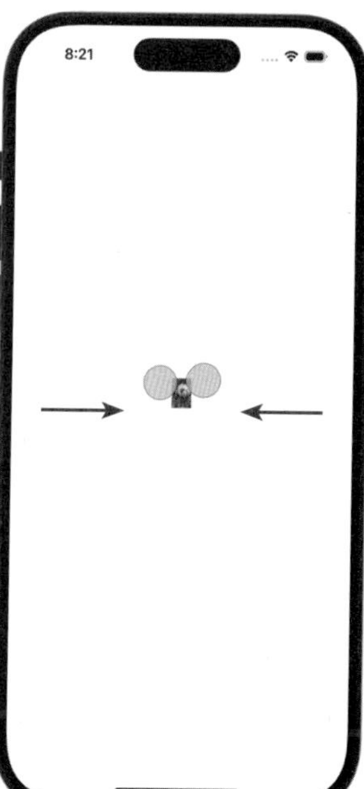

19-6 핀치 제스처 앱, 전체 소스 보기

완성된 텍스트 핀치 앱과 이미지 핀치 앱의 전체 소스를 확인해 보세요.

1. 텍스트 핀치 앱

ViewController.swift

```
import UIKit

class ViewController: UIViewController {
    @IBOutlet var txtPinch: UILabel!

    var initialFontSize:CGFloat!  // 글자 크기를 저장하기 위한 변수

    override func viewDidLoad() {
        super.viewDidLoad()
        // Do any additional setup after loading the view.

        // UIPinchGestureRecognizer 클래스 상수 pinch 선언
        let pinch = UIPinchGestureRecognizer(target: self, action: #selector
            (ViewController.doPinch(_:)))
        self.view.addGestureRecognizer(pinch)  // 핀치 제스처 등록
    }

    @objc func doPinch(_ pinch: UIPinchGestureRecognizer) {
        // 핀치 제스처 상태 확인
        if (pinch.state == UIGestureRecognizer.State.began) {
            // 시작 상태이면 현재 글자 크기를 저장
            initialFontSize = txtPinch.font.pointSize
        } else {
            // 시작 상태가 아니면 텍스트의 글자 크기를 변경
            txtPinch.font = txtPinch.font.withSize(initialFontSize
              * pinch.scale)
        }
    }
}
```

2. 이미지 핀치 앱

ViewController.swift

```
import UIKit

class ViewController: UIViewController {
    @IBOutlet var imgPinch: UIImageView!

    override func viewDidLoad() {
        super.viewDidLoad()
        // Do any additional setup after loading the view.

        let pinch = UIPinchGestureRecognizer(target: self, action:
            #selector (ViewController.doPinch(_:)))
        self.view.addGestureRecognizer(pinch)
    }

    @objc func doPinch(_ pinch: UIPinchGestureRecognizer) {
        // 이미지를 스케일에 맞게 변환
        imgPinch.transform = imgPinch.transform.scaledBy(x: pinch.scale,
                y: pinch.scale)

        // 다음 변환을 위해 핀치의 스케일 속성을 1로 설정
        pinch.scale = 1
    }
}
```

갤러리 앱에 핀치 기능 추가하기

목표 09장에서 만든 갤러리 앱에 스와이프 기능을 추가하여 좌우로 스와이프했을 때 이전 및 다음 사진이 보이고, 핀치 제스처로 이미지 확대 / 축소가 가능한 갤러리 앱을 만들어 보세요.

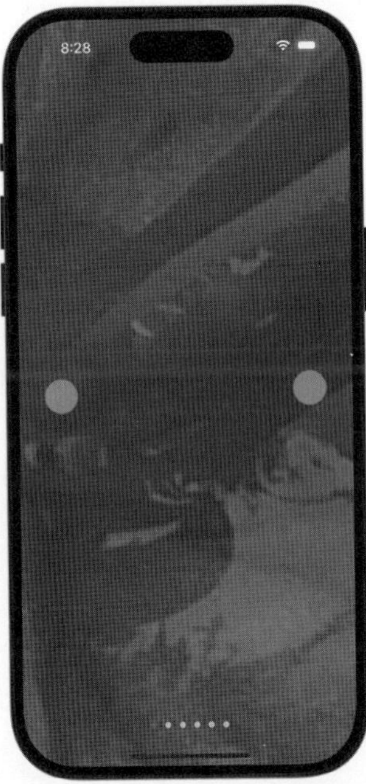

:: 완성 소스 [19장] 폴더 / [미션] 폴더 / PageControl.xcodeproj

문법 07 if문과 switch문의 차이 알아보기

if문과 switch문은 조건문이라는 점에서는 유사하지만 큰 차이점이 있습니다. if문이 조건을 비교하여 실행 여부를 결정하는 조건문이라면, switch문은 여러 가지 패턴과 비교하여 해당 패턴과 일치하는 블록을 실행하는 조건문입니다. 이런 차이점이 있기 때문에 if문은 특정 조건을 비교할 때 주로 사용하고 switch문은 특정 패턴이나 범위를 비교할 때 주로 사용합니다.

① 조건이 하나일 때

다음 예제를 통해 살펴보겠습니다. 다음 예제에서는 if문을 사용해 grade라는 변수를 "A" 부터 "D"까지 조건을 비교하여 조건에 맞는 구문을 출력합니다.

```
var grade = "A"


if grade=="A" {
    print("당신의 학점은 A입니다.")
} else if grade=="B" {
    print("당신의 학점은 B입니다.")
} else if grade=="C" {
    print("당신의 학점은 C입니다.")
} else if grade=="D" {
    print("당신의 학점은 D입니다.")
} else {
    print("당신의 학점은 F입니다.")
}
```

결과

```
당신의 학점은 A입니다.
```

같은 예제를 switch문으로 작성하면 다음과 같습니다.

```
switch grade {
    case "A" :
        print("당신의 학점은 A입니다.")
    case "B" :
        print("당신의 학점은 B입니다.")
    case "C" :
        print("당신의 학점은 C입니다.")
    case "D" :
        print("당신의 학점은 D입니다.")
    default :
        print("당신의 학점은 F입니다.")
}
```

② 조건이 두 가지일 때

조건이 두 가지라면 어떨까요? 다음은 두 가지 조건 중 한 가지라도 충족하면 해당 구문을 수행하는 예제를 if문을 사용해 작성한 프로그램입니다.

```
if grade=="A" || grade=="B" {
    print("우수한 학생입니다.")
} else if grade=="C" || grade=="D" {
    print("조금 더 분발하세요")
} else {
    print("내년에 다시 수강하세요")
}
```

결과

```
우수한 학생입니다.
```

같은 예제를 switch문으로 작성하면 다음과 같습니다.

```
switch grade {
    case "A", "B" :
        print("우수한 학생입니다.")
    case "C", "D" :
        print("조금 더 분발하세요")
    default :
        print("내년에 다시 수강하세요")
}
```

if문에서는 조건을 모두 써주고 OR(||) 연산자를 사용해 비교했지만 switch문에서는 비교 패턴을 나열하고 해당 비교 패턴 중 하나라도 맞으면 해당 구문을 수행합니다.

③ 조건이 범위일 때

이번에는 조건이 범위일 때를 살펴보겠습니다. 다음은 범위를 비교하는 예제를 if문을 사용해 작성한 프로그램입니다. 각 점수 범위에 포함되어 있으면 해당 학점을 출력합니다.

```
var jumsoo = 85

if jumsoo>=90 && jumsoo<=100 {
    print("당신의 학점은 A입니다.")
} else if jumsoo>=80 && jumsoo<90 {
    print("당신의 학점은 B입니다.")
} else if jumsoo>=70 && jumsoo<80 {
    print("당신의 학점은 C입니다.")
} else if jumsoo>=60 && jumsoo<70 {
    print("당신의 학점은 D입니다.")
} else {
    print("당신의 학점은 F입니다.")
}
```

결과

```
당신의 학점은 B입니다.
```

같은 예제를 switch문으로 작성하면 다음과 같습니다.

```
switch jumsoo {
    case 90...100 :
        print("당신의 학점은 A입니다.")
    case 80..<90 :
        print("당신의 학점은 B입니다.")
    case 70..<80 :
        print("당신의 학점은 C입니다.")
    case 60..<70 :
        print("당신의 학점은 D입니다.")
    default :
        print("당신의 학점은 F입니다.")
}
```

if문에서는 원하는 점수 구간을 AND(&&) 연산자를 사용해 비교했지만 switch문에서는 범위 연산자(…, ..〈, ..〉)를 사용해 특정 범위에 포함되어 있으면 해당 구문을 수행합니다.

영어

한글

기호

Application Programming Course

앱 프로그래밍 코스

자바, 코틀린, 스위프트로 시작하는 앱 프로그래밍!
나만의 앱을 만들어 보세요!

김동형 | 856쪽

정재곤 | 800쪽

강성윤 | 740쪽

강성윤 | 712쪽

송호정, 이범근 | 696쪽

조준수 | 488쪽

전예홍 | 680쪽

김응석 | 576쪽

나는 어떤 코스가 적합할까?

A 빠르게 앱을 만들고 싶은 사람

- Do it! 안드로이드 앱 프로그래밍
- Do it! 깡샘의 안드로이드 앱 프로그래밍 with 코틀린
- Do it! 스위프트로 아이폰 앱 만들기 입문
- Do it! 플러터 앱 개발&출시하기

B 앱 개발 실력을 더 키우고 싶은 사람

- Do it! 자바 완전 정복
- Do it! 리액트로 웹앱 만들기 with 타입스크립트
- Do it! 프로그레시브 웹앱 만들기
- Do it! 깡샘의 플러터&다트 프로그래밍

Basic Programming Course
기초 프로그래밍 코스

파이썬, C 언어, 자바로 시작하는 프로그래밍!
기초 단계를 독파한 후 응용 단계로 넘어가세요!

박응용 | 432쪽

김성엽 | 576쪽

박은종 | 632쪽

시바타 보요 저, 강민 역 | 408쪽

시바타 보요 저, 강민 역 | 452쪽

시바타 보요 저, 강민 역 | 424쪽

김창현 | 384쪽

강성윤 | 740쪽

김종관 | 564쪽

나는 어떤 코스가 적합할까?

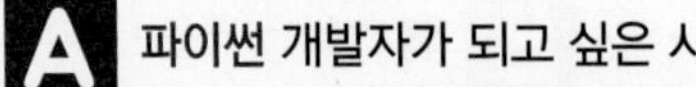

A 파이썬 개발자가 되고 싶은 사람

- Do it! 점프 투 파이썬
- Do it! 점프 투 파이썬 — 라이브러리 예제 편
- Do it! 파이썬 생활 프로그래밍 with 챗GPT
- Do it! 장고 + 부트스트랩 파이썬 웹 개발의 정석
- Do it! 챗GPT + 파이썬으로 AI 직원 만들기

B 자바·코틀린 개발자가 되고 싶은 사람

- Do it! 점프 투 자바
- Do it! 자바 완전 정복
- Do it! 자바 프로그래밍 입문
- Do it! 점프 투 스프링 부트 3